讀史方輿紀要

（三）

〔清〕顧祖禹　撰

團結出版社

目 录

读史方舆纪要卷二十五

南直七　常州府　镇江府

〇常州府，东南至苏州府百九十里，西南至广德州二百八十里，西北至镇江府百八十里，西北渡江至扬州府二百三十七里，东北至扬州府通州三百九十里。自府治至江宁府三百六十里，至京师二千七百二十里。

《禹贡》扬州之域，春秋时吴地，后属越。战国属楚。秦为会稽郡地。汉因之。后汉永建四年，分属吴郡。三国吴分无锡以西为屯田，置典农校尉。晋太康初，省校尉，分吴郡置毗陵郡。永嘉五年，改曰晋陵郡。沈约《志》：晋初立毗陵郡，治丹徒，后迁毗陵。东海王越世子名毗，而东海国故食毗陵。永嘉五年，因改为晋陵郡，仍徙治丹徒。义熙九年，复还治晋陵县。宋、齐、梁、陈因之。隋开皇九年，废郡，置常州。大业初，复曰毗陵郡。隋末，为沈法兴、李子通等所据。唐武德三年，复曰常州。天宝初，亦曰晋陵郡。乾元初，复故。五代属于杨吴，后又为南唐所有。宋仍曰常州亦曰晋陵郡。元为常州路。明初为长春府，寻复为常州府，直隶京师，领县五。今因之。

府北控长江，东连海道，川泽沃衍，物产阜繁，周处所云三江之雄润，五湖之腴表也。且地居数郡之中，翼带金陵，为转输重地，脱有不虞，则京口之肘腋疏，而吴郡之咽喉绝。若其北守江靖，则内可以固沿海之锁钥，明初，吴良守江阴，而寇不敢犯，是其证也。外足以摧淮南之藩蔽；五代周显德五年，南唐将陆孟俊，自常州将兵渡江趣泰州，周师退，遂复取之，亦一验也。南扼宜兴，则近足以消滨湖之窥伺，明初，亦遣重兵驻宜兴。远可以清浙右之烽烟。宜兴与浙江湖州，俱控太湖之险，又有陆道，可以径达长兴。明初，自宜兴遣舟师越太湖攻张士诚湖州，克之，亦其证也。昔者南唐守此以御吴越，明初得此以制姑苏。郡岂非东南之襟要欤？

　　○武进县，附郭。本吴之延陵邑，季札所居。汉曰毗陵县，属会稽郡。后汉属吴郡。晋初因之，属毗陵郡，永嘉末，改曰晋陵县，属晋陵郡。寻为郡治，自是州郡皆治此。唐垂拱中，与武进并为附郭县。宋、元因之。明洪武初，并入武进县。今编户四百八里。

　　武进故城，府西北七十里。本汉之丹徒、句曲二县地。孙吴改丹徒曰武进。晋太康初，别置武进县属毗陵郡。咸和六年，石勒将刘徵等浮海而南，掠武进，郗鉴击却之。宋大明末，改属南东海郡。齐因之。梁省入兰陵县，属兰陵郡。唐武德三年，复置武进县，属常州。八年，省入晋陵县。垂拱二年，复分晋陵县置，并治郭内。宋因之。明初，省晋陵入焉。《城邑考》：今郡城，即杨吴时旧址也。旧有内子城，周二里有奇，唐景福初，淮南节度杨行密筑。又有外子城，周七里有奇，则杨吴顺义中所筑，一名金斗城。其罗城周二十七里有奇，则杨吴天祐二年所筑也。后俱毁。元末，尝复营治。洪武初，重建新城于罗城内，周十里有奇，为陆门七，水关四。成化、正德以来，屡经修治。今府治即故内子城也。

　　兰陵城，府西北六十里。晋大兴初，始置南兰陵郡及兰陵县于武进界内。宋因之，亦曰东城，以在武进东也。萧道成高曾以下，皆居武进之东城里，因为南兰陵人。梁省武进入兰陵。大同十年，幸兰陵，谒建陵宁诸陵，盖帝母张后陵也。又有修陵，则后郗氏陵也。陈亦曰兰陵县。隋并入曲阿。《志》云：府城西北六十里，为千秋乡之万岁镇，今名阜通镇，有古青城，城南为圆坛，西为方坛。盖萧齐篡位后，以兰陵为其汤沐邑，因置此为郊祀之所，稍西南即兰陵城也。唐大顺初，蔡州贼将孙儒，遣其党刘建锋据常州，杨行密遣将李友屯青城，将攻之，既又遣安仁义等败刘建锋于武进。宋《九域志》武进县有青城镇。胡氏曰：今奔牛、青城、万岁诸镇，皆故武进县地。

姑幕城，府西南六十里。东晋侨置南东莞郡于晋陵南境，侨置莒县为治，又侨置姑幕等县属焉，此其旧址也。今有大姑、小姑二城。《祥符图经》晋陵县西有傅落城，或曰即姑幕城，音讹也。又胥城，在县东南二十里。《四蕃志》云：子胥所筑，或曰即东晋东莞郡所治莒县。《四蕃志》误也。旧《志》：府西有废南彭城郡，东晋明帝时侨置于晋陵郡界内，无实土。宋、齐因之。隋时与南东莞郡俱废。

淹城，在府东南二十里。其城二重，濠堑深阔，周广十五里，《越绝书》毗陵县南城，古淹君地。或曰：即汉毗陵县旧治。又有留城，在淹城东五里，周广准淹之内城云。○鼓城，在府城东北，有方圆二城，东西相对，或作虎城。又县北有韩城，相传五代时，里民韩氏筑此以保乡里，府北三十里，又有酬城，又北十五里，为禄城，盖皆五代时戍守处矣。

三山，府东北三十五里。三峰相连，中一峰尤峭拔。明初，张士诚遣兵寇常州，吴良自江阴取间道，歼其援兵于无锡之三山，即此。又横山，亦在府东北三十五里。《志》云：横山冈阜相属，延袤二十余里。本名芳茂，晋右将军曹横葬此，因改今名。○黄公山，在府南七十里，一名百渎山，去太湖十五里。《志》云：黄歇所封故墟也。又夹山，在府东南七十里。山南北五里，中包秦、阳二小山，因名。又东南十里曰津里山，《志》

云：本名秦履山，相传始皇尝自夹山登此，后讹为津里山。在太湖中。

马迹山，府东南六十里太湖中。山麓周百二十里，与津里山相接。其西麓地名西青，石壁屹立，下有马迹，因名。上有避暑宫，相传吴王阖闾故址也。宋置马迹山寨。建炎中，赤心队将刘晏保马迹山以捍寇。元时亦置巡司。明初下常州，俞通海以舟师略太湖，入马迹山，破张士诚水寨，即此。

黄山，府西北七十里，俯瞰大江。山东北有小山入江，谓之吴尾，以群山皆自西来，至此而尽也。《志》云：江北六里亦有黄山，俱因春申君而名。上有石室，杨吴时置烽火之所。今曰黄山门，为江防津要。《江防考》：黄山门在包港江心，水流湍捍，盗贼出没之地。又当镇、常二郡之交，上下瞭望，几及百里，实京口之门户也。包港，见丹阳县。○孟城山，在府北八十里，俯瞰大江，相传晋孟嘉尝寓此。今孟渎经其下入江。《志》云：孟城相近又有嘉山，又府西北九十里有固山，在孟渎闸西。

大江，府北五十里。西接丹阳包港，东抵常熟黄泗浦，西北与泰州中流分界。东北抵三沙，与通州分界。江岸达郡境百八十八里，控扼海口，形援金陵，而江阴、靖江尤锁钥重地也。详见大川大江及川渎异同。

运河，在府城南。浙西漕舟，自苏州浒墅关经无锡而西过府城，西接丹阳县之吕城，凡二百余里。《郡志》：自无锡望亭驿西至奔牛坝，凡百七十里有奇，奔牛坝东二十里曰洞子河，又东十五里至府城，自府城而东三十五里为横林镇，又东十里为五牧桥，则无锡县境也。宋嘉泰初，守臣李珏言：州境濒江并湖，其通江达湖诸汊港，回绕参错，不可数计，水源多于他郡，而常苦易旱者，何哉？盖漕渠东起望亭，西上吕城，百八十里中，形势西高东下，岁久浅淤。倘雨泽愆期，则浅涸壅滞，间或得雨，水无所受，旋即奔泄，南入大湖，北入大江，东径注吴江，晴暵未几，又复乾涸。加以傍近溪湖，亦为沙土所淤涨，遇潮高水泛时，舟楫尚可通行，否则辄患浅阻。此所以有江湖之浸，而不见其利也。一遇冬月，纲运使客，往往填咽，作坝车水，科役烦扰，其为民病，不特灌溉缺乏而已。望委有司，相治其通彻江湖之处，仍旧浚治为便。从之。明正统初，巡抚周忱于奔牛、吕城俱设坝闸，以便转输。景泰间废。天顺中，巡抚崔恭复奏置五闸。今故址犹存。

烈塘河，府西十八里。南枕运河，北流四十三里入大江。宋绍兴中，郡守李嘉言开浚，临江置闸。淳熙九年，郡守章冲言：西有灶子港、孟渎、烈塘，皆古人开导以为灌溉之利，今多埋塞，宜以时修浚。元时，烈塘闸废。明洪武三年，重建魏村闸。二十年，复浚烈港河，自是，魏村闸屡经修治。今名得胜新河。

西蠡河，在城南。一名浦阳溪。北枕运河，南接滆湖，相传范蠡所凿。宜兴县有东蠡河，故此曰西也，岁久淤塞。正德间疏浚，亦曰西运河。又有网头河，在城北，延袤六十五里，入无锡、江阴界，其支流俱入于大江。〇丁堰河，在府东十五里，南枕运河，北流二十里接网头河。又黄汀河，在府东北十五里，西接网头河，东入江阴县界。宋单锷云：常州运河北偏，古有泄水入江一十四渎，即孟渎、黄汀渎之类也。今所存盖无几云。

陈墅河，府东二十五里。南枕运河，北接三山港。《志》云：三山港，在府东三十里戚墅堰，南枕运河，北入申、利二港，至扬子江与江阴县分界。〇白龙河，在府西北五十里，西接得胜新河，东通澡港，入大江。又剩银河，在府西北六十里，南通得胜新河，北流十八里入大江。明洪武二十五年疏凿，临江置闸。永乐九年湮废。

太湖，府东南八十里。南自宜兴接浙江湖州府界，东自无锡接苏州府界，郡境湖堤，环绕凡百四十八里有奇。自昔有事，太湖常为攻取之径，盖三吴形胜所关也。详见大川太湖。

芙蓉湖，府东五十五里。昔时湖岸南北相距凡八十里，南入无锡，北入江阴，又北注于大江。一名上湖，一名射贵湖，东南流者曰五泻水。《南徐记》：横山之北曰上湖，南曰芙蓉湖。虞翻、郦道元皆以射、贵二湖列于五湖，即此湖也。昔时菰蒲荷茭，烟水苍茫，一望百里。宋元祐中，往往堰湖为田，于是湖流渐塞。今运道经武进、无锡间，两岸类皆平衍，一遇淫潦，辄成泛滥，盖皆旧时湖浸之区也。○阳湖，在府东五十里与无锡县分界，以近阳山而名。湖东西八里，南北三十二里，其北通茭饶、临津二湖，共为三湖。刘宋元嘉中修湖堰，得良畴数百顷。今湖亦埋塞。《志》云：茭饶湖本名蛟涛，或作茭沼，旧与临津湖并属无锡县界。又宋建湖，在府东南三十里，昔时东西五里，南北三里，亦谓之北阳湖。《志》云：湖南有青城，宋高宗南渡时尝驻此，命有司浚治，此湖因名。今塞。

滆湖，府西南三十五里。南北百里，东西三十余里。一名西滆，亦曰沙子湖。郭璞《江赋》云：具区洮滆。此滆湖也。虞翻、郦道元皆以滆湖为五湖之一。《舆地志》：太湖、射贵与滆湖为三湖。今北通漕河，导流东注于太湖。

孟渎，府西三十里奔牛镇东。南枕运河，北流六十里入扬子江。《唐会要》：元和八年，常州刺史孟简因故渠开此渎，袤四十一里，引江水南注通漕，溉田四千顷，因名。南唐保大中，复修水门，为灌溉之利。宋庆历三年，又尝修治。明洪武二十七年，命有司开浚。二十九年，置闸于孤陈山，西北临大江。永乐四年，复诏有司发民浚导，比旧倍加深广，为转输商贩之利。正统以后，孟河闸屡经修治。《志》云：小河巡司，在府西北九十里孟渎闸西。本宋之小河寨，置于小河村，元改巡司。又有郑港寨，在小河西郑港口，亦宋置。元省。明初移司治于郑港。郑港、小河，俱在府北七十里，临大江与黄山门相近也。成化四年，又移置于孟渎闸西。嘉靖三十二年，倭乱，孟渎口益为滨江津要，因增置孟河营，设官兵戍守。〇直渎，亦在奔牛镇东，北枕运河，南通白鹤溪，一名鸣凤河。又有伯牙渎，在府西北二十五里，南通运河，北入大江。

澡港，府北五十里。一名灶子港。稍西即魏村镇，与烈塘河口相接。港南接网头河，北入扬子江，袤四十里，岁久淀淤。明初洪武七年开浚，临江置闸，以于塘巡司兼领，既而以于塘村在江北沙新河上，改隶扬州府泰兴县。二十八年，改置澡港巡司于江口。今因之。又桃花港，在府东北三十里，导大江南流，下流合于网头河。洪武二十八年开浚，弘治六年复浚。《江防考》：港东接江阴界，陆走府城北门，倭寇易于登犯，为防守要地。嘉靖中，尝议挑浚。一名五斗港。又府北旧有庙堂港，宋绍圣中，转运毛渐奏导武进庙堂港入江，是也。今湮。

戚墅港，府东三十里。北枕运河，有戚墅堰，其下流东南入太湖。《宋志》州界有南戚氏、北戚氏、五湖诸湾港，皆通运河，是也。又蠡渎港，在府南二十里，北通白鹤溪，南入滆湖，洪武三十年开浚。后湖沙淤塞，复筑堰潴水，以资灌溉。

白鹤溪，府西南十里。北通运河，南入滆湖，接金坛县界。宋淳熙九年，郡守章冲言：州境港渎，类多埋塞，今欲讲求漕河悠久之计。州西南有白鹤溪，自金坛县洮湖而下，今浅狭特七十余里，若用工浚治，则漕渠一带，可无乾涸之患。其南有西蠡河，自宜兴太湖而下，开浚二十余里，若更令深远，分引湖水，则漕渠一百七十余里，可免浚治之扰矣。又三过溪，在府南三十里，亦北通运河，南入滆湖。

东洲，在府东南百里，太湖滨拒守处也。《五代史》：梁开平二年，淮南将周本围苏州，吴越将张仁保攻常州之东洲，拔之。淮南将陈璋等驰救，大破仁保于鱼荡，复取东洲。又乾化三年，淮南攻吴越衣锦军，钱镠遣子传璙将水军攻东洲，以分其兵势。又贞明五年，吴越钱传瓘，率舟师自东洲攻淮南。盖吴越与淮南夹湖为守，往往由此相攻击也。

毗陵宫，在府东南十五里，地名夏城镇。隋大业十二年，敕郡通守路道德集十郡兵匠，于郡东南起宫苑，周十二里，内为十六离宫，环以清流，荫以嘉木，拟于东都西苑，而奇丽过之。未及临幸，寻以盗起，遂为丘墟。今自府城而东南，冈阜环列，地形高卬，即隋离宫故址也。

奔牛镇，府西三十里有奔牛堰，亦曰奔牛塘。宋元凶劭之乱，会稽太守随王诞遣将刘季之等向建康讨劭。劭遣燕钦等拒之，相遇于曲阿奔牛塘，钦等大败。明帝初，会稽诸郡兵应子勋于寻阳，军于晋陵九里，宋主遣沈怀明拒之，至奔牛，以所领寡弱，乃筑垒自固。《漕渠考》：奔牛堰，北出孟河口六十里，西抵丹阳亦六十里，为运道通渠。宋元符二年，修造奔牛澳闸。淳熙五年，以漕臣陈岘言，开奔牛、吕城高浅处以通漕。旧有上下二闸。明初改闸为坝，设官守之。天顺、成化中，复置上下闸，自是屡经修治。有奔牛巡司戍守。镇西五里又有奔牛台，亦曰金牛台，相传茅山尝出金牛，奔至此，因名。齐高帝与萧顺之尝登焉。自台而西十五里，即丹阳县境之吕城镇，今往来孔道也。

横林镇，府东南三十五里，又东南五十里至无锡县。宋淳熙五年，以漕臣陈岘言：开浚无锡以西横林、小井诸浅，以通漕舟。今为运道通渠。

游塘营，府西南二十里。明初徐达攻常州，败张士诚兵于此。亦作牛塘。又旧馆，在府西南，盖馆驿故址也。明初攻常州华云龙，败张士诚兵于旧馆。

庱亭，府西五十里，与丹阳县分界。相传孙权射虎伤马处也。晋咸和三年，苏峻作乱，郗鉴守京口，筑大业、曲阿、庱亭三垒，以分峻兵势，此即庱亭垒。既而峻将管商等来攻庱亭、督护李闳等击败之。《晋书》：是时，前义兴太守顾众等讨苏峻，进至吕城，贼将张健退保曲阿，众遣督护朱祈等守庱亭，健遣兵来攻，祈等破走之。又隋开皇十年，江南乱，杨素讨之，素将济江，使麦铁杖潜渡觇贼，至虔亭。唐武德三年，李子通败沈法兴将蒋元超于虔亭，法兴弃毗陵，东走吴郡，盖自昔为控扼处。○九里村，在府西北。宋泰始二年，孔觊等以会稽诸郡之兵西应子勋，前军孙昙瓘军于晋陵九里，列五城互相连带，宋主遣沈怀明等军于九里西，与东军相持，既而为台军王道隆所败，遂克晋陵。胡氏曰：其地去城九里，因名。

河庄，府西北八十里，当孟河之口。《江防考》：自京口而下，惟河庄贼可深入，由大江入孟河，抵奔牛，趣府城，至便且易。今孟河营置于此。○茶山路，在府西南十里，其地有大墩小墩，连绵簇拥，相传唐时湖、常二州守会阳羡造茶修贡，由此往返，因名。

五牧桥。府东南四十五里，与无锡县接界。唐末，吴越钱镠遣兵自江阴入，与杨行密战于此。宋末，文天祥知平江时，元兵犯常州甚亟。天祥使其将尹玉、麻士龙等赴援，士龙战虞桥，玉战五牧，俱败死。今虞桥在府西南四十里。○黄土岸桥，在府西南八十里，西蠡河支流入西出处。其地南通溧阳，西接金坛。元置黄土巡司，寻又建桥于此，亦控守处也。

○无锡县，府东九十里。东南至苏州府九十里，北至江阴县九十里，西南至宜兴县百四十里，东北至苏州府常熟县百十里。汉置无锡县，属会稽郡。武帝封东粤降将多军为侯邑。后汉属吴郡。三国吴分无锡以西为典农校尉，省县属焉。晋复置县，属毗陵郡。东晋以后，俱属晋陵郡。隋属常州。唐、宋因之。元升为无锡州。明复为县。城周十四里。今编户四百十四里。

泰伯城，县东南三十里。泰伯始国于此，谓之句吴，亦曰吴城，自泰伯至王僚二十三世皆都此。敬王六年，阖闾始筑姑苏城而徙都焉。孔颖达曰：太伯居梅里，传至十九世孙寿梦，寿梦卒，诸樊南徙吴，至二十一世孙光，使子齐筑阖闾城都之。即今苏州也。《吴地记》：泰伯筑城于梅李平墟，周三里二百步，外郭周三百余里。今曰梅李乡，亦曰梅里村，泰伯庙在焉。城东五里曰皇山，一名鸿山，有泰伯墓。

阖闾城，县西四十五里。《吴地记》：伍员伐楚，军还，筑大小二城，此盖阖闾小城也。《志》云：小城在县西北，近太湖，故址犹存。又有范蠡城，在县西十里。《舆地志》：历山西北有范蠡城，蠡伐吴时筑，亦谓之斗城，故址犹存。今历山在县西北二十里，其西即故斗城云。又有黄城，在县西十二里，俗谓之黄斗城，相传春申君所筑。○鸭城，在县东二十里，相传吴王牧鸭处。今曰鸭城桥，跨鸭城河，其源自运河引而东，下流汇于宛湖，为县东之通道。又有麋城，在县东十七里，盖吴王豢麋处也。

新安城，县东南三十里。元初，置新安巡司于此。至正中，张氏筑城为屯兵之所。有新安溪，南通太湖，东入运河。路出吴门，此为必经之地。

慧山，县西五里，一名九龙山。陆羽云：山阳有九陇，若龙偃卧然，南北延袤数十里，亦名冠龙山。《吴地记》：古名华山，一名西神山，又名斗龙山。朱梁贞明五年，吴越钱传璟攻淮南之常州，淮南拒之，败吴越军于无锡，又追败之于山南，即慧山之南也。山之东麓，出泉曰慧山泉，陆羽品为天下第二泉。其东一峰，谓之锡山。○锡山，亦在县西五里，与慧山连麓，而别为一峰，相传县之主山也。周、秦间，山产铅锡。古语云：有锡争，无锡宁。汉因以无锡名县。

独山，县西南十八里。锡山之脉南来，至是中断，梁溪经其间入太湖，曰独山门，一名晋陵门。《志》云：独山之北，与管社山相望，谓之浦岭门，南与充山对峙，谓之独山门。梁溪经五里湖而西，由二门入太湖，为扼束之地。旧有官军戍守。又石塘山，一名庙塘山，在县南二十五里，枕长广溪。其相连者曰漆塘山。○间江山，在县西五十里，下有间江，亦太湖之别浦也。《志》云：间江山下，有阖闾城。又吴塘山，在县南四十五里，滨太湖，水从中出，曰吴塘门。

军将山，县西南四十里。南唐时屯兵于此，以备吴越，因名。山侧有甲仗坞，下有龙潭，迫近太湖，为设险处。又夫椒山，在县西北四十里，一名湫山，濒太湖，与武进马迹山相近。《九域志》：县西太湖滨有夫椒山，吴王夫差败越于夫椒，即此山矣。或以为今太湖中之包山也。又胥山，在县西南五十里，近太湖，即《史记》所云吴人为子胥立庙于江，因命曰胥山者。○青山，在县西三十五里，一名章山，面太湖，亦曰青山湾。元置华藏巡司于此。

安阳山，县西北五十里。山周十八里，高百二十仞。《风土记》：周武王封周章少子赟于安阳，卒葬山下，山因以名。峰峦奇峭，顶有龙湫，俗呼西阳山。昔时阳湖在其西麓云。元末，张士诚将莫天祐屯兵于此，以拒塞宜兴东出之道。今有营垒遗址。○顾山，在县东六十五里，一名香山，与常熟、江阴县接境。今详常熟县。

太湖，县西南十八里。东指苏州，南趣湖州，风帆便利，半日可达县境。有独山、闾江、吴塘诸门，皆渡湖捷径也。○五里湖，在县南十八里，一名小五湖，南接太湖。又五部湖，旧在县东北七里，东西二十里，南北十里。其源浊而流清，溉田百余顷。今湮。

芙蓉湖，县西北十五里，即故上湖也。湖流浩衍，北接江阴，南连武进，其后堙废。今自城以北运道所经，亦曰芙蓉河。《宋会要》：元祐中，堰芙蓉湖为田。绍圣中，转运毛渐复奏导芙蓉湖入江，今县西北十里运河北出者曰高桥堰，旧名五泻堰，亦曰五泻河，即芙蓉湖下流也。自高桥而北四十里，接武进、江阴界，曰雉尾口，又北四十七里至申浦上口入江，潮汐所至，胜数百斛舟。宋熙宁末，郏侨议决五泻堰，使水入扬子江。乾道六年，常州守臣请填筑五泻闸及修闸里堤岸，仍于闸内郭渎港口舜郎庙侧水聚处，筑捺硬坝，以防走泄，委无锡令主掌，非水盛时，不许开闸通放客舟。盖是时以运河浅淤，切于堤防也。今高桥为武进、江阴之要道，有巡司戍守。

蠡湖，县东南五十里，与长洲县分界。相传范蠡所开。一名蠡渎，一名漕湖。东西长十三里，南北六里。《唐志》：刺史孟简开泰伯渎，东连蠡湖，亦谓之孟湖。又濠湖，在县东南六十五里，东西四里，南北三里，流通漕湖。其北为常熟界，东为长洲界，俗呼为鹅肫荡。○宛湖，在县东北五十里，湖滨东岸即常熟县界，有山曰宛山，俗曰宛山荡，北出为蠡河，道通江阴，南接陆家、谢埭等荡，入常熟县境。《志》云：谢荡周十余里，与苏州分界，旧名西谢淹，在县东六十里。

运河，在城东。自苏州府而北，至望亭堰，入县界，又北二十里曰新安，又北三十里至城南，引而北十余里至高桥，又北二十里为洛社，又北二十里达武进之横林镇。

双河，在县北五里。亦曰双溪。自运河分流曰双河口，分为二派，一东南流合于梁溪，一西北经河浒钱桥，达直湖港，入武进界。《志》云：直湖港在县西北四十里，北枕运河，南入太湖。又有花渡港，在县西北三十里，东连运河，西接直湖港。《里道记》：自花渡西经沙塘营，与白芍山相近，自县陆走宜兴之道也。○咸塘河，在县北五十里，南通五泻河，北入江阴界。又县北三十五里有新河，相传南宋所开，北通大江。明洪武二十五年重浚，今湮。

梁溪，在县城西。源出慧山，北合运河，南入太湖。《志》云：溪自慧泉导源，引而东，至城北三里之黄埠墩接运河，自黄埠墩而南，分为二支，其西南一支，由五里湖、石塘山、长广溪，凡五十里出吴塘山门，入太湖，其西一支，经县西南十六里大、小渲，凡十余里，由独山门而入太湖。梁大同中，尝浚治之，故曰梁溪。○长广溪，在县南十八里。《志》云：溪源出历山，南流分为二派，俱合于梁溪，一出吴塘门，一出独山门，皆入太湖。

泰伯渎，县东南五里。西枕运河，东连蠡湖，入长洲县界。渎长八十一里，相传泰伯所开。唐元和八年，常州刺史孟简尝浚导之。亦称孟渎，溉田千余顷。

青祁淹，县西南二十里。《志》云：梁溪迤逦而南，至城西南二里孤渎口，分二派，西为大渲，东为小渲，中隔平壤，又南二十里至青祁淹合流。昔时淹广二十里，袤十八里，与五里湖相通，出浦岭、独山门，入太湖。

望亭镇，县南四十五里，与苏州府吴县接界。孙吴时置亭于此，曰御亭。晋咸和三年，顾飏监晋陵军，讨苏峻将张健，筑垒于御亭以拒之。隋置御亭驿。唐改曰望亭。光启中置屯于此。大顺初，孙儒作乱，据广陵，遣其党刘建锋据常州，破无锡望亭诸屯，围苏州。又光化初，钱镠将顾全武拔苏州，追败淮南将周本于望亭，是也。今为运道所经，有望亭堰。《宋史》：熙宁元年，提举两浙河渠胡淮，请治常州望亭堰以通漕。政和六年，发运副使应安道，请望亭仍旧置闸。淳熙九年，知常州章冲言：望亭堰闸，置于唐之至德，而废于本朝之嘉祐，至元祐七年复置，未几又废。臣谓设此堰闸有三利：阳羡诸渎水，奔趣而下，有以节之，则当潦岁，平江三邑必无下流淫溢之患，一也；自常州至望亭百三十五里，运河有所节，则沿河之田可资以灌溉，二也；每岁冬春之交，重辋及使命往来，多苦浅涸，今启闭以时，足通舟楫，复免车畚灌注之劳，三也。嘉泰三年，常州守臣李珏，复请修建望亭上下二闸，固护水源，从之。议者尝言望亭堰所以遏常、润之水，不使东下，宜严其启闭，以管辖属之苏州，庶可免盗决之患。或又言望亭堰设于苏州，未见其利，而常郡先被涨溢之患。盖节宣所系，不止望亭也。今有巡司戍守。

潘葑镇。县西北十八里。朱梁乾化三年，吴越钱传瓘攻常州，营于潘葑，淮南将徐温击却之。今为往来通道。又北十二里曰洛社市。○竹塘市，在县东北六十里，与江阴县接界。又县北三十里为高陆堰市，商旅所聚，道出江阴。

〇宜兴县。府南百二十里。南至浙江长兴县百四十里，西南至广德州百八十里，西至江宁府溧阳县九十里，西北至镇江府金坛县百二十里。秦置阳羡县。汉五年封功臣灵常为侯邑，属会稽郡。后汉属吴郡。三国吴属吴兴郡。晋初因之，永嘉中析置义兴郡。宋、齐因之。隋郡废，改县曰义兴，属常州。唐武德七年置南兴州。八年州废，仍隶常州。宋太平兴国初，避讳，改曰宜兴。宋末改置南兴军。元至元十五年，升为宜兴府。二十年仍降为县。明年又升为府，兼置宜兴县隶焉。元贞初，府县俱废，改为宜兴州。至正十六年为张士诚所据。明年，归于明。洪武初复曰宜兴县。今城周九里有奇，编户三百四十里。

阳羡城，在县南五里。《志》云：孙吴赤乌二年，城阳羡。晋永嘉四年，阳羡人周玘三兴义兵，讨贼有功，因置义兴郡以宠之。沈约曰：永兴元年所置也，郡治阳羡县。隋废郡，因以义兴名县。唐武德三年归附。六年陷于辅公祐。明年公祐平，置南兴州治焉，又析置阳羡县为属邑。八年复废入义兴。光启三年，杭州刺史钱镠，遣将杜棱等讨薛朗逐镇海节度使周宝之罪，败朗将李君眰于阳羡，即故城矣。《寰宇记》：阳羡故城，一名虾虎城。《纪胜》云：城前临荆溪，后阻河，左右俱堑，有濠周一里九十步。今县治即其故址。

国山城，县西南五十里。晋永兴初，分阳羡地置县，属义兴郡。宋因之。泰始二年，晋安王子勋举兵寻阳，义兴太守刘延熙举郡应之，宋主遣吴喜击东军，喜自永世至国山，击败东军，进屯吴城，斩延熙将杨玄，遂进逼义兴，吴城盖在国山北也。齐亦为国山县。梁、陈因之。隋废。《九域志》：吴城，一名太伯城，在县西南二十里。〇临津城，在县西五十里，亦晋置，属义兴郡。宋、齐因之。隋废。唐武德七年复置临津县，属南兴州。八年，废。《志》云：城南临荆溪，故址犹存。

绥安城，县西南八十里。刘宋永初三年，分广德长城、阳羡等县地置县，属义兴郡。齐因之。梁末，尝置大梁郡治焉。陈废郡。或云县亦陈所废也。又义乡城，在县东南八十里，晋所置县。今入长兴县界。

君山，县西南三十里。旧名荆南山，以在荆溪南也。高二百三十仞，周八十五里，山巅有池，岩洞绝胜，一名铜官山。《志》云：山之西峰曰敷金岭，一名小心山，又西南曰横山，亦名大芦山，即君山西麓也。其东麓为静乐山，南麓曰芙蓉山，北麓则曰南岳，吴孙皓封国山禅于此。取汉武移衡山于灊霍之义，谓之南岳山，在今县西南二十里。

国山，县西南五十里。高百二十五仞，延袤三十六里。一名离墨山，相传钟离墨得仙于此。山西麓即国山故城也。又名九斗山，山有九岭相连，形如覆斗。亦曰升山。孙吴五凤二年，山大石自立。天玺初，有石裂十余丈成室，孙皓侈为天瑞，遣司徒董朝等行封禅礼。梁天监八年，或请封会稽，禅国山，不果。其东南曰善卷洞，一名龙岩洞，有三，一曰乾洞，其二曰大、小水洞。相传周幽王二年，洞忽自裂，门广二十尺，初入若险仄，中极平旷，可坐千人。○烟山，在县西南三十里，山有数峰，四面环峙。又有甑山，在县西南二十五里，以云气腾涌而名。

香兰山，县东南五十里。斗入太湖五里，有石麓如岸者二，南曰大兰山，北曰小兰山，相连二里，产兰。《志》云：兰山周二十五里，一名石兰山，屹峙湖滨，与湖州安吉、长兴接境。宋置香兰司及香兰寨以控扼之。今有湖汉巡司在山西五里。○唐贡山，在县东南三十五里，临罨画溪，产茶，唐时入贡，因名。又蒿山，在县西南三十五里，亦产茶。

章山，县西南六十里。一名黄山，亦曰芳岩，周广六十八里。相接者曰佛泉山、武花山，连亘入宁国县界。《志》云：县西南七十里有龙池山，峰峦峻耸，登览无际。又分界山，在县西南百里，入广德州界，宋置分界寨于此。○义山，在县东八十里，东临太湖，西抵县南六十里之垂脚岭，入长兴县界，又有啄木岭，亦在县南。○计山，在县东北二十五里，山之西峰曰金鹅山。《胜览》：唐初尝置鹅州于义兴，盖以山名，今正史不载。

冚山，县西北七十里，周三十里有奇，与溧阳县接界。后汉建武中，封蒋澄为冚乡亭侯。今县西六十五里有故冚乡亭，盖以山名。馀详见溧阳县。○柚山，在县西北九十里洮湖上，与湖中大坏山对峙，巨石瞰湖，延袤三四里。《志》云：湖中有大小坏山，又有渐山，以山石渐渐而名也。湖西又有烈山。皆与溧阳县接界。○张公洞，在县东南五十三里，亦曰张公山，高千仞，周五里，三面皆飞崖绝壁，惟北向一窦可入，最为奇胜，《道书》以为第五十八福地。

太湖，县东北四十五里。道通吴郡、吴兴，最为捷径。明初，张士诚遣兵据宜兴，太祖命徐达等攻之，曰：宜兴城小而坚，未易猝拔，城东通太湖，张士诚饷道所由，若断其饷道，破之必矣。达奉命，宜兴果下。既而命将东伐，亦自宜兴取道太湖，攻其湖州。《志》云：湖自县南越兰山，抵董塘岭，入长兴界，北越竹山，抵百渎口，分水墩，入武进县界。今自县东入湖之道曰马泾，北趣黄土淹，东北趣竹山港，皆通太湖也。竹山，在县东北六十五里，湖滨小阜也，与夫椒山相对。黄土淹，在县北五十里，亦名白鱼荡。

洮湖，县西北百里，与溧阳、金坛分界。一名长荡湖。今详见大川洮湖。又滆湖，在县西北三十五里，与武进县中流分界，东接太湖，北通漕河。

运河，在城北。西接荆溪，北抵滆湖，又北达郡南之运河。宋淳熙间重浚。明洪武二十七年，亦尝浚治。又东蠡河，在县东十五里，东南流入太湖，宋咸平中重浚。○便民河，在县城西，自县西二十里洴淹，东抵城下, 长三十里。成化中开浚。一名后袁河。

荆溪, 在城南。其在城西者亦曰西溪, 在城东者亦曰东溪, 凡广德、溧阳、金坛, 并县西诸山涧水, 俱流汇于西溪, 乃贯城绕郭为东溪, 以下太湖。旧《志》: 荆溪上承百渎, 兼受数郡之水。是也。宋泰始二年, 吴喜逼义兴, 渡水攻其城, 克之。今谓之东九里河, 西九里河, 河流甚长, 土人以九计里, 因名。《水利考》: 宜兴为溪者九, 而荆溪为诸水之会, 今自县东分二流, 其一北达常州为漕河, 溧阳运船, 俱由此出。其一东达太湖, 谓之东泻溪。本名东舍, 讹曰泻。一名蒙溪。春时, 两岸多藤花, 照映水中, 因名罨画溪。又名五云溪。《志》云: 东舍溪在县东南三十六里, 荆溪下流也。祝氏云:《汉志》注中, 江出芜湖西南, 东至阳羡入海, 即荆溪矣。盖溪上承诸川委流, 下注震泽, 达松江以入海, 江以南大川也。又有荆溪自县南入长兴县, 下流合于苕溪, 或以为发源荆南山, 合众流而南出云。○汰溪, 在县东南五里, 源出君山, 北入荆溪。又竹溪, 在县东南三十六里, 源出垂脚岭, 东北入太湖。

章溪, 县西南七十里。源出章山, 流经国山故城西, 又北入于荆溪。又塞溪, 在县西北七十里, 源出洮湖, 经县西三十五里之洋淹, 又东入于荆溪。○白云径, 在县西三十六里。《尔雅》: 直波为径, 东经县西二十六里之洴淹, 合于荆溪。《志》云: 白云径南北长三十余里, 又有孟径在县西北四十五里, 刺史孟简所浚, 以杀漏湖波涛之势, 南入塞溪, 因名。又有章浦, 在县西二十五里, 旧有亭, 晋周札封章浦亭侯, 即此处云。

百渎,《志》云: 在县西南七十五里者为上渎, 县北六十里为下渎。昔以荆溪居数郡下流, 于太湖口疏百派以分其势, 又开横塘衺四十里以贯之, 导荆溪下太湖, 濒湖畎浍皆通焉, 后渐废。宋治平中, 楼阅知宜兴所浚者, 四十二渎而已。《胜览》云: 横塘直南北以经之, 百渎列东西以纬之。单锷尝言: 自芜湖、溧阳、五堰、达吴江, 犹人一身, 五堰为首, 荆溪为咽，百渎为心，震泽为腹。是也。隆兴二年，常州守臣刘唐稽言：宜兴之水，藉百渎以疏泄，近岁阻于吴江石塘，流行不快，而百渎亦至堙塞，存者无几，宜仍旧开通，为公私之便。不果。今自县北至县东南，以渎名者，凡数十处，皆源流断续。弘治中，尝开浚三十余渎。正德中亦尝开浚，寻复堙塞。说者谓东坝筑而荆溪之流杀，荆溪杀而百渎中绝矣。

夹苎干渎，在县西北。昔时泄长荡湖之水东入涌湖，由涌湖入大吴渎、塘口渎、白鱼湾、高梅渎及白鹤溪而北，入常州运河，又由运河分流入一十四渎，注于大江，今名存实湮。弘治中，水利佥事伍性，议开夹苎干通流，以杀荆溪上流诸水，则震泽必无涨溢之患，而三州民田必甚利，议不果行。

张渚镇，县西南九十里。元设茶园提领所二处，以掌茶税。明初改设批验茶引所于此，寻废。洪武三十五年复设，今商旅骈集于此，有张渚巡司戍守。〇湖㳇镇，在县东南四十五里，有巡司，洪武三年建。又有下邾巡司，在县东北四十里，亦洪武三年建，湖滨津要处也。

赵庄，县南三十里，与县东南三十里蜀山相对。又边庄，在县南四十五里，又五里有省庄。《志》云：南唐时封疆止此，营屯戍守，与吴越为交境之备。〇计亭，在县北二十里。《舆程记》作岜亭，误也。今有计亭桥，自亭而北三十里，地名浪打川，又北为新渎桥，自县趋府城之通道也。

长桥。在县治南，跨荆溪上。《志》云：桥延袤五十步，高二丈七尺，广过之。陆澄《地抄》：桥创自东汉袁府君圯，即晋周处斩蛟处。宋泰始二年，吴喜自国山进逼义兴，太守刘延熙栅断长桥，保郡自守，即此。宋景德以后，屡经修建。元丰中，改名荆溪桥。自元至今，凡再葺治云。

〇江阴县，府东北九十里。东至苏州府常熟县百二十里，东南至苏州府百八十里，北至靖江县三十里，西北至扬州府泰兴县百十里。汉毗陵县地。晋太康二年，析置暨阳县，属毗陵郡。宋、齐属晋陵郡。梁敬帝时，始置江阴县，兼置江阴郡治焉。隋初郡废，县属常州。唐武德三年，置暨州。九年，州废，县仍属常州。南唐升元中，置江阴军，领江阴县。宋熙宁初，军废。绍兴初，复建为军，寻废。三十一年，复置江阴军。元为江阴路，寻降为州，属常州路，寻直隶行省。至正中，陷于张士诚。既而明师克之，改曰连洋州，既复为江阴州。洪武初，改州为县。今城周九里，编户四百里。

暨阳废县，县东四十里。晋太康初所置县也。《寰宇记》云：本名莫城，汉莫宠所筑，以捍海寇，晋置暨阳县于此。隋省。唐武德三年，复置暨阳县，属暨州。九年，仍省入江阴县。又江阴故城，在今县治东北。《祥符图经》：城周十三里，北濒大江，杨吴天祐十年所筑，内为子城。宋庆元五年重修。元初毁。至正十二年盗起，城邑残破。十四年为张士诚将黄传所据。又三年，明师克之，初筑土城。龙凤十二年，甃以砖石，周九里有奇。嘉靖中，复增筑。今城堞屹然为江干锁钥。

利城废县，县西五十里。《宋志》：晋元帝初，割海虞北境置利城县。永和中，移出京口。梁末，又析暨阳置利城、梁丰二县，属江阴郡。陈因之。隋废。唐复置，属暨州，寻与州俱废。《志》云：晋即海虞北境置利城县。宋元嘉中迁于武进之利浦。今有利城镇。又梁丰废县，在县西南，亦梁置。隋废。

舰浦城，县西十八里。《志》云：陈至德初，江阴郡守倪启徙江阴县，治夏浦，筑此城，亦曰夏城。又县东三十里有陶城，其相近者又有间城、郭城，相传皆南唐屯戍处。又有东西二舜城，在县东七十里，今曰东顺乡、西顺乡。

君山，城北一里，县之主山也，突起平野，俯临大江，一名瞰江山。宋南渡后，置营寨于山麓，有事时，此为战守要地。又北四里曰黄山，与君山皆以春申君名也，峰如席帽，上有石室，为杨吴时烽火之所，山之西曰马鞍山，北曰鹅鼻山，其形尖斜如鹅鼻，俗名鹅眉嘴，凸出大江，称为险要。又浮山，在县东北大江中，西临石碇，一名巫山，为江海门户，所谓巫门之隘也。《志》云：县北七里有大石山，山绝顶有石，高数十丈，俯瞰江水，其相接者曰小石山，俗呼为大石湾、小石湾。又东北五里曰萧山，亦曰小山，皆滨江形胜云。〇彭公山，在县东北六十里。俗传汉彭越收江南，尝营于此山之东，因名。

香山，县东二十里。相传春秋时，吴王尝遣美人采香于此，上有采香径，近大江。《十国纪年》：梁贞明五年，吴越攻常州，徐温率兵拒之，陈璋以舟师下海门出其后，张可琼以江阴兵从陈璋，败吴越兵于香湾，即此地也。又沙山，在县东四十五里，相传初本平地。晋宋间，江水泛涨，涌沙石成山。梁贞明五年，吴越侵淮南，战于沙山，为淮南所败，即此。

秦望山，县西南二十七里。本名峨耳山，秦始皇常登此四望，因名。明初遣兵取江阴，张士诚据守于此，以拒王师，诸将乘风雨夺其山，进薄城西，遂克之。今自县之郡，此为通道。又青山在县西南十里，秀锐孤立，上有干将冶炉九所。宋齐丘撰徐温祠堂碑云：江阴之役，遇贼兵于覆釜之上，盖即青山云。〇顾山，在县东南七十里，与常熟无锡分界处也，亦曰香山。

大江，城北一里。县境倚江为险，自昔为控守重地。刘宋元嘉二十七年，魏主焘南犯至瓜步，建康震惧，陈舰列营，连亘江滨，自采石至暨阳六七百里。五代时，吴越、淮南，往往角逐于此。宋南渡后，江阴之防尤重。建炎三年，刘光世、韩世忠，皆军江阴，以备金人海道之师。绍兴四年，命滨江诸州军，皆增设横江水军。隆兴二年，又以江阴、通、泰、海道，江面阔远，命范荣专一捍御江阴至通州料角一带。乾道八年，知江阴军向子丰言：江阴军临大江下流，北与通、泰相对，东连海道，西接镇江，最为控扼，今军备废弛，望仍旧分兵屯驻。元延祐中，两淮运使宋文瓒言：江阴、通、泰，江海门户，而镇江、真州次之。是也。明初，以江阴为江津要冲，命将克江阴，使吴良守之，张士诚遂不能越江而有江北，亦不能溯江以窥金陵。《江防考》：县境大江，上自武进界桃花港，下至常熟县之界泾，凡百里，中间港浦二十有四，皆可登涉。其哨守之处为青草沙，自是而西北，有蒲沙，又西为唐沙。青草沙东南通福山港，蒲沙东北通狼山，乃天设之险，江阴之外户也，三沙之中，巫山门在焉，亦曰巫子门。明初，张士诚以舟师出马驮沙，溯流侵江阴，太祖亲帅兵自镇江东讨，追败之于巫子门，是也。

运河，在城南。北引大江，由黄田港贯城而南，至县南十里，经蔡泾闸，亦曰南闸，又曰下闸，又南十七里历月城桥，又十里至青旸镇，又南三十五里达五泻河，出高桥合无锡运河。宋皇祐中疏浚。明永乐十一年复浚。

横河，在城东。亦引黄田港贯城而东，达县东六十四里之谷渎港。宋天禧中，知军崔立浚治。明洪武二十八年重浚。《志》云：谷渎港东一里曰令节港，西一里曰范港，俱北引江水，南合谷渎港，又南为三河口分二流，一接无锡新河，一入于长河，今有范港巡司在县东六十里，又东即常熟县界，至县治凡三十六里。〇长河，在县东南十里，自运河分流，经县东南十五里由里山，曰由里泾，又东南亦注于无锡县之新河。

申浦，县西三十里。一名申港，相传春申君所开。导江南流，置田为上下屯，又南经武进县界，分为二，东入无锡五泻河，西入武进三山港，俱达于运河。唐兴元初，韩滉镇润州，造楼船，由海门大阅至申浦而还。宋隆兴二年，议开申、利二港，上通运河。乾道二年，漕臣姜诜等请造蔡泾闸，及开申港上流横石，次浚利港以泄水势。《志》云：宋设申港寨，又设巡司于此。元因之。明初废。洪武二十四年，亦尝浚治。弘治六年复浚。又利港，在县西五十里，导江水南行，入武进界，下流亦达于运河。洪武二十一年开浚。弘治六年，工部侍郎徐贯治三吴水利，发民浚申、利二港及桃花港，以疏积水，三港中，利港为役最巨。正德六年，又尝浚治，自利港而西十五里，即武进县之桃花港也。《志》云：桃花港，自大江分流而南，合县西六十里之立埭河，而入武进县界。

黄田港，县北二里。相传春申君所开，导江水溉田，因名。邑人于江口置闸，号上闸，于县西南十里蔡泾口置闸，曰下闸。旧有支港数十处今多为潮沙所湮。其南接于运河。《江防考》：黄田港切近县治，最为要害，宋置营军戍守。县西南十里曰蔡泾，西接夏港，东通黄田，有蔡泾闸，又东绝运河而接于横河。明天顺间，武进奔牛、吕城坝闸颓坏，运道浅淤，议改从孟渎、蔡泾出江，漕舟多遭覆溺，乃复治故道。

夏港，县西十里。北通大江，东南行出蔡泾闸，与黄田闸合流入运河。其支流为崇沟河，在县西南十五里，一名北山塘，南合武进县之三山港。《江防考》：县境通潮诸港、黄田、夏港，最为津要。宋置夏港寨，自港口而西九十里，即武进之孟河口也。明初置利港巡司于利港东。天顺初移于夏港口，仍曰利港巡司。《志》云：司在今县西二十里。○新沟港，在县西二十里，亦自大江而南，合武进之三山港。正德七年重浚。

石头港，县东三十里。北通大江，南入横河。有石头港巡司。宋淳熙中，知常州章冲言：州东北澡港、利港、黄田港、夏港、五斗港，江阴东之赵港、白沙港、石头港、陈港、蔡港、范港、令节港，皆古人开导，以为灌溉之利，今所在堙塞，宜随宜浚导。《志》云：白沙港在县东十里，雷沟港在县东三十五里，又东二里曰陈港，又东十一里曰蔡港，俱北达大江，南达横河，宋滨江置戍处也。○石牌港，在县东二十里，亦自大江通横河。《志》云：县东十八里有真山，一名甑山，有大石横亘江流中，因名石筏山，又曰筏梁山，亦名石牌山，港因以名也。宋置石牌巡司。元因之。明初，张士诚遣兵袭江阴，明师败之于石牌港，即此。

杨舍镇，县东五十五里，旧有杨家港。宋乾道六年，命两浙运副刘敏士等，于杨家港东，开河置闸，通行盐船，仍拨官兵守卫，并不时挑浚。自是商旅聚集，谓之杨舍镇，为沿江冲要。嘉靖中，以倭乱置堡设营，以参将领之，与常熟之福山、通州之狼山，相为应援，江中有褚家沙，北与狼山密迩，亦分兵戍守。自是而东，江流浩瀚，直接大海，捍御为难，西上则至孟河一带，江面颇狭，又多阴沙，大艓难于转舒，故防卫以杨舍为切。

青旸镇，县南四十里，运河所经。又南四里曰四河口，自运河分枝，东通常熟，西达武进，其南北即运河经流。旧《志》：县滨江为险，而青旸实腹里之冲要。○长泾镇，在县东七十里，居民稠密，与无锡县分界。由此出常熟，亦为通道。

六射垛寨。县北四里。相传为秦始皇射垛。宋置寨于此，以控扼江滨。县西十八里有弩台，盖亦昔时守御处。又有小石山寨，在小石山下，亦宋置。○石桥寨，在县东四十里。《十国纪年》：宋伐南唐，吴越亦取其江阴宁远军石桥寨。其地有石桥，今为石桥市。《志》云：石桥东有故宁远寨，又县东南四十里有安边寨，俱南唐所置，今废。明教寺，即故安边寨也。

○靖江县，府东北百十里。东至海口六十里，北至扬州府泰兴县界二十五里，东北至泰州如皋县界三十里。本江阴县之马驮沙。元末，张士诚将朱定、徐泰常据此，筑土城，周七里有奇，寻为明师所克。明初仍属江阴县。成化七年置今县。十三年，因故城修筑。正德初，复增修完固。今编户五十七里。

孤山，县东北二十五里，旧在大江中，去岸五六里，距山百步有石碇，亦在水中，与江阴浮山相对。成化八年，潮沙壅积，转而成田。今山在平陆矣。

大江，在县东南。《志》云：县本江中一洲，曰马驮沙，中分为二，曰马驮东沙、马驮西沙。江环四面，自县西至孟渎百余里，又西至金陵四百里，大江滔滔而下，至此分为二以入海。县居江海之交，中流屹立，实京口、金陵之锁钥也。天启以来，潮沙壅积，县北大江竟为平陆，因开界河与泰兴缘河为境。《江防考》：县横亘江津，东枕孤山，西引黄山，地方二百余里，汊港浩繁。若结水寨，屯重兵与江阴、泰兴相犄角，使窥伺者不敢轶出其间，亦绸缪未雨之策。

展苏港，县西二里。又县西十五里有南新港，有新港巡司。《志》云：元初设马驮沙巡司。明初改建于马驮西沙，后为潮汐冲坍。永乐四年移于新港云。又有大新港，在县西南十五里。〇澜港，在县西通城河。又县西北十里有杨铁港，又西北三四里有范家、徐家等港，县西北五里曰蔡家港。明初张士诚遣兵援泰州，舟师次范蔡港，疑即此二港云。今堙。

孤山港，县东北十二里。以近孤山而名。又县西南十二里有焦山港，其西里许曰杨机港，又西南二里曰西杨机港。旧《志》：县滨江诸港，凡六十有四，今西北一带，多为潮沙所湮，而东南一带，亦决塞不时云。〇蟛蜞港，在县东十五里。正德二年，议建东沙巡司于此。

开沙村，在县东南十五里，有开沙港。又县东有面条沙，县西有西官沙，西南有新沙，稍西曰小沙。其在境内者，又有青草、朱家、段头等沙，皆以渐壅积，民田其间，聚为村落。

于塘村。在县西北三十里。旧为晋陵县地。元置于塘巡司。明初以司在江北新河口，因改属泰兴县。今为两县接境处。

〇**镇江府**，东南至常州府百八十里，西南至宁国府四百五十里，西至江宁府二百里，北渡江至扬州府五十里。自府治至江宁府见上，至京师二千三百里。

《禹贡》扬州之域，春秋时吴地，后属越。战国属楚。秦为会稽郡地。汉因之。后汉属吴郡。三国吴曰京口镇。汉建安十三年，孙权自吴徙治丹徒，号曰京城。十六年，迁建业，复于此置京督为重镇。《南齐志》：吴置幽州牧，屯兵于此。《尔雅》曰：丘绝高曰京。盖丹徒城凭山临江，故有京口之名。晋初属毗陵郡。永嘉五年，为晋陵郡治详见常州府，继又侨置徐、兖二州，谓之北府，按《晋志》：郗鉴为徐、兖二州刺史，成帝时，苏峻平后，自广陵还镇京口。又穆帝永和中，自海虞移东海郡，出居京口。盖是时二州移镇无常，而徐州留局恒置于京口也。又六朝都建康，每谓姑孰为南州，历阳为西府，而京口则谓之北府。宋为南徐州治宋永初二年，加徐州曰南徐州。元嘉八年，分江北为南兖州，而南徐州独治京口。并置南东海郡。齐、梁因之，《隋志》：南东海郡，梁改为兰陵郡。陈复曰东海。以至于陈，京口常为重镇。隋平陈，州郡俱废为延陵县。开皇十五年，置润州以州东润浦为名。大业初，州废，属江都郡。唐武德三年，复曰润州。天宝初，曰丹阳郡。乾元初，复故。《志》云：时置丹阳军于此。建中初，置镇海节度于此。南唐亦为重镇。唐乾宁中，钱镠移镇海节度于杭州，而润州为淮南所有，既而淮南复置镇海军于此，领润、升、常、宣、歙、池六州。南唐亦为镇海军治。宋仍曰润州。开宝八年，改军名曰镇江。政和三年，升镇江府以徽宗潜邸也。元曰镇江路。明初曰江淮府，寻曰镇江府，直隶京师，领县三。今仍曰镇江府。

府内控江、湖，北拒淮、泗，山川形胜，自昔用武处也。杜佑曰：京口因山为垒，缘江为境。建业之有京口，犹洛阳之有孟津。自孙吴以来，东南有事，必以京口为襟要。京口之防或疏，建业之危立至。六朝时，以京口为台城门户，孔坦以郗鉴自京口援京城，曰：本不须召郗公，使东门无限。王僧辩谓陈霸先曰：委公北门是也。锁钥不可不重也。晋咸和初，郗鉴镇徐州，苏峻之乱，鉴据要害，立营垒，以遏贼东下之锋，贼势遂阻。元兴末，桓玄作乱，刘裕举兵京口，晋室复定。及裕代晋，以京口要地，去建康密迩，非宗室近亲，不使居之。盖肘腋攸关。隋之亡陈，京口实为兵锋也。唐之中叶，以镇海为重镇，浙西安危，系于润州。宋南渡以后，常驻重军于此，以控江口。乐史宋人撰《坐知天下记》及《太平寰宇记》曰：京口西距汉沔，东连海峤，为三吴襟带之邦，百越舟车之会。刘宁止曰：京口控扼大江，是为浙西门户。陈亮曰：京口连冈三面，大江横陈于前，江旁极目千里，势如虎之出穴，昔人谓京口酒可饮，兵可用，而北府之兵，为天下雄。盖地势然也。采石之与京口，股肱建业，实有据险临前之势，而非止于靳靳自守者。说者曰：京口凭江为险，然而陵谷之变，今昔不同，曹丕见江流汹涌，以为天限南北。陈孔范亦曰：长江天堑，寇岂能飞渡？盖以江流为可恃也。然考晋建兴末，祖逖自京口渡江，中流击楫矣。义熙六年，刘裕灭南燕，会卢循袭建康，裕卷甲南还，自广陵济江，出京口。梁承圣二年，陈霸先自丹徒济江，围齐广陵。隋开皇九年，贺若弼自广陵济江，拔京口。唐武德三年，李子通亦自广陵济江，取京口以蹙沈法兴，自是以后，南北渡者，皆以京口为通津。昔人谓采石渡江，江面比瓜洲为狭，故由采石济者，常居十之七。夫自唐以来，沙洲日积，江面南北相距，仅七八里。唐初，江面阔四十里，其后沙壅为瓜洲。开元中，江面阔二十五里。宋时洲渚益广，绍兴中，江面犹阔十八里。明嘉靖以来，江面仅阔七八里，又有谈家洲横列其中，南北渡口，晴明时一苇可航也。故昔日之采石比京口为重，而今日之京口比采石为切，消息之理也。《江防考》：京口西接石头，东至大海，北距广陵，而金、焦、障其中流，实天设之险，由京口抵石头，凡二百里，高冈逼岸，宛如长城，未易登犯，由京口而东至孟渎，七十余里，或高峰横亘，或江泥沙淖，或洲渚错列。所谓二十八港者，皆浅涩短狭，难以通行，故江岸之防。惟在京口，而江中置防，则圌为最要云。

〇丹徒县，附郭。本吴之朱方邑。汉置丹徒县，属会稽郡。后汉属吴郡。三国吴嘉禾三年，改曰武进县。晋太康二年复曰丹徒，为毗陵郡治，寻还治毗陵县。永嘉末，又为晋陵郡治。义熙中，复还晋陵县，以丹徒属南东海郡，亦为南徐州治。宋、齐、梁、陈皆因之。隋废州及郡，并废县入延陵县，寻又移延陵县于此，为润州治。大业初，州复废。唐武德三年，移延陵县还故治，仍置丹徒县，润州治焉。今编户二百七十里。

京城，今府治。春秋之朱方也。《左传》：襄二十八年，齐庆封奔吴，吴句馀与之朱方。昭四年，楚灵王使屈申围朱方，克之，后名谷阳。秦曰丹徒，相传望气者云：其地有天子气。始皇使赭衣徒三千，凿京岘以败其势，因名也。汉为丹徒县治。景帝三年，吴王濞弃其军，而与壮士数千亡走，保于江南丹徒。后汉建安十三年，孙权徙镇于此，筑京城，周三百六十步，于南面、西面，各开一门，因京岘山为名，号曰京镇，寻移秣陵，使孙何镇焉。晋太兴初，以晋陵郡及丹徒县并治京口，是也。《志》云：城因山为垒，俯临江津，故曰京口。梁大同十年，幸京口城。隋开皇九年，分道伐陈，贺若弼自广陵出京口，寻置延陵镇。唐复曰丹徒。《城邑考》：郡有子城，周六百三十步，即三国吴所筑，内外皆甓以甃，号铁瓮城，晋郗鉴、王恭镇此，皆更为营缮。南唐末，刺史林仁肇复修之。又有东西夹城，共长十二里有奇，相传唐太和中，观察使王播所筑，又凿隍环其外。乾符中，周宝为润帅，更筑罗城，周二十余里，其东门曰青阳门。光启三年，镇海军乱，宝自青阳门出走常州，是也，其西门曰登云，南门曰通吴，又东南曰朱方，而南水门曰利涉。宋元因之。明初，耿再成因故址修筑，有门四：东朝阳、南虎踞、西金银、北定波，又为南北二水关，城周二十六里有奇。

北固山，在城北一里府治后，下临长江。自晋以来，郡治皆据其上，三面临水，回岭斗绝，势最险固，因名，盖郡之主山也。蔡谟起楼其上，以贮军实。谢安复营葺之。宋元嘉二十七年，魏主焘军瓜步，声言渡江，诏分军备御于北固、蒜山、西津、谏壁、焦山，皆置军以防突犯。《梁书·萧正义传》：京城西有别岭入江，高数十丈，号曰北固，蔡谟起楼其上，大同十年，武帝登望久之，曰：此岭下足须固守，然于京口，实乃壮观。于是改楼曰北顾楼。太清初，朱异曰：陛下昔登北顾亭以望，谓江右有反气，骨肉为戎首，即此时也。及侯景之乱，其言果验。唐上元初，刘展作乱据广陵，江淮都统李峘屯京口，辟北固为兵场，插木以塞江口，寻为展所败。今有甘露寺据山上，三国吴甘露中所建也。

京岘山，城东五里。一名丹徒岘，相传即秦时所凿以泄王气处，京口、京镇皆因以名。《梁典》：武帝望京岘，盘纡似龙，因掘二湖于山下，曰龙目湖，今湮。唐建中末，镇海节度韩滉以汴、洛多故，修坞壁，起建业，抵京岘，楼堞相属，是也。或谓之荆岘，又云此为京山。今府西南五里为岘山云。○黄鹤山，在府西南三里，一名黄鹄山，俗名鸿鹤山，宋戴颙尝隐此，一名戴公山。

银山，在城西二里江口。旧名土山。以山形壁立，俗名竖土山。宋避英宗讳曰植土山。唐刘禹锡诗：土山京口峻。谓此。元皇庆二年，敕镇江路建银山寺，以与金山对峙而名。其别阜曰玉山，临江耸立，上有龙王庙。宋建炎四年，韩世忠屯焦山以邀兀术归路，兀术遣人约日会战，世忠谓诸将曰：是间形势，无如金山对岸龙王庙者，寇必登此观我虚实。乃遣兵伏庙中及岸侧，遣人乘舟望之，戒曰：闻江中鼓声而发，贼果至，擒其两骑。俗本作金山龙王庙，误也。

蒜山，府西三里江岸上。山多泽蒜，因名。或云吴周瑜与诸葛武侯谋拒曹操于此，因曰算山。晋隆安五年，孙恩浮海，奄至丹徒，楼船千艘，鼓噪登蒜山，刘裕率众奔击，大破之，恩狼狈还船。唐上元二年，田神功击刘展于京口，遣别将先自白沙济江，趣下蜀，神功自将军瓜洲，将济江，展将步骑万余，陈蒜山以拒之，为下蜀之师所败。南唐徐知诰尝游蒜山，除地为广场，大会僚属，其下为漕渠所经。宋庆历中，疏蒜山漕渠达江。旧《志》云：山宽广可容万人，宋、元间沦入于江，今西津渡口水中孤峰是也。白沙，见仪真县。下蜀，见句容县。

金山，府西北七里大江中。风涛环绕，势欲飞动，一名浮玉山，一名氏父山。又名获符山，相传晋破符坚，献俘山下，因名也。亦名伏牛山。《唐志》：贡伏牛山铜器。谓此。亦名头陀岩。《志》云：唐裴头陀挂锡于此，于水际获金数镒，故又名金山。或曰：梁天监四年，于金山修水陆会，则金山盖古名也。唐上元中，田神功自瓜洲渡江击刘展，舟至金山，大风，不得渡，还军瓜洲。建中四年，时朱泚作乱，南方藩镇，皆据境自强，扬州帅陈少游以甲士临江大阅，镇海帅韩滉亦发舟师，耀武于京江以应之，又临金山与少游会。宋建炎中，韩世忠邀兀术于镇江，相持于黄天荡，世忠以海舰进泊金山下，命工锻铁相连为长缆，贯以大钩，以授士之骁捷者，敌舟至，则分为两道出其背，每缒一缏，则曳一敌舟沉之，寇大窘。绍兴中，金亮入寇至瓜洲，虞允文驰诣京口，会诸将杨存中等，临江按试水军，命战士踏车船中流上下，三周金山，回转如飞，敌相顾骇愕。《郡志》：金山，宋大中祥符五年改曰龙游山，天禧中复故。其顶曰金鳌峰、妙高峰，有浮图冠其上，汪藻所云揽数州之秀于俯仰之间者也。其岩洞泉石，类多名胜。《里道记》：金山北岸为瓜洲渡，南岸直西津渡口，俗所谓西马头也。其西去仪真县高资港不过四十余里，实为中流之险。

焦山，府东北九里江中。与金山并峙，相去十五里，以后汉处士焦光隐此而名。或名谯山，亦曰浮玉山。刘宋元嘉中，以魏人临江，尝分兵戍此。唐时有谯山戍，盖焦与谯通称也。宋建炎中，韩世忠以八千人屯焦山，以邀兀术渡江北归之道。德祐初，张世杰与刘师勇等，帅舟师次焦山，碇江中流。元阿术登石公山望之，曰：可烧而走也，遂前战，世杰败走圌山。今山巅盘礴处曰焦仙岭，其旁岩洞参差，奇胜不一，山之馀峰东出，有二岛对峙江流中，曰海门山，亦名海门关，又谓之双峰山也。《里道记》：焦山南岸曰东马头，以山为捍蔽，金、焦、北固，世称为京口三山云。○石公山，在府东北八里，濒江与焦山对峙，元阿术登此以望宋军处也。

长山，府南二十五里。上有灵泉，其流与练湖通，溉田甚多。又五州山，在府西三十里，相传登山绝顶，望见五州。又西二十里曰曹山，建文末，燕王渡江尝驻于此。○高骊山，在府西南七十里，《隋志》以为境内之名山也，亦曰句骊山。

圌山，府东北六十里，滨大江。宋置圌山寨于此。建炎三年，金人治舟师，欲由海道窥浙，遣韩世忠控守圌山、福山一带。德祐初，张世杰败绩于焦山，退泊圌山。明嘉靖三年，圌山贼袁效等作乱，官军讨平之。《江防考》：圌山屹立江滨，江中有顺江、圌檐诸沙，动亘数里，为之外护，舟行其间，仅通一路，矢石可及，况当江流，自东而西而北，转屈之间，层峰峭壁，俯瞰湍波，若屯设重兵，水陆协守，贼必不敢越此而西也。江北岸适与周家桥相对，实京口之咽喉，留都之门户。嘉靖三十二年，以倭寇充斥，议设圌山营把总一员，上自府西高资镇，下至安港百五十里，皆其汛地。山西里许曰大港口。万历四年，建把总公署于此，为控扼要地。

大江，府西北二里。即扬子江也，亦曰京江。自扬州府仪真县高资港，至常州府孟渎口，凡二百五十余里，北岸与扬州府对境。魏曹丕出广陵，临大江，叹为天限南北。晋祖逖中流击楫，誓清中原，皆此处也。《杂说》云：晋末卢循之乱，刘裕自广陵济江至京口，时风涛大作，裕舟移而风止。梁侯景之乱，邵陵王纶自钟离还军，济江趣京口，中流风起，人马溺者什一二，识者以为成败之徵也。今城西北三里曰西津渡，为南北对渡口，古谓之西渚。刘宋元徽四年，建平王景素举兵京口，朝命分遣张保，将水军讨之，保泊西渚，为景素左右所败。唐时亦曰蒜山渡。宋置西津寨于此，俗谓之西马头，即江口也。亦曰京口港。《类集》云：江至金山分为三浤。浤，一作零，又作泠，陆游曰：金山西南面水中有三石山，奇峭险拔，曰石排山，亦曰石牌，山之北曰北浤江，为中流最深处。元段廷珪云：江行到金山，急流处谓之撺簰，或云金山盘涡旋激，号为大簰，其险最甚。簰与排通，盖皆以石排山名也。沿江一带，汊港支分，沙洲错列，而金、焦以至圌山，皆战守所资矣。今详大川大江及川渎异同。

漕河，在城西二里。自江口至城南水门，凡九里，又南经丹阳县，至吕城堰百二十四里。相传秦凿京岘东南，以泄王气，即漕渠之始。或曰司马迁言禹之治水，于吴则通渠三江五湖，则漕渠之来久矣。六朝都建康，凡三吴船避京江之险，自云阳西城凿运渎径至都下，而故渠如故。《齐书·志》：丹徒水道，内通吴会，是也。隋平陈，废云阳二渠。大业六年，敕穿江南河，自京口至馀杭八百余里，广十余丈，拟通龙舟，以备东游，即丹徒漕渠矣。唐永泰二年，转运使刘晏，奏引练湖水灌漕河。宋天圣以后，屡经疏浚。元符二年，修造京口澳闸以利运。政和六年，敕镇江府旁临大江，舟楫往来，无港澳容泊，故覆溺甚众，其西有旧河堙废，可及时浚治。自乾道至嘉定，复屡浚江口至城南一带。元至元、大德及泰定间，亦数经浚治。明天顺中，复疏而广之，每遇浅涸，辄以时开淘。《南徐志》：京口旧名须口，旧有五闸，曰京口，曰腰闸，曰下、中、上三闸，皆通接潮汛，樽节启闭，以通漕舟，其后渠渐浅狭，闸亦废坏。宋、元以来，数议修复。今为京口闸，当漕渠之口，距江一里。唐时改闸为堰。宋复易堰为闸。其后屡废屡置，每潮长则开以通舟，潮落则闭以蓄水，闸外江滩，横直各二十丈，可以藏舟，东南百万粟，每岁取途于此。《漕渠考》：漕河自丹阳新丰塘而西，入丹徒界，又西北五十里为京口闸。○夹冈河，即漕渠之别名也，在丹徒南者曰小夹冈河，在丹阳北者曰大夹冈河，盖以道出山脊间而名。宋治平中，修夹冈河道。乾道六年，复自丹阳浚至夹冈。又海鲜河，在城西北，北通京江，东南接漕渠。宋嘉定八年，郡守史弥坚所开。今废。

安港，府东北八十里。通大江，有巡司戍守。《江防考》：自安港而东北百里，为丹阳之包港，皆防守处也。又甘露港，在北固山下。宋嘉定中，郡守史弥坚导流而西南入归水澳，以济漕渠，于港口置上下二闸，又于上闸之西，因陂泽故址为秋月潭，下闸之东，则浚为北固浦，以便舟航舣泊。明初，败张士诚将戴院判，擒之，还驻于秋月潭，是也。《宋会要》：漕渠东有积水澳，北有归水澳。元符中，漕使曾孝蕴筑以济漕。乾道中废，弥坚为守，复浚归水澳，东北接甘露港，又西入于漕渠。《志》云：甘露港北通大江，南通上河，是也。又有新港，在京口、甘露二港间。永乐十年，浚京口新港及甘露港。弘治中，复浚新港及甘露港，寻废。○丁卯港，在府南三里。晋元帝子裒镇广陵，运船出京口，水涸，奏请立埭，以丁卯日制可，因名。上有丁卯桥，运道所经也。

新丰湖，府东南三十五里。亦曰新丰塘。《元和志》：晋大兴四年，晋陵内史张闿所立，为灌溉之利。《晋书》：闿立曲阿新丰塘，溉田八百余顷，每岁丰稔。是也。

润浦，城东一里。亦曰东浦。北通大江，隋以此名州。又茅浦，在府东，隋大业中，群盗刘元进攻润州，诏吐万绪击之，绪至扬子津，元进自茅浦将渡江，为绪所败，遂济江击元进，元进解围东走。〇下鼻浦，在府西十八里，北入江。《舆地志》：吴置刺奸屯。晋郗鉴尝筑两垒于浦西。又南七里曰乐亭浦，《吴志》以为簿落也。王濬《缘江图》谓之渎浦。亭北江中有贵洲，魏主丕临江试舟师，曾漂至此。隋开皇十年，江南乱，郭衍屯京口，败贼于贵洲南，是也。

谈家洲，府西北六里江中，近时新积沙洲也。横列大江，为京口扼束之地。《江行记》：大江东下，金山扼其中流，江水两分，自山而东，中流稍缓，沙土渐积，遂成此洲。

徐陵亭，在府西。《南徐记》：京口先为徐陵镇，其地盖丹徒县西乡京口里也。《通释》：徐陵、丹徒、京城，其实一也。吴黄武元年，吕范败于洞浦，魏臧霸以轻船袭徐陵，全琮、徐盛击却之。刘氏曰：徐陵本亭名，华覈封徐陵亭侯，是也。吴以其临江津，因置徐陵督守之。萧齐建元初，以魏人入寇，沿江置戍，分置一军于徐浦，即徐陵矣。洞浦，今见和州。〇回宾亭，在府治东。梁大同十年，幸京口，宴乡里故老于此。

甘露镇，在城东北，以近北固山甘露寺而名。胡三省曰：润州城东角土山上有甘露寺，前对北固山，后枕大江。唐宝历中，李德裕建寺，适有甘露降，因名。大顺中，孙儒寇陷润州，置甘露镇将，盖因此寺而名。《丹徒志》：北固山之支麓，稍转而南，巍然隆起，谓之土山。三国吴本置寺于此。李德裕观察浙西，施州宅后地，增拓之。乾符中寺毁，未几复建。宋祥符中始移于北固山上。胡氏考之未详也。

丹徒镇，府东十五里。运道所经，商旅辐辏，有东西二港，皆通大江，达运河，亦曰丹徒港，旧有闸，蓄泄江水以济运。自港口至焦山十五里，其东北有藤料沙。明初置丹徒巡司于镇东港口，又置姜家嘴巡司于藤料沙。自镇而西，至高资港巡司七十里，东至安港巡司亦七十余里，为江防要地。或曰镇即故丹徒县。《括地志》：故丹徒在今县东南十八里。

《南徐记》：秦凿丹徒岘之东南，在故县西北六里，似汉、晋时丹徒县盖治此也。今土人犹谓之丹徒旧县。○大港镇，在府东五十里，以通大港口而名，与圌山邻近。《志》云：镇西有大港渡，渡江而北，为扬州之苑林村。

新丰镇，府东南四十五里，与新丰塘相近。胡氏曰：晋陵地界有新丰陵，南朝山陵也。唐至德二载，淮南诸将讨永王璘于丹阳，军于瓜步，扬子别将赵侃等济江至新丰，大败璘军。《舆程记》：自丹阳县西五里马林塘，至新丰三十里，又西北三十里至丹徒镇，为运道所经。○谏壁镇，在府东四十里，近大江。其地有雩山，刘宋武帝裕之父兴宁陵在焉。镇北为谏壁港，通大江。谏，亦曰涧。宋开宝中，南唐臣卢肇言：京口至涧壁，俱系冲要，宜立屯栅，广备御。是也。

高资镇。府西五十里。有高资港，滨大江，与仪真县相接，又西为句容县界，置巡司戍守。○丁角镇，在府西南七十里。其相近者曰炭渚港，通大江，亦戍守处也，向设炭渚驿。一云炭渚在府西四十里，滨江。○万岁楼，《志》云：在府城上西南隅。晋隆安中，王恭镇南徐时所建。宋元徽四年，建平王景素举兵京口，台军击之，既薄城下，众军相率奔退，惟景素参军左暄力战于万岁楼下，势不能敌而散。宋时呼为月台，又谓之月观，绍兴中尝更新之。今故址尚存。

○丹阳县，府东南六十里。东南至常州府百里，西至江宁府句容县九十里。本楚之云阳邑。秦曰曲阿县。汉因之，属会稽郡。后汉属吴郡。三国吴复曰云阳县。晋又改为曲阿县，属毗陵郡。宋、齐属晋陵郡。梁属兰陵郡。隋属江都郡。唐武德三年，置云州。五年改简州。八年州废，县属润州。天宝初，改曰丹阳县。今城周十里，编户一百六十里。

曲阿城，即今县治。古曰云阳。秦始皇以其地有天子气，凿北冈，以败其势，截直道使阿曲，改曰曲阿县。后汉兴平元年，刘由为扬州刺史，治曲阿，为孙策所败，走丹徒。今县治西南有故城址曰刘由城，相传由所筑也。吴嘉禾三年，复改曰云阳。赤乌八年，吴主使校尉陈勋凿句容中道山，直至云阳西城通会市，作邸阁，盖凿茅山之麓以通道也。晋咸和三年，郗鉴筑曲阿垒于城西，以拒苏峻之兵。齐建武中，会稽太守王敬则举兵犯建康，前锋奄至曲阿，诏左兴盛等拒之，筑垒于曲阿长冈，敬则急攻，不能拔，众溃。隋开皇九年伐陈，贺若弼拔京口，长驱趣建康，分兵断曲阿之冲而入，盖其地在武进、丹徒、句容三县间，分兵断之，则三吴之兵，不能入救，建康且犄其后也。大业九年，群盗刘元进等攻丹徒，吐万绪击破之，进屯曲阿。唐天宝以后，始谓之丹阳。《城邑考》：县城旧周三里，自元以来颓废。嘉靖三十四年，始筑内城，周三里有奇。明年，以倭寇焚掠城外，复筑外城楼内城，跨漕河，延袤十余里，于是合内外城为一。四十一年，复移运道于城外云。

延陵城，县南三十里，本曲阿县之延陵乡。晋太康二年，分置延陵县，属毗陵郡。咸和四年，苏峻平，其故将张健，帅舟师自延陵出间道，将入吴兴，王允之等讨败之。宋仍为延陵县属晋陵郡。泰始二年，会稽诸郡兵应晋安王子勋，于寻阳将至延陵，宋主遣巴陵王休若御之，休若军于延陵，筑垒固守，东军败散。隋废丹徒县，移延陵治焉。唐武德三年，复还故治，以县属茅州。七年，州废，县属蒋州。九年，改属润州。宋熙宁五年，省县为延陵镇，仍置延陵寨于此，属丹阳县。《志》云：镇南有云阳东西二城，相距七里，在运渎南岸，盖孙吴时所置，或以为春秋时吴楚分疆处。今丹阳、句容分界于此。

吕城，县东南五十四里，与武进县接界。相传吴将吕蒙所筑，城址尚存。宋开宝七年，吴越助宋攻江南，围常州，拔其吕城，及江南平，以运道所经，置堰闸于此。淳化中，废。元祐四年，知润州林希奏复吕城堰，置上下闸，以时启闭。元符初，知润州王愈请复申启闭之禁。又绍兴二年，吕颐浩受命都统诸军，开府镇江，行至常州，前军将赵延寿叛于吕城镇，犯金坛，颐浩惧，移疾不敢进。庆元五年，命镇江府守臣重修吕城两闸,毕,再造一新闸以固堤防。德祐初,为元兵所陷,既而刘师勇复常州,使别将张彦守吕城,寻又为元兵所破,师勇复攻拔之。明初仍置吕城闸,设官守之,以时启闭。弘治中闸废。嘉靖初复置。然旧制渐弛,运河每患浅阻,寻奏复之,未久辄废。《志》云:吕城镇东出奔牛十八里,其地不特为运途津要,亦常、润间之屏蔽也。今有吕城驿,又置吕城巡司戍守于此。

　　经山,县东北三十五里。一名金牛山。有金牛洞,洞皆石壁,洞口仅容一人,其中甚广,山北迫近江岸,贼由此登犯,可以直薄县城。宋置经山寨于此,为防遏之所。又绣球山,在县东北三十六里,三山相连如绣球,上有白鹤泉。《志》云:经山东北五里曰陈山,经山之东七里曰沈山,皆冈峦相接,自此益引而东北,数十里间,陵阜绵延,错列江滨,宛如屏障。

　　九灵山,县东北四十里。九峰相连,下有桃花洞。又东五里曰嘉山,中有龙湫。○随驾山,在县东北五十里,相传秦始皇尝过此。今县北十五里有秦驰道,亦以始皇名也。又独山,在县东五十五里,其相近有固山,又东即武进县界。

　　夹冈,县北二十五里。亦曰大夹冈。下临运河,故运河亦曰夹冈河也。又北冈,在县北十八里练湖上,相传秦凿云阳北冈即此。《志》云:县自西而北而东,其以冈名者,凡数十计。昔人谓天设长堤,拥卫江流者也。

　　陵口,在县东三十二里。齐梁诸陵,多在金牛山旁。齐高帝葬泰安陵,在今县北二十五里;武帝葬景安陵,在县东三十一里;明帝葬兴安陵,在县东十四里;又明帝父道生葬修安陵,正在金牛山下;梁武帝父萧顺之葬建陵,在县东北二十五里;武帝葬修陵,在县东二十一里;简文帝葬庄陵,在县东二十七里。陆游曰:今自常州西北至吕城,又西北过陵口,见大石兽偃仆道旁,已残缺,盖南朝陵墓也。齐明帝末,王敬则反,自会稽西上,至武进陵口,恸哭而过,盖过齐武帝陵也。亦谓之武进陵口，盖萧氏武进东城里人也。〇吴陵，在县西十五里。《志》云：孙坚葬此，亦曰高陵。又县西十里有白鹤山，《志》以为孙钟葬于此。钟，坚父也。山前有冈曰支子冈。

大江，县北五十里。自丹徒县流入界，又东入武进县界。《志》云：滨江诸港凡数处。而最名者曰包港，北通大江，南达嘉山。宋置包港寨于港口，今为包港巡司。又东十里即孟渎河口也。〇马嘶港，在县东北六十里，通大江。《志》云：洪武二十七年，信国公汤和败群贼于此，岁久淤塞。隆庆二年开浚，引江水溉田，大为民利。

练湖，在县城北。一名练塘。《舆地志》：晋陈敏据有江东，遏马林溪以溉云阳，号曲阿后湖。《南徐记》：湖周百二十里，纳丹徒长山、高骊、诸山之水，凡七十一流，汇而为湖。唐时，近湖民筑堤横截十四里，开渎口泄水，取湖下地作田，遂分上下二湖。永泰二年，州刺史韦损状请重开下湖，谓练湖未被隔断以前，每春夏雨水涨满，侧近百姓，得引溉田苗，官河乾浅，又得湖水灌注，官私往来，至为便利，若霖雨泛溢，即开渎泄水入江，自堤筑以来，湖中地窄，无处贮水，横堤壅碍，不得北流，秋夏雨多，即向南奔注，丹阳、延陵、金坛、等县良田八九千顷，常被淹没，稍遇亢阳，近湖田苗，无水灌溉，所利一百一十五顷田，损三县百姓之地、望依旧涨水为湖，官河既得通流，邑人免忧旱潦，报可。李华曰：练湖幅员四十里，韦损增理故塘，缭而合之，广湖为八十里，亦名丹阳湖。大历初，刘晏为转运使，分官吏主丹阳湖。禁民引溉，河漕不涸。南唐升元中亦浚治之，复作斗门，以通灌溉。宋绍圣中重浚，又易置斗门，以便潴泄。大观四年，臣僚言：有司以练湖赐茅山道观，缘润州田多高卬，及运渠夹冈水浅，赖湖以济，请别用天荒江涨沙田赐之，仍令有司照旧修筑。宣和五年，臣僚复言：练湖与晋陵新丰塘地相接，广八百余顷，溉四县民田以一寸益漕渠一尺，今堤岸损缺，乞以时修筑，从之。绍兴七年，转运向子諲言：练湖堤岸废坏，不能潴蓄，舟楫不通，公私甚病，一遇霖潦，则淹及丹阳、金坛、延陵一带良田，今增置二斗门石闸，及修补堤防，尽复旧迹，庶为永利。乾道七年，臣僚又言：练湖向来修筑甚严，潴水济运，为利甚溥，兵变以后，堤岸圮缺，奸民侵占，遂致淤淀，望及时浚治，修固堤防，使民田漕渠均被其利，因命漕臣沈庋，修筑南北斗门，且严盗决侵耕之禁。淳熙中，增置斗门闸函，以便蓄泄。淳祐二年，郡守何元寿复修湖闸，辟淤稻娆其后上湖又为民所侵。景定中，修筑岸埂以限之。元初，豪民于湖面高处，复围裹为田。至元三十一年，复浚为湖。大德九年，又尝开治。至治三年，镇江路总管毛庄言：本路漕渠，每遇浅涩，全藉练湖之水，随宜通放，以资灌溉，所谓湖水放一寸，河水增一尺也。近年以来，练湖、漕渠，俱成淤塞，每有转输，必劳民力，相视漕渠，自江口至吕城百三十一里，切宜修浚，而练湖淤塞处，亦切须开挑，湖水不致乾浅，运河得以接济矣。泰定初，浚漕渠，由江口程公坝抵浦河口百二十里，又浚湖、筑堤、治斗门及石磉石函，以蓄泄启闭，练湖复治。明建文末，重修埂闸。正统中，又修堤植柳，及修东埂斗门。景泰中复修筑。成化中，又筑湖堤及修斗门、函管。弘治中，复修筑。万历十三年，知府吴撝谦建议，练湖上受长山八十四汊之水，下通运河，周四十余里，分上下二湖，界以中埂，见有石闸三座，盖引上湖之水以渐达之下湖；更有石闸三座，石磉一座，则引下湖之水以渐达之运河。又有函洞一十二处，则引上下湖之水以达之田间。函洞以时启闭，则民间之旱涝无虞，闸座以时启闭，则运河之蓄泄有备。宜立为令式，委有司于春初修筑湖堤，以防冲决，严禁势豪侵占，并经理启闭事，宜当事为之奏请，允行。其后亦屡经修浚，俗谓之曰开家湖。潘季驯曰：练湖本无泉源，夏秋霪雨，注汇成湖，一遇亢旱，漕乾湖亦干矣，且湖水入漕，势皆东趋，于漕渠似无益也。《赘论》曰：自唐以来，皆议引练湖济运，宋元时言治水者，又皆云练湖自长山合八十四流而为辰溪，自辰溪潴而为湖，又别为重湖，环湖为堤四十里，此亦巨浸也。而潘氏乃云湖无泉源，又谓无益于漕，夫漕乾湖亦干，岂非淤塞之故欤？湖入漕而东趣，此吕城、奔牛所以置闸之意欤。潘氏之说过矣。○万顷洋，在县南四十五里。旧《志》云：溉田甚溥。

运河，在城南。自常州府西至吕城镇，入县界，又西经城东。嘉靖中作内城于漕河西岸，寻作外城，跨漕河，接内城，漕河遂夹城中而西北出。嘉靖末，始凿城西北，引流达西门城濠，经南门，合简渎出东门桥，复入运河，盖引江湖襟带城郭，且徙运道于城外，公私往返，无城门之阻，而城中可免意外之虞，谓之新开运河。万历十八年，益浚外濠，自南迄西亘八里，使漕舟更不必经由城内，且移云阳驿于城西，为牵挽之便，时以为利，又西北经练湖闸大夹冈，达新丰镇，而入丹徒县界。《志》云：漕渠在丹徒界者四十五里，而在县界者九十里，自京口闸至吕城，势若建瓴，宋人谓运河经吕城、夹冈，形势高卬。是也。昔时，遇冬则闭闸蓄水以济漕，不足则以湖水助之，凡启闭后先，皆有程限。嘉靖以后，其制渐弛。今漕舟经县界，每虞浅涩云。

九曲河，在县北。南接漕渠，北达大江，委蛇七十余里。亦谓之新河。河口有博望堰闸，昔时由此通潮，利漕且利灌溉，后河日浅淤，堰闸亦废。○珥渎河，在县东南七里，与漕渠相接。河口有七里桥，南流入金坛县界。

破冈渎，在县西南。《舆地志》：延陵县西有东云阳、西云阳二渎，相去七里，与句容县接境，吴赤乌中所凿，自延陵以至江宁，上下各七埭。梁以太子纲讳忌之，废破冈渎，别开上容渎，在句容县东南五里，为二流，一东南流三十里，分十六埭，俱在延陵界内。一西南流二十六里，分五埭，经句容县，皆会流入江宁之秦淮。陈复堙上容，修破冈渎。至隋平陈，并废。盖六朝都建康，吴会转输皆自云阳径至都下也。详见句容县。

简渎，县南五里。《志》云：唐置简州，以渎名也。俗亦呼渎河。明景泰六年尝浚治，东北接漕河，南通延陵镇。一名香草河。〇丁义渎，在县南三十里，自金坛白鹤溪分派，导流而北，凡三十五里，溉田数千顷，后废。宋绍熙中复浚治之，岁则大熟，至今赖之。又相渎，在今县南六十里，亦名直渎，自白鹤溪北通武进奔牛闸。相传宋相王存自临安归丹阳，每由径道出此，因名。又县东南五十四里有吕渎港，万历间重浚，北引运河，南通白鹤溪，凡二十里，沿河民田，资以灌溉，舟航径达，货物流通，为一方利。

　　吴塘，县东七十里，周四十里，半入金坛县界。《志》云：梁吴游所造。县南五里又有浦里塘，相传即三国吴永安中吴郡都尉严密所作浦里塘也。似误。〇白鹤溪，在县东南五十五里，《志》云：出县南古荆城，贯金坛县北入毗陵境，一名荆溪。又辰溪，在县西北。《志》云：丹徒境内高骊、长山诸水，引流为蜃溪，宋避孝宗嫌名，改曰辰溪，汇八十四汊之水而为练湖，其余流南入金坛境。又马林溪，亦在县西北。《志》云：在丹徒县南三十里，即辰溪支流也。今有马林桥跨辰溪上，长山八十四派之水，皆由此入于练湖。

　　长冈埭，在县西南，即破冈渎中七埭之一也。齐明帝末，王敬则自会稽举兵西上，过武进陵口，曲阿令丘仲孚谓吏民曰：贼乘胜虽锐，而乌合易离，今若收船舰，凿长冈埭，泻渎水以阻其路，得留数日，台军必至，如此则大事济矣。敬则至，渎水涸，果顿兵不得进，齐主遣左兴盛等筑垒于曲阿、长冈以拒之，敬则旋败死。胡氏曰：曲阿县界有上下夹冈，埭亦谓之上金斗门。《漕渠志》：自县而西北有大小夹冈，皆凿山通道，雨过则泥沙壅塞，盖即古之长冈埭，夫敬则将自曲阿径走建康，岂自曲阿走丹徒乎？《邑志》：曲阿、长冈二垒，在今县北二十里石潭村。盖皆误以夹冈为长冈也。

　　白土镇，县西南五十里，又四十里至句容县。陆道走金陵，此为中顿,昔时两县分界于此,今属句容境内。○珥村镇在县南四十里珥渎河西岸,南接金坛县界。又有丁桥镇在县南六十里,埤城镇在县东北五十里,接武进县界。

废亭。县东四十七里,即晋郗鉴筑垒处。《寰宇记》:鉴筑大业、曲阿、废亭三垒于此,误也。元时尝置废亭埠,寻废。今其地与武进县接界,详见武进县。○神亭,《志》云:在延陵旧县西三十里。后汉建安中,孙策进击刘由于曲阿,由使太史慈独与一骑觇视轻重,卒遇策于神亭,直前搏战,即此处云。

○金坛县,府南百三十里,东至常州府百里,东北至丹阳县九十里,西北至江宁府句容县百二十里。本曲阿县之金山乡。隋末,乡人保聚于此,置金山县。隋亡,沈法兴改为琅邪县。唐武德二年,李子通破走沈法兴,于县置茅州。八年,平辅公祐,县并入延陵。垂拱四年,复析置金坛县,属润州。今城周十里,编户一百三十六里。

茅山,县西六十五里,与句容县接界。山东及南属县境,北属句容,有龙尾山,自大茅峰蜿蜒而下,势如龙尾。今详见句容县。

顾龙山,在县南五里。前望白龙荡,因名。一名乌龙山,俗呼上山。明初太祖东征,尝驻跸于此。又大岯山,在县南三十里长荡湖中。其并峙者曰小岯山,山北属县境,其西南属溧阳,东北属宜兴也。

长荡湖,县南三十里,与宜兴、溧阳接界,即洮湖也。王康云:洮湖旧有八十一浦口,受荆城、延陵、丁角、薛步四源之水,今所存惟二十有七,余皆淤塞。荆城近白鹤溪口,丁角近茅山东北麓,薛步在县西五十里,当茅山东麓。盖茅山诸溪涧,多汇于长荡湖矣。今详大川洮湖。○高湖,在县北十里,周百余顷,北受五十渎,南流十二里入大溪。

白龙荡,县南六里。旧名思湖,最宽衍,蓄水以纾下田之涝,今为居民筑埂,擅菱藕之利。稍东曰钱资荡,其西南二里曰南洲渎,南十四里曰古速渎，引流入长荡湖。〇天荒荡，在县西北。其上流受长山以南、茅山以东诸水，汇流为荡，俗有十万天荒九万田之语。居民筑堤捍水，引流入于运河，谓之建昌圩。圩田近十万亩，置闸以蓄泄之，为民利甚溥。又滕湘荡，在县西。其旁有紫阳、西阳二渠，荡介其间，广五百余顷，民引为灌溉之利。

大溪，县西二里，东南流入于长荡湖。王氏樵云：今县西有青蒲河，通昆仑河入长荡湖，即故大溪矣。又唐王溪，在县西南三十里，受茅山诸水，县西三十五里又有直溪，受茅山、丁角诸水，俱东南流入大溪，注于长荡湖。

白鹤溪，在县北。上承金陵句曲之水，东流入常州界。《漕渠考》：县北有金坛河，溧阳、高淳之水由此河出，至丹阳城东七里桥，其水可以济运。王氏曰：运河在县北十里，自白鹤溪引流而东，县北八里有高湖、下口渎、天荒荡诸水，亦东流至此，会于运河，益引而东，接武进县之涡湖，而东北达于漕河。此县境运河正流也。

莞塘，县东南三十里。《志》云：梁大同五年，南台侍御史谢贺之壅水为塘，种莞其中，因名。或曰即南北谢塘也。《唐会要》：县有南北二塘。武德中，润州刺史谢元超因故塘复置，溉田千顷。《寰宇记》：南北二塘，梁普通中谢德威造，隋废，唐谢元超重筑。又单塘，在县东北二十里，《志》云：萧齐时单旻所筑。〇万束陂，在县东三十里。《祥符图经》：陂宜稻，顷收万束，因名。又有莲陂，在县西八里，宋嘉定中废。

珥村。县北四十里，即丹阳县之珥村镇也。北通丹阳县东南之七里桥，东达武进县奔牛镇，为往来间道。〇湖溪村，在县南三十里，当长荡湖口。明初置长荡湖河泊所，又湖溪巡司亦置于此。

附见：

镇江卫。在府城内，洪武初建。

读史方舆纪要卷二十六

南直八　庐州府　安庆府

〇庐州府，东至滁州二百六十里，东南至和州二百八十里，南至安庆府三百六十里，西南至湖广黄州府八百十里，西至河南光州六百里，西北至凤阳府寿州百七十里，东北至凤阳府二百七十里。自府治至江宁府五百十里，至京师二千六百里。

《禹贡》扬州之域。古庐子国也。春秋时舒国地。战国时属楚。秦属九江郡。汉为九江、庐江二郡地。后汉因之。三国魏为重镇。曹操表刘馥为扬州刺史，建州治于合肥。晋为淮南、庐江二郡地。东晋侨置南汝阴郡。梁天监五年，置豫州。七年，改为南豫州。太清元年，改为合州。北齐兼置北陈郡。隋初郡废，改曰庐州。大业初，曰庐江郡。唐亦曰庐州。天宝初，曰庐江郡。乾元初，复故。杨吴置昭顺军。《薛史》：后唐长兴二年，诏升庐州为昭顺军。盖遥领也。南唐曰保信军后周因之。《五代史》：显德五年，置保信军于庐州。盖因南唐旧名也。宋仍曰庐州。亦曰保信军。建炎初，淮南西路安抚司治此。元初置淮西总管府，寻改庐州路。明初改庐州府，直隶京师，领州二、县六。今仍为庐州府。

府为淮右噤喉,江南唇齿。自大江而北出,得合肥,则可以西
问申、蔡,北向徐、寿,而争胜于中原;中原得合肥,则扼江南之吭
而拊其背矣。三国时,吴人尝力争之。魏主叡曰:先帝东置合肥,
南守襄阳,西固祁山,贼来辄破之于三城之下者,地有所必争也。
盖终吴之世,曾不能得淮南尺寸地,以合肥为魏守也。南北朝时,
合肥常为重镇,淮西有事,必争合肥。隋欲图陈,先以韩擒虎为
庐州总管,其后出横江,渡采石,金陵在掌中矣。唐初,庐州屡为
盗贼所窥伺。隋大业十三年,贼帅李通德寇陷合肥义宁。初,贼帅张善
安陷庐江。及乾符乱起,庐州实为战守之冲。乾符三年,王仙芝陷庐
州。龙纪初,又为孙儒所陷。杨行密创绪于此,遂克并有淮南,及南
唐丧淮南,惟庐州最后下。周显德五年,取淮南十州,南唐以庐、舒、
蕲、黄四州献于周。宋南渡以后,庐州尤为要地,往往拒守于此,为
淮西根本。嘉熙之季,杜杲犹力守庐州,屡挫蒙古之兵,岂非形胜
所在哉? 明初创起江淮,亦克庐州而版图日廓。郡居江淮襟要间,
固不可以缓图也。

○合肥县。附郭。汉县,属九江郡。晋属淮南郡。刘宋改为汝阴
县,南汝阴郡治焉。萧齐仍属南汝阴郡,高齐亦曰汝阴县,属庐江郡。隋
复曰合肥,为庐州治。今编户五十五里。

合肥城,在今府治东北,一名金斗城。《志》云:合肥分野,入斗
度独多也。今城门遗址尚存,亦曰金斗门。汉置县于此。后汉建武中,封
功臣坚镡为合肥侯。建康初,九江贼徐凤等遣其党黄虎寇合肥。建安四
年,孙策取合肥,以顾雍为合肥长。五年,曹操表刘馥为扬州刺史,时扬
州独有九江,馥单马造合肥,建州治,招流亡,广屯田,兴陂堨,又高为

城垒,修战守备。十三年,孙权自将围合肥,不克。十四年,曹操使张辽、李典、乐进屯合肥。二十年,孙权率众十万来攻,辽等以八百人大破之。二十四年,权复攻合肥,不克。魏太和四年,权又攻合肥,不能拔。六年,扬州都督满宠表言:合肥城南临江湖,北远寿春,贼来攻围,得据水为势,官军赴救,必先破贼大辈,围乃得解,贼往甚易,兵救甚难,今城西北三十里,有奇险可依,立城于此,可以固守,此为引贼平地而特其归路,又贼未至而移城却内,此所谓形而诱之,引贼远水涉利而动也。从之,谓之新城。明年,孙权自出围新城,以其远水,积二十日不敢下船而退。青龙二年,孙权复自巢湖向合肥新城,卒无功。嘉平六年,吴诸葛恪围新城,不能拔。《志》云:今鸡鸣山下有新城故址。晋平吴,复还故治。大兴二年,兖州刺史郗鉴为后赵所逼,退屯合肥。建元二年,陷于后赵。永和六年,庐江太守袁真,乘赵乱攻克之。隆和二年,桓温帅舟师屯于此。宋泰始二年,殷琰据寿阳,遣其党薛道标陷合肥,刘勔攻克之。齐永元二年,裴叔业以寿阳降魏,诏李叔献屯合肥,魏人进攻合肥,擒叔献。梁天监五年,韦叡攻合肥,堰淝水灌城,魏人筑东西二小城,夹合肥,叡攻破之,叡亦使军主王怀静筑城淝水岸以守堰,为魏所拔,复筑垒于堤以自固,淝水益盛,城遂溃,于是自历阳迁豫州,治合肥。普通七年,克寿阳,因改置豫州,而以合肥为南豫州。太清元年,又改合州。三年,没于东魏。陈大建五年,伐齐,吴明彻攻合肥,克之。十一年,又没于后周。隋开皇三年,置庐州,治合肥。五年,于故新城立镇、置仓,谋伐陈也。大业十三年,为贼帅李通德所陷,将军来整击走之。唐武德初,来归。咸通三年,徐州贼庞勋遣兵陷合肥。乾符三年,又为濮州贼王仙芝所陷。中和三年,淮南节度高骈,以杨行密为庐州刺史。龙纪初,又陷于蔡州贼将孙儒。景福元年,杨行密复取之。五代梁乾化四年,遣王景仁攻庐、寿二州,吴使徐温等出合肥,御却之。周显德五年,南唐以合肥来归。宋大观四年,冀州贼孙琪转寇淮南,犯庐州。绍兴初,刘豫遣其党王世冲寇庐州。四年，金人围庐州，岳飞使牛皋来援，金人败走。六年，刘豫分道入寇，其子麟出中路，由寿春，犯合肥，杨沂中等败却之。七年，淮西将郦琼以庐州叛，降刘豫。十一年，金兀术入庐州，杨沂中等败之，遂复庐州。三十一年，金亮南寇，入庐州，未几收复。开禧二年，金人围庐州，不能陷。十年，复来侵，又败却。端平二年，蒙古寇淮西，游骑自信阳趣合肥，诏淮东帅赵葵赴援。嘉熙二年，蒙古帅察罕围庐州，欲引舟师自巢湖窥江左，淮西帅杜杲败却之。咸淳末，夏贵以城降蒙古，而宋事不可为矣。元至正十四年，为左君弼所据。二十三年，明师围庐州，寻引去。明年，复围庐州，克之。《城邑考》：府城，相传后汉建安中刘馥所筑。唐贞元中，刺史路应求以古城皆土筑，特加甓焉。宋乾道五年，淮西帅郭振筑斗梁城，横截旧城之半，跨金斗河北，而阻绝旧城于斗梁之外，自是相继修葺。元初毁天下城郭，至正中兵起，州人仓卒为木栅以守，寻因故址修葺。明初，克庐州，立江淮行省于此。命俞通海摄省事，因修城浚濠以为固，后复颓坏。弘治十年复经营之，尽甓废缺，为陆门七，水关二。正德七年，以畿辅贼刘七等掠淮上，窥郡境，议者以金斗河东西贯城，虑水关难守，乃闭水关，筑堾以障之。说者曰：合肥旧称险固，古语谓天生重庆，铁打庐州，言其难犯也。明初，攻庐州，三月不克。正德中，贼刘七等经府境，不敢攻而去。此其验矣。然因革不时，旧险渐失。或以为今城即宋郭振所筑故址也，周十三里有奇。

梁县城，府东北七十里。汉慎县，本属汝南郡，刘宋侨置县于此，属南汝阴郡。齐因之。东魏置平梁郡。陈曰梁郡。隋初郡废，县属庐州。唐因之。宋绍兴三十二年，避讳改曰梁县，从旧郡名也。元仍旧。明初，省入合肥县。今为梁县乡。○新城，《志》云：在府西三十里鸡鸣山北，三国魏满宠所谓奇险可倚者也，故址犹存。《括地志》：合肥新城，距今城二十里，或目为界楼城，以在庐、寿二州间也。隋尝立镇置仓于此。宋《乾道新城记》：今城西北二十里有白渡港。魏筑二垒于此，号曰合肥城，盖即新城云。胡氏曰：《华夷对境图》魏合肥新城，今为庐州谢步镇。

浚遒城，旧《志》：在梁县西三十里。汉县属九江郡。后汉因之。曹操侵吴，尝顿兵于此，修葺故城，俗亦谓之曹城。晋曰逡遒县，属淮南郡。咸和初，石勒将石聪攻祖约于寿春，遂寇逡遒、阜陵，建康大震。后省，侨置于江南。○滁阳城，在废梁县东北四十里，涂水经此，因名。《寰宇记》：吴赤乌十三年，遣兵断涂作堰，以淹北道，因筑此城，为守御之备。王氏亦曰：吴断涂水作塘，于其上源筑城也。或曰：城盖魏所筑，吴不能得合肥，岂得越境筑城于此。盖魏人筑此城以备吴耳。又赭城在府西北，唐光启二年，寿州刺史张翱遣兵寇庐州，杨行密将田頵等败之于赭城，是也。赭城，《通鉴》作楮城。

大蜀山，府西二十里。《尔雅》释云：蜀者，独也。山卓然孤立，登其巅，远见二百余里。又西二十里曰小蜀山。○鸡鸣山，在府西四十里，淝水出于此，上有龙井。唐建中四年，淄青帅李纳叛，断淮西运道，水陆运使杜佑请改疏颍水通漕，因言庐、寿间有水道，而平冈亘其中，曰鸡鸣山，请疏其两端以通舟，中间登陆四十里而近，则江、湖、黔、岭、蜀、汉之粟，可方舟而下也。议未及行。

紫蓬山，府西南七十里。一名李陵山，以山有李陵庙也。《南畿志》：淝水出李陵山，至合肥而始大，山有径达府西五十里之石佛山，亦曰李陵山。《峡志》云：石佛山两旁皆石，中有路通人行。元末设关守隘，曰竹林关。○大潩山，在县西百里，有泉不涸，其西为龙凤山口，道通六安、舒城。

浮槎山，府东八十里。一名浮巢山，一名浮阇山，郡境名山也。俗传山自海上浮来，顶有佳泉，欧阳修谓张又新《水记》载龙池而弃浮槎，所失甚多。今龙池山，在府西百二十里，与六安州接界，一名龙穴山。○方山，在府东六十里，山顶四平。南宋初，居民尝结寨保聚于此。又有东山，在府东九十里，其山口路通巢县。

四顶山，府东南七十里。俯瞰巢湖，上有四峰特起，亦名四鼎山。唐罗隐诗：一山分四顶，三面瞰平湖。盖实录也。又有青阳山，在巢湖西北，西去府城六十里。○姥山，在府东南百里巢湖中，界合肥、巢、庐江三邑间，一名圣女山。又有孤山，亦在巢湖中，一峰孤立，因名。《志》云：山在府东百里。

黄山，府东百二十里，接巢县及和州含山县界，山有三百六十峰，周回二百余里，四时泉出不竭，俗呼为龙泉山，亦曰金庭山，一名紫微山。唐天宝中改王乔山。相传王乔尝居此，俗又讹王为黄也，山中岩洞幽胜，《道书》以为第十八福地。《志》云：山有金庭洞，中可容三百余人，又有紫微洞，出泉，冬夏不竭，居民引以灌溉。○小岘山，《志》云：在县东七十里，盖黄山之支陇也。有山口曰馀岘，道出全椒。今山见和州含山县及名山岘山。

淝水，在府城东。源出鸡鸣山，流入巢湖。《中都志》：淝水出紫蓬山，经合肥城下，其东有沿河之水入焉。自洗马湾、黄连门来，二河异源，而下流相合，故曰合肥。《邑志》云：淝水旧经城北，分二流，一支东南入巢湖，一支西北注于淮，今淝水分流为金斗河，自鸡鸣山而东，引流至城西，复贯城而东出。正德中筑埭障之，乃沿壕迤逦城南而东，与自城北而东南流之河合，又东南注于巢湖，盖水流变徙，淝水源流，非复故迹也。《吴志》：嘉禾二年，吴主欲围合肥新城，以远水不敢进，魏将满宠，度其必当上岸耀兵，乃伏步骑于淝水隐处以待之，吴兵果至，伏兵起，遂败却，即今淝水西岸也。馀详见大川淝水。

滁水，在府东北。《志》云：源出废慎县之龙潭，又东入滁州全椒县界，下流经六合县入于大江，为淮南之内险，江北之重阻。详见大川涂水。

三汊河，府南九十里。会庐江航埠水、舒城城下水、挑城水，亦曰三河，有三河镇。梁天监中，韦叡攻合肥，堰肥水，筑城于岸以守堰，为魏人所拔，乘胜至堰下，诸将惧，欲退保巢湖，或欲保三汊，叡不许。胡氏曰：保三汊以利于入船也。○店埠河，在府东四十里，源出城北六十里圆疃镇，流经此，为店埠镇，又东流入巢湖。宋绍兴十一年，杨沂中败金人于店埠，乘胜复庐州，是也。又派河，在府南三十里，源出大蜀山，亦东南流入巢湖。《志》云：府北百十里有茅埠河，东流经含山县境，下流达大江。

巢湖，府东五十里。亦曰焦湖，亦曰漅湖。周四百余里，占合肥、舒城、庐江、巢四县之境，汉港大小三百六十，纳诸水而注之江，为淮西巨浸。后汉永平十一年，尝出黄金。建安中，曹操数与孙氏争衡于此，诸葛武侯所谓曹操四越巢湖不成者也。吴嘉禾三年，吴主入居巢湖口，向合肥新城，不克。宋升明二年，北魏寇淮、肥，萧道成遣刘怀珍屯巢湖御之。梁天监五年，韦叡攻合肥，未拔，诸将欲退还巢湖。陈大建十一年，樊毅等将水军二万，自东关入焦湖，欲向合肥，以拒宇文周之兵。元至正十五年，明太祖自历阳谋渡江，患无舟楫，巢湖水寨军帅俞通海等来迎，太祖喜曰：吾事济矣。遂自将趣巢湖，将其众而还。

逍遥津，在今府治东，肥水支津也。后汉建安二十年，孙权攻合肥，不拔，撤军还驻于津北，魏将张辽等袭击权，诸将悉力拒战，权乘骏马上津桥，桥南已彻丈馀，超度得免。今有飞骑桥，相传即权超度处。又藏舟浦，在府城西北隅。魏张辽御孙权，凿此以藏战舰处。《寰宇记》：唐贞观十年，刺史杜公因旧浦作斗门与肥水相接，浦际有金沙滩。○洗马湾，在府北。《志》云：肥水自合肥而北，有洗马湾、黄连门二河，合流而北，入寿州界。

庐镇关，府西二百里，地入舒城县境，置巡司戍守，仍辖于合肥。

嘉靖二十四年，改石梁镇巡司。又竹林关，在府西五十里石佛山下，元置，今废。

石梁镇，在府东百二十里，接巢县界，有巡司戍守。其相近者曰顾军镇，元末尝设站驿于此。又有梁店镇，亦在府东百二十里，又府东四十里有撮城镇。

清水镇，府东北百里。宋开禧中以濠州陷，尝移治此。又左路镇，在府北百二十里，接寿州界。《志》云：府西九十里又有长城镇，道出六安州，元设巡司于此。洪武九年废。○桃花镇，在府南二十五里，府南三十里又有青阳镇。

派河驿，府南四十里，路出舒城。又护城驿，在府东北八十里，道出定远县。又金斗驿，在府城东门外。

黄连埠。在府东北，近定远县界。宋绍兴十一年，张俊等复庐州，方班师，行才数里，闻濠州围急，邀诸将杨沂中、刘锜等，还会于黄连埠，同往援濠，是也。○教弩台，在府城东，曹操所筑，今为明教台寺。

○**舒城县**，府西南百二十里，西北至六安州百三十里，南至安庆府桐城县百二十里，西至霍山县百四十里。古舒国。汉置舒县，为庐江郡治。后汉因之。三国时废为境上地。晋仍置县，属庐江郡。宋因之。齐仍为庐江郡治。梁仍属庐江郡。后没于东魏，县寻废。唐开元二十二年，分合肥、庐江二县地，于故舒城置舒城县，属庐州。今城周五里有奇，编户四十二里。

舒城，即今县治。春秋时舒庸、舒鸠诸国地也。《左传》僖二年，徐人取舒。文十二年，群舒畔楚。襄二十六年，楚使屈建灭舒鸠。又《诗》云：荆舒是惩。即此舒矣。秦为舒邑，属九江郡。汉高帝五年，以舒屠六。文帝十六年，分淮南为庐江国，封淮南厉王子赐为庐江王，都舒。元狩初，复为郡。后汉建武四年，李宪称帝于舒。六年，马成拔舒，获李宪。

永康初，黄巾攻舒，庐江太守羊续破走之。兴平初，袁术使孙策攻庐江。建安四年，孙策袭庐江，取之，时郡仍治舒也。三国，魏移郡治阳泉而虚其地。正始四年，吴诸葛恪屯皖，欲图寿春，司马懿将兵入舒以御之。晋仍置舒县于此。梁陈间废，唐复置，即今治也。县本无城，元末始筑土城，明代相继修葺。又阳石城，《志》云：在县北三十五里，亦曰羊石。今与阳泉俱详见霍丘县。○周瑜城，在县西十八里。《志》云：瑜从孙权举义兵讨董卓，徙家于舒，因筑此城，今为净梵寺。又亚夫城，在县东南十五里，相传周亚夫尝领兵至此。又东南二十里曰茆城，相传曹操尝屯其地，因筑此城。

　　六城，县东南六十里。《寰宇记》：县西南二十里有高阳城，相传高阳氏封其子于蓼、舒之间，即皋陶庭坚也。

　　羹颉城，县西北三十里。相传汉高帝封兄子信为羹颉侯，食邑于舒，此城为信所筑。《城冢记》：县西十里有花家城，一名竹市。其相近者曰缪家城，又西五里曰团箕城，其相近者曰霍胡城。又有桃城，在县北三十五里，今为桃城镇，皆南北朝及南宋初戍守之所。○黥布城，在县东。《晋志》：孝武时，于汉九江王黥布城置南新蔡郡，属南豫州，寻废。

　　春秋山，县南三十五里。山多名胜，顶有洞，可容数千人。又鹿起山，在县东南三十里，《志》云：县之镇山也。○龙眠山，在县西南八十里，形若卧龙。《括地志》谓之龙舒山。晏殊《类要》谓之龙山。山阴为龙眠寨，中有泉，可容数千人屯驻，山之东南接安庆府桐城县界。

　　云雾山，县南四十里。山高耸，云出必雨。又七门山，在县西南三十五里，山滨大溪，下有石洞如门者七，即七门堰之上源也。《志》云：县西南七十里有扬旗岭，相传寇乱时，土人结寨于此，寇至则扬旗聚众以拒守，因名。

　　三角山，县西南百二十里。峰有三角，高百里许，出泉清润，相传饮之能益人神智，一名多智山。《寰宇记》：多智山在怀宁县西北三百里，高九百八十丈，自霍山县西南入怀宁、太湖二县界，西接蕲县，又有小山连太湖县境，迤逦百余里，中有大峡，两岸相去十里，水分两道，一道西北入霍山县界，一道东南入太湖县界，近时土豪结三尖寨于此，为控拒处。《志》云：山亦霍山之支陇也。

巢湖，县东百三十里，与合肥、庐江、巢县分境。县境诸水，皆汇流于此。

南溪，在县城南。发源县西百五十里之孤井，东南流经七门堰，入于巢湖。或谓之欧溪，或谓之龙舒水。《志》云：孤井一名孤静源，西山有井，曰风，曰雷，曰雨，水经七门三堰，旋绕而通于南溪。又桃溪，在城东北三十里，发源于六安州之淠河，亦流入于巢湖。

上七里河，县西九里。西山诸水皆汇流于此，经南溪而入巢湖。又下七里河，在县东南七里，上接南溪，下达巢湖。又有石塞河，出县西百二十里之阳山，亦东流入于南溪。

七门堰，在县西南七门山下。三堰之源出焉。三堰者，一曰乌羊堰，在县南十五里，一曰千功堰，在县南二十里，一曰槽牍堰，在县南二十五里，与七门堰共溉田二万余顷，俱汉初羹颉侯所筑。后汉末，刘馥经理之，为灌溉之利。今故迹并存。

北峡关，县南四十五里。又南接桐城县之北峡山，路出蕲、黄，旧为设险之所。

阳山寨，在县西百二十里阳山上，接霍山县界。又县西七十里有龙河寨，县南五十里有方山寨，俱宋设戍守处。又县西有石索山寨，与龙眠山寨相近，山崖峭险，泉水融流，俱可容数千人。又横山寨，在县西南，近时居人戍守处，与三尖寨俱近潜山县界。

上阳镇，县东二十五里。又县东五十里有航埠镇，县南七十里有乌沙镇，皆为商旅聚集之所。〇牧马市镇，在县西三十里，又十五里有九井镇。

三沟驿，县东十五里，路出合肥。又县南三十里有梅心驿，道出桐城。又县西七十里有罗湖馆，则走六安州之道也。

桐乡。在县西南。杜预曰：舒县有桐乡，即古桐国。又鹊亭，旧《志》云：在县治西北。《春秋》昭五年，楚伐吴，吴人败诸鹊岸。杜预曰：即舒县之鹊尾渚，亦曰鹊亭。

〇庐江县，府南百八十里。东至无为州百八十里，西北至舒城县九十里，西南至安庆府桐城县亦九十里。汉龙舒县地，属庐江郡。梁天监末，始置庐江县，兼置湘州治焉。高齐州废。隋仍曰庐江县，属庐州。唐因之。宋属无为州。元因之。明初改今属。城周五里，编户十九里。

庐江城，即今县治。萧梁时始置县于此。陈大建五年，吴明彻等伐齐，别将徐榠克庐江城，是也。自隋以后，皆为县治。《通典》云：汉庐江郡在庐江县，误也。胡氏云：文帝初，分淮南为庐江国，在江南。《班志》：庐江郡则在江北，盖两汉庐江郡皆治舒。三国时，吴击魏庐江，满宠曰：权舍船二百里，悬军深入，恐其走不及耳。盖是时庐江郡改治六。孙氏亦置庐江郡，治皖，《三国志》：曹操使朱光为庐江大守，屯皖。吕蒙攻克之，孙权即以蒙为太守。魏正始中，文钦为庐江太守，营治六安。晋太康三年，以六安县为庐江郡治是也。后并江南，庐江郡移治阳泉。刘宋移治灊，即今霍山县之废灊城。齐建元二年复治舒。《隋志》齐庐江郡置于庐江县，与萧子显《志》不合。后魏郡治潜县。隋开皇元年，以韩擒虎为庐州总管，镇庐江。或曰庐江在合肥东五十里，梁置合州，因合肥而名，时徙州治庐江，故以庐名州。亦非也。庐江盖因旧郡而名，即合肥耳。宋高诲曰：汉庐江属县十二，若舒、居、巢、襄、安、皖等，皆在边江及江南一路。九江属县十五，若寿春、逡遒、合肥、历阳等，皆在淮南一路。晋改九江为淮南,而合肥仍属淮南。东晋永和三年,庐江太守袁真攻冉魏之合肥,克之,迁其百姓而还,时合肥未尝为庐江郡治。移郡治合肥,自隋始也。诸家之说多误,因附辨于此。阳泉,见寿州霍丘县。

龙舒城,县西百二十里。汉县,属庐江郡。后汉永平初,封许昌为龙舒侯,邑于此。晋仍曰龙舒县,属庐江郡。东晋末废。《城冢记》:县西南二十五里有大城,相传曹操拒吴时筑。又县西北四十里有金牛城,在金牛山下,亦魏武驻兵处,今为会龙马厂。又暮容城,在县东二十里。萧齐永元二年,魏取淮南地,筑此城戍守。《寰宇记》:今县南二里有故濡城,汉淮南县治此云。

冶父山,县东北二十里,相传欧冶子铸剑处。山比众山独尊,故曰父。峰岩峻峭,林峦森密,盘亘凡数十里,自麓至巅,几五里余。前有龙湫,水尝不竭。又有三百六十四子山,罗列其下,泉石环列,为县境之名山。又百药山,在县南十里,山产药。《志》云:县之镇山也。

金牛山,县西北四十里。巅有塔,吴赤乌二年造。下有金牛城,今为金牛市镇。县西五十里又有马槽山,上有寨垒,相传曹魏所筑,又有饮马池。○梅山,在县东南四十里,俗传曹操率兵望梅止渴,即此山云。又有矾山,在县南四十里,产矾。其相近者曰大凹山,山四围高而中下也。又天井山,在县东七十里,上有井,一名栭山。栭,小栗也。山多此树,因名。

巢湖,县东北八十里。《志》云:县北四十里有会市河,源出马槽山;县东北三十里有清野河,源出冶父山,并流注于巢湖。

黄陂湖,县东南十五里,周八里许。《志》云:县西五十里有绣溪,出马槽山,过县城南门,穿升仙桥,汇为黄陂湖,以上流水纹如绣而名。又有石槽河,出县南矾山,沙溪河出县南大凹山,瓦洋河出县南五十里之秀山,黄泥河亦出秀山,并汇入黄陂湖而注于大江。○沙湖,在县东南十里,源亦出冶父山,注于黄陂湖。又有白湖,在县东北三十里。旧《志》

云：湖周七十余里，跨六乡，与巢湖相连，下流入于大江，湖西岸有蠡山，下瞰白湖。

黄墩湖，县东南七十里。源出黄墩山，通大河入江。墩，亦作屯。元末，义师廖永安等结黄墩水寨于此。明太祖督其兵，攻败元将蛮子海牙于马肠河口，是也。又作坊河，在城东二里，亦出冶父山，杨吴时作坝，聚水集材，因名。其下流亦注于黄陂湖。○西塘，在县西三十五里，亦曰西官塘，溉田百余顷。《志》云：县境之塘凡六十有二，俱为灌溉之利。

冷水关。县西三十里，两山夹道如门。相传三国时曹魏设隘于此，今有巡司戍守。

附见：

庐州卫。在府城内，洪武初置。

○无为州，府东南二百八十里。东至太平府百八十里，西南至安庆府桐城县百七十里，东北至和州百五十里。

古巢国地，春秋时吴地，战国属楚。秦属九江郡，汉属庐江郡，后汉及晋因之，宋齐亦为庐江郡地。隋属庐州，唐及五代因之。宋淳化初，置无为军，属淮南西路。元曰无为路，寻改无为州，属庐州路。明初仍曰无为州，以州治无为县省入。编户四十七里。领县一。今因之。

州山川险阻，为控扼要地。宋周氏曰：孙氏既夹濡须而立坞，又堤东兴以遏巢湖，又堰涂塘以塞北道，然总不过于合肥、巢湖之左右，遏魏人之东而已。魏不能过濡须一步，则建业可以奠枕，故孙氏之为守易。唐氏曰：曹公以数十万众再至居巢，逡巡而不能进；诸葛诞以步骑七万失利而退，以濡须、东兴之扼其吭也。说者曰：濡须口，三吴之要害也。江流至此，阔而多夹，阔则浪平，多夹则无风威。由此渡江而趣繁昌，无七矶三山之险也。石臼湖、黄池之水直通太湖，所限者东坝一抔土耳。东坝，见前高淳县。百人剖之，不逾时也。陆则宁国县及泾县皆荒山小邑，方阵可前，一入广德，自宜兴窥苏、常，长兴窥嘉、湖，独松关窥杭州，三五日内事耳。然则濡须有警，不特建邺可虞，三吴亦未可处堂无患也。

　　无为废县，今州治。本汉襄安县地。唐巢县之城口镇也。宋淳化初，始置军于此。熙宁中，析巢、庐江二县地，置无为县，为军治。宋白曰：军本巢县之无为镇，曹操攻吴，筑城于此，无功而还，因号无为城。其城临濡须水上，宋即其地置军，寻复置县。元亦为州治。明初，县省。今城周九里有奇，门六。

　　襄安城，州南四十里。汉置襄安县治此，属庐江郡。晋因之，寻废。梁改置蕲县。隋初复改蕲县为襄安。《志》云：此为汉襄安城，旧置襄安镇巡司于此。今仍曰襄安镇。隋之襄安县即今巢县也。又临湖城，在州西南七十里。汉置县，属庐江郡。后汉及晋因之。东晋末废。今为临湖镇。○开城废县，在州西四十里。《旧唐书》：武德三年置巢州，分襄安立开城、扶阳二县。七年州废，并废二县入巢县。今为开城乡。又置开城仓于此。或云扶阳废县，亦在州西北境。

　　偃月城，州东北五十里，与巢县接界，即濡须坞也。有东西二关。其地峻险，亦曰东关口，亦曰东兴堤，为吴魏相持之所。详见前重险东关。○新附城，在州南十五里，三国吴诸葛恪筑此以居新附者，因名。

　　银瓶山，州西北五十里。一峰特起，状如银瓶，最为深秀。又白马巷山，亦在州西北五十里，相传魏武牧马之处。其相近者曰曹家山，亦魏武屯兵处，因名。○五亩尖山，在州北五十里，顶平五亩许，堪种植。又白石山，在州西北四十里，高崖白石，有泉出焉。又有龙湫，虽旱不涸。山盖与和州含山县接界。

阳山，州西四十里。相传曹操尝屯兵于此山之阳。又胡避山，在州西六十里，一名孤鼻山。宋绍兴中，郡人王之道保聚其上，群寇不能破。又西三十里曰天井山，以山顶有泉也。其相接而稍南者曰云雾山，山高耸，云雾尝蒙其上。○桐山，亦在州西九十里，有水道通白湖，渔人用箔取鱼，亦名上箔山。又有下箔山，在州西南九十里。《志》云：州西南八十里为双泉山，山下有涌泉二穴。或以为即天井山，误也。

三公山，州西南百二十里。山高峻，有三峰削立。其相接者曰九卿山，山有九峰，俱接庐江县界。《寰宇记》：三公山，唐天宝六载改为东顾山，以山顶皆东向也。○昆山，亦在州西南百二十里，有东西二山，皆产矾，其下有清水潭。

濡须山，州东北五十里，接和州含山县界，濡须之水经焉。三国吴作坞于此，所谓濡须坞也。○蠙矶山，在州东百五十里，独立大江中，东西往来，道经其下，盖与芜湖县接界。

浮浓岭，州北六十里，亦名芙蓉岭。西北去巢县二十里，两境分界于此，高耸为群山之冠。其上怪石交峙，地势险阻，往来者艰于登陟。正统三年，知州王仕锡开凿，行者便焉。

大江，在州东南。上接安庆府桐城县六丈墩，下距和州裕溪口计二百三十余里，江心与池州府铜陵县、太平府繁昌县对境。《江防考》：州东南五十里有泥汊河，又东南流入江为泥汊河口，有巡司，所辖江道，上自鲤鱼套，下至薛家湾，凡五十里。自泥汊河巡司而东北三十里，为奥龙河巡司，所辖江道，上自薛家湾，下至奥龙墩，凡八十里。由泥汊河而西南五十里，为土桥河巡司，所辖江道，上自石灰河，下至鲤鱼口，凡七十里。中有化鱼口、宋家湾，对江十里为杨林洲，与江南信服洲、白沙洲相近，号为三江口，芦苇丛生，向为盗贼渊薮。滨江防戍，此为最切。

马肠河，州东北六十里。其上流二十里曰运河，西接巢湖，东汇于马肠河,达大江。元至正十五年,明太祖自巢湖出湖口,至铜城闸,已脱险,元将蛮子海牙集楼船塞马肠河口,以阻后军,太祖设策败之,尽发舟师,出湖口入江,是也。铜城闸,见和州。〇裕溪河,在州东北百二十里,源出巢湖,东入和州境,下流注于大江。

濡须水,州东北二十里。源出巢湖,自巢县东南流入州界,经濡须山,又经州东五十里曰栅港河,又东经三溪河入和州界,注于大江。《志》云:三溪河在州东南百十里。又栅港,亦曰栅江,经和州西南入大江,亦曰栅口也。昔人尝立栅守险于此,因名。〇夹山河,在州东南六十里,其西接泥汊河,通大江。又奥龙河,在州东百二十里。州东北百里为朴树河,与奥龙河相通,又东接于大江。《志》云:州东百二十里,又有更楼河,东临大江,下接朴树河,通裕溪。

里河,州西十里。源出州北五十里之青檀山,下流入大江。又永安河,在州西四十里,源出白石山,亦流入大江。〇直皂河,在州东南二十里。又州南百二十里有土桥河,下流俱入大江。

羡溪,在州东北,亦谓之中洲。三国吴黄武初,朱桓戍濡须,其部曲妻子皆在羡溪,魏曹仁来侵,率万骑向濡须,先扬声欲东攻羡溪,是也。既而仁遣其子泰攻濡须,遣别将袭中洲,蒋济曰:贼据西岸,列兵上游,而兵入中洲,是为自纳地狱,危亡之道也。仁不从,果败。杜佑曰:羡溪在濡须东三十里。何承天所谓濡须之戍家屯羡溪者也。又锦绣溪,在州西南十里,亦曰双溪,一名锦绣池。

安乐栅,在州东北。梁太清末,侯景陷台城,合州刺史鄱阳王范弃合肥出东关,屯于濡须,遣世子嗣,将兵守安乐栅。明年,嗣破侯景将任约于三章,遂徙镇焉。亦谓之安乐栅。胡氏曰:三章在濡须之东。〇豹儿寨,在州西五十里,南宋时州人结寨避兵处也。

椮潭镇,在州南七十里,滨江。唐文德初,杨行密议袭赵锽于宣州，自庐州帅兵济自糁潭是也。《江行记》：自糁潭东过泥汊口，又东过栅江口，皆为滨江要害。《江防考》：今省潭湾上至桐城县界六百丈墩，中间凡八十里，中有扬子矶、石灰河、三江口，俱为险要。省潭，糁潭之讹也。石灰河，《志》云：在州东南百二十里，土桥巡司旧设于此。

石涧镇。州北四十里，旧置巡司于此。又泥汊河镇，在州东四十里。《志》云：泥汊河巡司置于州南三十里。又奥龙河镇，在州东百二十里，其巡司置于州东五十里。土桥镇，在州南百十里，其巡司置于州南七十里云。又栅港镇，在州东南五十里。俱戍守处也。州南三里又有一字城镇。○官池河泊所，在州南六十里。官池，一作黄落河。《志》云：黄落巡司，在州东南三十里。又州西北九十里有焦湖河泊所。

○**巢县**，州北九十里。东至和州含山县六十里，北至凤阳府定远县百七十里，西北至府城百八十里，西至舒城县二百七十里。汉为居巢县地。东晋置蕲县，属南谯郡。宋、齐因之。魏为南谯郡治。陈大建五年，吴明彻等伐齐，别将任忠自东关进克蕲城，即此。隋改置襄安县。唐武德三年置巢州。七年州废，又改襄安为巢县，属庐州。宋初废为镇，寻复为县。绍兴十二年，置镇巢军。元曰镇巢州，寻降为巢县，属无为州。今城周四里，编户十七里。

居巢城，县治东北五里。古巢伯国，成汤放桀于南巢，即此。《春秋》文十三年，楚人围巢。襄二十五年，吴伐楚，门于巢。昭四年，楚薳启疆城巢以备吴。二十四年，吴灭巢。二十五年，楚子使熊相谋郹巢。皆此也。《史记》：吴公子光六年，大败楚军于豫章，取吴之居巢而还。秦为居巢县，亦曰居巢阜，范增居剿人也。汉仍为居巢县，属庐江郡。后汉永平中，徙封刘般为居巢侯，邑于此。建安三年，袁术以周瑜为居巢长。二十二年，操军居巢，寻引还，留夏侯惇督二十六军，屯居巢。晋仍属庐江郡，寻废。《志》云：今县治后有卧牛山，山之北有桀王城，城之故址，今为紫微观。又有亚父山，在县东北二十里，以范增居此而名。县为古居巢无疑矣。

谯郡城，县东南二十里。晋太元中，侨置南谯郡治山桑县。宋、齐因之。后魏徙治蕲县。高齐天保六年，齐主洋立萧渊明为梁主，使其弟上党王涣送之。时王僧辩等共推晋安王方智于建康，不从齐命。涣因攻谯郡，克之。陈大建五年，任忠克齐蕲城，又克谯郡，即此城也。周废。

橐皋城，县西北六十里。一名会吴城。《春秋》哀十二年，公会吴于橐皋，即此。汉为橐皋县，属九江郡。后汉省。孟康曰：橐皋，读曰拓姑。三国魏黄初四年，曹仁南侵，使其子泰攻濡须，自将万人留橐皋为后援。吴五凤二年，孙峻谋袭寿春，自东兴进至橐皋是也。唐曰橐皋镇。宋绍兴十一年，兀术南寇，陷庐州，以拓皋地平坦，利用骑，因屯兵于此，既而为刘锜等所败。橐，讹曰拓，后又讹为柘。今曰柘皋镇。

东山，县东三十里。山不甚高，濒江为险。宋绍兴十一年，刘锜等败金人于石梁河，又追败之于东山，即此。又八公山，在县西北十八里，亦名紫金山，宋刘锜锜败金人于东山，敌走保紫金山。今山有淮南王庙，盖以名同寿州八公山耳。○半汤山，在县东北十五里，有二泉，冷热各半，下流仍合，因名。

七宝山，县东南三十里。与含山县界之濡须山对峙，相距十里，魏人筑西关于此。以拒吴处也。又大秀山，在县南三十里，以峰峦秀丽而名。○跏蹰山，在县南三十七里，南至无为州四十里，为接界处。《舆地志》：东关口跏蹰山，即坻箕山也。《春秋》昭五年，楚子观兵于坻箕。南北朝时，陈将荀朗破齐将郭元建于跏蹰山。盖坻箕、跏蹰音相近也。一名楚歌岭。

高林山，县南六十里。山盘伏数里，林木高耸。山下有高林市，又南十里曰九峰山，其峰盘回九折，因名。○居巢山，在县西南八十里，溪谷间有石,研之如墨,因名墨山,唐改今名。《志》云:县西北十五里有龟头山,山形如龟,俯瞰湖滨。《城冢记》:山一名小陇山,昔尝置黄沙城于此,为戍守处,亦谓之龟头城。

万家山,县西北二十里。山当四会之冲,一名回车巷,其南五里曰小佛岭。又小独山,在县东北四十里,四无山附,屹立干云,亦通途所经也。○金庭山,在县北九十里,即黄山也,与合肥县接界。《志》云:今县北九里有王乔洞,可容三百人。又白塔冈,在县南,道出无为州,南北朝时戍守处也。

巢湖,在县西南十五里,为巢湖东口。县境群川,多自巢湖导流。今有焦湖巡司。又有东口市,在县西十里,以近巢湖东口而名。

拓皋河,县西北二十里。源出合肥县浮槎山,经柘皋镇,流入巢湖。宋刘锜败金人处也。

濡须水,在县治南。自巢湖东口流经县前,一名天河水,俗呼马尾沟,东流经亚父山南,又东南流经七宝、濡须两山间,亦曰东关水,经无为州及和州境,注于江。旧《志》:县东南十里有石梁河,即濡须上流也。宋绍兴十一年,兀术屯拓皋,刘锜等自东关出清溪,两战皆捷,进兵与兀术夹石梁河而军,河通巢湖,广二丈余,锜命曳薪垒桥,须史而成,遂渡河大战,兀术败走。

清溪河,在县东南十五里。亦出巢湖,流合濡须水。宋刘锜自东关出清溪,拒金人处也。又有芙蓉河,亦在县东南十五里,出无为州接界之芙蓉岭,因名。东北流合于清溪。又有黄洛河,在县东六十里。旧《志》:黄落河经无为州北四十里,东流合濡须水云。

徐塘,在濡须水东,亦曰徐塌。魏嘉平四年,吴诸葛恪于东兴作大堤,筑两城。魏人来攻,陈于堤上。恪遣丁奉等赴救,驰至东关,据徐塘缘塌,击魏人于堤上,大败之。甘露二年,诸葛诞谋举兵,因吴人欲向徐竭,请十万众以守寿春,是也。《志》云:徐塘盖在东关之东,今湮。

东关,县东南四十里,即濡须山麓也,与无为州和州接界。又西关,在县东南三十里七宝山上,三国时为吴魏相持之要地。又有三关屯,即东关也。关当三面之险,故吴人置屯于此。《吴志》:曹公出濡须,朱然备大坞及三关屯。皆东关矣。今详见前重险东关。

镬里,在县西北,滨焦湖。吴太平二年,孙綝援诸葛诞于寿春,大发兵出屯镬里,废帝亮责綝留湖中,不上屯一步者,是也。又孔台,在县西拓皋镇,俗传夫子曾南游与弟子憩于此。台如圆坛,可容千人。

高井驿。县西北六十里,道出合肥。《志》云:县治西有镇巢水马驿,此为高井马驿,陆道所经也。

○六安州,府西百八十里。东南至安庆府三百三十里,西南至湖广黄州府六百三十里,西北至河南光州三百二十里,北至凤阳府寿州二百里。

春秋时六国地,汉属庐江郡。晋因之。梁置霍州及岳安郡。后魏因之。周州废。隋初郡废,属庐州。唐初置霍州。贞观初,州废,改属寿州。宋政和八年,置六安军。绍兴十三年,复废为县。景定五年,又升为军。端平初复为县,寻又升为军。元曰六安州,属庐州路。明初,属凤阳府,以州治六安县省入,寻改今属,《志》云:洪武十五年以前,州属凤阳府,是年改今属,编户六十六里。领县二。今亦曰六安州。

州山川环结,号为险厄。自州之西南以迄于东北,皆崇山峻岭,蔽亏日月。肘掖光、蔡,襟带蕲、黄,出奇走险,风驰雨骤,不十日而中原震动矣。昔人谓申、光、蔡为天下枢,而六安又申、光、蔡之根柢也。旧《志》:州封疆广衍,沃野千里,东有龙穴,西有武陟,霍岳镇平南,沙河萦其北,万山磅礴,控引荆湖,千里平涂,直达梁、宋,实庐州之喉舌，淮西之要地也。

六安废县，今州治。古六国皋陶之后。《春秋》文五年，楚人灭六。《史记》：楚昭王五年，吴伐楚，取六。秦为六县，属九江郡。汉初，项羽大司马周殷叛楚，以舒屠六，举九江兵随刘贾、彭越会垓下。又汉封黥布为淮南王，都六。文帝时，分淮南为衡山国。武帝元狩二年，又别为六安国，治六县。后汉为六安侯邑，属庐江郡。建安十四年，庐江人陈兰等据灊、六以叛，操遣张辽击平之。灊，即今霍山县也。吴嘉禾二年，攻合肥，分遣将全琮攻六安，不克而还。赤乌四年，诸葛恪攻六安，不克。六年，恪复袭六安，掩其人民而去。晋复为六县，仍属庐江郡。东晋末，废。《括地志》：故六城在寿州安丰县南百三十里。即此城矣。晋末，废。隋属霍山县地，亦曰骀虞城。唐开元二十七年，改霍山曰盛唐，仍移治于此。五代晋天福中，南唐改为来化县，寻复为盛唐县。周显德三年攻唐，淮南别将司超奏，败唐兵于盛唐，遂拔其城，既而唐兵来争，周将王彦升击破之。宋开宝初，改为六安军。政和中，为六安军治。元为州治。明初省。今州城周五里有奇，门四。

开化废县，州西四十里。梁置。隋因之，属庐州。唐废。又应城废县，在州西南，隋末置。唐初属霍州。贞观初，省入霍山县。《志》云：州西百九十里有边城郡城，盖齐梁时所置。又有霍州废城，在州西五十里，或以为梁初置州于此。

马头城，在州北。杜佑曰：晋永和中，谢尚镇马头城，在盛唐县之北。宋泰始二年，晋安王子勋举兵寻阳，署其属王广元为马头太守，军主黄回击斩之，亦此城也。又州西有英氏城，英氏，春秋时楚与国也。僖十七年，齐人、徐人灭英氏，即此。〇白沙城，在县北十三里。《志》云：其地有两城，一名白沙，一名六合，相传汉高与项羽相拒处。又有东西二古城，一在州西十五里，一在州东南三十里。

武陟山，州西三十里。汉武南巡尝登陟于此，因名。《汉纪》：元封五年，南巡狩至于盛唐，宋白曰：盛唐县西十五里有盛唐山，当即此山矣。又州西七十里有独山，其地平旷，一峰独峙。相传唐末淮南将王景仁攻庐、寿，曾战于此。又齐头山，在州西南九十里，高千八百丈，层峰叠嶂，顶方四平，有泉出焉。

龙穴山，州东五十里，州境名山也。山脊有龙池，味甘美，亦名龙池山。又番山，在州南十里，磅礴蜿蜒，为州之镇。又南四十里曰小霍山，一名青山，远接霍山之脉，因名。○洪家山，在州东南七十里，有寨四围，石崖险峻。宋绍兴中，有洪氏率里民保聚于此。

三尖山，州西百里，有三峰插天。又寨基山，在州西百三十里，上有峡门。又有擂鼓尖，相传昔为乡人避兵之所，寨址存焉。○天柱山，在州西百七十里。其山耸削无附，因名。又州西二百里有黄巢山，相传黄巢曾屯兵于此。

董靖原山，州南百二十里。山原平敞，周围有小径，相传宋绍兴中，里民董靖原避兵于此。有董家寨，今寨址犹存。○祖家山，在州西南百三十里，形势高耸，宋绍兴中，民多避兵于此。又西南十里曰文家山，山高九里，亦昔人避兵处，有文家寨。又州西南二百四十里有帽顶山。《志》云：山与河南商城县金刚台南北对峙，耸出层霄，其下有仙人洞，其相近者又有嶂山，以山如屏嶂而名。又汪家山，在州西南二百六十里，高千余丈，山势峭拔，中有石岩，甚深广。又黄石崖，在州西四十里，崖之南即霍山县界。

古路岭，州西百五十里。盘回三十七折，始至其巅。又西三十里为遮日岭，山高径深，亭午始见日影，因名。○清风岭，在州西北二百二十里，接霍丘县界。又韩婆岭，在州西二百里，通商城县界，为群盗窜匿之处。又州西六十里有虎儿岭，林木茂密，虎育其中。

蝙蝠岩，州南五十里同山冲内。其地有大同、小同二山，形相似也。岩阔四丈，深不可测，昔人尝于此避兵，有同山寨在大同山上。州南八十里又有松林岩，亦曰嵩寮岩，岩最深秀，今为僧寺。○霸王冈，在州西二十里，其相接者曰汉王冈，相传楚汉相距时筑垒处。又七里冈，亦在州西界。明正德中，流贼赵风子，自河南光山县走六安，官军追败之于此。

淠水，在州西。源出霍山，经州界，西北流入河南固始县境，又东北流经霍丘县及寿州界，入于淮。《水经注》所谓沘水也。一名白沙河。俗呼为二郎河，万历十七年，湖广黄梅贼曾由此犯六安。○青石河，在州西南七十里，又州西百二十里有三元撞河，又西十余里有青龙河，皆流入淠水，以达于淮。

溶水，州西七十里。源出齐头山，西北流入固始县界，合于史河。○马栅河，在州东南八十里，经舒城县之桃城镇，又东入于巢湖。

九公寨，在州西南六十里九公山上。山有九石，如人立，因名。又磨旗寨，在州西百里，又西百里有天堂寨。○西峰寨，在州南七十里，又州北三十里有赵家寨，皆南宋时里人保聚处也。

麻埠镇。州西南九十里有麻埠河，置巡司于此。万历二年，添设把总，以防矿贼，而巡司遂革。又有和尚滩巡司，在州西北七十里。上土市巡司，在州南二百五十里，其地在霍山县境内，而司属州。《志》云：州西又有罗湖巡司，洪武二年设，十三年革，故址犹存。

○英山县，州西南四百里。东南至安庆府太湖县二百十里，南至湖广蕲州百八十里，西南至湖广蕲水县百二十里，西北至湖广罗田县七十里，北至河南固始县二百二十里。本罗田县之直河乡。宋淳祐间，立鹰山寨。咸淳初，更名英山。德祐二年，升为县，属六安军。元属六安州。今城周三里，编户二十七里。

英山，县东五十里。峰峦峭拔，为群山冠，上有井泉，县以此名。又楼子石山，在县东北七十里，上有楼子寨，昔人保聚处也。〇密峰尖山，在县东南三十里，山峰错列，以形似名。又三吴山，在县南三十里，上有仙人台，宋末乡人段朝立保聚于此，亦曰师姑尖寨。

多云山，县西北百里，接罗田县界。上有九井，常多云气，因名。说者曰：县境之山最险者曰多云，以蔽亏日月，人迹罕穷而名。多云之西，有天险曰岐岭，通湖广蕲水县，鸟道三日可东出豫境；西北一窦曰瓮门，束躯入内，广三百里，路通罗田；迤北则为虎头、木陵、大城诸关，通黄冈及河南光山、固始县。盖扼险出奇之处。今详见湖广罗田、麻城诸县。〇天人山，在县西七十里，峰峦峻险，上有天人寨。又羊角山，在县北二十里，明隆庆三年，有倭寇数十遁至此，官兵讨诛之。

英山河，在县西。其并流者有添楼河，俱北出六安州界分水岭，西南流入湖广蕲州界，入蕲河。又北涧水，源出县东南五里马鞍山，西流入于英山河。

东汤泉，县东南三里许，平地石中涌出。县西南三里又有西汤泉，居民俱引以溉田。《一统志》：县北有润州塘，居民引以灌田，有润泽之利，因名。

柳林关，县北四十里。又县西九十里有石门关，其地险隘，旧皆为控扼之处，今废。又七引关，在县北七十里，亦曰七引店，道通霍山县，有巡司戍守。

皮家店。县南四十里。旧有巡司，元末废。又河口巡司，旧在县东三十里，亦元废。〇安集市，在县北四十五里，今为安集市铺。又塔市，旧在县西一里，今废。《志》云：县南有将军寨，近时所置，接潜山县界。

〇**霍山县**，州西南九十里。西北至河南商城县百六十里，西南至湖广罗田县二百八十里，北至河南固始县二百七十里，南至安庆府潜山县三百六十里，东南至舒城县百四十里。汉灊县地，属庐江郡。晋因之。

后魏分置岳安郡岳安县，属霍州。北齐因之。陈大建五年，别将任忠克
霍州。十一年，为周所陷。隋开皇初，郡废，改县曰霍山，属庐州。唐武德
初，改置霍州于此。贞观初，州废，以县属寿州。神功初，改曰武昌。神
龙初，复曰霍山。开元二十七年，又改曰盛唐，移治骈虞城，即今六安州
也。天宝元年，复置霍山县于此。宋省为故埠镇，属六安县。明弘治七
年，以六安、英山相距险远，于故埠镇立今县。城周三里，编户十二里。

灊城，县东北三十里。春秋时楚之潜邑。《左传》昭二十七年，吴
子因楚丧，使公子掩馀，公子烛庸伐楚，围潜。又三十一年，吴人侵潜、
六，楚沈尹戍帅师救潜，吴师还，楚迁潜于南冈，是也。汉置灊县，属庐
江郡。后汉及晋因之。刘宋为庐江郡治。齐属庐江郡。梁亦为庐江郡治，
并置霍州。东魏因之。高齐时，州县俱废。

滍水废县，在县东。梁置北沛郡，治新蔡县。东魏因之。陈大建五
年，吴明彻等伐齐，别将湛陀克新蔡城，是也。后周亦为北沛郡。隋开皇
初，郡废，改置滍水县，以新蔡县并入。唐废。○颍川废县，在县西北。
魏收《志》霍州有北颍川郡，领颍川、邵陵、天水三县，盖萧梁置。《梁
书》：天监初，魏拔关要、颍川、大岘三城，白塔、牵城、清溪皆溃。关要
诸城戍，皆近县境也。今白塔、清溪，见巢县。大岘，见名山岘山。

霍山，县南五里。本名天柱山，亦曰南岳山，又名衡山。文帝分淮
南地立衡山国，以此山名也。《封禅书》：元封五年冬，巡南郡，至江陵，
而东登礼潜之天柱山，号曰南岳。《洞天记》：黄帝封五岳，南岳衡山最
远，以灊岳副之，舜南巡狩至南岳，即霍山也。汉武考谶纬，皆以霍山为
南岳，故祭其神于此。后汉建安四年，袁术饥困，乃烧寿春宫室，奔其
部曲陈简等于潜，为简等所拒。五年，庐江盗梅乾等寇江淮，操表刘馥
为扬州刺史，乾等遁潜天柱山，张辽等击斩之。晋义熙十一年，霍山崩。
《水经注》：梁立霍州，治潜之天柱山。隋开皇九年，诏定衡山为南岳，

而废霍山为名山。《唐六典》：江南道名山之一，曰霍山。是也。贞元十四年，淮西帅吴少诚，遣兵掠寿州霍山，杀镇遏使谢祥，侵地五十里，置兵镇守。长庆四年，霍山山水暴出为民患。《志》云：山顶有天池，北有龙湫，南有风洞，旁有试心崖，其峰高千一百三十丈。

指封山，县东三十里。旧《志》：在六安州南九十里。盖接壤也。相传汉武南巡还，登复览山，见此山峻拔，因指示群臣，拟封为霍岳之副，故名。又复览山，在县东二十里，即汉武南巡，还登此顾瞻处也。南宋时，置戍守于此。又通光山，在县东北十里，道出六安。○三回山，在县西南二十里，一名三曲山，中有小港达县治，水随山势，萦回三湾，因名。又四望山，在县南六十里，高千八百丈，登其顶，宜于远眺。

铁炉山，县东南九十里。俗传仙人铸丹处。鼎炉之址犹存，今居民多于其下为铁冶，铸农器。又仙女台山，在县东南五十里，山有大石突出如台，人莫能登，相对者曰雁嘴崖。又潜台山，在县西三里，石山如台，当河中流，下有小赤壁。○东石门山，在县东十里。又有西石门山，在县西北三十里。皆两山相对，中为狭径，如门之辟。其近东石门者又有圣人山，石壁峭立，其势若压，称为奇险。

四十八盘山，县西南百二十里。山径崎岖，登陟甚艰，行者凡四十八盘，其险始尽，因名。又陶成忠山，在县西八十里，石径崎岖，傍多林木，藤蔓掩蔽。相传昔有陶铁枪者，屯兵于此。○六安山，在县西三十里，四围险峻如城，有四门，古多避兵于此。又有六安寨。

梅子岭，县东五十里。多产梅，上可容数十万众。又县东南四十里有楮皮岭，居人多造纸于此。○九尖岭，在县西七十里。又西六十里有新开岭。《志》云：县西南八十里为棋盘岭，道出英山。又县志：南百五十里有雕翎崖，临河壁立。又有乌龟峡，在县西三十里，其水自县西八十里万人愁山东流经此，又东十里入黑石渡河。相传大禹所凿也，以形似名。

浕水，在县东。源出霍山，北流入六安州界。《志》云：县北门外有化龙河，其一发源河南商城县界，其一发源于湖广罗田县界，流经县境，至县西二十里之黑石渡而合流，经城北又东入于浕河。

漫水，县西南百十里。源出罗田县，经县西南三十里，为梅家渡，又东北合于化龙河。又陡山河，在县南百二十里，东出六安州界之分水岭。又梅河，在县西百八十里，西出英山界岭。又县南三十里有草场河，亦自英山县流入。又有三湾河，自潜山县流入。俱会化龙河。

梅子关，在县东梅子岭上。又县西南五十里有金鸡关，南北两关对峙，路出英山。皆昔时戍守处。○金子寨，在县东八十里金子山上，以山色如金而名。又县南六十里有李郎寨，皆昔人避兵之所。

千罗畈镇。县西北八十里。《志》云：初置巡司于故埠镇，后改镇为县，因移巡司于千罗后畈。是也。又中埠河市，在县南四十里，有中埠河渡。又上土市，在县西南百五十里。县西南又有濛潼湾市。

附见：

六安冲。在州城内，洪武初建。

○安庆府，东北至庐州府无为州三百二十里，西南至江西九江府四百十里，西至湖广蕲州三百里，北至庐州府三百六十里，东南至池州府百二十里。自府治至江宁府六百五十里，至京师三千一百八十五里。

《禹贡》扬州之域，春秋时为皖国，皖音患，亦为桐、舒二国地。战国属楚。秦属九江郡，二汉属庐江郡，汉末，吴克皖城，遂为重镇。晋安帝置晋熙郡，宋、齐因之。梁末，尝置豫州，寻改为晋州，北齐曰江州，陈复曰晋州。大建五年伐齐，侯敬泰克齐江州，是也。隋初改熙州，大业初，改同安郡。唐武德四年，改为舒州，《志》云：唐初尝改为东安州，正史不载。天宝初，曰同安郡，至德初，曰盛唐郡。乾元初，复故。五代时，仍曰舒州，初属吴，后属南唐。宋仍曰舒州，亦曰同安郡。政和五年，赐额曰德庆军，绍兴十七年，改安庆军，庆元初，升为府。以宁宗潜邸也。元曰安庆路。明初，改宁江府，寻复为安庆府，直隶京师，领县六。今仍曰安庆府。

府淮服之屏蔽，江介之要冲。汉建安十九年，曹操遣朱光为庐江太守，屯皖，大开稻田。吕蒙曰：皖地肥美，若一收熟，彼众必增。于是攻皖，破之，遂为重镇。曹叡太和二年，遣曹休侵吴，向皖，满宠上言：休所从道，背江傍湖，易进难退，此兵之絓地，若入无疆口，言无限隔也。一云无疆口在桐城县夹石东南。宜深为之备。晋咸宁四年，吴人大佃皖城，王浑遣应绰击破之。盖其地上控淮、肥，山深水衍，战守之资也。徐氏错曰：皖之为地，中国得之，可以制江表；江表得之，亦以患中国。吴孙权克皖，而曹操不宁；周世宗平淮南，而李氏穷蹙。《形险说》：大江合九江、鄱阳之水，东北经流府城东西南三面，而小孤山旧为大江控扼处，屹峙江北岸，孤峰峭拔，与南岸山对峙如门。大江之水至此，扼东而出，其下深险可畏。元人立铁柱于此，曰海门第一关。余阙守安庆，倚小孤为捍蔽，遣将率水军戍此。陈友谅自上流引军直捣山下，戍军败走，安庆旋陷。明时宸濠之变，赖安庆守臣能挫其锋，是以南畿无患。盖小孤者，安庆之门户；而安庆者，金陵之门户也。

○怀宁县，附郭。汉皖县地，属庐江郡。三国吴为皖城。晋义熙中，改置怀宁县，为晋熙郡治。宋以后因之。隋为熙州治。唐为舒州治。今编户五十二里。

皖城，在府西北。古皖国及汉皖县皆治此。后汉建武十七年，妖巫李广等据皖城，遣马援等讨平之。建安四年，袁术死，术从弟胤弃寿春，奔庐江太守刘勋于皖城。是年，孙策袭皖城，克之。六年，孙权以皖城太守李术贰于曹操，攻屠其城，既而操取其地。《魏志》：曹公恐江表郡县为权所略，皆令内徙，民转相惊，自庐江、九江、蕲春、广陵户十余万，皆东渡江，江西遂虚，合肥以南，惟有皖城。建安十九年，权攻皖城，克之。魏正始二年，权遣诸葛恪屯皖城，以伺边隙。四年，司马懿攻皖，恪退兵柴桑。吴庐江太守亦治皖城也。晋咸宁四年，吴人大佃皖城，谋侵晋，扬州都督王浑遣州刺史应绰攻破之。晋仍曰皖县，属庐江郡。义熙中，始改怀宁县，亦曰晋熙城，以晋熙郡治此也。梁大宝初，侯景遣其将任约西侵江郢，自将屯晋熙。明年，王僧辩东下，景将范希荣弃寻阳，走晋熙，寻复遁去。梁敬帝初，齐将尉瑾等侵皖城，晋州刺史萧惠以城降。自隋以来，皆为州郡治。开皇二十年，熙州李英林反，寻讨平之。唐武德初，殷恭邃据舒州，既而来降。七年，赵郡王孝恭等击辅公祐，军于舒州。上元初，江淮都统刘展叛，陷舒州。大历十一年，复为群盗陈庄所陷，以濠州刺史张万福摄舒州事，讨平之。咸通九年，徐州贼庞勋遣兵来寇。乾符三年，贼王仙芝陷舒州。中和四年，舒州陷于群贼吴迥等，庐州刺史杨行密遣兵击定之。光启二年，滁州刺史许勃袭取舒州。景福二年，杨行密复取之。五代周显德三年，伐南唐，拔舒州，既而复为唐所取。五年，以州来归。宋建炎中，屡为乱贼所陷。绍兴初，招讨使张俊破李成，拔舒州。端平三年，蒙古入安庆，寻引却。淳祐六年，复掠安庆。德祐初，叛帅范文虎以安庆降。至正十八年，为陈友谅所陷。十九年，明师攻安庆，寻克之。明年，复为友谅将张定边所陷。二十一年，明师复克之。明正德七年，流贼刘六、刘七等掠郡境，官军追讨，贼引去。十四年，宸濠攻安庆，不能陷，寻溃散。盖郡当江淮走集之冲也。《城邑考》：吴吕蒙屯皖，在今城东二里有吕蒙城，即蒙所筑也，临大江，今为故仓址，其后渐移而西北。宋端平三年，以北兵渐迫，城去江远，控御为难，乃徙治罗刹洲，又移杨槎洲。景定初，乃迁城于盛唐湾宜城渡之阴，即今治也。其城北负大龙山，东阻湖，西限河，南瞰大江。元至正十六年，修城浚濠，引江水环城，恃以为固，自是屡经修筑。今城周九里有奇，门五。

梅城，府北七十里。高齐天保三年，行台右丞卢潜屯兵筑城于此，时龙鸣城内，潜以为不祥，移屯在外，谓之龙鸣城。唐武德中，尝析怀宁地，置梅城县治此，旋废。又安乐城，在县西二十里。梁天监七年，军主武会置城于此，因名武功。唐武德中，析怀宁置安乐县。又逢龙城，在府北。三国时，魏将臧霸伐吴，吴将韩当引兵逆战于逢龙，后置城于此。唐武德中，尝置皖城县治焉。《城冢记》：唐初析怀宁地，置皖城县，在皖水之北，今濠堑犹存。又有皖阳城，在今府北二十里，亦唐初所置县，寻与梅城等俱并入怀宁县。

大龙山，府北三十里。稍东相接者曰小龙山。两山盘亘，下瞰大江，峰峦岩壑，种种奇胜。山周五十里，高十八里。其附山南出者曰门山，以两山相夹而名，又南十里为白麟、火炉诸峰。其脉伏而复见、耸起如脊者曰脊现岭，讹为集贤岭。《志》云：岭在城北十五里，有集贤关，今城北门亦名集贤门。

雾灵山，在府城西。形如覆釜，登其巅，则山川阡陌，一览无遗。又府西四十里曰黄山，当冶湖之口，形如卧象，亦曰象鼻山。○太平山，在府西八十里，其山委蛇深秀。又西二十里曰大雄山，地名释迦阪。山之东四十余里曰愚公峰，山之西为俚子峰，左右夹峙，由万石岭至绝顶，俯视则众山如孙，长江如带。又府西南百二十里曰腾云山，与望江县接界。

百子山，府西北二十五里。峰岩泉壑，蔚然深秀。又西北五里曰甑山，在石门湖西，甚突兀。又黄梅山，在府西北四十里，深郁多杉木、修竹。其并峙者曰镜山，以石色如镜也。山之北曰豹岭，多乔松。又有双峰，两峰壁立。○寨基山，在府西北五十里，有三峰叠秀，其并峙者曰宝灵山。又独秀山，在府西北六十里，脉自潜山而来，相去百里，而挺然杰出，为群山长。其相接者曰桑山，中多岩洞，石如层楼，可藏千人。又柘涧山，在府东五十里，面江阻湖，盘旋数里，势若奔腾。

峡石岭，府西四十里。高数里，有深林环涧，《一统志》以为即挂车岭也。今详见桐城县夹石山。又长安岭，在县西三十里，岭甚长，路达潜山县。明崇祯十年，官军败贼于此。其相近者曰龙见岭，岭甚盘固。又府西北七十里曰醉石岭，亦道出潜山。

大江，在城外。自小孤汇浔阳、彭蠡而来，入宿松界，经望江，下至府城西，绕城南，而东北出池口，带桐城界，又东北入无为州界。其上二百十里，束以海门；其下二百十里，界以郎矶，扼束吴楚，为东南形胜。《江防考》：长江自小孤山而东，至池口镇，府境信地长三百五十里，俱有官军戍守。又大胜矶，在府西二十里，滨江。明时，抚臣史可法败贼于此。

皖水，在府西。源出潜山，合于潜水，又南至府西石牌市，东至皖口入江，流长三百四十里。《宋志》：元丰五年，淮南监司言：舒州近城有大泽，出潜山，经北门外。比者暴水漂居民，知州杨希元筑捍水堤千一百五十丈，泄水斗门二，遂免淫潦入城之患，赐诏奖谕。《志》云：府西七十里有瀼河，流合灊水。又西五里曰青河，又西五里为流珠河，皆合灊水，达于瀼河。皖水合灊，亦兼灊水之名也。

长风港，府东北四十里。其上流为莲湖，湖汇大龙山溪涧水及江水支流而成，一名段塘，中多莲，引流为长风港，达桐城县之枞阳河，入大江。今府东四十里曰长风镇。又有长风沙，在府东五十里，亦曰长风夹，滨大江，有巡司戍守。风，亦作枫。《志》云：长枫夹路达池州府，自此渡江，亦谓之长枫渡。○张葭港，在府西北五里。其上流曰积石河，在府西北三十里，俗名马嘴石河。又东南流十里，汇为石门湖，湖滨有凤凰山，又有甑山，东南达张葭港入江。又有大龙水，出大龙山，西流汇石门、张葭之水入江。

黄马河，府北九十里。自灊水分流。又府北八十里有高河，流合于黄马河。又有井田河，在府西北六十里，与黄马诸川俱达于桐城之练潭，合枞阳河入江。○冶塘湖，在府西三十里，湖口有石库渡，其下流达皖口入江。又府西百里曰麻塘湖，由石牌市达灊水，下流亦注于江。《志》云：城西有清水塘，有闸，引流入江。元末徐阙殉难于此，因名尽忠池。

皖口镇，府西十五里，皖水入江之口也。吴嘉禾六年，使诸葛恪屯于庐江皖口。陈永定三年，遣将徐度将兵城南皖口，既又遣临川王蒨，于南皖口筑城，使东徐州刺史钱道戢守之，盖备王琳也。宋开宝八年，曹彬围升州，遣将刘遇败南唐援兵于皖口，即此。今亦为山口镇。又宜城镇，在城东枞阳门外。

石潭镇，县东八十里。高齐皇建二年置，为齐、梁二国界，置兵防御。陈大建五年废。唐武德五年复置，八年废。○石亭，在府东北。三国魏太和二年，扬州牧曹休侵皖，吴将陆逊等与休战于石亭，休败走，追至夹石，斩获甚众，是也。

石牌市，在府西九十里。地通四邑，商旅辐聚，亦曰石牌口。宋开宝七年，樊若水请用浮梁济采石，先试舟于石牌口，及伐唐，移置采石，不差尺寸，是也。又高河市，在州西六十里。

张店。府北二十里。桐城、潜山分界处也，为北山之孔道。又源潭店，在府北五十里，道出桐城。○观音港，在府西北七十里，旧有巡司，今革。又羊须店，在府西百二十里，路出望江县。又同安驿，在府西门外。

○**桐城县，**府东北百五十里。东北至庐州府庐江县九十里，东南至池州府百八十里。春秋时楚附庸桐国也。汉为枞阳县地，属庐江郡。后汉省。梁置枞阳郡，治枞阳县。隋初郡废。开皇十八年，改县曰同安，属熙州。唐至德初，改曰桐城。今县无城，编户六十五里。

枞阳城，县东南百二十里，临江。汉县治此。《汉纪》：元封五年，南巡狩，自寻阳浮江，射蛟江中，获之，舳舻千里，薄枞阳而出，作盛唐枞阳之歌。后汉县废。萧梁始复置。太清末，萧范以合肥之军顿濡须以待上流援军。久之，进退失据，乃溯流而上，军于枞阳，寻诣江州。大宝二年，侯景挟太子大器，西攻巴陵，败还建康，道经濡须，景为荀朗所败，前后相失，太子船入枞阳浦，从者劝太子因此入北，太子不可。陈永定十年，庐江蛮田伯兴寇枞阳，合州刺史鲁广达讨平之。唐武德七年，辅公祐叛，赵郡王孝恭讨之，破公祜别将于枞阳。元至正十九年，陈友谅之党赵普胜据安庆，结寨枞阳，明太祖命廖永忠攻拔之，是也。《城邑考》：宋末，桐城县移治枞阳镇，后又徙池之李阳河。元始还旧治。今仍为枞阳镇。明初置税课局于此，正德中革。《志》云：镇西去郡城九十里，有射蛟台，即汉武射蛟处。

阴安城，县东南八十里。本汉魏郡属县，刘宋时侨置于此，属晋熙郡。齐、梁因之。隋初，废入枞阳县。又重城，在县南六十五里，其城三重，南北川泽，左右陂湖，盖古戍守之地。亦谓之巢城。又有同安故城，亦在县南。刘昫曰：隋时因以名县。○山焦城，在县东南。《志》云：唐开元中，尝移县治此，地多猛虎毒蛇。元和中，县令韩震焚薙草木，其害遂除。又鲁镇城，在县南七十里，相传吴鲁肃尝屯此。又县东南有吕蒙城，相传吕蒙所筑。

浮山，县东九十里。亦名浮渡山。有三百五十岩、七十二峰。岩之最著者三十有六，皆可居可游，其中泉石参差，种种奇胜，西南有独峰，直上千仞，大江环绕，望之若浮。山半又有大通岩，迥出诸岩之上，悬崖飞瀑，凡数百仞。《寰宇记》谓之符渡山。符与浮，音同也。其相接者曰青山，上有岩洞，草木秋冬亦青。明初，徐达击赵普胜之浮山寨，败其兵于青山，是也。又东三十里曰囷山，山滨江，一名莲花峰。又东十里为白云岩，其岩东西相峙，洞壑与浮山竞胜。

洪涛山，县东北四十里。山高广，每大雨，则水下沛如涛。其相近者曰旗岭。又拔茅山，在县东北九十里，一名城山，以峰岩如城也。又名椒岭。《志》云：县东北十里有鲁硎山，相传鲁肃曾居此。明崇祯十四年，流贼犯境，据鲁硎山焚掠，久之始去。○磨旗山，在县南百二十里，相传关羽曾于此驻兵，有镇，有隘口。又梅林山，在县南百十里，山多梅，亦曰梅岭。县南八十里又有横山，以横当驿路之左而名。

北硖山，县北六十里，有两崖相夹如关。又西硖山，在县北四十七里，旧置军垒，亦曰南硖戍，即夹石山也。《通释》：淮南有两夹石，在寿州淮水上者曰北硖石，在桐城者曰南硖石。薛氏谓淮西山泽无水隔者，有六安、舒城走南硖之路，南硖所以蔽皖也。汉建安十九年，孙权攻皖，张辽自合肥驰救，至硖石，闻城已破，筑垒硖石南而还，谓之南硖戍。吴黄武六年，曹休攻皖，陆逊、朱桓等拒之。桓曰：休非智勇名将，战必败，败必走，走当由硖石、挂车，此两道皆险隘，若以万兵柴路，则彼众可尽，而休可擒，擒休则可乘胜长驱，进取寿春，以规许、洛，此万世一时也。逊不可。及战于石亭，休果败，追至硖石，斩获无算。会贾逵援休，吴兵断硖石者退走，遂据硖石，以兵粮给休，休军乃振。今山为控扼要口，北距庐、凤，南指江、黄，此为通道。○龙眠山，在县西北五十里，与庐州府舒城县接界，岩壑甚胜。《纪胜》云：山与舒城、六安、太湖、怀宁诸县接界。似误。今详见舒城县。

挂车岭，县西四十里。即朱桓所谓硖石、挂车，两道皆险隘者也。《志》云：上有挂车石，汉都长安，江淮往来，此为要路。《九域志》桐城县有挂车镇，以挂车岭而名。

大江，县东南百三十里。上自怀宁县之长风夹，下至无为州界之

六百丈墩，凡百二十里，皆属县境。《史记》：秦始皇三十七年，自云梦浮
江渚，至丹阳。《括地志》：江渚在同安县东，或曰即枞阳也。

枞阳河，县东南百二十里。其源自怀宁县界之莲湖，引流入界，经
县南百三十里为石塘湖，又东流绕枞阳故县，曰枞阳河。府西北境诸川
及县东北诸川，皆汇流入焉，达于大江。汉武薄枞阳而出，陈友谅自枞
阳寇池州、太平，是也。《志》云：枞阳东十余里接三江口，有铁阪洲、罗
塘洲、木鹅洲，皆在江滨。相传周世宗与南唐割江为界，以木鹅浮江中，
随其所之，以定南北，鹅沿洲东下，故以木鹅为名。又有老洲，在县东百
里，西南去枞阳六十里，六百丈巡司置于此。○长河，在县东南百三十
里。其源为双河，一出鲁砛山，曰东河，一出洪涛山，曰西河，流经城东
三十里，为孔城河。又有白兔河，出县东南六十里独山湖，亦流合焉，汇
流为长河，达枞阳入江。

源子港，县东三十里，下流入江。《志》云：县东百有二十里，有破
埛、竹子、白荡诸湖，其白荡湖亦曰民池湖。又有屲山湖，在县东南百二十
里，屲山之水注焉，皆回环相接，达源子港入江。○桐溪，在县城东，源出
龙眠诸山，绕城而南，引流入城，曰桐渠，复南出溉民田，下流入枞阳河。

团亭湖，县南六十里。《括地志》：湖水发源南硖石山，与白石湖相
连，湖中有两小山，亭亭高峻，白石皎然，故有团亭白石之号。昔时枞阳湖
水绕团亭湖，与江水合而东流，今陵谷变迁，非复旧流也。○练潭，在县
西南七十里，郡北高河、黄马河诸水，俱汇流于此，引而东南，曰古湖，
又东南达于枞阳。《志》云：古湖在县南百里。

北硖关，县北四十里，以北硖山而名。道出舒城，有巡司戍守，亦为
北硖镇。

浮山寨，在县东浮山下。明初，徐达攻安庆，自无为州登陆，夜至浮
山寨，击败敌兵，又败贼于沙河，进克潜山。沙河，今见潜山县。○西阳

戍，或云在县东北。魏太和初，贾逵自豫州进兵取西阳，向东关，盖道出县境云。

孔城镇，在县东三十里，以近孔城河而名。县东南八十里又有汤镇。《志》云：县东百八十里有源子港巡司，地名汤沟。又有马踏石巡司，在县东南三十里，地名枞阳下镇。又练潭镇，在县南六十里，以近练潭而名。

吕亭。县北十五里。相传吕蒙尝驻师于此。宋元嘉二十五年，以豫部蛮民立吕亭左县，属晋熙郡，县寻省，即此地也。今为吕亭驿。《志》云：初为北峡驿，洪武十五年改置。又陶冲驿，在县西南四十里，地名三安。《志》云：驿旧置于沙口陂，洪武十五年改置，道出潜山县。

○**潜山县**，府西北百四十里。又西北至六安州霍山县三百六十里，西至太湖县百里，东至桐城县百三十里。本怀宁县之清朝、玉照二乡，宋置四寨。元至元中，立野人原寨。至治三年，始置潜山县。县无城，今编户六十里。

灊山，县西北二十里。绵亘深远，与六安州霍山县接界，即霍山矣。旧《志》：潜山与皖公、天柱三峰鼎峙，层峦叠嶂，为长淮之捍蔽，说者皆以潜、皖、天柱为三山，其实非也。盖以形言之，则曰潜山，谓远近山势皆潜伏也；以地言之，则曰皖山，谓皖伯所封之国也，或谓之皖公山，亦曰皖伯台；以峰言之，则曰天柱，其峰突出众山之上，峭拔如柱也。名虽有三，实一山耳。或又谓山南为皖，山北为潜，雪山盘其东，霍山屏其西。皆即一山而强为之说耳。《图经》：潜山高七千有二十丈，广二百五十里，周五百里，道家以为第十四洞天，有峰二十二、岭八、崖五、岩十二、原四、洞十、台四、池三，其瑰奇秀丽，不可殚纪。《汉·郊祀志》：武帝登礼潜之天柱山。又《尔雅》：霍即天柱山，潜水所经。山或以邑名，或以水名，《志》亦谓之潜岳也。详见前六安州霍山县。

天堂山，县西北百四十里。四壁高峻，中敞如堂，平广可容万骑，昔尝屯兵于此。中有温泉及龙湫，又有黄沙、碎石、清风、飞旗诸岭及双乳峰、主簿原，旁为连山，曰罗源、后霍、公盖、金龟、鲤鱼及东山、后山、嬴山诸山，左右环合，称为绝险。旧有天堂寨，多事时，往往为跳梁者所据。今有天堂山巡司，在县西北百里。○牛眠山，在县北七十里，以形似名。近有牛眠寨，为据险处。《志》云：山麓有金镜潭，甚深。又北三里曰水吼岭，控天堂之胜。又昆仑山，在县东北六十里，上有泉，近置昆仑寨于此。其相近者曰龙隐山，亦名白涯山，近有白涯寨。

驾雾山，县南三十里。峰峦高峻，驾云雾之上。三国时魏人尝屯兵于此。又白云山，在县南八十里，绝险壁立，上有平坡，悬桥以升，可容万人。近时有白云寨，结于此下。有岭曰惟岭，溪曰浒溪。其相近者又有无愁山。○闵山，在县西八十里，有果老岭，产茶甚佳。山最深处曰蟠山，以蟠曲名也。《志》云：县西北六十里有寨石岭，与六安州接界，西南八十里有分流岭，与太湖县接界。

皖水，县西北二十里。《志》云：出天堂山之龙潭，经乌石陂，至县东二里之崩河，合于潜水。其潜水亦出天堂附近之罗源山，流为开源涧，亦曰埭口，经水吼岭、吴塘堰，至县治西，转北而东，合于皖水，达府西石牌口，下流入江。《志》云：皖水一名后河，潜水一名前河，经县治西分二流，支河出县南，亦曰黑河，正河绕出县北，俱达于后河。

沙河，县东六十里。出昆仑山，南流合府北黄马河诸水，汇于练潭。元至正十九年，明师破伪汉兵于青山，进向潜山，伪汉将郭泰，引兵涉沙河逆战，明师破斩之，进克潜山，是也。

黄泥港，县西北二十里。太湖县境之水，汇流于此，合于潜水。又青河，在县西十里，亦出潜山，合溪涧水，达于潜水，曰青河口。

南湖，在县治南。一名灵湖，亦曰南园。三面倚城，多古木，渟泓涵浸，宜于植莲。又有雪湖，在县治西。

吴塘陂，县西二十里，潜水所注也。亦曰吴陂堰。《魏志》：扬州刺史刘馥开吴陂，以溉稻田。建安十九年，曹公遣朱光为庐江太守，屯皖，大开稻田，吴吕蒙与争处也。或曰塘即朱光所开。一云吕蒙凿石通水，灌稻田三百顷，亦即此陂也。《通释》：陂在怀宁县西二十里。

驾雾关，在县南驾雾山下。又县东四十里有龙井关，地名西堡，悬为瀑布，最为奇胜。○大关，在县西四十里，地名笼口。又西十里有小关，地名茅岭。

野人原寨，县西北十五里。宋景炎二年，刘源等于此起义兵兴复，克黄州及寿昌军。元置寨。《志》云：县有旧寨二，野人原及天堂寨也。其新寨五十有八，俱绕潜山之麓。其著者为西关、皖涧诸寨，在潜山前；又大河山、小河山、张家、飞旗、从龙、张山、双峰、红岩、太平、堆金、伏龙、安龙、桃园、玄圃诸寨，在潜山后；排牙、梅家、胡卢、马园、石泉、白马诸寨，在潜山西南；昆仑、马鞍、英窠、独山诸寨，在潜山东；外又有埭口、青水诸寨，皆在县界。有事时，豪民多结聚于此。

沙湾店。县东十里，道出桐城。又县西三十里曰桃花店，道出太湖县。西南二十里曰八字店，道出望江县。○拨蒿阪，在县西二十里。又车辋阪，在县南三十里，有青山渡。县东北百里又有黄石阪，与英窠山寨相近。又青口驿，在县东北五里，亦出桐城之道也。

○太湖县，府西北二百二十里，西北至六安州英山县二百十里，西至湖广蕲州百二十里，西南至宿松县八十里。汉皖县地。刘宋元嘉二十五年，以豫部蛮民立太湖左县，属晋熙郡，以地有太湖也。开皇初，改县曰晋熙，属熙州。十八年，复曰太湖县。唐属舒州。绍兴中，省入怀宁县，寻复置。今县无城，编户六十八里。

青城废县，县东四十里。《志》云：曹魏将曹仁所筑，唐武德中置县于此，寻废。又东陈废县，在县东南四十里。《寰宇记》：萧齐所置，陈大建五年废。〇荆阳废县，在县东四十五里。唐武德中，置荆阳县，旋废。又大湖故城，在县东北二里。《志》云：刘宋时置县于此。

司空山，县西北六十里。高耸云表，上平坦可数亩，谓之司空原。旧有寨垒，又有洗马池，虽旱不涸，半山复有清泓，旁有雷洞，甚深邃，旁又有小鸦岭。《志》云：山高七里，周四十里，又西北五里曰雷公岩，削壁万仞，称为奇胜。

四面山，县东北十里。山方而锐，四面如一。又三峰山，在县东北九十里，有三峰并峙。〇嵯峨山，在县北二十里，又北二十里曰天头山。俱以高险名也。又北八里曰独阜山，亭亭秀峙，迥出群峰中，因名。〇大尖山，在县北九十里，山崇隆而耸峙，群山皆出其下。又北九十里有珠子山，孤峭干云，有关与英、六为限。

新寨山，在县西南十里，壁立险阻。又有龙门山，在县西南十三里，两山对峙，状如龙门。又县南三十里曰香茗山，上有硃砂。〇九重山，在县西三十里，以盘回绵亘而名。又夹罗山，在县西二十里，以夹罗溪而名，其土沃。〇隘口岭，在县西北二百里，接英山县界。又县北六十里有青枫岭，接潜山县界。

罗溪河，县西北二十里。出司空山，流经县西一里，汇于马路河，经县治而东，流六十里至潜山县界之黄泥港，又东南会于潜水。《志》云：县境群川自西北出者，大率汇于马路河，归于黄泥河，合潜水而入大江云。〇南阳河，在县西南六十里，源出湖广蕲州之沙河。又有白沙河，在县西南百六十里，流合南阳河，东汇于马路河。

后部河，县西北百二十里。其上流为银河，源出潜之天堂山，入县境，经横崖而入后部河。又有羊角河，源出英山，入县界，流八十里而汇于后部河，并流而东南，凡六十里，合龙湾河，亦东达于马路河。《志》

云：羊角河在县西北二百里，银河在县西北百六十里，龙湾河在县西北六十里。

双河，县东南五里。源出四面山，萦回曲折，流合罗溪诸河，而达于黄泥港。又铜冲河，在县东十五里，中有铜矿，其下流合于双河。○思常河，在县南三十里，与宿松县分界。又有棠梨河，在县西十里，源出龙门山，东南合于思常河，入潜山县，亦汇于黄泥港。

太湖，在县西南。县西诸山溪之水，钟而为湖，东南流经望江县，入于大江。今为平陆。《志》云：县有大湖、小湖、陆钟、仰天、黄里诸湖，故有五湖之名。今县东四十里有小池，置驿于此，或即小湖也。余皆湮没不可考。○翟公堤，旧《志》云：在县西南。元末，县尹翟居仁所筑，民至今赖其利。

张安抚寨，在司空山上。宋亡，有安抚张德兴者，立寨于此，以图恢复，与元人相持十余年，为元将昂吉儿所袭，兵败，死之。寨有五门，曰太平、曰欢喜、曰朱砂、曰前部、曰后部，今故址犹存。○桃花寨，在县西八十里，与蕲州接界。

白沙镇，县西百二十里，有白沙巡司。又县北百二十里有后部巡司。又小池巡司，在县东四十里。明初置，寻革。今池口驿设于此。《志》云：县西北九十里，旧有南阳巡司，今亦废。

载阳桥。在县西三里。造舟为梁，南通望江，西通宿松、黄梅。《志》云：县西一里马路渡，向为津济要口，近迁渡于此。

○宿松县，府西南二百七十里。东南至江西彭泽县二百五十里，西至湖广黄梅县九十里，东北至太湖县八十里。汉皖县地。晋末，侨置松兹县，属庐江郡。梁置高塘郡。陈大建二年，吴明彻等伐齐，高塘郡来降，是也。隋开皇初郡废，改县曰高塘。十八年又改为宿松县，属熙州。唐武德四年，置严州于此。八年，州废，县属舒州。宋因之。绍兴中，省入望江县，寻复置。县无城，今编户十六里。

松兹废县，县北五十里。晋以后，侨县治此。今其地曰仙田，有嘉禾无种自生。《志》云：县北三十五里又有旧县埠，其河亦曰旧河。

得胜山，县南四十里。元末，余阙守安庆，尝败贼于此。其相近者曰大炉山，上有铁冶。又跨池山，在县南六十里，多事时，每为兵燹之冲。○峰山，在县东北六十里。山高敞，可以瞻望。高齐时，淮南与陈人分江为界，尝置烽火于此，因名。

马头山，县东八十里，峰岫纡回，岩嶂屈曲，以形似名。晋咸和三年，谯国内史桓宣以祖约作乱，帅众屯此。约自寿春遣祖涣等袭湓口，攻皖，因攻宣。毛宝驰救，击却之。○陈汉山，在县西北八十里，相传昔有陈汉者结寨于此。其地险固，豪民往往据为屯聚之所。又严恭山，在县北三十里。山突起五十余丈，环亘十余里，唐严州以此山名。其相近者曰龙门山，又北十里曰石门山。

小孤山，县东南百二十里，与江西彭泽县接界。旧时峙江北岸，与南岸群山对峙，为控扼处。元天历中，立铁柱于山上，长三丈有奇，曰海门第一关，江流经此，湍急如沸。至正中，余阙守安庆，倚小孤为捍蔽，小孤败，安庆遂不支。既而明师西讨，至小孤，其守将丁普郎迎降。未几，明帅复由陆道而进，自宿松抵小孤。成化二十年，江水忽分流于山北，流日益广，自是屹立中流，大江澎湃，环于四面。山有石级百十有一，纡回而上，岩林泉石，颇饶胜致。其南下曰彭浪矶，矶躅为马当山；北下为蛾眉洲，与小孤相映带。正德十四年，宸濠以南昌叛，遣将犯小孤，沿江焚掠，进寇望江，抵安庆。说者谓小孤、安庆如唇齿相维，为金陵西面之险云。今详见江西彭泽县。

小隘岭，县西南八十里，与湖广黄梅县分界。《志》云：县西百三十里有寨子镇，即黄梅境内矣。又窑岭，在县西二里，以地多陶冶而名。○

凿山洞，在县东十五里，洞可容千人，为古仙栖隐处。

大江，在县南百二十里。《江防考》：小孤山为江面险要，大江经此，分流东下，入望江县境。有小孤巡司，与安庆、九江官兵以时巡哨。小孤之上二十里曰杨家洲，下十五里为毛湖洲，稍东为沙湾角，俱盗贼出没处也。

龙南莲若湖，县南三十里。中有浮洲，涌若螺黛。又东南三十里为白荆湖，其相接者曰湾池，上有山。又有污池市及污池渡，中分三十六段。又有棠梨湖、小黄湖，俱相连接达于县东八十五里之张富池，趣望江县之泊湖，至雷港入江。〇大、小豆溪，在县东三十里。又县东六十里曰大、小伯涝河，合流于张富池，接杨湾口，达于泊湖。

摄湖，县西南四十里。又西南十里曰麻湖，其相接者曰牌湖、周泊湖。又西南八十里曰鳡湖，周回甚阔，中产鳡鱼。又西南注于江。《志》云：县北六十里有三溪河，其水出蕲黄境内，有三汊，流入县境，汇于隘口，南入大江。〇浮湖，在县东南六十里。又东南十里曰黄湖。又县东南百里曰茅湖，皆相通注，汇于望江县之泊湖。

桑落洲，县南百三十里。《寰宇记》云：洲在县西南百九十里，与浔阳分中流为界。江水自鄂陵汊而为九，于此合流，谓之九江口，即刘毅为卢循所败处。又东为武林洲，即桑落洲之尾也。今详见江西德化县。〇孟洲，在县南四十里，洲连龙湖。又有黄洲，连竹墩渡，其相近者曰黄陂洲。又南四十里曰杨柳洲。《志》云：县东四十里有望子洲，其相连者曰大泊湾。

泾江口镇，在县西南，有巡司。《志》云：小孤巡司而西六十里，有泾江口巡司。又西六十里为归林镇，有归林滩巡司，俱濒江戍守处。〇枫香店，在县北四十里，亦曰枫香阪，向有枫香驿。明崇祯十年，流寇犯境，官军御贼于此，败绩。

屏风寨。在县西三十里西源山中。其山自麓至顶，有九井相贯，层岩峭壁，险固可恃。《志》云：县有寨十，在县北者曰九层、田氏、伞架、土峰、城河凡六寨，在县东者有北林、石氏二寨，县西北又有白牙、东林二寨，与屏风为十寨云。

〇望江县，府西南百十里。东至池州府东流县百二十里，南至江西彭泽县百里。汉皖县地。晋置大雷戍。东晋义熙中，置新治县，属晋熙郡。陈置大雷郡治此。隋废郡，改县曰义乡，属熙州。开皇十八年，改曰望江县。唐武德五年，置高州，寻改为智州。七年州废，县属严州。八年属舒州。宋末，尝迁治于东流县之香山镇。元还旧治。今无城，编户二十四里。

大茗山，县西北六十里。其旁出者曰小茗山，两山东西相向。大茗之巅，有巨石耸峙，顶平如砥。小茗之上有莲花峰，峻削而秀丽。又南十里为凤栖、鹧鸪、石灰、悬项诸山，互相映带。〇嵯峨山，在县西七十里，东去大茗山十里，一名箸山，西北接太湖县界。《志》云：山下有连塘城，相传刘裕与卢循战处也。

磨茶山，县北三十里。泉石颇胜。又北二十里曰宝珠山。山近漳湖，滨湖诸山皆伏，山独圆秀而杰出，因名。〇周何山，在县东一里。《志》云：周瑜及何无忌皆曾驻军于此，因名。

大江，县南十五里，南接蛾眉洲，东北流入怀宁县界，西去县城亦三十里。《江防考》：大江上自宿松县毛湖洲，下接怀宁县皖口镇，凡百五十余里。《宋志》：自浔阳柴桑沿流三百里至望江，是也。

泊湖，县西四十里。自宿松县界龙南诸湖及县西境之水，俱汇于此。经县南五里，曰杨溪河，其水束泊湖之口，亦曰澉水口，又导流为诸溪港，绕县而东下，达县东三十里之雷港入江。今徙从县南十五里之华阳镇，注于江。又鲚湖，在泊湖西五里，亦自泊湖分流，达于杨溪。

漳湖，县东北六十里。其上流为武昌湖，在县东北三十里，受茗山、凤溪诸溪涧及县北群川之水，汇而为湖，广十里，袤三十里。又东北十里为青草湖，相接者曰白土湖，会上流诸水，其涨弥天，又东北汇于漳湖，导流为埭沟河，达府西皖口入江。其支流达县东北七十里之路灌口，亦入于江。〇慈湖，旧在县北十八里。《志》云：县北二十里有石子港，源出县西二十里之雪凉泉，汇慈湖、孝感诸水入于武昌湖。明初，安庆为陈友谅所袭陷，明师复克之，命徐达等追友谅至慈湖，焚其舟，是也。孝感山，在今县北十五里，其水亦注于慈湖。又县西北有大小豆溪，自宿松分流，达慈湖入江。

悬步河，在城南。其西南六里有白涧，流径城南二里，会于龙潭，合上流诸水，汇为悬步河，又东南合于杨溪河，入江。又后溪河，在县北十里，其水分青草、白土诸湖之水，会诸溪流，合于悬步河。

马头河，县北五十里。亦受大茗诸山之水。县西北四十里鸦滩之水，亦流汇焉，下流入武昌湖。又芦薪河，在县西北三十里，源出鹧鸪诸山，亦流入武昌湖。〇埭沟河，在县北六十里，受漳湖诸流，连怀宁县境之沙滩，又东经石库渡，至皖口入江。

雷池，县东三十里。源出宿松县界，东流二百余里，经县东南，积而为池，又东十五里入江。三国时，有雷池监，孟宗尝为雷池渔官，是也。其入江处，亦曰雷港，亦曰雷江口，亦曰大雷江。晋咸和二年，苏峻以历阳叛，温峤欲自江州入卫，庾亮报峤书曰：吾忧西陲，过于历阳，足下无过雷池一步。义熙六年，刘裕讨卢循，军于雷池，进军大雷，分兵屯于雷江西岸，先备火具，循自溢口来战，不胜，回泊西岸，岸上军发火焚之，循败走。宋孝建初，江州刺史臧质叛，使其党鲁弘下戍大雷。泰始初，晋安王子勋举兵江州，遣将军俞伯奇断大雷，禁绝商旅，又以甲士五千人出顿大雷，于两岸筑垒。明年，子勋将刘胡等军败，悉发南陵诸军，烧大雷诸城而还。梁承圣初，王僧辩等讨侯景，自寻阳东下，军于大雷。陈永定二年，以王琳军寻阳，遣军拒之于大雷，既而琳引军来攻，不克。今县城本名大雷戍，盖以雷江为名。明正德七里，流贼刘六等自黄州趣京口，道雷港，寻又自通州经雷港，趣九江，未几，复由雷港犯金陵。盖雷港为滨江要防也。旧置雷港镇，有巡司戍守，兼置雷港驿。天启中，雷港为浮沙所塞，于是巡司废，驿移于华阳镇。

杨湾镇，县南三十里。有杨湾口巡司，今移司于东十里之急水镇。《志》云：南阳外有方公堤，达急水镇。明天启中，县令方懋德筑。〇华阳镇，在县南十五里。《志》云：镇滨江，与宿松界沙湾角、毛湖洲一带，形援相接，向为奸盗渊薮，有官军巡戍。又新沟镇，在县西。县北又有埭沟镇。

西圩。县东北六十里。周三十余里，堤长三千九百七十余丈，阔十丈，高二丈，圩中田三万七千余亩。《志》云：孙吴时屯皖口，得谷数万余，即此圩也。

附见：

安庆卫。在府城内，洪武初建。

读史方舆纪要卷二十七

南直九　太平府　池州府

○太平府，东至江宁府溧水县百六十里，南至宁国府百七十五里，西南至池州府四百五十里，西北至和州九十里。自府治至京师二千五百九十里，至南京百三十五里。

《禹贡》扬州之域，春秋时吴地，后属越，战国属楚。秦属鄣郡，汉属丹阳郡。晋属丹阳、宣城二郡，咸和中，侨立淮南郡，兼侨置当涂县，治于湖。后又尝侨立豫州。治芜湖，后或治姑孰，或治于湖。详州域形势。宋为淮南郡。齐尝置南豫州，州在建康之南，亦曰南州。梁末，亦为南豫州，治姑孰。陈因之。隋灭陈，改属蒋州。唐武德四年，复置南豫州。八年，州废，改属宣州。五代时，南唐置新和州于此，寻改雄远军。宋开宝九年，改曰平南军。太平兴国二年，改为太平州。元为太平路。明初，改为太平府，直隶京师，领县三。今仍曰太平府。

府控据江山，密迩畿邑。自上游来者，则梁山当其要害；自横江渡者，则采石扼其咽喉。梁山、采石，详见前名山，即府境形胜也。金陵有事，姑孰为必争之地。东晋以后，尝谓京口为北府，历阳为西府，姑孰为南州，而南州关要，比二方为尤切，地势然也。王应麟曰：太平，江津之要害也。左天门，右牛渚，铁瓮直其东，石头枕其北，襟带秦淮。自吴迄陈，常为巨屏。

○当涂县，附郭，汉丹阳县地。晋太康三年，分丹阳置于湖县。咸和中，以江北当涂流民南渡者众，乃于于湖侨立当涂县及淮南郡。隋罢淮南郡，徙当涂于姑孰，属蒋州。唐初为南豫州治，州废，以县属宣州。乾元以后，县属升州。南唐属雄远军。宋属太平州。今编户一百六十九里。

姑孰城，今府治。汉丹阳县地也。迫临江渚，商贾凑集，鱼盐所聚。东晋时，置城戍守，并积盐米于此，城南临姑孰溪，因曰姑孰城。咸和二年，历阳内史苏峻据郡叛，使其将韩晃等袭陷姑孰，取盐米。兴宁二年，桓温自赭圻移镇姑孰。咸安二年，桓冲为豫州刺史，戍姑孰。宋元嘉三十年，武陵王骏讨元凶劭，至南洲，降者相属，即姑孰城南也。又大明七年，校猎于姑孰。齐永明十一年，宜都王铿为南豫州刺史，镇姑孰。东昏侯末，萧衍前军至芜湖，监南豫州事申胄弃姑孰走。衍进据之，既而齐主宝融自荆州东至姑孰，禅位于梁。梁承圣初，王僧辩等讨侯景，至姑孰，贼将侯子鉴败走。隋开皇九年，伐陈，韩擒虎自横江济采石，攻姑孰，半日拔之，寻移当涂县治此。后因之。《志》云：当涂城旧跨溪水上，唐元和中筑，周十五里，东西置水门，曰上下栅。张舜民曰：姑孰溪旧经太平州城内。陆游曰：姑孰城在当涂北。今州城正据姑孰溪，溪亦名姑浦。《江源记》：姑浦口南岸立津，以讥行旅。是也。宋建炎中，郡守郭伟筑新城，减旧城三之二，限溪流于城外，西入江，后屡经修筑。宝庆二年，更置南北二水门，又增瓮城一。绍定中，复修城浚濠，环城为备。元仍旧址。明初克太平，既而陈友谅来争，城西南俯瞰姑溪，友谅乘水涨，以巨舟薄城，士卒缘舟尾而上，城遂陷。友谅败，常遇春驻守，乃改筑今城，南距姑溪三十余步，城遂完固。有门五，南面门二，左曰南津，右曰湖孰，东面曰行春，西面曰澄江，北面曰清源。城周六里有奇。

于湖城，在府南三十八里。汉丹阳县地。三国吴为督农校尉治。晋太康二年，始立于湖县，属丹阳郡。太宁初，王敦自武昌移镇姑孰，屯于湖。咸和初，侨置淮南郡于此。宋大明六年，以淮南郡并入宣城郡，移宣城郡治于湖，又南豫州亦治焉，寻复为淮南郡治。隋省郡，又并县入当涂。杜佑曰：当涂城即姑孰城，于湖故城在其南云。又丹阳城，在府东北八十里，与江宁府接界。今为丹阳镇，详见前。

采石山，府西北二十五里，滨江为险。昔时自横江渡者，必道采石趋金陵。江津襟要，此为最冲。亦曰采石圻。《志》云：采石以昔人采石于此而名，其石突出江中，渡江者由此登跻。今为采石镇，置采石巡司及采石驿。又南里许曰牛渚山，亦曰牛渚圻。俱见前名山采石。

博望山，府西南三十里。亦曰东梁山，与和州西梁山夹江对峙，石矶北出，江流激射，亦谓之梁山矶。又名天门山，亦曰蛾眉山。详见前名山梁山。

白纻山，府东五里。本名楚山，晋桓温游此，奏《白纻之歌》，因改名焉。登其上，则群山环列，江湖萦带，称为佳胜。或谓之蒲山。《南宋书》：大明七年，巡于湖，至蒲山。即此山矣。〇黄山，在府西北五里，一名浮丘山。山有刘宋时离宫及凌歊台、怀古台，并浮图在焉。《志》云：凌歊台周五里一百步，高四十丈。又金山，在府北十里，昔时出铜，与金类，古所谓丹阳铜也。

龙山，府南十里。桓温尝以九日与僚佐游宴于此，陈宣帝谓郡之形胜，牛首北临，龙山南指者也。《金陵志》云：山在建康西南九十五里，周二十五里，高百二十丈，稍南为九井山，相传桓温所凿。晋元兴二年，桓玄筑禅位坛于九井山北，即此。伏滔《北征记》：九井山五井已堙，四井通大江。

青山，府东南三十里。一名青林山。唐武德七年，李孝恭等讨辅公祐败其兵于芜湖，公祐遣舟师屯博望山，复遣其将陈正通将步骑屯青林山，既而孝恭败公祐梁山之兵，博望、青林二戍皆溃。明初，太祖入和阳，元人置戍守于此。《志》云：山绵亘甚远，周八十里。唐天宝十二载，改名谢公山，以齐宣城太守谢朓居此。山顶有池及井，皆以谢公名也。宋郭祥正诗：重冈复岭控官道，北望金陵真国门。是矣。○石城山，在府东二十里，有石环绕如城，因名。

褐山，府西南三十五里，临大江。亦曰曷山，稍东即东梁山也。唐光启三年，杨行密自庐州谋取宣州，州帅赵锽遣兵屯曷山，行密击败之。天复二年，冯弘铎据升州，引楼船兵袭宣州，杨行密将田頵帅舟师逆战于曷山，大破之。三年，田頵以宣州叛，行密使李神福攻頵，破之于曷山。张舜民《郴行录》：褐山矶在大信口稍西南，去芜湖县四十余里。是也。宋绍兴二年，命沿江岸置烽火台，当涂之褐山，其一处云。

马鞍山，府西北三十五里慈湖港口。《江防考》：山至江宁之烈山三十五里，至江宁镇四十五里马鞍，而东北五里即江宁接界之慈姥山也。又望夫山，亦在府西北四十里。《志》云：山周五十里，高百丈，正对和州城楼。○横望山，在府东北六十里，与江宁府接界，亦曰横山，《志》云：即春秋时楚子重伐吴所至之衡山也。

大江，府西北五里。《江行录》：大江自繁昌县西三十里荻港驿入府界，与池州府接境，过县北，折而东北流，有宗三庙，为沿江要地。又东至芜湖县，去繁昌凡百里。又东北四十里为东梁山，又东北四十里至采石矶，又东北六十里即江宁镇也。梁承圣初，王僧辩讨侯景至姑孰，景将侯子鉴度南洲，于岸挑战，又以鸼舟载战士。僧辩麾细船令退缩，留大舰夹泊两岸，子鉴之众谓水军欲退，亟出趣之，大舰断其归路，合战江中，贼军大败。《宋志》：郡滨江为险，牛渚、天门最为形胜，诚东南之巨镇也。

丹阳湖，府东南七十里。旧《志》云：应天、广德、徽、宁境内之水，汇而为三湖，曰石臼，曰固城，曰丹阳，而丹阳最大，东西七十五里，南北九十里。其一支自芜湖县入江，又分为别流北过大信，经天门山入江；其一支接溧水县境，合诸溪港之水，北会姑孰溪，经府南北，过江口渡，又北过黄山渡，出抵采石矶，入大江。俗以芜湖之流为南股，当涂之流为北股。其上源详见江宁府高淳县。

姑孰溪，在府南二里。自丹阳湖引流而北，合支流诸水，汇为姑孰溪，亦谓之姑浦。又西过鼍浦，经城南，谓之南洲津。又西北至府西五里之江口渡，复北经黄山渡，又北历牛渚、采石矶，至宝积山，入于大江。《志》云：采石之北，即宝积山，旧有取铜坑，因名。

大信河，府西南二十五里。大江自天门山南酾为夹河，曰大信，下达采石入江，亦谓之南浦。刘宋孝建初，江州刺史臧质以南郡王义宣叛，与王玄谟相拒于梁山，质遣其党庞法起将兵趋南浦，欲自后掩玄谟，垣护之击破之。梁承圣初，王僧辩等讨侯景，至芜湖，景将侯子鉴据姑孰南洲以拒之。景遣人戒子鉴曰：西人善水战，宜结营岸上，引船入浦。浦即南浦。胡氏曰：今大信港也。《志》云：大信河自芜湖白岸湖分流，北过梅塘何、墓山之间，西过马鞍山，又西过大信下镇，会龙山港入江。今有大信巡司，亦曰东梁山巡司，置于府西南大信河口之大信镇。又区檐河，在府西七里，亦曰古檐河，自大信河分流入江，亦有区檐渡。

新河，府北二十五里。亦曰采石。《河志》云：在采石镇西，牛渚矶东。宋庆历中，以牛渚矶控江流之冲，水势湍激，为舟楫害，乃开新河于矶后，南接夹河，北达大江，舟行遂得安济。○黄池河，在府南六十里，东接固城湖，南至黄池镇，与宣城县分中流为界，西接芜湖县河入大江。唐大顺二年，杨行密保宣州，遣将刘威等击贼将孙儒于此，为儒所败。又天复三年,田頵据宣州叛杨行密,行密将台濛败頵于黄池,是也。

慈湖水,府北六十三里。《志》云:旧有湖,后湮,其余水流入大江。《江行记》:自建康溯江而上,过白土矶,入慈湖夹。是也。吴将笮融尝屯兵于此。晋咸和中,苏峻以历阳叛,庾亮使司马流将兵据慈湖以拒峻,峻遣其党韩晃袭杀流。咸康初,以石虎南游,分命诸将屯慈湖诸处。梁太清二年,侯景以寿阳叛兵至慈湖,建康大恐。明初,徐达等破陈友谅于此。《元志》:慈湖接江宁县界,有巡简寨,今废。○芜湖水,《志》云:在府西南八十里,源出丹阳湖,西北流入江。汉末,尝于湖侧置县云。

青堆沙,在府西南二十里。或曰即青墩也。梁敬帝初,徐嗣徽召齐兵犯建康,陈霸先召周文育于溢城,嗣徽列舰青墩,至七矶,以断文育归路,寻为文育所败。《志》云:今芜湖县南有青墩河,亦曰青墩沙。

陵口戍,在府北三十里。或谓之东陵口。晋咸和中,苏峻自历阳济横江,登牛渚,军于陵口。胡氏曰:在牛渚之东北,亦江滨戍守处。

黄池镇,府南八十里,道出宁国府。有黄池公馆。《志》云:府东南二十五里有杨家渡,又东南与固城、丹阳诸湖相接。此为滨湖津要之所。○薛镇,在府东二十里。又东二十里为博望镇,道出溧水县。

襄城桥。府北二里。明初,太祖伏兵于此,擒元将陈埜先。《志》云:府城南有南津桥,亦曰上浮桥;城西南又有彩虹桥,亦曰下浮桥,俱跨姑孰溪上。

○芜湖县,府西南六十五里,西至庐州府无为州百三十里,西南至宁国府南陵县百十里。春秋时为吴之鸠兹邑。汉置芜湖县,属丹阳郡,以地卑蓄水,而生芜藻,因名。后汉因之。晋咸和四年,尝为豫州治。宁康初,侨立上党郡及襄垣县,寄治芜湖,寻改芜湖为襄垣。宋、齐因之,属淮南郡。隋省襄垣入当涂。唐为芜湖镇。大顺中,杨吴复置芜湖县属升州。宋初属宣州。太平兴国三年，改属太平州。县无城，编户三十五里。

芜湖城，县东三十里，古鸠兹也。《左传》襄三年，楚子重伐吴，克鸠兹。汉置芜湖县于此，一名祝松，亦曰祝兹。吕后时，封徐厉为祝兹侯，或以为松兹也。后汉仍置芜湖县。后汉建安初，孙策破刘由，太史慈遁芜湖山中，自称丹阳太守。十五年，孙权迎周瑜之丧于芜湖。皆此城也。后又使陆逊屯于此，先主尝谓权曰：江东形势，先有建业，次有芜湖。是矣。吴黄武初，徙县于今治。杜预曰：鸠兹，今皋夷也。《地志》以为皋慈。今县东四十里有鸠慈港。自晋以后，皆仍吴治。萧子显曰：芜湖浦水南入，亦为险要。晋大兴五年，王敦举兵武昌，东逼建康，至芜湖。咸和二年，宣城内史桓彝以苏峻作乱，起兵进屯芜湖，为峻党韩晃所败，晃遂进掠宣城。咸康初，石虎南游，命诸将列戍芜湖。梁承圣初，王僧辩等讨侯景，至芜湖，景将张黑弃城走。陈天嘉初，王琳东下，至栅口，侯景督诸军御之于芜湖。唐武德七年，李孝恭破辅公祐之兵于芜湖，进拔其梁山等镇。又天复三年，淮南将田頵以宣州叛，行密遣李神福自鄂州还军击之，頵使其将郭行悰将水军屯于芜湖，以拒神福，行密使台濛将兵应之。盖滨江镇戍，芜湖实为要冲也。今商旅骈集，明天启中，置榷关于此。

上党城，在县西南五里。东晋太元中，以上党流民侨置上党郡及襄垣县，后省郡为上党县，属淮南郡。宋元嘉九年，又省上党县入襄垣。○王敦城，在县东一里，敦移镇姑孰时所筑城也。陆游曰：芜湖即于湖，并大江有王敦城，气象宏敞。《晋春秋》《北魏书》皆言敦屯芜湖，故游疑以为即于湖也。

战鸟山，县西南五里大江中。旧名孤圻山。相传桓温镇姑孰时尝屯于此，夜中宿鸟惊啼，温疑为官军至，因名。梁王僧辩等讨侯景，自江陵东下，军于大雷，景将侯子鉴方攻齐合肥，不下，还至战鸟，西军奄至，惧奔淮南，即此。隋、唐间，建灵山寺于此，因改曰灵山，亦曰战鸟圻。胡氏曰：淮南即姑孰也。又西南二里大江中有蟂矶山。蟂，老蛟也。矶南有石穴，广一丈，深不可测。《志》云：矶高千丈，周九亩有奇，往来者皆经其下。矶之西即无为州界也。大雷，今安庆府望江县。

赭山，县东北五里。《志》云：其山丹赤，汉丹阳郡盖以是山名。又驿矶山，在县北八里，临大江。南唐时，尝设馆驿，列市肆于此。○荆山，在县东十六里，有大小二荆山，小荆山在大荆山之东，有岩石之胜。

七矶，县西北十五里。梁末，徐嗣徽引齐兵据芜湖，列舰于青墩，至七矶，以断周文育溢城还建康之路，即此。一名碛矶。

大江，在县西五里。上至河口镇接繁昌县界，下至褐山矶接当涂县界，凡四十里，与和州对境。

中江，在县南。《汉志》注云：中江在县西南，东至阳羡入海，今县河东达黄池，入丹阳、石臼等湖，至银林堰，乃中江故道也。苏、常承中江下流，常病漂没，及五堰筑，而中江不复东，宣、歙之水，皆由县西以达于江。《志》云：今长河在县南半里，源出广德、宣州之间，过县前西行，稍北五里注于大江。盖即丹阳湖之导流大江处，古所云中江者也，《宋史》：宣和七年，诏太平州判官卢宗原开江东古河，自芜湖由宣溪、溧水，至镇江，渡扬子，趣淮汴，免六百里江行之险。盖亦循中江故流，而东北达于大江云。

鲁明江，县南三十余里。其上源即宁国府境内之青弋江也，昔尝穿港以酾丹阳湖，馀水汇于石硊渡，西北注大江，流遂深阔。亦曰鲁港。相传旧有鲁明仲者居此，因名。《十国记年》：孙儒与杨行密争宣州，行密将台濛于鲁江作五堰，以轻舟给行密食。五堰盖在鲁明江上源，即今高淳县之东坝矣。又宋末，贾似道军于鲁港，为元人所败。今有河口镇巡司，在县西南，与繁昌县接界。

橹港河，在县南。源亦出徽宁境内，流入县境，西注大江。今县西有鲁港驿。

天城湖，县东南十里，亦丹阳湖下流所汇也。其溢入处，为荆诏港，一名天圣。又东有白岸湖，与当涂县接界。

石硊市。县南三十五里有石硊渡。《志》云：渡阔五里，即鲁明江之上流也。晋咸和中，桓彝尝屯兵于此，以拒苏峻。又县东四十里有鸠兹渡，在鸠兹港口，因名。

〇**繁昌县**，府西南百六十里。西南至池州府铜陵县百里，东南至宁国府南陵县八十里，西北至无为州百七十里。汉春谷县地，属丹阳郡。晋属宣城郡。东晋侨置襄城郡及繁昌县。太元中郡废，县属淮南郡。宋、齐因之。梁末置南陵郡。陈置北江州。隋州废，又并县入当涂。南唐始复置繁昌县，属升州。宋初属宣州。太平兴国三年，改属太平州。旧治在今县西北四十里，明景泰末，始迁今治。县无城，今编户十二里。

春谷城，在县西南，汉县，属丹阳郡。晋属宣城郡。元帝初，尝侨置襄城郡于春谷县境，封子衰为襄城郡公。成帝时郡废。宁康初，改为阳谷县，后废。宋白曰：春谷城在南陵县西北一百五十里。

赭圻城，县西南十里，三国吴所署赭圻屯也。晋哀帝召桓温入朝，至赭圻，有诏止温，温遂筑城居此。温表云：春谷县赭圻城在江东岸，临江西当濡须口二十里，距建康宫三百里，南有声里，北有高安戍，请城其地，是也。宋泰始二年，晋安王子勋举兵江州，其将孙冲之为前锋，据赭圻。沈攸之等自虎槛洲进攻，大破之，寻拔赭圻。建安王休仁自虎槛洲进屯于此。梁置南陵县及郡治赭圻城。陈置北江州于此。隋、唐时为镇戍，土俗至今称为故县城。

磕山，县南十里。上有龙池，大旱不竭。一名孤圻山，又名蜃居山。《志》云：山在江中。又凤凰山，在县西南二十里，下临荻港，有珠金沙。

宋末，贾似道与蒙古相拒，尝驻珠金沙，走还扬州。

老山，县东北三十里。有三峰并秀。亦作姥山。或曰姥山，盖县西南江滨小山也。沈攸之破孙冲之于赭圻，追至姥山而还。又子勋将陶亮屯鹊洲，于姥山及诸冈分立营寨，及冲之败，亦各散还。沙洲移徙，姥山沦入江中矣。胡氏以为即巢湖中之姥山，似误。○隐静山，在县东南七十里，五峰环峙，泉石甚胜。又县东有浮丘山，有二峰及浮丘洞，又有龙池诸胜。一名隐玉山，相传浮丘翁隐于此。

马仁山，县南六十里。旧名马人山，唐贞元中改今名。上有五峰及岩池泉石之胜。山之西麓，即池州府铜陵县界。○大阳山，在县西，其相接者为小阳山，有龙池，虽旱不竭。山之西麓尽于江中，有板子矶，一名返秦矶。

三山矶，县东北四十里，临江滨。有巡司戍守。上至荻港巡司七十里，下至芜湖县河口镇巡司三十里，为滨江戍守之处。又县西北有黄石矶，濒大江，多黄土巨石，因名。

大江，县北十五里。上自荻港胭脂夹，与池州府铜陵县接界，下至河口镇，与芜湖县接界，凡百余里。与无为州及和州对境。江面广阔，凡数十里，中有洲，曰杨夹沙镇。

荻港，县西南二十里。自池州府铜陵县流入境，注于大江。东岸与赭圻城相属，西对无为州，乃江流之险要。今县西北四十里有荻港镇，置巡司戍守，兼设荻港驿及河泊所于此。○上峨桥河，在县南，源出浮丘山，接县东之芑田港，又西接苍龙洲，下流注于江。

小淮水，在县东六十里。自宁国府南陵县流经县境，入芜湖县界，会于石硊渡，为鲁港之上源。

浓湖，在县西南三十里。宋泰始二年，沈攸之破赭圻，子勋将袁觊等军于鹊尾，与攸之相拒于浓湖，张兴世请帅奇兵潜出浓湖之上，夺其钱溪，攸之等因进攻浓湖，以缀觊等之兵，是也。今湖已湮废。《志》云：县西南二十余里有官庄湖，即荻港支流所汇也。或以为浓湖之馀浸。

虎槛洲，县东三十五里。宋泰始二年，晋安王子勋举兵江州，诏建安王休仁督诸军讨之，休仁军南州，使沈攸之将兵屯虎槛，既而兖州刺史殷孝祖入援，诏引军向虎槛，休仁亦自南州进屯焉。陈天嘉元年，王琳伐陈，自溢城至栅口，陈将侯瑱自芜湖进军虎槛洲，琳亦出船列江西，隔洲而泊，及战，为瑱所败。栅口，见和州栅江。

鹊尾洲，县西南大江中。《左传》昭五年，吴败楚人于鹊岸。杜佑曰：南陵大江中有鹊洲，即古鹊岸也。宋泰始二年，晋安王子勋举兵江州，遣其将陶亮军于鹊洲，前锋孙冲之军于赭圻，既而亮以台军屡捷，召冲之还鹊尾。又刘胡自寻阳率众继至，与旧兵合十余万军鹊尾。寻又以袁觊督征讨诸军，帅楼船千艘，战士二万，来入鹊尾，是鹊尾即鹊洲也。今江中有数洲，其大者为杨夹沙镇，或以为即古之鹊尾云。

南陵戍，在县西南，下临江渚。胡氏曰：六朝时，江州东界尽于南陵。盖滨江津要处，非今之南陵县。晋陶侃领荆、江二州刺史，自南陵迄于白帝，数千里路不拾遗，谓南陵也。义熙六年，卢循攻建康，不克，南还寻阳，留其党范崇民将五千人据南陵。宋孝建初，臧质以南郡王义宣叛，自江州趣建康，殿中将军沈灵赐将百舸破质前军于南陵。梁亦置戍于此。承圣初，王僧辩讨侯景军于大雷，遣前军侯瑱袭南陵、鹊头二戍，克之。宋白曰：南陵戍去今宣州南陵县百三十里。梁武因旧戍置南陵县，本治赭圻城，亦非今之南陵云。鹊头，今见铜陵县。

黄浒镇。县西南三十里。浒，一作火。有黄火河，汇于荻港。又新林镇，在县东南三十里。〇县市镇，在县西四十里，稍北即旧县治也。《志》云：旧县治后山绝顶，上有缥缈台，下临大江，与濡须津相对。宋熙宁中，易名曰表里江山台。

附见：

建阳卫。府治西南，洪武三十五年建。

〇池州府，东至宁国府三百二十里，南至江西饶州府浮梁县三百八十里，西南至江西九江府五百五十里，西至安庆府百二十里，东北至太平府四百五十里。自府治至江宁府五百五十里，至京师三千一百五十里。

《禹贡》扬州之域，春秋时吴地，后属越，越灭属楚。秦属鄣郡，汉属丹阳郡，晋属宣城郡，宋、齐因之。梁属南陵郡，陈属北江州，隋属宣州。唐武德四年，置池州，贞观初废，仍属宣州。永泰初复置，亦曰秋浦郡。《志》云：时割宣之秋浦、青阳，饶之至德，置池州。唐末，属于杨氏。南唐曰康化军。宋仍曰池州。绍兴初，尝移江南东路治此，旋还建康。元曰池州路。明曰池州府，直隶京师，领县六。今仍曰池州府。

府襟带江山，控扼肥、皖，居金陵之上游，当江滨之孔道。或自鄱阳而北出，或自淮南而南指，可舟可徒，郡亦设险之所也。宋取江南，以战舰先取其池州，而后步骑从采石南渡。金陵藩屏，岂惟安庆为要地欤？

〇贵池县，附郭。汉置石城县，属丹阳郡。晋属宣城郡。梁属南陵郡。隋平陈，县废。开皇十九年，改置秋浦县，属宣州。唐为池州治。五代时，杨吴改曰贵池。宋仍为池州治。旧府城周七里有奇，今周十四里有奇，为门七。编户三十九里。

石城废县，府西七十里，地名铁店，亦曰仓埠潭。汉县治此。《志》云：以东西两石山夹河如城而名。后汉建安四年，孙策西击黄祖，行及石城，寻以程普为丹阳都尉，屯石城。其后孙权封韩当为石城侯，邑于此。自晋以后，皆曰石城县。《水经注》：江水自石东入为贵口。是也。

隋县废，寻改置秋浦县于石城故址。唐因之。杨吴徙秋浦于贵池，因曰
贵池县，即今治。

虎林城，《志》云：在石城东十五里。孙权封子休为琅邪王，镇虎
林城，是也。《括地志》：孙吴时虎林为戍守处，置督于此。太平二年，孙
琳遣朱异自虎林袭夏口，至武昌，夏口督孙壹奔魏，盖沿江西上也。又有
南太原城，《志》云：即故石城，梁初置太原郡于此，大同中废。今建德
县，亦有太原城。

齐山，府南三里。山有十余峰，其高齐等，因名。周必大《记》曰：
唐刺史齐映所尝游也。山周围二十里，岩洞三十，有二泉，大小十一亭，
台二十余，其九顶洞，亦曰翠微寨。山盖与九华之胜，并擅江南。其西有
湖，亦曰齐山湖，中有小山，曰珠儿山，一名石洲。○六峰山，在府南二十
里，有六峰竞秀。其相近者曰万罗山，以圆峰孤突，群山罗列而名。又南
二十里，曰大楼山，孤撑碧落，若空中楼阁然。

五山，府东南六十五里。孤峰独出，其下散为五支，联络相属，巍
然为群山之长。又三十六山，在府南七十里，云峰六六，上插晴空，与九
华竞秀。又南十里曰七井山，上列七峰，涌泉七穴，山险峻，四时多寒。○
碧山，在东十里濒湖，苍崖翠壤，倒影沉碧。稍南曰石壁山，以形如削壁
也。又渚湖山，在府东南四十里，绝顶有田，渊泉旁出，澄泓如练，蒹葭
鱼鹭，若渚湖然，其田岁无旱忧。又铁券山，在府东六十里。《志》云：黄
巢就降，受铁券于此。

黄龙山，府北五里。滨大江，有望江亭。稍西曰镇山，濒池口河。○
百牙山，在城东北半里。《志》云：府治主山也。东麓曲水旋绕，曰落蓬
湾。相传货舟辏泊于此，牙行百人登陇，以平其直，因名，上有浮屠。

大雄山，府西南三十里。群峰排戟，雄峙一隅。又府西三十里有
大山，地名黄花坦，其东五里曰龟峰山，皆濒后湖。又专景山，亦在府西

二十五里王家汊之右，俗呼砖井山，崇峦拱揖，支陇环伏，湖水摇光，菱荷交映，擅一方之胜。〇白面山，在府西南六十里，雪崖拱北，如傅粉然，下有白面渡。又西南十里曰郎山，一名和龙山，下有玉镜潭。又秀山，在府西南九十里，叠嶂如屏，烟萝延蔓，下有仓隼潭，行旅往来，济渡于此。《志》云：府西南七十五里有水车岭，陡峻临渊，奔流冲激，若桔槔声。

全山，府西南百二十里。峰峦周匝，拱抱如环。又西南二十里曰城山，以山势周遭如城也。罗友贤寨址存焉。其相近者曰高明山，有高明洞，甚宏敞。《志》云：山在城西南百四十五里。〇西岩山，在府西南百五十里。高万仞，周数十里。其相接者曰鱼载山，石壁断崖三级，每级寒潭渊澈，涌泉飞瀑，中有石如鱼，一名鲤鱼载山。又灵山，在府西南二百里，山巅有田百亩，水泉四时不竭。

大江，府北五里。自溢浦而来，至东流县西香河口而入府界，过县北，至吉阳河，凡六十里。又六十里至雁汊镇北，折而东六十里至李阳河。又二十里为乌沙夹，又四十里至池口，又东为麻布蓼、梅根、五埠沟，凡六十里而至大通河，又东则铜陵县也。自铜陵稍折而北为丁家洲，为钱家湾，为胭脂夹，为荻港，凡八十里接太平府繁昌县界，对境则安庆府桐城县至无为州也。东西几四百余里。旧《经》云：自马当顺流而界繁昌横江，凡五百里，府境诸水，悉流入焉。《宋史》：宣和六年，前太平判官卢宗原言：池州大江，乃上流纲运所经，其东岸皆暗石，多至二十余处，西岸则沙洲，广二百余里，俗谓之拆船湾，言舟至此必毁拆也。今东岸有车轴河口沙地四百余里，若开道入杜坞，使舟经平水径出池口，可避二百里风涛拆船之险，请措置开修。从之。《志》云：今近府之洲曰古夹、曰鸟落、曰官、曰新、曰上荷叶、曰武梁，其矶曰拦江、曰罗汉、曰黄龙、曰刘婆，皆滨江相接云。

池口河，城西五里。一名杜坞河。《志》云：城西四里有杜坞山，以唐杜牧尝游此而名,河经其下也。又有镇山,在城北五里,滨池口江,便民仓置于此。亦谓之贵池。源有五,一出石埭县西之栎山,一出府西南百八十里之古源山,亦曰源头山。一出洴溪,一出石岭,一出东源,众流会于秋浦,汇于府西南七十里之玉镜潭。又迤逦数十里钟为谷潭,决为炭埠港,注于杜坞,过镇山入池口河以达大江。亦谓之贵口。宋泰始二年,寻阳王子勋举兵江州,遣其将刘胡等军于鹊洲。既而台军张兴世营于钱溪,胡等粮运中绝。乃遣沈仲王步趣南陵,载粮数十舫至贵口,不敢进,兴世遣寿寂之等击败之,即此。张舜民曰:自铜陵舟行六十里至梅根港,又五十许里至黄池口。是也。唐以此名州。今有池口巡司,置于滨江黄龙矶上。

清溪河,在城南。源出西南之洴溪及石岭,与棠溪峡川之水交于白洋,汇于江祖潭,注于上清溪,沿流与上洛岭水会,绕于平天湖,涌于黄沙滩,过齐山湖,泻于济川桥,激于响水滩。又一源出县东南二十里大朴山,俗名太婆山,注于白沙河,折于虾湖,绕于东塘湖,合三水下流至下清溪达江,亦曰清溪口。《志》云:峡川在城南三十里。

梅根河,府东四十五里。其源一出九华山,泻于五溪桥,过黄屯,至府东四十里之斗龙山,沿流至府东五十五里之五埠河;一出太婆山,泻马衙桥,绕龙潭,与九华之流合,交于双河,又北达大江。亦曰梅根港。港东五里即梅根监,历代铸钱之所,有钱官司之,故梅根港亦曰钱溪。宋泰始二年,晋安王子勋举兵江州,遣其将袁觊等与沈攸之相拒于浓湖,张兴世言于攸之曰:钱溪江岸最狭,去大军不远,下临回洑,船下必来泊岸,又有横浦,可以藏舟,千人守险,万兵不能过也。若以奇兵数千,潜出其上,因险而壁,见利而动,使贼首尾周皇,进退疑阻,中流既梗,粮道自艰。制敌之奇,莫过于此。攸之从之。兴世遂率轻舸过鹊尾,夕宿景洪浦,潜遣别将黄道标,帅七十舸径趣钱溪,立营寨,引兵进据之。刘胡自鹊尾来攻,船入回洑,为兴世所败。胡氏曰:梅根港有铸钱监,故亦

曰钱溪。回洑者，旋流为回，伏流为洑也。又为梅根渚。齐武帝云：昔经
樊邓役，阻潮梅根渚。即此矣。

李阳河，府西六十里。源引大江，以江流之消长为盈缩，本名李王
河，以李、王二姓居其地也。自河口出江中，有石，槎枒横突，为栏江、罗
汉二矶，奔流激荡，为运道患。五代晋时，南唐发运使周湛役三十万夫作
支流，以避其险，自是往来无覆溺之患，谓之新河。其后江面日开，矶势
颇安，而支流颇侵啮民田。明正德十一年，遂塞新河。《志》云：李阳河
亦滨江要地也。宋德祐初，元兵犯池州，游骑至李阳河。今设李阳驿及巡
司，有官兵戍守。○黄溢河，在府西九十里。其源一出府西百里之西溪；
一出建德县境内之良禾、乌沙岭，合于双河，播于东流境内之张家滩，
沿于坦埠；一出县西南百二十里之祖山，绕于唐田，注于石龙潭，会于沙
山，达大江。

大通河，府东北八十里，接铜陵县界。其源自青阳者四，一出九华
山，一出分流岭，一出黄蘗岭，经木竹潭，一出水龙山，经双河，会于管
埠；自铜陵者三，一出梅冲山，一出伏牛山，一出天门山，会于车桥河，与
诸水交于将军潭，为大通河，流入江。今有大通巡司，属铜陵县。

秋浦，在府西南八十里。长八十余里，阔三十里。《志》云：池口河
自石埭县之栎山，西流为管公明溪，历龙须河，会于秀山之苍隼潭，过白
面渡，汇为秋浦，四时景物，宛如潇湘洞庭，由池口入江。

查村堰，府西南百五十里。受诸山溪之水，引流溉田百余顷。又黄
荆堰，在县西南八十里，亦受诸泉涧水以溉田。《志》云：府西南有东坑
泉，出府西毛岭北，初仅滥觞，其流渐大，汇于玉镜潭。泉脉所及，引流
作堰者，凡一十五所。

梅根监，府东五十里。亦曰梅根冶。自六朝以来皆鼓铸于此。张兴
世营于钱溪，刘胡使陈庆引舸三百攻之，军于梅根，即此。《唐志》南陵

县有梅根镇，今为梅根港，盖其地旧属南陵也。宋至道三年，以池州钱监为永丰监，或曰即故梅根监。

乌石山寨，府西南百里。唐永泰初，剧贼方清等聚兵于此，绝江为患，议者始置池州于秋浦，以厄要害，是也。又城山寨，在府西百三十里。元末，建德土豪罗友贤聚众保障，遂为乱。至正二十年，我师取建德，以友贤归。二十二年，友贤复据城山寨以叛，欲通张士诚，杭、歙震动，既而徐达等讨平之。又峡山寨，在府西。宋开宝七年，曹彬伐江南，收峡山寨，进克池州，是也。

黄屯。府东南九十里。《志》云：唐乾符中，黄巢尝屯此，因名。有黄屯堰，稍东二里有石冈，即铁券山也。○杨梅坦，在府西九十里石岭镇。其地多杨梅，唐置杨梅馆，宋改为驿，今废。又石墨驿，旧在城东五十里，今废。

○**青阳县**，府东八十里，东北至宁国府南陵县百十里，北至铜陵县九十里。汉陵阳县地，三国吴临城县地。隋秋浦县地。唐天宝初析置今县，属宣州，以在青山之阳而名。永泰七年，改属池州。杨吴时，升县为胜远军。南唐复旧。宋仍属池州，县无城。今编户十七里。

临城废县，县南五里。孙吴赤乌中，析陵阳、石城二县地置，属丹阳郡。晋属宣城郡。宋、齐因之。梁属南陵郡。隋废。今为临城镇。

陵阳废县，县南六十里。汉县，属丹阳郡。孙策讨祖郎于陵阳，擒之，是也。晋属宣城郡。咸康二年，避杜后讳，改曰广阳。宋、齐因之。隋改曰南阳，避炀帝讳也，寻废入泾县。唐武德三年，仍置南阳县，属猷州。八年，又废。猷州，见宁国府。泾县，今为陵阳镇。

九华山，县西南四十里。旧名九子山。山有九峰如莲华，唐李白游此，改今名。高千仞，周百八十里，峰之得名者四十有八，岩十四，洞五，岭十一，泉十七，原二，其余台、石、池、涧、溪、潭之属，以奇胜名者甚多。江南名山，九华其最也。唐龙纪初，杨行密围赵锽于宣州，锽兄乾之自池州趣救，行密使其将陶雅逆击之于九华，败之，遂取池州。明初，常遇春守池州，陈友谅来攻，遇春伏锐卒于九华山下，而以羸弱守城，友谅至，伏发，缘山而出，循江而上，绝其归路，城中出兵夹击，友谅败遁。其相连者曰同山。又有帻山，亦在县南，与九华相接，巍峨如冠帻然。

青山，县北五里。县以此名。又古长山，在县东南三十里，秀拔群山。宋范仲淹尝读书其中，更名读山。又鱼龙山，在县南七十里，其深谷中有小鱼龙洞，又有大鱼龙洞，水分七流，互相交贯，中多奇胜，东南与石埭县接界。

五溪山，县西三十里。众流环绕，与九华对峙。其相近者曰清泉岭，泉涌石窟间，相传岳武穆饮马于此。〇石龙山，在县东四十五里，蜿蜒如龙。又县东六十里曰峰山、大有山，皆与九华竞秀。其相近者曰金山，有金山镇；与南陵县分界。

五溪水，县西二十里。五溪者，龙溪、漂溪、双溪、观溪、澜溪也，俱出九华山，合流而北，环绕于五溪山下，入贵池县境，汇为大通河入江。

临城河，在县南。《志》云：大通河之别源也。自县南分流岭，流经故临城县，为临城河，又经县西南十里之峡山，西会于大通河。〇石堰，在县东四十里，诸山涧之水皆汇于此，有北山桥跨其上。明正统中，作石堰，山水瀑溢，往往圮坏。正德初，邑民章侐做新安堰坝法，以薪代石，遇圮则修，又凿渠分流，以杀其势。其下流达铜陵县界，注于天井湖。又华湖堰，在县治南，通临城水，灌郭西田，民被其利。

九华寨，在九华山。元季土豪赵普胜与陈友谅合兵攻安庆，置寨于此。又山有应天寺。五代唐长兴二年，吴宋齐丘入九华山，止应天寺，徐知诰强起之，更名应天寺曰征贤寺。

刘公寨。在县南。宋建炎中，张遇寇境，刘光世因险立寨，御之于此。又六泉口寨，在县西南，险固四塞。明初常遇春御陈友谅，倚以伏兵。又有查家马站，在县东北二十五里。元置站于此，今废，有查家渡。

○**铜陵县**，府东北百二十里，东至宁国府南陵县九十里，北至太平府繁昌县百里，西北至庐州府无为州百五十里。汉陵阳县地。东晋末，为定陵县地，属淮南郡。隋并南陵县。唐末置义安县，寻废为铜官冶。南唐保大九年，改义安为铜陵县，移治铜官镇，属升州。宋开宝七年，改属池州。元因之。明初属宣州，寻复旧，县无城。今编户十五里。

铜陵城，在县东二十里，唐义安县置于此，寻为铜官冶。景福初，杨行密保宣州，为贼将孙儒所攻，欲退保铜官，是也。南唐移县于今治。其地亦名铜官镇。《寰宇记》：梅根监领法门、石埭二场，此即法门场，后为铜官镇，南唐因以铜陵名县。宋曹彬败南唐兵于铜陵，长驱而东。元末，星吉败徐寿辉于铜陵，遂复池州，即今县。其故城亦曰义安废县。今为顺安镇。

定陵城，在县东。东晋义熙中，侨置于芜湖县界，属淮南郡。宋、齐以后因之。隋废入南陵县。○胡城，在县东七十里，凡八所，相去二里许，不相联属。刘宋泰始中，晋安王子勋举兵江州，其将刘胡引兵东下，筑此屯兵，因名。

鹊头山，县北十里。高耸临江，宛如鹊头。《左传》昭五年，楚以诸侯伐吴，吴败诸鹊岸。《唐志》宣城南陵县有鹊头镇。盖因山置镇。山在鹊洲之头，故名。宋元凶劭之乱，武陵王骏自寻阳东讨，军于鹊头。孝建初，南郡王义宣举兵江陵，东至鹊头。废帝末，邵陵王子元为湘州刺史，行至鹊头，会晋安王子勋举兵寻阳，不敢进，子勋长史邓琬遣兵劫迎之。泰始二年，子勋发兵东下，其将刘胡军于鹊洲，会张兴世营于钱溪，胡欲由鹊头内路攻之，不果。既而袁顗以刘胡败遁，自鹊尾走至鹊头，与戍将薛伯珍皆走。梁承圣初，王僧辩讨侯景，遣侯瑱袭鹊头戍，克之。

唐武德七年,李孝恭讨辅公祐,拔其鹊头镇。《宋系年录》:绍兴二年,命沿江岸置烽火台,鹊头山其一也。旧《志》鹊头与庐江西岸鹊尾相对,似误。

铜官山,县南十里。有泉源,冬夏不竭,可以浸铁烹铜。唐于此置铜官场。宋置利国监,山亦改利国山,岁久铜乏,场与监俱废。稍西有铜官渚。唐文德初,杨行密结和州上元之兵,自采石济,侵宣州,行密从铜官渚济江会之,即此。《寰宇记》:山旧产铜,供梅根监。○石门山,在县南十五里,两山石壁对峙如门。又南十五里有伏牛山及羊山,二山相接。县西南四十里又有天门山,其势耸插云表。又有马仁山,在县东南七十里,其东与太平府繁昌县接界。

城山,县东三十五里。四围石壁峭立,西南仅通一径,宛如城门。其上平坦,约数十亩,又有井,虽旱不涸,昔人恃以避寇。亦谓之赛城。又有青山,在县东二十里,一名十里青山,草木丛茂,四时郁然。○石砮矶,在县北五里,濒江有三石门,水涸可出入,容数十人,一名五霞洞。又有矶曰羊山矶,在县北三十里,有羊山渡。

大江,县西北一里。自大通河与贵池县接界,下至荻港,与繁昌县接界。江中之洲,曰下荷叶,曰横港,曰曹韩,曰白沙,曰千斤,曰新涌,曰小芜,曰钱溪,曰丁溪。矶二,即羊山、石砮也。《志》云:曹韩、白沙二洲之中有夹河,流经县西十里,中引大江。

大通河,县南四十里。出伏牛、天门诸山,汇于车桥湖,至县西南四十里大通镇入大江,与贵池县接界。今有大通巡司。又河口河,在县治南,会诸溪涧之水,流入大江,源微水浅,兑运时,漕舟不能达县,舣舟江浒,遇风恒有漂失之虞。天顺间开浚,岁久复淤。嘉靖初,又自大通镇移大通驿于河滨,往来者益以浅塞为患。二十一年复开浚,于是江流内注,舟楫辐辏,自是以时浚治焉。《一统志》:县西北七里有铜陵河,源亦出诸溪涧，会于横塘闸，入市后湖，达大江。

荻港河，县北八十里。县东南诸涧谷之水，互相灌注，汇而为河，会于三港口，西接凤心闸，北接黄大河，经繁昌县境而入大江。《志》云：县有天门水，出天门山石窍中，委蛇曲折，襟带数里，灌溉民田，流入县东北永城埭，至荻港，达于大江。

天井湖，在县东门。湖心有井不竭，远近诸川多汇于此，引流为河口河。又栖凤湖，在县东十五里。《志》云：县东五十里叶山有灵窦泉，溉田百顷，水旱如一。

丁家洲口，县东北二十里。发源县东南十五里之仪凤岭，引而东，会于栖凤湖、通凤心闸，合胡城、顺安之水，一自洲上口，一自洲下口，达于大江。宋德祐初，贾似道师次芜湖，使孙虎臣为前锋，军于丁家洲，自将后军，军于鲁港，为元兵所败处也。

临山寨。在县南。元末结寨于此以御寇，陈友谅将赵普胜攻拔之。今废。○管山口镇，在县东。《志》云：县东南又有焦家埠镇及郎坑镇，又县北有钟鸣镇。

○石埭县，府东南百六十里，东至宁国府百五十里，南至宁国府太平县百里。汉陵阳、石城、泾三县地。三国吴置石埭场。晋以后因之。梁大同二年升置石埭县，属南陵郡。隋县废。唐永泰二年，割秋浦、浮梁、黟三县地置石埭县，属池州。宋、元因之。明初，改属宣州，寻复旧。县无城，今编户十里。

石埭故城，县西百四十里。县盖尝置于此。《志》云：县东北二里又有猷州城，袤数百丈，相传唐初猷州总管左难当尝守其地，因名。

陵阳山，县北五里。自西北迤逦而来，有三峰连亘，其二峰属县境，其一峰入太平县界。《寰宇记》：山高三百五十丈，广二十五里，汉陵阳县以此名。○金城山，《志》云：在县西二里，势如罗郭，因名。县西五里为万春山，其墩可万计。又城子山，在县西九十里，环绕如城，前有紫潭。

栎山，县西百六十里。高五百丈。周九十里，石壁峭挺，阿有龙池，波流甚远，池口河东源出此。其并峙者曰洞山，山有峰岩洞谷及泉石之胜。又五溪山，在县西南百二十里，有五溪合流其下。又鱼龙山，在县西三十里，有鱼龙洞，凡二，东西相望仅里许，与青阳县接界。○盖山，在县南三十里。其脉自太平府黄山而北，屹于河滨，盘纤森耸，望之如盖。又稠岭，在县西七十里，草木丛密，登陟峻险，为往来之通道。

舒溪，在县治北。自太平县西北弦歌乡流入县西舒泉乡，又东与盖山清泉诸水合流，其间潭洞不一，县境之水皆流合焉。派衍四注，复东入太平界，合于麻川而入泾县界，下流为青弋江，至芜湖县之鲁港，入于江。《志》云：舒溪，一名舒姑溪。○贡源溪，在县西。《志》云：溪西流，经上下二湾，出大河注于秋浦，入大江。

龙岩泉，县西四十里。清冽而甘，大旱不竭，乡田赖以灌溉。又萧侯陂，在县北，明成化中，县令萧环所筑，有二沟交流，潴此溉田，民被其利。○清水湾，或云在县南。元至正十二年，星吉复池州，分兵攻石埭诸县，进据清水湾，大破徐寿辉将赵普胜之兵，是也。

石埭。县西北百二十里。《寰宇记》：贵池之源有两石，横亘溪上如埭，县因以名。

○建德县，府西南百八十里，南至江西饶州府百七十里，西至江西彭泽县九十里。汉彭泽、石城二县地。唐至德二载，置至德县，属浔阳郡。乾元初，改隶饶州。永泰初，又改属池州。杨吴顺义二年，改曰建德，仍属池州。县无城，今编户九里。

太原城，县南四里。《寰宇记》：旧名尧城，一名舜井城。相传帝尧南巡至此。城中有井，俗以为舜井也。梁武帝时，因侨置太原郡于此，谓之太原城。今县南有太原乡。

白象山，在县治北，县之主山也。以形似名。傍有蜕龙洞，深广各数丈许。又鸡鸣山，在县东二里，傍有朝霞洞，深广亦数丈许。又东五里曰低岭，其相连者曰迎春洞，一名藏春洞，高深如屋然。〇博阳山，在县东十里，岩石嵯峨，溪流湍急。宋嘉定中，易名广阳。又五龙山，在县东三十里，五峰森立，山半有龙池，深不可测。又东十里曰三面山，悬崖峭削，石笋高峙，白如面者凡三。《志》云：县东四十五里为良禾岭，有径入祁门县，岭下五里有龙池洞，高敞如室，前有三石池，水注悬崖，如瀑布然。

玉峰山，在县治南。绝顶奇石，光莹似玉。一名峰山。又县西二里有西山，群峰皆秀拔，为县境之冠。又九凤山，在县南四十里，以群峦轩耸，如凤翥也。县西南十里又有梅山，岩壑颇胜。〇石印山，在县北七里，其相近者曰青山，两崖对峙，为邑治捍门，上有石印洞。又和山，在县北二十里，有和山洞，高广如门。

尧城溪，县南三里。县东南诸山谷水汇流为溪，春夏水溢，可通舟楫，西北流，达东流县，入大江。今县西有尧城渡。又茹兰溪，亦在县东南，源出迎春、朝霞二洞间，西流会尧城溪，达东流县，入大江。

龙口河，县南九十里。《志》云：其源有三，一出江西鄱阳南坑，达白石溪。一出桃树岭，达黎痕溪。一出东西涧，达斗龙溪，汇为昭潭，合为龙口河，其下流西入大江。〇沥湖，在县治南，溪涧诸水，多会于此，俗名仙人湖。

北栅寨，在县北。明初罗友贤筑寨于此，今有北栅渡。《志》云：县南四十里，地名桃源，水源深远，人迹罕至，五季士族，往往依此，以免寇患。

永丰镇。县西南五十里。北出为陈家弄，去县治四十里，南出为昭潭街、石洞阪、酿塘、石门站，接饶州界。又有水口通饶州，为南出之径道。今有永丰巡司。《志》云：县东有葛公镇，又有古港镇，在县北。

○东流县，府西百八十里。东北至安庆府百里，西至安庆府宿松县百二十里，西南至江西彭泽县百十里。汉彭泽县地，属豫章郡。唐置东流场，以大江东流而名。南唐保大十年，升为县，属奉化军。宋太平兴国三年，改今属。县无城，编户七里。

香山，县南四十里，香口镇之主山也。上有石洞。其相近者曰隐山，一峰如削，直耸云际。○历山，在县东三十里，西枕历池，上有龙湫。又东十里曰龙山，山冈起伏，势如虬龙。

神山，县西南一里。高仅百尺，而旷远无际。又县北二十五里有密峰山，巅有五峰，势如列戟。又白云山，在县东北七十里，泉流深远，自洞中出，东接贵池县界。

马当山，县西南七十里。横枕大江，为古今至险。安庆之宿松，九江之彭泽，皆以马当为界，有巡司。今详见江西彭泽县。

吉阳矶，县北三十里江滨。唐天复三年，杨行密将田頵以宣州叛，行密召李神福自鄂州还军击之，至吉阳矶，田頵遣其党王坛等将水军逆战，神福击败之，又败之于皖口，盖戍守要地也。今有吉阳镇，置巡司于此。○黄石矶，在县东北五十里，亦滨大江。明正德十四年，宸濠犯安庆，泊舟于此，问矶名，左右曰：王失机也。濠大恶之，未几，果败。旁有黄石港，其处皆黄土巨石相绵亘云。

大江，县西北二里。自马当山东北，流经香口、吉阳诸镇，自吉阳而东北，又六十里，至黄盆河口，接贵池县界。江中之洲，曰莲花，曰阁簿，曰白沙，曰雁落，曰七团，曰鬼颈，曰雀料，曰大新矶，曰狮子，曰稠林，曰麓贾，曰祝家，曰黄石。旧《志》：江中有新洲、磨盘洲，又有罗刹石，崭岩森立，舟帆艰险，其洲亦曰罗刹洲。

江口河，亦在县西一里。《志》云：河源有四，一出鄱阳北坑，一出建德县九凤山，一出马坑，交于清潭，播于百步滩，下流历尧城渡，而入县境。一亦出建德境内之茹兰溪，合苏家沟，下流经苍埠小石潭，绕过路滩，落于青泥湾，溢于仙人湖、团湖，又引流入县境，为江口河入江。

香口河，县南六十里。源二，一出彭泽山林港，一出陈仓源，交于三汊，激于麻姑，绕于查池，为香口河以入江。《志》云：县南十里有东流河，其源即建德之尧城溪也，西流入于大江。〇大青湖，在县东北四十里，广十余里，澄彻如鉴。

香口镇。县西南四十里，西北去安庆府望江县三十里。宋末，尝移望江县治此。元复还旧治。今有香口巡司。又县东有石潭镇，又东有张家滩镇，在县北四十里，旧置河泊所于此，今革。〇雁汊镇，在县东北九十里，濒大江。旧有巡司，今革。

读史方舆纪要卷二十八

南直十　宁国府　徽州府

〇宁国府，东至浙江湖州府三百五十七里，南至徽州府三百三十里，西至池州府三百二十里，北至太平府百七十五里，东北至广德州二百二十里。自府治至江宁府三百十里，至京师二千七百五十里。

《禹贡》扬州之域，春秋属吴，后属越，战国属楚。秦属鄣郡，汉为丹阳郡，《汉志》：元封二年，更鄣郡曰丹阳，治宛陵。后汉因之。晋武帝改置宣城郡，丹阳郡移于建康也。刘宋仍为宣城郡，大明六年，以宣城兼领淮南郡，移治于湖。八年，复故。升明初，复以淮南并入宣城，寻又复故。梁兼置南豫州，宋泰始四年，南豫州治宣城，自是废徙不一。至梁末，宣城遂为南豫州治。陈因之。隋废郡，改置宣州，大业初，复曰宣城郡。唐仍置宣州，天宝初曰宣城郡，乾元初复故，大顺初，升宁国军节度。授杨行密也。五代时，杨吴亦置宁国军，南唐因之。宋仍曰宣州，亦曰宣城郡宁国军。乾道二年，升宁国府。以孝宗尝为潜邸也。元为宁国路。明初，改为宁国府，先是龙凤三年，元至正十七年也，改宁国路曰宁安府。龙凤八年，又改曰宣城府。十二年，改曰宣州府。吴元年，始改曰宁国府。直隶京师。领县六。

今仍曰宁国府。

府陪辅金陵，襟带杭、歙，阻山控江，形势便利，据险而守，择利而动，纵横南北，亦创起之绪也。杨行密用宣州，遂并淮南；明太祖下宁国，克奠南服，非已然之验哉？

〇宣城县，附郭。汉宛陵县，初属鄣郡。元封二年，为丹阳郡治。晋太康二年，始为宣城郡治。宋、齐因之。隋初废郡，改县曰宣城，为宣州治。唐、宋因之。今编户二百十七里。

宛陵城，即今府城。《志》云：晋咸和中，桓彝为宣城内史时筑，值苏峻之乱，城未及坚，乃移屯泾县。梁时太守何远增筑之。隋开皇中，刺史王选益拓西北隅，连接冈阜。宋乾德中，南唐节度使林仁肇复修筑焉。建炎三年，州守吕好问复奉诏营缮。元至正中，廉访使道童更加甃砻。明亦屡经修治。府治东北有铁牛门，即桓彝所筑子城故址也。今城东北带宛水，西南两面皆环据峰阜，周回九里有奇，为门五。

逡遒城，府北六十里。晋成帝咸和初，侨置于芜湖县界，属淮南郡，宋、齐因之。隋初并入宣城县。〇楚王城，在府北百里，相传吴楚相拒时筑。又有故楚城，在南湖北岸。又温城，在府东十里。《志》云：唐刺史温璋所筑，因名。

陵阳山，在府城内。冈峦盘屈，为郡之镇。《纪胜》云：山自敬亭陂陀而南，隐起三峰，环绕府治。其南为鳌峰，又东南曰阳陂。唐独孤霖谓郡地四出皆卑，即阜为垣，郡治盖据此山之冈麓也。又响山，在城南二里，两峰对峙，下瞰响潭。

敬亭山，府北十里。一名昭亭山。东临宛、勾二水，南俯城闉，千岩万壑，云蒸霞蔚，为近郊名胜。东麓有敬亭潭，勾、宛二溪水所注也。自山而东北，峰岭相接，其得名者凡二十有馀，皆敬亭之支阜也。

麻姑山，府东三十五里。高广过于敬亭山，逶迤青崒，屹为巨镇。自山而北，群峰相接，至南湖而止。山之东十里，即建平县界也。《志》云：府东接广德，自杭湖而西，可以轶入境内，麻姑山当其要害，因置麻姑山寨为戍守处。又云山，在府东北六十里。其西为大延岭，路通水阳巡司。又西有白鱼岭及寨口诸山。云山而北，别为蒋山，下瞰固城湖，接高淳南境。

柏见山，府东南七十里，与宁国县接境。山之阳即文脊山也。溪谷邃深，峰岩回曲，飞流界道，跨岫为梁。其西曰万人坑，北曰梅村山，又西曰歙溪山，以歙溪流其下也。西北曰查树岭，由宁国县之泾县者，道出于此。○稽亭山，在府东南六十里。《图经》云：行者玩其幽旷，往往驻步往返，因名。其东南为水东诸山，其北为寨山，又北为洞山，有洞可容数百人。自此而东北，皆群山相接，以达建平县界。

华阳山，府南百里。高数百仞，连跨宣、泾、宁、旌四邑之境，南为密垄岭、盘岭，稍西为金牌岭。二岭之间，仅通一线，为泾、旌间道，郡南一厄塞也。盘岭之麓，有洞深广，容百余人。山之支垄，曰大墨山、洞山、城山，又迤北十余里曰横山。自横山而北，峰峦相接，以至于城南、陵阳、敬亭诸山，皆由此肇脉。又有曷山，在府西南三十里，《志》云：下有屯兵寨址。○行廊山，在府西北四十里，两峰对峙，环抱若廊庑然，其下有大明湖。又西北为牛头山，下有寨埠。元末，土人保此，以御寇掠。又西北有方山，与南陵县接境。

青弋江，府西六十里。源出泾县及池州府之石埭县，又太平县及府西南境诸川，皆汇入焉。东北流经行廊山下，又北合诸山溪之水，经方山下，又北出扬青口，会太平府黄池河，又北入芜湖县界，注大江。《志》云：江西岸为南陵境，有渡，昔时多引流为陂堰，以资灌溉。今舟楫往来，此为津要。又白羊溪，在府西南五十里，出华阳山之金牌岭，西北流，合诸山溪之水，至行廊山，入青弋江。

宛溪，在城东。源出城东南三十里之峰山南，东北流三十里为九曲河，复折而西，合溪涧诸流至响山下，汇为响潭，绕城东为宛溪。城西南隅有李家塘，亦曰珍珠塘，昔时北流，东折环府治，后出铁牛坊水门入宛，谓之珍珠河。明正德中，改从西北流出城，至城北复东流入宛溪。又城西北有石子涧，亦自敬亭南麓，东流入焉，至城东北三里许三汊河口，合于句溪。旧置河泊所于此。

句溪，府东三里。其上流即宁国县之东西二溪，合诸溪涧水，西北流入境，回环几二百里，至城东五里谓之东溪。又西流三里为句溪，又北二里至三汊河，与宛溪合。其东岸为新城渡，西岸旧有驿亭，今废。二溪合流，经敬亭山东，为敬亭潭，十里至油榨沟，与双溪合，又北有青草湖自东入焉。又北十里至石头沟，其东为浑水港，南湖水由此合流。又北出群山间，为沙石湾，有慈溪，合高淳之水，至此合于句溪。又北至水阳镇，为龙溪。又西北入黄池，接当涂县界，西出芜湖，入大江。唐大顺二年，孙儒寇江南，其将李从立奄至宣州东溪。杨行密危惧，夜使其将台濛屯溪西。濛使其士卒传呼，往返数四。从立以为大众继至，引去。盖即句溪也。又双溪，在府东十里。其地有土山，亦名玉山，句溪经其北，引为支流，西北流六七里为许村湖，又北十里为掘港。东南诸山之水，多汇流于此，入南湖口双溪，又西十里出油榨沟，仍合于句溪。○华阳溪，在府东南七十里，源出华阳山，东流二十里有鲁山，其下为鲁显水，又东北四十余里为鲁溪，又北至下西渡，合于句溪。《志》云：下西渡在府东南三十里。

南崎湖，府东北四十里。其北为北崎湖，今总谓之南湖，周四十余里，其东北百里有绥溪，一名白沙溪。广德、建平诸水，由此入于南湖，府东境诸川，亦悉汇入焉。西南为曲河，出油榨沟，西北为湖北河，出浑水港，并注于句溪。《志》云：南湖受宣城诸溪之涨溢，北达固城、丹阳诸湖，会于黄池，而达大江，府境之巨险也。湖北岸有大山昆山，旧设河泊所于山下之马山埠，扼湖口之要害，南距府城六十里。

德政陂，府东十六里。唐大历三年，观察使陈少游置，引渠溉田二百余顷。又薛公堰在府北百十里。《志》云：唐观察使薛邕所筑，引水溉田处也。

水阳镇，府东北七十里，临句溪上，溪北与高淳县接界。其地有水东山，南唐为水阳渡，后因为镇。今有巡司戍守，又兑军仓及义仓皆置于此。《志》：府东境之备在水阳，由此东出高淳，越东坝，通吴会，此其要防也。

黄池镇。府北百二十里，与太平府黄池河相接。唐天复三年，杨行密将台濛讨宣州叛帅田頵，败之于广德，又进败之于黄池镇。宋建炎初，盗张遇等掠江上，至黄池，州守吴好问檄诸道兵御却之。《志》云：郡境西北邻芜湖，北通姑孰，以黄池为重镇。今有巡司戍守。○符里镇，在府东北八十里，又西北四十里而至黄池镇。

○南陵县，府西一百五里。东北至太平府芜湖县百十里，西北至太平府繁昌县八十里，西至池州府铜陵县九十里。汉春谷县地，属丹阳郡。梁置南陵县。唐移置于此，属宣州。县今无城。今编户八十五里。

南陵故城，在县西北。刘昫曰：梁置南陵县，治赭圻城。唐长安四年，移治青阳城，即今县治矣。上元初，刘展作乱，陷润、升诸州，遣其将傅子昂屯南陵，将下江州，徇江西。乾符五年，黄巢寇宣州，宣歙观察使王凝拒之，败于南陵，巢攻宣州，不能陷，即此。赭圻，见繁昌县。又当涂废县，在县东南。晋咸康末侨置，分于湖为境。宋、齐因之。隋平陈，移治始孰，而故县遂废。

宣城故城，在县东四十里青弋江上。汉县，属丹阳郡。后汉省。建安三年，孙策定宣城以东，即故城也。晋太康二年，置宣城郡，治宛陵，别置宣城县属焉。宋、齐因之。隋初改宛陵为宣城，而故城遂废。○甘公城，在县北七里，甃甓甚工，缭以漳水，可容数千人，四旁门址犹有存者。或曰吴将甘宁尝屯此,俗讹为甘罗城。

籍山,在县治东北。陂陀联络,为邑之镇。○工山,在县西三十里。山高数千丈,周广七十里,半山有龙池。其南数里曰朗陵山,自朗陵而西南,则群山相接,至县西南七十里之黄山,与青阳县接界。由工山而东十里曰花山,有道出铜陵县。工山之北,则为射的山。又西北相接者为马人山,山下有渡,与繁昌、铜陵县接境。又北为七女山,东去县三十五里,其并峙者为石潮山、黄连山、同山,皆与繁昌相接也。《志》云:工山旧有坑冶之害。宋淳熙中,县令郭峣始请除之。

吕山,县南六十里。山有石室,其南为石窦,有泉涌出,即淮水之源也。唐大德初,杨行密自铜官济江,败宣州兵于吕山,遂克宣州。铜官,见池州铜陵县。

青弋江,县东三十里。自泾县赏溪会众流入县界,经县东之长地塘,分为二支,至县东北五十里漳陵港,复会为一江,以东即宣城界也。西泻马家滩,汇于芜湖之石硊渡,由鲁港入于江。《志》云:马家滩接芜湖境,芜民每治滩为田,水不易泄,为南陵患云。

漳水,出县西南六十里龙洞,平地有泉涌出。又淮水,出吕山南之石窦中,经县南五十里孔镇铺,而与漳水合流,为澄清河,绕县东门,谓之东溪。有鹅岭溪,水出县南二十五里之鹅岭,流至此合焉。又北受籍山诸水及后港水,历县河口,受蒲桥河水,为小淮河,汇于芜湖县之石硊渡,入青弋江。○西港水,源出工山朗陵之南,合诸水北流,经县西,谓之西港,分流自西南水门入城绕县前,过东市,为中港,籍山之水合焉。其出西北水门与西港合者,又北为后港,经白石滩,绕县后,而东合于漳、淮。

蒲桥河,县东二十里。自泾县西汇黄埭诸涧,北流径麻园渡,入县境,会永丰陂。又北经蒲桥,又西出芦港,至县东北,合于漳、淮。

永丰陂，在县东南二十里。引青弋江为陂以溉田。《唐史》：咸通五年，修南陵永丰陂。宋时亦屡修筑。绍兴二十三年，诏以永丰圩赐秦桧。乾道初，改赐建康都统司。二年，臣僚言桧竭江、东漕计修筑圩堤，以故水患及宣、池、太平、建康，乃命废永丰圩。又县南有大农陂。唐韦戣《记》曰：南陵有废陂，积岁不理。元和四年，宁国令范君朝真假南陵印修之，置为石堰三百步，水所及者六十里，开荒埂数万亩。是也。宋绍兴初，亦尝修治。《志》云：陂水堰漳、淮而成。

鹅岭镇。旧在县南二十五里鹅岭下。明洪武二十八年，置巡司戍守。嘉靖二年，迁于赵冲铺北，去鹅岭十五里。十三年，又迁于县南六十里之新店铺。《志》云：府西境之险，由繁昌、青阳、铜陵而入者，石硊、鹅岭是其嗛喉也。

○泾县，府西南一百五里。西至池州府青阳县百里，西南至徽州府黟县二百四十里。汉县，属丹阳郡，因泾水为名。后汉因之。晋以后属宣城郡。隋属宣州。唐武德二年，置南徐州，寻改为猷州。八年，州废，县仍属宣州。县无城，今编户六十四里。

猷州城，县西三十里。隋大业末，泾人左难当据县。武德三年，归唐，寻授猷州刺史，筑城于此。七年，辅公祐叛，遣兵围猷州，难当拒却之，是也。八年，州废。○安吴城，在县西蓝山南。三国吴建衡中，置县，属宣城郡。晋以后因之。梁大宝初，宣城内史杨白华不附侯景，进据安吴，景遣兵攻之，不克。隋县废。唐武德三年，复置，属猷州。八年，废。今有安吴市及安吴渡。

桓公城，县东四里乌溪岭。晋咸和中，内史桓彝所筑，以拒苏峻将韩晃。《志》云：县东六十里曰桓公岭，即桓彝筑处也。今垒堑依然，道通旌、太，称为险厄。又俞将军走马城，在县南四十里，晋桓彝将俞纵尝屯戍于此。

幕山，县东三里。相传左难当与辅公祐相持于此，故垒尚存。其西有两峰最高，与县西响山对峙，如门户然，为县治拱卫。又县东七里有鼓楼山，前代烽火时，置鼓角楼于此。○柏山，在县东北三十五里，亦左难当拒辅公祐处，有白龟城，即难当所筑。《志》云：柏山而南五里为琴高山，以晋处士琴高隐此而名，峭壁屹立，下瞰深渊，其上岩洞甚胜。琴高而西，相望者曰昆山，西南去县亦三十里。又马头山，在县东北四十三里，下为镇市，商舟辏集其地。又东北为古楼山，皆县境锁钥，与南陵、宣城分境。

水西山，县西南五里。林壑邃密，下临赏溪，循溪而入，有坞曰水西坑，最幽胜。唐宣宗微时游此，有报道风光在水西之句。风光，宣宗小字也。又西北五里曰响山，石壁耸峙，与幕山相望。○格山，在县西北七里，高数十丈，周十余里，环抱县治，如郛郭然。又西十余里曰盘坑，以崖谷宛转而名，土人尝陶冶其地。又西北二十里曰孤山，上有黄巢寨。

石礲山，县东二十二里。有洞，甚深广。宋绍兴初，群盗张琪等寇乱州境，民多避居于此。又四角山，在县东七十三里。诸山环绕，唯此山最高，绝顶可容千人。寇乱时，民多避其上。顶有泉，虽旱不涸。

五城山，县西南七十里。五峰环绕，势如城郭。东曰蓝山，有蓝山坑，俯瞰安吴渡，旧安吴县址也。其西曰郭山，自九华峡岭至此，高数百丈，为县西南巨镇。其东北为寨山。元末，居民结寨于此以避难。○白云山，在县西南七里，下临白云潭，旧产茶入贡，今废。其相接者曰湖山，以山顶有小湖而名。又菥荻山，在县西八十里，顶平衍，有泉沸出，居民垦以为田。其西为望江山，以登眺可见大江也。又石柱山，在县西南九十里，接青阳县界，其南与石埭、陵阳山相望。

承流山，县南四十里。有群峰回环耸秀，甲于一邑。自承流而南，峰岫盘旋，百有余里，如城垒然，东连旌德，西接太平，溪谷幽深，最为嘉胜。○黄悦山，在县东南八十里，高数百仞，层峦列嶂，状若莲华。涌溪源于此。又黄象山，在县南九十余里。山高耸。其西北曰铜山，旧尝冶铜于此。东北为九里山，有两山夹行九里，下临九里潭，其相接者曰水东山。又北为石女山，山高五百丈，延亘二十里。黄象山之南曰麻岭，峰崖卓绝，跨旌德、太平之间，为往来交道。

乌溪岭，县东三十五里。其东为破脚岭，晋桓彝拒韩晃战死处也。又双岭，在县东九十里，一名盘岭，稍南曰桐岭山，接旌德县境。○茹麻岭，在县东南六十里，群山环列，径道崎岖，有巡司戍守，岭北即桓公岭也。又大岭、小岭，俱在县西二十里，有间道通池州。

赏溪，在县治西。一名泾溪，县以此名。其上流即石埭县之舒溪，太平县之麻川也。二水相合在县西南百余里，有麻溪渡，出麻口，入县境，下涩滩，经九里、罗浮、万村等潭，皆随山旋绕，与太平县分界。又北至落马潭，晋桓彝御贼韩晃，战北堕马处也，有吴村水，出县南七十余里魁峰山之阳，北流入焉。又北至桃花等潭，合诸山溪涧水，经县西南二十余里之后山，至岩潭，与藤溪合。又引而北，有枫坑涧，出县西十里枫坑山，亦曰冷涧，东流入焉，至县治西，为赏溪。其西又有新河。宋熙宁中，以溪流东徙，为井邑患，县尉刘谊即水西山麓，凿此河，以杀水势，既而溪东出如故。赏溪又北受水西坑水，径白云潭，又北则幕溪之水出县东三十里之巧坑，合诸溪水，经幕山下流合焉。又北径柏山，则江子港水，自盘坑合溪涧水，东北流合焉。北过赤滩镇，则琴溪诸水流合焉。又北径马头山芦塘，而汇为青弋江。《唐·五行志》：显庆元年，泾县山水暴出，平地四丈，溺死者二千余人。盖县境山溪环汇也。

藤溪，县东南八十里。源出县东桐岭之南，流经此，旌德县有三溪，其委流亦合焉。又西受诸山溪之水，出县南官庄，历高滩渡，北入岩潭，与赏溪合。又琴溪，在县东北二里，出宁国县诸山，经县东南境，西北流至昆山，又西流经琴高山，因名琴溪；又有洗马涧，源出昆山，至赤滩镇，俱合于赏溪。

兰石镇，在县东南七十里。晋咸和中，桓彝使其将俞纵守兰石，以拒贼将韩晃，晃攻兰石，纵败死。《郡志》：藤溪西流，受枫村溪水，又北受窄溪，径兰石，汇为星潭，即俞将军死战处。〇黄沙镇，在县东六十里，有黄沙岭，南香涧出焉，西南会诸溪涧水，入于藤溪。唐武德六年，舒州总管张镇周，击辅公祐将陈当世于歙州之黄沙，破之。又枚回镇，亦在县境。七年，权文诞破辅公祐之党于歙州，拔其枚回等四镇，是也。又县西北有勇里。后汉建安三年，太史慈据泾县，为山越所附，孙策击擒之于勇里，即此。

桑坑镇。县东北五里。有桑坑山，元置巡司于此，寻改置于县东三十里之巧坑。明洪武中，改建茹麻岭口巡司于茹麻岭下。又县北十里有仙石哨台，县东四十里有淘金坑哨台，俱隆庆四年置。县东三十里曰考寿哨台，万历二年增置。

〇宁国县，府东南一百五里。东南至浙江于潜县一百六十里，西南至徽州府绩溪县一百六十里，东北至广德州九十里。汉宛陵县地。后汉建安十三年，孙吴分置宁国县。晋属宣城郡。宋以后因之。隋省入宣城县。唐武德三年复置，六年废。天宝三载复置，仍属宣城郡。今城周三里，编户一十八里。

怀安城，县南四十里。后汉建安十三年，孙权分宛陵置怀安县。晋属宣城。宋、齐因之。隋初省。《志》云：县南十三里有故县城，孙吴筑城于此，以防山越。唐改今治。宋南渡后，以县为临安藩蔽，每增筑之，有门四。明初龙凤三年，太祖下其城，命筑塞北门云。又乌石城，在县南九十里槃山北。相传南唐时置城，以备吴越处也。

文脊山，县西北三十里。高数千丈，周三百余里，西接泾县、旌德诸山，北接宣城柏见山，峰峦攒秀，岩洞盘回，为郡之雄镇。亦名曷山。山东南有石壁峭立，划然中开，俨若城阙，谓之山门，中有山洞五，水洞一，岩石最为幽胜。又东十余里为石岭。建炎二年，叛将戚方犯宁国，邑人方致尧拒之于石岭，不克，死之，是也。《一统志》：文脊山北有鸦山，昔产茶充贡。○旗鼓山，在县北十五里，左旗右鼓，二山并峙。又西北十二里曰石马山，稍南曰通灵峰，南去县二十五里，上有鸡冠石，绝顶宽平，泉出龙湫，下为溪流环绕，与旗鼓诸山并为县北屏障，又北接宣城县界。

鸡山，县南五里。峰峦秀拔，为县治之镇。又南二里曰薛家山，明太祖南征，尝驻跸于此，亦名驻跸山。○北姑山，在县南九十里，脉自天目来，委蛇舒衍，忽然峭拔，有杨龙岩，深邃容百余人，下为泉流飞泻。又东为黄颜山，山顶有石室，亦容数百人，峭绝悬虚以登。又千顷山，在县南百里，与昌化县接境。

关口山，县东南六十里。两峰错峙，若门扃然。一名狮象山。其中径隘溪深，崖坪相望，岩洞奇胜，泉壑纵横。稍西北曰岳山，其东南曰鸦髻山，有飞燕洞，容百余人，乡民尝避兵于此。又冷度山，在县东南九十里，有五峰森耸。相接者曰盘山，其东与千秋岭相望。○东山，在县东南五十里。山南溪峒遍隘，至此独豁然开朗，下有渡，曰石口，即东溪所经也。《寰宇记》：县东六十里有银山，旧有银冶，久废。

紫山，县西百里。高数百仞，周二百里，有龙池、龙井。其北为前坞诸岭，稍西北曰蜀洪山，胡乐巡司于此。又柏山，亦在县西百里，当往来通道。其西十里曰石镜山。○龙潭山，在县西北百里，下有龙潭，山谷深邃，与文脊山相连亘，宣、旌错界处也。

笼丛山，县西南百五十里。其南属绩溪县界，峻壁崇关，宣、歙厄塞处也。明正德间，姚源盗起，官军于此防戍，丛山关在焉。

尘岭，县西南八十里。岭高险与笼丛相埒。隋末，汪华尝驻兵于此。有藏马洞、卓戈泉。又北二十里为枫树岭,明嘉靖四十五年,建哨台于其上。又黄岗岭,在县西南五里。

千秋岭,县东百五十里。冈峦缠属,溪谷幽深,道通西浙,杨吴招讨使李涛攻吴越取道处也。宋时亦置戍守岭。下为云梯,旧置仙都巡司于此。《志》云:县东南百二十里为汤公山,一名商山,旁有仙人峰。又东南三十里,即浙属之天目山,与千秋岭皆冈脉相接,面杭背宣,为两境之屏蔽,有千秋关。详见浙江于潜县。

东溪,在县东五里。源出天目山,北流,受千秋岭及诸山之水,又西北经东山下石口市,至栏杆溪,又北,则县南千顷诸山之水及昌化县洋丁山水,皆流入焉,亦谓之杭水。西北去县十五里,又北流五里至河沥溪,是为东溪,有石桥跨其上,长四十丈。又北经县东五里妙山下,复引而北,诸溪潭水皆流合焉,至县北十二里五河渡,与西溪合。又北十余里有胡村水,自广德境流入焉。又经通灵峰北石马潭,有澄清溪出文脊山下,亦流合焉,至港口渡,而受宣城柏见溪之水,亦曰乾溪。又五里至西塌,接宣城境,为句溪上源。

西溪,县西五里。亦曰西津渡。源出笼丛山,北流,合诸山溪之水,亦谓之徽水。其昌化县界之仙人洞水,旌德县界之篁岭水,亦俱流入焉。北流十余里有滑渡水,出旌德界之石凫山,东流入焉。又北五十里有葛村诸水,出泾县界寄马岭,亦流入焉。又四十里为罗陵湾,中有狼石,方丈许,激流为阻。又北有龙潭水,源出文脊山,亦流合焉。又东北流五里是为西溪,亦有石梁跨其上,曰同人桥,长亦四十丈。又北十里至五河渡,合于东溪。二溪上流皆浅涩,近县境仅容小舠,合流而后,始可以航矣。

千秋关,在县东千秋岭上,为入杭之间道。又有孔夫关,在县东南百二十里,旁有夫子堂及夫子井,俗传夫子曾由此入吴。又有孔关水,流入于东溪，其相近者曰濠阡关、唐舍关、白沙关、潼岭关、黄花关，皆自县而东南通于潜之别径也。宋南渡以后，置关为临安之藩卫。又丛山关，在县西南笼丛山，路当徽宁要口。

胡乐镇。县西南九十里。亦曰胡乐市。其地有蜀洪山。明洪武初，置巡司戍守。又岳山巡司，旧置于岳山下，地名何弄坞。洪武中，迁于纽口东，去旧所二十里。嘉靖二十五年，以矿盗发，议还旧所，未果。三十二年，复置于县东南六十里河口市，仍曰岳山巡司。

○旌德县，府南二百四十里。东南至徽州府绩溪县七十里。本太平县地。唐宝应二年，析置旌德县，属宣州。今县无城，编户四十二里。

安吴废县，在县西北十五里。或曰三国吴置安吴县，在今泾县境内。此盖唐初所改置也，俗谓之沙城。○桓公城，在县北五十里。《志》云：地名兰石，即俞纵所守处。其地盖与泾县接界。

华阳山，县东五里。其西为感化山。今县城东门曰感化，以山名也。又栖真山，在县西四里，其西接成子山，栖真而北，为西岭、仙峰、黄龙冈诸山。旧《志》：县四面因山，夹徽水为城。是也。○古塘山，在县南十五里，高三十余仞，周十五里，东与绩溪县接境。又金鳌山，在县南四十里。其西为黄高峰，有两峰对峙，甚奇峻，其岩壑亦皆秀异。

石壁山，县北二十里。高数百丈，连亘数里，一水中流，两崖对峙，峰峦峻绝。旧有道在山半，行者难之，乃缘麓辟为驰道，县境之厄塞也。宋宣和中，贼方腊由宁国转寇县境，统制王可诚帅师拒战于石壁，贼败却。旧有石壁巡司，久废。又北为三溪镇。又北为龙首山，山西北有龙潭、徽水经其下，与泾县接境。○嗣溪山，在县东三十里，接宁国县界，连亘十余里，以山溪相嗣不绝而名。一峰峭特，谓之龙峰。稍西曰石凫山，梅溪出焉，东北流入宁国县，为滑渡水，而注于西溪。

正山，县西三十里。峰岩峭峻，泉石错列，谚云：正山巍峨接星斗，分别冈峦九十九。南唐屯戍于此，以备吴越。其西为大幕山，以形如帘幕也，傍起一峰曰小幕山。○蛟山，在县西南五十里。山形螺虬，如腾蛟然，后有洞，径险难入，其中平旷。唐永泰中，山寇王万敌啸聚于此，招讨使袁傪击平之。又西十里曰石柱山，有巨石双峙，如立柱然。梁末，程灵洗将兵讨侯景，誓众于此。

箬岭，县西南八十里。高五百仞，西接太平县境，南接歙县境，为宣、徽通道，相传隋末汪华所开。又有鹊岭，在县西南七十里，与箬岭相接。○凫阳岭，在县北十里。又县西北十五里有乌岭，一名枫木岭，亦曰乌山。

徽水，在县治东。源出绩溪县徽岭之北，西北流，有清潭水出县南境清潭山，溉田十余顷，流数里入徽水，至县南而东出，经县东北有霞溪诸水，自绩溪县合流而北，至县东四里入于东溪。其东溪出龙樬山，西北流经华阳山，又有绩溪北出之龙头溪及别源之东溪水，俱流合焉，并注于徽水。又北径县北十里之柳山，过石壁山西十里，与抱麟溪、玉溪合，是为三溪。又北至龙首山，入泾县界，为藤溪之上源。

丰溪，县西十里。源出县西南六十里九峰山，东北流，经石柱山南，合濠寨水。又北流，至县西北三十里，入于三溪。其别出石壁山北者曰戈溪，或谓之涡溪，溪流随山旋转，下多险石，经县东北四十五里，亦入泾县界，而合于藤溪。又有枫溪，出箬岭北，其下流亦至泾县，合于藤溪。

三溪镇，县北三十里。有三溪铺，稍西有盘诘关。又三溪巡司亦置于此，今皆废。《志》云：县东有乌洞岭，乌岭巡司盖置于此。又石子寨，在县西三十里，南唐所置戍守处也。

○太平县，府西南二百四十里。西北至池州府石埭县百里，西南至徽州府黟县百八十里。南至徽州府百八十里。本汉陵阳县、泾县地。唐天宝十一载，析置太平县，属宣城郡。今县无城，编户十九里。

黄山，县南三十里，高千一百余丈，盘亘三百里，宁徽两郡之名山也。峰之得名者三十六，而在县境者有八：曰翠微，下有青牛溪。曰天都，下有香谷源、香泉溪。曰望仙，下有龙须岩、弦歌溪。曰九龙，其下岩洞溪源之属，并以九龙名。曰圣泉，其上有泉，人不能至，东南流至峰下，为汤泉。曰叠嶂，下有石孔岩，亦名滴泉岩，又有阴坑源水流入白云溪，汇为白龙潭，又流为珠沙溪。曰仙人，下有仙人洞。曰芙蓉，下有白马源。诸峰之中，天都为之冠，馀悉属徽郡境内。○尚书山，在县西南二十里望仙峰之西，高百余仞。又西南十里为大鳌岭，高十五里，形若巨鳌，泾水出焉。其源为瀗溪。又仙都山，在县西四十五里，与仙都峰相望，高二百丈，亘三十里，别名游山。又县西南六十里有汤岭，多悬崖峭壁。又西南十五里为梨水岭，又五里为棠梨岭，皆接歙县境。县西南百十里曰庄岭，接黟县界。西南百三十里曰石矶岭，接石埭县界。诸山皆黄山之支阜矣。

陵阳山，县西六十里。有三峰矗立，属县者一，西属石埭者二。下有三门、六刺滩，舒溪所经也。稍南曰真金山，高二百余丈。稍东曰密崖山，冈峦连亘二十里，至此两崖对峙，下瞰深溪，径道险绝，一名密王关。○龙门山，在县西四十里，高五百仞，周三十里，岩壁峭拔，中有石窦若门，产茶及药草。其东为三门岭，三方阻绝，一径中通，县治据其阳。

箬岭，县东南五十里。上下六十里，山顶为歙县境，东麓属旌德县，往来径道也。又县东二十里有石凫岭，又北为黄瓜岭，与旌德县接境。

麻川，县南三里。源出黄山之麓，经县东南七里麻陂潭，一名白虎潭，旌德西北境之水，多流入焉，谓之麻川。又西北径县治东，有富溪水，出县西雾山，径县治西南，亦名仙源水，又东北流入焉。又北则梅溪水，自三门岭东南流入焉，西北下焦滩、洲滩，至麻口，合诸山溪之水，入泾县，为赏溪上源。

舒溪，县西六十里。源出黟县境，流经石埭县，东北入县界，又东北合于麻川。○瀼溪，在县西南二十里，有二源，一出黄山九龙泉，一出大鳌岭下，会流而东北，入于舒溪。又有青山溪，源出池州府青阳县九华山，入泾县西南境，又东南流入县境，亦合于舒溪。又县西有蟠石水，出黄山下，赤溪水亦出青阳县界，下流俱汇于麻川。

宏潭镇。县西百里。《志》云：自石埭、黟、歙而入郡西南境，宏潭其屏蔽要地也，有巡司戍守于此。又龙门巡司，旧置于县西龙门山下，今废。

附见：

宣州卫。在府城内。洪武初建。

○徽州府，东至浙江杭州府四百七十五里，南至浙江严州府淳安县百八十里，西南至江西饶州府六百里，西北至池州府三百九十里，北至宁国府三百三十里。自府治至江宁府七百里，至京师三千一百里。

《禹贡》扬州之域，春秋时属吴，后属越，战国时属楚。秦属鄣郡，汉属丹阳郡。三国吴分置新都郡，晋改新安郡治，始新县，今浙江严州府淳安县也。宋、齐因之。梁承圣中，析置新宁郡，治歙县。陈复并入新安郡。隋废郡，置歙州，大业初，改为新安郡。移治休宁县。义宁中，治歙县。唐复曰歙州，天宝初，曰新安郡，乾元初，复故。宋宣和三年，改曰徽州。元为徽州路。明初，曰兴安府，吴元年，复曰徽州府。初属浙江，寻直隶京师。领县六。今仍曰徽州府。

府厚金陵之锁钥，控江浙之要领，山川险阻，襟带百城，《郡志》：东涉浙江滩险三百有六十，西通彭蠡滩险八十有四，岭之危有五，南界马金、白际之高，北倚黄山、章岭之秀。晏殊《类要》云：峰峦掩映，状若云屏，实百城之襟带也。摇足而定饶、信，运肘而慑杭、严，择利而动，无不可为也。且土沃民殷，资储易给，控御三方，江南、浙江、江西。战守足恃。明初由此以靖南服，岂非地利之明验哉？

○歙县，附郭。秦置，属鄣郡。县南有歙浦，因名。汉属丹阳郡，为都尉治。后汉因之。三国吴属新都郡。晋属新安郡。梁置新宁郡于此。陈郡废，县仍属新安郡。隋平陈，县废，未几复置，属歙州。义宁中，郡为汪华所据，迁治于歙之乌聊山。唐亦为歙州治。宋因之。今编户二百十五里。

歙州城，今府城。隋末汪华所筑也。东面抱山，西据平麓，自东北而西南，皆有溪流环绕，注于歙浦，称为险固。外城周四里有奇，子城周一里有奇，唐大中、中和间，屡经修筑。罗城周九里有奇。咸通六年，于城西北为堤以御水。光化中，又因堤增筑为城，名曰新城。历南唐至宋，时有修改。宣和三年，为睦寇方腊所陷，事平，改筑新城于溪北三里，因民不便仍还旧城，即唐中和中故址修筑。然其地仅七里有奇，而子城遂废。又光化中所筑新城者，堤既圮，每为溪水所泛溢，因弃为桑野，名曰新城园。自是又屡加修饰。嘉定十三年，大兴版筑，鼎新雉堞，城南逼溪，复筑长堤，以卫城址。元时亦尝修筑。至正十二年，为蕲、黄兵所破。明年，元兵复取之，因增治城垣。明初龙凤三年，元至正十七年也，王师平徽州，将军邓愈因旧城营葺，周六里有奇，为门五，东西北三面皆有濠，惟南及东南无之，以山险故也，后复废坏。成化以后，屡经修筑。今城周十里有奇。

归德废县，府西南五十里。唐永泰初，盗方清陷州城，州民保聚于休宁之山险处，贼平，析休宁、歙县地置归德县。大历五年，省入休宁。今为歙县境。《寰宇记》：府北三十五里有北野废县，唐永徽五年，析歙县地置。大历二年省。新、旧《唐书》云：北野，即绩溪也。

乌聊山，在城内东南隅。高二十八仞，周八里。东汉末，贼帅毛甘屯据于此。吴将贺齐讨破之。隋末，郡人汪华据郡起兵，初亦屯此。义宁中，自休宁万安山迁郡治于山下，今城东址皆践山为之。山之西麓，有四水合流，上有汪华庙，俗亦谓之庙山，别名山之东峰为东山。又披云峰，在县治西南，高百仞，周五里，势峭拔，尝有云气，俗谓之西峰。

玉屏山，在城东北。本名石壁山。上有石，方峙如屏帐。其下宽平，可以屯兵。明太祖尝驻跸其下，因易今名。又问政山，在城东四里，山高秀，唐时有于德晦者为州刺史，筑室于此，以居其从兄方外，时咨访焉，山因以名。又紫阳山，在府南三里。山高百九十仞，周四十里，一名城阳山，以山在城南也。山之南坞，别号南山。

飞布山，府北二十里。高百七十仞，周二十七里。旧名主簿山。相传寇乱时，有县主簿葛显者率众保此。唐天圣中，改今名。又灵山，在县西北三十里，高三百五十仞，周七十里。又黄檗山，在府北九十里，高五百六十仞，周百里。〇石耳山，在府南四十里，突起大障，高出群峰，多岩石之胜。又柳亭山，在县南百里，高二百五仞，周四十里，旧名昌山，唐天宝中，改今名。

黄山，府西北百二十里。旧名黟山，唐天宝六载改今名。其山盘踞诸州县，而属于歙，高千一百八十丈，有峰三十六，水源亦三十六，溪二十四，洞十二，岩八。溪涧流下合扬之水为浙江之源。登其巅，则匡庐、长江隐隐在望。浙之东西池、饶诸境之山，皆其支肢也。《纪胜》云：黄山诸峰有如削成，烟岚无际，雷雨在下，其霞城洞室，岩窦瀑泉，则无峰不有。其西北峰类太华，故亦名小华山。元汪炎昶《记》曰：山在宣、歙间，雄镇东南，南逾百里为歙县治，北三十里为太平县，又北抵宣州治二百四十里，不当通都大邑之走集，游者罕至焉。山之西麓，田土广衍，曰焦村。焦村而南，有数峰凌空，最名者曰天都、芙蓉、朱砂，而天都为尤高，鸟道如线，上多名药，采者裹粮以上，三日始可达。

箬岭，府北八十里黄山之东。上多箬竹。隋末汪华起兵时，开岭路，达太平县。今为通衢。《志》云：县南十五里有蔺将军岩，隋将蔺亮尝屯兵于此。

昱岭，县东百二十里，接杭州昌化县界，为往来孔道。旧有昱关、岭关，详见浙江重险。〇方吴岭，在府南九十里，高二十余仞，有小岭七十二。自府境往严州遂安县，此为捷径。其麓有石门水，北合白际之水，以达于浙江。又岭之西曰危峰岭，脉接休宁县之白际山。

新安江，在府南。其源有四：一出黄山。一出绩溪县大鄣山，合扬之水，会流于府城西，达府东南十五里，而为歙浦。一出休宁县率山，一出婺源县浙岭山，亦合流而达于歙浦。自此而东南流，皆谓之新安江。《志》云：由歙浦口而东南四十里为深渡，又五十里为街口，而达浙江淳安县界，至严州府城南合于东阳江，为浙江之上源。《图经》：自浙江桐庐以上抵歙浦，皆曰新安江，江中有滩三百六十，至为艰阻。今详见浙江大川。

扬之水，在城西。出绩溪县龙柩山，西南流，凡百余里，至城东北，达于城西，谓之练溪，亦曰徽溪，府西北黄山诸水悉流合焉。又环绕而东南，达于歙浦，谓之浦口。浦口而东南，或谓之苦溪，下抵深渡凡八十里，名八十里苦。此即新安江之上流也。《志》云：苦溪中乱石礧礧，洪滩斗折，淙流奔腾，其急如箭，虽三峡不足为其险。又深渡水，在郡东百十里，为新安江，东接严州之界。而浦口东南四十里，亦曰深渡。盖自严州界溯流而上，穿山峻流，峰峦掩映，萦纡旋绕，清深若一，故皆以深渡为名。

丰乐水，在府西三里。源出黄山，溉田三十余顷，流至此，合于扬之水。又布射水，出黄蘗山，流经县北三十里，合扬之水。又府北一里曰富资水，源出府北四十里昉村，亦名任公溪，以梁任昉名也。又昌溪水出府南柳亭山，武洪水出休宁县梢云山，流入界，皆引水溉田，下流合扬之水。○绵溪水，在县东南五十里，源出绩溪县佛论岭，下流入新安江，亦有灌溉之利。

篁墩湖，府西南三十五里。篁，一作黄。一名相公湖，亦曰蛟滩。东北流经府城西南，曰南冈浦，合于徽溪。《志》云：篁墩在府西南三十里，地多竹，湖因以名。○吕公滩，在府南十二里，即徽溪下流，长二里，本名车轮滩。水势湍悍，善覆舟，唐刺史吕季重凿之，遂为安流。今亦曰车轮湾。

汉洞坑，在府西南仁爱乡。洞口险厄，中平广，上有屯聚遗迹。相传自汉以来，郡人避兵者多保聚于此，或以为即洞口也。唐初，汪华据黟、歙，杜伏威将王雄诞击之，华拒之于新安洞口，雄诞伏兵山谷，帅羸弱与战，佯败走，华进攻之，伏兵袭据其洞口，华穷蹙请降。一云：洞口在今绩溪县西南四十里，今谓之洞里，中多居民，深广几百里云。○阶坑，在府东百二十里，相传吴废太子和所居之地，阶迹犹存。

街口镇，在府东南百里。有街口渡，置巡司戍守，东至严州府淳安县八十里。《志》云：明初置梅口批验茶引所，成化十四年，并入街口巡司。又有王乾巡司，在府东北百里，东至杭州府昌化县九十里。又管界寨，在府西百八十里，宋置。明初，亦尝置巡司于此。又府南四十五里有深渡寨，亦宋置。明初，置巡司，洪武十二年废。

新馆镇，府东三十里。又有岩寺镇，在府西二十五里。俱宋时置官榷酒之所，明初亦置税课局，兼置岩寺巡司。洪武十四年，巡司废。成化十四年，兼革税课局，并于税课司。

渔梁。府南三里。有石梁。旧以扬之水及黄山诸水凡四溪会流城西，陡泻而下，无复停蓄，故为津梁，以缓水势。宋绍兴中废，嘉定中复修，凿山取石，为永久计，后复圮。明弘治中，凡再修葺，称为完固云。○太平桥，在府城西。《志》云：宋时自府城西南紫阳门达水西，有石桥，后废。驿道所经，出麻坑七里溪两渡，或遇涨潦，辄邮传不通。端平初，郡守刘炳于西门筑浮桥跨溪，亘五十余丈，名曰庆丰，且伐木石，以开新路，遂避两渡之阻。元末兵毁。明初架木为之，曰太平桥，一名河西桥。又通津桥，今在西关，一名麻坑桥。又西南古城关西七里渡，有七里溪桥。皆为往来通道。

〇**休宁县**，府西六十里。南至浙江开化县二百四十里，东南至浙江遂安县二百里，北至祁门县百十五里，西南至婺源县二百里。本歙县地。三国吴析置休阳县，后以景帝讳，改曰海阳。晋曰海宁，属新安郡。梁属新宁郡。隋开皇十八年，改曰休宁，属婺州。大业初，新安郡治此。唐仍属歙州。今县无城，编户二百五里。

海阳废县，旧治县西二里灵鸟山，寻移治县东十三里万安山上。其城为隋末汪华所筑，华迁新安郡治万安也。今呼为古城，有汪王故宫。唐天宝中，移县于今治。又有休宁故城，在县东三十五里南当水口之上，相传隋时县尝治此。〇黎阳废县，在县西北，孙吴析歙县地置，晋属新安郡。刘宋大明中，省入海宁。梁承圣中，复置黎阳县，属新宁郡。陈省。今为黎阳乡。

松萝山，县北十三里。高五六十仞，周十五里，与天葆山相连，为县巨镇。山半石壁悬空，峰峦攒簇，松萝交映，蜿蜒数里，如列屏嶂，产茶。又稍云山，在县东北二十三里，高百五十仞，周五十里，武洪水出焉。旧名郎山，天宝六年，改今名。〇万安山，在县东十里。隋大业末，汪华移郡治于此。本名万岁山，宋宣和中，改曰万安，避禁苑中山名也。今名古城岩。东北麓有石门，高丈五尺，下阔二丈，称峻险。又凤山，在县西二里，高三十仞，一名灵鸟山，址方顶平，下临孔道，相传为旧县治。又玉几山，在县南三里，一名塔山，旁有十二峰，互相映带。

仰山，县东南五十七里。穷源深谷间，一径萦纡，涉而复降，其中平衍, 群山环拱, 状若莲花, 亦曰莲花山。又响山, 在县东南三十五里, 平地特起, 周五里许。其南有石壁削成, 西有石峰特起, 名曰柱棒山。

白岳山, 县西四十里。高三百仞, 周三十五里, 奇峰四起。其西北曰齐云岩, 高二百仞, 悬崖中一小径, 凭梯而上, 其三面并峻绝壁立, 二百余丈, 不通攀缘, 峰顶阔四十余亩。岩之东北, 复有石壁如楼台, 旁又有珠帘及罗汉等洞。宋德祐二年, 邑人结寨于岩, 以避寇乱。其并峙者曰独耸岩, 高亦三百余仞, 周十五里, 顶有池水, 并崖演迤, 凡数折, 里人凿渠, 引水下山, 溉田千余亩。山之西曰石门岩, 高亦二百余仞, 周二十里。岩之东复有峰岩洞壑, 奇胜不一。山之南曰密多岩, 高亦二百仞。程敏政曰: 游白岳山者, 率以白岳为高, 至桃源岭, 则白岳已在其下, 至车碓岭, 则桃源又下, 至齐云岩, 则车碓益下。盖齐云为山最高处, 黟、祁、歙、婺之山, 一目可尽也。

颜公山, 县西南四十里。周三十八里, 自麓至巅可三十里。山半稍前, 则四旁隆起, 其窳处有清浊池, 又有湖, 约五亩许。相传昔有颜公者隐于此, 因名。又岐山, 在县西六十里, 高二百仞, 周二十三里, 一名石桥岩, 泉石奇胜。又西六十里曰高湖山, 南接婺源县, 山顶有湖, 广十余亩, 岁旱不涸, 土人谓之圣湖。

率山, 县西南百六十里。今曰张公山。其脉由婺源五岭而北, 重冈大岭, 周百余里, 高千四百余仞。相传昔有张公者隐此, 因名。山当休、婺、浮梁三县间, 鄱江之源出其阳, 浙江之源出其阴。《婺源志》云: 山在县西北百二十里, 一名大鄣山, 有振衣峰及清风岭、仰天台诸胜。即张公山矣。

白际山, 县南八十五里。高百五十仞。其山由婺源五岭而来, 连起大峰, 相续不断, 东接歙县之危峰、方吴诸岭, 以界于睦之遂安, 衢之开化, 盖群山之纲领也。又鸡笼山, 在县南九十里, 高百六十仞, 周五十里，以形似名。○方原山，在县南百八十里，高二百五十仞，周三十里，本名黄土山，唐天宝六载赐今名，一名马金岭。旧《志》方原、黄土为二山。朱同云：方原即黄土，自婺源五岭分支而来，东连白际，而鸡笼则其支也。今土人谓其尖曰黄尖，水曰璜原，亦曰方原，其阴则水北流，入率山之江，其阳则东流者入于睦之遂安，西流者入于衢之常山，而总趣于浙江。

新岭，县西南七十里。高六百余仞，周二十里，西合婺源芙蓉诸岭，为五岭，往来通道。岭南有地名黄茅，可由小径直达，为防御要地。○东密岩，在县南三十五里，高六十仞，四面皆平山，土田衍沃，惟此特高，周回绝壁如城，东西二小径，由石磴而登，其顶平衍，方广八百余步。唐乾符五年，黄巢寇郡，郡人程沄率义兵立寨于此以拒之。今堑垒犹存。《志》云：岭上有元帅府基，下有落箭丘，皆以程沄得名。

浙溪，县西南百十里。源出婺源县之浙岭，东北流，至县西七十里江潭，又东流百余里至率口，而会于率水。亦名渐溪，《水经》所谓渐江者也。《汉·功臣表》：陈婴定豫章浙江，都渐。颜师古曰：渐，水名，或以为今县即古渐地。《汉志》注：浙江水出黟县南蛮夷中，东入海。盖时未有婺源县也。《文献通考》：休宁渐水，溉田二十七顷，发源张公山。盖误以率水为渐水矣。《舆程记》：县东三十五里有屯溪，渐源至此，会于黟水，亦名南港。黟水即率水也。又东流数十里至浦口，会练溪诸水而为新安江。○率水，在县西南，即张公山水也，自山巅悬流而下，分为三源，下流俱北会于浙溪，而为新安江之上源。或谓之大溪。

白鹤溪，县西二里。出黟县横江，吉阳之水，东流入县境，亦曰吉阳溪，至县西凤山下，有夹溪水，出县西北四十二里石圻山，东南流合焉，曰双溪口，经县南一里，曰夏纹溪。又东经县东二里富即潭，过古城岩，又东南流三十余里至屯溪，而会于南港。《志》云：夹溪亦曰夹源，其水溉田十余顷。又璜溪，在县南，即方源山之水，北流四十里，合于率水。《志》云：县南五十里有汊水，其源东自白际之珮琅水，南自马金之璜原水，演迤四十里至此，合流为一，绕岐阳山下，因名汊水，一名紫云溪。由溪北流二十里，合率口水。岐阳山，一名旗山，其支为万松山，亦在县南五十里。

五城水，县南四十五里。源出婺源五岭，流入县境与颜公山水合流于龙湾溪口，溉田四千余顷，东会于浙溪。又原坑水，出县西百五十里之鹿髀山，溉田三千余顷，南流会于浙溪。又南当水，出县西三十六里之南当山，俗曰当坑山，亦溉田三十余顷，东流会于浙溪。

洋湖，在县东南四十里屯溪南岸。一名阳湖，为众水会聚之处。滨溪平衍，每春流涨合，辄汪洋如湖云。

举岭寨，在县东北十五里天葆岩。《志》云：县东南方山有白际岭寨，县西婺源界有塔岭寨。又县西吴田岭上有马金寨，县西南溪口有松阳寨。五寨皆宋置，元废。○五畲驿，在县南二十五里，元置。又县南二十九里有皇华驿，元初曰憩贤驿，寻改，明初废。

五城村，县南五城水上，旧为大镇。《寰宇记》：村傍有五城，斜偶相对，因名。元置五城务及南五岭巡司于此。明初废。嘉靖中，以寇乱，议设兵防守。万历十年，议者复以五城为一郡通达之所，应设哨官，领兵巡缉，与婺源中平镇为犄角云。又临溪村，在县南九十里，元置临溪务及白际岭巡司于此，明初废。又断石村，在县西三里，旧名吴口村，西南有石壁，下临深溪。

蓝渡桥。县西十五里。元置税务于此，曰蓝渡务，又置江潭务于河村溪口，即今县西七十里之江潭也。明置黄竹岭巡司于此。

○**婺源县**，府西南二百四十里。西至江西乐平县百九十里，南至江西德兴县百十里，西北至江西浮梁县百五十五里，东南至浙江开化县百七十里。本休宁县地。唐开元二十八年，析置婺源县，属徽州。宋因之。元元贞初，升为婺源州。明洪武二年，复降为县。旧有城二里，今废。编户百六十四里。

　　婺源故县，在县北二十五里。《志》云：唐分休宁回玉乡，并割鄱阳怀金乡，置婺源县，治清华镇。中和二年，杨行密将陶雅守歙，县人汪武怨其暴横，率民立营栅，据弦高镇以抗之，自为镇将，遂移县治于弦高。天祐中，武死，陶雅以朱环为新县制置巡辖等使，复旧县为清华镇。后皆因之。今县即故弦高镇也。怀金乡，在县西，与乐平县接境。

　　军营山，在县城内西隅。五代时尝屯兵于此。山东麓临西湖，旧为蚺蛇港。又北曰腰滩港，大溪之水汇流于此。唐中和中，汪武立营栅于腰滩、蚺蛇二港，据弦高镇，即营此山矣。五代唐同光中，吴将刘津改营新城，因筑南北港口，潴水为西湖，使大溪环城而西南出。宋末犹为近郊之胜。元时渐堙。明初遂为平陆，惟此山犹以军营名。又方山在城南二里，冠佩山在城西五里，其在城南者又有鱼袋山，城西北二里又有锦屏山。

　　浙源山，县北七十里。一名浙岭。高三百余仞，周二十五里。婺源诸水，多西入鄱阳，惟此山之水，东会休宁、祁门、黟县诸水，至歙浦，又会绩溪、歙县诸水，赴浙江。山有戴公三岭，泥源九湾。自县入郡，此为捷径。又高湖山，与浙岭相连，北接休宁县界。○张公山，在县西北百二十里，即率山也。详见休宁县。

　　石耳山，县东南九十里。层岩叠嶂，高险接天，有石室甚深广。由衢、信入境，此山为之望。其支脉曰大庸山，在县东百里，高三百仞，相传洪水时，有大庸上此而名。又小敛山，在县东南七十里，高九十八仞，周十五里。俱与衢州接界。○石门山，在县东九十五里，与大庸相接，山巅有石岩，空洞若门。县东九十里又有屏障山，高二百余仞，方岭如屏，下开平壤，曰大畈，其左为阴岩山，右为石耳山。又龙尾山，在县东百里，高二百仞，周三十里，石可作砚，一名罗纹山。又莲花山，在县东百五里，亦接衢州界。山高极天，群峰崒嵂，状若莲花，因名。《志》云：县南四十里有桃源大冲山，石壁峭立，飞瀑悬流，泉石之胜，甲于一邑。

斜山，县东北七十里。高二百仞，周八十里。斜水出焉，溉田四十顷，下流合于绣水。○倚衡山，在县北百十里，高八十五仞，与县北九十里之朗山俱西连回岭。朗，亦作阆。《志》云：回岭在县北百里，有峰高耸，亦名回峰，自县趋郡之捷路也。

大连山，县西北百二十里。高四百仞，周九十里。寇乱时，乡人每保聚于此。又大广山，在县西北五十八里，一名大尖山，高四百余仞，周三十里，婺水出焉。○寨山，在县北三十里。唐开元中，土人洪真作乱，居民结寨避寇于此。又县东北亦有寨山，其地名李坑源头，亦唐开元中土人避寇处。

梅源山，县西百二十里。高三百余仞，周四十余里。本名梅山，产杨梅充贡，梁任昉为郡守，奏罢之。唐天宝中，始曰梅源山。西北接浮梁县界，一名䍐山。又三灵山，在县西九十里，高二百八十仞，周五十里。又西为巀嶭山，周回绵亘，凡数十里，峰峦林立，其名者为仙女、金钟诸岩，西连乐平县界。○濬源山，在县西南百里，高三百十仞，亦名游山，接乐平及浮梁县界，有濬源水，溉田三十余顷，南流合杭溪水，入乐平县界。

芙蓉岭，县东八十五里。高千余仞，周三十余里。其绝顶为芙蓉峰，一名灵山，岩石奇胜，屏幛、龙尾诸山，皆其支脉也。又县东九十五里曰对镜岭，高百五十仞，周十里。其并峙者曰羊斗岭，高百仞，周二十里。又塔岭，在县东北百五十里，高八十仞，周九里。四岭中，芙蓉为之冠，与休宁新岭为五岭。宋初驿道由县东百里中平寨，经大畈达休宁之黄茅，沿涧曲折，谷水暴发，则桥道皆坏。其后里人汪绍辟路，从芙蓉、对镜、羊斗、塔岭，直抵黄茅，较旧路近十五里，且无水患。元末，汪同复开拓之，遂为通衢。今休婺之界，自塔岭而中分也。

平鼻岭，在县北九十里。《志》云：浙源之大湾，与休宁接界。《闻见录》：平鼻岭、回岭、张公山、查公山及花桥，皆休婺往来通道也。今查公山在县西八十里，花桥亦在县西百里。盖自乐平而东北达县境，以入休宁，此为必经之处。又筸岭，在县东九十里，高百仞，地多竹，因名。○灵岩，在县西北百二十里，中有三洞，东北曰庆云，西曰莲花，南曰含虚，皆襟带浙岭，联络率山。《山海经》所谓三天子都，或以为即此岩也。又有洞曰灵磨、集仙、鱼龙、张公、垂钟、会仙，合为九洞，幽胜叠出，不可名状。

绣水，在城北。旧名大溪。县境群山之水，出自县东及县东北者，会流于县东北二十余里之汪口，又西而为北港。其出自县北者，至清华合流而西，为西港，至县北二十里，曰武口，与北港水合。又南至城北，绕城而西，又西南，而远近诸山水悉附入焉，流入德兴县，下流注于鄱阳。《志》云：绣水合二港十一源之水，汇流城下，绕城三面而西，波纹如绣，又南益合众流，至德兴，谓之大溪，至乐平县，谓之乐安江云。

婺水，在县西。出大广山，溉田二十二顷有奇，南流入乐平县界，中有石门滩、两石夹溪，涌起如阙，一线通流，险比滟滪。《志》云：婺水南流八十五里绕县城，又南流四十里，合斜水，通鄱阳。考斜水在东北，大庸、龙尾、石耳山诸水俱自县东流合绣水，则斜水何从越诸水而南会婺水乎？又婺水在县西北，既绕城而南，则当合绣水，又不容独南流会斜水也。乐平在县西，自县西而南，非乐平境内矣。《志》恐误也。

益阳水，在县北。出浙源山，溉田三十五顷有奇。又有武溪水，亦出浙源山，东南流，经龙尾山，溉田十三顷有奇。下流俱入于绣水。○大庸水，在县东，出大庸山，溉田六十余顷，西北流入斜水。《志》云：大庸与芙蓉峰水并入绣水。盖斜水合于大庸矣。又小敛水出小敛山，溉田十八顷有奇，东流经县南五里，入绣水。又古坑水，出屏障山后，绕山南麓，东注庸溪。

梅源水，在县西。出梅源山，东流合浙源水，溉田八十顷有奇。又杭溪水，出县西北七里石龙山，有石龙洞，水出其中，溉田三十八顷有奇，南流至杭口，与濬源山水合，而入乐平县界。《闻见录》：杭溪水流入婺水，为往来通道。是也。○澧溪，在县西北。《志》云：嶵崿山东有玉带水，又漕溪源亦出山下，合山谷诸水，南流为澧溪，纡回数百里，下流达于鄱阳。

五福镇，县西北四十里。唐咸通六年置。又有三吴镇，在县东七十五里。唐乾符中，黄巢作乱，兵马使汪道安镇婺源，其子濆分戍于此。今废。

高砂镇，在县西南三十里。元置高砂税务于此。至正十二年兵毁。明洪武八年裁革。《闻见录》：自江西乐平县趣太白巡司，德兴县趣吴家湾，会于高砂，进抵城北。是也。今太白巡司，在县西七十里。《志》云：县有大庸巡司，万历三年设于大庸岭。又有岩田巡司，嘉靖四十二年，革歙县之黄山巡司，而设巡司于岩田。万历八年，改设于项村，因名项村巡司。○庄坑，在县南六十里。《舆程记》：由乐平而东，六十里至毛桥，又三十里至湾头，五十里至庄坑，以达县，皆舟楫通行之道也。

中平寨。县东九十里。宋置寨。元因之。明洪武十八年废。嘉靖三十四年以后，时有寇警，议设兵防驻。万历十年，议者谓中平为一郡要害，应设把总帅兵屯守。今为往来孔道。又冲山营，在县治西北，五代时，吴将刘津所置。今有壁垒馀址。○海口隘，在县南九十里，接德兴县界，往来要口也。

○**祁门县**，府西百八十里，西南至江西浮梁县百九十里，北至池州府石埭县百七十里。本黟县之赤山镇。东北有峰若旗，谓之祁山。西南有两石对峙如门，谓之阊门。唐永泰初，土寇方清作乱，伪置阊门县，事平，因故垒，析黟县之西，浮梁之东，置祁门县，属歙州。县无城，今编户四十六里。

梅鋗城，县西十五里。鋗，吴芮将也。项羽封鋗十万户，盖邑于此。

祁山，县东北一里。高四十仞，周十五里，三面皆石壁，上有栖真岩。其东曰青萝岩，旁有涌泉，味甘不竭，一名乳泉。〇石新妇山，在县北三十里，高四十一仞，周二十五里，北接黟县武亭。山上有三石峰，亦曰三新妇山。

大共山，县北五十里。高六十五仞，接石埭县界，大共水出焉。山下旧有大共镇，元置，今废。又道人山，在县北二十里，高九十仞，周六十五里，有削壁层岩之胜。

新安山，县西百十里。高百仞，奇秀甲于群山，为郡之胜。本属黟县境内，相传郡名新安以此。其相望者曰九峰山，有九峰并峙，高插霄汉。又西峰山，在县西百二十里，峰岩亦称灵秀。〇历山，在县西八十里，高二百五十仞，抵石埭县界，高插云霄，险若天堑，巅有池，冬夏不竭。又主簿山，在县西六十里，高四十五仞。县西南七十里为梅南山，高八十仞。俱接浮梁县界。

武陵岭，县西四十五里。高三十仞，周二十八里。经途所出，初甚峻险。唐元和中，县令路旻凿为盘道，行者便之。又赤岭，在县西百里，本名血岭，唐元和中改今名，高三十仞，周十五里。岭下有溪，流入浮梁界。又榔木岭，在县东北五十里。《志》云：岭下水分东西，东入钱唐江，西入彭蠡湖，皆有滩三百六十，岭虽平坦而据地独高也。〇王公峰，在县南二十五里，高出万仞，不与群峰接。又县北五十里有望江峰，其峰卓立，高凌霄汉。

大共水，在城东。源出大共山，有武亭水，出黟县武亭山，南流合焉，历祁山麓南流，合诸山溪之水入浮梁县界。〇赤溪水，在县东北，出黟县鱼亭山，西流五十里，合大共水。又庸溪水，出武陵岭，西南流六十里，为庸口，合大共水。又卢溪水出梅南山，大北港水出历山，小北港水出县西七十里之榉根山，又新安水出新安山，俱东流合大共水。诸水皆引流溉田，多者数十顷，少者数顷，民获其利。

闾门滩，县南十三里。县境之水，多会于此，中有巨石夹水，对峙如门，谓之闾门。其水径浮梁界下流入鄱阳，昔时滩流奔迅，溪险石矗，商旅经此，有摧舻折舳之患。唐元和中，县令路旻开斗门以平其险，人号路公溪。咸通中县令陈甘节、宋嘉定中令陈过，亦加疏导，共长五百五十余丈。今为安流。

五岭关。在县南百里。《闻见录》：自浮梁入祁门界，有五岭关，自此抵县城，皆高山峻壁也。又江村，亦在县南。《闻见录》：自浮梁入祁门，至江村，又进至渚口，又进至关口，即至城下。《志》云：今县西十里有张村，以唐张志和隐此而名。○良禾岭巡司，在县西北三十二里良禾岭，今移置于县西北二十七里之苦竹港。又贵溪务，在县南十二里，又县北有柏溪务，皆宋置，元废。

○黟县，府西百四十里，西至祁门县六十里，西南至婺源县三百五十里，南至浙江遂安县二百七十里，东南至休宁县八十里。秦县，属鄣郡，以黟山而名。黟，本作黝，读伊。汉仍为黟县，属丹阳郡。鸿嘉二年，立中山宪王孙云客为广德王，国于此。王莽时，国废。后汉仍为黟县。吴属新都郡。晋属新安郡。宋、齐因之。隋初废。开皇十一年，复置。大业末，汪华等据其地，置黟州。唐初州废，县仍属歙州。县无城，今编户二十四里。

林历山，县西南十里。高三百仞，周三十里，四面壁立，径路危狭。汉末，山越陈仆祖山屯此，恃险为害。建安十二年，孙权遣贺齐讨之，齐阴募轻捷士于隐险处，夜以铁戈拓山潜上，悬布以援下人，得上者百余人，令分布四面鸣鼓角，贼惊，守路者皆逆走，大军乃上山，击破之，今山上寨基墙壁尚存。东有石洞，西有千丈岩，瀑布自崖而下。稍西曰顶游峰，亦曰丁峰，亦曰南山，孤峰削立，与县南十五里之霭峰相映带。《志》云：林历山下有仆城里，亦陈仆祖山屯据处，故曰仆城。又墨岭，在县南十六里，产石墨，土人采之，久而成井。今石墨糜烂，不可书画，惟堪染皂。《志》云：黟与黳同，县盖以此岭名也。

吉阳山，县东北十五里。今名三姑山。高三百三十仞，周三十里，有三峰鼎峙，吉阳水出焉。又东山，在县东十五里，高数百仞，人迹罕到。○石门山，在县东南二十里，凿石为门，下瞰溪潭，壁立千仞，沿岩凿路，名曰栈阁，仅可通人，断处以木济之。古号石门为小剑门，栈阁为栈道。

武亭山，县西南十八里，接祁门界。高二百仞，周五十里，横江水出其南，危巅削壁，行者越趄。宋绍兴中，邑人黄元辉始凿路，以便往来。今为通道。

鱼亭山，县南三十五里。高二百五十仞，周三十里，鱼亭水出焉。《志》云：山即祁门县椰木岭之支也。自椰木岭而东，十里至鱼亭，又东五十里，即至休宁县。旧时江西鱼船至祁门，以次泊山之东。县有四亭八墅，鱼亭其一也。又复山，在县南三十六里，即鱼亭之支也，一名复岩，又名阜岩，高二百六十仞，周三十里。《方舆记》：山甚孤峻，两边皆石，中有沟，才五六尺许，水甚迅激，石壁四绝，仅通一线，缚木为梯，仅乃得上，绝顶泉流不竭。乡人曾避寇于此。贼陈兵其下，意山高无水，欲持久困之，乡民示以生鱼，贼乃引去。其水东南流，入休宁县界。

石盂山，县西北十余里。高五百仞，袤三十里，中有巨石如盂，泉出不竭，南连碧山。《志》云：碧山在县西北八里，高百仞，其南有霭峰对峙，为县主山。又戢兵山，在县北十五里，高百仞，周十里，本名石鼓山。唐天宝中，改今名。○黄堆山，在县北三十里，高十余里，绝顶平坦。又北三十里有五溪山，山高耸，时有云雾隐蔽顶上。

牛泉山，县北五十里，高九百余仞，东接太平县界。《舆地志》：牛泉峤自麓至顶，每九里一顿，凡九顿，并山为路，峡处仅容仄足，下临不测之溪，上多风，盛夏无暑，顶有水，方广丈许，谓之牛泉。山上往往累石为路，昔时往丹阳之道也。又章山，在县西北二十里，章水出焉。○石燕洞，在县东二十五里，有石洞，幽邃可容百人。

横江水，在县南二十里。出武亭山，东南流二十八里，章山所出之章水，东南流，经县西而流合焉。又东至鱼亭口，则鱼亭山所出之鱼亭水北流合焉，又东合吉阳水，入休宁县界。○吉阳水，在县治东北，出吉阳山，西南流，牛泉山水流合焉。又东南经县东南三十五里之喧潭，潭旁两崖石壁削立，水触石盘，涡面狭底阔，深不可测。又东至白茅渡，与横江水合流，入休宁县界。诸川皆引流溉田，为民利。

鱼亭驿。县东三十五里，宋置。又有鱼亭巡司。俱元废。○庙口镇，在县西二十里，又西十里有西武镇，皆宋置，元废。

○绩溪县，府东北六十里。北至宁国府宁国县百六十里，西北至宁国府旌德县七十里，东至浙江昌化县百六十里，西至宁国府太平县百二十五里，南至浙江淳安县百八十里。本歙县地，梁大同初，析置良安县，寻废为华阳镇，仍属歙县。唐永徽五年，置北野县，寻改为绩溪。一云永泰初所改置，属歙州，以界内溪水交流如绩而名。旧无城。嘉靖八年，以倭乱，始筑土城，周四里有奇，今圮。编户二十五里。

石照山，县东三里。有石壁立，方广二丈，光可鉴物，因名。下有白水泉。又龙须山在县东二十里，高五百仞，周三十里，山顶有池，四时不竭。县东北三十里又有石金山，高六百仞，周亦三十里。○唐金山，在县东南九里。其麓宽平，三面临水，周围如城，又有冈阜泉石之胜。

徽岭山，县西北十里。徽，亦作翚。旧名大尖山。高四百五十仞，周三十里，西北连凛山、佛论岭、新岭，东连仙人岩，抵丛山关，又南接大郭山。山之阳，水流入歙，其阴则水流入旌德，故有岭南岭北之分。上有南北通衢，萦纡陡峻，凌晓常行云气中。《志》云：凛山在县西北四十里，高四百五十仞，周十五里。又佛论岭，亦在县西北四十里，高四百五十仞，周四十里，又西南接休宁县之新岭。其仙人岩在县北五十里，高亦二百五十仞。

龙嵸山，县东北二十九里。高三百三十仞，周二十五里。其山四合，中有官道，通宁国县界。旧有寨呼为丛山关，下有巧溪，亦名扬溪，流为扬之水。今亦见宁国县。又郎山，在县东九十里，高二百三十仞，周三里，一名郎嵊山，下有郎溪通驿路。《志》云：县北四十二里有岩山，高三百仞，延衮二十里，上有壁，甚方整。○大獒山，在县北六十里，高四百仞，周百里，前据潭水，蹲形矫首。山半有岩，亦名仙人岩，岩下有白龙潭。

大郭山，县东六十里。高五百五十仞，周百五十里。一名三王山。《祥符图经》云即三天子郭山。《山海经》浙江出三天子都，《水经》因之，盖讹郭为都。秦置郭郡，以此山名也。郭璞云：三天子郭山，在新安歙县东。今谓之王山，浙水出其旁。唐天宝中，产银铅，今绝。《寰宇记》大郭山，吴越于此分界。○龙塘山，在县东百余里，麓有小径，萦纡险巇，悬绝不通处，则倚木架桥，鱼贯而进，当径有石如门，上有洞，轩豁可容百人，再上有池极深。又借溪山，在县东北八十里，高五百五十仞，周八十里，西连龙嵸，东北接宁国界，水西流入歙。

大会山，县西五十里。高耸特出群山上，晴霁时陟其巅，可以远望太平、宣、池之境，又芦山，在县西北四十里。其麓有脊，连徽山之阴。《志》云：山左有水北入旌德，下流达大江，山右有水南入歙县，下流达浙江。○古塘山，在县西北四十五里，高三十五仞，周十五里，一名葛萝山。缘麓以上，周遭皆田，顶宽平，旧有塘水，冬夏不竭，溉田数十顷。其相连者曰植山，在县西北四十里，高五百五十仞，周八十里。又有蒿山，在县西北五十三里，高四十五仞，周十五里，古塘、植山之水西至黄石坑，蒿山之水东至黄石坑，皆与旌德县分界。

绩溪岭，县东五十里。因县治得名。又东十里曰闻钟岭，屈曲往复，地近西坑。又县西为翠眉岭，两山低平，横列左右如眉，因名。〇七姑尖，在县东三十里，一山七峰，中一峰尤峭拔。又十里岩，在县东十里，壁立奇险。又东二十五里曰百丈岩，有石方广百丈，壁立如屏，下临深潭，凿石为桥，奇胜不一。

遥遥岩，县东八十里。巉岏陡绝，有大石门。宋宝祐间，辟为磴道，凡五里余，由此东达临安。元大德中，复伐石为栏，以障深险。明成化中，亦尝修治。〇大石门，在县东四十里，有石高数十丈，对峙如门，中有道，可通行人。又有石横如门限，水经其上，激荡有声，下流十里。又有小石门。

苍龙洞，县北二十里。一名苍龙坞。深邃窈冥，洞口常有云雾，石壁峭立，下临深潭。又登源洞，在县东十里古登岭之东，一名长乐洞。山川环绕，四顾周密如洞，因名。有泽穴，暗通大溪，折而东，经府城南龙井山下。又圣泉洞，在县西五十里，山高千丈，顶有石洞，水出不竭。洞右两山对峙，下有绝壑，极深广，上有石，巉岏相接，如架桥然，亦名仙桥岩。

扬之水，在县西。源出龍鬆山下，谓之扬溪，西南流十里，经扬溪铺，又南经县治西南之三里桥，又西南流十七里，地名临溪，与徽岭大鄣诸山水合流，而入歙县界，为新安江之上源。又常水，在县西北，源出歙县界之黄蘗水，南流合扬之水。又登水，在县东北八十里，出借溪山，亦南流，入扬之水。

绩溪，在城东。其源亦来自扬溪，下流二十余里，乳溪水东注之。又五里，徽溪水南注之，至临溪，会县南诸水，入歙县界。离而复合，交流如绩，县因以名。又乳溪，出县北十里大坑之凹，为临溪上游，其流清浅屈曲，经县东北二里，东流合于大溪。〇徽溪，在县北，自徽岭南流十余里，入绩溪，又西流四十里，入扬之水。

罗公泉，县南二十五里。水自地涌出，腾上数尺，源甚深长，大旱不竭，溉田数百顷。又泉塘，在县东二十里，塘中有泉，畜溢深广，可引以溉。县西五十里有龙井，水从石中出，大旱不竭，亦溉田百余亩。

丛山关，在县北三十里永安镇，与宁国县接界。有关城。《舆程记》：自关而北三十里为沙岭，又北二十里，即宁国县之尘岭，又由县而东凡百里，有老竹岭，高二里，路出浙江昌化县。〇翚岭关，在县西北十五里太平镇，有关城。又新岭关在县西北二十里，佛岭关在县东二十里。县东南三十里又有梅岭关。

濠寨。在县西二十五里。地名冯村，今有巡司戍守。又西坑寨，在县东六十里，元置，又置镇守军营于此，明初改置巡司戍守，正统初废。又大谷务，在县北四十里锦谷村口，又县东有坑口务，俱元置，明初废。

附见：

新安卫。在府城内，洪武初置。

读史方舆纪要卷二十九

南直十一 徐州 滁州 和州 光德州

〇徐州，东至淮安府邳州百八十里，西南至凤阳府寿州四百八十里，西至河南归德府五百十里，北至山东兖州府三百六十里。自州治至应天府一千里，至京师二千里。

禹贡徐州之域，古大彭氏国也。春秋、战国属宋，后属楚。秦属泗水郡。项羽自立为西楚霸王，都此。孟康曰：陈为西楚，江陵为南楚。此为东楚，项羽改为西楚，而以吴为东楚。汉为楚国，地节元年，改为彭城郡，寻复故。后汉亦为楚国，章帝改为彭城国。晋因之，仍立徐州，以为重镇。东晋初，徐州陷没，元帝侨置徐州于淮南，又置南徐州于江南，其后移改不恒。太元九年，复置徐州于此。义熙七年，又改为北徐州。今详见州域形势。宋亦为徐州及彭城、沛二郡。泰始中，没于后魏，亦置徐州及彭城郡。后魏置东南道大行台于此。东魏及高齐因之。后周改置总管府。隋初废郡，炀帝废州，仍曰彭城郡。唐复为徐州。天宝初，亦曰彭城郡。乾元初，复为徐州。贞元十六年，建武宁军。咸通十一年改为感化军。石晋时，复曰武宁军。宋仍为徐州，亦曰彭城郡，武宁军节度。金因之。元亦曰徐州，属归德府。至正八年，升徐州路。十二年，改曰武安州。明初，复曰徐州，隶凤阳府，寻北直京师。编户一百五里。领县四。今仍曰徐州。

州冈峦环合，汴、泗交流，北走齐、鲁，西通梁、宋，自昔要害地也。后汉建安末，孙权欲取徐州，吕蒙曰：徐州地势陆通，骁骑所骋，今日取之，操后旬必来争。盖其地为许、洛襟要，蒙以车骑，非步兵所能敌。江南之力，是时未可以争中原也。及晋人南渡，彭城之得失，辄关南北之盛衰。太元九年，时河南城堡多附于晋，谢玄欲使朱序屯梁国，自屯彭城，以北固河上，西援洛阳。朝议不久，既而黎阳以南，遂至骚动。隆安二年，后魏取后燕之滑台，慕容德与诸臣韩范等谋先据一方，以立基本。张华曰：彭城，楚之旧都，可攻而据之。潘聪曰：彭城土旷人稀，平坦无限，且晋之旧镇，未易可取，又密迩江、淮，夏秋多水，乘舟而战者，吴之所长，我之所短也，不如取广固而据之。盖是时慕容德之势不能取彭城，彭城为晋必争之地，虽取之而不能保，较之曹魏，有主客悬绝之分也。宋王玄谟曰：彭城要兼水陆。其地南届大淮，左右清、汴，表里京甸，捍接边境，城隍峻整，禁卫周固，又自淮以西，襄阳以东，经涂三千，达于济、岱。六州之人，三十万户，常得安全，实由此镇。及彭城没于后魏，而淮、泗日以多事。魏尉元曰：彭城宋之要藩，不有重兵积粟，则不可固守，若资储既广，则宋人必不敢窥淮北。薛虎子曰：国家欲取江东，先须积谷彭城。徐州良田十万馀顷，水陆肥沃，清、汴通流，足以溉灌，兴置屯田，资粮易积，非直戍卒丰饱，亦有吞敌之势也。陈顾野王曰：彭城险固，由来非攻所能拔，且其地形都要，不特捍蔽南国，为必争之地，而自昔东南用兵，莫不由此以临诸夏矣。唐李泌曰：江、淮漕运，以甬桥为咽喉，见宿州，是时在徐州境内。若失徐州，是失江、淮也，国用何从而致？宜急建重镇于徐州，使运路常通，则江、淮安矣。事在贞元四年。宋陈无己曰：彭城之地，南守则略河南、山东，北守则瞰淮、泗，故于兵家为攻守要地。苏轼曰：徐州为南北襟要，京东诸郡邑安危所寄也。其地三面被山，独其西平川数百里，西走梁、宋，使楚人开关延敌，真若从屋上建瓴水也。土宜菽麦，一熟可资数岁。其城三面阻水，楼堞之下，以汴、泗为池，惟南面可通车马，而戏马台在焉。其高十仞，广袤百步，若用武之世，屯千人其上，筑战守之具，与城相表里，而积三千粮于城中，虽用十万人，不能取也。唐庚曰：魏太武以百万众，观兵瓜步，卒盟而还，不复议渡江。元英以大众困于坚城之下，不敢舍而深入，虑彭城、合肥之议其后也。胡三省曰：彭城密迩兖、豫，南北朝时，魏人南寇，水行则自清入泗，陆行则历城、瑕丘，皆辖彭城，故王玄谟以为要兼水陆也。自胜国以来，益为资储重地。经营天下，岂可以彭城为后图哉？

　　彭城废县，今州冶。《世本》：尧封彭祖于彭城，号大彭氏，国于此。《国语》：大彭为商伯，是也。春秋为宋地，成十八年，楚伐宋，拔之，以纳鱼石。襄元年，诸侯之师救宋，围彭城，彭城降晋。《史记》：楚共王拔宋彭城，以封宋左师鱼石。四年，诸侯共诛鱼石，而归彭城于宋。又《韩世家》：文侯二年，伐宋至彭城，执宋君。秦置彭城县，属泗水郡。始皇二十八年，自琅邪还，过彭城，欲出周鼎泗水。二世二年，秦嘉立景驹为楚王，军彭城东，既而楚怀王都此。《史记》：沛公、项羽，闻项梁军破，乃与吕臣军俱引而东，吕臣军彭城东，项羽军彭城西，沛公军砀。是也。及项羽自立为西楚霸王，亦都此。汉三年，汉王入彭城，项王西从萧，晨击汉，东至彭城，大破汉军。汉六年，为楚国治。后汉为彭城国治，初平中，陶谦为徐州牧，曹操击谦，败之于彭城。建安三年，操击吕布于下邳，屠彭城。晋为徐州治。太宁中，没于石勒。永嘉三年，复归于晋。太元三年，没于苻坚。九年，谢玄取之。义熙七年，分为北徐州。元熙初，刘裕使刘怀慎为北徐州刺史，镇彭城，宋仍为徐州治。泰始三年，陷于后魏，魏亦建为重镇。梁普通六年，魏魏徐州刺史元法僧以州附梁，梁使其子豫章王综镇之，综仍以州叛入魏。大同初，遣元庆和攻东魏城父，高欢分遣侯景趋彭城御之。中大同二年，侯景以河南州镇来附，诏萧渊明等攻彭城，为景援，败还。陈大建七年，吴明彻攻齐彭城，不克。九年，因周人灭齐，复命明彻攻彭城，为周将王轨所败。隋、唐以后，州郡皆治彭城县。元省县入州。《城邑考》：州外城楚元王友所筑，城内有金城。又东北有小城，相传刘裕所筑，垒石高四丈，列堑环之。小城西又有一城，义熙十四年，汴水溢，城坏，乃更筑之。城西有小市门，即宋元嘉末，魏主焘南侵，遣李孝伯至小市门，与张畅应对处也。《志》云：今城东北八十里有彭城故县，地据山阜，去河甚远，或以为汉县盖治此。又州南五里有武安废城。元至正十三年，芝麻李据徐州，脱脱击平之，改徐州为武安州，移治于此。其后河流荡决，州城数毁。明嘉靖中，水坏州城，乃复改筑，环堤为固，周九里。天启四年，河决魁山堤，城东南隅冲裂。明年，移筑州城于云龙山，东去旧城二里。今城周九里有奇，门四。

　　吕城，州东五十里。春秋时宋邑，襄元年，晋以诸侯之师伐郑，楚子辛救郑，侵宋吕、留。杜预曰：彭城郡之吕城、留城也。汉为吕县，属楚国。后汉及晋皆属彭城国。宋属彭城郡，后魏因之。隋废。《志》云：吕城临泗水，高百四十尺，周十七里，城东二里又有三城，一在水南，一在水北，一在水中滩上。盖高齐所筑以防陈者。又泗水至吕城，积石为梁，故称吕梁。今吕城东十里吕梁洪上有二城，一曰云梦，一曰梁王。土人谓云梦即韩信，梁王即彭越。又洪西岸有尉迟城。唐尉迟敬德督徐州，尝凿吕梁洪，因筑此城。今吕梁城，中河分司驻焉。○吕布城，在州东南八十五里，相传布与曹操相拒时筑，城上有战台。

南阳平城，在州西。《五代志》：刘宋侨置阳平郡于沛郡南界，领馆陶、阳平、濮阳三县。后没于魏，为南阳平郡，以别相州之阳平郡也。后又徙郡寄治彭城。梁普通六年，将军王希聘拔魏南阳平郡。后周始并入彭城郡。○濮阳废县，在州西北五十里，亦刘宋时侨置县，属阳平郡。后魏因之。后周废。《寰宇记》作舞阳城，误也。

垞城，在州北三十里。面临泗水。兖州人谓实中城曰垞，盖南北朝时戍守处也。今谓之茶城，为运道所经。明嘉靖末，黄河北徙，城遂为漕、黄交会之冲，后河口东移，茶城乃为内险。《志》云：今州南二里有古迷刘城，州西北百里又有灰城，又二十里有仓城，皆昔时顿兵贮粮之所云。

云龙山，城西二里。今为州治。《志》云：山出云气，蜿蜒如龙，因名。其东南岭有大石佛，俗因谓之石佛山。《述征记》：彭城南二里，即石佛山，顶方二丈二尺。唐景福二年，朱全忠遣子友裕击时溥于徐州，兖帅朱瑾赴救，汴军败徐兖兵于石佛山下，既而汴将庞师古复攻石佛山寨，拔之，徐兵自是不敢出。《一统志》州东北三里又有彭城山。○定国山，在旧城东四里。梁中大同二年，遣贞阳侯渊明伐东魏，进攻彭城，营于此，为魏将慕容绍宗所败。

九嶷山，州北五里。其山自东而西，绵亘五里，俗谓之九里山，即汉兵败项王处。明建文中，燕兵攻徐州，亦尝伏兵于此。一名象山，以山西一峰如蹲象也。又鸡鸣山，在州东北十三里，相传即张良计散楚兵处。

寒山，州东南十八里。晋大兴二年，彭城内史周抚叛降石勒，下邳内史刘遐讨之，破斩之于寒山。梁中大同二年，命萧渊明堰泗水于寒山，以灌彭城。渊明军寒山，距彭城十八里，使长史羊侃断流立堰，再旬而成，侃劝渊明乘水势攻城，不听，寻败没。魏收《志》：彭城县有寒山。是也。又三山，在州东南二十里，上有三峰，其下为三山堤。明万历十四年，大河尝决于此。○桓山，在州东北二十七里，下临泗水。桓魋葬于此，因名。一名圣女山。又徐山，在州南六十里，以徐偃王曾至此而名，一名武原山。《志》云：山下有武原故县。今见邳州境。

赭土山，州西二十里。《禹贡》：徐州，厥贡惟土五色。《汉·郊祀志》：王莽使徐州岁贡五色土。即此山之土也。山有楚元王冢，遂名楚王山，一名同孝山。○任山，在州西南三十里。唐有任山馆，自宿州趋徐州，必度睢水，逾任山，为往来通道。唐咸通九年，庞勋由此陷徐州，又勋迎敕使自任山至子城三十里，大陈甲兵，号令金鼓，响震山谷，是也。

吕梁山，州东南六十里。其下即吕梁洪也。又东南曰凤冠山，山有双翼如凤翅。其相接者，曰塔山，曰峰山，皆与吕梁相望。○境山，在州北四十里。相传徐之封境尽于此山，因名。又有梁山，在州东北三十五里，与境山相连，漕河所经也，今有梁境闸。

盘马山，州东北九十里。相传汉高尝盘马于此。山产铁，汉置铁官。宋置利国监于山下。其阳有运铁河，元人建利国监桥于其上。又有铜山，在州东北八十里，旧尝产铜也。《志》云：州东北百二十里有爬头山，连徐、邳、滕、峄之境。晋大元十四年，妖贼司马衡聚众于马头山，刘牢之讨平之，盖即此山矣。或曰：州东北四十里有马山，当是其处。○橐驼岘，在州北。梁萧渊明攻彭城，军于寒山，东魏将慕容绍宗驰救，至橐驼岘，遂进至城下，大败渊明之师，是也。

黄河，在州城东北。自河南永城县流入界，经砀山、萧县，又东南流合泗水。今州东南七十里有房村口,在大河南岸,往往由此溃决。又东为牛市口、梨林铺、李家井,皆扫湾急溜,防维最切,而州东郭家嘴、魁山堤,尤为要害。详见川渎异同。○汴水,旧在州城北,自河南永城县流入界,经砀山、萧县,至州城东北而入于泗。自唐、宋以来,汴渠多自夏邑、永城,达宿州境,又东南至泗州达淮,而入泗之流甚少,其后大河决啮,遂夺汴渠故道为经流矣。《州志》:泗水旧由境山茶城,至州东北合汴水,后汴流北徙,泗水至茶城,即合于汴。盖误以大河挟汴水东下,混为一流也。今详见河南大川汴水。

泗水,在州城东北。自沛县流入境,循城东,而东南入邳州界,亦曰清河。今黄河经城北,又东夺泗水之流,而泗皆为河矣。《志》云:泗水至州北,亦谓之鼎伏,昔周显王时,九鼎沦没于泗水,秦始皇使数千人没水求之,不获。即此处也。梁普通八年,遣将成景隽攻魏彭城,欲堰泗水灌城,魏徐州刺史崔孝芬等击却之,既而萧渊明及陈吴明彻等皆堰泗水以攻城,卒不能拔。今亦曰漕河,亦曰泉河,其河漕相合之处,有镇口闸,又北为古洪、内华等闸。盖一以制黄河之淤淀,一以时黄河之消长,岁漕恃此为咽喉也。今详见大川清河及川渎漕河。

睢水,州南六十里。自萧县流入界,又东与凤阳府宿州接界,即项羽击汉军处也。唐咸通九年,叛卒庞勋等自宿州而北,渡睢水,逾任山,趋彭城,陷之。今详见大川。○谷水,亦在州南。《图经》:睢水自谷熟而支分,其东出者曰谷水,又东北合于泗水,故有谷泗之称。汉三年,诸侯兵入彭城,项羽还击汉军,汉军破走,相随入谷泗水死者十馀万人。自隋以后,谷水埋绝。《水经注》:谷水即睢水之支流也。胡氏曰:睢水经谷熟而两分,其南出者曰蕲水,二水所在支分,通兼谷水之称。

百步洪,州城东南二里,泗水所经也。水中若有限石,悬流迅急,乱石激涛,凡数里始静。一名徐州洪。或曰:洪有乱石峭立,凡百馀步,故曰百步洪，形如川字，中分三道，中曰中洪，西曰外洪，东曰月河，亦曰里洪。俗传唐尉迟敬德经略徐州，凿徐州、吕梁二洪，以通水道。宋元祐中，亦尝修凿，置月河石堤及上下闸。明永乐中，陈瑄复凿之，亦于洪口置闸，既以运艘损坏，凡再凿之。嘉靖二十年，管河主事陈穆复凿百步洪遂成安流。旧有闸，今废。

　　吕梁洪，州东南六十里。有上下二洪，相距凡七里，巨石齿列，波流汹涌。《列子》称孔子观于吕梁，悬水三十仞，流沫四十里。《水经注》：泗水自彭城东南过吕县南，水上有石梁，谓之吕梁。晋太元九年，谢玄克苻坚，进平兖州，患水道险涩，粮运艰阻，用督护闻人奭谋，堰吕梁水植栅，立七埭为派，拥上岸之流，以利漕运，公私称便，遂进伐青州，时谓之青州派。宋泰始二年，徐州刺史薛安都以彭城降魏，宋将张永、沈攸之等讨之，进攻彭城，不克而还，会大雪，泗水冰合，永等弃船步走，魏将尉元与薛安都前后邀击，大破永等于吕梁之东。梁太清初，萧弄璋攻东魏碛泉、吕梁二戍，拔之。魏收《志》：吕县有吕梁城，碛泉盖在吕梁之东。陈大建七年，吴明彻攻彭城，大破齐军数万于吕梁。十年，明彻伐周，进屯吕梁，周徐州总管梁士彦拒战，为明彻所败，进围彭城，环列舟舰于城下，堰泗水以灌城，周遣王轨驰救，募壮士夜决堰，至明，陈人始觉，遂溃还。盖吕梁自晋、宋间有之。或谓唐武德中，尉迟敬德开此洪，假龙门、吕梁，以状此水之险，误矣。龙纪初，朱全忠将庞师古攻时溥于徐州，拔宿预军于吕梁，溥逆战，大败，退保彭城。光化二年，杨行密讨朱全忠，进攻彭城，军于吕梁，不克而还。宋元祐四年，京东转运使言：清河与江、浙、淮南诸路相通，因吕梁、百步两洪，湍浅险恶，商贾不行。乞度地势，空凿开修月河石堤，上下置闸，以时启闭，通放舟船。从之。明初，傅友德奉命守徐州，未至元扩廓遣兵来寇，屯州东陵子村，友德引舟溯流至吕梁，舍舟登陆，击却之。宣德初，以漕舟艰阻，陈瑄议于旧河西岸凿渠，深二尺，阔五丈，夏秋有水，可以行舟。七年，复凿渠令深，并置石闸以节水，既而湍险如故。嘉靖二十三年，管河主事陈洪範复凿吕梁洪，平之，自是运道益便。旧有上下二闸，今废。又吕梁巡司亦置于此。

雁麦湖，州西南四十里。其相连者曰张塘湖、马沟陂，接萧、砀境，冬春则为平原，夏秋汇为巨浸。又汴塘湖，在州东北百里，南入邳州境，汇于武河。又成山、青冢二湖，俱在州东南七十馀里，二湖相连，凡四十馀里，下流入于沂河。又有黄山湖，在州北六十里，水涨则通沛县之昭阳湖。

狼矢沟，州东二十里。又东十五里有磨脐沟，旧时黄水暴涨，从此溢入，通邳州西北境之赤龙潭及蝘、蛤诸湖，至宿迁北境落马湖，出董、陈二沟，复合于大河。明嘉靖中，大河自狼矢沟东之赤栏村、樊家店，溢入磨脐沟，出沂河口，而徐、邳正河断流。万历十七年，于沟口筑堤防护，又沟地视河口卑数丈，其东有塔山，西有长山，乃建滚水石坝于中间，以畜泄之，自是冲决之患少杀。○李家沟，在州东南三十里。《志》云：州东北二十里有东、西沟及溜、白等沟，俱泄东北诸山水，经辛贾山，入鹅儿湖，复分流出李家沟，合于大河。又北溜沟，在州北六十里，又南十里为南溜沟。州西北三十里又有大彭等沟，州东北三十里又有秦沟，皆昔时大河决溢处，通淤不时。今详见川渎大河。

七里沟，在州西北。唐建中二年，淄青叛帅李纳以李洧举州归朝，遣其将王温攻之，朔方将唐朝臣救洧，败温于七里沟。或曰：沟在九里山南。○境山沟，在州东北二十里，源出州东北五十里之马跑泉，西南至境山镇，又南入于漕河。境山之北又有池滨沟，南流至州东北三十里。明嘉靖四十四年，黄河决溢于此。今淤。又新挑沟，在州东北八十里，州东北九十里有运铁河，宋所凿也。嘉靖中，复浚之合新挑沟，又西南合境山沟。《志》云：州西九里有九里沟，南通萧县之姬村湖，迤南出双桥，入永固湖及土形湖，循宿州西境徐溪口，历符离桥及灵壁县之孟山、睢宁县之高作镇，直至宿迁县小河口，约五百馀里，向通舟楫。万历中，议疏此以宽州境水患，不果。

安王陂，在州西。宋元嘉二十八年，魏主焘南侵北还，驱南口万馀，夜宿安王陵，去城数十里，江夏王义恭不敢击，即此。○牛角湾，在州北茶城下。明万历初，运河经此，既而运河縣茶城东南十里镇口闸合黄河，旧河遂淤。议者以其地平旷，河易泛溢，因筑坝以防之，谓之旧河坝。又东冷泉，在州北八十里，南流经州东北二十里之秦梁洪，又西流三四里为乌嘴沟，入沛县界。《志》云：沟在州西北二十里，今淤。

利国监，州东北九十里盘马山下。汉元封初，从桑弘羊请，于沛县立铁官。河平二年，沛县铁官冶废。宋为利国监，乐史云：监本狄丘冶务也，汉属沛县界，今置利国监驿于此。又宝丰监，在州东。宋元丰六年，置铸钱于此。八年废。○广运仓，在旧城南三里，永乐十三年建，今圮于水。

东镇，州西四十里，亦曰安民镇。又州东南五十里曰房村驿，州北九十里曰夹沟驿，水驿也。州城南二里曰彭城驿，州南五十里曰桃山驿，州东北四十里曰石山驿，州城外曰黄河东岸驿，与利国驿皆为陆路所经。

高冢戍，在州西。《水经注》：同孝山阴有楚元王冢，高十馀丈，广百步许，魏置戍于此。梁天监五年，张惠绍等攻魏彭城，围高冢戍，为魏将奚康生所败。或曰即亚夫冢也。《寰宇记》：范增墓在州城南，宋元嘉二十二年，魏主焘南侵至彭城，登亚夫山，以望城内。则高冢戍当置于此。○下磕戍，在州东南。刘宋泰始二年，薛安都以彭城降魏，诏张永攻之军于下磕，即此。又州境有胡村、十八里等寨，金兴定二年，红袄贼攻徐州之胡村寨。元光初，又袭十八里寨，即此。

戏马台,在州城南。高十仞,广数百步,项羽所筑。刘裕至彭城,大会军士于此。宋元嘉二十七年,魏主焘南寇至彭城,立毡屋于戏马台,以望城中。梁普通六年,萧综守彭城,密降于魏,魏遣使鹿悆入城,将还,成景隽送之戏马台,北望城堞,谓悆曰:险固如此,岂魏所能取?盖未知综谋也。苏轼以此台为城南之重蔽,今为台头寺,有故塔在焉。○大彭馆,在州西南,唐时邮传所经,亦为迎饯之地,以古大彭国为名,咸通九年,庞勋作乱,杀观察使崔彦曾于大彭馆,即此。

万会桥。旧城东北三里。跨泗水上,以铁索维舟为之,水陆往来,皆集于此。俗名大浮桥。又旧城东北隅有云集桥,大河经其下,合于泗水,亦维舟为之,俗名小浮桥。

○**萧县**,州西南四十五里,南至宿州百五十里,西南至河南永城县百八十里。古萧国,春秋时宋邑。秦置萧县,汉属沛郡。更始初,封光武为萧王,即此。后还属沛国,晋因之。宋为郡治,魏因之。后齐改为承高县,属彭城郡。隋属徐州,开皇六年,改曰龙城县。十八年,改曰临沛县。大业初,复为萧县。唐仍属徐州。宋因之,皆治故萧城。明万历五年,避河患,始迁今治,编户四十三里。

萧城,在县西北十里。古萧国,春秋时为宋附庸,萧叔大心之封邑。庄十二年,南宫万弑闵公,立公子游,群公子奔萧。宣十二年,楚伐萧,萧溃,即此。秦置萧县。二世二年,沛公与秦将司马尼战萧西,不利,还收兵聚留。汉二年,汉王入彭城,项羽自齐还至萧,晨击汉军。自两汉以至南北朝,皆为萧县。宋元嘉二十八年,魏人南寇,拓跋建进屯萧城,时武陵王骏镇彭城,遣将拒之,为魏所败。魏收《志》:魏沛郡治萧县黄阳城,或谓之北城。《城邑考》:北城方九里,南去萧城二十里,相传萧子避暑城也,其南城即故萧国城。《北征记》:萧城周十四里,南临汴。今城方九里三十步,东南绕城,有隍,西北无隍。唐时县治北城,自宋以来治南城。明亦为萧县治，城周仅四里。万历五年，圮于水，乃迁治于三台山南麓，即今治也。

杼秋城，在县西七十五里。汉县，属梁国。光武封刘殷为侯邑，明帝改属沛国。晋因之。后废。又扶阳城，在县西南六十五里。汉县，属沛郡，宣帝封韦贤为侯邑。后汉省。〇永固城，在县东南四十里永固山下。元至大中，尝置县于此，寻省。今为永固镇。

龙城，县东三十里。水经注：获水东历龙城隋因以龙城名县。又曹马城，在县西北七十里，相传曹操尝盘马其中，因名，中有古塔。〇厥城，在县北。魏收《志》相县有厥城。或谓之厥固，梁大通中，兰钦拔魏萧城、厥固是也。

三台山，在今城北。城东里许有龙蟠山，西一里曰虎踞山。又三仙台山，在旧城南一里。〇大蒙山，在旧县东二十里，其相接者曰小蒙山、里仁山，与州境楚王山相接。又大方山，在旧县东南二十里，其相连者又有小方山，亦与州接境。

丁公山，今县南十五里。相传楚将丁公追汉王于此，其地亦名丁里村。又绥舆山，在今县东北二十里。刘裕为绥舆里人，里盖因山以名也。〇浮绥山，在今县南三十里，东接蕉子山，又东为天门山，山谷幽邃，林木蓊蔚。又大观山，在今县东南四十里，山多岩洞，其相近者曰白土山，下为白土镇。

永固山，在今县南四十里。下有永固镇及永固湖。《寰宇记》：县南二十里有胜高山，东接丁公山，山阴有黑坞，约三亩许，夏秋积雨其中，染人衣，即成黑色云。胜，一作昇。在今县南十里。

黄河，在县北。《志》以为即汴河故道也。自河南永城县及砀山县境，流经县西六十五里之新挑沟，又东五里为赵家圈，又东十里至拖绳桥，又东十里至东镇渡，又东二十里至曲里渡，又东五里至朱珊渡，又东十二里至旧县北三里之冀门渡，又东三里至两河口，与山西湖之委流合，以达州境。宋绍圣中，汴水冲决，县令张淳凿汴水新渠，以避水患。元大德间，县令马彻里复开南伏道口、北铁锁孔二渠，以泄水，其后大河挟汴而东县境遂为大河经流。明嘉靖二十七年，河决秦沟，自新挑沟以至朱珊渡一带俱淤，惟冀门渡以东，尚存旧流，其后溃决不时，河去县益远。万历三十四年，始复旧道。详见川渎大河，下仿此。

睢水，在县南五十里。自河南永城县流入境，又东入徐、宿二州界。〇西流河，在县南三十里，稍东有浮绥诸湖，北经旧县治南，汇于东北三里之两河口，而合大河。又有淇河，在今县西五十里，东北流经杨家集，又经旧县西南，而东北会于两河口。

山西湖，在今县西南十二里。又南接于永固湖，湖在永固山下，其南为梧桐湖，稍西曰时村湖，又南曰土形湖，又南合于睢水。〇姬村湖，在县东十五里，又东五里曰姬村泊。明万历中，议引运艘自灵璧双沟，繇睢水历永固、姬村诸湖，至徐州九里沟，出小浮桥，是也。又有青庄湖，在县南四十里，苏家湖在县东南八十里，稍西又有李家庄湖。

英州泊，县西北五十里。《志》云：其地有城址，中多水，相传昔置州于此。又西北五里为黑沙废县，即故英州附郭县也。元末，其地为水所圮，遂成平陆，今俗呼为雁门泊。〇朱珊泊，在县西十里，即朱珊渡也。又白米堰，在县东南三十里，源出县东南五十里白米山下，导流西北，为灌溉之利。

鸿沟，在旧县西北四十里。县西北二十里曰白羊沟，又有白沟，西北十里曰菱沟，东北八里曰凉楼沟，东南五里曰黄柏沟，西南六十里曰渠沟，皆水患时导流分泄处也，今堙废。

郑陂，在县西北。曹魏黄初中，郑浑为沛郡太守，界下湿，患水潦，百姓饥乏，浑于萧、相二县界，兴陂堨，开稻田，郡人不以为便，浑曰：地势污下，宜溉灌，终有鱼稻经久之利，此丰民之本也。陂成，民赖其利，号曰郑陂。今堙。

曲里馆，在旧县西三十五里。《志》云：黄河自河南虞城，达县北冀门集，出徐州小浮桥，所谓贾鲁故河也，亦谓之赵渠。明嘉靖末，始北徙。万历初，河臣潘季驯议复故道，不果。二十六年，河决山东单县黄堌口，稍复成渠，惟曲里馆至三仙台四十里如故，河臣刘东星欲浚之，又议开支河，自三仙台至小浮桥，又不果。至三十四年，大河复经曲里馆而东。今有曲里渡。

红亭。在今县西北。杜预曰：萧西有红亭。昭八年，大蒐于红，即此亭也。红与宋近，而去鲁甚远，或以为鲁之边邑云。○赵家圈，在今县西六十里，有赵家圈渡，大河津要处也。嘉靖四十四年，大河縣此冲决，丰、沛皆受其患。有赵家圈巡司。

○沛县，州西北百四十里，东至山东滕县九十里，西北至山东鱼台县百十里。古逼阳国地。秦置沛县，为泗水郡治。汉高初起于此，改泗水郡为沛郡，移郡治相，沛县属焉。时谓之小沛，吕后封吕种为沛侯，邑于此。后汉亦为沛县，仍属沛国，晋因之。宋属沛郡，后魏因之。隋属徐州，大业初，属彭城郡。唐仍属徐州。宋因之。金初属邳州，后属滕州。元初移滕州治此，州寻废，寻省县入丰县。至元二年，复置沛县，属济宁府，十三年，属济州。明初改今属。旧城周二里，编户三十六里。

沛故城，县治东南微山下。山无石，隆然一土冈耳。汉高初起于沛，为沛公。后汉兴平元年，陶谦表先主为豫州刺史，屯小沛。建安初，吕布夺徐州，先主仍屯小沛。三年，布遣兵拔沛城。四年，先主取徐州，复屯小沛，为曹操所败，自是沛县皆兼小沛之名。萧齐建武三年，魏主宏如小沛是也。《志》云：汉沛县城在今县西北，又为小王城。元至正十七年，孔士亨等据其地，因筑此城，今圮。县东又有泗水城，相传秦泗水郡治此。

留城，县东南五十里。故宋邑，秦置县。二世元年，秦嘉立景驹为楚王，在留，沛公乃往从之，欲请兵以攻丰。又张良遇汉高于此，因封留侯，寻亦为留县，属楚国。后汉属彭城国，晋因之。太元三年，苻秦将彭超攻彭城，置辎重于留城，谢玄赴救，扬声遣军向留城，超等乃释彭城之围，还保辎重。宋仍属彭城郡。元嘉二十七年，魏主焘南侵，拓跋建自清西进屯萧城，步尼公自清东进屯留城。泰始中，没于魏，亦属彭城郡。后齐废。隋复置，属徐州，唐废。今为运道所经，城北十三里有马家桥闸，新河所经也。

广戚城，县东北四十里。汉县，属沛郡。武帝封鲁共王子将为侯邑，后除。成帝河平三年，又封楚孝王子勋为广戚侯。后汉属彭城国，晋因之。后省。《志》云：县西北二十里有灌城，相传汉将灌婴所筑。又泗河东岸有旧城，俗以为张士诚所筑。

湖陵城，县北五十里，与山东鱼台县接界。故宋邑，秦置县。《史记》：项梁击败秦嘉，进至湖陵，既而并嘉军，军湖陵。又沛公攻湖陵下之。汉二年，东伐楚，入彭城，项羽释伐齐还救，从鲁出湖陵是也。寻亦曰湖陵县，属山阳郡。王莽时，改曰湖陆。后汉建武二年，盖延破刘永将佼疆、周建等于沛西，永等走保湖陆。《东观记》：时苏茂杀淮阳太守，得其郡营，广乐大司马吴汉围茂，茂将精兵突至湖陆，与刘永会。即此。寻复曰湖陵。建武五年幸沛，进幸湖陵是也。章帝封东平王苍子为侯邑，仍改曰湖陆。晋属高平国。东晋太和四年，桓温伐燕，遣檀玄攻湖陆，拔之。既而苻坚灭燕，置兖州于此。宋永初三年，魏人南寇，徐州刺史王仲德将兵屯湖陆，既而兖州刺史郑顺之戍守于此。又元嘉八年，到彦之恢复河南，自东平弃师南走，兖州刺史竺灵秀弃须昌犇湖陆，魏将叔孙建攻之，灵秀大败，既而建还屯范城。孝建元年，兖州刺史徐遗宝戍湖陆。寻入魏，并入高平。今有湖陵城闸，南至庙道口十八里，运河所经也。广乐，见河南虞城县。

七山，县西南三十里，亦曰戚山，县之镇山也。其相近者曰青龙、桂籍山，高仅寻丈，有饮马池，相传酂侯牧马处。《志》云：县无高山大陵，平原旷野，土田肥沃。

葛墟岭，县东南九十里。《志》云：岭傍南北通衢，南去徐州洪九十里。明万历中，议开泇河，自县东南四十里马家桥，开微山、赤山、吕孟诸湖起，至葛墟岭下，凡三十里，为始功处也。

黄河，在县南。自丰县流入县界，又东南接萧县境，而入徐州界。自正德以后，河由山东曹、单二县境冲决而东，县被灾最甚。嘉靖四十四年，河决萧县西赵家圈，东北流，平地河高七尺，由七山南二里，东南入秦沟，入泗河。万历五年以后，渐复故道。

泗河，在县城东。自山东鱼台县，流经县北，又至城东南流入州境，即今运河也。旧有金沟口闸，在县西南十五里。北抵湖陵，南至留城，皆置闸以疏运道。嘉靖四十四年，黄河决徙闸河壅塞，乃于留城北创开新河，以利漕，西去旧河四十里，自鱼台之南阳闸，至夏镇，抵留城，长百四十里，自是遂为运艘通渠。

泡河，在县城西。其上流即丰水也。自山东单县来，经丰县，北流至此，又循县城东南至泗亭驿，而合于泗。亦曰苞水。《水经注》：苞水东径丰县故城南。水上旧有梁，谓之苞桥。宋元嘉中，魏将步尼公屯留城，与宋将稽元敬遇，引兵趋苞桥，欲渡清西，沛县民烧苞桥，夜于林中击鼓，魏以为宋兵大至，争渡苞水，溺死者大半。桥在今县西。《河渠考》：正德四年，黄河泛溢，西南接泡水，出飞云桥。嘉靖四十四年河淤，隆庆六年于泡、泗交会处，浚新渠十里，接鸿沟河，东北入支河，由留城入运。万历四年，筑护城堤，截泡河旧道，由是泡河徙堤外，仍东会于泗河。

薛河，在县东南十里。出滕县境，西流合昭阳湖，由金沟口合于泗河。明嘉靖四十四年，开新河，筑石堤，横截其流，南注微山、吕孟诸湖。〇漷河，在县东北，一名南沙河，出滕县述山，流入昭阳湖，又西南合于薛水。又有北沙河，自山东鱼台县流经县界，至县东北五十里之三河口，合薛水，经鸿沟，入泗河。自开新河后，乃筑三坝遏之，西注尹、满二湖。〇鸿沟河，在县东十五里，旧自滕县界引昭阳湖，入薛水，后废。嘉靖末，河臣朱衡开新河。隆庆二年，衡复以昭阳湖受黄河之水，而赶牛沟复会鲇鱼泉及南阳减水闸南出诸水，胥注于湖，溢则坏民田，乃自湖东南开县东二十里回回墓支河，上通昭阳湖、湖陵城河口。既而河臣翁大立奏开鸿沟废渠，自昭阳湖达鸿沟，自鸿沟达李家口，自李家口达回回墓，东出留城，开河长六十余里，引水济运，并灌民田数千顷，滕、沛间利之。袁氏云：鸿沟在新河西，昭阳湖东，旧引沙、薛二水从此入旧河，旧河废，而此沟亦淤其半，鸿沟开，而新旧二河俱得宣泄。

昭阳湖，县东北八里。即山阳湖，俗称刁阳湖。邹、滕二县之水俱汇于此。周二十九里有奇，下流与薛水合，自金沟口达泗。明永乐中，于湖口建石闸，东西二湖口建板闸。成化中，俱易石闸。弘治中重修，以时蓄泄，为漕渠之利。嘉靖四十四年，大河决入运河，漫入昭阳湖，因改浚运渠出湖之东，而湖为河流散溢处矣。〇吕孟湖，在县东南四十里。《漕河考》：县境有张庄、吕孟、微山、赤山诸湖，与昭阳湖并为潴水济漕之处。

泥沟，在县西北五十里。自鱼台县流入界，经沙河镇西南，而入于漕河。亦曰泥沟河。又辛庄河，在县东北。《志》云：出滕县西南五十里，南流十里，入昭阳湖。县东北三十五里又有章公河，明弘治间所浚泄水河也。〇赶牛沟，亦在县东北，出滕县五花泉，至县界三河口，与沙、薛二河合。明嘉靖中，开新河遏之，西合鲇鱼泉，注于新河。《志》云：鲇鱼泉在县东北三十里。又荆沟泉，出滕县东北五十五里，泉眼百馀，水流迅急，西南流八十里，至新庄桥入昭阳湖。正统六年，参将汤节开渠十里，引流济运。今废。

　　夏镇，县东北四十里，南去留城四十四里。即新河所经也，有管界分司镇焉。明万历十六年，筑夏镇城。三十二年，开泇河，起自夏镇，经徐州东北彭家口，迤于邳州东之直河口，凡二百六十馀里，避黄河之险者三百馀里。又天启中，妖贼徐鸿儒作乱，攻夏镇至彭家口，掠运船，阻绝运河，官军击却之。《志》云：分司旧驻南沽头，有沽头城，在县东南十五里，嘉靖二十二年筑。四十四年，圮于水。隆庆二年，新河成，始移驻夏镇，在新河西岸，寻筑城为戍守处。又西镇，在今县东五十里。

　　沙河镇，县西北六十里。亦曰沙河店，旧有沙河驿及递运所。明建文三年，燕兵南下，驻沙河驿，攻沛县下之，即此。嘉靖四十五年，移驿及递运所于鱼台之穀亭镇。今详见鱼台县。○庙道口，在县西北三十里，旧为黄河冲决处。明嘉靖中，屡决屡淤。万历中，渐为平陆。又刘家堤口，在县南三十里。

　　啮桑亭，在县西南。徐广曰：梁与彭城间有啮桑。谓此地也。战国周显王四十六年，秦张仪及齐、楚之相，会于啮桑。汉武帝《瓠子歌》：啮桑浮兮淮、泗满。及塞决口，而梁、楚无水灾。后汉初，王梁击佼疆、苏茂于楚沛间，拔大梁、啮桑，是也。

　　泗水亭，在城东南。汉高为泗水亭长，即此。向设泗亭驿，明隆庆初，移夏镇。《括地志》：沛县东南二十里有沛宫，即汉高置酒宴父老处，歌风台亦在焉。《寰宇记》云：俱在沛县治东南泗水西岸

　　鸡鸣台，在县东北五十五里沙河北岸。明正统中，置闸于此，为运河所经，嘉靖中废。《志》云：鸡鸣台东有小河，出滕县之三里桥及七里

沟泉，西南流百馀里，至台东入漕河。初二泉漫流为泽。正统六年，漕运参将汤节始开渠，引入漕河，置闸于河口以积水，既以济运，又变沮洳为良田。今淤。〇射箭台，在县东南五里，明成祖驻师时所筑也。又有射戟台，在南门内西偏，相传吕布射戟处。

飞云桥。在城南。泡水经其下，入泗水，为往来津要。明正德四年，大河决于此，入运河。嘉靖八年，飞云桥之水北徙入鱼台，三十七年，支流复冲入飞云桥，四十四年，泛滥益甚，为漕害。万历以后，遏河南徙，横决始免。

〇丰县，州西北百八十里。西至山东单县九十里，西北至山东金乡县百里。秦沛县之丰邑，汉高沛丰邑中阳里人也。又高祖使雍齿守丰，齿反为魏，即此。寻置县，属沛郡。后汉属沛国，晋因之。刘宋属北济阴郡，后魏因之。隋属徐州。唐、宋俱仍旧。元属济宁路，明初，复改今属。旧城圮于水，编户十七里。

邀城，在县西南二十里。相传汉高还乡，父老邀之于此，因名，亦曰邀驾城。又有偃王城，在县北五十里，相传徐偃王所筑。

东华山，县东南三十里。亦曰华山，亦曰小华山，周十馀里，土山也。明嘉靖五年，以河患移县治此。三十一年，复还旧治。《志》云：元时有华山巡司，山北有岚山，山东北又有墮山，与岚、华相连。〇白驹山，在县西南二十里，地形高阜。相传汉高大会父老于此，歌白驹以留宾，因名。

黄河，在县南。自砀山县流入境。明嘉靖四十四年，黄河决溢，其北股经华山南，而东流入沛县界。县西南有秦沟，在河北岸，于是导河入沟济运。万历六年，筑邵家坝，以绝秦沟旧路，又议于华山斜筑大坝，东至楼子集，断遏秦沟、浊河二口。《志》云：秦沟口亦曰邵家口，其浊河在县东南。隆庆初，黄河自秦沟冲决而南，遂为浊河，其后河复旧流，秦沟、浊河，往往堤塞，无复旧流矣。

丰水，在县城北。亦曰泡河。自单县流入境，东入沛县界。明嘉靖中，为河流荡决，故址仅存。《水经注》：泡水经丰西泽，谓之丰水。水上承大荠陂，东径己氏及平乐县，又东径丰县故城南，又东合苞水。汉高为亭长时，送徒骊山，到丰西泽中止饮，解纵所送徒处也。又有大泽，在县北六十里，县西二十里又有斩蛇沟，俱汉高遗迹处。

吴康镇，在县南。唐文德初，朱全忠欲置戍于楚州，感化帅时溥自将兵屯吴康镇以遏之，为全忠将朱珍所败。今县南有吴康里。〇厌气台，在县治东北，亦曰秦台，相传秦始皇东游厌气于此。

枌榆社。县东北十五里。汉初旧里社也。高祖初起兵，祷丰枌榆社。又汉高故宅，在县西中阳坊。《述征记》：宅在丰水西九十里。魏收《志》云：丰县有汉高旧宅。是也。

〇砀山县，州西百七十里。西北至山东单县九十里，东南至河南永城县百二十里。秦置砀郡及砀县。二世二年，沛公攻砀，拔之。汉改郡曰梁国，砀县属焉。晋省入下邑。宋初，复置。后魏属砀郡，又分置安阳县。隋开皇十八年，改安阳曰砀山县，属宋州。唐因之，昭宗时置辉州，以朱温出自砀山也，寻徙州治，单父县属焉。五代唐时，县属单州，宋因之。金属归德府，后废。元复置，属济宁路。明初改今属。县无城，编户十八里。

砀县故城，在今县东三里，故砀县治。唐、宋以来因之。金兴定中，圮于河，迁虞山南保安镇。元至元中，复还旧治。明嘉靖四十一年，圮于河，迁治县东南二十里小神集。四十四年，复还旧治。旧有护城堤，周九里，门五。万历二十六年，复圮于河，始迁今治。

麻城，县东北二十五里。汉之麻乡也。后汉初，盖延尝驻兵于此。魏收《志》：魏孝昌二年，置安阳县，属砀郡，县治麻城，即此。隋废入砀山县。今为麻城集。又杼秋城,在县东六十里,与萧县接界。

砀山,在县东南七十里,与河南永城县接界。其北八里曰芒山,汉高尝隐芒、砀山泽间是也。山有紫气岩,即汉高避难处。唐咸通中,官军讨叛卒庞勋于徐州,勋穷蹙,自砀山西出袭宋州,不能陷而还。或作石山,误也。又有戏山,在砀山东,砀山之西曰狼牙山,又南曰铁角山。○虞山,在县东南五十里,南去芒、砀山十馀里,金时尝迁县治于山之南麓。

黄河,旧在县南三十里,即元贾鲁所开。由河南永城县入境,经县南狐父聚,达杼秋城,凡九十馀里,又东出徐州小浮桥入泗。明嘉靖二十八年,河由县北二十里戎家口,出徐州茶城,入漕。万历初,又自县西陈孟口分流,绕县之护城堤,达毛城铺、周家口、龙沟一带,出小浮桥。今陈孟口渐淤,每岁夏秋有泛溢之虞。《志》云:护城堤首起虞城,尾达萧县,延袤七十馀里。隆庆中,知县王廷卿募民作堤,以防河患,仍于河北筑堤,西起市力寨,东至秦沟,通计四千五百八十丈,以障漕渠。

睢水,在县南五十里。县东南有徐溪口,睢水由永城县流经此,又东南入萧县境。嘉靖中,自徐溪至永城,俱成平陆。

夹河,县西南五十里。大河支分处也。或曰:即大河之别名。元末,刘福通等作乱,自砀山夹河迎韩林儿为帝,即此。○段庄河,在县西北四十里,亦大河支流也。由虞城县流入境,经县西回冈集。明嘉靖二十四年,沙淤,坡水漫流,至双沟集南一里,汇流成河,又东三十里,合桑叶河,经萧县境,北流入徐州,而合大河。《志》云:桑叶河在县东二十五里。又陈霜口河,在县西,源自虞城县史家、皮家二口,分为两河,由镇里堌二十里至县境,西南合流,入陈霜口河,又南流十里至汪家口,大河尝冲决于此。又东复分为二,一冲县之小南门,一北流,绕县北门,昔时往往为害。嘉靖二十四年,知县王绍元于汪家口筑堤一道,长七十四里有奇。又西为月堤,接于高原,沿堤上至镇里堌,下至高良相口,为顺水堤五十里，以御水患。

龙扒沟，县东南三十里。旧通汴水。明嘉靖三十八年淤，创开一派，繇城东南二十五里冲三龙口，又二十里至西镇淀，过萧县境，入胡淀沟，与大彭等沟为州西北之五河，俱大河冲溢处也。县东又有盘盆河。万历二十五年，河臣杨一魁议：空砀山之地，北导李吉口下浊河，南存徐溪口下符离，中存盘盆河下小浮桥，三河并存，南北相去五十里，任水游荡，以不治治之。盖好为异说，而非笃论也。

新汇泽，在南郭外。以河徙成泽，南北二十里，东西四十里，经冬不竭，占良田无算。隆庆中，知县王庭卿开新渠十馀里，以疏泄之。今淤。

狐父聚。县南三十里。《史记》：曹参击秦将司马枊于砀东，破之，取砀、狐父。是也。亦作狐父城。又县南有午沟里，朱温生长于此。○市力寨，在县北三十五里，旧为河滨冲要，县主簿驻于此。又坚城集，在县西大河北岸，西接虞城县界，旧为大河冲要。

附见：

徐州卫。在故城内东南隅。明吴元年置。又徐州左卫，在故城内西南隅。宣德五年，调楚府护卫于此，寻改今名。各领千户所五。

○滁州，东至扬州府二百六十里，南至和州一百五十里，西至庐州府二百六十里，西北至凤阳府二百二十里，北至凤阳府泗州二百十四里。自州治至应天府一百四十五里，至京师二千二百里。

《禹贡》扬州之域，战国时属楚。秦为九江郡地，两汉因之。晋属淮南郡。宋置新昌郡。晋元帝侨置顿丘郡。宋废郡为县。元徽元年，割置新昌郡。齐因之。梁置南谯州，东魏因之。北齐亦为南谯州治。隋废郡，改南谯州为滁州。大业初州废，以其地属江都郡。唐复置滁州，天宝初，曰永阳郡。乾元初复故，宋亦曰滁州。元为滁州路，后复为州，隶扬州路。明初，以州治清流县省入，隶凤阳府。洪武十四年，北直京师。编户十二里，领县二。今仍曰滁州。

州山川环绕，江、淮、之间，号为胜地。盖北出钟离，则可以震徐、泗，西走合肥，则可以图汝、颍，而南下历阳，东收六合，则建康之肩背举矣。五代周克滁州，遂兼淮南。明初克滁州，驯致奄有南服。岂非已然之明验哉？

清流废县，今州治，本汉全椒县地。东晋末，侨置顿丘县。宋属秦郡。元徽初，置新昌郡，治顿丘县，齐因之。梁兼置南谯州，治新昌城，领新昌、高塘、临滁、南梁等郡。东魏曰谯州，仍治新昌郡。隋开皇初郡废，改州曰滁州，县曰新昌县。十八年，又改县曰清流。大业初，州废，县属江都郡。唐武德三年，复为滁州治，后皆因之。明初省。《城邑考》：州东有子城，周一里，唐初筑，太和三年重修。其外为罗城，周三里三百二十步。又有关城，宋建隆二年筑，周七里三百五十步，西抵沙河，南抵罗城。外有壕，而四面不匝，明初因旧址修筑，开六门，四面为濠，皆加深广，城周九里有奇。

南谯城，在州西南八十里。或曰在全椒县桑根山之阳。晋太元中，侨置南谯郡，治山桑，盖取山为名。齐因之。梁又置谯州及南谯郡，皆治蕲，在今巢县界，而以此为北谯。复别于涡阳之谯，谓之南谯。高齐又移州治新昌，即今州治云。按：梁太清二年，侯景自寿阳袭谯州，进攻历阳。盖巢县之谯，时亦有谯州之名。

建阳城，州东四十里。本秦县，汉属九江郡，后汉省入全椒。《志》云：州东南五十五里有临滁郡城，梁置郡，治葛城，高齐因之。隋废葛城。盖与江浦县接界，今有西葛城市。又高塘城，在州北。梁置高塘郡，治高塘城，领平阿、盘塘、石城、兰陵等县，属南谯州。齐因之。后周废郡，改为高塘县。隋初，省入顿丘县。《志》云：今全椒县北六十里地名高塘，即是城也。○塘惟城，在州南三十里，又南十里有袭家城，又蒋家城在州东南五十三里。《志》云：三城皆傍湖泽。相传南唐筑瓦梁堰，以距北师，水势横溢，居民筑此城，以捍水云。

赤湖城，在州西。魏收《志》：新昌郡领赤湖、荻港、薄阳、顿丘等县。今州西十里有赤湖及赤湖桥，州北十里有荻港，州南十五里有薄阳坝，或以为皆因故县而名。

琅邪山，州南十里。晋伐吴，命琅邪王伷出涂中时，尝驻此，因名。山谷深七八里，下有琅邪溪，源出两峰间，谓之酿泉，其馀泉涧溪洞，类皆幽胜。又山南别阜，曰鸦头山。宋建炎二年，守臣向子伋因山阻险，为城十馀里，聚民坚守，寇从鸦头山瞰城中，知其虚实，乃尽锐攻陷之。今故城基曰琅邪山寨。○丰山，在州西南五里，盘亘雄伟，出琅邪诸峰之上，下有幽谷，地形低洼，四面皆山。又龙蟠山，在州南十三里，泉石洞壑，亦甚奇胜。

皇道山，州东二十二里。相传秦始皇尝经此，下有秦皇塘，周三里，可灌田数百顷。○曲亭山，在州西六十里，俗呼皇甫山。南唐将皇甫晖与周兵战，尝屯此山也。

清流山，州西北二十二里。亦曰清流关山。又西北曰石驼山，其上有关，曰北关口，颇险厄。《志》云：关山而北，有群山列峙，溪涧环错云。又永阳岭，在州北三里，唐以此山名郡。其前为落马涧，相传皇甫晖战败坠马处也，一名东渡。

滁河，州东南七十里。源出庐州府废梁县，流经全椒县界，与襄水合流，至州东南三汊河与清流水会，入应天府六合县界，下流注于大江。

详见大川涂水。

清流河，在州治西南。源出清流山，东南流，至三汊河口合于滁河。又白茅河，在州西北四十里，亦出清流山。州西北有瓦店河、盈福河及来安县之嘉山河，俱流合焉，东会于清流河。〇沙河，在州北四里，一名江沙涧，出来安县界，州西北诸山溪之水多流合焉，俗名大沙河。至州城东，合于清流。又有小沙河，源出州西南三十五里侧菱山，溢为小涧，经州西十里注于石濑。石濑者，有石生水底，嵯峨突兀，连亘数十丈，水流其间，萦纡回复，每春夏泛涨，水石相激，澎湃有声也。又东为西涧，俗亦名乌土河，其下流为小沙河，穿城而东出，亦合于清流河。

菱溪，州东七里。源出永阳岭，经皇道山，又东南则琅邪溪亦流合焉，至三汊河，注于滁河。又南湖河，在州东南五十里，源出来安县，又东为白禅河，下流俱注于滁河。

清流关，在州西南二十里。南唐置关于此，地极险要。五代周显德三年，败唐兵于正阳，唐将皇甫晖等自定远退屯清流关，周主命赵匡胤袭之，晖等陈于山下，方与前锋战，匡胤引兵出山后，晖等大惊，走入滁州，欲断桥自守，匡胤麾兵涉水，径抵城下，晖等出战，擒之，遂克滁州。《五代史》：周世宗遣将引兵倍道自芦子岰出山后袭清流关。今其地有中军帐基。

大柳砦，州西北五十里。元末，州人保聚于此。今为大柳树驿。《志》云：自州城南滁阳驿而西北六十里为大柳树驿，又北四十五里达凤阳府定远县之池河驿。又大枪领巡司亦在州西六十里。〇关山寨，在州西北二十五里。《志》云：州境旧有乡寨七，曰关山、该山、白禅、西城、高山、黄悦、白悦等寨，宋置，寻废。又有铁佛冈砦，亦在州境。元末，州人保聚于此。

皇华驿。在故关城内。《志》云：关城中有龙兴寺，南唐临滁馆地也。周显德五年建寺，赐名龙兴。宋淳熙二年，于寺中建皇华驿。明初，于寺之西，建滁阳王郭子兴庙，寺之东，建太仆寺及滁阳八监、骕骦等十八群。《一统志》：南京太仆寺，在今州城外西南三里，洪武六年建。

　　○全椒县，州西南五十里，西南至无为州巢县百八十里。秦置县，汉因之，属九江郡。后汉建武中，封马成为侯邑。晋属淮南郡，萧齐为嘉平县，属南谯郡。梁改县曰北谯，置北谯郡。后齐改郡为临滁。后周复曰北谯郡。隋开皇初郡废，改县曰滁水，属滁州。大业初州废，又改为全椒县，属江都郡。唐仍属滁州，宋因之。明初废，洪武十四年复置。县无城，今编户十二里。

　　阜陵城，县东南十五里。汉县，属九江郡。文帝六年，封淮南王长子安为侯国。元狩初，仍属九江郡。后汉因之。永平十六年，徙淮阳王延为阜陵王。建初元年，又改为侯国。章和初复阜陵王，以阜陵下湿，为徙寿春。孙吴黄龙三年，使其将孙布诈降，以诱魏扬州刺史王凌，权伏兵于阜陵伺之。《晋志》：县自汉明帝时沦为麻湖。咸和初，石勒将石聪侵阜陵。三年，苏峻据历阳将犯建康，孔坦请急断阜陵，说者曰：阜陵有麻湖之阻也。或曰：断阜陵以胁峻之后，且使祖约不能自寿春连兵而前也。宋省。梁天监二年，南梁太守冯道根戍阜陵，魏将党法宗等来寇，道根击却之。胡氏曰：南梁自宋有之，未详其实土，道根以南梁太守戍阜陵，自是为郡治。陈大建十一年，后周将韦孝宽等侵淮南，北谯、南梁之民，皆自拔归江南，是也。后周废入全椒县。

　　丰乐城，县西南七十里。梁置县，属北谯郡，隋废。《志》云：县西北二十五里有北谯城，即梁北谯郡治，遗址尚存。又县北二里有南谯城，或以为梁南谯州治云。○襄城，在县西，或以为姚襄所筑也。襄水经其旁。

　　南冈山，县南二里。山势自西来，连亘数十里，至此益高峻，环绕县治，为县形胜，稍西曰黑龙山，登其巅，下瞰井邑，一览皆尽，有泉曰黑龙泉。○武山，在县东北十里，上有梁王城。《志》云：以梁武得名。

九斗山，县东南二十五里。一名徐陵山。昔项羽兵败，欲东渡乌江，道经此山，与汉兵一日九战，山因以名。其西五里有迷沟，相传项羽迷道，陷大泽处也。《志》云：今县南二十里有楚迷沟。○花山，在县西北二十里，攒峰叠嶂，如花瓣然。又神山，在县西三十里，有神山洞，极深广。宋绍兴间乡民多避寇于此。

桑根山，县西北四十里。宋白曰：梁大同三年，割北徐州之新昌郡、谯州之北谯郡、置南谯州于桑根山之西。是也。或曰：故城在山西南二十里新高村，其相接者曰石楼岏。《志》云：与桑根山、冷水涧相连，双石高耸，状如楼阁，背山面溪，景物幽邃。又西北十里，曰仙人岏。

北独山，县西六十里。峰峦特起，不与众山相接，上有古塔。又西十里曰铜井山，一名铜官，上有铜井，旧尝出铜。又西十里为孤山，相接者曰镇山岭，与合肥县接界。

滁水，在县南六十里。自庐州府流入境，南至和州亦六十里。《志》云：县境群川合滁水者凡十有五流，又东北经州境。○襄水，在县治北，源出县西北二十里石白山，东南流合涧谷诸水凡十有六派，循县治后，又东南至石潭口，合于滁河。

鄬湖，县西南三十里。《志》云：后魏临滁郡领鄬县，以湖名也。县盖置于此，其下流通滁河。○蔡湖，在县南十五里，居民多引流以溉田，旁有蔡城。《志》云：南唐筑城湖侧，蓄水以御周师。

六丈镇。在县西南。唐置六丈驿于此。又有葛城驿，《志》云：在县东南二十里，与江浦县接界。《舆程记》：自滁州而东南六十里，至东葛城驿，又三十五里，至江浦县之江淮驿，渡江向金陵是也。

○**来安县**，州东北三十五里。东北至泗州天长县百三十五里，西南至应天府江浦县百二十里，西北至凤阳府定远县百五十里。本清流县地，唐景龙中析置永阳县，属滁州。南唐改曰来安。宋乾道中，降为镇，寻复为县。有土城，周三里。编户七里。

赵王城，县东北二十五里。相传寇乱时，有赵、王二将屯此。《志》云：县东有顿丘城，或以为东晋侨置顿丘县盖治此。

五湖山，县东北十八里。下有五湖，因名。山高险，控扼南北，至为险要。其北有白檉村，一名白檉山。○三山，在县东二十里，三峰并峙，与天长县接界。又县东南二十里有西龙山，势颇高峻，与六合县东龙山对峙。

石固山，县北三十五里。群山绵亘，此山最险峻。宋绍兴中居民多避寇其上，垒石为城，遗址尚存。又北五里为尖山，其山特出，下临大涧。○嘉山，在县西四十里。山之西北，即盱眙县界。

来安水，在县东。源出县北九十里之马岭山，东南流，县治东有龙尾河流入焉，又东南入州界合于清流河。○秋沛水，在县西三十里，源出泗州盱眙县，会独山水入于清流河。

汤河，县东南三十五里。县北山涧诸水并流会焉，又南入于滁河。又范庄水，在县北七十里，县东北又有常店水，俱会县境诸山谷水，流入天长县，为浮梁河之上源。

白塔镇。县东北五十五里。其东南五里有丁城，四面平远，城址高数丈。其西有高塘山，山下有塘，曰高塘，旧可灌田二百顷，今堙。○来安镇，在县东三十里，旧置镇于此，今废。又东五里曰杜家集，傍峙黄连山，下有大石岘。又东十里曰朱家岘，与六合县接界。又水口集，在县东南三十五里，临汤河。《志》云：县东北十里有来安驿，往来孔道也。

　　附见：

滁州卫。在州城内，洪武初，设守御千户所，寻改卫，领千户所五。

○和州，东北至扬州府三百二十里，东南渡江至太平府六十里，西南至庐州府无为州百五十里，西北至庐州府二百八十里，北至滁州百五十里。自州治至应天府百三十里，至京师二千三百五十里。

《禹贡》扬州之域，春秋、战国皆为楚地。秦属九江郡，汉因之。亦为扬州治。三国吴为重镇。晋属淮南郡，永兴初，分置历阳郡。宋永初二年，兼置南豫州，时谓之西府。齐因之。梁初亦为南豫州治，天监七年，仍为历阳郡。北齐兼置和州，《北史》：天保四年，拔历阳。六年，齐、梁通和，因置和州。后周因之。隋初郡废，大业初，复改州为历阳郡。唐仍曰和州，天宝初，又为历阳郡。乾元初复故。五代属于杨吴，后属南唐。周显德三年，取其地。宋仍曰和州。亦曰历阳郡。元曰和州路，寻复为州，隶庐州路。明初，以州治历阳县省入。洪武三年，改州为历阳县，隶庐州府，寻复为和州，北直京师。编户四十一里。领县一。今仍曰和州。

州淮南要冲，江表藩蔽。渡横江而出采石，济滁口而向金陵，则长江不为固矣。若夫西指昭关而动庐、寿，北走涂中而收濠、泗，则两淮可以风靡也。自昔国于东南，未尝不以历阳为襟要，而有事江南者。张氏栻所云由寿阳、历阳来者什之七，由横江、采石渡者，三之二是也。是故孙策起历阳，则渡江而有江南，曹操争江南，则相持于东关、濡须之间。晋平吴，使王浑出历阳，渡横江。苏峻之乱，则据历阳，渡横江而劫姑孰。石虎掠淮南，游骑径抵历阳。苻坚自项城。河南项城县。来寿阳，则使姚苌为先锋，直趋历阳也。梁侯景以寿阳叛，则并有历阳，遂渡采石。隋氏平陈，韩擒虎由庐州趣寿阳,自横江宵济矣。唐平江南,始自历阳。杜伏威为和州总管,讨平江南群盗。宋绍兴中,金人犯含山,进逼历阳。叶梦得曰:金人得和州,长江不可保矣,因趋诸军拒守,及金亮南侵,军于和州,而两淮为之残弊。开禧中,金人南犯,仆散揆夺安丰,围和州,屯瓦梁河,见六合县。以控真、扬诸州之冲,张旗帜于沿江上下,江表大震。明初亦自和阳济江,克采石,下太平。吕氏祉尝言:历阳,建康、姑孰之门户,未有历阳多故而江东得以安枕者。岂不信哉?

历阳废县,今州治。秦县也,项羽封范增为侯邑。汉为九江都尉治。后汉时,扬州刺史治焉。永平中,九江盗范容等屯据历阳,为江、淮巨患,久之始平。晋属淮南郡,永兴初,为历阳郡治。三年,陈敏据历阳以叛,寻入建邺。咸和二年,苏峻以历阳叛,进陷姑孰。三年,祖约自寿春溃奔历阳,遂据之。明年,寇军将军赵匡胤攻拔之。宋亦为历阳郡治,大明七年,帝如历阳。齐亦为重镇。梁太清二年,侯景自寿阳叛入历阳。承圣初,没于高齐。陈大建五年伐齐,使黄法＜爽毛＞分道出历阳,败其援军,历阳降。隋为和州治,大业十二年,为杜伏威所据,寻入于唐,自是州郡皆治此。明初废。《城邑考》:州城,一名亚父城,相传范增所筑。汉高令灌婴还定江、淮,又筑之,谓之古罗城。其后修废不一,宋嘉定中,又尝营缮。明初因旧址增筑,后渐废。正德七年寇乱,增筑月城于各门,又开故壕以为备,寻复废坏。万历初,增筑六门重城,复浚濠环城于六门之外,又为东西二水门以蓄泄城中之水。其形胜大抵东南滨江,西南绕溪,西北环山。城周十一里。

乌江废县,州东北四十里。秦乌江亭也。汉为东城县地。晋太康六年,置乌江县,属淮南郡。永嘉初,陈敏据建邺,征东将军刘准准遣扬州刺史刘机出历阳讨之，敏使其弟昶屯乌江拒守，后属历阳郡。宋大明六年，帝校猎于乌江是也。梁于此置临江郡，又为江都郡。东魏属临滁郡。后齐改置齐江郡。陈复曰临江郡。宇文周曰同江郡。隋初郡废，县属和州。唐因之。宋绍兴五年，废为乌江镇。七年，复为县。元因之。明初省。今仍为乌江镇。《志》云：镇东北去江浦县七十里。○雍丘城，在州南。本汉陈留郡属县，东晋侨置于此，宋、齐俱属历阳郡，后周时废。今裕溪河口有雍家城，或以为即雍丘之讹也。明洪武初，置雍家城驿及裕溪河泊所于此。弘治初，徙驿于乌江镇。万历中，改为乌江公馆，驿废。

　　穀孰城，在州西北。本汉梁国属县，东晋侨置，属南梁郡。宋元徽初，改属新昌郡。萧齐因之，梁末废。又酇城，在州北，汉沛郡属县也。刘宋元嘉八年，侨置酇县，属历阳郡。元徽初，改属新昌郡。萧齐又改属临江郡，梁因之。东魏属临滁郡，后周废。其地与滁州全椒县接界。○遏虎城，在州西，《元和志》：历阳西有遏虎城，晋王导筑以遏石虎。

　　湖白城，在州西南。宋泰始二年，寻阳王子勋举兵江州，其将孙冲之屯于赭圻，为沈攸之所败，于湖白口筑二城，军主张兴世攻拔之。胡氏曰：湖白口，巢湖、白水之口也。州南有白石水，合于栅江，是矣。《读书记》：湖、白二城当在栅口，滨大江，张兴世以钱溪冲要，请奇兵潜出浓湖之上，率轻舸直前度湖、白，过鹊尾，夕宿景洪浦是也。赭圻、钱溪诸处，见繁昌、铜陵二县。

　　梁山，州南六十里。巉岩峻拔，俯瞰江流，与太平府博望山相对。亦曰西梁山，下为梁山镇。详见前名山。○历阳山，在州西北四十里，一名石印山。或以为即吴孙皓时所称石印封发者，误也。今详见江西鄱阳县。

　　八公山，在州城北三百步。山仅培塿，相传曾有八仙奕其上，因名。宋开禧，州守周虎破贼于此，更名杀狐冈，筑京观于其上，今废。○

蛾眉山，在州治西北，城跨山脊，又城北有东华山。

鸡笼山，州西北四十里。峰峦连亘，雄踞西北，上有巨石，宽平约四丈许，削立山巅，为一州奇胜。《道书》以为四十二福地。宋绍兴三十一年，金亮驻鸡笼山，欲渡采石。明太祖初克和阳，元人分兵屯戍于高望、新塘、青山、鸡笼山诸处，来争历阳，太祖皆击却之。今青山在州东北四十五里。高望镇，见江浦县。

六合山，州西北六十里。山形磅礴，四面皆正，上有石潭，深不可测，名金牛井。《志》云：山一名如方山，梁武帝尝登此望六合，因名六合山。天监初，江州刺史陈伯之谋举兵，诡称奉齐建安王教，帅江北义勇十万，已次六合，时萧宝寅奔魏也。六合即六合山矣。○阴陵山，在州北八十里，小山多石，俗以为项王迷道处。又有四溃山，在州北七十里，亦名四马山。俗传以为项羽败走至此，依山为陈，四面驰下，溃围斩将处云。

乌石山，州西北六十里。两山相峙，路经其中，山石多黑，因名。又夹山，在州北五十里，岩嶂环峙，隐如金城，为一方厄塞，中有夹山关。《志》云：州东北五十里为者乐山，一峰亭亭秀出。其相近者曰北大山，山势高耸，一名北山。○胡桃山，在州西北。晋义熙二年，桓玄馀党桓石虔等，聚众胡桃山为寇，豫州刺史刘毅遣兵讨平之，时州治历阳也。或云胡桃山即滁州来安县之五湖山。

横江，州东南二十五里，直江南采石渡处。自昔济江之津要也。后汉兴平元年，扬州刺史刘繇屯曲阿，迫逐丹阳太守吴景，景退屯历阳，繇遣将樊能等屯横江拒之，即而为孙策所破。晋隆安二年，殷仲堪举兵荆州，前锋桓玄等大破官军于白石，进至横江。元兴初，桓玄自江陵东下，豫州刺史谯王尚之遣杨秋屯横江，秋叛降玄。宋元嘉二十七年，魏主焘入寇，自彭城南下，使其将鲁秀出广陵，拓跋那出山阳，拓跋仁出横江，所至残灭，宋遣刘遵考等将兵守横江以备之。齐东昏侯永元二年，豫州刺史裴叔业问萧衍以自安之计，衍曰：若意外相逼，当勒马步二万直出横江，以断其后，天下事一举可定也。隋开皇八年，韩擒虎平陈，亦自横江宵济，盖建康、姑孰皆以横江为噤吭。亦曰横江浦，江滨有毓麟堂。宋绍兴三十一年，金亮入和州，临江筑台，誓师渡江，晨炊玉麟堂。玉麟即毓麟之讹也。《江防考》：大江入州境上，接无为州，下接应天府，凡一百一十里，与太平府中流分界。江流自西南绕而东北，故昔称和州为江西，而大江夹岸津要甚多，随地立名，分途汛守，实皆大江也。

栅江，州西南百五十里，与无为州分中流为界。即濡须水入江之口也。曹操进军濡须，攻破孙权江西营，即此地矣。梁末，齐将萧轨出栅口，向梁山，陈霸先将黄丛击却之。陈天嘉初，王琳伐陈，军于栅口，时东关春水稍长，琳引齐人合肥、巢湖之军，相次而下，战于芜湖，为陈将侯瑱所败。大建十一年，时江北之地尽没于周，因遣将军徐道奴镇栅口。宋南渡后，于此置栅口寨。明初，赵德胜破陈友谅于栅江口是也。宋白曰：栅江口，即古之濡须口，西北距庐州三百八十四里。今一名新妇口，对岸即繁昌县。

当利浦，州东南十二里。一名沙口堰，亦大江之别浦也。后汉兴平初，刘繇遣其将张英屯当利口以拒吴景，明年，孙策击走之。晋咸和二年，苏峻以历阳叛，孔坦即急断阜陵，守江西当利诸口是也。《寰宇记》：当利本名扬浦。晋王濬平吴，扬帆顺流而下，王浑招之不止，报云风利不得泊也。因改名当利。按后汉已有当利之名，则非晋改矣。阜陵，见滁州全椒县。○乌江浦，在故乌江县四里馀，即亭长舣船待项羽处。《水经注》：江水又北得黄律口，即乌江渡也。又锁石港，在旧乌江县东北五十里，入大江。

洞浦，在州西南临江。亦曰洞口。曹丕黄初三年伐吴，分命曹休等出洞口。晋元兴初，桓玄使其党冯该攻历阳，玄军断洞浦，焚豫州舟舰，州刺史谯王尚之帅步卒九千陈于浦上，军溃而还。洞浦盖亦江浦之别名矣，今堙。

麻湖，州西三十里。周围七十里，旧称巨浸。一作麻湖，又为沥湖。《淮南子》所云历阳之都，一夕为湖者。宋白云：历阳县南有历水，县因以名。即此湖矣。宋建炎三年，金人破和州，军士多溃围四出，保麻湖水寨。明初，高祖尝困于此。永乐初，湖水涸，议堰为田，凡得三万一千二百馀亩。景秦二年，田始成，然地平衍，水难泄，时有潦溢之患。○沣湖，在州西十五里，昔时受麻湖水，至当利驿港入江。永乐初，议置田一万七千五百馀亩，利病与麻湖同。

后河，州北七十里。出庐州府接境之黄山，经含山县流入境，与滁州分界，至六合县瓜埠口入江，即滁河矣。明嘉靖五年，议改从州北分水岭，繇者乐山前入江，官私皆以为不便，事遂寝。○横江河，在州南里许，亦曰横江渠。宋开宝八年，伐南唐，从东京转运使李符请，发州民凿渠，以通粮道，自今城南环江门外，而南经当利驿入江，即是河也。岁久淤塞，明正统初疏浚。五年复凿小河，傍出通江，以便舟楫。又开胜河，在城西，繇含山县流经此，合于横江河。

石跋河，在州东北三十里石跋镇。由大江支流汇州东二十五里之浮沙河口，复出大江，江面约四十里。宋开禧中，周虎尝筑石跋城于浮沙口北，今废。又芝麻河，在州东北四十里，又东北十里曰穴子河，皆通大江。○姥下河，在州西南三十里姥下镇，源自麻湖，东南流入大江。《宋会要》：乾道二年，从和州守臣言，凿姥下河，东接大江，防捍敌人，简制盗贼。又太阳河，在州南二十里，源亦出沥湖，流入大江。

牛屯河，州南四十里，与江东牛渚矶相对，江面约五十里。《志》云：孙策攻刘繇牛渚营。晋谯王尚之破庾楷于牛渚，皆此地也。其源出巢湖，从铜城闸入大江。今有牛屯河巡司，置于州南六十五里，南至裕溪巡司二十里，东北至浮沙河巡司七十里，又八十里接江浦县之江淮巡司。

裕溪河，州南九十里，源出巢湖，自无为州流入境，南注于江。明初，元将蛮子海牙帅舟师截采石，窥太平，不能陷，退屯于此，既而太祖命康茂才戍守裕溪是也。今有裕溪镇，置巡司于此，上至无为州奥龙河巡司九十里。《通释》：裕溪在无为、历阳之间，亦南北之冲要，其江面约三十里。

白石水，在州南。《水经注》：水出白石山，西南流，注于栅水。晋咸康五年，石虎遣将寇荆、扬北鄙，朱保败晋兵于白石。海西公末，桓温谋废立，自广陵将还姑孰，屯于白石。隆安三年，殷仲堪以荆州叛，前锋桓玄大破官军于白石，进至横江。白石盖在栅江、横江间也，今含山县有白石山。

韦游沟，在废乌江县东南二里。引江水至郭下十五里，溉田五百顷。唐开元中，邑丞韦丑所开。贞元十六年，令游重彦复治之，民享其利，以姓名沟，亦曰韦游沟渡，接江浦县界。

杨林渡，在州东二十五里。《纪胜》云：郡人春游自城南横江门出，至杨林江口，凡三十五里，皆种柳，号为万柳堤，即杨林渡也。亦曰杨柳河。宋绍兴三十一年，虞允文败金人于采石，知必复至，乃部分诸将分海舟缒上流，别遣舟师截金人于杨林河口，敌至夹击，大败之，嘉定十一年，金人犯淮南，自濠州趋和州之石碛，一时真、扬诸州皆被寇，游骑至采石、杨林渡，建康大震。《通释》：和州东二十里有西采石，其下为杨林渡石碛。或曰：在州西北三十里。〇车家渡，在废乌江县东南。《宋志》：乌江县界车家渡，可径冲建康之马家渡。其相近又有安阳渡，与上元县对岸。《志》云：渡在故乌江县东南十八里，又新河渡，在州南二十里。《志》云：今为江湍所割，去城才十里许。

千秋涧，州西北二十五里。《宋志》：淳熙十二年，和州守臣请于千秋涧置斗门，以防麻湖、沣湖之水，泄入大江，岁旱可藉为溉田之利，从之，亦曰千秋坝。明初，耿再成袭历阳不克，元兵追至千秋坝，即此。○香淋泉，在州北三十五里，其水温，相传梁昭明尝浴此，因名太子汤，亦曰平疴泉。宋治平中，名其地曰平疴镇。

铜城堰，州西南六十里，周回百里，溉田三千顷，皆膏腴，赋入当本州什之三。《志》云：铜城闸河，在含山县南铜城乡之六都，受天河、黄洛河支流，东至闸口，分流为牛屯河，其南一支为三又河，每江湖水泛，牛屯河隘，不易泄，辄冲溢田亩。吴赤乌中，筑堰设闸，以捍水患，遇旱则积，遇涝则启，遂成膏腴，其后以时修筑。明初太祖率巢湖舟师出湖口，至铜城闸，已脱敌险，而元兵犹塞马肠河口以阻诸兵，太祖设策败之，乃尽督诸兵出浔阳桥，入大江。洪武初，知州李相复修堰闸，以拒江水之暴溢，民获其利。浔阳桥，在州西四十五里。马肠河，见无为州。

石湖关，在州西北，宋绍兴中，兀术犯境，张俊以兵五千守石湖关，兀术遁去。又石湖寨，亦置于此，今废。○斗焰关，在州西北四十里，其地有斗焰山，亦曰陡阳山，巍然峻绝，一径中开。明初取历阳，遣张天祐筹将奇兵出陡阳关，进薄小西门，遂克之，即此。又白塔关，在州西四十里，又西五里有含山关。

夹山关，州北五十五里有夹山铺，两山壁立，耸峭夹道，山口崎岖，与滁州接界，为南北咽喉，明正德中，巨寇刘六等犯境，州同知薛渭野垒石置寨于此，以控守要害。今寨废，而石垣尚存，亦名渭野关。○岁丰镇，在州西四十里，又州北七十里有青阳镇。

杨荷桥，旧《志》云：在州东南二十里。晋咸宁六年，王浑等分道伐吴，出历阳，吴主使张悌迎战。悌渡江，围浑部将张乔于杨荷桥以众降，进与晋将周浚战于版桥。乔自后击悌,悌败死。版桥,在杨荷北也。或曰今州北四十里有杨桥,即古之杨荷,恐误。

祁门驿。州西四十里。旧《志》云:洪武十五年,设祁门马驿于此。弘治五年,迁入含山县西门内,万历中裁。又当利马驿,旧在州南二十里,洪武十五年设,初名新河口驿。十六年,改曰当利,徙置于城南横江门外。

○含山县,州西六十里。西南至无为州百二十里,西至无为州巢县六十里,北至滁州全椒县百里。汉历阳县地。东晋侨置龙亢县,属历阳郡。宋、齐及梁因之。后周大象初省。唐武德六年,改置含山县。八年废。长安四年,复置武寿县。神龙初,仍改曰含山,属和州,宋因之。旧无城,明正德七年新筑,周三里,编户十七里。

龙亢城,县南四十里。本汉沛郡属县。东晋复置于此。南北朝因之。后废。《志》云:县西三十里有晋王城。晋太元中,苻坚侵晋,以姚苌为先锋,晋筑城于此御之。今清溪东有土城数十丈,其外十馀里有姚苌村,即故晋王城矣。或曰县西四十里界首铺有小山,形势稍峻,城当置于此。

大岘山,县东北十三里。一名赤焰山。又小岘山在县北二十里,一名昭关,稍西曰城山,两山屹峙,为庐、濠往来冲要。俱见前名山岘山。

含山,县西二十里。山势雄峻,众山列峙,势若吞含,唐因以名县。○褒禅山,在县北十五里,旧名华山。又北三里曰华阳山,亦名兰陵山。俱有泉洞之胜。又牛头山,在县北三十里。山产煤,明正德中,居民采以为业。

梅山,县东南五里。山多梅树,俗传曹操行军,指梅林以止军士渴处也。唐天宝中,改曰栖隐山。其相近者曰龙角山,有两峰尖耸,因名。○桑山,在县西南二十里,麻湖之源出于此。山多野桑,因名。或曰:秦始皇设仓于此，亦名仓山，又讹为苍山。山势峻拔，延袤十馀里，中有龙池。南宋时有双山寨，居民保聚于此，又苍山之讹也。

石门山，县南二十里。两山夹峙，石壁峭立如门，有谷道十里，商旅皆往来其中。○龙洞山，在县西南五十里。洞深邃，泉流不竭，下流为鲁桥涧，通铜城闸，入于江。又太湖山，在县南七十里，旧有湖，岁久湮废。山奇峰十馀，削立秀挺，状如列戟。又南十里，曰白石山，岩洞颇胜。《洞天记》：山周回七十里，为第二十一洞天，唐天宝六载，更名祷应山，山盖与无为州接界，白石水出焉。《水经注》：白石山水西经李鹊城，西南注栅水，李鹊城亦在县境云。

濡须山，县西南七十五里，与巢县七宝山对峙。濡须水出其间，即东关口也。详见前重险东关。○仙踪山，在县北五十里仙踪镇，即黄山也，与合肥、巢县接界，一名金庭山。详见庐州府黄山。

濡须水，县西南七十里。自巢湖东流，经亚父山，出东关口，为海子口河，又东南经黄洛河、运漕河，过新裕口，至栅江口，注于大江，一名天河。《志》云：县南八十里有新裕港。港口昔有孝妇居此，因名新妇港，后讹为新裕。流合濡须，同为栅江，故栅口亦兼新妇口之称。亚父山，见巢县居巢城注。

三叉河，县南八十里。其水西通巢湖，东通大江，北通铜城闸，因名。《志》云：天河经流合海子口，黄洛河、运漕河，迤逦经此。又铜城闸别流南出，汇为一河，东合裕溪河，入于大江，黄洛河亦自巢县流入境，又运漕河，《志》云：在县南八十里，梁敬帝初，齐人谋侵建康，运粮于此。今县南九十里有运漕镇，以河名也。

县河，县南一里。一名观音桥河。县西北诸山涧之水会流至城西二里，合清江断涧，其流始大，可以通舟。又东至和州新河口入大江，议者欲凿此河，上通巢湖，以溉田通商。或又以河通，则县且为江湖之冲，遂不果。○清溪河，在县西三十里清溪镇，受县西南诸山涧水，西流经巢县亚父山，入天河，由裕溪入大江。

马跑泉，县北十五里，即昭关泉。由县西清江断涧入县河。俗传伍子胥过昭关，马跑泉出，此其遗迹云。宋绍兴末，张浚于昭关筑城，置水柜以遏金人，即此泉也。

东关，县西南七十里濡须坞之北，与无为州巢县接界。其地峻险，周围皆石，三国时，为戍守重地。详重险。

昭关，县北十里小岘山西。崎岖险仄，拒守于此，可以当庐濠之冲。《志》云：县西四十里有斗阳关，山势巍然峻绝，中开一径，其北属含山，南属巢县。

尉子桥，县北四十八里。宋绍兴三十一年，金亮南侵，统制姚兴拒战于此，死之。又县西有倒旗山，亦以姚兴战败名也。○界首驿，在县西四十里，明洪武十五年设，弘治五年裁，与巢县分界处也。

练固。在县北。晋元兴三年，桓玄兄子歆引氐帅杨秋寇历阳，豫州刺史魏咏之等击斩秋于练固。胡氏曰：练固在历阳西北。○斗米径，在县西南八十里。隋末，杜伏威将李子建戍栅口，欲穿渠入历湖通运，率部下人赍斗米就役，米尽径成，因名。《纪胜》云：时子建欲于东关下开沟通黄港陂，运粮入历湖，以济军食也。

附见：

沈阳右卫。在州治东。洪武十九年，始置和州卫。二十四年，卫军调宁夏。三十五年改置今卫，领千户所五。

○广德州，东至浙江湖州府一百六十里，南至湖州府安吉州百二十里，西至宁国府二百二十里，北至应天府溧阳县百五十里。自州治至应天府五百里，至京师三千里。

《禹贡》扬州之域，春秋时吴地，后属越，战国时属楚。秦属郭郡，汉为丹阳郡地，后汉因之。晋属宣城郡，宋齐仍旧。梁末，置大梁郡，治石封县。陈改为陈留郡。隋郡废，以其地属湖州。大业初，改属宣城郡。唐武德四年，置桃州。七年州废，仍属宣州。南唐属昇州。宋太平兴国中，复属宣州，寻置广德军。元曰广德路，明初，改为广德府。洪武四年降为州，十三年，以州治广阳县省入，编户百二十七里。北直京师，领县一。今仍曰广德州。

　　州山谷盘纡，襟带吴、越。春秋时，楚人尝与吴争逐于此，所谓桐汭之地也。自后东南有事，州尝为控扼之所。朱梁乾化三年，淮南遣军屯广德，将攻衣锦军，吴越钱传瓘攻拔之。宋建炎三年，兀术自建康道溧水趋广德，由四安陷独松关，遂入临安。德祐初，伯颜入建康，遣阿剌罕分道出广德，会师临安，卒以亡宋。明初下金陵，遂命将下广德，取长兴，盖不特内固吾围，又可乘敌之衅。使以为迂僻而置之，谬矣！

　　广阳废县，今州治。春秋时，地名桐汭。《左传》：哀十五年，楚子西、子期伐吴及桐汭是也。汉为故郭县地，属丹阳郡。后汉中平二年，析置广德县，仍属丹阳郡。晋属宣城郡，咸和中，桓彝为宣城内史，苏峻作乱，自宣城退屯广德，寻又进屯泾县。刘宋因之，齐时尝为郡治。梁末，改置大梁郡，广德县属焉。陈属陈留郡，隋省广德入石封，寻改石封为绥安县。唐于绥安置桃州，又增置桐城、怀德二县。州寻废，又并二县入绥安。至德二载，改绥安曰广德，以广德故城名也。朱梁乾化三年，吴越攻拔广德，既而淮南复有其地，南唐为广德制置司。宋为广德军治，元为广德路治。明初，改县曰广阳。洪武十三年县省。《城邑考》：州旧无城，宋淳祐六年，郡守赵希仁仅建六门，设子城于内。明初，命元帅邵荣等筑城浚池，后复倾坏。弘治、正德以来，屡经修复。今城周八里有奇，门六。

石封废县，在州治东。梁置县，为大梁郡治。隋改曰绥安。唐复改绥安曰广德，盖州城即故石封县治，而后汉所置广德县，在今州西界。唐时故城犹存，今湮。○故鄣城，在州东北九十里，入湖州府长兴县界，又东北至长兴县八十里。秦曰鄣县，汉曰故鄣，隋县废。今详见长兴县。

横山，州西五里。高出群山，四望皆横，岳武穆尝驻兵于此。明初亦尝驻跸焉，山西南隅有祠，祠汉神张勃。唐天宝中，封此山为祠山。巅有圣井，四时不竭，亦曰龙王潭。又西巘山与横山相接，有泉绕其麓。

竹山，州南五十里。叠嶂层峦，回环拱揖，松竹泉石，蔚然巨观。其并峙者曰方山，山势盘纡，山口有两峰对峙，若二柱然。○笄山，在州南二十里。一名鸡笼山，俗曰鸡罩山。中峰最高，左右两峰并列，蔚然深秀。相近者又有鹰嘴山，山高峻，绝顶有石卓立如鹰嘴，下有深窟，容百馀人。

乾溪山，州东南三十里。峰峦叠出，卓立天外。一溪绕其下，白石齿齿。稍西为石云梯山，高百馀丈，有阶级可升。又石鼓山，在州东南五十里，昔时巅有巨石如鼓。其相近者曰石妇山，众山环绕，其中一峰独高，巅有石卓立，如妇人然。○马鞍山，在州南五十里。山周七十里，巅有大石，其状如马鞍。

岩头山，州西北四十里。两山屹立如关，中夹一溪，州境南山之水，皆会于此，而入建平县界。每遇巨潦，藉此以障湍流奔突之势。○五花岩山，在州北七十里，横列五峰，高三百馀丈。其相近者曰长乐洞，广数丈，深不可测。

灵山，州南七十里，泉石为州之冠。其山水合流而北出，汇为丁公潭，迤逦数里，合于桐川。又有尖山，亦在州南七十里，众峰环绕，一峰如笔，清泉白石，最为佳胜。又南八十里曰桐山，亦曰桐源山，一名白石山，桐水发源于此。○桃花山，在州东南六十里。昔时山多桃树，唐因此置桃州。又大首山，在州西南八十里。其山最峻，上有井，龟鱼时出没其中。

金牛岭，州东北七十里。四面皆重山，中一峰，长亘十五里。《志》云：荆山洞亦在州东北七十里，一名冯家洞。洞口如夏屋四五间，容千人，深不可测，相传与太湖相通。亦曰大洞。

桐水，州西北二十五里。亦曰桐川，桐汭之名因此。源出州南白石山，西北流，经建平县界，又西入宣城县界，为白沙川，亦曰绥溪，汇于丹阳湖，入大江。或谓之白石水。杜氏曰：白石之水冲突，则三湖皆为泛溢是也。

鲤洪溪，州东南二十里。源出石鼓山，分二流，复汇于此，而合于桐川，灌田二万馀亩。又横梗溪在城南，汇诸山涧之水，灌田三千七百亩，其下流亦入于桐川。○大源溪，在州西百里，自宁国府界大陶山流经州境，入南碕湖。又由丹阳湖、芜湖，达于江。

东亭湖，在州东南三十里，广五百馀亩，一名浴兵池。州境又有塔湖，周三里。○古塘，在州之十三都，周十里。又有鸦鹊、夏家、胖竹等塘，皆周十里，并为灌溉之利。

苦岭关，州东六十里，路通浙江安吉州。

四安镇，州东五十里，陆走湖州，此为通道，宋建炎中，兀术自广德经此陷独松关。又杭村镇在州北七十里，有巡司。又州西八十里有陈阳巡司，州南八十里又有广安巡司。

钟村。在州境，宋建炎二年，兀术渡江，而南寇广德，岳飞自宜兴邀击至广德境中，六战皆捷，驻师钟村，即此。○严公台，在州西，唐大顺二年，贼帅孙儒攻杨行密于宣州，屯广德，行密将陶雅破儒前锋，屯严公台，即此。

建平县，州西北九十里，西至宁国府百三十里，东北至应天府溧阳县百十里，本广德县地。宋端拱初，置县治廊埠镇，属广德军。县无城，今编户一百十里。

诸葛城，县西十里中，可容数千人，旁有驴城、马城，相去一二里，其间有井数十，盖昔人屯驻之地。又有浮城，在县西十里，广数亩，其地洼下，每遇夏潦，诸圩尽没，惟此峭然若浮，因名。

镇山，县南五里，邑之案山也。又县西南七里，曰赤山，麓枕大溪。○伍牙山，在县东北四十里，与溧阳县接界，今详溧阳县。

大岩山，县南七十里，岩石崔嵬，峰峦层出，上有池，虽旱不竭，又南十里，曰大磊山，群山横峙，一峰特出，顶有三石如品字，因名。又鸦山，在县南九十里，周回三十馀里，产茶，山接宁国县界。

峡子岭，县南八十里，与宣城县接界，又县南七十里有石佛岭。

桐川，在县西南，自州境流入，合于南崎湖。又大源溪，亦在县南，自州境流入界，入南碕湖。○郎溪在县治南，郎步镇以此名，下流合于桐川。《志》云：县东南有白石涧，上接桐川，下达郎溪。

南碕湖，在县西南十里，承桐川下流，接宁国府界，流入丹阳湖，俗谓之南湖。○青陂塘，在县东周三十里，又县东有柘林塘，周十五里，浮湖塘周五里，县西又有五丈塘，周十五里，信武塘广亦十五里，俱有灌溉之利。

梅渚镇，在县西三十里，有梅渚巡司。又县南四十里，有陈村巡司。

山东方舆纪要序

　　山东之于京师，犬牙相错也。语其形胜，则不及雍、梁之险阻；语其封域，则不及荆、扬之旷衍。然而能为京师患者，莫如山东。何者？积贮，天下之大命也。漕渠中贯于山东，江、淮四百万粟皆取道焉。由徐、沛北境以接于沧、景之南，几八百里，而南旺分南北之流，高下悬绝，于是相地置闸，随时启闭，以为挽输之助。脱有不逞之徒，乘间窃发，八百里中，丸泥可以塞也，蚁孔可为灾也。吾虞南北咽喉，忽焉而中断耳。或者曰：漕舟必出于山东，故山东能为京师患。若修元人海运之制，风帆顷刻竟抵京师，则山东必无能为害矣。曰：山东不滨海为国乎？自滨州、霑、利之间，取途勃海，竟指天津，不过五百馀里。繇登、莱而指旅顺口，亦不过五百里。天津河漕海运之道所辏集也。登、莱、旅顺间又海运之途所必经也。脱有狡狯之徒，凭依岛屿，辽、碣以南，沧、瀛以东，所在蜂起，海运其能以无阻乎？然则将奈何？曰：山东者，驭之得其道，则吾唇齿之助也。失其理，则肘腋之患也。吾尝俯仰古今，而知能为幽、燕患者，必于山东。周锡齐侯之履曰：东至于海，西至于河，南至于穆陵，北至于无棣。故山东之国，齐

为最强。桓公北伐山戎，刜令支，斩孤竹，皆在燕之东境。是时燕
弱小。《传》曰：齐谋山戎，以其病燕也。盖齐之于燕，直卵而翼之
矣。鲁昭公七年，齐侯伐燕，盟于濡上。是时齐景公之世，燕人犹
且纳女归赂于齐，诚畏之也。战国时，齐、燕有不两立之势。子哙
之乱，齐宣以五都之兵伐之，五旬而遂举燕。燕昭王以乐毅为将，
合秦、赵、韩、魏之师，而后能雪耻于齐。既而田单复定齐地。燕
武成王七年，田单伐燕，拔中阳，燕人不敢报也。是何也？齐之于
燕也，壤相错也，非有过都历国之艰，涉山逾河之阻也。天下之
胜，势不在秦必在齐，在齐则必起而争燕。起而争燕，道博、济，
向沧、瀛，不出十日，战于燕之城外矣。观于元之末季，田丰、毛
贵，不过乌合之徒，一旦窃据青、齐，遂能北趣河间，逾直沽，破蓟
州，略柳林，直逼元都。当此时，江、淮以南，元人不遑复问矣。
太祖命将取元都，亦先下山东，会师于东昌、临清之境，然后下德
州，克长芦，逾直沽，舟师步骑，夹河而向元都，元人不且宵遁哉？
然则山东其形势之会乎？是又不然。吾尝慨夫齐之田氏，席霸国
之馀业，不能于纵横之日，发愤为雄。及五国既灭，王贲东下，遂
束手而臣妾于秦。楚、汉之间，田儋、荣、横，非无杰出之材，而
皆奔亡不暇。汉高感东西秦之说，分王庶孽，授子肥以七十馀城，
无能弭吕氏之祸也。张步、董宪，倔强于临淄、东海，曾不足当光
武之驱除。刘岱擅有全兖，乃竟败没于黄巾。曹操以兖州始事，而
功集于许、邺，则可谓卓卓者欤。至于曹嶷、段龛、辟闾浑之属，
类皆龌龊庸才，宜不足以自保。慕容德抚有广固，亦再世而亡耳。
宋人经营于碻磝、滑台，究不足以固三齐。隋末，徐圆朗盗有兖

州,不旋踵而败。唐之中叶,淄、青叛命,藉河北、淮西相为影响,及形援既弱,卒以灭宗。朱瑾、朱瑄、王全范,不能以郓兖、淄青之甲,抗朱温之锋也。所以然者,岂不以山东之地,褊浅迫狭,虽西峙泰山,曾无重冈复岭之限,东环大海,亦无奥突险固之都,邢、赵扼其项,而淮、泗犄其足哉?是故郤至人,而丘舆马陉皆为坦途;乐毅至,而即墨、莒城危于累卵。韩信既破历下以开基,耿弇复攻祝阿而发迹。南入穆陵,慕容遂为俘囚。东逾汶上,益都之亡也忽诸。谓欲以一隅之守,当四面之师,吾知其必无幸矣。然则山东固不足虑乎?曰:唐末,王仙芝起于濮州,黄巢起于冤句,初不过聚饥寒转死之民,为纵横窃掠之计,驯至流毒天下,卒倾唐祚,何为其不足虑也。然则用山东者宜如何?曰:以自守则易弱以亡,以攻人则足以自强而集事。齐桓公南征北伐用霸诸侯。孝公以后,齐仅为自守之国。是以终春秋之世,累代听命于晋,几夷于鲁、卫,斯不亦用齐之明效大验耶!

读史方舆纪要卷三十

山东一　封域　山川险要

　　《禹贡》：海岱惟青州。《周礼·职方》：正东曰青州，土居少阳，其色为青。春秋时齐地。其在天文，虚、危则齐分野，亦兼鲁、卫之疆。今泰山以南，兖州府至沂州之境，《禹贡》徐州地也。春秋时属鲁，天文奎、娄分野。济河以北，东昌府及兖州府之西境、济南府之北境。《禹贡》兖州地也，春秋时属卫，于战国兼得魏、宋、齐、赵之郊。卫分野，见河南封域。秦并天下，置齐郡、东郡、薛郡、琅邪及辽东等郡。汉置十三州，此亦为青州及兖州地，详见州域形势，下仿此。后汉因之。魏、晋亦置青、兖二州，永嘉以后，陷于石勒及慕容皝。后又入于苻坚，坚败归于晋，晋置幽州于广固，以辟闾浑为刺史。寻复为慕容德所据。义熙六年，刘裕克南燕，复置青州及兖州。刘宋时，兼置冀州，治历城。其后入于后魏，魏亡，属高齐，寻为后周所并。其分析不可得而详也。隋亦置十三部，而不详所统。唐贞观初，分天下为十道，河、济以南属河南道，以北属河北道。宋初隶京东路及河北路，后又增置京东西路。曹、郓诸州属京东西路。金人分山东东路及山东西路。东路理益都，西路理东平。元亦置益都、济南等路, 北直中书省。谓之腹里。明初, 置山东等处承宣布政使司, 领府六、属州十五、县八十九, 总为里六千四百有奇, 夏秋二税约二百八十五万九百五十三石有奇。而卫所参列其间。今仍为山东布政使司。

〇济南府, 属州四, 县二十六。

历城县, 附郭。　章丘县,　邹平县,　淄川县,　长山县,　新城县,　齐河县,　齐东县,　济阳县,　禹城县,临邑县,　长清县,　肥城县,　青城县,　陵县。

泰安州, 属县二。

新泰县,　莱芜县。

德州, 属县二。

德平县,　平原县。

武定州, 属县四。

阳信县,　海丰县,　乐陵县,　商河县。

滨州, 属县三。

利津县,　霑化县,　蒲台县。

兖州府, 属州四, 县二十三。

嵫阳县, 附郭。　曲阜县,　宁阳县,　邹县,　泗水县,滕县,　峄县,　金乡县,　鱼台县,　单县,　城武县。

济宁州, 属县三。

嘉祥县,　巨野县,　郓城县。

东平州, 属县五。

汶上县,　东阿县,　平阴县,　阳榖县,　寿张县。

曹州, 属县二。

曹县, 定陶县。

沂州, 属县二。

郯城县, 费县。

东昌府, 属州二, 县十六。

聊城县, 附郭。 堂邑县, 博平县, 茌平县, 莘县,
清平县, 冠县。

临清州, 属县二。

丘县, 馆陶县。

高唐州, 属县三。

恩县, 夏津县, 武城县。

濮州, 属县三。

范县, 观城县, 朝城县。

青州府, 属州一。县十三。

益都县, 附郭。 临淄县, 博兴县, 高苑县, 乐安
县, 寿光县, 昌乐县, 临朐县, 安丘县, 诸城县,
蒙阴县。

莒州, 属县二。

沂水县, 日照县。

〇莱州府, 属州二, 县五。

掖县, 附郭。

平度州, 属县二。

潍县, 昌邑县。

胶州，属县二。

高密县， 即墨县。

〇登州府，属州一，县七。

蓬莱县，附郭。 黄县， 福山县， 栖霞县， 招远县，莱阳县。

宁海州，属县一。

文登县。

〇辽东都指挥使司。属卫二十五，州二。

定辽中卫，附郭。又有定辽左、右、前、后四卫及东宁卫、自在州，俱在郭内。

海州卫，

盖州卫，

复州卫，

金州卫，

广宁卫，又有中、左、右三卫，俱在郭内。

义州卫，又广宁后屯卫，在郭内。

广宁中屯卫，又广宁左屯卫亦在郭内。

广宁右屯卫，

广宁前屯卫，

宁远卫，

沈阳中卫，

铁岭卫，

三万卫，又辽海卫及安乐州俱在郭内，羁縻属部附见。

○东据海，

海自登、莱以南，接南直安东所界；环绕而北，接辽东、朝鲜之境，又西至济南府滨州东北，而北接北直盐山县界，凡千馀里。

南距淮，

自沂、兖以南，古所称淮北地也。

西接梁、宋，

今河南开封、归德府境，即古梁、宋地。

北走燕、赵。

山东去京畿密迩，水陆往来，皆取途于此。远至浙、闽，近自江、淮，皆以山东为走集之冲也。

其名山则有泰山，

泰山，在济南府泰安州北五里。亦曰东岳，亦曰岱宗。《舜典》：岁二月，东巡狩，至于岱宗。《诗》：泰山岩岩，鲁邦所瞻。《周·职方》：兖州，其山镇曰岱山。《孟子》曰：孔子登太山而小天下。《管子》曰：古者封泰山禅梁父者，梁父山，见泰安州。七十二家。《战国策·苏秦说齐宣王》：齐南有泰山，东有琅邪。《史记》：昔黄帝东至于海，登岱宗。又《齐世家》：齐自泰山属之琅邪，琅邪亦名山也，见下。北被于海，膏壤二千里。《货殖传》：泰山，其阳则鲁，其阴则齐。山之东北址，旧有明堂，为成周时朝会诸侯之处。秦、汉以下，言封禅者必于泰山。秦始皇二十八年，至泰山下，议封禅。遂除车道，上自泰山阳至颠，立石颂德，从阴

道下，禅于梁父。汉元封初，封泰山，下阴道，禅泰山下址东北肃
然山，亦见泰安州。乃议以五载一巡狩，用事泰山，令诸侯各治邸
泰山下。明年，复祠泰山。五年，南巡狩，还至泰山增封。又太初
元年，行幸泰山，禅蒿里，蒿，一作高，亦见泰安州。二年，修封泰
山，禅石闾。同上。天汉三年，行幸泰山修封。太始四年，幸泰山
修封，禅石闾。征和四年，复幸泰山修封，亦禅石闾。从来封禅之
数，未有如汉武者也。后汉建武中元元年，东巡封泰山，禅祭地
于梁阴。梁父山之阴也。章帝元和二年，幸泰山，柴告岱宗。安帝
延光三年，东巡，幸泰山。桓帝延熹四年，岱山颓裂，自是天下渐
多故矣。《通义》曰：王者受命易姓，报功告成，必于岱宗。《白虎
通》曰：王者受命必封禅。封，增高也。禅，广厚也。天以高为尊，
地以厚为德。故增泰山之高以报天，禅梁父之址以报地。史称无
怀、伏羲、神农、炎帝、黄帝、颛顼、帝喾、尧、舜、皆封泰山禅云云，禹
封泰山禅会稽。周成王封泰山，禅社首。秦始皇封泰山，禅梁甫。汉武封
泰山，禅梁甫、肃然及高里、石闾，修封者凡五是也。《汉官仪》：泰山
盘道屈曲而上，凡五十馀盘，经小天门、大天门，仰视如从穴中视
天窗矣。自下至古封禅处凡四十里。《泰山记》：山有秦观，望见长
安，吴观望见会稽，周观望见齐。黄河去泰山二百馀里，于祠所瞻黄河如
带，若在山趾，盖侈言之也。又周观亦曰日观，相传鸡鸣时可见日出。吴
观亦曰越观，又名月观，以与日观相对也，与秦观为泰山三峰云。隋开
皇十五年，东巡顿齐州，为坛于泰山，柴燎祀天，礼如南郊。大业
九年，齐郡丞张须陀击群贼王簿于泰山下，大破之。唐乾封元年，
登泰山，封玉牒，禅于社首。亦泰安州山。又开元十三年，封泰山，

祀昊天上帝于山上，群臣祀五帝百神于山下之坛，又祭皇地祇于社首。宋大中祥符元年，封泰山，亦禅于社首。《宋史》：时王钦若判兖州，上言：泰山醴泉出，锡山苍龙现。又木工董祚于泰山醴泉北，见黄帛曳林木上，既而帝至泰山，登山道经险峻，降辇步进，卤簿仪卫列于山下，享昊天上帝于圜台，陈天书于左，以太祖太宗配，命群臣享五方帝及诸神于山下封祀坛。明旦，禅祭皇地祇于社首山，如封祀仪，改乾封县为奉符县。《唐六典》：河南道名山曰泰山，山周百六十里，高四十馀里。郭璞云：从泰山下至山头，百四十八里三百步。一云泰山周回二千里。又《山海经》云：泰山上多玉。尸子谓山中有神房阿阁，以及诸家夸诞之说，今皆不取。群峰之得名者：望秦、独秀、鸡笼、老鸦、狮子、莲花、悬石，而丈人峰在山顶，特出群峰之表。又有百丈、马棚、鹁鸽、舍身诸崖，石经、石壁、酆都、桃花、佛寺、鬼儿、椒子、马蹄、溪里诸峪，回马、雁飞、黄岘、思乡、青峰、西横诸岭，迎阳、吕公、白云、遥观、蝙蝠、鬼仙、水帘诸洞，玉女、王母、白鹤、白龙诸池。又有明月嶂、登仙台，及东、西、南三天门，东、西、中三溪，为山之最胜。其馀峰峦溪峒，层见叠出，不可胜数也。自岳顶而东南二十里曰雕窠山，西南十里曰亭禅山，即社首山，亦曰蒿里。南五十馀里曰石闾山，又南五里曰亭亭山，东六十里曰梁父山，又东曰云云山，俱见泰安州。《志》云：岳顶东南十里有东神霄山，下有东溪神庙。西南十里有西神霄山，下有西溪神庙。又西十里曰石后山、三尖山。其在岳阴者又有孤山、禔山、鹤山，相去各十里。虽随地异名，实皆泰山之支峰别阜也。永乐十四年，祠祭郎中周讷请封泰山，不许。魏氏野曰：自成皋以东，历梁、宋、曹、郓诸州，几千馀里，大抵经途沃野，无大山重阻，而泰山忽焉特起，博厚崇隆，拱卫南北。自此群山翼带，直抵海滨，为天下之奥区，神皋形胜，直与关中并峙。五岳为群山之尊，而泰山又为五岳之长，不信然欤？《灾异志》：汉元凤三年，泰山大石起立，说者以为宣帝特起民间之象。明朝成化二十一年，泰山屡震，说者谓应在武宗也。

〇琅邪，

琅邪山，在青州府诸城县东南百四十里。其山三面皆浸于海，惟西南通陆。《山海经》：琅邪台，在勃海间，琅邪之东是也。《管子》：齐桓公将东游，南至琅邪。《孟子》：齐景公问晏子，欲放于琅邪。《竹书》：越王勾践二十九年，徙都琅邪。《越绝书》：勾践既灭吴，欲霸中国，徙都琅邪，立观台于山上，周七里，以望东海。今山在海滨，盖筑以望远耳。《国策》苏秦说齐宣王：齐南有泰山，东有琅邪。《史记》：始皇二十八年，南登琅邪，大乐之，留三月，乃徙黔首三万户琅邪台下。复十二岁，作琅邪台，立石刻颂秦德。又三十七年，从会稽还过吴，并海上，北至琅邪、之罘。之罘山，见登州府福山县。汉初，田肯曰：齐东有琅邪、即墨之饶，南有泰山之固。武帝元封五年，东巡，北至琅邪并海。太始三年，幸琅邪。《封禅书》八祀曰：四时主，祠琅邪。《子虚赋》：齐东阶巨海，南有琅邪，是也。郭璞曰：琅邪临海有山，嶕峣特起，状如高台，即琅邪台也。战国时，齐筑长城以拒楚，自琅邪台入海，即其地矣。

〇沂山。

沂山，在青州府临朐县南百十五里。《周·职方》：青州，其山镇曰沂山。一名东泰山。《史记·封禅书》：公玉带言，黄帝封东泰山，禅丸山。即临朐县之丹山。天子既令设祠具，至东泰山。山卑小，不称其费，乃令礼官祠之，而不封禅。魏文帝亦尝致祠焉。隋开皇十四年，诏以沂山为东镇，后代因之，载在《祀典》。《志》云：山西宗岱岳，东俯琅邪，背负凤凰岭，即沂山北岭，东接穆陵关。即县之大岘关，其巅为百丈崖，壁立万仞，形如斧削，有飞泉下洒，曰瀑布泉。弥水出其西麓，又沂水亦出其西，沭水出其东也。《水经注》：汶水出朱虚县之泰山。山上有长城，西接岱山，东连琅邪，千有馀里。盖田氏遗址也。

　　○其大川，则有济水，

　　济水旧自河南流入境，其上源曰沇水。《禹贡》：导沇水，东流为济。又曰：浮于济、漯，达于河。《职方》：兖州，川曰河、济。春秋时，济水经曹、卫、齐、鲁之界。庄三十年，公及齐侯遇于鲁济。杜氏曰，济水历齐、鲁间，在齐界为齐济，在鲁界为鲁济也。又僖三十一年，取济西田，分曹地也。襄十一年，晋率诸侯伐齐，会于鲁济。定九年，齐与卫地，自济以西。济之见于《春秋》者，不一处矣。《战国策》苏秦说齐宣王：齐西有清河，北有勃海。所谓清河，即济水也。又燕王谓苏代曰：齐有清济、浊河，可以为固，长城巨防，足以为塞。《史记》：齐湣王四十年，乐毅并护赵、楚、韩、魏、燕之兵以伐齐，战于济西，齐师大败，遂入临淄。《汉志》：济水过郡九，河东、河内、陈留、梁国、济阴、泰山、济南、齐郡、千乘也。行千八百四十里。《淮南子》：济水通和，宜麦。《水经》：济水出河东垣县王屋山，其下流东北入海。旧《志》：济水自河南巩县南入河，并流过成皋县阳溢为荥。东过杨武、封丘县北，又东过冤句、定陶南，又东北流与菏水合。东至乘氏，西分为二：其一东北入钜野泽，过寿张西，合汶水；其一合菏水，东南流入泗，故泗水亦有南清河之称。今详见曹州。郦道元曰：王莽之世，川渎枯竭，济水便入于河，不复绝流而南。其馀流自东平以东北者，皆谓之清水。晋太和四年，桓温自兖州伐燕，至金乡，凿钜野三百里，导汶水会于清水，温引舟师自清入河。郗超曰：清水入河，难以通运，若寇不战，运道又绝，因敌为资，复无所得，此危道也。温不听，败还。刘氏曰：时清水入河，亦即在碻磝、东阿间，非《禹贡》浮汶达济之道也。义熙十三年，刘裕伐秦，将水军自淮、泗入清河，溯河西上。宋元嘉七年，到彦之取河南，与魏人战，不克，乃沿河置守，还保东平。复引兵自清入济，南至历城。此误以钜野北出者为清水，汶水合流者为济水也。郭缘生《述征记》亦云：清河首受洪水，北流入济。洪水亦钜野泽之分流，一名桓公渎，详见钜野县。八年，檀道济自清水救滑台，至济上，转战至历城。二十三年，魏人寇青、兖、冀三州，至清东而还。时青治东阳，兖治须昌，冀治历城，皆在清水东也。《唐六典》：河南大川曰济水。杜佑曰：济水绝流已久，今自东平以东北入海者，实菏泽、汶水之合流耳。宋乐史曰：东平、济南、淄川、北海界中，有水流入海，谓之清河。王应麟曰：济水通得清水之名，以水道清深也。《宋史》：李师中知济、兖二州，济河堙塞久，师中访古道，自兖城西南启凿之，功未半而去。今大清河自汶上县北出，其上源会东南诸山泉沟泽之水，与会通河合流。至东平州西安山闸，旧时济流经此，始与汶合。今并注于南旺湖，合流而北出。又西北与运河分流，经东阿县西，复折而东北，径东阿县北。又东径平阴县北。又东北径长清县北，齐河县东。又北径历城县北，而东北会于泺水。即小清河。又北经临邑县东。又东北径济阳县南。又北径齐东县北。又东北径武定州南。又东径青城县北及滨州之南。又东北径蒲台县北，至高苑县北，县属青州府。又北径利津县东，而东北入于海。由安山闸而下，皆谓之大清河。近《志》：元人始于宁阳县北筑堽城坝，遏汶水入洸，以通运河。永乐中，又于东平州东筑戴村坝，尽遏汶水入会通河。今之大清河，乃自平阴县南之柳沟诸泉，縠东平州北门外，过西折而东北。夏秋运河泛涨，则张秋迤南东岸，张秋即安平镇，见东阿县。有减水闸，分流来合，而东北出，此即今盐运所经，盐船自洢口故关由大清河而上，泊于鱼山。又南，则由河渠至于东平，西则由小盐河至于张秋。故大清河有盐河之名。**即济水之故道。说者谓大清河古济而今汶者也。**旧《志》：济水劲疾，故穴地伏流。郭缘生《述征记》：济水入河，性与河别，渗漉入地，伏行而溢为荥。今之历下，发地皆是流水，济所过也。东阿之井，正济所溢，清而且重，善下，故阿胶能治淤浊逆上之痟。唐高宗尝问许敬宗，济水甚细，何以列于四渎？对曰：渎之言独也，不因馀水独能赴海者也。夫济流虽与古异，然今东平、历下诸泉，皆入大清河，则仍为济水溢流，不得全谓之汶水矣。于慎行曰：大清第得汶之首尾，实以东平诸泉由济故渎入海。又小清河一名泺水，源出济南府城西南趵突泉。《水经注》：泺水出历城故城西南，泉源上涌若轮是也。合马跑、金线诸泉，并城北流，屈而东，至城北水门，大明湖水出注之，东北经华不注山，合华泉，又东北入大清河。伪齐刘豫始导之东行，至韩家店西，分一支为小清河，径章丘县及邹平县北，又东径长山县东北及新城县北，会孝妇河。又东径高苑县及博兴县南，又东径乐安县北，博兴、乐安，亦属青州府。至马车渎入海。屈曲行几五百里。自历下以东之水，昔入济者，并入小清河。近年河渐淤，其水复由东北入大清河矣。盖泺水亦即济水之伏流旁出者，与大清河虽分二流，而脉络正同也。今见川渎异同。元《五行志》：至正二年，济南山水暴涨，冲东西二关，流入小清河。又黑水、天麻、石固等寨及卧龙山水，通流入大清河，漂没上下民居千馀家。黑水等寨，俱在济南府西南。

　　○汶水，

　　汶水，出济南府泰安州莱芜县东北七十二里原山之南，《水经》所谓北汶也。又有汶水，出县东南寨子村，俱流经州东南徂徕山阳。又一源出岳北仙台岭，会诸山谷之水，经州东四十里，曰堑汶。西南流经徂徕之阴，又南流三十里，曰大汶口，而与莱芜之汶水合流。又有小汶水，在新泰县东北三十里，出泰山之龙池，西南流百馀里，亦合于汶水。自州西南流，经宁阳县北堽城坝，分二流：其正流西经平阴县，南过东平州界，又西南流至汶上县，东北合白马河、鹅河诸水，凡八十里，入南旺湖，南北分流，为分水闸，即今会通河也。支流为洸河，自宁阳县西南流，达兖州府城西，合沂、泗二水，凡百馀里，至济宁州南，天井闸东，而合于分水。南流之汶，亦即运道所经也。《运河记》：明邵宝辑。汶水自泰安州经宁阳、汶上县界，又西至东平州注济水，此故道也。元宪宗七年，济倅毕辅国，始于汶阴堽城之左，作斗门一，遏汶南流，至任

城合泗水，以饷宿、蕲戍边之众，江南宿州南有故蕲县。时蒙古置戍
于此，与宋相持。谓之引汶入泗，而汶始南通于泗。至元间，以江、
淮水运不通，自任城开渠，达于须城安山，为一闸于奉符，即堽城
闸，时宁阳县废，其地属奉符县也。以导汶入洸。为一闸于兖州，今
府城东金口闸是也。以导泗、沂会洸。合而至会源闸，南北分流。
二十六年，又用寿张尹韩仲晖等言，复自安山西开河，由寿张西北
属卫、漳，谓之引汶绝济，而汶始北通于漳。明朝永乐九年，时以
北京为行在，济宁州同知潘叔正言：故会通河四百五十馀里，其
淤者三之一，可浚之以通漕。乃命廷臣宋礼等往治，筑坝于东平
州之戴村，横亘五里，遏汶水西南流，令尽出于南旺。见汶上县。
至分水龙王庙，分为二支：四分南流，以接徐、沛，六分北流，以
接临清。盖运河之原委，全藉汶河也。《禹贡》：浮于汶，达于济。
《诗》：汶水汤汤。《史记·河渠书》：泰山下引汶水穿渠，溉田万
馀顷。汶水之为大川，由来旧矣。

　　○会通河，

　　会通河，在兖州府济宁州城南，元至元中所开也。《志》云：
蒙古初于堽城。见上。作斗门以遏汶流益泗漕，而漕渠始开。既而
浚济州泗河至新开河，由大清、利津诸河入海。未几，以海口沙
壅，复从东阿陆挽至临清入御河。时又开胶莱新河。见平度州。以
通海道，劳费少成效。至元中，伯颜始创海运，与济州河并行。寻
用韩仲晖等言，自安民山。见东平州，即安山闸。开河，北抵临清，
凡二百五十里，引汶绝济，直属漳、卫，名会通河。元臣宋文瓒
言：世祖开会通河千有馀里，岁运漕粟至京者五百万石。然河渠

易于浅涩，舟不能负重，其后渐减至数十万石，于是海运不能废。明初饷北平、辽东，亦仍用海运。永乐九年，浚故道，自济宁北至临清，凡三百八十五里。南至南直沛县，凡三百里。而南旺湖地势特高，于是相地置闸，以时启闭。自分水北至临清地，降九十尺，为闸十有七，而达漳、卫。南至沽头，见沛县。地，降百有十六尺，为闸二十有一，而达河、淮。岁漕四百馀万石，皆取道焉，诚咽喉重地矣。《漕河考》：会通河凡七百十里入卫河，又四百里，始出境达京师，山东为府者三，为州者四，为县者六，由鱼台至临清，得洸、汶、泗、沂四水其泉百七十馀会于四水，而分流于漕渠，为闸百三十，为浅二百有二十，皆有司分掌之，而统于司空御史台。议者曰：运河以汶水为源，然汶水之西全出人力，而南旺土脉特高，水非由地，势难久安，尽括泉源，千里焦烁，频年修浚，劳费不訾，民力穷而国计亦病矣。今详见川渎漕河。

○海。

海在山东东北境者，皆谓之勃海。亦曰渤澥。苏秦曰：齐北有勃海。田肯曰：西有浊河之限，北有勃海之利。又谓之少海。《韩非子》：齐景公游于少海。少海，犹云小海也。《书疏》：青州之境，越海而有辽东。又云：青州东北据海。盖跨有此小海也。北自平州碣石，南至登州沙门岛，皆为勃海之口，阔五百里，西入直沽几千里。《广志》：山东自兖州东昌而外，其当大海一面之险者，济南东北境也；海丰、滨州、利津、霑化、蒲台皆滨渤海。当两面之险者，青州府北及府东南境也；博兴、寿光，滨渤海，日照则滨大海。当三面之险者，登、莱二府之东南北，皆以海为境也东面则宁海、文登。南则胶州、即墨，皆滨大海。北则登州、莱州，以及昌邑、潍县，皆滨渤海。至越海而有辽东，则又与山东共险者也。今盛京，即故辽东都司地。旧《志》云：辽东金州卫，则南面、西面皆滨渤海。复州、盖州、海州三卫，则西面滨渤海。而广宁、义州中屯、右屯、前屯诸卫，皆南面滨于渤海云。春秋时，吴人尝遣舟师自海入齐。秦并天下，欲攻匈奴，使天下飞刍挽粟，起于黄睡、琅邪负海之郡，黄睡，见登州府。转输北河。汉灭朝鲜，杨仆等自齐浮勃海而进。三国时，孙权遣将周贺使辽东通公孙渊，还至成山，魏人邀击杀之。及渊灭，吴复遣羊衜击魏辽东，俘人民而去。详见南直大海。隋开皇十七年，伐高丽，使周罗睺分道自东莱泛海趣平壤。大业七年，伐高丽，亦使来护儿自东莱入海趣平壤。唐贞观十八年，征高丽，使张亮自莱州泛海趣辽东。二十一年，复遣牛进达等自莱州渡海击高丽。又显庆五年，苏定方伐百济，自成山济海。开元二十年，渤海大武艺遣将帅海贼寇登州，杀刺史韦俊。盖山东海道与高丽、渤海相接也。宋建隆二年，女真泛海，自登州来贡马。重和元年，遣马政从此道使女真，与约攻辽，遂成宋室之乱。金明昌三年，尚书省奏辽东北京路。北京即今废大宁都司城。米粟素饶，宜航海以达山东。因按视近海诸处，置仓贮粟，以通漕运。元至元中，伯颜建议，海运皆取道登、莱。大约自南直海州以至登州，六百里而近。惟登、莱三面岛屿环抱，几及千里，若从利津至直沽，亦六百里而近耳。明朝洪武及永乐初，转输辽、蓟，亦取道于此。详川渎海道。既而海运废，登、莱至旅顺之道亦禁绝，然南北两岸渔贩往来，动以千艘，官吏不能尽诘也。嘉靖间，督臣王忬尝请因其势而导之，明开海

禁, 使山东之粟, 方舟而下, 则辽东可无荒歉之患。诏从其请, 时
以为便, 未几复罢。夫海道之险, 不可不备, 而海道之利, 不可不
繇, 与时推移, 是在救时之君子哉! 又《海防考》: 明唐顺之等辑。
山东海防, 惟在登、莱二郡。而成山以东白蓬头诸处, 危礁乱矶,
伏沙险湍, 不可胜纪, 故守御较易。然自宋以前, 日本入贡, 皆自
新罗趣山东。而元人海运故辙, 亦出成山以东, 风帆络绎, 渤海之
险, 未尝不视为坦途。岂可视为泄泄, 无思患预防之策乎!

　　○其重险, 则有穆陵。

　　穆陵关, 在青州府临朐县东南百有五里大岘山上, 山高七十
丈, 周回二十里, 道径危恶, 一名破车岘。其左右有长城、书案
二岭, 峻狭仅容一轨, 故为齐南天险。《左传》: 管仲曰, 赐我先
君履, 南至于穆陵。晋义熙五年, 刘裕伐南燕, 慕容超召群臣议,
公孙五楼曰: 吴兵轻果, 利在速战, 宜据大岘, 使不得入, 旷日延
时, 沮其锐气, 然后简精骑, 循海而南, 绝其粮道, 兖州兵缘山
东下, 腹背击之, 此上策也。慕容镇曰: 今出岘逆战, 战而不胜,
犹可退守, 不宜纵敌入岘, 自弃险固。超不从。裕过大岘, 燕兵不
出, 裕举手指天, 喜形于色曰: 兵已过险, 士有必死之志, 敌入我
掌中矣。宋景平元年, 叔孙建攻青州刺史竺夔于东阳, 檀道济自
彭城赴援。魏刁雍谓建曰: 大岘以南, 处处狭隘, 车不得方轨,
请据险邀之, 破之必矣。建不听。道济至临朐, 建遂烧营遁。又
元嘉二十三年, 魏人寇兖、青、冀诸州, 何承天请徙三州新旧降附
民三万馀家于大岘南, 以实内地。唐元和十二年, 李道古以淄青
拒命, 引兵出穆陵关。宋绍定中, 李全据淮安, 略金临朐, 扼穆陵

关。今亦置戍守于此。

按山东界两都之中，北走景、沧，南达徐、邳，东出辽海，西驰梁、宋，为辐辏之道。春秋以及战国，大抵皆齐地也。管仲对楚曰：赐我先君履，东至于海，西至于河，南至于穆陵，北至于无棣。季札以为泱泱大风，苏秦以为四塞之国也。又黄歇说秦曰：齐南以泗为境，东负海，西倚河。又楚人谓顷襄王：王射噣鸟于东海，还盖、长城以为防，盖今见沂水县。长城见平阴县。朝射东莒，夕发贝丘，见博兴县。或曰：谓清河之贝丘也，夜加即墨，顾据午道，则长城之东收而泰山之北举矣。韩非说秦曰：往者齐南破荆，中破宋，西服秦，北破燕，中使韩、魏，地广而兵强，战克攻取，诏令天下，济清河浊，足以为限，长城巨防，足以为塞，齐，五战之国也。汉初，郦食其曰：齐负海、岱，阻河、济，南近楚，虽数十万师，未可岁月破也。田肯曰：齐东有琅邪、即墨之饶，南有泰山之固，西有浊河之限，北有勃海之利，地方二千里，持戟百万，县隔千里之外，齐得十二焉，此东西秦也。盖三齐形胜，拟于关中矣。彭者曰：自古及今，天下有事，未尝不起于山东。由秦、汉以迄宋、元，可更仆数也。若其攻取大略，彪炳史册者，莫如乐毅，毅并护赵、楚、韩、魏之兵，为燕昭王伐齐，败齐兵于济，西分魏师，以略宋地，部赵师以收河间，身帅燕师，长驱逐北，遂入临淄。又遣左军渡胶东、东莱，前军循泰山，东至海，略琅邪，右军循河、济，屯阿、鄄以连魏师，后军并北海而抚千乘，以中军据临淄而镇齐都，六月之间，下齐七十馀城是也。次则莫如元季之察罕。元至正中，山东为群盗田丰等所据，察罕奋自草泽，既克河南，乃分兵镇关、陕、荆、襄、河、洛、江、淮，而以重兵屯太行。既而自陕抵洛，发并州兵出井陉，见北直重险。辽、沁军出邯郸，北直广平府属县。泽、潞军出磁州，见河南。怀、卫军出白马，见北直滑县。与汴、洛水军俱下，身将铁骑渡孟津，见河南府。逾覃怀，见河南怀庆府。鼓行而东，复冠州、东昌，师至盐河，见东阿县马颊河。遣精骑捣东平克之，又克济宁。时大兵犹未合，群贼皆聚济南，而出兵齐河、禹城拒战，于是分遣奇兵，取间道出贼后，南略泰安，逼益都，北徇济阳、章丘，中循滨海郡邑，乃自帅大军渡清河，破贼于临济，见历程县，或作分济。进逼济南，齐河、禹城来降。南道诸将亦败益都兵于好石桥，见益都。海滨郡邑皆来降，济南亦下，乃围益都。会察罕为降贼田丰等所杀，其子扩廓代总其兵，攻益都拔之，山东悉定。明洪武初命徐达北讨，既下沂州，遣使谕之曰：闻将军已下沂州，若向益都，当遣精锐扼黄河要冲，断其援兵，可以必克；若益都未下，宜即进取济南、济宁。二城既下，益都以东势力穷蹙，如囊中物矣。噫！此庙算也。

读史方舆纪要卷三十一

山东二　济南府

○济南府，东至青州府三百二十里，南至兖州府三百三十四里，西南至兖州府济宁州三百六十六里，西至东昌府三百里，北至北直景州四百五十里。自府治至京师八百里。

《禹贡》青州之域，春秋、战国并属齐。秦属齐郡，汉初属齐国，吕后初割齐之济南为吕国，文帝初复故。文帝分置济南国，景帝改为济南郡。后汉仍曰济南国。晋复为郡。刘宋兼置冀州。后魏改为齐州，兼置济南郡，后齐、后周皆因之。隋初，郡废州存，炀帝又改齐州为齐郡。唐复为齐州。天宝初年，曰临淄郡。三载，改曰济南郡。乾元初年，复曰齐州。宋因之，亦曰济南郡、兴德军节度。政和六年，升为济南府。金仍旧。元曰济南路。明初，复改为府，领州四，县二十六。今亦曰济南府。

府南阻泰山，北襟勃海，擅鱼盐之利，界河、淮之中，诚肘腋重地也。春秋时，诸侯争齐，多在历下。自战国以迄秦、楚之际，历下多事，则齐境必危。秦兵次历下，而王建由以亡。田广罢历下战守备，而韩信得以收齐，其大较也。后汉初，耿弇攻张步，败其军于历下。光武谓弇曰：昔韩信破历下以开基，将军攻祝阿而发迹，祝阿见禹城县。此皆齐之西界，功足相方，盖其地水陆四通，为三齐都要也。刘宋孝建三年，议移青、冀二州并镇历城，言者多不同，垣护之曰：青州北有河、济，时青州镇东阳。又多陂泽，非敌所向，每来寇掠，必由历城。历城北又近河，归顺者易，近息民患，远申主威，此安边上计也。议遂定。泰始三年，后魏慕容白曜攻历城未下，青州刺史沈文秀伪以东阳请降，魏司马郦范曰：东阳未可轻也，不若先取历城，克般阳，即淄川县。下梁邹，平乐陵，宋侨置乐陵郡于故千乘地，在今寿光县界。然后按兵徐进，不患其不服也。白曜从之，而青、冀皆为所陷。范氏曰：齐州当四达之衢，南不得齐州，则无以问河、济；北不得齐州，则不敢窥淮、泗；西不得齐州，则无从得志于临淄；东不得齐州，则无以争衡于阿、鄄，是故山东有难，齐州尝为战守之冲。

历城县，附郭。齐历下邑，汉置历城县，属济南国，后属济南郡。或曰晋永嘉初自东平陵移郡治此，后因之。今编户四十二里。

历下城，在府城西，或以为即春秋时齐之鞌邑。成二年，齐、晋战于鞌是也。其后谓之历下。齐王建四十年，秦灭魏，兵次于历下。汉三年，郦食其说齐王广，罢历下战守备，韩信度平原，袭破齐历下军，因入临淄。后汉建武五年，张步闻汉军将至，使其党费邑军历下，既而为耿弇所败。《三齐记》：历下城南对历山，城在山下，因名。俗亦呼为子城，其后通谓之历城。刘宋泰始四年，冀州刺史崔道固守历城，魏将慕容白曜围城经年，拔其东郭，道固乃降。《城邑考》：府城，唐、宋以来旧址也。洪武四年，甃以砖石，环城为池，有四门：东曰济川，西曰泺源，南曰舜田，亦名历山，北曰会波。成化后屡经修葺，今城周十二里有奇。

东平陵城，府东七十五里，春秋时谭国地也。庄十年，齐师灭谭，谭子奔莒。汉置东平陵县，以右扶风有平陵，故此加东也。济南郡治焉。后汉灵帝时，济南贼起，攻东平陵。晋初移郡治历城县，以东平陵属之。后赵石虎建武八年，济南平陵城北石虎一，夜中自移于城东，虎以为己瑞也。后魏亦置平陵县，仍属济南郡，高齐废。唐武德二年，复置，并置谭州治焉。贞观初，州废，县属齐州。十七年，齐州都督齐王祐据州叛，土人李君求等据县不从，因改曰全节。元和十年，并入历城县。城址犹存，周二十馀里。又故谭城，在府东南七十里。杜预曰：谭城在平陵西南。是也。

平台城，府东北三十里，汉置平台县，属济南郡。高帝六年，封东郡尉戴野为台侯。后汉仍之，晋省。刘宋侨置东魏郡。魏收《志》：东魏郡治台城，后迁历城。是也。《寰宇记》：后魏孝昌三年，济南郡移治台县。齐天保中始还历城，台县旋废。章怀太子曰：或云故城近废平陵县北。又鲍城，在府东三十里。《志》云：齐大夫鲍叔采邑也，叔牙是其后裔。傍有鲍山，俗传为管、鲍分金处。

巨里城，府东七十里，亦曰巨合。汉武封城阳顷王子发为巨合侯，即此。后汉建武五年，张步将费邑守历下，分遣其弟敢守巨里。耿弇进兵，先胁巨里，邑趣救，弇分兵守巨里，自引精兵上冈阪，乘高合战，临阵斩邑，城中危惧，遂下巨里。《水经注》：巨里三面有城，西有深坑，坑西即耿弇营。《郡国志》：历城有巨里聚，今为龙山镇。旧有递运所，今革。龙山马驿置于此。

历山，府南五里，俗讹为舜所耕处。或以为即靡笄山，靡与历相近也。《春秋》：成二年，鞌之战，晋师从齐师至于靡笄之下。一名大佛头山，山南有危石矗立也，亦名千佛山。又有庙山，在府东十里，以上有舜庙而名。

华不注山，府东北十五里。虎牙桀立，孤峰特起。《左传》：成二年，齐、晋战于鞌。齐师败绩，晋逐齐侯，三周华不注山。山下有华泉，即逢丑父使齐顷公如华泉取饮处也，今涸。司马贞曰：华不注山，一名靡笄山。又伏琛云：不音跗，与《诗》鄂不韡韡之不同，谓花蒂也，言此山孤秀，如花跗之着于水云。今亦名金舆山。

石固寨山，府南五十里。下有渴马崖，南有瓢峰、凤凰山，西有丁公岭，东有虎山。山居其中，颇为险固，昔人置寨于此，因名。今山上有修真观。又龙洞山，在府东南三十里，山如重甑，上有东西二龙洞：东洞出万仞绝壁上，中有泉，昔人尝避兵于此。其峰岩甚奇胜。一名禹登山。○函山，在府南二十里，即泰山北麓也。一名卧佛山。又摽山，在府北十里，童无树木，有双峰耸出状如摽，因名。

黄山，府西南六十里。山周如城，岱阴诸谷之水奔流至山西，汇为池，周数亩，不溢而，伏流至城西，出为趵突泉。○三平山，在府南五十里，高峻，有三峰壁立，至巅则平如掌。

大清河，府西北四十里，自齐河县流入界，经府北，有听水自南来入焉。亦曰响河。又东北过华不注山阴，又东径下泺堰，即泺水，旧合大清河处也。又北入临邑县界。○小清河在府城北，即泺水也。《春秋》：桓十八年，公会齐侯于泺，即此。《地志》云：济之南源也，源发趵突泉，俗名娥姜水，以泉源有舜妃娥英庙也。经城北而东，大明湖自城北水门流合焉。又东北经华不注山阳合华泉。又东北入大清河，旧谓之泺口。宋南渡后，泺水分流入章丘县界，为小清河。明朝永乐以后，渐至堙塞，成化九年，尝浚治之。自历城以东，直至乐安，而小清河复治。嘉靖十二年，小清河复塞，历城西北百里间，积潦盘回，道多梗塞，乃复浚博兴以西，达于历下，几三百里，小清河复治。久之，故道复淤。今小清河仍自华不注东北入大清河。《志》云：府城东北五里有广惠闸，在小清河上。天顺中，抚臣年富所建。先是，湖水泛溢，浸没民田，至是，水有蓄泄，大为民利。详见前大川济水。

大明湖，在府城内西北隅，源出历下诸泉，汇而为湖，周十馀里，繇北水门出，流注小清河，一名西湖。通志《水经注》：泺水北为大明湖。《一统志》：湖源出舜泉。今泺水绕城北流而东出，不入城。舜泉在城内，止成一井，不流。惟北珍珠、濯缨诸泉则在今德府中北流入大明湖耳。又旧时湖流浩衍，望华不注峰，如浸水中，今多为居民填塞，治圃环沼，仅存曲港，可通小舟，而蔬果菱芡、鱼蟹之属，甚为民利。《宋史》：景定二年，李璮以济南来降，蒙古攻之，城将陷，璮乘舟入大明湖，投水中，水浅不得死，为蒙古所杀。然则湖之浅涸，盖已久矣。

鹊山湖，府北二十里，湖北岸有鹊山，因名。《志》云：泺水自大明湖东北流注华不注山下，汇为湖。又东北流，入大清河。伪齐刘豫自城北导泺水东行，而鹊山湖涸为平陆。又濯缨湖，在城内倚北，合北珍珠、散水泉、濯缨泉、朱砂泉汇流为湖，周广数亩。本名灰泉湖，元人改今名。

巨合水，府东七十里。《志》云：源出章丘县界之鸡山，东源曰榆科泉，西源曰江水泉，北流各五里许，而合入小清河，故曰巨合水。《水经注》：巨合水北经巨合故城西。是也。今谓之龙山河。

趵突泉，在府城西南，一名爆流。平地涌出，盖济水伏流重发处也。曾鞏曰：泰山之北，与齐东南诸谷之水，西北汇于黑水湾，又西北汇于柏崖湾，而至渴马崖，水之来也众。其北折而西，悍疾尤甚，及至崖下，则泊然而止。自崖以北，至历城之西，盖五十里，有泉涌出，高或至数尺，土人名曰趵突，齐人谓尝有弃糠黑水湾者，而见之于此。盖泉自渴马崖潜行地中，至此复出也。其水冬温，泉旁蔬甲，经冬长荣，故又谓之温泉。其注而北，则谓之泺水，达于清河以入海。〇金线泉，在城西，石甃方池，泉乱发其下，东注城濠，澄澈见底，波心南北有金线一道，隐起水面，因名。又珍珠泉，在城中有二：南珍珠近东偏，今塞。北珍珠泉在城东迤北，今入德府中。泉瀑如珍珠，汇流入大明湖。又有舜泉及杜康诸泉，俱在城内。曾鞏曰：齐多甘泉，甲于天下，其显名者以十数，而色味皆同。以予验之，盖皆泺水之旁出者也。《一统志》：济南名泉七十二，趵突为上，金线、珍珠次之，馀者不能与三泉侔矣。

孝感泉，在城北。相传昔有孝子居此，泉涌其旁，因名。其水溢为小渠，与四望湖合流入城，历诸廨署，西入泺水。《寰宇记》：四望湖在历城县西二百步，其水分流入城，与孝感水合。

堰头镇，府东北二十里，亦曰下泺堰，亦曰泺口栅。泺水入大清河处，筑堰以分其流，因曰堰头。堰南即小清河也，今仍为交流之所，有巡司戍守。○谭城驿，在府西北二里，洪武初置。又龙山驿，即故巨里城也，亦洪武初置。见前。

赖亭。在府东，近章丘县界。《后汉志》注：菅县有赖亭。《左传》：哀六年，襄六年公如赖，齐侯阳生使胡姬以安孺子如赖。十年，晋赵鞅伐齐，毁高唐之郭，及赖而还。即此。

○章丘县，府东百十里，东北至邹平县六十里，东至长山县百里。秋时齐高唐地，汉为阳丘县地，属济南郡。后汉省。高齐移高唐县治此。隋开皇十六年，改曰章丘。大业九年，群贼王薄等攻章丘，齐郡丞张须陀击败之。唐初，县属谭州。贞观初，州废，改属齐州。宋因之，景德三年，置清平军。金军废，改属济南府。今编户一百里。

阳丘城，县东南十里。汉县治此，文帝封齐悼惠王子安为侯邑，后汉县省。又乐盘城，在县南二十七里乐盘山下。相传齐孝王为平陵侯时与阳丘侯饯送处也。又县北七十里有新城，或以为刘宋大明中侨置，属高阳郡。后魏因之，高齐废。

菅城，县西北三十里。汉菅县，属济南国。菅音奸。景帝封齐悼惠王子罢军为侯邑。后汉亦为菅县。晋省。《述征记》：历城至菅城二十里，自城以东，水弥漫无际，南则迫山，实为险固。唐武德初，亦尝置菅城县。八年，省入平陵。《通志》：故菅城在章丘临济镇北。《述征记》似误。又菅平城，亦在县西。汉宣帝封赵充国为菅平侯，邑于此。《汉表》：邑在济是也。或以菅城当之，谬矣。《志》云：菅城今名水寨。

朝阳城，县西北六十里，汉县，属济南郡。高帝封华寄为侯邑。宣帝时，封广陵厉王子舜于此。后汉曰东朝阳，以南阳郡有朝阳，故此加东也。晋因之，改属乐安国。后魏仍曰朝阳县，属济南郡。后齐废，隋复置，开皇十六年，改曰临济，又别置朝阳县。大业初，复并入临济。唐初，置邹州。武德八年，州废，县属谭州。贞观初，改属齐州。宋初因之。咸平中废为临济镇。又有崔氏城，杜预曰：在东朝阳县西北。《左传》：襄二十七年，崔成请老于崔氏。即此。《通志》：崔城在县西北二十五里。○猇城，亦在县西，汉置猇县，属济南郡，武帝封赵敬肃王子启为侯邑，后汉省。苏林曰：东朝阳有猇亭。是也。猇音鸮。

亭山城，县西南六十里，汉东平陵县地。宋元嘉五年，析置卫国县，后魏废。北齐复置隋改曰亭山，属齐州。唐因之，元和十五年废。今其地有亭山，盖隋因以名县。又《通志》：县东北三十里有古宁戚城。

长白山，县东三十里，跨邹平、长山、淄川三县界。《抱朴子》：长白乃泰山之副岳，绣江源发于此，高二千九百丈，周六十里，山中云气长白，因名。亦名会仙山，孤秀盘郁，独压众山。《后魏书·辛子馥传》：长白山连接三齐，多有盗贼，子馥受使检覆，因辨山谷要害宜立镇戍之所。又诸州豪右在山鼓铸，奸党多依之，得密造兵仗，于是请破罢诸冶。从之。又建明初，齐州刺史萧赞为城民赵洛周等所逐，入长白山。隋大业七年，邹平民王薄等拥众据长白山，攻剽诸郡。九年，贼帅左才相自号博山公，据长白山。盖自昔为深险处。○黉山，在县东二十五里，一名黉堂岭，达淄川、邹平二县界，相传郑玄著书处。《元史·张荣传》：金末，山东群盗蜂起，荣率乡民据黉堂岭拒守处也。

龙盘山，县南十八里。山绵亘甚远，西接历城界。县西南二十八里曰东陵山，与龙盘山冈脉相接。《庄子》：盗跖死利于东陵之上。即此。○危山，在县西南四十里。汉景帝时，齐孝王与吴、楚通谋，自杀，葬于此山之岭，俗呼为铁墓。又鸡山，在县西南四十里，下有双柳泉。《齐记》：卫国县鸡山，巨合水所出也。又女郎山，《志》云：在县北一里，顶有三阳洞，甚深邃。《三齐记》：章亥妾溺死葬此，谓之章丘，县因以名。

湖山，县南五十里。高深可避兵，俗呼为湖塞。又赵山，在县西南六十里。山有四峰对峙，下可通行，俗名四门山。其相近者曰虎山，积石巉岩，状若虎踞，山半有拔注泉。又冶山，在县西南六十里，唐时冶铁于此，因名。

长城岭，县南九十里，与莱芜县接界。《志》云：岭间有古长城，昔齐宣王所筑，以御楚寇。西接平阴，东距大海。又分水岭，在县东南三十里，其水自岭上东西分流。又东南四十里曰天仓岭，旁有赵八洞，虚若斗室，外有井泉，昔樵人赵八居此，因名。○黑牛岭，在县南百馀里，高峻深远，多产巨木。又县南八十里曰龙堂洞，洞有二：东曰东龙洞，颇高广。西曰西龙洞，深数里，中有盆石泉。

小清河，县北三十里。自历城县流入界，会浒河、獭河入邹平县境。今故道淤塞，仍自府东北入大清河，惟县东北三十五里柳塘口以东为獭河所经之道。

漯河，县东北七里。一名獭河，又名杨绪水。《水经注》所云杨渚沟也。源出长白山之王村谷，西北流至柳塘口，经小清河故道流入邹平、长山、新城界，会孝妇河，东流入海。《水经注》漯水东北至千乘入海，此盖《齐乘》所载之獭河，非古漯河也。

浒河，县东一里，即绣江也。亦出长白山，合百脉泉及东西二麻湾泉，西北流，汇为白云湖，北流入小清河。○瓜漏河，在县西南七里，源出西南百里山岭中，东北至明杜庄之石崖、泊然而止。土人名其处为渗水湾，夏秋积雨，群峪之水来汇，溢至城南五里，会于浒河，既霁则枯涸如故，故曰漏河。又巨合水，在县西南四十里，俗名双女泉，北合武原水入济。武原水即江水泉也。详见历城县。

白云湖，县西北七里。周六十里，俗名刘郎中泊，流合小清河。湖中多鱼藕、菱芡、蒲苇之利。洪武中设河泊所于此，寻革。

百脉泉，在县南三十里明水镇。《水经注》：百脉水出土鼓县故城西，源方百步，百泉俱发，因名。西北流径阳丘县故城中，又西北出城，北径黄巾固，东北注于济。今泉出县南明水镇，径县东关合于浒河，又分流至济阳城东北入大清河。曾鞏云：历下诸泉皆岱阴伏流所发，西则趵突为魁，东则百脉为冠。泉之西北曰净明泉，流为东麻湾。又西有泉流为西麻湾，俱北流入于清河。

黄巾固。在县城北。后汉末，黄巾保聚于此，齐人谓垒堡为固。晋太元十二年，后燕慕容绍为晋平原太守辟闾浑所逼，自历城退屯黄巾固。燕王垂因置徐州于此，使绍镇焉。亦谓之黄巾城。宋白曰：北齐天保七年，移高唐县治黄巾城，隋改为章丘，以县东南有章丘而名。

○**邹平县**，府东北百七十里。东至长山县二十里。汉置邹县，属济南郡。后汉曰邹平，晋复曰邹平，属乐安国，后废。北齐置平原县，隋开皇十八年，复曰邹平，属齐州。唐初置平原县，置邹州于此，领邹平、长山二县。贞观初，州废，县属淄州。宋因之。改属济南路。今编户五十七里。

邹平故城，县西南二十五里，俗名赵台城。《志》云：汉、唐时，县皆治此。今县城，本唐景龙初析高苑地所置济阳县也。元和十五年，复省入高苑。宋景德初，移县治此。县东北有东邹城，汉置县，属千乘郡。后汉省。〇平原城，在县东十二里，刘宋侨置平原县，属东平原郡。后魏因之。高齐移于今治。今为平原庄。又济南城，在县北十五里，隋开皇十六年，置济南县，属齐州。大业初，省入长山县。章怀太子曰：济南故城，在长山县西三十五里。《志》云汉郡治，误也。

梁邹城，县北四十里。汉县，属济南郡，高帝封功臣武虎为侯邑。后汉亦曰梁邹县。晋省。宋置梁邹戍。元嘉二十八年，青州民司马顺则自称晋裔，聚众号齐王，乘虚袭梁邹城。青、冀二州刺史萧斌遣振武将军刘武之等击平之。孝建二年，置平原郡，兼置幽州治焉。泰始三年，幽州刺史刘林宾守梁邹不附魏守是也。后魏亦为东平原郡治。隋初郡县俱废。今为孙家镇，半属齐东县。

长白山，县西南十里，与章丘、长山、淄川三县接界。《志》云：山下有浒山泺，在县西十五里，下流入小清河。又黉堂岭，在县西南三十三里，与章丘县接界。

大峪山，县西南十五里。高广幽深，中多良田嘉木。《志》云：县东南曰黄山，上有虎头岩，土色多黄，因名。又县南十三里有碬砧山，峰峦尖削，状如碬砧。县西南三十里又有凤凰山，以山形如凤骞也。

小清河，县北十三里。自章丘县流入，又东入长山县界。今淤。《志》云：县西浒山泊，即小清河钟水之处。

孝妇河，在县东。源出青州府益都县之颜神镇，流入淄川县界，又北径长山县西，又北至县东，蒙河入焉。蒙河俗曰沙河，源出大峪山，经县西一里流合孝妇河。又北径新城县西，又北至高苑县南，合于小清河。亦谓之龙水，又谓之笼水。《舆地志》：战国时，齐人颜文妻事姑孝，常远汲以供姑嗜，一旦甘泉涌于室内，常以绩笼盖之，笼发而泉涌，因名笼水。《集异》作颜文姜，误。

邹关，县西北十三里。昔尝置关于此，今废。○青阳店，在县西三十里，有青阳店马驿，兼置递运所于此，今递运所革。

临河镇。在县西，临小清河。宋明道二年，废淄川临河镇以避水患。盖是时大河自东平溢入小清河，为东方患也。又孙家镇，在县北三十里。

○淄川县，府东二百三十里，东至青州府百十三里。汉般阳县，属济南郡。后汉属齐国。晋省。刘宋侨置清河郡及贝丘县。后魏因之曰东清河郡。北齐罢郡，以县属齐州。隋初因之。开皇十六年，置淄州。十八年，改贝丘县曰淄川。大业初，州废，县属齐郡。唐初，复置淄州。天宝初，曰淄川郡，乾元初，复故。宋因之。元曰淄莱路，寻改为般阳路。明初，曰般阳府。洪武九年，改为淄川州，以州治淄川县省入，属济南府。十二年，降为县。今城周八里，编户六十里。

般阳城，在县治西。汉县也。应劭曰：县在般水之阳，因名。般，亦作盘。刘宋改置贝丘县，仍置东清河郡。泰始二年，青州刺史沈文秀举兵应晋安王子勋，清河、广川二郡太守王玄邈据盘阳应。建康三年，冀州刺史崔道固遣其属房灵宝戍磐阳，别将房法寿袭据之降于魏。磐与盘通也。

土鼓城，县西五十里，汉置土鼓县，属济南郡。后汉因之。晋省。刘宋复置，仍属济南郡。后魏因之，高齐省。或讹土毂城。《水经注》：百脉泉出土毂城西，谓此也。○逢陵城，在县西南四十里。刘宋置县，属济南郡。后魏因之，北齐省。《志》云：县西南六十里有反踪城，相传齐景公失马，循踪逐之于此，因名。三国魏景初三年，以辽东沓氏县吏民渡海来归，因侨置新沓县于此。亦谓之新沓城，晋山涛封邑也。

昌国城，县东北三十五里。本名昌城，齐邑也。《赵世家》：惠文王二十五年，攻齐昌城、高唐，取之。其后燕昭王以封乐毅，号为昌国君。

汉置昌国县,属齐郡。晋、宋及后魏因之。《北史》:魏孝昌三年,清河民房顷作乱,据昌国城,时东清河郡治般阳也。高齐时县废。又莱芜故城,在县东南六十里。或云:汉县盖置于此。又县南有古长城,战国时齐所置云。

夹谷山,县西南三十里。一名祝其,又谓之甲山。其阳即齐、鲁会盟处,萌水出焉。《左传》:定十年,公会齐侯于祝其。实夹谷,即此地也。○昆仑山,在县西南二十里,山形如毂轮。又万山,在县南三十里,群山环绕其左右,因名。

原山,县南九十里,西去莱芜县七十里,一名岳阳山。又东接益都县界,淄水出其阴,汶水出其阳。又摘星山,在县东南三十里,山最高耸,因名。县东十里又有梓潼山,上有鬼谷洞。或云:即黉山也。有古井,虽旱不涸。○浮山,在县北二十里,山势特立如浮。又县西北二十五里有明山,山下有水,澄澈见底,因名。

孝妇河,在县西门外,自益都县流入,谓之笼溪水。合泷、萌二水北流,入长山县界。详见上邹平县。

淄水,县东南七十里。源出原山。《志》云:出颜神镇东南二十里岳阳山东麓。亦曰泉河。东北流至县界,入青州府境。又般水,在县南十五里,一名左阜水,出县东南二十里龙泉乡,分二支,北流入孝妇河。又泷水,出县西南二十里之冲山,东北流会明水。明水,亦曰萌水,出县西南夹谷山,东流入于泷水。

龙泉水,县东南二十五里,源出县西南八里之仓龙峡,下流入小清河。又丰水,出县东北三十五里之丰泉乡,下流亦入小清河。

徐关。在县西。《春秋》:成二年,齐师败于鞌,齐侯自徐关入。又文十七年,齐侯与国佐盟于徐关而复之。是也。旧《志》:县有古徐关。

○长山县,府东北二百里。东至青州府百三十五里。汉於陵县地,属济南郡。后汉属济南国。晋废。刘宋侨置广川郡及武强县于此，后魏因之。后齐又改广川郡曰东平原郡，并东清河、平原二郡入焉。隋初，郡废，县属齐州。开皇十八年，改县曰长山。唐初，属邹州。武德八年，州废，县属淄州。宋因之。元初，改属济南路，寻复旧明朝。洪武十二年，又改今属。今城周四里，编户六十三里。

於陵城，县西南二十里。本齐邑，陈仲子所居。汉置县治此。后汉建武中，改封侯霸子昱为於陵侯，寻复为县。晋改曰乌陵，玄废。魏收《志》：逢陵县治故於陵城。或曰后魏改置县于此也。

广川城，在县东南，东晋侨置广川县，属齐郡。刘宋改属广川郡。后魏仍属齐郡。东魏天平二年，以封延之代侯渊为青州，渊失州任而惧，行及广川，遂反，夜袭青州南郭，不克，寻走死。魏收《志》：广川县有牛山，盖与临淄县接境，后齐以广川县并入武强。又苑城，在县北二十里，相传齐桓公筑苑于此。旧有苑城店。

高苑城，在县东北。《水经注》：时水自西安，又西径东高苑城中而西注。汉文十五年，分齐为胶西王国，都高苑。徐广曰：乐安有高苑城，故此云东苑也。水又北径故渎，又西径西高苑故城南。汉高六年，封丙倩为侯国。水又西至梁邹入济。时高苑盖属胶西。后改胶西为高密，以高苑属千乘郡。《史记》胶西都苑，不曰高苑。胶西之境不能至此，宜考。南北朝时，城邑迁改。刘宋元嘉中，高苑县废，于故狄县改置长乐县。高齐又自狄城移治被阳故城，或以为即今治也。

长白山，县西南三十里，县以此名。今详见上邹平县。米山，在县南三十里。相传齐桓公积土于此，为虚粮以示敌处也。又有太湖山，在长白山南。

小清河，县西北三十里，又东入新城县界。又孝妇河，在县南门外，自淄川县流入，又北入邹平县界。

乾沟河，在县西南，出长白山，东流入孝妇河。又泔河，出县南米山，流至城南，亦入孝妇河。又县西有鱼子沟河。《水经注》：其水出长白山东，谓之抑泉，即陈仲子所隐处。经於陵故城西，又北注孝妇河。系水，在县北，出苑城店，流经新城县界，入于乌河。

于亭。在县西。杜预曰：於陵县西北有于亭，齐夫于邑也。陈桓子以封齐公子周。白山马驿，在城北门外，旧置递运所于此，今革。

〇新城县，府东北二百二十里。东至青州府高苑县九十里。本长山县地，元析置新城县，属般阳路。明初，改今属。城周五里，编户四十二里。

会城，县东北五十里，与高苑县接境。或谓之高会城。隋因改置会城县，即今高苑县也。或曰：隋会城县尝治此。

马公山，县东南三十里。又东南五十里有罗山，状如罗城，因名。其相接者曰四角山，遥望四方，似有头角之势。又东为铁山，前代尝设官采铁于此。

小清河，在县北，自长山县流入境。又东北入高苑县界。孝妇河，在县西北二十五里，亦自长山县流入。又东北入高苑县界。

乌河，县东三十里。源出益都县矮槐树北，自临淄县流入境，即时水也。亦名耏水。又北入小清河。又涝淄河，在县东南，源出铁山，自张店至索镇店，西南入乌河。

鱼龙湾，在县东北四十里。或曰：即马常坑也。《水经注》：漯水东北为马常坑，坑东西八十里，南北三十里，乱河支流而入海，河海之间，于兹为最。今漯水湮绝，鱼龙湾即小清河所汇。清沙泊，在县西北二十五里。又有麻大泊，在县东北五十里，为钟水之区。

索镇店，在县东南，与青州府临淄县接界。《志》云：临淄西安故城，亦谓之索镇，其地相近也。时水经此，可通舟楫。

齐河县，府西五十里，西北至禹城县七十里，本禹城县之齐河镇。金大定八年，置县，属济南府。元属德州。明初，改今属。城周四里，编户二十七里。

晏城，县北二十五里。《志》云：齐晏婴采邑也。今县治南有晏城马驿，盖以此城名。又高唐城，在县西六十里，即齐西邑也。《孟子》：绵驹处于高唐。谓此。今见禹城县。

大清河，在县东门外，自长清县流入境，又东北入历城县界。徒河，《志》云：在县北八十里，即古徒骇河也。东北流入海。又有禹津枯河，自县境经禹城、平原、德州、德平、乐陵，东北至海丰县入海。今皆湮废。

耿济镇。在县东一里。后汉建武五年，耿弇拔祝阿，遂渡济水向历城，镇因以名。今有耿济渡口，在大清河上。宋改镇曰齐河云。○野井亭，在县东济河北岸。《春秋》昭二十五年，齐侯唁公于野井。《汉书》：祝阿县有野井亭。盖其地旧属祝阿也。

○齐东县，府东北百八十里，本邹平县地。宋于县之赵岩口置齐东镇。金初，刘豫置夹河巡司于此。元改镇为齐东县，属河间路。明初改今属。城周五里，编户四十六里。

魏王城，县西南三十里。俗传魏王李密所筑，非也。《水经注》：魏泰常七年，安平王镇平原筑此，因名。太和二十三年，罢镇为平原郡，治于此，今故址犹存。又县西二里延安镇有延安城。或曰：南燕时所筑。又有齐东旧城，在县治东大清河东岸，遗址尚存。

大清河。在县北一里。自济阳县流入，又东入青城县界。减水河，在县东二里。明朝成化间开浚，自西南引白云湖流经孽家渡口，由马家洼入大清河。《志》云：马家洼近小清河，与白云湖相接，一遇水潦，湖水即通小清河，而弥漫于马家洼，民田多被其患，因凿渠以泄之大清河，而涝池变为膏腴矣。又坝水河，在延安镇西二里，亦成化间开浚，以泄归苏镇水潦，南引白云湖，经邹、刘二沟，北注大清河。

〇济阳县，府北九十里。东至齐东县百里，本章丘县之标竿镇及临邑县地。金天会七年，始析置济阳县，以在济水北也，属济南府。元属济南路。今县城周四里，编户四十五里。

新市城，县西六十里，故邿国地。或曰：南北朝时，尝侨置中山国之新市县于此，寻废。又县西二十五里有邿城。《志》以为春秋时邿国也。

大清河，在县南门外，自临邑县流入境。又东北入齐东县界。《志》云：县北有马颊枯河。又东北接商河县境。

闻韶镇。在县东北三十里。相传孔子闻韶处，有闻韶台。《志》云：县东北六十里有仁风镇，洪武元年设巡司于此，寻革。

〇禹城县，府西北百里。西北至平原县七十里。春秋时祝国，祝，黄帝后也。后为齐之祝柯邑，柯与阿通。汉置祝阿县，属平原郡。高帝封功臣高色为侯邑。后汉亦为祝阿县。晋改属济南郡。刘宋属太原郡，后魏因之。隋属齐州，唐仍旧。天宝初，改曰禹城县，以县西有禹息城而名。宋仍属齐州，元改属曹州。明朝洪武二十年改今属。城周九里，编户五十六里。

祝阿城，县西南十七里。《礼记》：武王封黄帝之后于祝。春秋时，曰祝柯。襄十九年，诸侯盟于祝柯。《传》云：诸侯还自沂上，盟于督扬。督扬即祝柯也。汉为祝阿县。后汉建武五年，耿弇讨张步，步使其党费邑军历下，又分兵屯祝阿，别于泰山钟城，列营数十以待弇。弇渡河，先击祝阿，自旦攻城，未中而拔之，故开围一角，令其众得奔归。钟城人闻祝阿已溃，大恐惧，遂空壁亡去。晋亦为祝阿县。太元十三年，泰山贼帅张愿帅万馀人屯祝阿之瓮口是也。隋大业十一年，涿郡贼卢明月寇祝阿，齐郡通守张须陀大破之。唐曰禹城。乾元二年，史思明侵河南，守将李锐于长清县边家口决大河东至县，县因沦陷，移治于迁善镇，即今治也。宋白曰：故祝阿城在今长清县丰齐镇北二里。

高唐城，县西四十里。春秋时齐邑。杜预曰：高唐在祝阿西北。是也。襄十九年，齐夙沙卫奔高唐以叛，庆封围高唐，弗克。高唐人殖绰、工偻会夜缒纳师，醢卫于军。二十五年，祝陀父祭于高唐。昭十年，齐景公母穆孟姬为陈无宇请高唐，陈氏始大。又哀十年，赵鞅帅师伐齐，取犁及辕，毁高唐之郭。《孟子》：绵驹处高唐。是也。《史记》：齐庄公初，晋伐齐至高唐。又赵肃侯六年，攻齐，拔高唐。齐威王三十四年，与魏惠王会，威王曰：吾臣有盼子者，使守高唐，赵人不敢东渔于河。又鲁仲连谓田巴：今楚军南阳，赵伐高唐者也。汉置高唐县于此，属平原郡。后汉及晋因之，后废。后魏景明二年，改置高唐县，则今东昌府高唐州也。今见高唐州。

辕城，在县西北一云在县南百里。亦春秋时齐邑也。《左传》：哀十年，晋赵鞅伐齐，取犁及辕。杜预曰：祝阿西有辕城。汉置瑗县，属平原郡，后汉省。○斗城，在县西南。晋太元中，张愿屯祝阿之瓮口，后燕慕容隆讨之，至斗城，去瓮口二十馀里，还击愿，大破之是也。○钟城，在县东南百馀里。后汉建武中耿弇讨张步，拔其祝阿，钟城闻之，遂溃走。胡氏曰：钟城在泰山郡界，故曰泰山钟城。刘宋景平元年，魏人侵兖州，毁钟城，以立封疆而还，即此。

漯水，县西二里。《禹贡》：浮于济漯，达于河。《汉志》注：漯水出东武阳，其下流盖经此，今涸。又黄河，旧《志》云：在县南七十里，自长清县流入，又东北入临邑县境。东武阳，详见朝城县。

瓮口戍。在县南，即后燕慕容隆破张愿处。《三十国春秋》：隆兵至斗城，愿兵奄至，隆击却之，谓慕容德曰：愿乘人不备，宜得大捷，而我士卒以悬隔河津势迫之故，人思自战，故能却之。遂进战于瓮口，顾败走。盖斗城在河津之南，而瓮口又在斗城东南也。〇刘普马驿，旧置于县西十五里，成化十一年，迁于县治南。

〇**临邑县**，府北百五十里。西至德州德平县七十里。汉县，属东郡。晋属济北国，刘宋属魏郡，后魏属东魏郡。隋属齐州，唐初属谭州。贞观初，州废，仍属齐州。宋因之，元属河间路。明初改今属。城周九里，编户三十二里。

临邑城，县北三十五里。城周七里。汉县治此。后汉永平初封北海兴王子复为侯邑，其后复为县治。隋大业九年，齐郡丞张须陀击贼王簿于泰山，贼败走渡河，须陀追败之于临邑。唐亦为临邑县治。宋建隆初，河决公乘渡口，县城坏。三年移县治孙耿镇，即今治也。

著城，在县东南五十里，秦县。《史记》：曹参战济北郡，攻著。又《汉书》：灌婴收著、漯阴、平原、鬲、卢。此即著也。汉亦为著县，属济南郡。晋宋及后魏因之，北齐省。〇漯阴城，县西十里。本齐之犁丘邑。《左传》：哀十年，晋赵鞅伐齐，取犁及辕。二十二年，晋荀瑶伐齐，战于犁丘，齐师败绩。其地亦名曰隰，是时知伯亲擒颜庚，陈成子召庚之子曰：隰之役，而父死焉。杜预曰：犁丘，隰也。汉置漯阴县，属平原郡。应劭曰：县在漯水之南，因名。后汉曰隰阴，或曰漯亦音他合反。然则《左传》之隰，《汉书》之漯，或皆传写之讹，当以湿为正也。建安八年，袁谭将刘询起兵漯阴以叛谭。漯亦当作湿。晋县省。石赵复置湿阴县。宋武平广固尝侨置青州于此，寻废。

阿阳城，在县南。汉县，属平原郡。后汉省。应劭曰：漯阴县东南五十里有阿阳乡，故县也。〇归化城，在县西。《唐志》：元和十三年析临邑及安德二县地置归化县，太和四年，复省入临邑。

旧黄河，县西南四里。《志》云：县南二十里有小河，故大河支流也。堤岸陡峻，支分八道。又钩盘河，在县西北二十里，今为盘河店。《志》云：旧自德平县流入，经县东五十里盘河店，又东至乐陵县南入海，今堙。

四渎津，在县东，接临济废县境。《水经注》:河水东北径临邑县，又东北流经四渎津，西岸侧临河有四渎祠，以自河入济，自泗人淮，自淮达江，水径周通，故有四渎之名。后魏普泰二年高欢入邺、尔朱世隆在洛，谋拒欢，使齐州行台尚书房谟募兵趣四读，又使其弟青州刺史弼趣般城，扬声北渡，为犄角之势。既而世隆败，引还。般城见德平县，或讹为乱城。今津流迁改，故迹已堙。

鹿角关。县北十五里。旧有鹿角津，大河所经也。唐置关于此，周围四里。

○长清县，府西南七十里。又西南至肥城县九十里。汉卢县地，属泰山郡。后汉属济北国，晋因之。刘宋及后魏俱属济北郡。隋置长清县，属济州，因界内清水为名。唐天宝十三年，改属齐州。宋因之。元属泰安州，明初改今属。《志》云：郡所辖州县俱土城，正德十一年，惟县城甃以石，周四里有奇。今编户四十四里。

长清故城，县东南三十里。春秋时石窌邑也。窌音幼。《左传》：成二年，齐侯以辟司徒之妻为有礼，与之石窌。即此。隋初为卢县之长清镇，寻置县于此。宋至道二年，移县治刺榆店，即今治也。

卢城，县西南二十五里。春秋时齐邑，齐公子傒食采于此。《左传》：隐三年，齐侯、郑伯盟于石门，寻卢之盟也。成十七年，齐高弱以卢叛。襄十八年，晋赵武、韩起以上军围卢。二十九年，齐高竖又以卢叛。战国时谓之博阳，以在博关南也。项羽封田安为济北王，都博阳，即此。汉置卢县，初属齐国。文帝分置济北国，都卢。后属泰山郡，郡都尉治焉。后汉初，东平人爱曾字子路，起兵卢城头，谓之城头子路。和帝永元二年，复分泰山置济北国治此，晋因之。刘宋亦为济北郡治。后魏兼置济州。隋初郡废州存。大业初，复曰济北郡。唐仍为济州。天宝初，曰济阳郡，皆治卢县，十四载郡县俱废。五代周改置济州于巨野，即今济宁州，而卢县遂废。博关，见后博平县。

碻磝城，在县西北。沈约宋书作敲嚣，今读曰敲磝。卢县北一里有碻磝津，津有城，故以为名。晋永和八年，姚弋仲死，子襄帅其众屯碻磝津。太元九年，谢玄北伐，遣刘牢之据碻磝。十一年，慕容垂遣慕容德等攻东阿，济北太守温详遣从弟攀守河南岸，子楷守碻磝以拒之，垂遣别将兰汗等于碻磝西四十里济河，详等皆南遁。义熙十三年，刘裕伐秦，引军入河，以向弥为北青州刺史，留戍碻磝。宋永初三年，魏将周幾等南寇，渡河，军于碻磝。明年，魏人立济州中城于此。元嘉七年，遣到彦之等经略河南，取魏碻磝。所谓河南四镇之一也。寻复没于魏。二十二年，魏主焘发冀州民造浮桥于碻磝津。二十七年，复伐魏，前锋申元吉趣碻磝，取之。青、冀二州刺史萧斌等守碻磝，使王玄谟进屯滑台，既而玄谟自滑台遁还，斌欲固守碻磝。沈庆之曰：今青、冀虚弱，而坐守穷城，若敌众东过，清东非国家有也。斌乃使玄谟戍碻磝，引军还历城。明年，江夏王义恭以碻磝沙城不堪守，召玄谟令毁城还历城，魏人追击败之，遂取碻磝。二十九年，复遣军北伐，张永等分道向碻磝，攻围历时不能拔，败还。自是碻磝遂没于魏。魏太和二十年，如碻磝，命谒者仆射成淹具舟楫，欲自泗入河，溯流还洛。正光四年，济州刺史刁宣复筑碻磝外城。后周武帝平齐，又筑第二城，即碻磝中城也。寻又于碻磝津置关，曰济州关。隋末关废。唐天宝十三载，济州郡县皆圮于河，其后河流迁徙，碻磝遂成平陆。《水经注》：碻磝城，本汉东郡茌平县故城。其城临水，西南隅崩于河，后更城之。魏置济州治此，河水冲其西南隅，又崩于河。《通典》：唐济州治，即古碻磝城。胡氏曰：城西南有津，即碻磝津云。

山茌城，县东北三十里。汉茌县，属泰山郡。后汉因之。茌读曰淄。

晋为山茌县，仍属泰山郡。升平三年，慕容隽以贾坚为泰山太守，屯山茌，晋将荀羡击破之。太元中改属济北郡。刘宋属太原郡，后魏因之。隋废，唐复置，属齐州。天宝初，改曰丰齐县。元和十五年，以户口凋残，并入长清。五代时，置丰齐驿。梁敬翔《编年录》：丰齐驿在济州东南三十里。谓此。今曰丰齐镇，镇北二里即祝阿故城云。○济北废县，在县西三十里。隋开皇十四年置时平县，属济北郡。大业初改曰济北县，贞观初省。

升城，在县东北，旧戍守处也。晋义熙中，侨置太原县于此，属泰山郡。刘宋元嘉十年割济南、泰山郡立太原郡，治太原县，属青州，后兼置并州于此。泰始三年，并州刺史房崇吉守升城，不附魏，为魏将慕容白曜所陷。后魏曰东太原郡。魏收《志》：东太原郡、太原县，俱治升城，是也。《水经注》：太原郡治山茌堨北。后齐郡县俱废。○鼓城，在县西，战国时齐邑。《国策》所云齐闻此必效鼓，是也。魏收《志》卢县有鼓城。

垣苗城，在县东北。《水经注》：济水自平阴县城西，东北径垣苗城西。本名洛当城，当河、济之会。宋武西征，令垣苗镇此，因名。宋泰始三年，肥城、垣苗、糜沟等戍皆不附魏。既而为魏将慕容白曜所陷。魏收《志》：垣苗、糜沟二城，在东太原郡太原县界。又石塞城在县西南，南燕时戍守要地也。晋义熙二年，南燕西中郎将封融奔魏，与群盗袭石塞城，杀镇西大将军馀郁，国中震恐。是也。

隔马山，县东南六十里。《春秋》：襄八年，晋师伐齐，齐师遁，殖绰、郭最代阎人凤沙卫殿，卫怨二子，杀马于隘以塞道，欲使晋师得之也。后人因以名山。《水经注》谓之格马山。

青崖山，在县东南四十里冈峦绵邈，崖谷长青，有南沙河水，与七仙泉、白石泉诸水合流其下。宋嘉定十三年，金长清令严实聚众结寨于此，太行以东，实为雄长。一名青崖嵓。稍西北曰五峰山，冈阜环合，泉石甚胜。

方山，县东南九十里，即《水经》所云玉符山也。四面方正，因名。峰峦高耸，泉流环绕，东南有琨珸谷。符秦时，沙门僧朗隐此，亦曰朗公谷。山北有灵岩寺，唐李吉甫《十道图》以润之栖霞，台之国清，荆之玉泉，与此为四绝者也。《唐书》：麟德二年，发灵岩顿，至泰山下。《金史》：灵岩寺有屋三百馀间，且连接泰安之天圣寨，介于东平、益都之间，驻兵于此，足相应援。元初，泰安张汝楫据灵岩，以拒蒙古之兵，是也。山顶有六泉，皆甘冽。又鸡鸣山，在县东八十里。《志》云：灵岩寺西山口也。

大清河，在县西南二十里。自平阴县流入境，又东北入齐河县界，即济水也。《左传》：隐三年，齐、郑盟于石门，郑伯之车债于济。盖在县界。

南沙河，县南二十里。源出隔马山，西北注于大清河，亦谓之沙沟水。刘宋大明二年，魏兵攻清口，宋将庞孟虬等败魏兵于沙沟。《水经注》：中川水与宾溪水合，北流经卢县故城东，又北流入济，俗谓之沙沟也。清口，见济上县。

丰齐河，县东北三十里。自泰山北下柳坞、都泉诸溪水会而成流，经渴马崖，又西北经丰齐镇至县北，入大清河。又耿家陂，在县西北三十里，周三十里，下流入大清河。

四渎津，在县西南。《水经注》：河水东北径临邑县，又东北流经四渎津西岸侧，临河有四渎祠。以自河入济，自泗入淮，自淮达江，水径周通，故有四渎之名。后魏普泰二年，高欢入邺，尔朱世隆在洛谋拒欢，使齐州行台尚书房谟募兵趋四渎，又使其弟青州刺史弼趋般城，扬声北渡，为犄角之势。既而世隆败，引还。般城见德平县，或讹为乱城。今津流迁改，故迹已埋。

济州关，在县西，即碻磝津也。高齐末，齐主纬自邺走济州，复走青州，遣高阿那肱守济州关。周师至，阿那肱以关迎降，即此。馀详碻磝城。○石都寨，在县东南七十五里，有巡司戍守。

清亭，在县东。《春秋》隐四年：公及宋公遇于清。哀十一年：齐伐我及清。杜预曰：卢县东有清亭。以清水所经而名。《水经注》：济水自鱼山北径清亭。京相璠曰：东阿东北四十里有清亭。盖亭在东阿、卢县间也。

石门。在县西南。《春秋》：隐三年，齐侯、郑伯盟于石门。京相璠曰：石门齐地，今卢县故城西南六十里故石门，去水三百步，盖水渎流移，石门旧在岸侧也。今圮于河。○广里，在县西南。《志》云：平阴城北有防门，又北有光里。齐人言广，音与光同，《左传》所谓堑防门而守之广里者也。司马彪《续汉志》：卢县有光里，亦曰广里。东魏初，侯渊自齐州罢还，行及广里，高欢复以渊行青州事，即此。今亦见平阴县。

○**肥城县**，府西南百六十里。东南至兖州府宁阳县九十里。古肥子国。汉置肥成县，属泰山郡。后汉属济北国，寻省入卢县。刘宋时济北郡治于此后魏复置肥城县。孝昌三年，置东济北郡治焉。后齐郡废。后周置肥城郡。隋郡废，县属济州。唐武德五年，以县属东泰州。贞观初，州废，县省入博城。宋为平阴县地。金曰辛镇寨。元至元十二年，于寨置肥城县，属济宁路。明初改今属。城周六里有奇，编户三十里。

肥城故城，在县西。汉县治此。刘宋泰始三年，魏慕容白曜将攻肥城，司马郦範曰：肥城虽小，攻之引日，因张军威，以书谕之。肥城遂溃。太子贤曰：故城在今平阴县东南。《志》云：县北五十里有古长城。

巫山，县西北七十五里。《左传》：襄十八年，晋师伐齐，齐侯登巫山以望晋师，即此。一名孝堂山，相传郭巨葬母于此。○陶山，在县西三十里，达平阴县界。相传陶朱公入齐，曾止于此。又金牛山，在县西十里，上有五龙池，一名郁葱山。

瀑布山，县南四十里，瀑水悬崖二十馀丈，其上为天井峪，旁有岭，蜿蜒高耸，谓之横岭。又有柱亭、虎门诸山，俱与瀑布山相近。○狼山，在县西南五十里，其地亦名狼山屯。

五道岭，县西北二十五里，当往来通道，旧置马驿于此。又吴儿岭，在县北六十里。县西北七十里曰孙家岭。又有吉木岭，在县南十五里。

肥河，县东十里，源出孝堂山。又孤山河，出县东十里之孤山。合沟河，出县东南十里之潮泉，与肥河汇流为一，西入大清河。○泌水，在县西。《水经注》：肥城有泌水，西南流入平阴县界，注于汶水。又开河泉，在县西北。《志》云：县境凡九泉，俱南流入于汶河。

三布口，在县东。晋太元十二年，后燕慕容隆败张愿于瓮口，愿脱身保三布口，燕人进军历城。三布口盖与泰山相近。○句窳亭，在县南。《东观记》：汉章帝元年，凤集肥城句窳亭。今县南四十里有凤凰山，即其地也。

安宁村。县南四十里，旧置马驿于此，与五道岭为两驿。嘉靖四十三年，并为一驿，曰五宁驿。又有大石巡司，在县北十里。

○青城县，府东北二百二十里。西北至武定州九十里。本临邑、宁津二县地。唐曰青城镇宋因之，金曰青平镇。元置青城县，属济南路。中统中改属陵州。至元初，又改属河间路。明初省入邹平、齐东二县。洪武十四年复置，今县，属济南府。城周四里，编户三十一里。

大清河。县北八里，自武定州流入境，又东入滨州界。

○陵县，府西北二百四十里。南至东昌府二百六十里。汉置安德县，属平原郡。晋、宋因之。后魏改属乐安郡。中兴初，分置安德郡治此。隋为德州治，唐、宋因之。明初省安德县，寻改陵县治此，属济南府。今编户三十二里。

故德州城，即今县治。唐时平原为河北雄郡，天宝末，颜真卿为平原守，知安禄山必叛，乃修城浚池，阴为之备。既而河、朔尽陷，惟平原拒守。元王恽云：德州城壁堑高深，城门内起直城前障，瓮蔽内外，左右堰道，其尾相属，相传颜鲁公制也。城周二十馀里，明初改置今县。永乐初，徙其甍以筑德州城，而县仅存土垣，荒凉殊甚。正德六年，以流贼犯境，改筑土城，亦曰内城，周仅八里，即今城也。

鬲城，在县东北。古鬲国鄋瞒卑阅之后。《左传》云：夏臣靡奔有鬲氏。即此。汉置鬲县，属平原郡。后汉建武中，封朱祐为侯邑。晋仍之。后魏改属安注。魏收《志》曰：鬲县治临齐城。《水经注》：笃马河自安注，又东北径临齐城南，始东。齐未宾，魏筑城以临之，是也。《隋志》：齐废鬲县入安注。《括地志》：鬲城，在安注县东北五十里。

白石城，县北二十里。汉文帝封齐悼惠王子雄渠为白石侯，此其食邑也。又重丘城，在县北五十里。或以为即《春秋》襄二十五年诸侯同盟处也。汉置重丘县，属平原郡，后废。县东北又有临齐城，相传后魏所置。《水经注》：齐地未宾，魏筑城以临之，因名。后废。

三汊口城，在县东南。《唐史》：贞元初，淄青帅李纳于德州南跨河而城守之，谓之三汊城，常置戍以通魏博之路。贞元八年，纳子师古嗣职，镇冀帅王武俊引兵至德州，将取三汊，诏师古毁其城是也。

德河，县东五里，亦曰五里河。西流入于卫河。《志》云：县东南三里有马颊河，西三里有覆鬴河，皆九河故道也。一云马颊枯河在县南七十里，县西南七十里有鬲津枯河。又故黄河，在县西南八十里。

神头店。县东北二十里。《通志》云：汉厌次县治此。似误。

附见：

济南卫。在府城内，洪武十九年建。又肥城守御千户所，在县治西，洪武二十一年建。今亦置济南卫。

〇泰安州，府南百八十里。南至兖州府百三十里，西至兖州府东平州百八十里，西南至兖州府济宁州二百二十里，西北至东昌府三百七十里。

春秋、战国时齐地，秦属齐郡。汉为泰山郡地，一云即汉初济北郡，郡治博阳。六年，以济北、博阳二郡封齐，寻又置泰山郡，治奉高。武帝又以奉高、博阳并为郡治。或谓博阳即博也，恐误。晋及后魏因之。隋郡废，属兖州。大业初，属鲁郡。唐武德五年，置东泰州。贞观初，州废，仍属兖州。天宝初，属鲁郡。乾元初，复故。宋仍属兖州。金置泰宁军，又改泰安军。大定三十三年，升为泰安州。元初，属东平路，后隶省部。明初属济南府，以州治奉符县省入，编户九十七里。领县二。今仍为泰安州。

州北阻泰山，南临汶水，介齐、鲁之间，为中枢之地。山东形胜，莫若泰山，泰山之形胜，萃于泰安。由此纵横四出，扫定三齐，岂非建瓴之势哉？

奉符废县，今州治。春秋时，齐之博邑也。《志》云：古博城，在今州东南三十里。《左传》：哀十一年、公会吴子伐齐，克博。又《国语》：吴王使王孙苟告周曰，遵汶伐博。汉三年，韩信袭破齐，田横走博阳。《汉书》作田横走博。盖博即博阳也。又灌婴追横至嬴、博，是矣汉置博县，属泰山郡。晋、宋因之。后魏曰博平县，泰山郡治。北齐改郡曰东平。隋初郡废，开皇十六年，改县曰汶阳，属兖州，寻又改汶阳曰博城。唐初，置东泰州，寻还属兖州。乾封初，改为乾封县。总章初，复曰博城。神龙初，又为乾封。宋开宝五年，移县治岱岳镇，即今州治也。大中祥符初，改县曰奉符，又筑新城，在今州东南三里，而以岱岳镇为旧城。金置泰安州，复还旧治。今州有石城，即金所筑也。元因之。城周七里有奇。

奉高废县，州东北十七里。汉置县，为泰山郡治。后汉及晋宋因之。后魏仍属泰山郡。隋开皇六年，改曰岱山县。大业初，并入博城县。唐初，置岱县，属东泰州。贞观中废。《汉志》注：奉高县西南四里有明堂。武帝元封初，从封禅还，坐明堂。明年，作明堂于汶上。太初元年十一月甲子，朔旦冬至，祀上帝于明堂。天汉三年春三月，上行幸泰山修封，祀明堂。天汉四年，幸泰山，祀明堂。后汉元和二年，幸泰山，柴告岱宗，进幸奉高，祀五帝于汶上明堂。《括地志》：博城东北三十里汶水有明堂故城。《志》云：此周明堂也，其在州东十里者曰汉明堂。魏收《志》：奉高有故明堂基。《水经注》：古引水为璧雍处，基渎存焉。世谓此水为石汶。

嬴城，州东南五十里，春秋时齐邑也。《左传》：桓三年，公会齐侯于嬴。哀十一年，公会吴师伐齐，克博至嬴。十五年，公孙宿以其兵甲入于嬴。又孟子反于齐，止于嬴。汉初，灌婴败田横之师于嬴下，寻置嬴县，属泰山郡。后汉初，陈俊讨张步，步连结泰山群盗与俊战于嬴。建安中尝为嬴郡，曹操表糜竺领嬴郡太守是也。晋仍为嬴县，宋因之。后魏移置于废莱芜城，即今莱芜县也。《水经注》：汶水自莱芜，又西南径嬴县南，又南至奉高。或云：莱芜县北二十里有故嬴城。

泰山，州北五里。亦曰岱宗，五岳之一也。详见前名山泰山。

亭禅山，州西南五里，一名高里山。汉太初元年，幸泰山禅高里是也。高或误作。或以此为亭禅山。其左为社首山，周成王、唐高宗、玄宗、宋真宗皆禅于此。○徂徕山，州东南四十里。《诗》：徂来之松，谓此也。一名尤来山，亦曰尤崃山。后汉初，赤眉渠帅樊崇保此，自号尤崃三老。桓帝延熹四年岱山及博尤来山皆颓裂。唐李白等尝隐于此。上有紫源池、玲珑、独秀诸峰及天平东西三寨下有白鹤湾。

石闾山，州南四十五里。汉武太初、太始及征和中皆禅于此。《史记·封禅书》：石闾在泰山下址南方，方士多言此仙人之闾也，故上亲禅焉。○亭亭山，在石闾南五里。《史记》：黄帝禅亭亭。按：《汉志》巨平有亭亭山。刘昭曰：即禅亭也。《水经注》：汶水自博县，又西南经亭亭山东，又西南经巨平县东。水上有石门，旧分水下溉处也。刘昭以此为亭禅山。又云云山，在州东南百二十里。《封禅书》：无怀、伏羲、神农、炎帝、颛顼、帝喾、尧、舜、汤皆禅云云。即此山也。

梁父山，州东南百十里。《史记》：秦始皇封泰山禅梁父。《封禅书》：八神，二曰地主，祠泰山梁父。《后汉书》：建武三十二年，禅于梁父。《志》云：梁父山西接徂徕，南入泗水县界，其东即云云山也。又介丘山，在州南五十里。《志》云：宋真宗封泰山，登介丘。即此。

肃然山，州东北七十里。《史记》：武帝封泰山，下阴道，禅泰山下址东北肃然山。是也。其东南即莱芜县界，山势巍峨，对之肃然，因名。

长城岭，州西北六十里。《志》称齐威王筑城以备楚，自平阴缘河历泰山北冈上，东至海千馀里。按《管子》云：长城之阳鲁也，长城之阴齐也。则春秋时已有长城矣。《战国策》：燕王曰：齐有长城巨防。《史记·齐世家》：威王十一年，赵侵我长城。又《楚世家》：还盖、长城以为防。《外纪》：威烈王十六年，王命韩、赵伐齐，入长城。《竹书》：梁惠成王二十年，齐闵王筑防以为长城，城缘河经泰山千馀里，东至琅邪台入海，往往有壁门邸阁。夫魏惠王与齐威同时，作闵王误也。又《齐记》：宣王乘山岭之上筑长城，东至海，西至济州千馀里以备楚。长城岭，盖即泰山冈阜，以古长城所经而名也。

汶水，州南六十里。源出岳北仙台岭，合诸溪谷之水，经州东四十里谓之堑汶。又西南经徂徕山北，复南会别源诸水，南流三十里至静封镇。而莱芜县境之汶水，分二源而西注，经徂徕山南至此合流，所谓大汶口也，又西南入兖州府宁阳县境。《述征记》：泰山郡水皆名曰汶，汶凡有五：曰北汶、瀛汶、牟汶、紫汶、浯汶，皆源别而流同。

泮河，州西五里。源出岳西北之桃花峪，会诸谷水流经州东南二十里，又东南入于汶。又梳洗河，在州东一里，出岳南黄岘岭，合诸水为中溪，东南流会于泮水。又漆河，在县西一里，出岳西白龙池，亦南流会于泮河，并入汶河。○漕河，在州南五十里。《志》云：出州东淳于野，西南流入汶。

铁佛寺泉，州东二十五里。又龙湾泉，在州南八里；张家泉，在州西南五里。《志》云：州境凡二十八泉，多由平地土石中涌出，俱入汶水，达于运河。又州西境有谢过城等五泉，万历中新导之泉流也。谢过城与兖州府宁阳县接界，今详宁阳县。

蜀亭，在州西。《春秋》：成二年，楚侵鲁，至蜀，鲁请盟，遂及楚人及诸侯之大夫盟于蜀。杜预曰：博县西北有蜀亭。又有红亭。《左传》：昭八年，大蒐于红，至于商、卫。杜预曰：奉高西南有红亭，接宋、卫也。

龙乡。在州西南。《左传》：成二年，齐围龙，取龙，遂南侵，及巢丘。《史记》作隆。杜预曰：龙，鲁邑，在博县西南。刘昭曰：博县有龙乡城。龙亦作隆。○阳桥，在州西北。陆澄曰：博县有阳桥，盖地名，无桥也。《春秋》：成二年，楚侵卫，遂侵鲁，及于阳桥。孟献子请往赂之，遂盟于蜀。阳桥盖与蜀近。

○**新泰县**，州东南百八十里。东南至青州府蒙阴县百五十里。汉东平阳县地，属泰山郡，后汉省。晋泰始中改置新泰县，仍属泰山郡，后属东安郡，刘宋因之。后魏属东泰山郡。隋属沂州。唐武德五年，改属莒州。贞观八年，仍属沂州，宋因之。金改今属。元省，寻复置。明朝因之。今城周六里，编户二十一里。

东平阳城，在县西。鲁邑也。《左传》：宣八年，城平阳。哀二十七年，公及越后庸盟于平阳。汉初，灌婴下下邳，击破楚骑于平阳是也。寻置东平阳县，以河东有平阳县，故此加东。晋置新泰县，而东平阳遂废。《志》云：县西北四里有东、西侯城，相传汉武所筑。

宫山，县西北四十里，连莱芜县界，泰山左翼也。旧名小泰山，即古新甫山矣。《诗》：新甫之柏是也。山上有云衢岫，东有球杖壑，西有冰寨溪、五云洞，西北有千人洞。宋常曾云：汉武易小泰山为宫山，封三峰为义山。义山之北曰黄岭，下有洞，深远莫测。〇龄山，在县东南十里。志云：即整山也。《左传》：申编曰：先君献、武废二山，谓具、龄也。献公名具，武公名龄。其山在整山东南二十五里。

龟山，县西南四十里。山之南，即泗水县界。《诗》：奄有龟、蒙。谓此龟山也。《春秋》：定十年，齐人来归郓、讙、龟阴田。山之牝即龟阴田矣。又夫子去鲁，作龟山之操。山峰峦层叠，旧为鲁境之望。〇榆山，在县东北十里，山多榆。其相接者曰五峰山，有五峰特起。下有泉澄澈若鉴，谓之宝泉。又有寨山，在县西北十里，相传昔人避兵处。

小汶河，县东北三十里。源出东北四十里之龙池，池在龙亭山下，西南流百里入于汶河。又东河，在城东，源出县东北三十里之孤山，西南流三十里入小汶河。〇泥河，在县西四十里，源出寨山，亦西南流三十里入小汶河。县西六十里曰广平河，源出宫山，西南流二十里，亦入小汶河。

和庄泉，在县西。《志》云：县境凡十四泉，俱西流注于汶河。又有刘官庄等五泉，则万历中所新导。

上四庄。县西七十里，有巡司。《通志》：县西五十里有谷里，相传古齐、鲁会盟处即夹谷云。

〇莱芜县，州东百二十里。东北至淄川县百六十里。汉置莱芜县，属泰山郡。应劭曰：鲁莱柞邑也。《左传》：昭七年，季孙以桃易孟氏之成，其臣谢息辞以无山，与之莱柞。盖邑有二小山也。后汉亦为莱芜县，晋因之。刘宋时省。后魏移置嬴县于此，仍属泰山郡。隋属兖州。唐初属东泰州，贞观初，省县入博城。长安四年，于废嬴县置莱芜县，属兖州。元和十七年，并入乾封县，太和初复置。宋初仍属兖州，寻置莱芜监。金废监，以县属泰安州，元因之。明初属济南府，洪武三年改今属。县城周四里，编户四十二里。

牟城，县东二十里，春秋时小国。桓十五年，牟人来朝。僖五年，公孙兹如牟，娶焉，即此。汉置牟县，属泰山郡，后汉及晋、宋、后魏皆因之。北齐省。隋开皇十六年，分嬴县置牟城县，属兖州，大业初复废。《志》云：县东北六十里有裹头城，俗传汉武登蓬莱，经此筑城，时方簪冠学道，故名。

平州城，在县西。《春秋》：宣元年，公会齐侯于平州。杜预曰：牟县西有地名平州。魏收《志》牟县有平州城，鲁邑也。汉武封王唊为平州侯，食邑于此，寻废。

原山，县东北七十二里，与淄川县接界。汶水及淄水出于此。《淮南子》：淄水出饴山，即原山别名也。一名马耳山，旧有马耳山关，为险厄处。亦曰马耳谷。晋义熙三年，南燕慕容超母、妻自姚秦还，超迎于马耳关。宋元嘉七年，到彦之屯东平，闻洛阳虎牢不守，欲焚舟步走，引兵南还。王仲德曰：彼去我犹千里，滑台尚有强兵，若遽舍舟南走，士卒必散。当引舟入济，至马耳谷口更详所宜。盖仲德欲引舟师自济入淄，至马耳谷，由此可以南保兖州，东固青州也。魏收曰：嬴县有马耳山，汶水出焉。是马耳即原山矣。馀见淄川县。又肃然山，在县西北五十里，与泰安州接界。

冠山，县西南五十里。脉起泰山，突峙于此。汉元凤三年，有大石自立，其形似冠，山因以名。盖宣帝起于民间之象也。○韶山，《寰宇记》云：在县西北二十里，山出铁，汉置铁官于此。《志》云：县东十三里有大石山，产铁及大石。又矿山，在县西北五里，尝出铁矿。又阴凉山，在县北三十里，产铜矿。《唐志》：县有铁冶十三，铜冶十八，铜坑四，又有锡冶。开元六年，令赵建威于县西北十五里开普济渠，以运铜铁，并灌民田，今矿闭而渠亦塞。

瓮口山，县东北九十里。形如瓮口。或以为即东晋时张顾所据处，似误。旧尝置青石关于此。瓮亦作罋。又九岭山，在县东四十里。县东南三十里又有三尖山，俱以九岭、三峰之胜而名。○葫卢关山，在县东南五十里，山形险隘。又县西南八里有苍龙峡山，亦曰青龙峡，山狭水急，如喷激然。又县西南三十里有龟兄山，一名聚胜寨。

莱芜谷，在县西南。《从征记》：县城当两山间，道由南北门，连山凡数十里，谓之莱芜谷。后汉末范子云为莱芜令，谓莱芜故齐地也。《春秋》：定十年，夹谷之会，齐侯使莱人以兵劫鲁侯，即此地矣。应劭以为鲁之莱柞邑。郦道元谓莱柞山名，非邑也。或曰疑以山名邑，即今莱芜谷旁诸小山矣。旧《志》：夹谷在县南三十里，连新泰县界，《水经注》：以此为齐鲁会处。又《唐史》：中和四年，黄巢东窜，李师悦以彭门之师，败之于瑕丘，巢走狼虎谷，为其甥林言所斩。狼虎盖莱芜之讹音转也。又长城岭，在县北九十里，地势高爽，林木郁茂。盖战国时长城经其上，今讹为长春岭。

汶水，在县南二十里。其上源一出原山，一出寨子村，会流于此，地名胜水峪，俱西入泰安州境。○司马河，在县西十里，源出县东北二十里大室山，西南流入于汶水。

小龙湾泉，县东北四十里。亦曰小龙湾河，合县西司马河，又西南流入于汶。《志》云：县西南十五里有郭泉，其旁有牛泉，又县西北二十里有乌江泉，又四十里有吕公泉，县东南三十里有湖眼泉及鹏山、莲花等泉。《泉河考》：县境之泉凡十六，俱流注汶水达于漕河。又有韩家庄等五泉，万历中所新导也。

马耳关，在原山西麓。又青石关在瓮口山下，今俱废。○艾陵亭，《志》云：在县东北。《春秋》：哀十一年，公会吴伐齐，败齐师于艾陵。孔氏曰：博县南六十里有艾山，即艾陵。似误。

通远驿。县北七十里。相近又有治村驿，宋、元时故驿也，明废。县东有税课局，永乐八年革。又有铁冶提举司，宣德间革。

○德州，府西北二百八十里。东至武定州二百二十里，南至东昌府三百里，西南至北直清河县二百七十里，西至北直冀州二百三十里，北至北直景州七十里。

春秋，战国时齐地，后属赵。秦属齐郡。汉置平原郡，后汉因之。晋为平原国。刘宋仍曰平原郡，后魏至后周因之。魏收《志》：武泰初置南冀州于平原郡，永安初州罢。隋郡废，改置德州，炀帝时，复曰平原郡。唐武德四年，复置德州。天宝初，亦曰平原郡。乾元初，复故。五代因之。《通志》：石晋时，德州移治长河县。长河，见北直景州。宋仍曰德州，亦曰平原郡。金、元皆仍旧。明初，以州治安德县省入，寻废旧治为陵县，而州治于陵县境内。编户三十四里。领二县。

州控三齐之肩背，为河朔之咽喉。战国时，齐、赵往往争衡于此。汉得赵地，亦由此以临齐。盖制驭山东，莫便于平原也。晋失其纲，平原恒为战地。刘宋时，魏人谋并青州，以平原为河津要会，恒置重镇于此。魏主焘及濬时，屡自平原窥青州。唐天宝中，渔阳肆祸，惟平原能挫其锋。五代梁时，晋王存勖袭据德州，而沧、贝中断。朱梁乾化五年，晋王得魏博，时贝州未下，诸将议取贝州，东兼沧、景。晋王曰：贝州城坚兵多，未易猝拔，德州隶于沧州而无备，若得而戍之，则沧、贝不得往来，二垒既孤，然后可取。遂袭德州，克之。**明初取燕京，大军由德州而进，靖难之师，先下德州，引军而南，遂成破竹之势。盖川陆经途，转输津口，州在南北间，实必争之所也。**

废陵县，在州东。汉平原郡安德县地。隋开皇十六年，析置将陵县，仍属平原郡。唐属德州。宋属景州，金因之。元升为陵州，属济南路，寻改属河间路。明初，降为县。永乐七年，于县置德州，而移县治德州城内。《城邑考》：州故土城，洪武三十四年始甃以砖，周十一里。正德六年，复筑罗城，嘉靖七年增修。今城周二十馀里。

龙凑城，在州东北，盖河津置戍处。后汉初平三年，公孙瓒遣兵击袁绍，至龙凑，为绍所败。又建安九年，袁谭军龙凑，曹操攻之，谭拔平原，走保南皮。胡氏曰：龙凑在平原、渤海间，为河津要口。又云城，在州西。汉元封四年，封齐孝王子信为云侯，邑于此。旧《志》：陵县西水侧有云城。

卫河，在城西，即漕河也。自东昌府恩县流经北直故城县界，又东北流经州城西，又北入北直景州之境。凡东南漕粟，商贾宾旅，以及外夷朝贡，道皆由此。详见北直大川。

笃马河，州东南四十里。《汉志》：平原有笃马河。鸿嘉四年，渤海、清河、信都河水溢，灌县邑三十一，孙禁请决平原金堤间，开通大河，令入故笃马河，至海五百馀里者也。《水经注》：笃马河由平原北首受大河，经安德、平昌、般县、乐陵之境，又径阳信故城南，东北入海。今故道仅存，俗呼为土河，惟水涨时，自东昌府魏家湾溢出，循故道入海，馀皆乾涸。又钩盘河，在州东，又东经德平县，东北入乐陵、阳信县界，今亦枯绝。

马颊枯河，在州南七十里。州西南七十里有鬲津枯河。又故黄河，在州西南八十里。

陈公堤，州东南五里，西南入东昌府界。宋陈尧佐守滑时，筑此堤以障黄河水患，因名。

桑儿园，州北七十里。良店水驿置于此。又北三十里，即北直景州之废安陵城也。正德中马申锡驻桑儿园招流贼刘六等，即此。又州南七十里为梁家庄水驿，接北直故城县界，与城西安德水驿皆为运道牵挽要途。〇太平马驿，在州南七十里。又州城南有安德马驿，盖州当南北之孔道。

歇马亭。州北十里。《志》云：唐太宗征辽尝驻于此。又德州递运所，在城北三里卫河之滨，永乐七年置，并建水次仓于此。今递运所与太平驿俱废。

〇德平县，州东百六十里。东至武定州六十里。汉置平昌县，属平原郡。后汉曰西平昌县，晋、宋因之。后魏复曰平昌县，又置东安郡于此。北齐郡废。隋属德州，唐因之。大和中改属齐州，寻复旧。五代唐改曰德平，宋熙宁六年，省入安德，元符初复置。今城周二里有奇，外城周七里，编户三十里。

平昌城，县东北一里。汉县治此。帝立齐悼惠王子卬为平昌侯，寻立为胶西王是也。宣帝又封王无故为侯邑。东汉以北海郡有平昌县，故此加西。自晋至隋县治此也。唐大和中移于今治。

鬲县城，县东十里。古鬲国，鄩姓，咎繇之后，《左传》所云：靡奔有鬲氏者。汉置鬲县，属平原郡，后汉建武中封朱祐为侯邑。晋、宋仍属平原郡。后魏亦曰鬲县，属东平原郡。后齐废人安德县，城址尚浆存。〇般城，在县东北三十里。汉置般县，属平原郡。般读曰搬。晋属平原国，刘宋仍属平原郡。后魏初属乐安郡，中兴初置安德郡治焉。后齐郡县俱废。隋开皇十六年复置，属德州。唐贞观十七年省入平昌县。

般城，县东北三十里。汉置般县，属平原郡。般，读曰搬。晋属平原国。后魏初，属乐陵郡。中兴初，置安德郡治焉。后齐郡县俱废。隋开皇十六年复置，属德州。唐贞观十七年，省入平昌县。又县东十里有鬲城，盖南北朝时所侨置。或以为故鬲城也，恐误。今见陵县。

重平城，县西北三十里。汉县，属渤海郡，后汉省。后魏孝昌中复置重平县，属安德郡。后齐省入平昌。应劭曰：重平东北八十里即重合县也。重合，今见北直沧州。

屯氏枯河，在县东北。《水经注》：屯氏北渎东北经重平故城南，其别河东北径西平昌故城北，又径般县故城北，今堙。○商河，在县南。《水经注》：商河出杨虚县东，首受河，亦漯水及泽水所经也。《志》云：商河过径原县东，又径县南，入乐陵县及商河县境，东北径武定州至阳信县，下流入海，今断续过半矣。

般河，在县东北。或曰：故钩盘河也，为九河之一。自德州经县界，入乐陵及阳信县境，下流入海。后汉初平二年公孙瓒破黄巾于盘河。又瓒与袁绍相攻，瓒引军屯盘河。魏收《志》：般县以般河所经而名。《水经注》：屯氏别河径西平昌县故城北，故渠川派东入般县为般河。颜师古曰：汉般县，即《尔雅》之钩盘。○马颊河，在县南十里，一名新河。唐久视初，开此以导河流，寻废。县北十里有鬲津河，东南流经县东二十里，又东入乐陵县界。《水经注》：大河西流径平原鬲县故城西，谓之鬲津。又土河，在县西北，自德州流入，又东北入北直宁津县界。

白鹿渊，在县东北。《水经注》：般县东有白鹿渊，南北三百步，东西千馀步，深三丈，其水冬清夏浊，渟而不流。若夏水洪泛，水深五丈，方通注于般渎。又黑水潭，在县西北三十五里，两崖陡立，渊深莫测，望之水黑如黛，流注屯氏故河。亦曰黑龙潭。○鲧堤，在县西南二十五里。相传伯鲧所筑，断续高卑约十馀里。

杨二庄。在县境。正德中裨将许达歼贼于此。○吴令寨，在县西南十里。又党家寨，在县西南十五里。王家营，在县西南十八里。县西北二十五里又有小官寨。皆昔时戍守处。

○平原县，州东南百二十里。又东南至济南府百五十里。秦置平原县。汉因之，为平原郡治。魏、晋因之。刘宋仍属平原郡。后魏以平原郡治聊城，分置东平原郡于此，又置东青州治焉。州旋废。后周废东平原郡。隋属德州，唐因之。今编户四十六里。

平原城，刘昫曰：旧城在县西南二十五里，秦置县于此。汉二年，齐王田荣与项羽会战于城阳，败走平原，为平原民所杀。汉县亦治此。后汉建安八年，袁谭为袁尚所败，走平原，婴城固守，寻为曹操所败。其后平原郡县皆治此。后齐改筑今城，移县治焉。

绎幕城，县西北二十里。汉县，属清河郡。晋因之。永和八年，石赵旧将段勤因冉闵之乱，聚杂众万人，称赵帝于绎幕，慕容隽遣兵击平之。太元十年，绎幕人蔡匡据城以叛，后燕慕容麟等击平之。十三年后燕寺人吴深以清河叛，败保绎幕。刘宋仍属清河郡，后魏属东清河郡，后齐废。隋开皇十六年复置，属德州。大业初废入安德县。

鄃县城，《括地志》：在县西南五十里。汉县，属清河郡。吕后封吕陀为侯邑。又文帝封栾布为鄃侯。武帝时，复为武安侯田蚡食邑。《史记·河渠书》：鄃为丞相，其奉邑食鄃。鄃居河北，河决而南，则鄃无水灾，邑收多。蚡言于上，久之不事复塞也。后汉光武亦封马□为鄃侯。晋仍曰鄃县，属清河郡□之。后魏初属平原郡，寻改属南清河郡。后齐废。隋改置鄃县，在今夏津县境。

扬虚城，《志》云：在县北。《水经注》：在茌平高唐西南也。汉置县，属平原郡。文帝四年，封齐悼惠王子将闾为侯邑，十六年，立为齐王是也。后汉建武初，封马武为扬虚侯，即此。晋废。漯水经其东，商河发源于此。郦道元曰：扬虚在高唐城之西南。○桑丘城，在县西，战国时齐邑。《史记·韩世家》：文侯七年，伐齐至桑丘谓此。

大河故渎，在县西北。《水经注》：大河故渎经平原故城西北，绝屯氏渎，又北经绎幕故城东，今堙。又笃马河，在县东北。《班志》注：笃马河在平原东北入海，行五百馀里。《汉书》：鸿嘉四年，孙禁言可决平原金堤，开通大河，令入故笃马河。是也。县故有金堤，今皆堙废。

平原津，在县西南。战国时，齐之西境，以河为界，此即黄河津济之所也。孔颖达曰：平原县南六十里有张公故城，城东有津，俗名张公渡，即平原津，秦始皇自海上还，至平原津而病。又韩信击田儋，渡平原，袭破齐历下军。《北史》：周师至邺，齐后主东奔，以颜之推为平原太守，令守河津，亦即是津也。今堙。

张公故关。在县南。《唐志》：德州有张公故关，即县之张公渡矣。又桃园马驿，在今县治西南，县当往来通道也。

附见：

德州卫。在州城内。洪武初置千户所。九年改建。永乐五年，又置德州左卫于州治西，北直都司。今仍置德州卫，亦置左卫。

○武定州，府东北二百四十里。东至海二百二十里，东南至青州府三百十里，西至德州二百二十里，北至北直沧州二百五十里。

春秋、战国时齐地，秦为齐郡地。汉为平原、勃海二郡地，后汉属平原郡及乐安国。三国魏分置乐陵郡，《志》云：本建安中置。晋为乐安、乐陵二国地。刘宋亦为乐陵郡，后魏又为乐安、乐陵二郡地。隋开皇六年置棣州，治阳信县。大业二年改沧州，明年为勃海郡。唐武德四年复置棣州，治阳信。六年省入沧州。贞观十七年复置棣州，初治乐陵，寻治厌次。胡氏曰：时自阳信移治厌次。天宝初曰乐安郡，乾元初复故。宋仍曰棣州，亦曰乐安郡。元置滨棣路，后改棣州，属济南路。明初洪武六年改乐安州，以州治厌次县省入，宣德元年改为武定州。以讨平汉庶人也。编户九十八里。领县四。今仍为武定州。

州南连青、济，北接沧、瀛，左环勃海，右控平原，所以屏蔽畿甸，权衡南北也。消幽、燕之氛翳，静海、岱之风烟，不然，不几与靖难之师接踵哉？

厌次废县，今州治。秦县也。相传秦始皇东游，厌气于此，因置厌次县。汉高六年，封功臣爱类为侯邑。宣帝徙封张安世孙延寿为富平侯，邑于此，遂为富平县，属平原郡。后汉初，富平获索盗掠郡县，耿弇击平之。明帝永平二年，复改富平为厌次县。晋为乐陵国治。永嘉末，幽州刺史王浚以邵续为乐陵太守。建兴二年，石勒围续，鲜卑段匹磾使其弟文鸯救之，续与合兵拒石勒，屯于富城。富城，富平之讹也。厌次亦名富平矣。魏收《志》：晋邵续为冀州刺史，治厌次。其故城在今阳信县东南三十里。刘宋亦为厌次县，后魏因之，俱属乐陵郡。后齐县废。隋开皇十六年，复置厌次县，属棣州。唐贞观十七年，移县治棣州郭内。《括地志》：厌次城，在阳信东南四十里。五代梁徙治于旧城东南十里。宋大中祥符四年，以河水为患，徙州治阳信界内乔氏庄，明初省。《城邑考》：唐棣州城在今州东南六十里。五代梁华温琪为州刺史，苦河水为害，南徙十馀里，谓之新州。今土人谓之南旧州城。宋李仕衡为河北都转运使，复以州治涝下，徙州西北七十里，既而大水没故城丈馀。今州治，即仕衡所移也。城周十四里有奇。

蛤垛城，在州南。有盐池，岁出盐数十万斛。唐建中初棣州隶淄青，既而归于朱滔，又归于王武俊，惟蛤垛犹为淄青帅李纳所据，因城而戍之，以专盐利。贞元八年纳死，子师古袭位，武俊引兵屯德、棣，将取蛤垛及德州之三汊城，师古遣兵拒之。有诏诏武俊罢兵，乃引去。

大清河，州南八十里。自齐东县东北流经州界，又东入青城县境。○大河故渎，在州南五十里。《志》云：在州城南三里，唐武后长寿二年棣州河溢，即此。今淤。

土河，在州南，即笃马河下流也。自乐陵县入州境，东注于海，溢涸不时。明初，徐达攻乐安，师至土河，距城五里，命军士填坝以进，遂下其城。○商河，在州南四十里，亦从商河县流入境，东北入阳信县界，俗谓之大河，方十馀顷，其北有堤横亘，州人赖之。又南十里有聂索河，今淤为平壤，民居其东南，颇擅桑麻之利。居其西北，辄被馀流所涨溢。成化十二年，州判王璨筑堤障之，长五十馀里，民被其利。大湾，在州南四十里，方十馀顷，北有堤横亘，多鱼鳖之利。

清河镇。在州东南七十里，有巡司戍守。

○阳信县，州北四十里。东至滨州七十里。汉县，属勃海郡。文帝封典客揭为侯邑。王莽时废。后汉延光初复置，仍属勃海郡。魏属乐陵郡，晋、宋因之。后魏亦属乐陵郡，隋置棣州于此。唐初，亦为棣州治，寻属沧州。贞观初县废，八年复置。十七年，仍属棣州。宋因之。今城周六里，编户七十里。

阳信城，《志》云：故城在县西南七里，俗所云子务城也。又今城盖古之厌次城。宋大中祥符中，徙棣州及厌次县于阳信界内之八方寺，而移阳信县治故厌次城云。又连城，在县东北五里。或曰即春秋时齐之辕邑，汉之瑗县。恐误。

屯氏故河，在县南。《水经注》：屯氏别河东北径阳信故城南，又东北流入海，今涸。〇商河，在县东，自州界东北流经此。《水经注》：商河经马岭城，自西北屈而东南，又东分为二水，南为长聚沟，北为白簿沟，以入于海，今亦迁绝矣。

桑落墅。县东南四十里。《志》以此为古富平县治。又黄巾寨，在县东南二十五里，相传汉末黄巾屯聚处。

〇**海丰县**，州东北六十里。西至北直庆云县四十里。汉阳信县地，隋置无棣县，属棣州。唐因之。宋治平中移置保顺军，仍曰无棣县。元至元二年，省入乐陵县，寻以其地之半属沧州，半属棣州。明洪武八年，改置海丰县。今城周四里，编户四十三里。

无棣城，县北三十里。相传即春秋时齐之无棣邑。《管子》所谓北至无棣者。隋置县治此，唐因之。太和二年，武宁帅王智兴奉诏讨横海叛帅李同捷，遣其将李君谋将兵济河，破无棣，是也。宋仍治此，治平移于今城，即五代周所置保顺军也。《宋志》：周置保顺军于无棣县南三十里，宋开宝三年，又以沧、棣二州界保顺、吴桥二镇地益之，仍属沧州。治平中，徙无棣县治保顺军城，仍领军使。金废军。元分其地属沧、棣二州，而县治入于棣州。明初，改置今县，又以北直之无棣县改置庆云县。今详见北直。

广武城，《通志》云：在县北八十里。相传汉初李左车所筑，因名。又信城，在县北十里。《志》云：韩信下齐时所筑城也。今名信城里。又县北二十里有龙且城，其地高耸，形势屹然。

马谷山，县北六十里。高三里，周六七里。山半有洞广二丈馀，深不可测，一名大山。或以为即古之碣石，似误。又骝山，在县北百二十里，一名小山。

无棣沟，县西北十五里。旧合鬲津河，东入海。唐永徽初，沧州刺史薛大鼎开鬲津河，因疏无棣沟故道，以通滨海鱼盐之利。亦曰无棣河，今淤。馀详北直沧州。○黄龙湾，在县北七十里，其水虽旱不涸，下流入海。

鬲津河，在县北九十里。自乐安县流入境，合于无棣沟。又覆鬴河，在县西北三十里，自北直庆云县流入境，注于海。又县北一里有古黄河堤，西抵乐陵，南抵德州，旧为大河所经，筑堤以防泛溢云。

豆子䴚，在县东北，故咸泽也。《隋书》：平原东有豆子䴚。考其地，盖在平原、勃海、河间三郡之交，负海带河处也。自黄河南徙，而故址多不可问。《志》云豆子䴚在陵县东，恐误。今详见北直静海县之咸水沽。

枣园。县西北十里。大河东决，尝涨溢于此。成化二十年，伐木为桥，以便行旅，凡三座，延袤一里馀，谓之枣园桥。又县东北百八十里有大沽河海口巡司，明初置。

乐陵县，州西北九十里。西南至德平县七十里。汉置乐陵县，属平原郡，郡都尉治焉。后汉因之。建安中，曹操分置乐陵郡。魏黄初中，改封曲阳王茂为乐陵王是也。晋曰乐陵国，刘宋复为郡，后魏因之。隋初郡废，以乐陵县属棣州，唐初因之，寻改属沧州。宋仍旧，明初改今属。城周三里，编户五十六里。

乐陵故城，县南二十里。汉县治此。晋永嘉初，新蔡王腾故将田甄等起兵，斩贼汲桑于乐陵，即此。《志》云：乐郡县自唐以来徙治不一，宋熙宁中徙县治于咸平镇，在今县东。明朝洪武二年，又徙治富平镇，今县治是也。

鬲津城，在县西南。隋开皇十六年，析乐陵地置鬲津县，大业初废。武德四年，平窦建德，又分饶安地置鬲津县，属沧州。贞观初，复废入乐陵。○福城，在县西北。唐贞元中，淄青所置福城戍也。元和十三年, 横海节度使程权讨李师道, 败之于福城。

屯氏故河, 在县南。《水经注》: 屯氏别河又东径乐陵县故城北, 今堙。又钩盘河, 在县南十里, 自德平县流入境内。一名般河。今详见德平县。○鬲津河, 亦在县南, 自德平县流入境, 又东入海丰县界。

土河, 在县南。北北直宁津县流入境, 又东入州界。又商河, 亦在县西南, 自德平县流入境, 又东南入商河县界。

旧县镇。在县西北三十里, 有巡司戍守。

○**商河县**, 州西南九十里。西北至德平县百里。汉置枭县, 属平原郡。后汉省。隋开皇十六年, 置滴河县, 属棣州。唐因之, 贞观初, 改属德州, 十七年复故。宋改曰商河, 仍属棣州。今城周三里有奇, 编户六十八里。

枭县城, 在县西北。枭音力。汉置县, 文帝封齐悼惠王子辟光为侯邑, 寻立为济南王是也, 亦曰枭乡城。应劭曰: 城在般县东南六十里, 盖与德平县接界, 后汉废。《志》云: 隋置县于此。○麦丘城, 亦在县西北。《志》云: 即春秋时齐之麦丘邑。《史记·赵世家》: 惠文王十九年, 赵奢将兵攻齐麦丘, 取之, 即此城也。

马岭城, 在县北。《水经注》: 商河自枭县, 又东北径马岭城西北, 又东北径富平县北。城在河曲之中, 晋东海王越斩汲桑于此。后魏时尝移厌次县治焉。一云马岭城在阳信县东十里, 恐误。

商河, 县南三里。自德平、乐陵县流入境, 又东北入武定州境。《志》云: 汉成帝时, 河水为患, 许商凿渠以杀其势, 因名。或曰非也: 宋大中祥符间, 以商河为棣州患, 议徙商河, 南入大清河, 因凿渠于此。○马颊河,《寰宇记》: 商河县北有马颊河, 即九河故道也, 今堙。

高桥。县东南四十里。旧置驿于此。《志》云: 县有高桥、商河二驿及三岔口、归化镇二巡司。今皆革。

附见：

武定州守御千户所。在州城内。洪武初，建乐安千户所。宣德元年，改为武定，北直都司。

○滨州，府东北三百五十里。东至海九十里，西南至武定州百里，西北至北直沧州百二十里。

春秋、战国时齐地，秦属齐郡，汉属千乘郡，后汉因之，魏、晋属乐陵国。刘宋仍属乐陵郡，后魏因之。隋属棣州。唐仍旧。五代唐置榷盐务。汉改赡国军。周显德三年，升为滨州，宋因之。亦曰勃海郡。金属益都路。元亦曰滨州，属济南路。明初，以州治渤海县省入，今编户七十八里。领县三。今仍为滨州。

州滨海为险，鱼盐饶给，固景、沧之屏藩，连辽、碣之形援。盖海道之噤喉，三齐之户牖也。

渤海废县，今州治。汉湿沃县地。隋为蒲台县地，唐析置渤海县，属棣州。五代周始置滨州治焉。土城周七里有奇。

大营城，州西二十五里。故丁河口也，金人尝屯兵于此。《元史》：滨、棣安抚使韩安世败宋兵于丁河口，即此地矣。

海，州东北八十里，古千乘海口也。后汉永平中遣王景修治河渠堤，自荥阳东至千乘海口千馀里是也。今大清河会汶、泗诸流，俱由此入海。

大清河，州南二十八里。自武定州南经青城县之北，又东流入境，又东北入蒲台县界。○士伤河，在州北。《齐乘》：士伤河西逾德、棣，东至海，于南北诸河差狭。疑即古之鬲津河。

秦台。在州东北二十里。高八丈，周二百馀步。相传秦始皇东游筑此以望海。亦曰蒲台，以是时尝萦蒲系马于台上也。隋置蒲台县以此名。

〇**利津县**，州东六十里。本渤海县之永利镇。金明昌三年，置利津县，属滨州。今城周七里，编户四十里。

官灶城，在县南，旧为煮盐之所。金时尝屯兵于此，因置城戍守。今遗址犹存。

海，县东北三十里。产盐，居民资其利，有丰国、宁海、永阜三场，设官掌之，属于山东都转盐运使司。《志》云：丰国镇在县东北七十里，大清河西岸，兼置丰国镇巡司于此。又宁海场，在县北三十里；永阜场，在县东北五十里。俱在大清河东岸。

大清河，在县东。《志》云：自蒲台县北流，经青州府高苑县北，又北经县东，至县东北，以达于海。

铁门关。县北七十里。旧置关于此，以控滨海之险。稍东丰国镇也。

〇**霑化县**，州西北六十里。西南至阳信县五十里。本渤海县之招安镇。宋庆历三年，升为招安县。熙宁六年，复省为镇。元丰二年，复为县，属滨州。金明昌六年，改为今县。今城周五里，编户二十四里。

久山，在县东北七十里。世传秦始皇集此山以镇海口。今有久山镇巡司。

海，县东北六十里。滨海有富国、丰国、利国三镇，亦煮盐之所也。《志》云：富国场在县东七千里，丰国场在县北七十里，利国场在县东九十里。

流河。在县东南三十里。其水自大清河分流，东北入海。

〇**蒲台县**，州南三十里。东南至青州府高苑县四十里。汉湿沃县地。隋开皇十六年，置蒲台县，属棣州。唐武德八年，改属淄州。贞观十七年，还属棣州。五代周属滨州，宋省。金复置，元初，属滨棣路，寻属淄莱路。明初，属般阳府，寻改今属。今城周三里有奇，编户五十九里。

湿沃城，在县东南。汉县，属千乘郡，后汉省。曹魏复置，属乐陵国。晋及后魏因之。后齐省。《地理风俗记》：千乘西北五十里有大河，河北有湿沃城。即此。

大河故渎，在县西南七十里，旧时大河经此入海。

大清河，在县北。自州境东北流经县北，又东北入利津县界。

海，县东百四十里。海畔有沙阜，高一丈，周回二里，俗呼关口淀，旧为济水入海之处。海潮与济相触，故名淀。上有井，可食。海潮虽大，淀终不没，居民于其下煮盐。

三姑台。在县东一里。相传古贞女蒲氏所筑，有三台并峙，遗址仅存。或以为即秦蒲萦台云。又东十四里曰龙居店，亦曰龙混镇，相传宋太祖微时尝潜寓于此。

读史方舆纪要卷三十二

山东三 兖州府上

兖州府，东至南直海州五百六十里，南至江南徐州三百六十里，西南至河南归德府四百十七里，西北至东昌府三百八十里，东北至济南府三百五十里。自府治至京师千二百三十五里，至布政司见上。

《禹贡》徐、兖二州之域，春秋时属鲁。战国初属鲁，后属楚。亦为齐、宋之疆。秦置薛郡。汉为鲁国及泰山、山阳等郡地。后汉为鲁国、任城国及山阳等郡。晋为鲁郡。宋为高平、东平、鲁郡等郡地，元嘉三十年，复置兖州，治瑕丘。沈约《志》：兖州刺史后汉治山阳昌邑，魏、晋治廪丘。武帝平河南，治滑台。文帝元嘉十三年，治邹山，又寄治彭城。二十年，兖州省入徐、冀二州，三十年复置。杜佑曰：《禹贡》兖州在济、河之间，因济水发源为名。周置兖州，始兼及今郡之境。其在《禹贡》则宅徐之方，而受兖之名也。然自刘宋以前，兖州徙治不一，其以兖州专治瑕丘，则自宋元嘉末始也。后魏亦为鲁郡等郡。北齐曰任城郡。隋初置兖州，大业初又改为鲁郡。唐初徐圆朗据其地，武德五年复置兖州。天宝初亦为鲁郡，乾元初复故。寻置兖郓等州节度于此。乾符三年，赐号泰宁军。五代因之。周广顺二年，罢泰宁军，以慕容彦超拒命也。宋仍曰兖州，亦曰鲁郡、泰宁军节度。政和八年升为袭庆府。金亦曰兖州。大定十九年，更军号曰泰定军。元因之，隶济宁路。明初亦隶济宁府，洪武十八年升为兖州府。领州四，县二十三。今亦曰兖州府。

府据河、济之会，控淮、泗之交，北阻泰岱，东带琅邪，地大物繁，民殷土沃，用以根柢三楚，囊括三齐，直走宋、卫，长驱陈、许，足以方行于中夏矣。然自春秋以来，不能抗衡于齐、楚，而纷纭之际，豪杰竞起，未见能以兖州集事者。何欤？盖必悬权而动，所向无前，然后可以拊敌之项背，绝敌之咽喉。若坐拥数城，欲以俟敌之衰敝，未有得免于覆亡者也。是故徐圆朗颠隮于前，朱瑾窜亡于后，岂真形胜之不可为哉？用之者非其道耳。夫聚天下之转输，尽出于百里之内，亚夫昌邑之谋，燕师穀亭之举，岂非千古之大计乎？策兖州者未可无曲突徙薪之虑也。

〇嵫阳县，附郭。本鲁之负瑕县，汉为瑕丘县，属山阳郡，武帝封鲁恭王子政为侯邑。后汉亦为瑕丘县，晋省入南平阳县，属高平国。宋元嘉末，置兖州，治瑕丘故城，后魏因之。隋开皇三年，始复置瑕丘县，仍为兖州治。唐因之。宋大观四年，避宣圣讳改曰瑕县，寻又改曰嵫阳，以山为名。明初，省入兖州，洪武十八年复置。编户二十二里。

瑕丘城，府西二十五里。鲁负瑕邑也。《春秋》：哀七年，季康子入邾，以邾子益来，囚诸负瑕，即此。汉置瑕丘县，晋废。刘宋元嘉三十年，为兖州治。泰始二年，没于魏，魏寻置东兖州于此。齐建武二年，魏主宏自瑕丘如鲁城。梁大通二年，魏泰山太守羊侃袭兖州刺史羊敦，弗克，筑十馀城守之，遣使来降，魏将于晖等因击侃于瑕丘。侃溃围南走。东魏天平初，兖州刺史樊子鹄据瑕丘以拒东魏，明年，高欢使娄昭攻之，堰泗水灌城，城遂下。隋兖州亦沿治。唐中和四年，感化将李师悦等追败黄巢于瑕丘是也。宋为嵫阳县治。明朝洪武十八年，改筑府城，因移县于今治。今郡城甃以砖石，有门四，外有带郭，郭有门五。正德以后，屡经修筑，周十四里有奇。

昌平城，府东南八十里。《春秋》：僖二十九年，介葛卢来朝，舍于昌衍之上。杜预曰：鲁县东南有昌平城。是也。今府城西有昌平驿，盖袭其名。又乘丘城，《括地志》云：在瑕丘西北三十五里，汉县，属泰山郡。武帝封中山靖王子将夜为侯邑，后汉省。

檀城，在府东北。《地理志》：瑕丘有檀城，古灌檀也，周时侯国亦曰檀乡。东汉初，刁子都为其部曲所杀，馀党与贼会檀乡，号檀乡贼。亦曰檀丘，东晋大兴三年，徐州刺史蔡豹败叛将徐龛于檀丘，时龛以泰山太守叛降石勒也。又《地记》云：卞县东南有檀丘。

嵫阳山，府西三十里。宋以此名县。又甑山，在府东北七十里，逶迤绵亘，接泗水、宁阳二县界。

泗水，在府城东。源出泗水县东陪尾山，四泉并发，故曰泗水。西径县北，始合为一。又西经曲阜县北，至府东五里，转而南，经横河，与曲阜县之沂水合。入金口闸，贯城而西出。又西南经邹县，入济宁州之运河。《左传》：襄十九年，晋帅诸侯伐齐，次于泗上，疆我田，盖正邾、鲁之界也。东魏天平二年，高欢使娄昭攻兖，堰泗水灌瑕丘。隋开皇中，薛胄为兖州刺史，时泗、沂南流，泛滥大泽，淹没为甚。胄乃于城东二水交流之处，积石堰之，决令西注，陂泽尽为良田，又通转运，利尽淮海。百姓赖之，号曰薛公丰兖渠。后废不治。五代周广顺二年，慕容彦超据州叛，引泗水注濠中，为战守备，故渠益废。元至元二十年，开会通河，乃修胄旧渠，为滚水石坝，引泗入运。延祐四年，都水监阔阔始疏为三洞以泄水，谓之金口闸，每夏秋水潦，则开闸泄水南流，会于沂水，由港里河入济宁州南四十六里之师家庄闸。冬春水微，则闭闸遏水，令西入府城，经城西昌平驿前，又西三十里，历土娄、枣林二闸，西南至济宁州城东共六十里，屈从南门，合于洸水，由天井闸，入于运河。明朝成化七年，工部主事张盛复作石坝，固之以铁，以时启闭，为漕河之利，谓之金口闸河。

沂水，府东五里。源出曲阜县尼山之麓，西流经此，合于泗水。又雩水，亦自曲阜县流入，至府东五里与沂水并注于泗水。○洙水，在府东北二十里，旧自曲阜县流入境，合于泗水。《水经注》：泗水经瑕丘城东南入石门，向来结石为门，跨于水上也。又西南流，世谓之杜武沟，今堙。

负瑕泉，府北六里。其东有阙里等泉，西有蒋诩诸泉，凡八泉，俱南流入于泗河。

新嘉驿，府西北四十五里。又府南七十里有沙河驿，其相近者，又有沙河递运所。

高吴桥。府西北三十里。《志》云：泗水经杏林闸，稍北为高吴桥河，即洸水也。汶水经宁阳县之堽城坝，分流为洸水，西南流入界，至高吴桥。又西南历济宁州城东，合泗水，入天井闸。桥为南北津途，宋元符初建。○金口闸，府东五里，元至元中所建。稍南曰金口堰，成化中所修滚水石坝也。又府西十里曰土娄闸，又西二十里曰杏林闸，皆元至元中建，与济宁州接界。

○曲阜县，府东三十里。南至邹县四十五里。古少昊之墟，周公封于此，鲁所都也。秦为薛郡治，汉置鲁县，高帝封功臣奚涓为侯邑。高后初，改为鲁国治。晋为鲁郡治。宋及后魏因之。后齐改属任城郡。隋开皇三年废郡，改县曰汶阳，属兖州。十六年，又改曰曲阜县。唐武德中省，贞观八年复置，仍属兖州。宋大中祥符五年，改曰仙源县。金复为曲阜县。旧无城，明正德七年迁县于此筑。今城周八里，编户十六里。

鲁城，今县治。《图经》：神农氏自陈徙居鲁，其后周公封于此，为鲁国都。其城凡十二门：正南曰稷门，南之左曰章门，右曰雩门。正北曰圭门，北之左曰齐门，右曰龙门。正东曰建春门，东之左曰始明门，右曰鹿门。正西曰史门，西之左曰归德门，右曰麦门。自春秋至战国，鲁世世都之，后并于楚。秦为薛郡治。汉五年楚地悉定，惟鲁后下，汉王乃封项羽为鲁公。后汉建武五年，幸鲁。永平十五年至鲁，幸孔子宅。元和二年，幸鲁，祀孔子于阙里。延光二年，亦幸鲁。隋曰曲阜县。唐乾封元年，至曲阜祀孔子。开元十三年，亦幸曲阜，至孔子宅致祭。五代周广顺二年，如曲阜，谒孔子祠。宋大中祥符初，亦幸曲阜，谒孔子庙，遂幸孔林是也。历宋至元，迁县治于鲁城东十里，谓故城为阙里，而城址已夷为平陆。明朝正德七年，流贼入兖，陷曲阜，复犯阙里，乃徙县于鲁城故址，筑城周八里，而旧县遂废。《志》云：今县城及郭外之东南，皆鲁城故址也。杜预曰：鲁有东城、南城，有上东等门。《左传》：定八年，公敛处父帅成人自上东门入，与阳虎战于南门之外。上东门，盖鲁城东之北门。又《国语》：臧文仲祭爰居于鲁东门之外，即此门矣。或以为始明门也。其鹿门则南城东门也。襄二十三年，臧纥斩鹿门之关，出奔邾。白褒《鲁记》：鹿门有两井：一为臧武仲井，一为季桓子井。《国语》：桓子穿井，得土缶，中有羊，以问仲尼者也。其雩门则南城西门也，面临雩水，因名。庄十年公子偃自雩门窃出，蒙皋比而犯宋师。又哀十一年，冉有帅左师次于雩门之外，即此。其稷门则南城正门也，庄三十二年，围人荤能投盖于稷门。定五年，阳虎盟季桓子于稷门之内。又哀八年，吴伐鲁，微虎欲以私属徒宵攻吴，及稷门之内而止。亦谓之高门。僖二十年，春，新作南门。《传》曰：书不时也，本名稷门，僖公更高而大之，故名高门。定十年，齐人陈女乐文驷于鲁城南高门外，即稷门矣。门内有斗鸡台二所，昭二十五年，季、郈之鸡斗。《括地志》：斗鸡台二，相距十五步。是也。城外又有郭门，西郭门则曰子驹门。文十一年，获长狄侨如，埋其首于子驹之门。又莱门，则东北郭门也。哀六年，齐人召公子阳生，阳生请与南郭且于乘，出莱门而告之故。八年，吴伐我，将盟，景伯负载，造于莱门。或曰：莱门即阳关邑门也。又有争门、吏门、石门等门。《公羊传》：齐桓公使高子将南阳之甲，立僖公而城鲁。或曰自鹿门至于争门，或曰自争门至于吏门是也。争门，一云当作净门。净，鲁北门池也。吏门，或以为史门矣。《吕氏春秋》：归父居石门。石门盖亦郭门名也。又有雉门，有两观。定二年五月，雉门及两观灾，冬十月，新作雉门及两观。雉门盖公宫之南门。两观，阙也。孔子为鲁司寇，诛少正卯于两观之下。又雉门之左有亳社，右有周社，成季之由曰：间于两社，为公室辅。两社之间，朝廷议政事之所也。

奄城，在城东二里。古奄国也。《书序》：成王东伐淮夷，遂践奄，因以封周公。《志》云：曲阜旧城，即古奄地，亦曰商奄里，又名奄至乡。○邾城，在县西南二十里，《志》以为邾国地。邾人于此筑小城以备鲁，因名。或曰非也：夫子父叔梁纥为鄹邑大夫，此盖鄹邑矣。《孔丛子》：孔子将适晋，临河而返，还辕息鄹。即此。《志》云：今邹县西北有东邹村、西邹集，盖地与邹县接界。杜预曰：鲁县东南有城，即此城矣。

汶阳城，县东北四十里。本鲁邑。《左传》：公赐季友汶阳之田。汉置县，属鲁国，晋属鲁郡，宋及后魏因之，北齐省。隋因改鲁县曰汶阳。杜预曰：汶阳县北有曲水亭。《春秋》：桓十二年，公会杞侯、莒子，盟于曲池。即此。《水经注》：汉章帝东巡泰山，立行宫于汶阳，世谓之阙陵城。杜佑曰：汉汶阳故城在泗水县东南。似误。

尼山，县东南五十里，连泗水、邹县界。一名尼丘山，孔子应祷而生之地。其山五峰连崿，中峰之麓，有宣圣庙。其东麓有坤灵洞。山东南相对者，曰颜母山，上有圣井及颜母庙，或谓之女陵山。《志》云：尼山南有鲁源村，为叔梁纥所生之地。○防山，在县东二十里。春秋僖十四年，季姬郰子遇于防。《礼记》：孔子父母合葬于防，今其墓在山北二十里。

九峰山，县西北五十里，峰峦相接，参差有九，与宁阳县接界。《志》云：山在宁阳东南五十里。○寿丘，在县东北。《帝王世纪》：黄帝生于寿丘。在鲁东门北，长六里，高三丈。《史记》：舜作什器于寿丘。《一统志》：轩辕氏葬于此。在县东北二里，金时改为寿陵。又曲阜，应劭曰：在鲁城中，委曲长七八里，县以此名。

泗水，县北八里。自泗水县流入界，又西入嵫阳县界。《左传》：哀八年，齐伐鲁，舍于庚宗，次于泗上。十一年，师及齐师战于郊，右师奔，齐人从之，陈瓘、陈庄涉泗。《国语》：宣公夏滥于泗渊，里革断其罟而弃之。《志》以为皆鲁城北之泗水也。《从征记》：洙、泗二水，交于鲁城东北十七里。

洙水，县北二里。《春秋》：庄九年，浚洙。盖以备齐也。《水经注》：洙水出泰山，盖县临乐山北，西南流，至汴县西南，入泗水。又乱流，西南至鲁县东北，分为二流：北为洙渎，南即泗水。孔子设教于洙、泗之间阙里是也。洙水又南经瑕丘城，下流复入泗。《通志》：洙水故道，自县东北经孔林西而入泗。今洙与泗水不通，上流在孔林东，止一沟渎，过夫子墓前，西南流入于沂，其故道不可考矣。

沂河，县南二里。出自尼山，西流经此。《论语》所云浴乎沂者也。《左传》：昭二十五年，季平子请待于沂上以察罪。杜预谓鲁城南之沂水是矣。又西入嵫阳县境，合于泗水。○雩水，亦在县南二里，源出县治西南马跑泉，亦曰泮水。《鲁颂》：思乐泮水，即此。水侧有雩坛，亦名舞雩台，即樊迟从游处，曾点所云风乎舞雩者。卫宏《汉旧仪》：鲁雩坛，在城东南，引龟山水为池，至坛西，曰雩水。雩水亦入嵫阳县，注于泗水。崄水，在县北五十里，源发九峰山，南流入泗水，以溪涧险隘而名。

逵泉，县南五里。《左传》：庄三十三年，季友以公命酖叔牙，饮之归，及逵泉而卒。旁有茶泉等五泉。又南二里有温泉，旁有连珠等泉。又蜈蚣泉，在县西南三十里，西南流经邹县界，入漕河。《志》云：县境之泉，凡二十二，其五入泗，其十六入沂，其一入洸。又有新跑泉，万历中所新导之泉也。○垌泽，在县东九里，即鲁僖公牧马处，俗名连泉泽。

阙里，在今城内，即夫子故宅也。《从征记》：阙里背洙面泗，四门各有石闸，北门去洙水百步馀，今无复旧规。即其地为先圣庙，庙亘南北二门，至为巍焕，古帝王多祀于此。《阙里记》：汉高祖祀孔子宅。后武帝至后汉光武、明、章诸帝皆幸焉。唐高宗至玄宗亦幸此。五代周世宗谒孔子祠，又拜孔子墓，命葺孔子祠，禁孔林樵采。宋真宗亦幸焉。今汉、唐以来碑碣多有存者。阙里东南为汉鲁恭王灵光殿址。其西南为矍相圃，圃周二里。《礼记》：孔子射于矍相之圃是也。今为学址。○孔林，在城北二里。《史记》：孔子葬鲁城北泗水上，弟子及鲁人从冢而家者百有馀室，因曰孔里。今曰孔林，林广十馀里，中有亭一所，相传宋真宗驻跸处。其南有洙水桥。又颜子墓，在防山东南二十里，亦曰颜林。孟子墓，在县南四十里四基山阳，本属邹县，唐贞观中，割入县境，今山与邹县接界。

少皞陵，在县东八里。《传》云：鲁，少皞之虚也。《世记》：少皞邑于穷桑，以登帝位。徙于曲阜，颛顼始都穷桑，徙帝丘。或曰：穷桑在县北。《左传》：命伯禽封于少皞之虚。又云：世不失职，遂济穷桑是也。又大庭氏库，在县治东。大庭，神农氏也。或曰古国名。《左传》：昭十八年，梓慎登大庭氏之库以望氛，曰：宋、卫、陈、郑火。《志》云：曲阜有大庭氏之墟，鲁于其上作库。晋谯周曰：曲阜城东有大庭坡，炎帝所居。

书云台，在城内东南故泮宫中，亦曰泮宫台。《诗》所谓既作泮宫，淮夷攸服者。《左传》：僖五年，日南至，公登台以望云物。后人因谓之书云台。又季武子台，在今城东北二里。旧《志》云：在鲁东门内。定十二年，公山不狃率费人袭鲁，公与三子入于季氏之宫，登武子之台是也。其东南曰襄仲台。又有周公台，《水经注》云：在季武子台西北二里。○庄公台，《志》云：在县东北八里。《左传》：庄二十三年，筑台临党氏见孟任是也。稍西南又有昭公台。《述异记》：县南十里有孔子春秋台。

五父衢。《水经注》：在鲁东门外二里。杜预曰：鲁县东南道名也。襄十一年，季武子将作三军，盟诸僖闳，诅诸五父之衢。又定六年，阳虎盟公及三桓，诅于五父之衢。八年，阳虎取宝玉大弓以出，舍于五父之衢。《礼记》：孔子少孤，不知其墓，母死殡于五父之衢。是也。《括地志》：五父衢，在曲阜县西南二里，鲁城内衢道。似误。○蒲圃，旧《志》亦在鲁东门外。《左传》：襄四年，季孙为己树六槚于蒲圃东门之外。又十九年，享晋六卿于蒲圃。定八年，将享季氏于蒲圃而杀之。即其地矣。又城中旧有棘下里。定八年，阳虎劫公伐孟氏，入自上东门，战于南门之内，又战于棘下是也。又有屯乡，在县南。《史记》：定十年，孔子去鲁，宿于屯，谓此。

○宁阳县，州北五十里。西北至济南府肥城县九十里，东北至泰安州一百有五里。本鲁之阐邑，汉置宁阳县，属泰山郡，武帝封鲁恭王子恬为侯邑。后汉属东平国，晋省。后齐侨置平原县于此。隋属兖州，开皇十六年，改县曰龚丘。唐因之。宋大观四年，又改曰龚县，仍属兖州。金大定二十九年，复曰宁阳县。元至元二年，省入嵫阳。大德初，复置。今城周四里有奇，编户二十六里。

宁阳故城，县东北十九里。《志》云：汉县治此。又县北十七里有平原乡，相传为齐平原县治。县东南二十里有龚丘城，即隋龚丘县治也。金人移县治此。

钜平城，县东北九十里。春秋时，鲁之成邑。桓六年，公会纪侯于成。庄三十年，次于成，备齐也。又襄十五年，齐人围成，公救成。于是城成郭。十六年，齐复围成，后为孟氏邑。昭七年，晋人来治杞田，季孙以成与之，后复归鲁。二十六年，齐师围成，弗克。定十二年，仲由为季氏宰，将堕成，公敛处父谓孟孙堕成，齐人必至于北门。且成，孟氏之保障也，无成，是无孟氏也。子伪不知，我将不堕。于是公围成，弗克。哀十五年，成叛入于齐，孟武伯伐成不克，遂城输以逼成，既而齐归成。《礼记·檀弓》：子羔为成宰。《史记》：齐宣公四十八年，田和取鲁之成邑。是也。汉置钜平县，属泰山郡，晋宋及后魏因之。后齐废。《括地志》：钜平城，今为故城社，汶水经其东，上有文姜台，其东南即鲁之故成邑。

刚城，县东北三十五里。战国时，齐之刚邑。秦昭王三十六年，取齐刚寿，此即刚邑也。汉置刚县，属泰山郡。后汉属济北国。晋曰刚平县，属东平国，后省。《水经注》：汶水西南径冈县北。是也。后讹刚为堽，今有堽城坝。○阐城，在故刚城北。《春秋》：哀八年，齐人取讙及阐。杜预曰：刚县北有阐乡。杜预曰：刚县北有阐乡。应劭曰：刚城，阐邑也。

阳关城，在县东北，亦鲁邑。《左传》：襄十七年，齐高厚围臧纥于防，师自阳关逆臧孙，至于旅松。定七年，齐人归郓、阳关，先是为齐所取也。八年，阳虎入讙、阳关以叛。九年，伐阳关，阳虎使焚莱门，师惊，犯之而出。《齐世家》：威王六年，鲁伐我，入阳关。杜预曰：阳关在钜平县东，刘昭曰：钜平县有阳关亭。防在今平阴县，旅松近防地也。《括地志》：阳关在博城西南二十九里，西临汶水。是也。今入县界。

蛇丘城，在县西北。《志》云：即鲁之蛇渊囿。定十二年，筑蛇渊囿。汉置蛇丘县，属泰山郡。蛇读移。后汉及晋俱属济北国。刘宋因之。后魏属东济北郡，北齐废。刘昭曰：蛇丘县有下讙亭。《春秋》：桓三年，公子翚如齐逆女，齐侯送姜氏于讙。定八年，阳虎入讙阳关以叛。哀八年，齐人取讙及阐，既而复归于我。此即讙邑也。亦作鄽。○铸城，亦在县西北，春秋时小国也。《礼记》：周武王未及下车，封尧后于铸。《春秋》：襄二十三年，传臧宣叔娶于铸，谓此。杜预曰：铸即蛇丘县治。《水经注》：蛇水经铸城西，《春秋》所谓蛇渊囿也。刘昭曰：蛇丘县有铸乡城。似非一处。其与铸相近者又有棘乡。《左传》：成三年，叔孙侨如围棘，取汶阳田。是也。杜预曰：蛇丘有棘乡。

遂城，在蛇丘废县东北。故遂国。《左传》：庄十三年，齐人灭遂而戍之。十七年，齐人歼于遂。《史记·齐世家》：桓公五年伐鲁，鲁庄公请献遂邑以和。刘昭曰：旧蛇丘县有遂乡。○谢城，在县东。孔氏曰：定十年，齐侯以夹谷之会，归所侵鲁之郓、瓘、龟阴田以谢过，其地皆在汶北，所谓汶阳田也。鲁因筑城于此，以旌孔子之功，名曰谢城。《河渠志》：谢过城有泉流入汶河，城盖与泰安州接界。

云山，县西北十五里。上有穴，云出其中。又县北二十里有伏山，一名佛山。其南有小山，谓之宁山，县在其南，故曰宁阳。○鹤山，在县西北三十里。稍北曰龟山，连汶上县界。

魏家寨山，县西三十里。山高峻，上有石洞，可容数百人，元季，人多避兵于此。○灵山，在县东九十里，连新泰县界，树木葱郁，四时苍翠。又东十里有九顶山，山有九峰，参差竞胜。

汶水，在县西北。自泰安州西南流入县界，至县东北分而为二：其一为元人所改，由县北三十五里堽城坝而南流别为洸水；其一由堽城西流入东平州。今详见汶上县。

洸水，县西三里。汶水支流也。自堽城坝西南流经此，又南流三十里，至府西北三十里之高吴桥，又西南流三十里，经济宁城东隅与泗水合入天井闸河。亦谓之光水。《晋书》：慕容兰以数万众屯卞城，徐州刺史荀羡自光水引汶通渠，至东阿征之，临阵斩兰。是引洸为渠，始于荀羡也。元初，于堽城左作斗门，遏汶水以益泗、漕，于是其流始盛。至元六年，以奔流冲激，泥沙填淤，乃议浚之。自闸口至石剌，以通其源，又自石剌至高吴桥，南至王家道口，凡五十六里有奇，以达其流，而洸河复治。明朝永乐中，浚会通河，复筑堽城坝，以遏汶水入洸之流，惟坝南官庄河入洸，其流渐微。成化十一年，主事张盛复为堽城石闸，稍分汶水支流益之，于是滔滔南注矣。

淄水，在县东北。杜预曰：出泰山梁父县，西北入汶。昭二十六年，齐师围成，成人伐齐师之饮马于淄者，即此淄水也。今涸。○漕水，在县南，源出县治东北蛇眼泉，南流，合县东南诸泉，经府北三十里，西南入于洸河。

柳泉，在县西十里。南流入洸河。又龙鱼泉，在县东北六十里。又东北十里曰龙港沟泉。○鲁姑泉，在县西北三十里。又西北十里，曰泺当山泉。又有古城泉，在县东南十里。《志》云：县境之泉凡十三，其四入汶，其九入于洸河。

青川村，县北三十里。置驿于此，曰青川村驿。又东台，在县东北十里，俗名梁王点军台。

堽城堰。在县东北三十四里。元置堰。永乐中改为坝。成化十一年，主事张盛以旧堰水阔河深，相视其西南八里为堽城新石堰，置闸启闭，以时蓄泄，在今城西北三十里。又洸河东西闸，俱在县西四里。嘉靖六年，主事吴鹏以洸水久涸，柳泉复为积沙所壅，乃置闸于此，引柳泉横过洸河，随时蓄泄，以达其流。又东至城南会蛇眼诸泉，下流入于漕水，并注洸河以济运。

○邹县，府东南五十里。东南至滕县九十里，西至济宁州七十里。春秋时为邾国，鲁缪公改邾曰驺，因山为名。汉置驺县，属鲁国。晋曰邹县，属鲁郡。宋及后魏因之。隋属兖州，唐仍旧。宋熙宁五年，省。元丰七年，复置，仍属兖州。金属滕州，元因之。明初改今属。城周五里，编户三十九里。

邾城，在县东南二十六里。本邾娄之国。《记》曰：武王克商，封陆终第五子晏安之裔曹挟于邾。隐元年，公及邾仪父盟于蔑。仪父，挟之后也。僖二十二年，邾人获公胄，悬之鱼门。杜预曰：鱼门，邾城门也。又有范门。哀七年，鲁伐邾，及范门，犹闻钟声是也。刘荟《邹山记》：邾城在山南，去山三里。《左传》：文十三年，邾文公卜迁于绎。又哀九年，邾众保于绎。绎即邹山也。《史记》：吴夫差九年，会驺伐鲁，盖邾亦通谓之驺。孟子，驺人也。其地去鲁甚近。《传》曰：鲁击柝，闻于邾。故孟子曰：近圣人之居。汉置驺县。或曰秦置，汉因之。自晋以后，皆曰邹县。东晋咸和初，石赵将石瞻攻河南太守王瞻于邾，拔之。胡氏曰：即故邾城，亦谓之邹山。宋时鲁郡治焉。元嘉二十七年魏主焘南侵，自东平趣邹山。李孝伯谓宋张畅曰：邹山之险，君家所凭。是也。宋改置县于此。其故城址周二十里有奇。

南平阳城，县西三十里。春秋时邾地，后为鲁平阳邑。哀二十七年，越子使后庸来盟于平阳，即此。战国时，为齐南阳邑。孟子谓鲁慎子一战胜齐，遂有南阳；鲁仲连谓楚攻南阳，皆指此也。汉置南平阳县，属山阳郡。晋属高平国。刘宋改置平阳县。属鲁郡，后魏因之。后齐省。今其地曰平阳社。〇漆城，在县北。《左传》：襄二十一年，邾庶其以漆、闾丘来奔。杜预曰：南平阳县东北有漆乡。定十五年，城漆，即此漆乡。西北有显闾亭，即古闾丘也。一云闾丘在今县南。

峄山，县东南二十五里。一名邾峄山，亦曰邹绎山。《禹贡》：峄阳孤桐。《诗》：保有凫、绎，绎与峄同也。《左传》：文十三年，邾迁于绎。宣十年，伐邾取绎。哀七年，鲁师入邾，邾人保绎。杜预曰：绎，邾山也。郭璞云：绎山纯石积构，连属如绎丝然，故以绎名。《史记》：秦始皇二十八年，上邹峄山，刻石颂功德。其所刻石岭名曰书门。《水经注》：峄山东西二十里，高秀独出，积石相临，殆无土壤，石间多孔穴，洞达相通，往往有如数间屋处，俗谓之峄孔。避乱入绎，外寇虽众，无所施害。晋永嘉之乱，大尉郗鉴将乡曲逃此山，群贼攻守不能得。今山南有大峄，名曰郗公峄。山北有纪岩，即秦立石处也。《晋书》：建兴末，郗鉴避寇峄山，琅邪王睿就用为兖州刺史，镇邹山。太宁三年，石勒将石瞻攻兖州刺史檀斌于邹山，杀之。义熙四年，南燕司马叔璠等自留城寇邹山，鲁郡太守徐邕弃城走。宋元嘉二十七年，魏主焘南寇，至邹山，见秦始皇石刻，使人排而仆之，遂引军趣彭城。《志》云：峄山孔穴甚多，其大者曰妙光峒，相传中有穴，与洞庭通。盖环鲁之山不一，而玲珑峭特者，莫如峄山。山之西南二里有村曰故县，即邹县旧治也。上冠峰峦，下属岩壑，称为绝胜。宋大中祥符初尝致封号于此山，载在《祀典》。金末，大名府僧智究者谋作乱，潜结其党，会于峄山。盖山岩峻险，可恃为窟宅也。

　　凫山，县西南五十里，连鱼台县界。《诗》：保有凫、绎，此即凫山也，土人呼为八卦山，相传伏羲曾画卦于此。又南麓有吕公洞，甚深远。○九龙山，在县东北二十里，山形起伏凡九，上有灵泉，一名灵山。又县东北三十里，曰四基山，山颠有石，状如堂基，其西麓为孟子墓。又东北十里曰昌平山。《史记》：孔子生鲁昌平县鄹邑。山北有昌平乡，与嵫阳县接界。又东北二十里为尼山，与曲阜县接界。

　　距越山，县东北七十里。山高大，冠于群峰，上有龙井。又接舆山，在县东南五里，以山形如两车相接也。其相属者为塘口山、牙山、阳山。牙、阳两山间有高皇埠，相传汉高微时曾潜迹于此。县北五里又有冈山。《志》云：山分南北两冈，并高耸。○光武洞，在县南六十里，地名瓦曲村，相传光武曾避兵于此。

　　泗河，县西南五十里。自嵫阳县流入境，又西南经此，有小闸横截其中，以时蓄泄，济漕河之浅涸。成化以来，屡经修筑。○运河，在县西南七十里。《志》云：县境所管河岸，南自济宁之鲁桥闸，北至济宁之师庄闸，凡三里。

白马河，在县北三十里。源出九龙山，西北流经此。有蓼河出九龙山东南之蓼沟，亦西北流至此合焉。又西注于泗水。《志》云：九龙山麓有溪湖，广三里，西流入白马河。○沙河，在县东。《志》云：大沙河出城东山谷间，有兰沟水流合焉。小沙河出冈山下，一名因利沟，经城东与大沙河合，西南流三十里，注于陂泽。其下流汇于滕县之昭阳湖。

白庄泉，县东南四十五里。其旁又有渊源、柳青、三角湾诸泉。又冈山泉，在县北十里。其东北又有鳝眼、孟母、陈家沟等泉。《志》云：县境之泉凡十三，其十二流入泗，其一入于鲁桥运河。

界河驿。县东南五十里。又县城西有邾城驿。

○**泗水县**，府东九十里。西南至邹县九十里，西北至泰安州百里。古卞明国。春秋时鲁卞邑。汉置卞县，属鲁国。晋属鲁郡，宋因之。后魏省入汶阳县。隋开皇十八年，改置泗水县，属兖州。唐、宋因之。元省入曲阜县，寻复置。今城周三里，编户二十四里。

卞城，在县东五十里，古卞国。《记》曰：汤伐有卞。是也。春秋时为鲁卞邑。或曰：卞庄子食邑于此。僖十七年，夫人姜氏会齐侯于卞。襄二十九年，季武子取卞。《史记·鲁世家》：顷公亡迁于卞邑。汉为卞县治，晋因之。永和十二年，燕将慕容兰屯卞城，徐州刺史荀羡击斩之。后魏县废，隋改置于此。似误。其南又有姑蔑城。隐元年，公及邾仪父盟于蔑。又定十二年，公山不狃、叔孙辄帅费人袭鲁，孔子使申句须、乐颀伐之。费人北败诸姑蔑。杜预曰：姑蔑即蔑也，在鲁国卞县南，泗水径其北。

梁父城，县北四十里。汉县，属泰山郡，晋因之。南燕置兖州于此，刘宋仍属泰山郡，后魏因之。隋属兖州，唐初属东泰州，贞观初县省。
《水经注》：梁父故城北即梁父山。旧《志》云：故城北去泰安州六十
里，盖接壤处。又西南去宁阳县亦九十馀里。

吾阜城，在县东南。春秋时鲁邑。《左传》：文七年，城郚。杜预
曰：卞县南有郚城，城郚，备邾难也。汉置郚乡县，属东海郡。郚，音读
鱼。后汉省。又桃墟，亦在故卞城东南，鲁邑也。《左传》：襄十七年，齐
侯伐我北鄙，围桃。昭七年，晋人来治杞田，季孙以成与之，而迁孟氏之
邑于桃。世亦谓之陶墟，谓舜所陶处。

陪尾山，县东南五十里，《禹贡》：外方、桐柏，至于陪尾是也。泗
水发于山下，有数泉并导，经卞城而西始合为一。山阴有湖，谓之漏泽
云。○龟山，在县东北五十里，与新泰县接界，山之北即龟阴也。今详见
新泰县。

泗水，县北八里。源出陪尾山，西流与诸泉会。过县北，又西至曲
阜县界。《水经注》：泗水出卞县东南桃墟西北，墟西泽方一十五里，泽
西际阜，俗谓之妫亭山。阜侧有三石穴，广围三四尺，泽水从穴而上，自
此连冈通阜。西北四十许里，冈之西际，便得泗水之源，盖即陪尾山矣。
又有百丁河，在县东北二十里，马庄河在县西北三十里，俱南流入泗河。

玉沟泉，县西南十一里。西北流入泗水。又有盗泉，在县东北高陉
山阴。《淮南子》：孔子不饮盗泉，谓此。《志》云：县东南二十里昌山下
有鲍村等泉，东南五十里凤凰山下有珍珠等泉。其出自陪尾山泉林寺旁
者凡二十馀泉，波浪翻涌，高出水面，为山东诸泉之冠。四面旋绕，西北
流一里合为一，遂为泗水上源。《泉河志》：县境之泉，凡五十九，皆汇
为泗河。

菟裘聚。在县西北。《左传》：隐十一年，公使羽父营菟裘，曰：吾
将老焉。杜氏曰：菟裘，鲁邑也，在梁父县南。○庚宗亭，在县东。《春

秋》：昭四年，传初，穆子去叔孙氏及庚宗。又哀七年，吴伐鲁，战于夷，舍于庚宗，次于泗上。盖县与费县接境，吴人之师自南武城而前也。

○滕县，府东南百四十里。南至南直徐州百九十里。古小邾国及滕国地。汉置蕃县，属鲁国。蕃读为翻。晋属鲁郡。元康中，改属彭城郡。宋因之。后魏孝昌二年，置蕃郡治焉。梁大通二年，将军王弁侵魏徐州，蕃郡民续灵珍攻郡应梁，败死。是也。北齐郡废。隋开皇十六年，改置滕县，属徐州。唐、宋因之。金置滕阳军，大定二十四年复改曰滕州，治滕县。元因之。明初，州废，县属济宁府。洪武十八年，改今属。今编户八十七里。

滕城，县西南十四里。周滕国，文王子叔绣所封，至战国时，为宋所灭。秦置滕县。汉高祖封夏侯婴为侯邑，号滕公，寻改置公丘县，属沛郡。武帝封鲁恭王子顺为侯邑。后汉仍为公丘县。晋属鲁郡，后废。《志》云：故滕城周二十里，内有子城。

薛城，县南四十里。夏车正奚仲国也。《左传》：定二年，薛宰曰：薛之皇祖奚仲居薛，为夏车正，迁于邳。仲虺居薛，为汤左相。是也。周为子男国，春秋时，与于盟会，战国时，为齐所灭。田婴封于此，谓之薛君，秦置薛县。二世二年，沛公命雍齿守丰，自引兵之薛。又项羽以朱鸡石败，自湖陵引兵入薛，召诸别将会薛计事。汉置薛县，属鲁国。晋属鲁郡。刘宋属彭城郡，后魏因之，后齐废。或谓之邳城。太康地记：奚仲迁于邳，谓之下邳。竹书：梁惠成王三十一年邳迁于薛，谓之上邳。汉吕后三年封楚元王子郢客为上邳侯，即薛也。《后汉志》：薛城在春秋之季，亦曰舒州。哀十四年，齐陈恒执其君，置于舒州，寻弑之。亦名为徐州。《史记》句践平吴，以兵北渡淮，与齐、晋诸侯会于徐州。齐世家田氏之徙追执齐简公于舒州，即徐州也。齐威王谓魏惠王，吾吏有黔夫者，使守徐州。又宣王八年，与魏襄王会徐州，诸侯相王也。十年，楚围我徐州。

《楚世家》：威王七年，伐齐，败之于徐州。《竹书》：邳迁于薛，改名徐州也。《括地志》：薛城在薛河北，周二十八里，齐田文封薛，乃改筑之。其城坚厚无比，中有田文墓。又有仲虺城，在薛城西三十里，虺，奚仲后，相汤时居此，俗谓之斗城。漷水经其北，西入于泗。

郳城，县东六里。春秋时小国也。庄五年，郳犁来朝。僖七年，更为小邾。即此城矣。杜预曰：昌虑县东北有郳城，在南梁水东。○常城，在县东南。《诗》：居常与许。郑氏曰：常或作尝，在薛之旁。孟尝君食邑于薛，今薛城南十里有孟尝集。或以为即古尝邑。《史记·越世家》：愿齐之试兵南阳莒地，以聚常、郯之境。索隐曰：常，邑名，即田文所封。

昌虑城，县东南六十里。春秋时滥邑也。昭三十一年，邾黑肱以滥来奔，即此。汉置昌虑县，属东海郡，宣帝封鲁孝王子弘为侯邑。后汉建武五年，董宪与刘纡悉兵数万人屯昌虑，又招五校馀贼拒守建阳。帝至蕃，去宪百馀里。既而进攻宪，大破之。建安五年，曹操尝析置昌虑郡。十一年，复故。晋亦曰昌虑县，元康中改属兰陵郡。刘宋泰始中为郡治，后乃属兰陵郡，北齐废。后周大象二年，尉迟迥举兵相州，徐州将席毗罗应之，军于蕃城，陷昌虑。隋大业十年，彭城留守董纯大败贼帅张大虎于昌虑，即故城矣。其城周十里，内有子城。

戚城，县西南五十里。或曰秦县也。二世二年，泗州守败于薛，走至戚。即此。汉仍置戚县，属东海郡。史记：曹参尝迁为戚公，是也。后汉及晋皆为戚县，后废。其城周四里，为运道所经，有泇河通判驻于此。○桃山城，在县东。汉置桃山县，属泰山郡，后汉省。晋为戍守处。太和六年，苻秦将俱难攻晋兰陵太守张闵子于桃山，桓温遣兵击却之，即此。

休城，县西二十五里，战国时齐邑。孟子去齐居休是也。汉文帝封楚元王子富为侯邑，今废。又驩城，在县西南五十里，相传齐王驩所居邑。《沛县志》：沛东北四十里有观城，亦曰雚城。○灵丘城，在县东三十里明水之南，城周八里，内有子城。战国时，齐南境邑，孟子谓蚳鼃辞灵丘而请士师。指此。《史记》：齐威王元年，三晋因齐丧来伐我灵丘。是也。

垌城，县东五十里。马山之北，薛河之南，半为河水所圮，盖南北朝时戍守处。或谓之五固。萧齐建元二年，淮北泗州民不乐属魏，齐主复遣间谍诱之，于是徐州民桓标之、兖州民徐猛子等所在蜂起为寇盗，聚众保五固，推司马朗之为主，魏遣尉元等击平之，即此地也。又有梁城，在县东漷河之南，有台，谓之旧城台，亦昔时戍守处。

高山，在县东六十里，上有赵盾祠。迤西为薛山，薛水源于此。○薛山，在县东北四十里，岩洞颇胜，下有茶泉，流入薛河。其相接者曰马山，山南有泉，西流为明水。又西有石沟，车箱水出焉，下流入漷水。

连青山，县东北五十里。形如莲花，亦曰莲峰山，中有泉，南沙河出焉，即漷河也。自连青山涉漷三十里为大白山。又十里为越峰山、大岸阜山，皆高出云表，峰峦洞壑，迥绝人世。《志》云：越峰山在县东北七十里。

狐骀山，县东南二十里。《左传》：襄四年，臧纥侵邾，败于狐骀。哀二十七年，越子使后庸言邾田封于骀上。杜预曰：蕃县东南有狐骀亭，亭因山以名也。○钜山，在县东南六十里。张裴《记略》曰：钜山盘郁蓊葱，下有水，曰圣泉，不涸不盈，味甘而冽。又有微山，在县南百里，纯石带土，所谓岨也。与江南沛县接界。

孤山，在县东南。魏收《志》：昌虑县有孤山。梁天监五年，桓和侵魏兖州，进屯孤山，魏将樊鲁击破之。○龙山，在县北二十五里，峰峦奇秀，上有龙湫。又落凤山，在县东三十里，峰峦起伏，形如波浪。旁有大公、尖顶、浮柱等山，皆连亘于县东。

运河，县东南六十里。一名新运河。嘉靖四十四年，河决沛县，淤沽头闸上下百馀里，遣工部尚书朱衡，北自南阳，南至留城，筑新河百四十一里，其西岸为沛县境，东岸则县界也。今详见川渎漕河。

薛水，县南四十里。源出高、薛二山间，经桃山北，绕薛城而西南流入南直沛县界。《志》云：县西南三十里曰三河口，以薛河、沙河、赶牛沟三水合于此也。赶牛沟，出县西南五花泉，今见沛县境内。○梁水，在县东十五里，自平地涌出。《后汉志》蕃县有南梁水。《水经注》：蕃县东北平泽泉若轮焉，南邻于漷，亦谓之西漷。首受蕃县水，西注山阳湖陆。二水皆由沛入泗，以在蕃县南，故曰南梁也。今水出县东北六十里荆沟村，其源亦曰荆沟泉，西流经旧滕县北，西南流折为九曲，又西会漷水入于运河，亦谓之梁溪。成化十八年，引梁溪源水绕城外郭。即此。

漷水，县南十五里。源出连青山，西南流至三河口合于薛河。《左传》：襄十九年，取邾田，自漷水。哀二年，季孙斯伐邾，取漷东田及沂西田。杜预曰：漷水出东海合乡县，西南径鲁国，至高平湖陵县入泗。今近出连青山，入薛河，亦谓之南沙河。自运河东徙，恐沙为漕病，筑黄甫坝遏之，北出赵沟，西会南梁水入于运河。○北沙河，在县北十五里，源出龙山，西南流合于漷水。《邑志》云：源出邹峄山，至洪疃分二河，夹休城而西，会白水河入运河。又明水，在县东北二十里，源出马山，东南流入漷水。又小白河，在县西四十里，亦曰白水河。县南八十里又有伯冢河。又南十里曰三界湾河，旧俱会漷水入运河。

昭阳湖，县西南七十里，接沛县界。县境诸泉皆停蓄于此，水盛则溢出沽头诸闸以济运，水涸则民皆佃种。嘉靖末，大河决入，运道浅淤，乃改浚新河，出湖之东，而湖为河流散溢之处。今详见南直沛县。○独山湖，在县西五十里，接鱼台县界。邹、泗之水馀流所汇也，亦引流入于运河。

代陂，在县东。晋永和五年时石赵衰乱，褚裒帅众伐赵，径赴彭城，鲁郡民亦起兵附晋，求援于裒。裒遣部将王龛等迎之，与赵将李农战于代陂，败没，即此。

赵沟泉，县西南二十六里。旁有纹沟、三山、五花等泉。旧俱由上沽头闸入漕河，今附南沙河而西北达于运河。又北石桥泉，在县北二十里，旁有三里桥、大乌等泉，俱注于北沙河。又黄沟泉，在县东南八十里，与温水、龙湾诸泉，旧俱经沛县留城闸入漕河。《泉河考》：县境凡一十九泉，旧俱入昭阳湖，今皆引流入于潦河以达运河。

临城驿。县南七十里。《志》云：城东有滕阳马驿，此为临城马驿，南北陆道所经也。又县南九十里有沙沟集巡司。○逍遥台，在故薛城南十里。《左传》：庄三十一年，筑台于薛。即此台也。齐宣王时，孟尝君归薛筑，乃更筑之，名曰逍遥。又清凉台，在县东南四十里，相传汉武东巡置宫于此，复筑台曰清凉。今其地名汉宫村。

○峄县，府东南二百六十里。东北至沂州百八十里，西南至南直邳州一百八十里，西至南直沛县百五十里。春秋时鄫国，汉为兰陵、承二县地，属东海郡。后汉因之，晋元康初，置兰陵郡，治承城县。刘宋及后魏因之。隋郡废，开皇十六年置鄫州。大业初州废，改承县为兰陵县，属彭城郡。唐初复置鄫州，又改兰陵为承县。贞观初州废，县属沂州。宋因之。金改属邳州，又改承县为兰陵县。兴定中又置峄州治焉。元初以州属益都路，至元二年，以县省入州。明朝洪武二年，改州为县，属济宁府。十八年改今属。城周四里有奇，编户三十六里。

承城，县西北一里。汉置承县，以承水所经而名。承读拯，俗作承，误也。晋为兰陵郡治。刘宋泰始中郡移治昌虑县，后魏仍为郡治。隋为鄫州治。大业初，改承县为兰陵。唐复为承县。元和十四年，楚州刺史李听讨淄青叛帅李师道，克海州，败其兵于沂州，拔承城。是也。宋亦曰承城，金人复曰兰陵。绎州治焉。元省。明初改筑今城，成化二十六年，始砌以石，其后相继修葺。周四里有奇。杜预曰：承县东南有向城，或以为古向国。盖其地与沂州接境。

兰陵城，县东六十里。《史记》：荀卿适楚，春申君以为兰陵令。《十三州志》：兰陵故鲁之次室邑，其后楚取之，改为兰陵。汉置县，属东海郡。后汉建武四年，董宪将贲休以兰陵降，既而宪复陷之。五年，宪等自下邳还兰陵，即此。晋属兰陵郡，刘宋及后魏因之。隋大业初，省入丞县，寻改丞县曰兰陵。唐武德四年，改兰陵为丞，而别置兰陵县，属鄫州。贞观初，州废，县亦并入丞县。

鄫城，县东八十里。春秋时小国也。僖十四年，鄫子来朝。襄六年，莒人灭鄫。昭四年，取鄫。《史记》：夫差七年，败齐师于艾陵，遂至缯。即此。后为楚地。汉置缯县，属东海郡。后汉属琅邪郡，晋因之，后废。隋复置鄫城县，大业初，常置兰陵郡于此，寻并入丞县。唐初为山贼左君衡所据，事平复置鄫城县，为鄫州治。贞观初，州县俱废。杜预曰：鄫县北有蔇亭。《春秋》：庄九年，公及齐大夫盟于蔇，即此。

偪阳城，县南五十里。春秋时小国。城西有柤水。襄十年，晋侯会诸侯及吴子寿梦于柤，遂伐偪阳是也。汉置傅阳县，属楚国。傅、偪同音福；后汉属彭城国，晋因之，后废。○合乡城，在县西北，汉县，属东海郡。后汉及晋因之。刘宋属兰陵郡，后魏因之。后齐废。《沛县志》：合乡即古之互乡，《论语》所谓难与言者。

建阳城，在县西。汉县，属东海郡，宣帝封鲁孝王子咸为侯邑。后汉亦曰建阳县，建武五年，董宪招五校徐贼拒守建阳是也。晋省。《志》云：县西四十五里有建陵城，在白茅山之阳，亦汉东海属县也。景帝封卫绾为侯邑，又宣帝封鲁孝王子遂于此。今南直沭阳县有建陵城。又阴平城。旧《志》云：在县西南三十里，今亦见沭阳县。○二疏城，《志》

云：在县东四十里，城方五六里，内有散金台，相传汉疏广、疏受所居。或谓之不其城。

君山，县北六十里。亦曰抱犊山，又为抱犊固。《述征记》：抱犊固壁立千仞，顶宽平而有水。山去海三百里，天气晴朗，宛然在目。山上有池，周回五丈，深三四尺，水旱如一。有地数顷，相传昔有王老者抱犊耕其上。故名。汉曰楼山，魏号仙台，高九里，周四十五里。齐建元三年，淮北民桓磊魂叛魏，破魏师于抱犊固。又梁天监五年青、冀二州刺史桓和克魏朐山城，又击魏兖州，拔固城。既而别将萧及屯固城，魏将元恒复攻拔之。胡氏曰：固城当即抱犊固也。《志》云：君山之旁，又有巨渠山、熊耳山，与滕县接界。又车梢山亦与君山相接。《寰宇记》谓之花盘山，亦名三峰山，沧浪渊水出焉，即丞水上源也。今城西有孺子桥，盖因孟子所称而名。

仙坛山，县东北一里。《志》云：山巅广数里，攒簇奇秀，望之如庐。相传古仙人所居。又东北四十里为榜山，下有洞，泇水出其下。○夹山，在县北七十里，或误以为夹谷。其相接者曰夹儿山，旧有锡场。

青石山，县东七里。顶有石穴，深数丈，西崖瀑布自削壁而下，达于洞底，中有仙洞。或谓之石城山。晋咸和中，彭城内史刘续据兰陵石城，后赵将石瞻攻拔之。魏收《志》：兰陵县有石孤山，当即石城矣。○葛峄山，在县东南十五里，丞水环其下。曰葛峄者，以山川络绎如葛之有蔓也。亦名桂子山。又青檀山，在县西十里，山多青檀树，有流泉注丞水。俗名龙凤山。又马山，在县南九十里，以山势若奔马而名。或谓之马旺山，武水出焉。

泇河，在县南。有二：东泇河，出榜山，一云出费县南山谷中，南流经沂州西南卞庄。东分一支，经州西南三十里芙蓉山下之芙蓉湖，溉田数千顷，古所称琅邪之稻也。西泇河，出君山，东南流，至三合村，有鱼沟水及东洳河并会于此,因名。南贯四湖,溉田倍于芙蓉湖。又南合丞水,谓之洳口,入邳州境,注于泗河,淮、泗舟楫通焉。《唐志》:丞县有陂十三,畜水溉田,皆贞观以来筑。《齐乘》云:沂、峄二州,仰洳、丞二水溉田,青、徐水利,莫与为匹,皆十三陂遗迹也,后多堙塞。万历三十二年,改洳河为运道,堑山划石,引泗会沂,洳河遂成大川。今详见南直邳州。

丞水,县西七里。出县北六十里花盘山之车梢谷,其源曰沧浪渊,南流合许池水,今沧浪渊水微许池遂为正源。至县西,经青檀山下,又南经县南三十里,有金注水流入焉。水出县西二十里石屋山之瀑布泉,至县西南五里,有桥跨其上,曰萧桥。又东南入于丞水,又东会彭河水,入于洳河。《齐乘》:丞水溉田千馀顷,旁多美竹,人赖其利。今否。《邑志》:县西门外有丞治河,出许家泉,东南流,入邳州界,即丞水矣。

彭河,县东南五十里。一名中心沟。源出县西四十五里白茅山下之玉华泉,东合众流,又东会丞水,注于洳河,土人谓之运铁河。王应麟曰:彭城北至丞有铁官,其南有铸钱山,盖因以名。又武河,在县南百里,源出马山,《水经注》所谓小沂水也。旧《志》:洳河南合于武河。丞水亦东流合焉,并入于泗。今详见邳州。

光武泉,县西北五十里。引流为巨龙河。相传光武征董宪时曾驻于此,下流合于洳河。又许池泉,在县西北二十里,三泉并发,即丞水上源也。又温水泉,在县西五十里。县西二十里又有许有泉,西南流,会温水诸泉入滕县百冢河。《泉河考》:县境有泉五,三入昭阳湖,二入沂水,今并注于漕河。

渣口戍。在县东南。《后汉志》:偪阳有柤水,谓之柤口。《春秋》:诸侯会吴于柤。又哀六年,叔还会吴于柤,是也。梁大通二年,魏泰山太守羊侃举兵袭兖州,不克,南奔至渣口。渣、柤同,并音侧加反。

盖即今之泇口云。○邹坞镇，在县西六十里，今有巡司戍守。

　　○金乡县，府西南百八十里。东北至济宁州九十里，东南至南直丰县百里。古缗国，春秋时宋邑。汉置东缗县，属山阳郡。后汉析置金乡县，以山为名。晋属高平国，刘宋因之，又尝置金乡郡于此，后魏仍曰金乡县，属高平郡。隋属曹州。唐武德四年，置金州治焉。明年，州废，县属戴州，又徙州治此。贞观十七年，州废，县属兖州。元和十三年，武宁帅李愬讨淄青叛帅李师道，克其金乡。是也。五代周改属济州，宋因之。元属济宁路，明朝洪武十八年，改今属。编户三十三里。

　　东缗城，县东北二十里。本夏之缗国。《传》云：帝相娶于有缗氏。是也。春秋时属宋。僖二十三年，齐伐宋，围缗。邹衍曰：余登缗城，以望宋都者也。汉初周勃攻缗，即此。寻置东缗县。缗读旻。后汉建武十一年，封冯异长子彰为侯邑。兴平二年，吕布屯于东缗，与曹操战，败走。晋省县入金乡。

　　昌邑城，县西北四十里。本秦县。二世三年，沛公击昌邑，昌邑人彭越以兵属沛公是也。汉初，属梁国。景帝三年，吴、楚七国反，攻梁，周亚夫引兵东北壁昌邑中。中六年，分梁为山阳国，治昌邑。武帝天汉四年，更为昌邑国，封子髆为昌邑王。始元初，子贺嗣。十二年，征为昭帝。后贺废，国除为山阳郡，仍治昌邑。后汉为兖州治。兴平初，吕布与曹操争兖州，自乘氏东屯山阳。晋泰始初，更为高平国，亦治昌邑。刘宋移高平国治高平县，以昌邑省入金乡。隋复分置昌邑县，属曹州。大业初省。《志》云：昌邑城纵横皆六里。一名外城，周三十馀里，中城周十馀里，一名山阳城。或曰：山阳城在县东北二十五里，误。

　　梁丘城，在县西南。杜预曰：昌邑西南有梁丘城。《左传》：庄三十二年，宋公、齐侯遇于梁丘，即此。亦曰梁丘乡。《括地志》：梁丘城在成武县东北三十二里。盖接界处也。○防城，在县西六十里，亦春秋时宋邑。隐十年,郑人伐宋,入防。杜预曰:昌邑西南有防城,亦谓之西防,以别于费县之防城也。王莽末,佼疆为西防贼帅,后附于刘永。建武三年,盖延等败刘永于睢阳,佼疆奔保西防。太子贤曰:西防在单县北四十里。盖境相接也。又有防东城,在县南,后汉置县,属山阳郡,晋省。

阳山,县西北三十里。山多美石,葛山在其前,鱼山在其右,位处众山之阳,因名。古山阳郡城在其下。《志》云:葛山在县西北三十五里,鱼山在县北三十五里。

金莎岭,《志》云:在城东里许。西自曹县、定陶,东抵鱼台,绵亘三百馀里,因地异名,实一岭也。《水经注》:金乡有数山,皆空中穴口,谓之隧。戴延之《西征记》:焦氏山北数山,有汉司隶校尉鲁恭穿山得白蛇、白兔,不以葬,更葬山南,凿而得金,故曰金乡山也。今焦氏山东,即金乡山也。有冢,谓之秦王陵,山上二百步得冢口,堑深十丈,两壁峻峭,中有埏门及内外堂。或云:昌邑哀王冢,北接钜野县界。

大河,在县西南百里。自曹州及单县流经县境,又东南入南直砀山县界。又济水,旧亦在县界。《水经》:济水径乘氏西分为二:其一水东流过昌邑县北,又东径金乡县南,又东过东缗县北,又东过方与县北为菏水。今堙。

洙水,在县东北。或曰:泗水自鱼台支流入县境,谓之洙水。宇文周末,于仲文击尉迟迥将席毗罗于金乡,毗罗众溃,争投洙水死,水为之不流。《水经注》:洙水径瑕丘城,又西南径山阳郡南平阳县之间丘亭,又西至高平南,入于泗水。高平见巨野境,洙水在是时应至县界也。又《后汉志》乘氏县有泗水。乘氏今曹县地,盖水道迁流,今昔不同久矣。

涑水,旧在城北。《志》云:单县城东及县城北俱有此水,石晋时所开,首受汴水,北抵济河,南通徐、沛,元以后渐堙,惟下流入沛者,水道仅存云。○大义河，在县北，旧自济宁州流入境。《宋史》：庆历中，浚任城、金乡之大义河以通漕。是也。今亦废。《志》云：县北十里有三家湾，源出钜野县，经成武入县界，注济河。今亦涸。又蛭沟，在县南八里，东达谷亭镇，西抵成武界，元末淤，今故迹仅存。

甲父亭。《志》云：在故昌邑城东南，古国也。《左传》；昭十五年，齐侯伐徐，徐人行成，赂以甲父之鼎。盖甲父之重器矣。又茅乡，杜预曰：在昌邑西南，周公子茅白所封，后为郈邑。哀七年，茅成子以茅叛，即此。亦谓之茅乡城。

○鱼台县，府南百七十里。东南至南直沛县百十里。春秋时鲁棠邑也。隐公观鱼于棠，即此。汉置方与县，属山阳郡。方与读曰房预。后汉因之。晋属高平国。刘宋及后魏因之。后齐废。隋开皇十六年，复置，属徐州。唐初，属金州，寻属戴州。贞观中，改属兖州。宝应初，改县曰鱼台。五代唐属单州，宋因之。元属济州，至元初，省入金乡，寻复置。明初，属徐州，又改属济宁府。洪武十八年，改今属。编户二十七里。

方与城，在县城北。春秋时宋之方与邑。《战国策》：楚人说顷襄王外击定陶，则大宋、方与二郡者举矣。秦置方与县。《史记》：二世二年，秦嘉立景驹为楚王，引兵之方与，欲击秦军定陶下。又沛公取湖陵、方与。汉仍置方与县。其北有鲁侯观鱼台，唐因改为鱼台县。元和四年，淄青帅李师道请移县于黄台市，即今县治。九年，武宁节度使李愬奉诏讨师道，遣将李愬败贼于鱼台，进取金乡。十四年，愬攻李师道，自金乡进至鱼台是也。《志》云：鱼台县故城在今县东北五十里。城北旧有小城，即故方与县治。○湖陵城，在县东南六十里，亦春秋时宋邑，后属楚。春申君谓魏氏将出而攻铚、湖陵、砀、萧、相者也。秦置湖陵县，汉因之。今详见南直沛县。

重乡城，县西北十一里。《春秋》：僖三十一年，取济西田分曹地，使臧文仲如晋，宿于重馆。杜预曰：方与，西北重乡城也。又郎城，在县东北九十里。《左传》：隐元年，费伯帅师城郎。桓四年，公狩于郎。十年，齐侯、卫侯、郑伯，来战于郎。庄八年，师次于郎，以俟陈人、蔡人。三十一年，筑台于郎，昭九年，筑郎囿，皆此也。盖鲁之边邑。杜预曰：方与县东南有郁郎亭，郗鉴城在县南。《志》云：在湖陵城西，东晋初，郗鉴常营于此。《水经注》：泗水径郗鉴城北，又东南径湖陵城。是也。

凫山，县东北六十里，北接邹县界。稍东有黄山，即黄良泉所出。县东北百里又有平山，有泉出焉。其相近者又有独山、庙山、云寨山、兖山。《志》云：诸山皆在县东北境。

运河，在县东二十里。谓之旧运河，即泗水也。自济宁州流入县东北四十里之南阳闸，又南历谷亭、八里湾、孟阳泊，凡四闸而径湖陵城，又南经庙道口闸，过沛县东，历上沽头等闸，始至留城，凡百六十三里。嘉靖四十四年，黄河横决，闸河淤塞。明年，开新河于县东北二十里，自南阳至留城，凡百四十里，而旧漕河遂废。

荷水，县北十里。《禹贡》：导荷泽，被孟诸。又云：导沇水，东至于荷。今荷水经金乡县界流入，至县东，合于泗水。一名五丈沟，盖济水合荷水之下流也。《水经注》：荷水即济水所包注以成湖泽也。济水屈从桓公沟，南至方与县入荷水。荷水又东径秦梁，夹岸积石一里，高五丈，世传秦始皇东巡所造，即五丈沟矣。又东与泗水合于穀庭城下，俗谓之黄水口。黄水西北通钜野泽，亦沿注于荷，故名。今多堙塞。

泥河泉，县东二十五里。引流为泥河。又平山下为平山泉，其东南为东龙泉，西为西龙泉。《志》云：县境有泉凡十五，俱引流而入于漕河也。

牛头河，《府志》：由济宁西二十里，首受永通闸泄出漕渠之水，注之耐牢坡，至鱼台塌场口，开广运闸而出，入于旧渠。盖黄河故道也。

明初，用兵梁晋，开通此渠，以资运导，故建永通闸于北。正统以后，防塌场口之溃，故建广运闸于南。漕渠水盛，由此行舟黄河。自曹州双河口来，亦由此入运。今运渠北徙，河水南流，此河与故渠同塞。迩年，巨、郓、陶、嘉四县汇水来自西北，曹、单、城武、金乡四县汇水来自西南，皆自牛头河出钓钩嘴，由旧运河经谷亭、沛县至留城入运，下流阻塞，漫为巨浸。韩庄支渠，盖难泄此也。

沙河，北沙水也，在县东南。自滕县西流入境，又西入江南沛县界。

独山湖，在县东北五十里，属滕县界。又县东南七十里有阳城湖，县东北寨、兖二山水所汇也。其水别为小河，入漕济运。

泥河，引流为泥河，经沛县界入漕。亦曰泥沟。

武唐亭，县东北十二里。《春秋》：隐二年，公及戎盟于唐。杜预曰：方与县北武唐亭是也。五年，公矢鱼于棠。亦即此。其地有鲁侯观鱼台。《水经注》：菏水又东经武唐亭北城，城有高台二丈许，其下临水，昔鲁侯观鱼处。

费亭，在县西南。春秋时，鲁大夫费伯食邑也。《晋书·地道记》：湖陆西有费亭城，魏武初封费亭侯，即此地。似误。今见河南永城县。又西有极亭。隐二年，司空无骇入极亭，费岑父胜之，盖在此。

谷亭镇，县东二十里。春秋时有宁母亭。《左传》：僖十年，公会齐侯、郑伯，盟于宁母。杜氏曰：方与县东泥母亭是也。泥读如宁。《水经注》谓之谷庭城，后讹为谷亭，亦曰谷亭，泗水经此，亦曰谷谷河。水深数丈，波涛汹涌，俗名负娘河。相传昔有孝子负母渡此也。建文三年，燕军至大名，以南军萃德州，资储皆在徐、沛，遣将至济宁谷亭，尽焚军兴以来储积，南军于是大困。嘉靖九年，黄河尝冲决至此，俗名黄水口。有谷亭闸，向为运道所经，运河东徙，闸亦废。

塌场口，县南四十里，旧为运道所经。永乐九年，刑部侍郎金纯浚元人运河故道，引汴水自开封入鱼台塌场口会汶水经徐、吕二洪入淮。汶水即泗水也。嘉靖九年，黄河由单县侯家村决塌场口，冲谷亭，即此。其北有广运闸，今废。

河桥驿，县东北四十里。《志》云：县东南五十里旧有沙河镇驿，接沛县界，并置递运所于此。亦曰沙河店。店北有苏家坝，竭滕县境内大乌诸泉流以达漕河。隆庆三年废沙河驿，并废济宁州境内之鲁桥驿，而改置河桥驿于此，为往来津要。

双龙桥。在县东南五十里，跨沙河上。

苏家坝，在县东南沙河镇，北竭滕县境内大乌诸泉流以达漕河。又南阳坝，在县东北二十里旧运河上。

枣林闸。在县东北四十里，接沛县界。又南阳闸，在县东北三十里。俱在新运河上，有闸官。又县东五十里有利建闸，东南六十里有邢庄闸，亦在新运河上。《志》云：县东北三十五里有上广运闸，三十里有下广运闸，东二十五里有八里湾闸，俱在旧运河上。

○单县，府西南二百十里。东至南直丰县九十里，南至河南夏邑县七十里。鲁单父邑。汉为单父县，属山阳郡，郡都尉治焉。单父读曰善甫。后汉初，封刘茂为侯邑，改属济阴郡。晋属济阳郡，后废。后魏改置离狐县，兼置北济阴郡治焉。魏收《志》：郡宋大明中置，魏因之，治单父城。是也。后齐郡县俱废。隋开皇六年，更置单父县，属曹州。唐初，属戴州。贞观十七年，改属宋州。光启中置单州于此寻移置于砀山。后唐同光二年，改置单州于此。宋因之，亦曰砀郡。金属归德府，元属济宁路。明朝洪武元年，以州治单父县省入。二年，改州为县，属济宁府。十八年改今属。编户四十二里。

单父城，在今城南半里。春秋时鲁邑也。宓子贱、巫马期，皆尝为邑宰。秦置单父县，属砀郡。吕后父吕公，单父人也。刘宋时废单父县，侨置离狐县于此。北齐废。后皆为单父县。唐光启初，置单州，领单父、砀山、成武、鱼台四县。大顺二年，泰宁节度使朱瑾攻朱全忠之单州是也。光化二年，朱全忠表以县属辉州，三年，移辉州来治。后唐曰单。宋以后因之。明嘉靖二年，黄河水溢，旧城垫没，因徙今治。《志》云：府境属邑多土城，惟县城甃以砖，嘉靖初所改筑。○平乐城，在县东四十里，汉县，属山阳郡。后汉省。《寰宇记》谓之平城，误。

离孤城，在县西北。汉县，属东郡。后汉属济阴郡，晋因之。刘宋属北济阴侯，以单父县并入，后魏因之。后齐废。隋为单父县地。唐复置离孤县，属曹州，天宝初改为南华县，仍属曹州。宋因之。金大定六年圮于河。○平乐城，在县东四十里。汉县，属山阴郡，后汉省。《寰宇记》谓之平城，误。

大陵山，县西南五里。地高耸，水不能啮，俗谓之土山。山下有长堤以捍黄河。○开山，在县东南二里，有三山连峙，状若倚然。又二里为栖霞山，相传梁孝王尝游此。

黄河，县南二十里。自曹县流入界，又东入南直丰县界，岸长七十馀里。《志》云：县南境黄堌口，即贾鲁旧河也。万历中，河屡决溢，大约东出丰县，东南出砀山县，县皆为之孔道。黄堌口亦曰牛黄堌，与河南虞城县分界。

涞河，在县东门外。又东入金乡县界，北抵济宁。《志》以为宋之运河也。今堙。○丰水，在县东南。《水经注》：丰水上承大荠陂，东经己氏及平乐县，又东径丰县故城南。大荠陂，盖在今曹县境，今故流已堙。

吕堌村。在县南。相传吕后所居。又有晏堌，在县东三十里。《志》云：县山皆平地突起，类如丘垤，小者谓之堌。

○**城武县**，府西南二百九十里。东南至单县五十里，西至曹州定陶县五十里。春秋时郜地，后属宋。秦置成武县，二世三年，沛公将周勃攻东郡尉于成武。又参曹政东郡尉军，破之于成武南，即此。汉亦曰成武县，属山阳郡。后汉属济阴郡。晋属济阳郡。刘宋属北济阴郡，后魏因之。后齐置永昌郡。后周大象二年，尉迟迥将檀让屯成武，于仲文击破之，遂拔成武。隋初，郡罢。开皇十六年，置戴州治焉。大业初，州废，县属济阴郡。隋末复置，群盗孟海公据曹、戴二州，为窦建德所并。唐初，亦属戴州。贞观中，州废，县属曹州。光启初，寻属辉州。五代唐仍改属单州，宋因之。元改属曹州。明朝洪武四年，属济宁府，寻改今属，讹成曰城。城编户二十五里。

郜城，县东南二十里。古郜国。周文王庶子所封，富辰所谓郜、雍、曹、滕者也，后附庸于宋。《左传》：隐十年，郑师伐宋，入郜归于我。桓二年，取郜大鼎于宋，即此。汉置郜成县，属山阳郡。后汉省入成武。县《志》：郜有二城，此为北郜城，又南二里曰南郜城。

秺城，在县南。汉置秺县，属济阴郡。秺，音妒。武帝征和二年，封商丘成为侯邑。又昭帝始元二年，封金日磾为秺侯。后汉省。《地道记》：成武县有秺城。刘宋泰始二年，薛安都以彭城降魏，魏遣尉元等救安都，进军于秺。即此。

文亭山，县西北二里。上有文士亭，相传汉高曾驻跸于此。又梁丘山，在县东北三十里。《括地志》：春秋时，齐侯、宋公遇于梁丘，盖在此。今见金乡县梁丘城。

黄水，在县南。大河支流也。明初永乐中，自河南封丘县导河入鱼台之塌场口，自曹县北、定陶南流入界，经县南而东。后堙废。然大河东注，县辄被其患，堤塞恒切焉。

济水。在县西。《水经注》：济水又东北经成武城西。又有黄沟水自北注之，今堙。又菏水，在县南，旧自曹州流入境，又东经金乡县入鱼台县界。今详见鱼台县。

附见：

兖州护卫。在府城内。洪武中，为鲁府置。又滕县守御千户所，在县城内，洪武四年置。

读史方舆纪要卷三十三

山东四 兖州府下

〇济宁州，府西六十里。东南至南直徐州四百二十里，西南至河南归德府三百五十七里，北至东平州百五十里。

古徐州地，春秋属鲁，战国属宋，后属齐。秦属砀郡，汉属东平国，后汉为任城国，章帝元和初，析东平国置。晋因之。刘宋属高平郡。后魏复置任城郡，而置济州于济北郡之碻磝城。见济南府长清县。后齐又改任城曰高平郡。隋初郡废，此为兖州及济州地。大业初改兖州曰鲁郡，济州曰济北郡。唐亦为兖、济二州地，济州治庐县，自隋至唐不改。见前长清县。天宝初，改济州曰济阳郡。十三载废入东平郡。五代周复置济州，治钜野县，宋因之。亦曰济阳郡。金亦曰济州。改治任城县。元曰济宁路。《元志》：至元六年以济州还治钜野。八年升为济宁府，复治任城，寻徙钜野。十二年以任城当江、淮水陆冲要，改立济州，属济宁府，而废任城县。十五年迁府治济州，以钜野县行济州事，其年复于钜野立府，仍置济州于此。十六年升府为济宁路，复置任城县，为济州治。至正中省济州，而徙济宁路治任城县。明初洪武元年改路为府，十八年改府为州，以州治任城县省入，编户五十四里。属兖州府，领县三。

州南通江、淮,北连河、济,控邳、徐之津要,扼宋、卫之噤喉。在战国时,苏秦所云亢父之险也。自是东方有事,必争济州。元人开会通河,而州之形势益重。察罕复山东,先下济宁。太祖命将北伐,亦以济宁为先务。燕师南下,则遣奇兵破济宁,而德州崩溃。岂非以馈饷所经,州实关南北之大命哉?

任城废县,今州治。春秋时任国,战国时为齐附庸。孟子居邹,季任为任处守是也。汉置县,属东平国。后汉元和初,为任城国治,晋因之,后国废县存。后魏复置任城郡,高齐改置高平郡治此。隋郡废,县属兖州。唐因之。宋属济州,金为州治。元仍属济州,后徙济宁路治焉。明初省。《志》云:州旧为土城,洪武四年,始甃以砖石。今城周九里有奇。

亢父城,州南五十里。本齐地。《战国策》:苏秦曰:秦之攻齐也,倍韩、魏之地,过卫阳晋之道,径乎亢父之险,车不得方轨,骑不得比行,百人守险,千人不得过。谓此也。秦置亢父县。二世二年,项梁引军攻亢父,又沛公自薛还军亢父。汉仍为亢父县,属东平国。后汉初,光武征庞萌,自将轻兵驰赴亢父是也。寻改属任城国,晋因之。刘宋属高平郡,后魏仍属任城郡。后齐废。《水经注》:黄水又东径亢父故城西。是也。

桃乡城,州东北六十里。春秋时鲁邑。襄十七年,齐师伐我,围桃。汉置桃乡县,属泰山郡。成帝封东平思王子宣为侯邑。后汉建武四年,庞萌叛,自称东平王,屯桃乡之北。五年,光武击萌至蒙,闻萌围桃城,晨夜兼行,至亢父。复行十里宿任城,去桃城六十里,乃按兵不出。既而进击萌,破走之。《水经注》:汶水西南经桃乡故城。刘昭曰:任城有桃聚,即桃乡也。盖后汉并县入任城。蒙城,见河南归德府。

邿城,在州东南。春秋时邿国。襄十三年取邿,即此。后汉建武二年,封刘隆为侯邑。杜预曰:亢父县有邿亭。又邾瑕城,在州南二十里。

《春秋》：哀六年，城邾瑕。杜预曰：亢父县北有邾娄城，即邾瑕矣。〇樊城，在州北。汉置樊县，属东平国，文帝封常山相蔡兼为樊侯，邑于此。后汉属任城国，晋因之，后省。《括地志》樊城在瑕丘县西南，或以为周仲山甫国，皆误也。

两城山，州南六十里。《志》云：以山夹如城而名。又有承斥山，在州南四十里。相传女娲生于此，有庙祀焉。

会通河，在州城南。元人所开也。泗水自府城之东折而西流，洸水自宁阳县之北折而南流，会于州城南，由天井闸入河以通漕。自州西三里分水闸，北出至临清州，南至徐州，久而淤塞。明朝永乐九年，遣大臣发民夫疏凿，北达临清卫河，南入徐州黄河，中间七百里，皆曰闸河，节宣诸山谷泉涧之水，以便转输。自州南接鱼台，为闸十有二，而天井、鲁桥、枣林、南阳为最著。天井，在城东南二百馀步，洸、泗二水交注处也。由闸而东南五十四里曰鲁桥闸，又五里曰枣林，又十里曰南阳，入鱼台县界，转输商旅，毕出于此。今详见川渎漕河。〇月河，在州南，会通河之支流也。有上新、中新、下新等闸，仍合于会通河。

马肠湖，县西十里，在会通河北岸。本名马常湖，旧与南旺、蜀山二湖相接，故南旺亦兼马常泊之名。《漕河考》：马肠湖北接蜀山湖，蜀山之水时溢入焉。万历十七年，河臣潘季驯于湖北岸为减水闸三，其东为堤，西口为坝，以时蓄泄。〇南池，在城东南二百步，渟泓数亩，洸水所潴也，亦流入天井闸。

芦沟泉，在州东，流入南阳闸。稍西有托基泉，入枣林闸。又有马陵泉，入鲁桥闸。《东泉志》：自滕县、峄县及曲阜县界之蜈蚣泉，共十六泉，散入鲁桥，以下漕河，是为鲁桥圈里派。又自嶧阳、宁阳界六十三泉，俱入天井闸，是为天井派。其宁阳龙港沟等四泉，则入分水河。盖沂、洸之流，来自东北，入于天井，以资运道。牛首之渠，来自西南，出于鱼、沛，以泄潴水。而河漕之利病，交相受焉，譬之于脉，在任督之交矣。牛首渠，即钜野县之牛头河也。今详见川渎漕河。

鲁桥镇。州南五十四里。唐咸通十年，徐州叛卒庞勋等作乱，兖州发兵戍守鲁桥镇以备侵轶。今为运道所经，有鲁桥闸，又置鲁桥驿及递运所、巡简司于此。隆庆中，驿与递运所俱废。又南城水驿，在南门外，其旁有递运所。又旧置城东、康庄二驿，今俱废。

○嘉祥县，州西五十里。南至金乡县七十里。本任城、钜野二县地。金皇统中析置今县，属济州。大定十五年，又迁今治。元初，属东平路，至元初改属济州，寻属单州。明朝洪武四年改今属。编户十四里。

嘉祥旧城，在县西二十五里。金人置县于此。本名山口镇，相传鲁哀公时获麟处也，县因以名。正隆初，县圮于水，徙治横山之南。大定十五年，又徙于萌山下，即今治也。县有土城，周四里馀，即金时故址。

爰戚城，在县西南。秦县，汉初曹参攻爰戚及亢父。又周勃攻爰戚略东缗，即此。高帝六年，封功臣赵成为侯邑，寻属山阳郡。后汉省。又废武城，在县南五十里。《志》云鲁有二武城，此其一也。汉文帝四年，立齐悼惠王子贤为武城侯，或以为即此。近《志》作南武城，误。又《焦城志》云：在县南十五里青山之东。《城冢记》：周武王封神农后于焦，盖在此。今其地名焦城村云。

萌山，在县治东北。峰峦峭拔，高百馀仞，出城横亘四五里，亦名横山。其前有独坐山，后有柏山，桓公沟在其东。○澹台山，在县南三里，有澹台灭明墓，其旁有群山相接，连亘城南。又南武山，在县南四十五里，其南有曾子墓。

郗山，县东南五里。相传晋郗鉴居此，下有郗城，即鉴所筑。今为河水垫没，俗谓之登台山。○青山，有二：一曰大青山，在县西南十五里，迤南相接者曰焦氏山、挟山，峰岩泉石，纡回秀润。其小青山在县西八里。皆在运河西岸。亦谓之嘉祥山，大抵皆金乡山之支阜也。

塔山，县南二十里。旁有数山相连。《志》云：邑境之山九十九，惟塔山为最高。又华林山，在县东南十里，山北高岭上有寨基，俗谓之东寨山，亦曰龙华山。又崮山，在县南四十里，其山崛崔高大，横亘数里，因名。○遂山，在县南五十三里，其西有古洞，深二三里。又平山，在县南五十五里，山顶四平，可耕稼云。

会通河，县东二十五里。其东岸即济宁州界也。《志》云：县西南有旧黄河，自钜野县流入界，又东南入鱼台县之塌场口。又县北十里有古河堤，《方舆志》马颊河经郓、济间，即此堤矣。○济河，《志》云：在县南五十里平山之西，有姚河水入之，其地名梧桐堌。今堙。

桓公沟，在县东门外。旧《志》：沟在济宁州西四十里萌山下。晋太和中，桓温伐燕，遣冠军将军毛虎生凿钜野通济，水道出此，南入鱼台县界。今堙。○获麟渡，《志》云：在县东南漕河旁，地名大长沟。

获麟堆。县西二十五里。《春秋》：哀十四年，西狩大野，获麟，《括地志》巨野县东十二里有获麟堆。宗国《都城记》：巨野故城东十里泽中有三台，广轮十五步，俗谓之获麟堆。今在县境。

○钜野县，州西北百里。北至东平州百里，东南至金乡县九十里。古大野地。汉置钜野县，属山阳郡。后汉因之。兴平二年，曹操破斩吕布将薛兰等于钜野。晋属高平国，刘宋因之。后魏属任城郡，北齐废。隋开皇十六年，复置，属郓州。唐武德四年，置麟州治此，明年，州废，县属戴州。贞观十七年，仍属郓州。乾宁二年，兖州帅朱瑾为朱全忠所攻，遣兵袭曹州，以解兖州之围。全忠自中都引兵追及之于钜野南，屠杀殆尽。五代周置济州于此，宋因之。金徙州治任城，县省。元复置，济宁府尝治此，后又改属济宁路。今编户三十五里。

高平城，在县东南。汉置橐县，属山阳郡。王莽曰高平。后汉初复故。章帝仍曰高平县，属梁国。晋属高平国。永嘉五年，青州刺史苟晞为曹嶷所败，弃城奔高平。刘宋为高平郡治，后魏因之。北齐郡、县俱废。旧《志》：泗水经高平西。今堙。○乘丘城，在县东南五十里，隋所置县也。《隋志》：开皇十六年，置乘丘县，属郓州。大业初，并入钜野县。唐初，复置乘丘县，属郓州。贞观初，又废。近《志》以为乘丘城即汉乘氏县，误。

高平山，县南五十里。山东西十里，南北五里，高四里，顶上方平，故名。旧因以名县，亦曰金乡山。山形峻峭，山之北，有石洞曰清凉洞。南有石阁、石道，相传秦始皇东游避暑于此。山之南，即今金乡县之金莎岭也。○独山，在县北三十里，四野平旷，屹然中起，因名。

会通河，县东八十里，东岸与济宁州分界。○旧黄河，在县西南八十里，所管河岸南自曹州宝珠口，北至曹州訾家口，凡十二里。今堙。《志》云：县东八里有八里河，亦黄河支流也。旧时大河流入境，东北经郓城、寿张至张秋入运河，谓之北道。其分流县南，又东为八里河，流合新挑河，经嘉祥县入运河。

钜野泽，县东五里。《志》云：泽东西百里，南北三百里，亦曰大野。《禹贡》：大野既潴。《职方》：其泽薮曰大野。《春秋》：哀十四年春，西狩于大野。《尔雅》十薮，鲁有大野。是也。秦末，昌邑人彭越渔于钜野泽中，为群盗。汉元光中，河决瓠子，东南注于钜野。晋太和四年，桓温伐燕至金乡，遣毛虎生凿钜野三百里，引汶水合清水，引舟自济入河。又义熙十四年，刘裕伐秦，遣王仲德督前锋，开钜野入河，进据滑台。宋元嘉中，何承天言：钜野湖泽广大，南通邾、泗，北连清、济。有旧县城，正在泽内，宜修复堤堨，给轻舰百艘，寇若入境，引舰出战，随宜应接，于事为便。郦道元曰：济水自乘氏县两分，东北入钜野。济之故渎，又东北右会洪水。洪水上承钜野薛训渚，自渚迄于北口一百二十里，名洪水。桓温北伐，掘渠通济，刘武帝入长安又广其功。自洪口以上，亦为桓公渎，济自是北注矣。自隋以后，济流枯竭，钜野渐微。元末为河所决，河徙后遂涸为平陆。

咸亭，在县南。《春秋》：桓七年，焚咸丘。杜预曰：钜野县南有咸亭。是也。《水经注》：黄水经钜野县北，又东经咸亭北，其水大河支流也。又郓亭，在县西南。《左传》：定十三年，齐侯、卫侯次于垂葭，实郓氏，即此。○广野亭，在县东北。韦昭曰：山阳有广野亭，沛公以郦食其为广野君，即此。

合蔡镇。县西北六十里。《宋史》：广济河之水出济州合蔡镇，通梁公泊。是也。广济河，见河南开封府，今涸。又安兴墓巡司，在县西八十里。

○**郓城县，**州西北百五十里。西南至曹州百三十里。汉廪丘县地。后周置清泽县及高平郡。隋废郡，改县曰万安。开皇十年，置郓州治此。十八年，改县曰郓城。大业初，又改州为东平郡。唐初，仍为郓州治。贞观八年，州移治须昌县，以县属焉。五代周改属济州，宋因之。元属济宁路。今编户二十四里。

郓城旧县，县东十六里。《志》云：鲁西境邑，亦谓之西郓。成四年，城郓。十六年，晋人执季文子于苕丘，公还待于郓。昭二十六年，齐侯取郓，公至自齐，处郓。又定三年，齐取郓以为阳虎邑。十年，齐人归郓田于鲁。杜氏曰：皆西郓也。隋因以郓名州。自隋以来皆为县治。金大定六年，大河决溢，徙县治于盘沟村，即今县。

高鱼城，在县东北。《左传》：襄二十六年，齐乌馀以廪丘奔晋，袭卫羊角，取之，又袭我高鱼。杜氏曰：廪丘东北有高鱼城，后讹为高梧。唐乾宁二年，朱全忠遣朱友恭围朱瑾于兖州，朱瑄自郓州驰救，友恭设伏败之于高梧。胡氏曰：即高鱼也。俗又讹为交鱼。廪丘，见濮州范县，盖县北与范县接界。

独孤山，县东北五十里。以孤峰独立而名。

旧黄河，在县西三十里。南自曹州界沈家口，北至寿张县界黑虎庙，长百九十里。旧为县境所管河岸，今堙。○济水，《志》云：济水故渎在县西南二十里。《水经注》：济水入钜野泽，过寿张西与汶水合。是也。宋、金时尝为运道。今自钜野界安兴墓入县境，东流为八里河，环县城东北流，经汶上县北合汶水，至安民山入运河。别开一支，自县东南经嘉祥县入会通河。

水灉水，在县西。黄河支流也。《禹贡》：水灉、沮会同。《传》云：河出为水灉。王氏炎曰：水灉出曹州也。自曹州夹河滩入境，受廪丘诸陂之水，径寿张黑虎庙故范城东，至张秋南沙湾小闸入会通河，土人谓之西里河。于慎行曰：河南开封、南阳之粟，由考城、仪封经此可输张秋。自黄陵冈塞，而此河日湮。又有冷庄河，在县西南三十里，亦自曹州界流入，与水灉河俱东北流，至葛皮口出境，入寿张县界。

梁家楼。在县东。天启中，妖人徐鸿儒作乱，聚众卞家屯，置其家于梁山泊，起兵围魏家庄，遂寇县境。围梁家楼，据为巢穴，去县二十里，遂进陷县城是也。

○**东平州**，府西北百五十里。东北至济南府三百三十里，西北至东昌府二百里，西至东昌府濮州百八十里。

春秋时鲁附庸须句国也，后属鲁。战国属宋，后属齐。秦为砀郡及薛郡地。汉初，属梁国。景帝中六年别为济东国。武帝元鼎初改为大河郡。宣帝甘露二年为东平国。取《禹贡》东原底平之义。后汉及晋因之。刘宋曰东平郡，后魏因之。魏收《志》：泰常中置东平郡，太和末罢，建义中复置。后周置鲁州，隋曰郓州，治万安县。炀帝复曰东平郡。唐初仍置郓州，贞观八年徙治须昌。天宝初亦曰东平郡，乾元初复故。元和中置天平军节度。宋仍曰郓州，亦曰天平军、东平郡。政和初升为东平府。绍兴初，金人立刘豫为伪齐，自大名徙居此，僭称东京。元曰东平路。明朝洪武初改为府，八年降为州，隶济宁府，以州治须城县省入，十八年改今属。编户三十三里。领县五。

　　州襟带河、济，控援魏、博，舟车四通，屹为津要。战国时苏代说齐湣王曰：有宋、卫之阢地危。阢地，一作阳地。孔氏曰：今濮阳之地。有济西、赵之阿东国危。孔氏曰：阿即东阿。非也。阿有二：在赵者曰西阿，在齐者曰东阿。云阿者，大陵又曲隈也。盖阿地在河曲，为齐、赵之边境云。有淮北、楚之东国危。东国，谓寿春以东。有陶，即定陶县。平陆，即汶上县。梁门不开。盖州为济西津要也。汉置东平国，尝为兖州都会。兴平初吕布争兖州，攻鄄城不下，西屯濮阳，曹操曰：布一旦得一州，不能据东平断太山、亢父之道，乘险要我，时操击陶谦于徐州，还救兖州也。而退屯濮阳，吾知其无能为也。南北朝时东平尝为战地。唐季朱全忠谋并山东，则急击郓州。及梁之亡，祸亦发于郓州。《五代史》：唐同光初梁郓州将卢顺密来降，请袭取郓州。唐主曰：梁人志在泽、潞，时泽潞复叛附梁。不备东方，若得东平，则溃其心腹矣。因遣李嗣源趣郓州，遂克之。既而唐主亦渡河入郓州，复逾汶克中都，王彦章时在中都，故先克之。与诸将议所向，李嗣源曰：梁之重兵皆在河上，未知吾所向，即发救兵直路则阻决河，时梁人自汴以北皆决河以阻晋兵，谓之护驾水。须自白马南渡。此去大梁至近，前无山险，方阵横行，昼夜兼程,信宿可至。梁将未离河上,友贞已为我擒矣。于是发中都,二日至曹州,又五日至大梁,遂克之。盖东平去大梁不过数驿也。

须城废县,今州治。古须句国地。《左传》:僖二十一年,邾人灭须句,须句子来奔。明年,公伐邾,取须句而反其君焉。文七年,公伐邾,取须句。杜氏曰:时须句复为邾所灭也。秦置须昌县,汉因之,属东郡,高帝封功臣赵衍为侯邑。后汉属东平国。晋为东平国治。刘宋因之,元嘉二十三年,移兖州镇焉。后魏亦为东平郡治,后齐郡废。隋属郓州,开皇十六年改曰宿城县。唐初因之。贞观初县废。景云二年复置宿城县。贞元四年改为东平县,移治郭下。太和四年改为天平县,六年并入须昌县。后唐讳昌,改为须城县。宋咸平三年以河患,复徙州治于故宿城县,仍置须城县为附郭。《宋志》:时徙州治于东南十五里阳乡之高原。是也。金、元因之,明朝初省。《志》云:州自昔为望郡,金尤为重镇,以至于元,并专制一路,城郭规制,甲于东藩。明朝为水陆之冲,号称繁庶。州城,盖宋时故址。今仍为土城,周二十四里有奇。

须昌城,州西北十五里。本须昌县地。杜预曰:须句在须昌西北,或谓即此城也。隋开皇十六年,析置须昌县于此,而改故县为宿城县,属郓州。唐初徐圆朗据兖州,伪置昌州于须昌县。武德六年,仍属郓州。贞观八年,自郓城县移州治此。后唐改曰须城县。宋州县俱还旧治,此城遂废。或谓之郓州城。

无盐城,州东二十里。春秋时宿国也。隐元年,公及宋人盟于宿。庄十年,宋人迁宿。战国时,为齐之无盐邑。《项羽纪》:宋义遣其子宋襄相齐,身送之至无盐,饮酒高会。汉置无盐县,属东平国。或曰:东平国盖治此。后汉因之。晋仍属东平国。刘宋大明初,魏寇兖州,向无盐,败东平太守刘胡。泰始三年,东平太守申纂守无盐,为魏将慕容白曜所陷。后魏属东平郡。北齐省。宋宣和二年,置东平监于此,政和三年废。

郕城，州东六十里。春秋时小国也。《左传》：庄三十年，齐人降郕。今有郕城集。又郈城在州东南四十里，春秋鲁叔孙氏邑也。昭二十五年，臧会奔郈。定十年，侯犯以郈叛，叔孙州仇帅师围郈。十二年，仲由为季氏宰，将堕三都，叔孙氏堕郈。杜预曰：郈在无盐东南。是也。亦曰郈乡亭。

留舒城，在州西。齐邑也。《左传》：哀二十七年，晋伐郑，齐陈成子救之，及留舒，违榖七里，榖人不知，即此城矣。又阳州城，在州东北，春秋时鲁邑。襄三十一年，齐侵阳州。昭二十五年，公孙于齐，次于阳州，即此。杜预曰：阳州，齐、鲁境上邑。

瓠山，州北二十里。山圆而长，因名。汉哀帝建平二年，山有立石之异，东平王云及后谒居，束蒨草祠石，为息夫躬等告处也。又危山在州东北三十里。亦曰峗山。《汉书》：哀帝时，无盐危山土自起覆草，如驰道状，即此山也。一名金螺山。《志》云：无盐城在危山下，亦曰白佛山。又有峗山，在州北五里。

梁山，州西南五十里，接寿张县界。本名良山。汉梁孝王常游猎于此，因改为梁山。《史记》：梁孝王北猎良山。是也。山周二十馀里，上有虎头崖，下有黑风洞，山南即古大野泽。唐乾宁二年，朱全忠击郓帅朱瑄，战于梁山，郓兵败走。宋政和中，盗宋江等保据于此，其下即梁山泊也。又棘梁山，在州西四十里，顶有崖，东西判为二，其上架石为桥，可通往来，名曰天桥。

蚕尾山，州北三十里。联络望山、卧牛诸山。下有小洞庭湖。又有黄华山、凤山在其左右，群峰环抱，为州之胜。〇金山，在州西北四十里，山色紫赤，其石坚致，河上诸邑往采以给用。州南有坤山，马跑泉出焉。又南有土山，日中无影，亦名无影山，在州西三十里。〇安山，在州西南三十五里，亦曰安民山。详见下。

会通河，州西南十五里。南接汶上县，汶、济二水合流处也。有闸一曰安山。西北入东阿县界。《志》云：漕河西岸有安民山，山下为安山湖，湖绕山下，萦洄百馀里，流入小洞庭湖，仍合汶水，亦名积水湖。正统三年，于近河处置减水闸以济漕，后淤为民田。嘉靖二十年清复，隆庆四年，复为民田。万历十六年，议复故址而狭小逾半，畜水之处不过三十八里。《漕河考》：由南旺而至临清，亘四百里，惟藉安山一湖以济漕河。东北有似蛇沟，东有八里湾，皆引水通漕之道。四面有堤，置闸以时畜泄，亦曰水匮。《州志》：安民湖在州西十五里，又西三里曰积水湖。

汶水，旧在州南一里。其上源自宁阳县西北流至州东六十里戴村，又西经城南，至安山湖合济水。自戴村坝筑，遂西南流至汶上县，凡八十里，而为分水河，今导为运河，西北流经州西南，而接安民湖。五代唐同光初，李嗣源守郓，梁将王彦章引兵逾汶将攻郓。嗣源遣李从珂逆战，败之。既而唐主至郓州，遂进军逾汶击梁军，追至中都，拔之。宋嘉定十三年，李全攻东平，与金将张林夹汶水而军是也。又有沙河，在城北。有大堤环之，方三十里。其源为南沙河，亦即汶水故道。明朝永乐中宋礼言：东平东境有沙河一道，本汶河支流，至十里口通马常泊，比年流沙淤塞河口，请及时开浚。从之。今复淤。

旧黄河，在州西七十里，有二：其自北直开州流经濮州东而至州境，又东历德州、武定、滨州入海者，此自宋以前故道也。明朝景泰四年，徐有贞请开分水河，自张秋金堤通寿张之沙河，西南至竹口逾范暨濮以达河、沁，疏为广济渠，即故道矣。其自河南仪封县流经曹县东北，历定陶、曹州、郓城、寿张，而入州界者，此自金、元至明初故道也。昔时州管河岸，西南起寿张范城浅，东北至阳穀高吾浅，长五里。弘治中，黄河冲决，筑堤黄陵冈，障河流尽出于南，而旧河俱埋废。○赤河，在州西北，亦黄

河支流也。《宋志》：五代周显德初，命宰相李榖治杨刘决河。其决河不复
故道者，离为赤河及游、金二河。《宋史》所云游、金、赤三河也，俱与北
直开州接界。乾德四年，赤河决东平之竹村。咸平三年赤河复决，拥入济、
泗。先是郓州城中常苦水患，至是复以霖雨积潦。及徙州治而东，今故流
皆堙灭，不可考。

坎河，州东北五十里。有坎河泉，南流六里入汶河。《志》云：坎
河即汶水下流泄入盐河处。盐河即济河之别名，自戴村坝筑而汶水不复
由此入济。万历七年，筑滚水石坝于此以时蓄泄，而汶水无泛溢之患。
又桓公沟，在州西南。旧与南旺、钜野相接，即桓温命毛虎生所开故址
也。

七女津，在州西北。昔时河津也。宋元嘉七年，到彦之等复河南
地，沿河置守，还保东平。北魏主焘遣兵来寇，诸军会于七女津，谋南
渡。彦之遣裨将王蟠龙溯流夺其船，魏将杜超等击斩之。《志》云：州北
三十五里有七女泉，出蚕尾山，旧注于河，今入积水湖会汶水。七女津当
即其处。

芦泉，州东北三十里。又东北二十五里有铁钩嘴泉，旁又有安圈、
独山等泉。《志》云：州境之泉凡二十五，皆注于汶河。

安民亭，在州西南安民山南。《水经注》：汶水西南至安民亭入于
济，亭北对安民山，东邻济水，水东即无盐县界。汉建安六年，曹操破袁
绍，就谷于安民，即此。今为安山镇。明初兵下东阿，至安山镇，守者以州
迎降是也。○递坊镇，在州南。后唐初，李嗣源入郓，梁王彦章逾汶来
攻，嗣源遣李从珂逆战，败其前锋于递坊镇。《薛史》作递坊。

乐亭，在须昌故城西。唐乾宁三年，朱全忠将葛从周击郓帅朱瑄，
自杨刘而南，战于故乐亭，大破郓兵。胡氏曰：亭在郓州西门外，时从周
据为寨。亦作洛亭。○成昌聚，在州西。莽地皇三年，王匡等自无盐进击

赤眉别校董宪于梁郡，合战成昌，匡等大败。胡氏曰：成昌在无盐县界。

清口戍，在州西。《水经注》：济水东北过安民亭南，汶水从东北来注之，戴延之所谓清口也。宋元嘉二十七年，北伐不克，萧斌自碻磝退守历城，使垣护之据清口。又大明二年，魏兵攻清口，宋将庞孟虬败魏兵于沙沟。既而殷孝祖筑两城于清水之东，魏将封敕文来攻，复为清口戍主傅乾爱所败。王象之曰：《禹贡》济水又东北会于汶，今枯渠注钜野泽北，则清水与汶河会，即所谓清口也。沙沟，见济南府长清县。

马家口，在州西北。其西南为邹家口，又西即东阿县之杨刘镇。五代唐同光初李嗣源取郓州，梁将王彦章攻杨刘，扼河津以绝援兵之路。郭崇韬曰：彦章据守津要，意谓可以坐取东平，若大军不南，则东平不守，请筑垒于博州东岸以固河津。既得以应接东平，又可分贼兵势。嗣源亦遣使请筑垒于马家口，以通郓州之路。唐主乃命崇韬自杨刘夜发趣博州，至马家口渡河筑城，彦章来争不能得，于是郓州走报始通。彦章退保邹家口，仍趣杨刘，为唐兵所败。石晋天福九年，契丹入寇，白再荣引兵守马家口。既而博州刺史周儒降契丹，引契丹自马家口济营于东岸，攻郓州北津，寻为晋将李守贞所败，遁去。今堙。

邹家口，在马家口西南。王彦章攻马家口城，唐主自杨刘赴救，陈于城西岸，彦章退保邹家口。既而唐主引兵循河而南，彦章弃邹家口复趣杨刘，唐主至邹家口，彦章又解杨刘围趣保赵村。见北直开州。〇刘公桥，在州东二十七里。刘裕北伐时所置，因名。其地有小城，谓之烽仓城，盖是时立烽堠置仓库之所，今城址犹存。

戴村。在州东六十里，汶水故道所经也。永乐九年，用汶上老人白英策，筑坝于此，横亘五里，汶水经流为坝所遏，乃直趋南旺湖。今谓之戴村坝。〇金线闸，在州西北，即张秋镇河东岸也，有巡司戍守。又州治西有金线闸递运所，今俱革。《志》云：州治南有东原马驿，州西南十五里又有安山水驿云。

〇**汶上县**，州东南六十里。东南至府城九十里，南至济宁州八十里。古厥国，春秋时，为鲁中都邑，战国属齐，为平陆邑。汉置东平陆县，属东平国。后汉及晋因之。宋为平陆县，属东平郡，后魏因之。北齐改为乐平县，隋复曰平陆，属兖州。唐因之。天宝初，改为中都县。贞元十四年，改属郓州。宋因之。金曰汶阳县，泰和八年，又改为汶上县。今编户四十八里。

中都城，在县西。春秋时鲁邑，夫子为中都宰，入为司寇，以冉伯牛摄宰事。是也。《郡国志》须昌县有致密城，古中都城。刘昫曰：中都本治致密城，在今县西三十九里，天宝中，移于今治。后唐同光初，梁王彦章袭郓州不克，还保中都，唐主袭执之，即此。〇平陆城，在县北。战国时齐邑，孟子之平陆，又处于平陆是也。《史记·齐世家》：康公十五年，鲁败齐师于平陆。又威王二十三年，与赵王会平陆。《韩非子》：魏安釐王加兵于齐，私平陆之都，即此。汉置东平陆县，晋末移治于致密城。《水经注》：汶水西径平陆故城北。

郕城，县西北二十里。古郕国，周武王封弟叔武于此。《春秋》：隐五年，卫师入郕，庄八年师及齐师围郕，郕降于齐师。《说苑》：孔子游于郕之野，谓此。杜预云：郕在亢父县西南。似误。又有夫钟里，杜预曰：在郕北。《春秋》：桓十一年，公会宋公于夫钟。又文十二年，郕伯卒，太子以夫钟与郕邦来奔。邦，亦郕邑也。

蜀山，县西南四十里。《尔雅》：蜀者，独也。四望无山，挺立波心，因名。其下曰蜀山湖。〇采山，在县东北三十五里，与县北三十里坦山相接，皆出沙金。又太白山，在县东五十里，山高耸，旁接云尾山是也。

会通河，县西南三十五里。自济宁州流入界，亦接嘉祥县境，历南旺湖，又北入东平州境。其旁有月河，各置闸以节宣之。《志》云：县境会通河即济水故道也。济水合诸陂泽之水，昔时自县北出东平境内，合汶水，今汶水悉入南旺合流而北出矣。详见川渎漕河。

汶水，县东北二十五里。其旧流自东平州东会坎河诸泉，至四汶口而分，其西流者入大清河，此故道也。永乐中开会通河，于宁阳县北筑堽城坝遏其入洸之流。又于汶河西筑戴村坝阻其入海之路，使全流尽出于县北二十五里，受泫当诸泉谓之鲁沟。又西南流至城北二里，受蒲湾泊水，谓之草桥河。又西南流十里，谓之白马河。又西南流二十二里，谓之鹅河。鹅河故宋运道也，涸而为渠，汶水由之。又西南流十五里，谓之黑马沟。又西南注于南旺，出分水河口，南北分流入运河。见前大川。

南旺湖，县西南三十五里，会通河之西岸。其地特高，谓之水脊。汶水西南流注于此，分南北二流，中有禹庙及分水神祠。《志》云：湖即钜野大泽之东偏，萦回百馀里，宋时与梁山泺汇而为一，围三百馀里，亦曰张泽泺。熙宁十年河道南徙，东会于梁山、张泽泺。元丰初，京东安抚黄廉言：梁山、张泽两泺淤淀数年，每岁泛浸近城民田，乞自张泽泺下流浚至滨州，可泄壅滞。从之。后渐浅涸。永乐九年，开会通河，遂画为二堤，漕渠贯其中，渠之东岸有蜀山湖，谓之南旺东湖，周六十五里，中央有蜀山，望之如螺髻。湖中多菱芡蒲鱼之利。漕渠浅涩，则引湖灌渠，有司掌之。堤北有马踏湖，亦谓之南旺北湖，周三十四里有奇，当南旺东北，亦蓄水以灌渠，居民佃种其间，日就湮没。《水经注》：水从桃乡四分，当其派别之处谓之四汶口，即是南旺湖矣。湖中有南旺上下闸，其北十二里曰开河闸。《河防考》：蜀山东有冯家坝，地卑而水易泄，因坝以障之。南旺南有何家口，稍卑，汶水就西而下，每决房家口，伤莲堤，南旺之水即涸。议者每以冯家坝为蜀山湖之门户，何家口为南旺之尾闾，皆不可以无备。明永乐中，尚书宋礼开会通河成，复请设水柜以济漕渠，在汶上曰南旺，东平曰安山，济宁曰马肠，沛曰昭阳，各因钟水相地势建闸坝，涨则减之入湖，涸则开之入河，名曰四水柜。桃乡，在县南三十里，与济宁接界。或云在县东北四十里，误矣。

新开河，县西南二十里。正统八年，凿河以泄山谷诸水，西流入会通河。又石楼泺，亦在县西南二十里，周三十里。县西北十五里又有鱼营泺，周四十里。县北三里曰蒲湾泺，旧名仲句陂，周十馀里，俱入于汶。每秋水泛涨，一望无际，远近村落，悉在烟波杳霭中。

龙斗泉，县东北五十里。初出汹涌，流为龙斗河，亘四十里而达蒲湾泊，霖潦时辄有涨溢之患。又东北五里曰泺当山泉，西南流会龙斗泉入于鲁沟河。《志》云：县境之泉六，其一伏地中，其五俱注于汶河。

阚亭，在县西南南旺湖中，有高阜六七。《春秋》：桓十一年，公会宋公于阚。昭二十五年，叔孙昭子如阚。三十二年，公在乾侯，取阚。定元年，季孙使役如阚。杜氏云：阚，鲁先公墓所在也。自隐、桓以下皆葬此。《战国策》：信陵君曰：秦长驱梁北，东至陶、卫之交，北至平、阚。陶，陶丘。平，平陆也。《史记·封禅书》：齐八祠，三曰兵主，祠蚩尤。《正义》：蚩尤在东平陆监乡，监即阚云。

开河水驿。县西南三十里。又县东南有新桥马驿，盖县为水陆通衢也。

〇东阿县，州西北七十里。北至东昌府茌平县百里，西南至寿张县八十里。春秋时齐柯邑，汉置东阿县，属东郡。后汉因之。晋属济北国。刘宋属济北郡，后魏因之。隋属济州，唐因之。天宝十三载，济州废，县属郓州。宋仍旧。今编户二十四里。

东阿故城，县西二十五里。春秋时，为齐之柯邑。庄十三年，公会齐侯，盟于柯。《史记》：齐桓公与鲁会柯而盟。又鲁顷公卒于柯。皆此地。后为柯邑。赵成侯九年与齐战阿下。又齐威王烹阿大夫。《世纪》：周显王十三年，燕、赵会于阿。秦时谓之东阿，二世二年，田儋为章邯所杀，田荣收馀兵走东阿。又项梁击破章邯军东阿下。汉四年，彭越渡河击楚东阿，杀楚将薛公。后汉亦为东阿县，元和二年，幸东阿是也。隋、唐县皆治此。《唐史》：元和十三年，魏博帅田弘正奉诏讨淄青，败其兵于东阿，又败之于阳穀。宋开宝八年，徙县治南穀镇。太平兴国二年，徙治利仁镇，绍兴三年，金人徙治于新桥镇，明朝洪武八年，又徙今治，盖即故谷城也。今东阿旧城入阳谷界内，谓之阿城镇。

穀城，今县治。春秋时齐邑也。桓八年，夫人姜氏会齐侯于穀。庄二十三年，公及齐侯遇于穀。后为管仲采邑，亦曰小穀。庄三十二年，城小穀，为管仲也。又僖二十六年，公以楚师伐齐，取穀，置齐桓公子雍焉。文十七年，公及齐侯盟于穀。宣十四年，公孙归父会齐侯于穀。成三年，叔孙侨如会晋荀首于穀。成十四年，齐国佐以穀叛。襄十九年，晋士匄侵齐，及穀。哀二十七年，齐陈成子救郑及留舒，违穀七里，穀人不知，皆此邑也。秦曰穀城，汉高以鲁公礼葬项王于穀城。又圯上老人谓张良，后十三年，见济北穀城山下黄石，即我也。汉五年，张良劝汉王自睢阳以北至穀城与彭越。寻置穀城县，属东郡。后汉因之。晋属济北郡，刘宋因之。后魏属东济北郡。后齐废。唐武德四年，复置穀城县，属济州。六年废。《水经注》：穀城西北三里即项王冢。又今县东北五里有穀城山，一名黄山，即张良得黄石处。《郡志》：东阿、穀城本二邑，并穀城于东阿自北齐始，移东阿治穀城自明初始。今县为土城，周四里，即穀城故址云。

桃城，在县西南四十里，古桃丘也。《春秋》：桓十年，公会卫侯于桃丘。杜预曰：东阿东南有桃城。盖在故县东南也。汉高封功臣刘襄为桃侯，邑于此。今安平镇东十八里为桃城铺，旁有一丘，高可数仞，即桃丘矣。

杨刘城，县北六十里。旧临河津，亦曰杨刘镇。唐元和十三年，淄青拒命，魏博帅田弘正请自黎阳济河，会义成军进讨。裴度以为不若诏弘正俟霜降水落，自杨刘渡河，直指郓州，置营阳穀，则贼众摇心矣。从之。既而弘正自杨刘济，距郓州四十里筑垒，城中大震。乾宁三年，朱全忠将葛从周引兵救魏博，败河东兵于洹水，复济河屯杨刘，击郓帅朱瑄。朱梁开平五年，晋王存勖攻魏州，朱全忠遣兵自杨刘济河，间道夜入魏州，助魏帅罗周翰城守。乾化五年，晋军入魏博，梁将刘鄩军于魏县，梁主遣军屯杨刘，为鄩声援。贞明三年，晋王存勖自朝城乘冰坚渡河，急攻杨刘，拔之，列栅置守。后唐同光初，遣李嗣源袭郓州，自德胜趣杨刘，夜渡河，径抵郓州，拔其城。梁寻遣王彦章克德胜南城，浮河东下攻杨刘，列横舰亘河津，以绝援兵。又于城南为连营守之。唐将李周悉力拒守，唐主亦引兵自澶州驰救，彦章旋为唐兵所败。既而唐主复自朝城至杨刘济河入郓州，遂进兵灭梁。石晋天福八年，契丹入寇，至黎阳，遣何重进守杨刘镇。开运三年，河决杨刘，西入莘县。《五代史》：大河自杨刘至博州百二十里，自梁季以来，连年东溃，分为二派，汇为大泽，弥漫数百里。又东北坏古堤而出，灌齐、棣、淄诸州，至于海涯，湮没民田，不可胜计。周显德初，诏李穀等塞杨刘决河，三十日而工毕。胡氏曰：自德胜北循河而东至杨刘渡口几二百里，自杨刘经东阿县复东南趣郓州，几百里。李嗣源盖自杨刘径道入郓，不经东阿县治也。《金人疆域图》：东阿县有杨刘镇。今黄河旧堤隐隐可见，而城迹不可考。黎阳见北直濬县，洹水见北直成安县，魏县今属北直大名府，德胜见北直开州，朝城今属东昌府濮州是也。

碻磝山，县南七里。刘宋元嘉八年，檀道济与后魏战于此，置有关城，城南三土堆，即道济唱筹量沙处，亦谓之虚粮冢。《广记》：县西南三里有虎窟山，南燕建平中济南太守得白虎于此，因名。山之南即碻磝也，或以为即碻磝城，误。○嶕山，在县东南三十里，云峦秀拔，为境内群山之冠。《水经注》谓之大槛山，一名浮山，相传洪水时此山不没也。稍北有狼山，一名黄崖山，狼溪水发源于此。

鱼山，县西北八里。一名吾山。《史记·河渠书》瓠子歌：吾山平兮钜野溢。徐广曰：东阿县鱼山也。魏曹植封东阿王，尝登鱼山望东阿。唐乾宁初，朱全忠击郓帅朱瑄军于鱼山，瑄弟兖帅瑾合兵来攻，为全忠所败。《宋史》：陈尧咨知郓州，开新河，自鱼山至下杷以导积水。今山在大清河西，盐舟自洑口来者俱泊此。山下有唐末营垒遗址。○香山，在县北十五里大清河西岸，山东北有艾山，两山相对，河出其中。又少岱山。《志》云：在城东一里，横亘郭门。上有台一成，以在岱宗西，故名。又南一里为寺山，又南四里为铧山，形方而隆，有泉出焉。

会通河，县西南六十里，南接寿张县界，又北接阳谷县界。

大清河，县西十里。即济水也。其上源与会通河合流，至东平安山闸渐分流而西北，至鱼山之东复折而东北，经县北，而东入平阴县境。○马颊河，在县西。自阳谷县界，历安平镇，又东至鱼山合于大清河。或以为小盐河，而大清河直谓之盐河。《水经注》：济水自须昌县北经鱼山东，左合马颊水。马颊盖济水之支流，或以为黄河支流也。唐乾宁二年，朱全忠将庞师古败郓州兵于马家河，遂抵城下。元末，察罕复山东，师至盐河，遣精骑捣东平，克之。或曰即马颊河也。

沙湾河，在安平镇南十二里。黄河旧决口也。《志》云；县西南有土河，即正统中河决原武黑阳山，由范县、寿张东流，冲入张秋之道。又有沙湾东河，其上流即郓城县之濉河，流入县境，自张秋南入会通河。今俱堙废。

狼溪水，在县东南二十八里。出狼山下，西北流经县城内，又北入于大清河。○赤河，在县北，五代时，黄河冲决，析为支流，此其一也。又有金河，俱自县境入州界。或误为金赤河。今见东平州。

金堤，在安平镇南。参差隆起，延亘郓、濮，俗称始皇堤。汉文时，河决酸枣，东溃金堤，即此。或曰：后汉王景所修汴渠堤也。

安平镇，县西南六十里。运河所经，与寿张、阳谷二县接界。本名张秋。五代周显德初，河决杨刘，遣宰相李榖治堤，自阳谷抵张秋口，即此。宋曰景德镇，元因之。至元二十七年，会通河成，置都水分监官于景德镇，掌河渠坝闸之政，俗仍谓之张秋。正统十三年河决荥阳，而东冲张秋，溃沙湾，遣使修塞。景泰三年，沙湾复决，徐有贞为广济渠于张秋以西，又于张秋建通源闸以时蓄泄，会通河复治。弘治初，河徙汴北，分为二支：其一东下张秋镇，入漕河，与汶合而北行。六年，霖雨大溢，决张秋东岸，截流夺汶，径入于海，而漕河中竭，南北道阻，乃命刘大夏等治之。于上流西岸，疏为月河三里许，塞决口九十馀丈，而漕始复通。又疏塞其上流数处，于两岸筑堤，减水南下，由徐、淮故道。又于旧决口南一里筑滚水石坝，以防复冲张秋之患，亦谓之减水坝。八年功成，赐今名。抱河为城，周八里，北河都水分司治焉。城北有戊己山，亦弘治间筑土所成，下临龙潭，即故决口也。山名戊己，取土制水之意。《志》云：黑龙潭在镇北半里许，深不可测，一名平河泉。又荆门水驿，在镇城北隅，上下二闸设于此。又有税课局，亦置于镇城内。

南榖镇，县南十二里，以在榖城南也。宋开宝中，移县治焉。又南十八里曰利仁镇，太平兴国中所改置县治也。今旧县马驿置于此。县北十里曰新桥镇，金人徙县治此，元因之。又北三十里有铜城铎。

尹卯垒，在县西北。宋永初末，北魏主嗣遣兵南寇，渡河，军于碻磝，兖州刺史徐炎弃尹卯南走。景平初，魏军还其别将刁雍留镇尹卯。《水经注》：济水自须昌县西北经鱼山东，又北过榖城县西，水侧有尹卯垒，南去鱼山四十里。

巂下聚，在县西南。《左传》：僖二十六年，公追齐师至巂阜弗及。杜预曰：榖城县西有地名巂下。又周首亭，杜预曰：亦在榖城东北。《春秋》文十一年，《传》云齐襄公之二年，大夫王子成父获长狄侨如弟荣如，埋其首于周首北门，即此亭也。京相璠曰：周首邑，世谓之卢子城。
魏收《志》卢县有卢子城。盖近长清县西界。

清亭。在县东北。《左传》：隐四年，公与宋公遇于清。京相璠曰：
东阿东北四十里有清亭。《水经注》：济水自鱼山而北，经清亭东，又县
西二里有三归台，相传即管仲所筑。○铁塔寺，在县北新桥镇，有浮图
十三级，高十二丈，宋熙宁中建。

○平阴县，州东北百里。东北至济南府长清县四十里。春秋时齐
邑，汉为肥成县地。隋开皇十六年，置榆山县，属济州，大业二年，改曰
平阴县。唐初因之，贞观初，改属郓州，太和六年省。开成二年，复置，
仍属郓州。今编户十九里。

平阴故城，《志》云：在县东北三十五里。齐平阴邑也。襄十八年，
晋会诸侯伐齐，齐侯御诸平阴，齐师夜遁，晋入平阴。京相璠曰：平阴
在卢县故城西南十里。盖即今县地，隋因以名县。又京兹城，在县东南。
《左传》：晋入平阴，荀偃、士匄以中军克京兹、魏绛、栾盈以下军克邿，
赵武、韩起以上军围卢。杜预曰：京兹，在平阴东南；邿山，在平阴西。是
也。卢，见前长清县。○榆城，在县西北二十里榆山下。《志》云：隋榆山
县盖置于此。

长城，在县东。《左传》：襄十八年，诸侯同伐齐，齐侯御之平阴，
堑防门而守之，广里。杜预曰：平阴城南有防，防有门，于门外作堑横行
广一里。是也。京相璠曰：防即长城。平阴南有故长城，东至海，西至济
河。防门去平阴三里，其水引济，故渎尚存。防门之北有光里，今其地亦
名广里云。《括地志》：长城西北起济州平阴县，缘河历泰山北冈上，经
济州、淄州，东至密州琅邪台入海。《郡县志》：故长城首起郓州平阴县
北二十九里。是也。

大清河，县西北十五里。自东阿县东流经此，又东北入长清县界。

明朝成化九年，以大清河堙塞，自张秋浚至县西滑口镇是也。又有新开河，在县西十里。《志》云：即清河之下流。其南岸有山曰蹲龙，下有磐石跨河，舟行者患之。宋张方平乃凿新河，引水北行，以避其险，行者便之。

汶河，县南九十里。自宁阳县流入界，又西南流入东平州境。《志》云：县东南五十里有新柳沟，出高坡沙土中，南流三十里，入衡鱼河，会肥成县泜河及诸泉水南流入汶河，亦曰新柳沟泉。《志》云：县有泉二，俱南流入汶。是也。

滑口镇。县西三十里，有巡司戍守。又县有陈弘递运所，今皆革。

○阳谷县，州西北百四十里。北至东昌府八十里。春秋时齐阳谷邑。汉为须昌县地。隋开皇十六年，析置阳谷县，属济州。唐初因之。天宝十三载，改属郓州。今编户三十九里。

阳谷旧城，《志》云：在县北五十里，春秋时齐邑也。僖三年，齐侯、宋公、江人、黄人，会于阳谷。十一年，公会齐侯于阳谷。文十六年，季孙行父会齐侯于阳谷。宣十六年，晋、卫伐齐，至阳谷。昭二十九年，齐侯与公衍阳谷。又《齐语》：桓公大朝诸侯于阳谷。皆此地也。隋因置阳谷县。宋开宝六年，县为河水垫没。太平兴国八年，徙县于上巡镇，亦谓之孟店，即今治也。又古阿城，《志》云：在县东北五十里，盖与东阿县接界。今为阿城镇，会通河所经也，有阿城上下二闸。

薛陵城，在县西南。战国时齐邑。《史记·齐世家》：威王七年，卫伐我，取薛陵。又威王语阿大夫：卫取薛陵子不知。盖其地与阿近。

谷山，在县治东北。小阜也，县以此名。又南土山，在县北二十里，北土山在县东北十五里。《志》云：皆昔时战垒遗址。

会通河，县东四十里，河之东岸即安平镇，与东阿、阳谷二县接界，荆门上下二闸置于此，又北入东昌府界。○旧黄河，在县东南六十里。旧《志》：县境河岸西南至东平州鱼护口浅，长六十里。今堙废。

沙河，县东二十五里。由范县、寿张流入境，雨潦则会群川北流，至东昌龙湾，入于运河。《志》云：县南五十里有清水河，亦自寿张县流入境，或以为即故马颊河也。自县而东经安平镇入东阿县界。

阿泽，在县东。春秋时卫地。襄十四年，卫献公出奔齐，孙林父追之，败公徒于河泽。杜预曰：东阿西南有大泽，即阿泽也。《水经注》：河水历柯泽有七级渡。今运河经县东北六十里，有七级上下二闸，或以为古阿泽是其处。又西湖陂，在县西十五里，亦名黑龙泽，长三十馀里。又县北二十五里曰鹅鸭陂，周二十馀里，其北即沙镇也，运河所经。○阿胶井，在县东阿城镇，水清冽而甘。《水经注》：阿城北门内西侧皋上有井，巨若轮，深六尺，岁尝煮胶以贡天府，所谓阿胶也。今水不盈数尺，色正绿而重，周为垣，掌之于官。

会盟台。《志》云：在县治南。即齐桓公会江、黄时所筑。又鲁将曹沫挟匕首劫齐桓公处，亦名阳穀亭。○小韩寨，在县东北二十里。元知院官韩志所修筑。亦曰小韩寨城，遗址犹存。

○寿张县，州西百二十里。西北至阳穀县三十里。春秋时齐之良邑，战国时谓之寿邑。后置寿良县，属东郡。后汉改曰寿张，属东平国。应劭曰：光武叔父名良，讳良曰张也。晋亦曰寿张县，刘宋改曰寿昌，后魏复曰寿张，俱属东平郡。隋属济州。唐武德四年，置寿州于此五年，州废，仍属郓州。宋因之。明朝洪武三年，省入须城、阳穀二县十四年，复置，仍属东平州。编户十五里。

寿张故城，《志》云：在今县东南五十里。《史记》：齐昭襄三十七年，客卿灶攻齐，取刚、寿，此即寿邑也。《水经注》：故城北有寿聚。汉置县，后汉光武十二年，封樊弘为寿张侯。初平三年，曹操击黄巾于寿张东，济北相鲍信战死。刘宋曰寿昌县，后魏复故。唐武德四年，又分置寿良县，属寿州，明年，仍废入寿张。金人大定七年，河水坏城，乃迁于今县西十五里之竹口镇。十九年，复还旧治。明朝洪武初，又移治梁山之东。十四年，复移置于王陵店，即今治也。

张城，旧《志》：在县南。《史记》：周勃袭取临济，攻张。又汉高封毛释之为张侯，邑于此。后汉因改寿良为寿张也。临济，见河南陈留县。或曰：县境旧有临济亭，秦置。

梁山，县南三十五里，以梁孝王游猎于此而名。其东北即东平州界，今有梁山巡司。又西南十七里有土山。又南有戏狗山，亦梁孝王游猎处。

会通河，在县东三十里。河东岸即安平镇也。《元史》：至元二十六年，从寿张尹韩仲晖言，开河以通运道，起须城县安山渠西南，由寿张西北至东昌，又西北至临清，引汶水以达御河，长二百五十余里，中建闸三十有一，以时蓄泄。河成，河渠官张礼孙言：开魏、博之渠，通江、淮之运，古所未闻，赐名会通。延祐六年，又复开浚，即今运渠也。

梁山泺，在梁山南。汶水西南流，与济水会于梁山东北，回合而成泺。《水经注》：济水北经梁山东，袁宏《北征赋》所云背梁山，截汶波者也。又为大野泽之下流，水尝汇于此。石晋开运初，滑州河决，浸汴、曹、单、濮、郓五州之境，环梁山而合于汶，与南旺、蜀山湖相连，弥漫数百里。宋天禧三年，滑州之河复决，历澶、濮、曹、郓，注梁山泺。咸平五年，诏漕臣按行梁山泺，开渠疏水入于淮。天圣六年，阎贻庆言：广济河出济州合蔡镇，逼梁山泊，请治夹黄河，引水注之。元丰初，议者复以梁山等泺淀淤，易于泛浸，乞行疏浚。政和中，剧贼宋江结寨于此。《金史》：赤盏晖破贼众于梁山泺，获舟千余。又斜卯阿里亦破贼船万余于梁山泊，盖津流浩衍，易以凭阻也。既而河益南徙，梁山泺渐淤。金明昌中，言者谓黄河已移故道，梁山泺水退地甚广，于是遣使安置屯田，自是益成平陆。今州境积水诸湖，即其馀流矣。《志》云：县南五十里至南旺湖。

沙湾，县东北三十里，北去安平镇十二里。《志》云：国家疏凿会通河，一循元人故道，惟于开河闸至沙湾北，故河道北徙几二十馀里。又引黄河支流自河南封丘县荆隆口东至于沙湾，以达临清之卫河。弘治中，河决于此，自是筑塞黄陵冈，而沙湾之流渐涸矣。《河漕考》：旧黄河在县东南二十五里，所管河岸，南自郓城县黄亮口，北至东平州鱼护口，长三十里，今堙。又野猪脑堰，旧在县南六十里，萦纡三十里，用土石修筑，塞以潴水，使不冲决沙河河堤岸。又师家坝，在县西南二十五里，旧导黄河水使入安平镇通源闸，以分沙湾之势，今亦堙废。

微乡，在县南。京相璠曰：微乡在寿张西北三十里。盖在故城西北也。《水经注》：济水北经梁山东，又经微乡东。《春秋》：庄二十八年，筑郿。《公羊传》以为微，盖鲁邑也。

高梁亭。在县东北。宋元嘉八年，檀道济自清水救毛修之于滑台，至寿张，转战至高梁亭，斩魏济州刺史悉烦库结，即此亭。盖近安平镇。

○曹州，府西南三百里。东南至河南归德府二百四十里，西南至河南开封府三百里，西北至北直开州百二十里，北至东昌府濮州百里。

《禹贡》豫州地，周为曹国地，武王封弟振铎于曹，即此。战国属宋，后属齐。秦属砀郡。汉初属梁国。景帝中六年分置济阴国，建元三年改为郡，甘露二年更为定陶国，明年复为济阴郡，河平二年又为定陶国，建平二年复为济阴郡。后汉因之。晋曰济阳郡，刘宋复曰济阴郡。后魏因之，后又兼置西兖州。后周改曰曹州。隋因之，大业初复曰济阴郡。唐初亦曰曹州，天宝初又为济阴郡，乾元初复故。五代晋开运二年置威信军节度，周广顺二年改置彰信军。宋仍曰曹州，亦曰济阴郡、彰信军，建中靖国初赐军额曰兴仁。崇宁初升为兴仁府。金复曰曹州，元因之。明朝洪武四年州废，属济宁府，正统十一年复置曹州，编户七十四里。属兖州府。领县二。

州为四达之冲，春秋时曹最为多事，会盟征伐，几于无岁不与也。既而侵逼日至，卒以先亡。自战国以来，河、济有难，曹辄先受之。朱黼曰：曹南临淮、泗，北走相、魏，当济、兖之道，控汴、宋之郊，自古四战用武之地也。

曹城，今州治。即曹叔振铎所都。鲁哀公八年为宋所灭，遂为宋邑。十四年，向魋入于曹以叛是也。汉置济阴郡，治定陶，后皆因之。隋曹州治济阴县，唐、宋因之。金大定二十七年河决曹、濮，乃改筑城于州之北原，徙州治焉。明初，以水患再徙，遂废州为县。正统十年复置州于河北岸旧土城，即金人故址也。城周四里有奇。

冤句城，州西南四十里。汉县，属济阴郡。冤一作宛；句音朐。景帝封楚元王子执为宛朐侯是也。后汉仍属济阴郡。隋属曹州，唐因之。乾符初黄巢倡乱于此。中和四年，李克用击黄巢，追至冤句而还。宋仍属曹州，大观二年，改为宛亭县，金时圮于河。《九域志》：冤句城在州西四十五里。〇都关城，亦在州东北。秦县，汉初周勃攻都关、定陶，袭取冤句是也。汉亦为都关县，属山阳郡，后汉省。

成阳城，州东北六十里。战国时齐邑。成亦作郕。《秦纪》：昭襄十七年，成阳君入朝，秦因置郕阳县。亦曰城阳。二世二年，项梁使沛公及项羽别攻城阳，屠之。汉二年，项羽北至城阳，田荣将兵会战不胜，走至平原，为平原民所杀。《汉纪》：沛公西略地，道砀至城阳与杠里，攻秦壁，破其二军。《曹参世家》：参击王离于城阳南，复及之杠里，破之。又樊哙从击秦河间守军于杠里，破之。杠里在城阳西，皆此成阳也。汉曰成阳县，属济阴郡，高祖封功臣奚意为侯邑。后汉仍为成阳县。晋属济阳郡，后魏属濮阳郡，后齐省。隋开皇十六年，改置雷泽县，属郓州。今在濮州境内。

吕都城，在州西南二十里。汉县，属济阴郡。或曰：高后割济南郡为吕国，封吕台为吕王，此其所都也，后因置吕都县。后汉省为吕都亭。延熹二年，以诛梁冀功，封尚书令虞放为吕都亭侯，即此。○煮枣城，在州西。《史记》：苏秦说魏，东有淮、颍、煮枣。又苏代说田轸，魏王谓韩冯、张仪曰：煮枣将拔，齐兵又进。是也。刘昭曰：冤句有煮枣城，汉高封功臣革朱为侯邑。又《水经注》：北济水自济阳县北，东北经煮枣城南。今亦见北直枣强县。又离狐城，《志》云：在州西四十里，汉县，唐曰南华、金时县治于此，寻省，今为李二庄。似误。详见前单县。

清丘山，州西南四十里。《志》云：春秋时，晋、宋盟于清丘，即此。又荷山在州东南三十里，以近荷泽而名。旧《志》云：荷水源出于此。○历山，在州东六十里。《志》云：舜耕于历山，渔于雷泽。州北境有雷夏泽，因以此山为舜所耕之历山云。

旧黄河，州东五里。南自定陶县彭家浅，北至郓城县红船口，中间除钜野县河岸十二里，所管河岸一百有五里。《志》云：河至州东双河口分支东流经嘉祥及济宁州西，东南至鱼台县塌场口入于运河，即洪武初徐达引河入泗以通运处也。永乐中亦尝修浚，今俱堙废。

灉河，在州南二十五里。《志》云：旧自黄河分流，正统中河自黄陵决入，水灉为河所夺，今河去而灉存，雨潦时，可通舟楫。○氾水，在州西南三十里。《尔雅》：济别为濋。吕忱曰：水决复入为氾，汉高即位于氾水之阳。张晏曰：氾水在济阴界，取泛爱宏大而润下也，有受命坛在焉。《志》云：坛在今曹县、定陶之间，为水所圮。又孔氏曰：氾，敷剑反。又大袮沟，在州西。《志》云：《诗·卫风》：出宿于沘，饮饯于袮。谓此水也。一名冤水，汉冤句县以此名。今堙。

菏泽，州东南三十里。即《禹贡》之菏泽也。《水经注》：济水又东，菏水出焉。旧《志》：济水西自河南考城县界来，会于菏水，东入成武县界，今涸。○雷泽，在成阳故城西北。《禹贡》：雷夏既泽。《史记》：舜渔于雷泽。郑玄曰：泽在城阳西北十余里，其陂东西二十余里，南北十五里，与濮州接界，今涸。《志》云：州西南三十里有饿虎牢池，四壁突起如城，内有深渊，广三顷余，大旱不竭。又州南四十五里有灵圣湖。

文台。《括地志》：在冤句西北六十五里。《史记》：隐陵君施酒文台。又信陵说魏安釐王所云文台堕，垂都焚者。又灵台，在故成阳县西。尧冢也。《吕氏春秋》：尧葬穀林。《后汉志》：成阳有尧冢、灵台。元和二年，东巡狩，遣使祀尧于成阳灵台。又延光三年，复使使者祀焉。皇甫谧曰：谷林即成阳也。郑玄云：班固谓尧作游成阳，盖尧游成阳而死，遂葬焉。《水经注》：成阳西二里有尧陵，陵南一里有尧母庆都陵，于城为西南，称曰灵都，乡曰崇仁，邑号修义，皆立庙。四周列水，潭而不流，水泽通泉，泉不耗竭，至丰鱼笋，栝柏成林，二陵南北列，驰道径通，阶墀修整，盖宋时尚存。金末黄河决溢，故迹遂堙。

○曹县，州东南百二十里。东南至河南归德府百二十里，西南至河南仪封县百里。汉定陶县地，隋析置济阴县，为曹州治。唐、宋因之。金人徙州治乘氏故县，仍置济阴为附郭。元因之。明初以水患徙治安陵镇，二年，又徙盘石镇，即今治也。四年，改州为县，属济宁府。正统十一年，复置曹州，以县属焉。今编户四十八里。

济阴城，县西北六十里。本定陶县地。或曰：汉济阴郡亦治此。世谓之左城，以在左山南也。哀帝葬其父定陶恭王，并置陵邑，因谓之葬城。后魏谓之孝昌城。魏收《志》：孝昌二年，置西兖州，治定陶，寻徙左城。兴和二年，侨置沛郡，治孝昌城，领考城、己氏、新安三县，孝昌亦即左城矣。后齐郡废。隋改置济阴县，为曹州治。唐因之。《通典》：汉济阴郡治即今县治。误也。自隋以后，州郡始皆治此。城西去黄河十里，金大定二十八年圮于水。

乘氏城，县东北五十里。春秋时乘丘地。庄十年，公败晋师于乘丘。《战国策》：张仪谓魏王，齐伐赵，取乘丘，收侵地，虚、顿丘危。《史记》：周安王二年，三晋伐楚，至乘丘而还。是也。汉置乘氏县，属济阴郡，景帝封梁孝王子买为侯邑。应劭曰：乘氏，故乘丘也。后汉亦为乘氏县，和帝封梁商为乘氏侯，邑于此。兴平初，吕布入濮阳，与曹操争兖州，引兵至乘氏，寻为曹所败。晋属济阳郡，后魏仍属济阴郡。隋属曹州，唐、宋因之。金大定六年县废，二十八年，移州治于此，改置济阴，西南去故州城二十八里。明初省县入州，州治再徙，故城遂墟。虚顿丘，见北直濬县及清丰县。○大乡城，在县北。魏收《志》：乘氏县有大乡城。宋永初末，北魏将刁雍寇青州，为州兵所败，收散卒保大乡山。或曰：即大乡城，似误。

楚丘城，县东南四十里。春秋时，戎州己氏之邑。《左传》：隐七年，戎执凡伯于楚丘。又襄十年，宋享晋侯于楚丘。楚丘盖在曹、宋间。汉置己氏县，属梁国。后汉改属济阴郡。晋属济阳郡。后魏亦属济阴郡，魏末改属沛郡。隋开皇六年，改为楚丘县，属宋州。唐初属戴州，贞观十七年，又改属宋州。宋因之。金初属曹州。寻属归德府，后又改属单州。元属曹州，明初省。《志》云：春秋时楚丘有二，此为曹伯境内之楚丘，非卫地之楚丘也。

句阳城，县北三十里。汉县，属济阴郡，后魏因之。晋属济阳郡，后省。句读钩。杜预曰：句阳县北有垂地，亦名犬丘。隐八年，宋公、卫侯遇于垂。《传》云：遇于犬丘。是也。又桓元年，公会郑伯于垂。《战

国策》：无忌说魏王，文台隳，垂都焚。谓此也。〇安阳城，在县东。宋
裒曰：楚丘县西北四十里有安阳故城。秦二世二年，楚宋义救赵，行至安
阳，留四十六日不进。又沛公将傅宽从攻安阳，即此城也。魏收《志》：
己氏县有安阳城。

桂陵城，在县西北五十里。本齐邑。《史记》齐威王二十六年，以
田忌为将，大破梁军于桂陵。其后秦穰侯葬此，世谓之安平陵，亦曰安
陵镇。明初移曹州治焉。今为安陵集，有安陵巡司。孔颖达曰：桂陵在乘
氏县东北二十一里。似误。〇葭密城，在县西北三十里。《竹书》：鲁季孙
会晋文公于楚丘，取葭密，遂城之，即此。汉置葭密县，属济阴郡，后汉
省。

莘城，县北十八里。《元和志》：古莘仲国也，在济阴县东南三十
里。《夏本纪》：鲧纳有莘氏女，生禹。又伊尹耕于有莘之野。《春秋》：
僖二十八年，晋侯次于城濮，登有莘氏之墟以观师。杜预曰：古莘国城。
是也。今为莘仲集。又有莘城，见陕西郃阳县。〇济阳城，《志》云：在县
西南七十里。旧《志》云：在冤句西南五十里。误也。汉县，今与河南兰阳
县接界，详见兰阳。又有武父城，杜预曰：在济阳东北，春秋时为郑地。
桓十二年，公会郑伯盟于武父。又有戎城，在济阳东南。《春秋》：隐二
年，公会戎于潜。此即潜地也。《水经注》：济渎旧自济阳故城南，东径
戎城北。其地皆属县境。

阳晋城，在县北。故卫邑。《战国策》：张仪说楚曰，秦劫卫，取阳
晋，则赵不南，赵不南则魏不北。魏不北则从道绝。又说楚曰，秦下甲攻
卫阳晋，必关扃天下之胸，又韩攻宋。秦王怒曰：我爱宋，与新城、阳晋
同。《史记·魏世家》：哀王十六年，秦拔阳晋。《括地志》：阳晋在乘氏
县西北三十七里。司马贞曰：阳晋，魏邑。盖适齐之道，在卫国之西南。
《水经注》：阳晋在廪丘城东南十馀里，与都关为左右云。新城，今见河

南洛阳。廩丘见濮州。

蒙泽城，在县西十里。古贳国。春秋时为宋之贳邑。僖二年，齐侯、宋公、江人、黄人，盟于贳。杜预曰：贳与贯相似，今梁国蒙县西北有贳城。《史记》：齐宣公四十九年，与郑人会西城，伐卫，取田丘。贳作世，又讹世为田也。时贳邑盖属卫。汉为蒙县地，元帝封梁敬王子宣为贳乡侯。晋仍属蒙县。隋初为济阴县地，开皇六年，置黄县于此，十八年，改为蒙泽县，属曹州，大业初废。唐武德四年，复置蒙泽县，仍属曹州。《括地志》：贳城，今蒙泽城是也。贞观初县废。旧《志》：蒙泽城在济阴县南六十五里。今亦见河南商丘县。〇亳城，在县南二十里曹南山之阳，旁有蒙城。又漆园城，《一统志》：在今县西北五十里。《括地志》：漆园故城在冤句县北十七里，庄周尝为漆园吏是也。今与蒙、亳等城俱见河南商丘县。

曹南山，在县南八十里。《诗》：荟兮蔚兮，南山朝隮齐。《春秋》：僖十九年，盟于曹南。是也。俗谓之土山。又有景山，在县东南四十里。《志》以为卫《诗》所咏之景山，误也。〇左山，在县西北六十五里。《水经注》谓之左冈，冈西南去济阴城五里，所谓左城也。冈阜连属，林木交映，盖即陶丘之别阜矣。今山与曹州及定陶县接界。

黄陵冈，县西南六十里，黄河经其下。宋嘉定十三年，蒙古陷济南，金兵二十万屯黄陵冈，分兵袭济南，为蒙古将木华黎所败，遂进薄黄陵冈。金兵陈河南岸，蒙古兵下马接战，金兵败，溺死者甚众。木华黎遂陷楚丘，由单州趣东平，围之。又绍定五年，金主以汴京危急，帅诸军东行，进次黄陵冈，谋入开州，不果。元至正十一年，贾鲁开黄河故道，自黄陵冈南达白茅，放于黄堌、哈只等口，又自黄陵西至杨青村合于故道，凡二百八十里有奇。冈之下，即黄陵渡也。二十一年，察罕图复汴梁，使舟师出汴东略曹南，据黄陵渡，即大河津渡矣。明朝弘治十年，河决黄陵冈，坏张秋运道，刘大夏乃筑大行堤于曹、单二县南，以护漕河，嗣后以时修治。今亦见河南仪封县。

黄河，县南五十里。自河南仪封县流入县界，又东入单县界，所管河岸长九十里。《志》云：黄河旧流自河南祥符县荆隆口径兰阳、仪封入县境，分为二支：其一东南流，由贾鲁河径单、丰、沛、砀山、萧至徐州入泗，此近时河道也。其一东北流，经定陶及曹州界之高二庄，由郓城、寿张，至张秋之沙湾入会通河，此故道也。弘治中，河水大决，冲会通河，遂自黄陵冈筑东北一支，河流尽出于南。今县北三十里曰旧黄河。自仪封东北至定陶县界，旧时所管河岸长四十里，今淤。《河渠考》：县西南有梁靖口，黄河冲要也。成化六年，刘大夏疏贾鲁河，自梁靖口出徐州。嘉靖七年，大河复决于此。又有武家、王家二坝，隆庆六年筑迎溜扫湾，逼近老堤，最为险要。而武家坝尤甚，此坝溃决，则城武、金乡皆成沮洳。且东邻闸河，防遏最要。万历十七年，武家坝外渐成滩淤矣。又黄水，在县西十里，盖即故黄河之支流，今亦淤。〇贾鲁河，在县西四十里，元至正中，贾鲁所开也。由黄陵冈至杨青村，弘治以前，犹为运道。自塞黄陵冈，而此河遂淤，稍南即大河洪流矣。

济水，县北三十里。《水经注》：济水自荥泽东流，经济阴乘氏县西，分为二渎，其南渎为菏水，东南流至山阳湖、陆县与泗水合。其东北流入钜野泽，又东北过东郡寿良县西界，北径须昌、穀城，至临邑县四渎津口与河水会，此济水旧道也。今县北及定陶县境犹有故济堤，而济渎埋废。

五丈沟，县西南五十里。《水经注》：南济又东北合菏水，水渎上承济水于济阳县东，世谓之五丈沟。又县北有新沟。《水经注》：瓠子河自濮阳南出，至济阴句阳县南为新沟。是也。今皆涸。

鹿城乡，在县东北。刘昭曰：乘氏有鹿城乡。《水经注》：僖二十一年，宋人、齐人、楚人，盟于鹿上。盖此地也。杜氏以原鹿为鹿上。原鹿，见南直太和县。

周桥。在县东北。隋大业九年，济阴孟海公作乱，保据周桥，众至数万，寻据曹、戴二州。唐武德四年，窦建德克周桥，擒孟海公。戴州，今城武县也。

○**定陶县**，州东南五十里。东至城武县五十里。春秋时曹地，秦置定陶县。汉初，封彭越为梁王，都定陶。后为济阴郡治，甘露中，为定陶国治。后汉济阴郡亦治此，晋改为济阳郡治，刘宋为北济阴郡治。后魏仍置济阳郡，寻为西兖州治。隋属曹州，唐初因之。贞观初，省入济阴县，曰定陶镇。宋乾德初，置发运务于此，开宝九年改转运司。太平兴国二年，建唐济军，四年，置定陶县隶焉。熙宁四年，军废，县属曹州。元祐初，复置广济军于此。金军废，县仍属曹州。元因之。明朝洪武初省。四年，复置县，属济宁府，正统十一年改今属。编户十九里。

陶城，在县西。《志》云：尧初居此，故曰陶唐。春秋时为曹地，范蠡以陶为天下之中，诸侯四通，货物所交易，乃居陶为陶朱公。《战国策》：楚人说顷襄王：外击定陶，则魏之东外弃。又秦穰侯邑于此，所谓侵刚、寿以广其陶邑者。《史记·齐世家》：苏代曰，有陶、平陆，梁门不开。《韩非子》：魏安釐王攻尽陶、卫之地。《吕氏春秋》：举陶削卫，地方六百里。秦置定陶县，二世二年，沛公、项羽攻定陶。又章邯击楚军，大破之于定陶，项梁死。汉五年，军灭项羽，还至定陶。既而封彭越于此，都定陶，自是常为郡国治。后汉元和二年，东巡耕于定陶。兴平二年，曹操败吕布于定陶，拔其城。《通释》：济阴县东北三十七里即定陶故城，曹所都也。平阴，见汶上县。

三𡻛城，在县北。亦曰三𡻛亭。《尚书·大传》：汤伐桀，桀败走三𡻛，汤并伐之，俘厥宝玉。孔安国曰：即今定陶。杜佑以为在济阴也。《寰宇记》云：在今县西南十里。燹亦作朡。〇荆城，在县东北二十里。《皇览》曰：战国时，庞涓与孙膑相持处。又十里为海城，相传隋末贼帅孟海公陷曹州时所筑。

髣山，县北十五里。《志》云：曹国十五世皆葬此，积壤之高，仿佛如山，因名。

陶丘，《志》云：在县西南七里。《禹贡》：济水东出于陶丘北。郑玄曰：陶丘，在定陶县西。《尔雅》：山再成曰陶，成犹重也。《帝王世纪》：舜陶于河滨，丘因以名。墨子谓之釜丘。《竹书》：魏襄王十九年，薛侯来会王于釜丘。是也。《帝王世纪》：定陶西南有陶丘亭。

黄河，旧在县西二十五里。南自曹县夏侯浅，北至曹州程义浅，所管河岸，长十九里。今废。又济水，在县东北。《水经注》：南济水东北径定陶故城南，又屈从东北流而右合菏水。今淤。

菏水，县北二十五里。旧自曹州流入界。又氾水在县西北十里。《通志》云：汉高于此筑受命坛。今俱堙废。〇黄水，在县东北，大河支流也。明初，自河南封丘县引河，经长垣、东明而东历曹县及县界，又东入成武县境。今堙。

彭越台。县东一里。亦曰梁王台。相传彭越所筑，今高阜隆起，即故址云。

〇**沂州**，府东三百六十里。东至南直海州二百二十里，南至南直邳州二百八十里，西南至南直徐州三百五十里，北至青州府四百四十六里，东北至青州府莒州二百七十里。

《禹贡》徐州地，春秋、战国时为齐、鲁二国境。秦置琅邪郡，汉为东海、琅邪二郡地。后汉为琅邪国，晋因之。刘宋亦曰琅邪郡，后魏因之。永安二年兼置北徐州，后周改曰沂州。隋因之，大业初,亦曰琅邪郡。唐复曰沂州,天宝初又为琅邪郡,乾元初复故。宋仍曰沂州。亦曰琅邪郡。元属益都路。明朝洪武初以州治临沂县省入,寻改属济宁府,五年改属济南府,十八年改今属。编户百五十里。领县二。

州南连淮、泗,北走青、齐,自古南服有事,必由此以争中国。句吴道末口,见江南山阳县。以侵齐伐鲁,越人既灭吴,亦出琅邪以觊觎山东也。其后历秦、楚之际及两汉之衰,奸豪往往窟穴于此,岂非以联络海、岱,控引济、河,山川纠结,足以自固,而乘间抵隙,又有形便可资哉?晋末刘裕越沂水而复青州,后魏尉元亦沿沂、泗而争淮北。南北纷纭,琅邪大抵为兵冲。唐之中叶淄青擅命,则守在沂、密。及宋、金之末,州境最为多事,盖形势使然也。明太祖平山东,亦命徐达先下沂州,遂长驱而北,诚齐、鲁之噤喉矣。

临沂废县,今州治。汉临沂县,属东海郡,后汉改属琅邪国。晋因之,后省入即丘县。隋开皇十六年复置,为沂州治。《志》云:汉县治在今州北五十里,隋始置于此,唐、宋因之。明初县省。今州城,元末故址也。吴元年甃以砖石,自是相继修葺,周九里有奇。

即丘城,州东南五十里。孟康曰:春秋时之祝丘也。桓五年,城祝丘。又庄四年,夫人姜氏享齐侯于祝丘,即此。后讹为即丘。汉置县,属东海郡。后汉改属琅邪国,晋因之。刘宋时为琅邪郡治,后魏因之。梁普通五年,遣将彭宝孙拔琅邪,七年,将军彭群等围魏琅邪,魏遣兵救却之,即此城也。后齐亦为琅邪郡治。隋废郡,寻并县入临沂。《通志》:即丘城在州西二十里。误。

开阳城,州北十五里。春秋时郯国。郯读禹。昭十八年,邾人入郯,后属鲁。哀三年，季孙斯、叔孙州仇城启阳。杜预曰：即故郯也、亦曰开阳，荀子说齐相：楚人则有襄贲、开阳，以临吾左是也。汉置启阳县，属东海郡，后以景帝讳改曰开阳。后汉仍属东海郡。元和中，琅邪王京都莒，请徙宫开阳，以华、盖、南武阳、厚丘、赣榆五县易东海之开阳、临沂。许之，遂为琅邪国治。晋因之。刘宋移郡治即丘，县并入焉。

　　襄贲城，县西南百二十里。战国时齐邑也。鲁连子称陆子谓齐湣王，鲁费之众臣甲舍于襄贲，即此。汉置襄贲县，属东海郡。贲音肥。后汉及晋因之。宋仍属东海郡。或曰东晋时县徙于东南境淮水北岸，即今南直安东县治也。又有钟离城，《志》云：与襄贲城相对，后魏时尝侨置县于此。○向城，在州西南百里，春秋时小国也。隐二年，莒人入向。桓十六年，城向。僖二十六年，公会莒子、卫宁速盟于向。宣四年，公及齐侯平莒及郯，莒人不肯，公伐莒取向。襄二十年，仲孙速会莒人盟于向。皆此地也。杜预曰：东海丞县东南有向城。又谯国龙亢县东南有向城。丞县在今峄县境内，龙亢今南直怀远县也。《寰宇记》：莒州南七十里有向城。说皆未核，惟州境之向城为近之。盖向先为国，后并于莒，而或属莒，或属鲁，以摄乎大国间也。今为向城镇，亦与峄县界相接。

　　魏其城，在州南。汉县，属东海郡，高帝封功臣周止为侯邑，景帝初，改封窦婴于此，武帝又改封胶东康王子昌为侯邑。后汉省。又兰山城，在州西。《唐志》：武德四年，置兰山、临沭、昌乐三县，属沂州。六年，俱省入临沂。○鄪城废县，在州东北。汉东郡属县也，东晋侨置于此。永和十二年，燕将王腾寇鄪城，徐州刺史荀羡击却之，即此城也。

　　中立城，州东北三十里。春秋时鲁邑。《左传》：隐七年，夏，城中丘，书，不时也。或谓之诸葛城。诸葛武侯琅邪人，相传曾居此。○穆公城，在州西北九十里。相传鲁穆公所筑，东有九女墩，南有青驼镇。州东五十里又有康王城。前有沙阜墩，谓之康王射箭台。俗名故县城。或曰临沂县尝治此。

艾山，州西二十五里。《左传》：隐六年，公会齐侯于艾，即此。或以为艾陵，误也。又五坪山，在州西四十里。五峰相连，其上平坦，因名。○层山，在州南九十里，有数山相连属。又有宝山，在州西南九十里，上有银坑。《志》云：宝山旁有乔家、黄泥、黑渗、白扭、双眸等洞，元时取银矿于此。又炉山，在州东北六十里，旧产金。

沂山，州东五十里，以沂水所经而名。又州东北六十里有汤山，亦曰温泉山，下有温泉，流为汤河。《志》云：州北七十里有唐山岭，又有大峪岭、走马岭，俱险峻。

抱犊崮，州西南百二十里。上平坦，垣墙四周，内有清泉，可以避兵。旁又有柱子崮山，与峄县接界，即君山也。又石城崮，在州西南九十里，上有龙潭。

沂水，州东二里。源出青州府临朐县沂山，流经沂水县及蒙阴县境，又南流入州界。《春秋》：哀十八年，晋以诸侯之师伐齐，南及沂，是也。又西南流合费县之祐水，环城东而南，分流入三十六湖，东通沭水。又南经郯城县西，又西南合白马湖，又南合洇河，至南直邳州合泗入淮。《禹贡》曰：淮、沂其乂。《职方》：青州，其浸沂、沭。《汉志》：沂水过郡五，行六百里。郡五，泰山、城阳、琅邪、临淮、东海也。北魏尉元言：南国遣兵向青州，水路必由泗入沂，溯沂而经东安，乃可至青州。是矣。东安，见沂水县。

沭水，州东五十里。源亦出临朐县之沂山，历沂水县及莒州境，西南流入州界，合诸溪涧水经郯城县，又东南入南直沭阳县境。又州东北六十里有汤河，亦流入于沭水。○祊水，在州北二里。出费县大崖崮，东南流入州境。又东经城北合于沂水，二水潆洄，谓之两河口湾。《志》云：水名祊方者，其地为古示方田。《左传》：郑伯请以泰山之祊易许田者也。

　　洳水，州西南九十里。源出费县山谷中，南流入境。又东分一支，入州西南三十里之芙蓉湖，溉田甚广，所谓东洳河也。其西洳河出峄县君山，东南流，合于东洳河。又西南经峄县界合丞水而入南直邳州界。《志》云：西洳河在州西北二十里。今详见峄县及邳州。○涑水，在州西二十里。源出费县南天井汪，流经州境，又东入于沂水。

　　渔沟湖，州西南三十五里。源出宝山，东南流汇而为湖，其下流复西南出，合于东西二洳水。又州西南二十五里曰泥沱湖，中有圆洲，四面水环如镜。迤南又有芦荡、柳庄二湖，又西南五里曰芙蓉湖。○藻沟湖，在州北四十里。夏秋水聚，一望无际，或谓之渔梁沟，东入沭水。迤北曰长沟湖。又有琵琶汪，在州东南二里，元末平章王信蓄水灌田处也。每城壕水溢，则从此以达沂河。○长亭池，在州北七十里，其相近者又有常汪、柳行等池，俱流入沂河。

　　孝感泉，在州北二十五里王祥墓侧。《志》云：沂水入州境径诸葛城，又南径王祥墓西，孝感水入之是也。又白马泉在州南七里，又南二里有马跑泉，州北五十里又有桃花阜泉，俱流入沂河。

　　小河堤，在城北。元人所筑，以防涑水冲啮。又北五里有苏家堤，又北五里曰安净堤，皆元筑。○益都路堤，在州东二十里，元时州属益都路也。又州南六十里有石拉堤，俱元人所筑以捍水患。

　　亶丘戍，在州东北。梁普通五年，彭宝孙克魏琅邪，进拔亶丘，既又拔魏东莞，即此。○下庄，在州西南，东洳水所经也。又西南有三合村，与峄县接界，东西二洳水及鱼沟水合流于此，因名。《志》云：州西南九十里有罗滕镇巡司。

　　义桥。在州西。唐乾符三年，王仙芝等寇沂州，天平军奏遣将士张晏等赴救，还至义桥，闻北境复有盗起，留使捍御，晏等不从，噪还郓州，即此。○次睢之社，在县境。《后汉志》临沂县有丛亭。《博物志》：县东界次睢有大丛社，民谓之食人社。《左传》：僖十九年，宋襄公使邾文公用鄫子于次睢之社。谓此。

○**郯城县，**州东南百二十里。东至南直海州百二十里，东南至南直宿迁县百八十里，西南至南直邳州百六十里。古郯子国也。秦末置郯郡。汉置郯县，为东海郡治。后汉徐州治焉，晋亦为东海郡治。后魏属东海郡，东魏武定八年改为郯郡治。隋初郡废，县属泗州，大业初属下邳郡。唐武德四年，县属邳州。贞观初省县入下邳。寻复置，又省入临沂。宋、金因之。元末，复置郯城县，属沂州。今编户六十二里。

郯城，县西南百里。古郯国治此。《春秋》：宣四年，公及齐侯平莒及郯。襄七年，郯子来朝。昭十七年，复来朝。《战国策》：楚人说顷襄王膺击郯国，大梁可得而有。《竹书》：晋烈公四年，越子朱句灭郯。秦二世二年秦嘉等起兵，围东海守于郯。东汉初董宪据郯，刘永立为海西王。建武五年董宪与刘纡败于昌虑，走保郯。帝幸郯，留吴汉攻围之。汉拔郯，董宪走朐。初平四年，曹操攻徐州牧陶谦于彭城，谦败走保郯，操攻之不能克。兴平元年，曹操复击破刘备于郯东。皆此地也。后魏为郯城戍。《城冢记》：郯城在沂、沭二水间，城周十馀里，西南去邳州八十里。今与南直邳州接界。《志》云：古郯城在县东北。似误。

马陵山，县东十五里。《志》云：山在沂州东九十里。盖其山冈阜绵亘凡百馀里，北接沂州，南抵宿迁，陵阜高耸，若马首之昂起，故名。或以为即古之琅邪山。有由吾洞，甚深邃。○石梁山，在县西北六十里，有巨石如梁，名天生桥。《志》云：县境有白石山，高齐立太平观于此，以居褚伯玉处也。

苍山，县东北九十里。东望沧海，汪洋无际，因名。宋绍兴中，魏胜复海州，遣将入沂州降其众。既而金人围海州，沂民壁苍山者数十万。金人围之，久不下。寨首滕祳告急于胜，胜击寇却之，入寨，为金人所围，胜度其必复攻海州，因间出寨趣还，金人果解苍山之围攻海州，胜复败却之是也。下有牛口峪，其相连者又有七发山。

羽山，县东七十里，与南直赣榆县接界。前有羽潭，一名羽池，《左传》：鲧化为黄能，入于羽渊是也。今详见赣榆县。又县有三公山。后汉建安六年，曹操遣夏侯渊、张辽围太山屯帅昌豨于东海，辽说豨降，单身上三公山拜豨妻子。或以为即马陵山也。

沭水，县东十里。《志》云：沭水径马陵山东，复东南流入南直沭阳县界。又沂水，在县西二十里。自沂州南流经此，又西南入邳州界。○白马河，在县西北五里，源出县东北之九龙山，经县西南而入沂水。

大方湖，县西南十五里。方广百亩，有蒲鱼之利，其下流亦入沂水。

磨山镇。县西北五十里。其地有磨山池，镇因以名。北去州七十里。《志》云：县旧有道平、解村二驿，又有磨山巡司，今皆革。

○**费县**，州西北九十里。北至青州府蒙阴县百二十里。古费国地，后为鲁季氏邑。汉置费县，属东海郡，高帝封功臣陈贺为侯邑。后汉属泰山郡，晋属琅邪国。刘宋为琅邪郡治，后魏因之。隋属沂州，唐、宋因之。今编户七十五里。

费城，县西南七十里。《志》云：鲁懿公子大夫费伯邑。《春秋》：隐元年，费伯帅师城郎是矣。僖元年，公赐季友汶阳之田及费。自是为季氏邑。襄七年，城费。昭十二年，南蒯以费叛。是也。汉置县治此。后汉移理薛固，在故城之南。寻又移理祊城。后魏太和中，自祊方城移治阳口山，今县西北二十五里故费城是也。隋开皇三年复还祊城，即今县治。杜佑曰：祊，郑邑也。在故费县东南。《春秋》：隐八年，郑伯使宛来归祊，即此。

颛臾城，县西北八十里，在蒙山之阳。鲁附庸国。《论语》：季氏将伐颛臾。谓此。城东南十里曰南武阳城，汉县也，属泰山郡。后汉及晋因之。刘宋曰武阳县，后魏属东泰山郡。隋开皇十八年改曰颛臾县，属沂州。唐初因之，贞观初省入费县。《志》云：故城在今县西北七十里。

南武城故城，在县西南九十里。鲁邑也。《春秋》：襄十九年：城武城，惧齐也。昭二十三年，邾人城翼，还自离姑，武城人塞其前，邾师过之，遂取之。又哀八年，吴伐我，子泄率，故道险，从武城。杜预曰：子泄本鲁人，故由险道，欲鲁为备。是也。《论语》：子游为武城宰。又云：子之武城。《孟子》：曾子居武城，有越寇。皆此。后亦谓之南城。齐威王谓魏惠王，吾臣有檀子者，使守南城，楚人不敢为寇。是也。汉置南城县，属东海郡，亦曰南成。武帝封城阳共王子贞为南成侯。后汉改属泰山郡，晋因之。咸宁中，以羊祜为南城人，置南城郡封祜，祜不受。寻曰南武城县。刘宋复为南城县，后魏因之，属东泰山郡。后齐省。或曰：南武城一名石门城，以城在石门山下也。《论语》：子路宿于石门，即此。今为石门社。翼、离姑，皆在武城南，故邾邑也。

东阳城，在县西南七十里。鲁邑也。《左传》：哀八年，吴伐我，克东阳而进，舍于五梧，明日舍于蚕室。三邑皆在县境。《吕氏春秋》：夏孔甲游于东阳，即此邑也。刘昭曰：南城县有东阳城。是也。今为关阳镇，置关阳川巡司于此。又五梧城，在县西。哀二十五年，公至自越，季康子、孟武伯逆于五梧，公宴于五梧，即此。

华城，县西北六十里。汉置华县，属泰山郡。后汉并入费县。初平四年，陶谦遣别将守阴平，利曹嵩宝，袭杀之于华、费间，即此。晋复置华县，属琅邪郡，后废。阴平，见南直沭阳县。○防城，杜预曰：在华县东南。《左传》：隐九年，公会齐侯于防。庄二十二年：公及齐高傒盟于防。二十九年，城诸及防。又襄十二年：城防，臧武仲食邑于此。十七年：齐高厚围臧纥于防。二十三年：臧纥自邾如防。皆此邑也。亦谓之东防城，以别于金乡之防城云。诸即今之诸城县。

舆城，在县西。杜预曰：南武城西北有舆城。哀十四年，司马牛卒于鲁郭门外，葬诸丘舆，即此城矣。又原宪城，在县西北百十里。或曰原宪所居。又有郑城，在县西南七十里，相传郑玄所居。

蒙山，县西北五十里，跨蒙阴、沂水二县界。《禹贡》：蒙、羽其艺。《鲁颂》：奄有龟、蒙。《论语》谓之东蒙。《孟子》云：孔子登东山而小鲁。东山即蒙山也。山顶有白云岩，产云茶，下有蒙城。刘芳《徐州记》：蒙山高四十里，长六十九里，西北接新泰县界。一云：泗水县之龟山，其址与蒙山相接，绵亘盖二百馀里，故《诗》以龟、蒙并称也。宋泰始七年，桓崇祖自郁州将数百人入魏境七百里，据蒙山，魏东兖州刺史于洛侯击之，引还。梁天监五年，遣角念将兵屯蒙山，招纳魏兖州之民，降者甚众。魏将毕祖朽击念走之。其山西峰类龟，俗谓之龟蒙顶。《金史》：石珪破张都统、李霸王之兵于龟蒙山，即蒙山也。又有聪山，在县西北百三十里。

大沫崮，县西南六十里。根盘三十里，壁立干霄，如巨柱之擎天也。《志》云：县山以崮名者，若太平、不老、佛耳、云头之类甚众。又一泉崮，在县西南八十里，上有泉一泓，虽旱不涸。又大崖阜，在县西南百里，亦曰大崖崮，一名货郎阜，祊水发源于此。

祊水，县西南五十里。出大崖，东流入沂州。又浚河，在县西北三十里。源出聪山，东南流合于祊水。《志》云：县东又有洪河，出县北三十里紫金关三山下，南流三十里入浚河。又有塔石河，源出蒙山，亦南流入浚河。

蒙阳河，县西北五十里。发源蒙山下，东南流入于沂河。又猪龙河，在县南六十里。出费县马陵山，东北流入于祊河。○天井汪，在县南四十里。《志》云：源自平地涌出，其下流即涑水也。

密如亭。在县北。《左传》：闵二年，莒人归共仲，及密。杜预曰：费县北密如亭。是也。又有台亭，在县东南。襄十二年，莒人伐我东鄙，围台。杜预曰：费县南有台亭。是也。○毛阳镇，在县西北百里，有毛阳川巡司。《志》云：县境巡司凡二，毛阳川及关阳川是也。

读史方舆纪要卷三十四

山东五 东昌府

〇东昌府，东至济南府二百九十里。东南至兖州府三百八十里，西南至兖州府曹州四百三十里，西至北直大名府一百八十里，北至北直清河县一百三十里，自府治至京师九百四十里，至布政司上见。

《禹贡》兖州之域，春秋时，为齐西境聊、摄地，战国时，为赵、魏、齐三国之境。秦属东郡，汉因之。曹魏属平原郡，晋属平原国。刘宋改置魏郡，后魏复为平原郡。魏收《志》：平原郡治聊城。武泰初立南冀州，永安中罢。隋置博州，大业初州废，改属武阳郡。唐复为博州，天宝初曰博平郡，乾元初复故。宋仍曰博州，亦为博平郡。金因之，属山东西路。元初属东平路，至元初析为博州路，寻改为东昌路。明初改为东昌府。领州三，县十五。今仍曰东昌府。

府地平土沃，无大川名山之阻，而转输所经，常为南北孔道。且西连相、魏，居天下之胸腹，北走德、景，当畿辅之咽喉，战国时东诸侯往往争衡于此。后汉末荀彧说曹操曰：将军本以兖州首事，且河、济，天下之要地，是亦将军之关中、河内也，不可不先定。晋室之乱，郡境被兵者百馀年。唐藩镇称兵，魏博最为强横。明朝靖难之师，亦力战于城下。岂非地形四通，郡为战守必资之处哉？

〇聊城县，附郭。古聊、摄地，齐之西境也。秦置聊城县，属东郡，汉因之。魏、晋俱属平原郡，刘宋属魏郡，后魏属东魏郡，后又为平原郡及南冀州治。隋为博州治，大业初，州废，县属武阳郡。唐仍为博州治，后因之。今城周七里有奇，编户二十四里。

古聊城，府西北十五里。即鲁仲连射书燕将处。城东侧有鲁连台，高七丈。《水经注》：漯水又北经聊城故城西。城内有金城，周匝有水，南门有驰道。绝水南出，东门侧有层台，即鲁仲连所谓还高唐之兵，却聊城之众者也。汉十一年，代相陈豨叛略赵地，使其将张春渡河击聊城。唐武德初，宇文化及自魏县走聊城，李神通围之。既而窦建德亦引军攻化及，神通引却，建德大破化及之兵，遂克聊贼。《括地志》：聊城故城，在今县西十五里。是前此已经徙治也。《城邑考》：隋置博州，在今城东北二十五里。石晋开运初圮于河，因移州治壏巢陵城，在今城西南十五里。宋淳化三年复圮于河，乃移州治孝武渡西，亦曰孝武陵，即今治也。旧有土城，宋淳化间筑，洪武五年甃以砖石，后屡经修葺。今城七里有奇。

武水城，府西南六十里。汉阳平县地。隋开皇中改置清邑县，析置武水县，属博州。唐初属莘州，贞观初仍属博州。五代周广顺二年为河水决坏，并入聊城县。宋为武水镇，今置武水巡司于此。旧《志》：府西南四十五里有武水，盖漯水之异名也，今涸。〇博固城，在东北二十五里。《寰宇记》：博固城枕聊河之曲，俗讹为布鼓城。相传石勒时筑，唐博州尝置于此。

摄城，在西北。《水经注》：聊城西二十五里有古聂邑。《左传》：

僖元年：齐人、宋人、曹人师次于摄，北救邢。又昭二十年，齐晏子云：聊、摄以东，姑、尤以西。聊、摄盖二邑也。《水经注》：摄城西去聊城二十一里。《寰宇记》：聂城在博平县西南二十五里。

夷仪城，府西南十二里。《左传》：僖元年：齐迁邢于夷仪。又襄二十四年：晋及诸侯会于夷仪，将伐齐。明年复会于夷仪。又是岁卫侯入于夷仪，复归于卫，时卫已灭邢也。后又为晋邑。定九年，齐侯伐晋夷仪。《史记·卫世家》：献公自夷仪反于卫。又后汉建武初，范升为聊城令，保于夷仪。《刘昭曰》：聊城有夷仪聚。今亦见北直邢台县。

重丘城，在府东南五十里，跨茌平县界。春秋时曹北境之边邑也。襄十七年，卫孙蒯田于曹遂，饮马于重丘，重丘人诟之，因伐曹取重丘。又二十五年，诸侯同盟于重丘是也。汉置重丘县，属平原郡，后汉省。○郭城，在府东北。《水经注》：郭水出聊城东北，泛则津注，水耗则辍流。《寰宇记》：南岸有郭城，春秋时，亡国郭氏之墟也。即《传》所称郭公善善不能用，恶恶不能废者。又微子城，在府东北十八里。《城冢记》：商受封微子于此，周改封之于商丘。

畔城，在府西。魏收《志》聊城县有畔城。晋义熙十三年，刘裕伐姚秦，引舟师溯河西上，魏兵从北岸侵扰，为裕将朱超石所败，退走畔城，超石等复追破之，即此城也。

茌山，府东五十三里。汉茌平县以此名。茌，读若时。《说文》：茌，草盛貌。应劭云：茌平者，县在茌山之平地也。《一统志》：山之平地曰茌。误。○牡丘，在府东北七十里。《春秋》：僖十五年：楚人伐徐，公会齐侯及诸侯盟于牡丘，救徐也。《齐语》：桓公筑牡丘，即此。《志》云：府东南二十五里有荆丘，又东南二十五里有葛丘。

会通河，在府东门外。自阳穀县流入境，有闸三：曰周家店、李家务、通济桥，又北经堂邑、博平及清平县境，至临清州入卫河。

《元史》：至元二十六年，开渠起须城之安民山，止于临清之卫河，长二百五十馀里，中建闸三十有一，赐名会通河。明朝永乐九年，诏疏元人故道以济漕，为输挽必经之地。详见川渎漕河。

漯河，府东七里。旧《经》：漯水出朝城县，经莘县、堂邑至聊城西，又东入博平界，又北至清平县入高唐州界。今俗呼此水为湄河。《一统志》：湄河出濮南黄河，北抵博平，西会马颊河，东入海。今涸。

蓬关陂，在府北。晋太元十一年，燕寺人吴深叛据清河，慕容垂攻拔其垒，深走，垂进屯聊城之蓬关陂，即此。今堙。

四口关，旧在府东八十里。隋置，因四渎津而名。《水经注》：河水又东流为四渎津，俗名四渎口。《唐志》：聊城东南有四口故关。○马牧，在府东。晋永兴中，群盗汲桑、石勒起于马牧。《志》云：马牧在荏平县境，亦谓之牧苑。

李家务，府南十八里。运河所经，置闸于此。元至正六年，盗扼李家务闸河，劫夺商旅。两淮运使宋文瓒言：世祖开会通河，千有馀里，岁运米至京者五百万石，今骑贼不过四十人，而不能捕，恐运道阻塞，乞急选能臣捕之。不听。今仍为运渠津要。

赖亭。在府西，齐境上邑也。《史记》：晋赵鞅伐齐，至赖而去，谓此。又赤桥，在府西北。晋永嘉中苟晞等破汲桑、石勒于清渊，桑等西奔刘渊。冀州刺史丁绍邀击之于赤桥，桑等败走。○崇武驿，在府东门外运河西岸，为往来孔道，置水马驿于此。

○堂邑县，府西四十里。西北至高唐州九十里。汉发干县及清县地，属东郡。隋开皇六年置今县，初属毛州，大业初改属武阳郡。唐初亦属毛州，贞观初改属博州。五代晋改为河清县，寻复旧。今土城周六里，编户十七里。

堂邑故城，县西北二十里。相传故齐邑也，本作棠。崔杼见棠姜而美之，孟子劝齐王发棠，盖即此。后讹为堂。隋因置堂邑县，在今县四十里。大业末宇文化及自魏县退保聊城，尝屯兵堂邑，筑台于城南。今有化及台遗址。唐天宝十五载安禄山叛，平原太守颜真卿遣兵合清河、博平之军击贼兵于堂邑西南，大破贼兵，遂攻魏郡。梁乾化五年晋王存勖军博州，与梁将刘鄩相持，鄩自贝州军堂邑，周德威攻之，不克。宋熙宁初城圮于水，因迁今治。其旧城俗谓之千户营。

发干城，县西南五十里。汉县，属东郡，武帝封卫青子登为侯邑。后汉仍属东郡，晋属阳平郡，南燕时侨置幽州于此，后魏仍属阳平郡，北齐县省。○清城，在县东南三十里。春秋时齐邑。成十七年，齐高弱以卢叛，齐侯使国胜告难于晋，待命于清，即此。汉置清县，属东郡，高帝封功臣室中同为侯邑。后汉建初中改为乐平县。晋因之，改属阳平郡。永嘉中，东海王越使征东将军苟晞击汲桑于平原、阳平间，石勒救桑，为晞所败，桑奔马牧，勒奔乐平，即此。后魏亦属阳平郡，后齐省。又毛州城，《志》云：在县北五十里，俗呼为侯晞埚冢。冢南今有城址，相传即隋毛州故治。

会通河，在县东北四十五里。自聊城县北流入境，有闸二，曰梁家乡，曰上桥，又北入博平县界。○旧黄河，在县西南。《水经注》：经发干故城北又有漯水，经乐平故城东。今皆堙废。

古战场。在县东南三十里。《唐史》：至德初平原太守颜真卿与清河李萼破安禄山将袁知泰二万馀人于堂邑，即其地也。相传为战国孙膑、庞涓战处，误矣。

○**博平县，**府东北四十里。西北至清平县四十里。本齐博陵邑。汉置博平县，属东郡。晋属平原国，刘宋属魏郡，后魏属平原郡。隋初属毛州，后属博州。大业初，改属清河郡。唐仍属博州。贞观十七年废，天授二年复置。宋因之。今土城周四里有奇，编户十八里。

博平故城，县西北三十里，即齐博陵邑也。《史记·齐世家》：威王六年魏伐齐至博陵。徐广曰：今东郡之博平是也。亦谓之博关。《战国策》：苏秦曰：赵涉河、漳、博关。张仪说齐曰：悉赵兵渡清河，指博关。皆谓此也。自汉至隋、唐，皆为县治。宋景祐中徙县治宽河镇，即今治也。又博望城，或曰在故县城西南。《史记》：齐宣王二年，击魏败之，三晋之王皆因田婴朝齐王于博望，盟而去，即此地云。

灵县城，县东北四十里。或云即齐灵丘邑。《史记·魏世家》：武侯九年使吴起伐齐，至灵丘。又赵敬侯三年败齐于灵丘。韩文侯九年伐齐至灵丘。《齐世家》：威王元年，三晋伐我至灵丘。韩文侯九年伐齐至灵丘。《赵世家》：惠文王十四年相国乐毅将赵、秦、韩、魏、燕之兵攻齐，取灵丘。是也。汉置灵丘，属清河郡。后汉初省，和帝永元九年复置。晋仍属清河国。后魏置南清河郡于此，北齐省。隋开皇六年复置灵县，大业初省入博平。唐武德初复置，属博州，五年复废。

骆驼山，县西北十五里。土阜巍然，形似骆驼。又有平山，在县西北二十五里。

会通河，县西南二十五里。与聊城、堂邑二县接界，又北入清平县境。《志》云：县西北四十里有故漯河。《水经注》：漯河，自顿丘出东武阳径博平者也。或以为马颊河。

大河故渎，在县东北。旧为河流所经，唐开元十年博州河决，即此处也。《水经注》：屯氏故渎上承大河渎于灵县南。《地道记》：河水自灵县别出为鸣犊河，所谓灵鸣犊口也，东北至蓨入屯氏河。汉永光五年，河决清河灵鸣犊口。今有水自县西南入境，经博平故城南，又经今城西北，东北至故灵城入高唐州境，谓之鸣犊河。蓨，见北直景州废蓨县。鸣犊口，亦见北直清河县。

灵泉，在县西。《志》云：漕河旁有梭堤，灵泉出焉。一名涵管洞，巨石甃成六管三窍，以泄暴水。永乐九年疏会通河，其泉始淤。○金堤，在县北一里。旧《志》：博州有古金堤。

还驾店。县北二十三里。《五代史》：后唐明宗屯兵于明灵寨，还驾至此，有行幄基址存焉。

○茌平县，府东北七十里。北至高唐州六十里。本秦旧县，属东郡。汉因之。后汉属济北国，三国魏属平原郡，晋属平原国。晋末移治聊城县界之兴利镇。刘宋仍属平原郡，后魏因之。后齐废。隋复置，属贝州。唐属博州贞观初省入聊城。金天会中，刘豫复置茌平县，属博州。今城周三里有奇，编户三十六里。

重丘城，在县西二十里。今详见聊城县。又故茌平城，在县西二十里茌山下。秦县治此。东晋末，移县治于今县西三十里。唐废。刘豫改置县于今治云。

临邑故县，在县东。汉置县于此。莽曰谷城亭。后汉复故。永平中，封渤海兴王子复为汉邑。晋仍曰临邑，改属济北郡。宋大明初省。孝建初，侨置临邑县于故漯阴县界，即今济南府临邑县也。《水经注》：邓里渠水与将渠水合，又北经茌平县东、临邑故城西，北流入河。是也。

大河故渎，在县西。《水经注》：河水东北过茌平县西，又东为邓里渠，又东北径昌乡亭北，又东径碻磝城西。碻磝城，旧《志》谓即茌平城，误。今见济南府长清县。

马颊河，在县西北。旧自清平县流入境，又东北入高唐州界。《志》云：县西又有大溪陂，流入博平县界。又有龙潭，在县西南。

马庄馆。县南十里。相传唐马周宅也。相近有兴隆冈，冈下坡陀相属。又南二十里有贺栾店，石晋时贺栾宅也。又玉楼店，在县东北二十里。相传鲁仲连所居，亦名鲁连村。○茌山驿，在县东。县当往来之冲，因置马驿于此。

○莘县，府西南九十里。西至北直大名府九十里，北至临清州百二十里。春秋时卫邑，汉阳平县地，属东郡。晋属阳平郡，刘宋改属顿丘郡，后魏还属阳平郡。后齐改县曰乐平，后周于此置武阳郡。隋初，郡罢，县属魏州。开皇六年复改县曰阳平，八年改曰清邑。十六年置莘州于此。大业初州废，改县曰莘县，属武阳郡。唐初复置莘州，贞观初州废，县属魏州。宋属大名府，金因之。元属东昌路。今土城周六里有奇，编户十四里。

阳平城，在县西。《图经》：县西南七里有斗城，其形如斗。或云：即汉阳平县旧治也。汉昭封丞相蔡义为侯邑。后魏普泰初高欢举兵信都，尔朱仲远等击之，自大梁而北，军于阳平，旋遁还，即此。后移县于今治。《唐书》：乾宁二年，朱全忠欲攻兖郓，李克用遣其将李存信救之，假道于魏，军于莘县，师还，魏帅罗弘信袭败之。五代梁乾化五年晋取魏博，刘鄩与晋军相持。晋王军博州，鄩自堂邑军莘县，治莘城堑而守之，自莘及河筑甬道以通馈饷。既而晋王营于莘西二十里，一日数战，寻攻绝其甬道，鄩却走。皆今县治也。胡氏曰：刘鄩军莘县，盖渐逼魏州云。

莘亭城，在县北。京相璠曰：阳平县北十里有故莘亭，道厄险，自卫适齐之道也。《春秋》：桓十六年，卫宣公欲杀公子伋，使盗待诸莘，谓此。隋因置莘亭县，大业初废。唐武德四年复置，属博州，五年并入莘县。又冈成城，亦在县西。刘昭曰：秦封蔡泽为冈成君，即此。又汉昭封丞相蔡义为侯邑。

弇山，县北四十里。旧有泉曰弇山泉。《志》云：即古弇中聚也。《左传》：襄二十五年：齐间丘婴出奔处。似误。今其地为马桥镇。

大河故渎。县东二十里。即五代梁刘鄩筑甬道以通馈饷处，盖渡河而东南，即郓、濮之境也。又石晋开运三年河决杨刘，西入莘县，广四十里，自朝歌北流。胡氏曰：莘县在魏州东，朝城在魏州东南，相距盖四十里。今县东有古堤，逶迤而西，以障马颊河、黑龙潭之冲。河南徙后皆堙废。○漯河，在县东。自朝城县流入境，又东北入堂邑县界，今涸。

○**清平县**，府北七十里。北至临清州五十里。汉清阳县地，属清河郡。自晋至魏因之，后改曰清阳。隋开皇六年又改置贝丘县，属贝州。十六年改曰清平县，大业末废。唐初复置，属博州。五代汉改属大名府，宋因之。元属德州，明初改今属。城周六里，编户十六里。

清平故城，县西四十里。宋白曰：石赵初置平晋县，为清河郡治。隋置贝丘县于此，寻改曰清平。宋熙宁二年，割博平之明灵寨来属。元丰中河决，遂移治明灵砦，即今县也。今故县亦曰清平镇，一名水城屯。

贝丘城，在县西北。或以为即春秋时齐贝丘地。汉置县，属清河郡，郡都尉治焉。后汉属清河国。晋因之。后魏亦属清河郡。后齐省贝丘入清河县，而改清河县曰贝丘，即故甘陵城也。见高唐州夏津县。

会通河，县西二十里。自堂邑县流入界，置闸一，曰戴家湾，又北入临清州境。○漯河，在县西十里，亦曰漯川。《汉志》：河自馆陶分为屯氏河，与大河相并而行。元帝永光五年，河决清河灵鸣犊口，分流入博州界，其下流与漯为一。王莽时，河遂行漯川。今漯河自堂邑县流入境，绕县城而西，去县六七里，上源为漕河所经，下流达高唐恩县，抵海而止。其水盈涸不时。又县西南二十里有龙湫，阔仅亩许，深不可测，流出十里，注于漯河，即宋时河决故城处也。《寰宇记》：县南十八里有王莽河。今涸。

直渠，在县西。汉时大河所经也。《沟洫志》：地节中，郭昌使行河。河曲三所，水流之势皆邪直贝丘。恐水势盛，堤防不能禁，乃各更穿渠直东，经东郡界中，不令北曲。渠通，百姓安之。建始初，清河都尉冯逡言：郭昌穿渠后三岁，河水更从第二故曲间北，可六里，复南合。今其曲势复邪直贝丘，百姓寒心，宜复穿渠东行。不听。今俱堙废。又二渠亦在县境，《汉书音义》：二渠，一出贝州西南，南折，一则漯川也。禹、厮二渠以引其河，即此。今涸。漯川，见莘县。

　　清阳驿。县西南三十里。驿西有魏家湾巡司，滨河置戍处也。

　　○**冠县**，府西南百里。西南至北直大名府六十里，南至北直南乐县百里。春秋晋冠氏邑，汉馆陶县地，属魏郡。隋开皇六年，始析置冠氏县，属魏州。唐初，属毛州，贞观初，仍属魏州。宋属大名府。元属东平路，至元六年，升为冠州。明初降为县，改属东昌府。今城周四里，编户二十七里。

　　冠氏城，在县北。春秋时晋邑也。哀十五年传：晋人伐卫，齐为卫故，伐晋冠氏。杜预曰：冠氏即馆陶也。隋因置冠氏县。唐建中初，朱滔入魏境，攻拔冠氏，与田悦相恶也；既又屯兵冠氏，以逼魏州；皆此。金人移于今治。

　　黄城，在县南。《括地志》：冠氏南有黄城，亦以黄沟为名，本赵邑，后属魏。《史记·齐世家》：宣公四十三年，田庄子伐晋，毁黄城。又《赵世家》：敬侯八年，拔魏黄城。又肃侯十七年，围魏黄城不克。汉置黄县，属山阳郡，元帝封梁敬王子顺为侯邑。后汉省。《读书记》：汉陈留郡有外黄县，魏郡有内黄县，而山阳郡有黄县。元康中，俱在大河旁，为魏、赵、齐战争之地。王氏云：苏秦说齐：赵袭魏之河北，烧棘蒲，队黄城，此河北之黄城也，在冠氏南十里。苏代约燕王：决白马之口，魏无黄、济阳。此河南之黄城，在考城县东二十四里。按《志》云：苏秦所言之黄，当是内黄县。今外黄城，见河南杞县。

　　清渊城，在县北。汉县，属魏郡。晋属阳平郡。永嘉初，苟晞击破群盗汲桑于东武阳，桑退保清渊，是也。后魏仍属阳平郡。北齐属清河郡。隋属贝州。唐避讳,改曰清水县。贞观元年,省县入冠氏县。

卫河,在县西北。自北直大名府流入界,又东北入馆陶县境。旧有吉固堤,在县西。○屯氏故河,在县东南二十五里,今为平陆。

清水堡。在县东北四十里。《志》云:唐初置清水县,属毛州,贞观初省入冠氏县。今亦为清水堡城。按《唐志》:不载清水县也。

附见:

东昌卫,在府治南门。宣德五年建。今亦置东昌卫,又有左右二所。

平山卫。在府治东。洪武五年建。《志》云:城中有二阜,谓之平山,明初建卫于此,因名。今亦置平山卫。

○临清州,府西北百二十里。东北至济南府德州三百五十里,西北至北直冀州二百七十里,西至北直广平府百二十里,南至北直大名府百五十里。

春秋时卫地,战国时,为赵之东鄙。秦属东郡,汉属魏郡,晋属阳平郡,后魏因之。隋属贝州,大业初属清河郡。唐仍属贝州,大历中改属瀛州。贞元中属贝州。宋属大名府,金属恩州,元属濮州。明朝洪武二年属东昌府,弘治二年置临清州。编户四十一里。领县二。今仍曰临清州。

州联络黄、邢,形援魏、博,自昔为战守要地。五代之际,梁、晋夹河相持,州之被患尤亟。元开会通河,州益为挽输孔道。明初徐达定中原,自临清会师北伐。建文二年燕王驻师临清,乃谋南下。州诚南北之喉嗌矣。

临清废县,今州治。汉清渊县地,后魏太和二十一年,始析置临清县,属阳平郡。后齐废。隋复置,属贝州。唐初属毛州。贞观初,属贝州。

宝应初,仆固场追史朝义,败之于临清,即此。大历七年,改属瀛州。贞元末,属贝州。乾宁三年,河东将李存信攻临清,败汴兵。朱梁开平五年,晋将周德威略魏博,自临清攻贝州,拔夏津、高唐。乾化五年,魏博附晋,晋王存勖命李存审自赵州进据临清,晋王引大军自晋阳东下,与存审会于临清。既而刘鄩与晋王相持,军于宗城,知临清有蓄积,欲据之以绝晋粮道,为周德威所拒却。宗城,今北直广宗县也。宋熙宁四年,废县为临清镇,寻复为县。《城邑考》:魏置临清县,故城在今州西四十里卫河西岸。宋建炎中河决,移治于今州西南十里卫河南岸。洪武二年,又移治于故县北八里临清闸,景泰初,建新城于会通河北、卫河东,移县治焉。弘治二年,始建为州。今州有新旧二城。旧城,即景泰初所筑新城也,新城,正德六年筑,皆甃以砖石。嘉靖中,复拓而广之,跨汶、卫二河。为水门三,汶一、卫二。城周九里有奇。又沙丘废县,在州西。隋开皇十六年,析临清置沙丘县于此。大业初省。唐武德五年复置,属毛州,贞观初省。

永济城,在州西南。唐大历七年,田承嗣奏析临清县置永济县,属贝州,以西临永济渠而名。兴元初,朱滔谋渡河侵汴,应朱泚于长安,入魏境,至永济,以田悦不与偕行,怒,略取平恩、永济,以兵守之。朱梁乾化五年,魏博附晋,晋王存勖自临清进屯永济,遂入魏州。宋初,仍并入临清县。平恩,今见北直曲周县。

大阜,在城北二里。盘踞百馀亩,下视林莽数十仞,岿然为城北主山。

会通河,在城南,亦云汶河。自清平县流入界,有闸二:曰新开上闸、南板闸。《志》云:州治当汶河之北,卫河之东。汶水自南旺分流,至此渐微,沿途置闸,启闭极严,经州城西南之南板闸,始与卫河合而东北流,漕舟至此谓之出口。又二水相合处谓之中洲,以石筑之,名鳌头矶。延亘二十馀里，突峙中流，有四闸分建于左右，如足然。又有广济桥尾其后，为商贾辐凑之地。俗名观音嘴，以上有观音阁也。《志》云：鳌头矶在城北，当会通河分津之处。馀详川渎漕河。

卫河，在城西。自北直大名府流经馆陶县界。又东流至此合于汶河。亦谓之清河。应劭曰：清河在清渊县西北。是也。自隋以后谓之永济渠。大业十二年，遣杨义臣讨群贼张金称于平恩，义臣引兵直抵临清之西，据永济渠为营，寻自馆陶潜济，袭击金称，破斩之。唐光化二年，幽州刘仁恭攻魏州，败还汴，魏兵追至临清，拥其众入永济渠，杀溺不可胜计。宋皇祐初，河合永济渠注乾宁军，崇宁初，开临清县坝子口，增修御河西堤是也。乾宁军，见北直青县。

古堤，在城东。盘曲低昂，状如蛟螭。其脉南来为会通河所断，逾河而北，城之东南复枕其半，俗因呼为东堤，转而东直抵夏津，其委濒海，盖古之堤防也。

渡口驿。州北五十里。其地为清河、夏津两县之交，漕舟所经，因置驿于此。又清源水马驿，在州城西南隅。州西南五十里旧又有清泉水驿，今废。○临清递运所，在州西南二里。又西南五里有会通税课局。

○丘县，州西北二十里。东南至府城二百里。汉斥丘县地，属魏郡。唐为平恩县地，宋因之。金为平恩镇，属曲周县。元初属堂邑县，至元二十六年改置丘县，属东昌路。明初因之，弘治二年改今属。编户二十七里。

平恩城，在县界。或曰即今县治也。汉置平恩县。地节三年，封许广汉为侯国。晋县属广平郡。后魏因之。隋属洺州。大业十二年，群盗张金称营于平恩东北，杨义臣营于临清，西去金称营四十里。唐仍曰平恩县，属洺州。旧《志》：隋自斥漳移于平恩故城置。盖北齐时尝移县于斥漳也。宋亦属洺州。《九域志》：平恩县在洺州东九十里。是也。金省为平恩镇，属曲周县。旧《志》：城在曲周东南五十里。元时改置丘县，析属县界。斥漳城，见北直广平府威县。○南曲故城，在县北。汉县，属广平国。后汉省。应劭曰：平恩县北十里有曲亭，故县也。《水经注》：漳水故渎东北径南曲故城西，又径曲周县故城东。是也。新《县志》：县北四十里北营集有古城遗址，当即南曲故城矣。

平丘山，在县治东。小丘也，县因以名。

卫河。在县东南。自馆陶县流入界，又东北入临清州境。○漳河，亦在县东南，自馆陶县流入界，旧有堤曰虞公堤。又县东南有古黄河，今涸。

○馆陶县，州西南百二十里。东至府城百三十里，南至北直大名府七十里，西北至北直曲周县百里。春秋时晋冠氏邑地。汉置馆陶县，属魏郡。魏、晋属阳平郡。后魏徙阳平郡治此。后周末，兼置毛州。隋废郡存州，大业初州废，县属武阳郡。唐初复置毛州，贞观初州废，县仍属魏州。宋属大名府，元属濮州。明初属东昌府，弘治二年改今属。土城周四里，编户三十里。

馆陶故城，在县西南四十里。宋白曰：城西北七里有陶丘，亦曰陶山，赵置馆于丘侧，汉因以名县。更始二年，萧王追击铜马于馆陶，大破之。晋永和七年，后赵石祇自立于襄国，使其将刘显攻冉闵于邺，为闵所败，闵追奔至阳平，时阳平郡治馆陶也。隋置毛州于此。唐武德五年，刘黑闼自魏州北遁，至馆陶，桥永济渠渡而西，军大溃。兴元初，朱泚作乱，朱滔谋渡河侵汴入魏，约田悦会馆陶，偕行渡河，悦饰词谢滔，滔怒，大掠而去。《志》亦谓之毛州城，以隋时毛州置于此也。五代时移县于今治。明建文二年，燕王战于东昌，为盛庸所败，退屯馆陶，即今县也。《寰宇记》：汉明帝封其妹为馆陶公主，县因有驸马渡及黄花台。今故城亦谓之南馆陶镇，明初置巡司及陶山水驿、南馆陶递运所于此，今惟南馆陶巡司尚存。○歇马城，在县东南七里，相传宋景德初，契丹军至澶渊，其母萧太后尝引军驻此城，因以名。又县有萧城，相传亦契丹萧后所筑。

卫河，县西二里。其旧渠即汉屯氏河也。《水经注》：大河故渎北出为屯氏河。《汉书·沟洫志》：自塞宣房，河复北决于馆陶县，分为屯氏河，广深与大河等。成帝之世，河复决馆陶及东郡金堤，上使河堤谒者王延世塞之，三十六日堤成。其屯氏别河径馆陶县东，东北出，过魏郡、清河、信都、勃海四郡，至章武入海，后渐堙废。县西十里有白沟水，亦即宿胥渎故址也。隋炀帝开永济渠，疏白沟入屯氏河，自此谓之卫河。唐武德五年，刘黑闼攻魏州未克，太子建成等引兵击之。黑闼惧，夜遁至馆陶，作永济桥，未成，不得渡。齐王元吉以大军至，黑闼使其党王小胡背水而阵，桥成即过桥西，众遂大溃。宋崇宁二年，黄河涨，入浸馆陶，败庐舍，屡费修塞。元人通漕于此。明时亦相继修浚，经丘县界至临清，北合于汶河。颜师古曰：隋置毛州，误以屯氏河为毛河也。《邑志》：屯氏故河在县西南五十里。

漳河，县西南五十里。自北直大名府东北流入县界，经南馆陶镇，又东北经丘县界东合卫河。后魏孝昌三年，源子恭讨葛荣于信都，行至阳平东北漳水曲，荣帅众邀击，败死，即此。《志》云：今漳河所经，即屯氏河故道也，自河南临漳县分二支：一北流入北直滏县界，一东流入县界。万历初，漳河徙而北，由魏县入曲周之滏阳河。○笃马河，在县东南十五里，今涸。又县西南五十里有古金堤。

浅口镇，在县西。唐大和三年，李听自滑州移镇魏州，为何进滔所袭，败趣浅口，即此。

苏康垒。在县西。晋太元十七年，丁零翟钊据滑台，遣将翟都侵馆陶，屯苏康垒，慕容垂击却之。胡氏曰：苏康，人姓名，垒应在馆陶县西南境。○黄花台，在县西南二十里，相传汉馆陶公主所筑。

附见：

临清卫。在州城内，景泰元年建。今亦置临清卫。

○高唐州，东北百二十里。东南至济南府二百里，西至临清州百里，北至济南府德州二百二十里。

春秋、战国时齐地，秦属东郡。汉属平原郡，后汉因之。晋属平原国。宋仍属平原郡。后魏置南清河郡。魏收《志》：郡泰常中分平原郡置，治莒城。在今博平县之废灵县。北齐郡废，改属清河郡。隋属贝州，大业中属清河郡。唐属博州，宋因之。元初属东平路，至元七年改置高唐州。明初以州治高唐县省入，编户四十里。改属东昌府，领县三。今仍曰高唐州。

州联络博、济，翼带德、景，居齐、赵之郊，为津途之要，且西去漕渠不过数十里，此亦用兵者之先资矣。

高唐废县，今州治。春秋时齐有高唐邑，在今济南禹城县境。汉置县于此，属平原郡。后汉及晋、宋、后晋俱因之。高齐尝移高唐县治黄巾固，即今济南府章丘县也。隋复置高唐县于此。唐长寿二年改为崇武县。神龙初复曰高唐。五代梁曰鱼丘县，后唐复旧。晋曰齐城县，汉复曰高唐县，宋因之。元为高唐州治，明初省。

灵县城，在州东北。胡氏以为即齐灵丘邑。《史记·齐世家》：威王元年，三晋伐我，至灵丘。《赵世家》：惠文王十四年，相国乐毅将赵、秦、韩、魏、燕之兵攻齐，取灵丘。是也。汉置灵县，属清河郡。后汉初省。和帝永元九年，复置。晋仍属清河国。北齐省。隋开皇六年，改置灵县，在今博平县境。胡氏又云：今之高唐，即汉之灵县云。

鱼丘山，在州东。其状如鱼，五代梁改县名鱼丘，以此。又州城东北有玉冈,亦谓之高唐山。

漯河,州西二里。旧自清平县流入境,今溢涸无常。《水经注》:漯水经高唐东,下流至千乘入海。○鸣犊河,在州南三十五里,旧自博平县流入境,今涸。又州东南三十里有熙河,东北流入禹城界,今亦涸。或以为即屯氏故河。

马颊河,州西二十里。《志》云:即《禹贡》九河之一也。《尔雅》以为上广下狭,状如马颊,因名。亦名旧黄河,自北直开州流经朝城县及莘县、堂邑、观城、清平县界,又历夏津县南至州境,东北径恩县、平原、陵县、商河、乐陵入海。今故道尚存。

唐公沟,在州东门外。成化中屡有水患,知州唐桢因东北地下浚沟注之,水患遂息,因名。○爵堤,在州西二十里,旧筑堤于此,以御马颊河之泛溢,俗呼其地为马湾。曹魏时,平原与清河争爵堤,久不能决,冀州牧孙礼按图,堤当属平原,两郡之界遂定。

鱼丘驿。在州治东。明初置马驿于此。又州境旧有平原驿,今革。

○恩县,州北七十里。西至北直清河县百三十里。春秋时齐之贝丘地,汉为清河郡之东阳县地,晋为东武城县地。隋开皇十六年置历亭县,属贝州。唐因之。宋属恩州,金徙州治此。元因之,以州治历亭县省入。明初降州为县,又改今属。土城周五里有奇,编户三十七里。

历亭城,县西四十里。隋置县于此,金为恩治州,明初为恩县治。洪武七年徙县治许官镇,即金治也。宋白曰:历亭县之地,自后魏至高齐皆为俞阜县地,隋始置县于永济渠南,遥取汉信都废历县城为名。唐武德四年,刘黑闼举兵漳南,陷鄃县及历亭是也。六年移贝州治此。八年州复还旧治。万岁登封初移县治盘河,去信都废历县城七十里,寻复旧。天祐三年,魏博牙将史仁遇作乱据高唐。朱全忠时营于魏州,召行营兵于乐寿,至历亭,进攻高唐克之。宋仍为历亭县治。金为恩州治。明初,为恩县治。洪武七年，徙县治许官镇，即今治也。《通志》：县南二十里有金完颜右丞故城，今废为兴福寺。

东阳城，在县西北六十里。春秋时晋地。《左传》：昭二十二年，荀吴略东阳。又赵胜率东阳之师以追齐是也。战国时为卫地，后属赵。《战国策》：国子曰，兼魏之河南，绝赵之东阳，则赵、魏亦危矣。又韩非谓应侯：弛上党以临东阳，则邯郸口中虱也。《史记·赵世家》：惠文王十八年，王再之卫东阳，决河水，伐魏氏，大潦，漳水出。王氏曰：自汉以前，东阳大抵为晋太行山东地，非有城邑也。楚、汉之间始置东阳县。汉置东阳县，属清河郡，后废。隋开皇六年分枣强，清平县地复置东阳县，属贝州。十八年改为漳南县。大业十一年窦建德起兵漳南，既而刘黑闼复举兵于此。唐仍属贝州，宋因之，至和中省县为镇。宋白曰：漳南，以地居漳水南也。《金人疆域图》：历亭县有漳南镇，四望平坦，中有高阜，水环其下，即漳水云。

西山，县西四十里。有岩壑之胜，旧县遗址在焉。或曰：即紫微山也。唐天宝初清河人崔以清安言见玄元皇帝，云藏符在武城紫微山，即此。

卫河，县西北五十里。自武城县流经此，又北历北直故城县而入德州界。宋开宝六年，御河决于历亭。政和五年于恩州增修御河东堤，以防泛溢云。○马颊河，在县东南，自高唐州东北流经此，今涸。又有津期河，在县南二十里，溢涸无常，东流合于马颊河。

高鸡泊，在县西北。旧为漳水所汇，广袤数百里，葭苇阻奥，可以避兵。隋大业九年窦建德使其党孙安祖入高鸡泊，为群盗。十二年高士达据高鸡泊，隋将杨义臣破斩之。唐中和中，宰相王铎自义成徙镇义昌过魏州，魏博节度使乐彦祯子从训利其橐马妾侍，伏兵于漳南高鸡泊，杀铎而取其资。今夷为平陆矣。

白马镇。县西十五里。《志》云：唐置镇于此，亦曰白马营。又漳南镇北五里有张家桥，为北直枣强、故城二县之通道。〇四女树镇，在县西北五十里卫河东岸。相传有四女守贞不嫁，共植一槐于此。今为往来通道。又太平马驿，旧在县北五里，今移县南。

〇**夏津县**，州西五十里。西南至大名府百五十里。汉置鄃县，属清河郡，后汉及晋、宋因之。后魏初属平原郡，寻改属南清河郡。后齐废。隋复置，属贝州。唐因之，天宝初改县曰夏津。五代汉改属大名府，宋、金因之。元初属东平路，寻改属高唐州。今编户三十一里。

甘陵城，在县东北。周甘泉市地。秦置厝县，属巨鹿郡。汉属清河郡。后汉章帝子清河孝王庆，初立为太子，被废。其子祐昱为安帝。王薨，葬于厝县之广丘。安帝因尊陵曰甘陵，县亦取名焉。清河国移治于此。桓帝建和二年，又改清河国曰甘陵国。晋又改甘陵县为清河县，仍为清河国治。后魏因之。北齐移清河郡治武城，以贝丘县省入清河，因改清河县曰贝丘。隋开皇六年，又改贝丘为清阳县，属贝州，时亦谓之清河城，以旧为郡治也。大业十二年，群盗张金称陷清河，即清阳县，非清河郡也。唐仍为清阳县。章怀太子贤曰：清阳故城在贝州西北。刘昫曰：清阳旧治，即古甘陵城。是也。永昌初，移治于孔桥。开元二十二年，移就州治，与清河县并在郭下。《寰宇记》：孔桥在永济渠东。唐永昌初，置清阳县于此。开元中，移置于永济渠西。是也。宋熙宁六年，省入清河县武城。隋开皇中，改曰清河县。清河县，见下武城县。贝州城，见北直清河县。

鄃县城，县东北三十里。汉县治此，吕后封吕陀为侯邑，又文帝封栾布为鄃侯。武帝时复为武安侯田蚡食邑。《史记·河渠书》：蚡为丞相，其奉邑食鄃，河决而南则鄃无水灾，邑收多。蚡言于上，久之不事复塞也。后汉光武亦封马武为鄃侯。其后隋置鄃县，亦仍旧治。唐武德四年刘黑闼起兵据漳南，陷鄃县，即此。天宝以后，县罹水患，移县治孙生镇，在今县北四十里。后复徙今治，谓废县曰新县店。

夏津故城，在县南。唐初置县治此，寻废。天宝初，移俞阜县治焉，因复改曰夏津。后以水患移县治孙生镇，在今县北四十里。后复徙今治。今孙生镇亦曰新县店。

卫河，县西南四十里。自临清州流入，又北入武城县界。又马颊河，在县东三十里。自清平县流入境，又东入高唐州界。《寰宇记》：县东三十六里有润河枯渎。

永济渠，在县西北。引清漳水入此。旧名瓠子渠，隋炀帝改曰永济渠。元人开合运河。

屯氏故河，《寰宇记》：在县北，东流入高唐州界。又县有河曲，或曰：即屯氏河之曲也。隋大业七年，鄃人张金称聚众河曲，即此。《新唐书》谓之河渚。

鸣犊口，在县东南。旧为大河所经。《汉书》：元帝永光五年，河决清河灵鸣犊口，而屯氏河绝。成帝建始初，清河都尉冯逡言：郡承河下流无大害者，以屯氏河通两川分流也。今屯氏河塞，灵鸣犊口又益不利，独一川兼受数河之任，虽高增堤防，终不能泄。屯氏河不流行七十馀年，新绝未久，其处易浚。又所居高，易于以分流杀水势，道里便宜。不听。后二岁，果决于馆陶及东郡金堤。灵，灵县，见博平县。屯氏河，见馆陶县。

甘陵，在故厝县。应劭曰：安帝以孝德皇后葬于厝，尊曰甘陵。是也。宋白曰：汉安帝父清河孝王陵，在清河县东南三十里。《城冢记》：俗谓之英陵，帝母左氏葬于县东北角，一曰甘陵。

裴家圈。县西南四十里。卫河所经，为往来津要，置巡司于此。

○**武城县**，州西北百二十里。北至北直故城县六十五里，西至北直

清河县六十里，西南至临清州六十里。本汉东武城县地，属清河郡。后
汉属清河国。晋因之。后魏改为武城县。隋亦置武城县，仍属贝州。唐因
之。宋属恩州，元属高唐州。今土城周四里，编户二十里。

东武城故城，在县西四十里。战国时赵邑。赵惠文王封孟尝君以
武城。又孝成王封其弟胜于武城，号为平原君。秦始皇十四年，桓齮伐
赵，取武城。汉置东武城县，文帝封齐悼惠王子贤为侯国。十四年，改
封贤为淄川王。应劭曰：定襄有武城，故此加东也。晋亦曰东武城县。后
魏改为武城。后周移县于故信成县界，为清河郡治。隋改武城为清河，
而改置武城县于此。《旧唐书》：隋置县于古夏城，唐调露初移治永济
渠西。建中初朱滔入魏境，与田悦相攻，拔武城以通德、棣二州，使给
军食。朱梁乾化二年镇冀将王德明掠武城至临清，寻为魏博帅杨师厚所
破。宋大观中卫河决，始移今治。

候城废县，在县西北。后魏置县，属清河郡，后周省入武城县。又
县有阳乡城，应劭曰：东武城东北三十里有阳乡。故县也，后废。

卫河，在县西一里。自临清州及夏津县流入境，又东北流入恩县
界。宋熙宁三年议开御河，臣僚奏于恩州武城县开约三十馀里，入黄河
北流故道，下五股河是也。元泰定三年修夏津、武成堤三十三所，盖运河
经两县间，即卫河堤矣。

一字河，在县西。《河防志》：黄河旧经县境。金明昌五年河犯武
城堤，泛及金山。明年凿新河，修石岸十四里有奇以塞之。元时河自河
南原武县决而东南，此河遂绝。金山，或云在县东北。○沙河，在县东南
十五里。又县西北五里有蔡河，又西北二十里曰黄芦河，又西北四十里曰
五沟河。旧《志》：县地卑土淖，一遇水潦，四境尽为洿池。金末蒙古纲
奏：恩州武城县艾家凹水泺、清河县洞口河泺，其深一丈，广数十里，因
其地形，少加浚治，足以保御。请徙州民其中，多募义军以实之云。

甲马营。县东北二十五里，置巡司于此。又有甲马营水驿及甲马营递运所，为津途冲要。

〇濮州，府西南二百里。东至兖州府东平州百八十里，南至兖州府曹州百里，西南至河南开封府三百十里，西至北直开州百二十里，西北至北直大名府一百七十里。

古颛顼氏之墟，春秋时卫地，秦属东郡，汉属济阴郡。后汉末兖州治鄄城，即此。晋析置濮阳国，兼置兖州，领郡国八，理于此。后魏为濮阳郡，后周因之。隋初郡废，寻置濮州。大业初州废，以其地分属东郡、东平、濮阳三郡。大业末李密复置濮州，王世充因之。唐仍置濮州，天宝初改为濮阳郡，乾元初复为濮州。宋因之。亦曰濮阳郡。金仍曰濮州，属大名府。元亦曰濮州。初属东平路，后直隶省部。明初以州治鄄城县省入，改属东昌府。编户三十六里，领县三。今仍为濮州。

州指挥相、魏，顾盼汴、宋，当走集之郊，为四战之地。战国时，乐毅伐齐，命左军循河屯阿、鄄之间，阿谓，东阿，鄄即鄄城也。以连魏师。黄歇说秦昭王，所谓割濮磨之北，绝齐、秦之要者。濮磨，徐广曰：濮水旁地名。后汉末，吕布与曹操争兖州，时州治鄄城。惟鄄城、范、东阿不下，布卒败遁。五代时晋王存勖与朱梁争于澶、濮之间，梁之河南遂不可保。州亦战守要地矣。

鄄城废县，州东二十里。春秋时卫邑。庄十四年，齐桓公会诸侯于鄄。十五年，复会于鄄。又十九年，公子吉及齐侯、宋公盟于鄄。襄十四年，卫献公如鄄，出奔齐。哀十七年，晋伐卫，卫人出庄公而与晋平。既而卫侯自鄄入是也。战国时为齐邑。威王八年赵伐齐，取鄄。宣王八年，与魏惠王会于鄄。又王建末，即墨大夫谓三晋大夫不便秦而在阿、鄄之间者也。《史记·赵世家》成侯十年攻卫取鄄，即此。汉置鄄城县，属济阴郡。鄄读绢。后汉末为兖州治。曹操创业于此，曹植初封鄄城侯。晋亦为鄄城县，属濮阳国。《水经注》：鄄城在河南岸十八里，河上之邑，最为峻固。《晋八王故事》：东海王越治鄄城，城无故自坏七十馀丈，越恶之，徙治濮阳。永嘉四年石勒自白马渡河袭鄄城，杀兖州刺史袁孚。永和中慕容隽置东郡于此。苻秦亦为兖州治，太元九年刘牢之攻苻秦兖州刺史张崇于鄄城，崇弃城走。牢之据鄄城，河南城堡皆来归附。十一年丁零翟辽叛据鄄城，十五年牢之击走之。后魏为濮阳郡治。隋开皇初郡废，十六年置濮州治焉。大业初州废，县属东平郡。后李密复置濮州治此。自唐以后，皆为州郡治。明初省县入州。正统末州城为河所圮。景泰二年徙州于王村，即今治也。城周七里有奇。

临濮城，州南七十里。或曰即古城濮地。《春秋》：僖二十八年，晋文公败楚人于城濮，即此。汉为城阳县地，隋开皇十六年析置临濮县。大业初省入雷泽县。唐初复置，属濮州。宋因之，金废为临濮镇，或谓之小濮。蒙古忽必烈南侵，尝驻兵于小濮，即此。又长城废县，亦在州南。《旧唐书》：武德四年析临濮置长城县，明年复并入焉。是也。

雷泽城，州东南九十里。汉城阳县地，隋改置雷泽县于此，属郓州。唐属濮州，宋因之，金省为镇。《旧唐书》：武德四年析雷置廪城县，贞观八年仍省入焉。城阳，今见曹州。

洮城，在州西南。春秋时曹地，僖八年，齐桓公盟诸侯于洮，后屡为会盟之所。三十一年，晋文公分曹地，自洮以南，东傅于济，即此。亦曰桃城。《水经注》：瓠子故渎又东径桃城南。今鄄城西南五十里，有桃城亭，谓即洮也。亦曰姚城，因姚墟而名。《援神契》：舜生姚墟。应劭曰：姚墟与雷泽相近，世称为姚城。《志》云：姚墟在州东南九十里。又《括地志》: 鄄城东北十五里有尧城, 相传唐尧所居。《通志》: 尧城在州东南三十五里。又州东二十里有偃朱故城, 相传丹朱邑也。今名朱家阜。

历山, 州东南七十里。相传舜耕处。《水经注》: 雷泽西南十许里有小山, 孤立峻上, 亭亭桀峙, 谓之历山。泽东南有陶墟, 郭缘生《述征记》谓舜耕陶所在也。《志》云: 历山之东有再熟、成都二乡, 盖取一种再熟、三年成都之义, 皆因雷泽而传讹矣。又有箕山, 在州东五十里, 俗讹为许由辞位避居处。

青山, 州东三十里。其山已夷, 下有青山崮, 居民依焉。又东北则冈阜连属, 皆青山支脉也。《志》云: 州治东北三里曰杏花冈, 与青山联属。又有项城阜, 在州南三十里, 相传项梁尝屯兵于此。《史记》: 秦二世元年, 项梁破章邯于东阿, 追至濮阳, 大破之。是也。

马陵, 在州东北。虞喜《志林》: 鄄城东北六十里有马陵, 涧谷深阻, 可以伏兵。《史记》: 马陵道狭, 而旁多阻险是也。孙膑伏弩杀庞涓于此。今详见北直元城县。

黄河,《志》云: 州治东南三十里, 地名红船口, 即黄河故道也, 与郓城县接界。明朝永乐九年疏河流经此, 东北入会通河。正统十三年, 河决于河南荥泽县东黑阳山, 由蒲经澶四十馀里合黄河故道, 决于张秋沙湾, 泛溢兖、济, 遂夺运道而东, 径流入海, 公私大困。诏发东昌、兖州民筑塞, 景泰七年始复故道。弘治中黄河复决阻运道, 因筑曹县之黄陵冈, 而东北故流遂绝。今积水澄泓, 仅通舟楫, 南达郓、曹诸邑, 俗谓之水保河。

瓠子河, 州东南七十里。其源自北直之滑县、开州流入界, 此其下流也。《史记·河渠书》: 元光中河决瓠子, 东南注钜野, 通于淮、泗。后二十馀载天子自临决河塞之, 作瓠子之歌。《汉注志》: 鄄城南有瓠子堤。《州志》: 故黄河自州东南三十里合瓠子河, 同注会通河。州南又有金堤，迤东北抵东阿之安平镇，即汉堤故址也。今瓠子河详见北直开州。

濮水，州西南七十里。亦自北直开州境流入，《左传》：哀二十七年，齐师救郑及濮，即此水也。应劭曰：濮水发源陈留，入于钜野。《卫风》所云桑间濮上，谓此水也。郦道元曰：濮水有二源，一上承济水于封丘，班固所云濮水首受济者也，东北流右会别濮水。一受河于酸枣，杜预所云濮水出酸枣，首受河者，东至乘氏县合济水入钜野泽，昔庄周尝钓于濮水。有钓台，在州东南九十里。其地亦名蒲汀，濮水所经也。今济绝河迁，濮水源流不可复考矣。封丘，今河南开封府属县。酸枣，见河南延津县。乘氏，见曹县。

胡柳陂，在州西，有土阜相连。五代梁贞明四年，晋王存勖自濮州引兵而西，营于胡柳陂，与梁军大战，军溃，王据高丘收散兵，军复振。陂中有土山，夺据之，破梁军于土山西，进攻濮阳，即此。胡氏曰：陂在州西南临濮县界。《地理志》：胡柳陂，濮阳地名。去陂西十里，有马军寨，土人讹为黄柳陂。濮阳，今北直开州也。《寰宇记》：陂在州东北二十里，恐误。〇雷泽，在州东南。《括地志》：雷泽县郭外西北隅，即故泽也。郑玄云：《禹贡》雷夏既泽，盖二水相触而合入此泽云。今亦见曹州。

麻家渡，在州东北，昔为大河所经。五代梁贞明四年，晋王如杨刘，复循河西上，军于麻家渡。亦曰麻家口。石晋天福九年契丹入犯，自马家口济河攻郓州，命保义帅石赟守麻家口是也。杨刘，见东阿县。马家口，见东平州。

卢津关，在州西。旧为黄河所经。《水经注》：鄄城在河南十八里，河南岸有新城，宋王玄谟前锋入河所筑。北岸有新台，鸿基层广，高数丈，卫宣公所筑。大河经此，谓之卢关津。台东又有小城，崎岖颓侧，台址枕河，俗谓之底阁城，疑即关津都尉治也。《新唐志》：卢津关一名高陵津。后唐同光元年，梁以段凝为大将，营于王村，自高陵津济河，剽掠澶州诸县，至于顿丘，即此。宋祁曰：卢关津在临黄县东南。

瓠河镇，在州东南。《志》云：濮州雷泽县有瓠河镇。唐景福初朱全忠击天平帅朱瑄，败于斗门，屯军瓠河，即此。○刘桥，在州南。唐光启三年朱全忠攻濮州，与兖郓帅朱瑾等决战于刘桥，瑾等败走。《薛史》：临濮县有刘桥。胡氏曰：刘桥在曹州乘氏县东北、濮州范县西南。

行台村，在州东北。梁贞明四年，晋王军于麻家渡，梁将贺瑰等屯濮州北行台村，相持不战。五年，贺瑰攻德胜南城，为晋将李建及所败，退保行台村。又有景店，在麻家渡东。《五代史》：梁、晋相持，晋人立寨于景店，以防津要。又东北即杨刘镇云。

潘张村。在州西北，西南距杨村五十里。梁贞明五年，与晋军相持于河上，筑垒贮粮于此，为晋军所夺。既而王彦章破德胜南城，进攻潘张村、麻家口、景店诸寨，悉拔之，声势大振。胡氏曰：潘张村在大河南岸，河曲津渡处也。杨村、德胜，俱见北直开州。○王村，即今州治。后唐同光四年，指挥使潘环守王村寨，以刍粟数百万叛附李嗣源于大梁。又州东北有石村，元至正十七年，刘福通陷曹、濮及大名、卫、辉诸路，诏苔失八都鲁击之，分军于雷泽及濮州以御福通，既而军溃，退屯石村，以忧卒，即此。

○范县，州东北六十里。西北至朝城县六十里。春秋晋大夫士会邑。汉置范县，属东郡。晋属东平国，刘宋仍属东平郡，后魏时为郡治。北齐县废。隋复置，属济州。唐武德二年，于县置范州，五年州废，仍属济州，贞观八年，改属濮州，宋以后因之。元初，属东平路，寻复旧。今土城周七里有奇，编户十二里。

范城，县东南二十五里。春秋时属晋，战国时为齐地，孟子自范之齐是也。汉置范县。后汉兴平中，曹操击陶谦于徐，陈留太守张邈以郡迎吕布,兖州郡县响应。程昱说范令靳允曰:君必固范,我守东阿,田单之功可立也。晋县亦治此。后魏神麚四年,叔孙建攻宋将竺灵秀于湖陆,不克,退屯范城。隋仍置县于此。唐光启三年,朱全忠与天平帅朱瑄相攻,遣军围濮,瑄使其弟罕救濮,至范,为全忠所败。全忠遂克濮州,进攻郓。明初洪武十三年,为河所圮,因徙今治。

廪丘城,在县东南。春秋时齐邑。《左传》:襄二十六年:齐乌馀以廪丘奔晋。定八年:公侵齐,攻廪丘之郭。哀二十年:公会齐人于廪丘。二十四年,臧为会晋师取廪丘。《史记·齐世家》:宣公五十一年,田会以廪丘叛入赵。《赵世家》:敬侯三年,救魏于廪丘,大败齐人。汉置廪丘县,属东郡。后汉属济阴郡,三国移兖州治于此。晋属濮阳国,又兖州亦治焉。永兴二年,范阳王虓遣其属刘琨等击兖州刺史东平王楙于廪丘,楙走还国。建兴初,石勒寇邺,魏郡太守刘演奔廪丘,三年,为石虎所陷。刘宋亦属濮阳郡,后魏因之。隋属郓州,大业初,并入郓城县。唐武德四年,又析雷泽县置廪城县。贞观八年省。又羊角城,与廪丘城相近,即春秋时齐乌馀袭卫羊角者。杜氏曰:今廪丘县西有故城,春秋时廪丘邑也。县所治城,春秋时羊角城也。其东北即故高鱼城。《水经注》:廪丘县东南有羊角城。当据春秋时廪丘邑而言。《地理志》:羊角城一名义城,今廪丘废城地名义东保是也。高鱼,见郓城县。

顾城,县东南五十里。《诗》:韦、顾既伐,此即夏、商时顾国也。《左传》:哀二十一年公及齐侯、邾子盟于顾,即此。刘昫曰:范县有昆吾城。唐武德二年置范州,盖治于此。○中城,《志》云:在廪丘故城西南。《春秋》:成九年:城中城。注以为即此城也。

卧牛山,在旧县西北三里。《志》云:县南三十里有凤凰岭。俱以形似名。

黄河,县东南七十里。其上流合瓠子河,自濮州流入界,又东北至东阿县，入会通河，亦云水保河。《志》云：宋漕运故道也，今有水保河巡司，亦在县东南七十里。

仓亭津，在县东北。《水经注》：河水于范县东北流为仓亭津。《述征记》：仓亭在范县界，东南直东阿六十里，西南至东武阳七十里，大河津济处也。后汉光和末，皇甫嵩败获黄巾贼帅卜己于仓亭。兴平初，程昱守东阿，遣别骑扼仓亭津，陈宫来袭，不得渡。建安六年，曹操扬兵河上，击袁绍于仓亭津，破之。晋永和六年，冉闵与后赵将张贺度战于仓亭。皆此地也，今湮。

大潴潭，县东南五十里，即钜野泽之馀波也。又有黑龙潭，在县南十五里。

秦亭。县南二里。杜预曰：范县西北有秦亭，是也。《春秋》：庄三十一年：筑台于秦。魏收《志》：东平郡尝治范县之秦城，即秦亭矣。《志》云：县东北四十馀里有鲁西门，旧有石门，高数尺，盖鲁、卫之郊云。

○观城县，州西北七十馀里。东北至朝城县四十里，西至北直清丰县五十里，西南至北直开州百里。古观国，汉为畔观县，属东郡。后汉更名卫国县。晋属顿丘郡，刘宋因之。后魏亦曰卫国县，隋开皇六年，改曰观城，属魏州。唐初，属澶州。贞观十七年省。大历七年，复置，仍属澶州，宋因之，皇祐初省。四年，复置。金属开州，元改今属。土城周九里有奇，编户十里。

古观城，在县西。古国也。《左传》：昭元年：赵文子曰：夏有观、扈。应劭曰：此即观也，夏启子太康弟所封。或谓之斟观。周显王元年，齐伐魏，取观津。高氏曰：观邑临河津，故曰观津。《竹书》：梁惠成王二年，齐田寿帅师伐赵，围观，观降。汉置畔观县。后汉建武三年，改封周后姬常于此，曰卫国，因为卫国县。隋改置于今治。

临黄城，在县东南。汉畔观县地，后魏析置临黄县，属顿丘郡，北齐省，隋复置，属魏州。唐初，属莘州，贞观初，州废，县属魏州，大历七年，改属澶州。宋因之，端拱初，省入观城县。又河牧城，亦在县境。《后汉志》卫国有河牧城，是也。隋开皇十六年，置河上县于此，大业初，省入临黄。〇瓦屋城，在县南三十里。《寰宇记》：《春秋》隐八年，宋公、齐侯、卫侯盟于瓦屋，即此处。按《左传》：齐侯卒平宋、卫于郑，会于温，盟于瓦屋。温在河内，则瓦屋不在东郡明矣。杜预曰：瓦屋周地，《寰宇记》误也。

故黄河，在县南。旧自北直开州流经境内，入朝城县及濮州界，石晋开运三年，河决澶州临黄是也。今湮。〇黄沟，亦在县南。《志》云：西自北直开州境流入，沟侧有山，支水出焉。东入虎掌沟，又东南入于黄河。临黄县以此水而名。又有龙潭，在县东南。《志》云：县有龙渊宫，汉武时河决于此，因筑此宫，今废。

高陵关。县东南八十五里，即卢津关也。旧属临黄县，亦曰高陵津，其地与濮州分界。今详见濮州。

〇朝城县，州北九十里。北至莘县五十五里，西北至北直大名府八十里，西南至北直清丰县百里。春秋时，卫之东鄙也。汉置东武阳县，属东郡，后汉因之。魏、晋俱属阳平郡。后魏改曰武阳县，仍属阳平郡。北齐废。后周复置，属魏州。隋开皇十六年，改属莘州，大业初，属武阳郡。唐初，属魏州，寻属莘州，贞观初，复属魏州，十七年，县省。永昌初，置武圣县，开元七年，改曰朝城县，仍属魏州。元和中，改属澶州，寻复旧。天祐三年，复曰武阳县，未几复曰朝城县。宋仍属澶州，金属大名府，元属东平路，寻属濮州。今土城周五里有奇，编户二十六里。

东武阳城，在县东南。汉县治此。后汉初平二年，袁绍表曹操为东郡太守，治武阳。三年，黑山于毒等攻东武阳，操自顿丘西入山击毒等本屯，毒引却。后臧洪为东郡太守，亦治东武阳。袁绍围洪，洪死之。今围郭尚存，环水匝隍。晋永嘉初，兖州刺史苟晞破盗汲桑于东武阳是也。升平二年，泰山太守诸葛攸攻燕东郡，入武阳，寻败还。太和四年，桓温伐燕，引舟师自清入河，军于东武阳。后魏曰武阳县，隋因之。唐曰朝城。五代梁开平五年晋将周德威攻博州，拔东武、朝城。又贝州奏晋兵侵东武，盖因故东武阳城而名也。贞明五年，晋王存勖败于朝城，视河冰甚坚，遂渡河攻梁，缘河诸寨，悉陷之，遂进攻杨刘。后唐同光初，唐主伐梁，引兵屯朝城，即故县也。盖宋时迁于今治。

故朝城，县南十七里。《志》云：春秋时，齐桓公帅诸侯朝周，会于此，因有朝城，唐因以名县。《旧唐书》：昌乐县有故朝城，唐改置县于此。《通志》：唐开元中，置朝城，在今县西四十里。宋明道二年，以河圮，移县治社婆镇，即今治云。又有古殷城，《旧唐书》：在朝城县东北十二里，隋元城县治此。元城，今为北直大名府治。

冠石山，县东南七十里。昔时连亘数百步，今土阜仅存。

黄河，县东南二十里。自观城县流入，故道所经也。五代梁贞明四年，晋王存勖自朝城引军，乘冰坚渡河，拔梁杨刘寨。石晋开运三年，河决杨刘，西入莘县，自朝城北流是也。今涸。《志》云：县西北旧有马颊河。

漯河，在县西南，北流入莘县界。《史记·河渠书》：河自积石、龙门，至于大伾，禹以为水所从来者高，水湍悍，难以行平地，数为败，乃厮二渠以引其流。孟康曰：二渠，一出贝丘西南南折者也，一则漯川也。贝丘河，自王莽时其流已塞，惟用漯川耳。《汉·地理志》：漯出东武阳，东北至千乘入海，过郡三，行千二十里。郡三：东郡、平原、千乘也。《风俗记》：漯水东北至千乘入海，河盛则通津委海，水耗则微涓绝流。又《穆天子传》：天子东征，钓于漯水，又食为于漯水之上。《水经注》：河水又东北入东武阳县北，漯水出焉。宋张洎曰：禹于贝丘疏二渠，以分大河水势，一渠自武阳东引入漯水，一渠疏畎引傍西山云。今陵谷变迁，漯水无复故道。贝丘，见北直清河县。

金莲陂。在县治西。或以为漯水之源也。《志》云：县北有二陂，相传为武水发源处。县本名武阳，以此。郦道元曰：武水即漯水之别名。

附见：

濮州备御千户所。在州治西。原属东昌卫，正统六年建。寻徙建新城内。今亦置濮州所。

读史方舆纪要卷三十五

山东六　青州府

　　青州府，东至莱州府三百十六里，东南至海五百里，南至兖州府沂州四百四十六里，西南至兖州府四百二十里，西至济南府三百二十里，东北至海百八十里。自府治至京师千里，至布政司见上。

　　《禹贡》青州地春秋、战国为齐地。秦置齐郡，汉因之，又分置北海郡。后汉为齐、北海、乐安三国地。后汉青州理临菑。永嘉末陷于石勒。后赵冉闵之乱，段龛据此，寻为燕慕容恪所陷。其后南燕慕容德建都于此。南燕于广固置燕都尹，义熙五年，刘裕灭之。宋仍为齐郡，兼置青州，刘裕初平南燕，置北青州，治东阳，以广陵有南青州也。后省南青州，而北青州直曰青州。今详见州域形势。后魏及后周因之。隋初，郡废州存，炀帝复改置北海郡。唐复曰青州，天宝初，亦曰北海郡。乾元初，复故，寻曰平卢军节度。五代因之。宋仍曰青州，亦曰北海郡。淳化五年，改军名曰镇海军，庆历三年，置京东东路于此。金曰益都府，元为益都路，明初，改曰青州府。领州一，县十三。今仍曰青州府。

　　府凭负山海，利擅鱼盐。班固曰：临淄，海、岱间一都会也。

盖自太公建国以来，齐往往称雄于天下，历汉及晋，未始不以临淄为三齐根本。后燕之亡也，潘聪说慕容德曰：青、齐沃壤，号曰东秦。土地二千里，四塞之固，负海之饶，可为用武之国。广固城曹嶷所筑，山川险峻，足为帝王都。若得其地，闭关养锐，伺隙而动，此今日之关中、河内也。德用其说，遂复据有三齐。刘宋垣护之曰：青州北有河、济，又多陂泽，非敌所向。盖谓地险足恃也。宋乐史曰：营丘东道之雄，号称富衍，物产尤盛，盖太公由之以兴，管仲用之而霸，山东之国，齐为最强，地利然矣。

〇**益都县**，附郭。古临淄地，汉置益县，属北海郡。后汉属乐安国。晋属东莞郡。刘宋复置益都县，属齐郡，后魏因之。隋为北海郡治，自是州、郡皆治此。今编户二百六十七里。

益都城，在今城北。汉武封淄川懿王子胡为益都侯，邑于此。后并入益县。三国魏复置益都县，晋改置利益县，属乐安郡。刘宋复置益都县。《志》云：故益都城在今寿光县北，北齐始移治齐郡城北，隋因为青州治，今城亦曰南阳城。宋武帝克慕容超，夷广固城，以羊穆之为青州刺史，穆之乃筑城于阳水北，名曰东阳。其后复筑城于阳水南，名曰南阳。盖府城旧有二城，其北城即羊穆之所筑东阳城也。永初末，刺史竺夔守此，后魏攻围数月不拔。泰始二年，刺史沈文秀举兵应晋安王子勋，旁郡皆起兵应建康，合攻东阳，为文秀所败。既而文秀归顺，仍守东阳，后魏将慕容白曜攻围三年，无救而陷。魏人亦为青州治。普泰初，崔祖螭聚众围东阳，刺史王贵平拒却之是也。《括地志》：东阳即郡治东城。曾肇曰：东阳府治北城，隋筑益都城，东阳并入焉。《齐乘》曰：府城为南阳城，其北为东阳城，东西长而南北狭，两城相对，抱水如偃月，因水以为隍，因崖以为壁。盖古合两城为一，宋时两城故址犹存，靖康兵烬,入金始并于南城。明洪武三年,因旧址甃以砖石,环城为池。十一年,建齐藩,复因东阳城故址修筑土城,寻以国除而止。今府城周十三里有奇。

广固城,在府西北八里。《志》云:汉、魏以来,青州并治临淄,晋永嘉末,刘聪将曹嶷为青州刺史,欲窃据东方,以临淄城大难守,乃于尧山南三里筑此城,名曰广固。以城旁有洞甚广,因以为名也。太宁初,后赵石虎攻克之,仍置青州镇焉。隆安三年,慕容德据此,其城四周绝涧,阻水深隍。德又于其中筑内城,亦曰小城,慕容超名广固内城南门曰天门是也。义熙五年,刘裕攻广固,克其大城,超入保小城,裕筑长围守之,及城下,遂夷其城隍而改筑东阳城,为青州治云。《九域志》:广固城即古乐安城,在益都县西四十里。似误。○广县城,府西南四里。汉县,高帝封召欧为广侯,宣帝又封淄川孝王子宽为广侯,邑于此。晋永嘉末,曹嶷改筑广固城,而故县遂废。《水经注》:浊水自为山东北流,径广固城西。城在废广县西北四里。水又东北径尧山东,又东北径东阳城北。

柳泉城,在县东。汉县,属北海郡,宣帝封胶东戴王子疆为侯邑。后汉省。晋隆安三年,慕容德攻广固,幽州刺史辟闾浑遣司马崔诞戍薄荀固,平原太守杨豁戍柳泉,诞、豁皆降于德。胡氏曰:薄荀,人姓名,因以名固,亦在益都西境。

云门山,府南五里。一名云峰山,山麓为花林疃,其上为大云顶,中有通穴如门,可容百馀人,远望如悬镜。旁有黑龙洞及石井,又有水帘洞在其阴。或谓之劈头山,以与劈山相接也。《志》云:劈山在云门山东南。石壁自顶开裂,二峰屏峙,高插云霄,远望如刀劈状,亦谓之劈裂峰。其南曰八仙台,台之阿有皇化寺,今为广福寺。

尧山,府西北八里。《三齐记》:尧巡狩时所登也。山南有二水,名东、西丹水。广固城在其南。〇驼山，在府西南八里，云门之右，以形似名。山阴有龙湫。又龙山，在府西二十里。有二山，俱蟠曲如龙形。又石膏山，在府西南二十五里，以石色润泽如膏也，南阳水出焉。《志》云：府西二十五里有九回山，回亦作会，俗名九尾山，北阳水出于此。

香山，府东四十五里。孤峰独耸，绝顶有泉，冬夏不竭。山南又有龙女泉。《元和志》谓之箕山，《齐乘》以为琪山也。自山而南、而西，有群山联属，直接颜神镇。《志》云：郡境诸山，多在西南，东郊平原百馀里，惟香山童然特峙云。

冶岭山，在广固城西南。一名为山，浊水所出。亦谓之阳水，通谓之浊水，即今北阳水也。山麓有五龙口，北阳水所经也。刘裕伐南燕，南燕婴城拒守，经时不拔，河间人玄文说裕曰：昔赵攻曹嶷，望气者以为：浊水带城，非攻可拔，若塞五龙口，城当自下。石虎从之而嶷降。后五日，大雨雷电震开。慕容恪攻段龛，十旬不拔，塞口而龛降，无几雷复震开。今宜仍旧修塞。裕从之，超及城内男女悉皆脚弱，病者大半，城遂下。或曰：冶岭盖尧山别阜也。

南阳水，在城北。源出石膏山，东北流经广县故城西，又东北有石井水注之，又北而东贯益都南北两城间，东合建德水，入巨洋水。或误为南洋水。元至正二十年，察罕围益都，遏南洋河以灌城，即是水也。水上有南洋桥，在城北门外。

北阳水，在城西。源出九回山，东北径五龙口，又北径广固废城，又北径尧山，东至东阳城北，又东北径石槽城，又北至乐安合女水，又东北入巨淀。一名浊水，又名长沙水，亦谓之浊水。《水经注》：淄水合浊水，浊水东北径广固城西亦曰浊水。石赵攻曹嶷于广固，望气者谓浊水带城，非可卒拔。南燕慕容超末，河冻皆合，而浊水不冰，超恶之。其臣李宣曰：浊水无冰，良由逼带京城，近日月也。超悦。既而刘裕来攻，议者谓塞五龙口，城必当陷，塞之果验。又此水时有通塞，刘宋及元魏太和中，水尝竭而复流。古谚云：淄水不冰，瘦马不渡，盖谓此水。亦误为北洋水。元末，扩廓围益都，筑长围，决洋水灌城，即南阳、北阳二水矣。

淄水，府西五十里。源出莱芜县原山，东北流经县界，而达于临淄，至乐安、寿光县入海。《禹贡》：潍、淄其道，此淄水也。《汉志》：淄水出源山，东至博昌入泲。今淄水出颜神镇东南二十五里岳阳山东麓，东北流径莱芜谷，又北径长峪而东流，圣水入焉。又东北径牛山折而北，天齐渊水入焉。又北渐临淄东城，又东北径安平故城北，又东北径乐安县东南、寿光县西，又北入巨淀，注马车渎，合时水入海。淄多伏流，潦则薄崖，涸则濡轨而已，俗谓之九干十八漏。《晋书》：永和十二年，燕慕容恪引兵击段龛，未至广固百余里，龛帅众逆战，恪大破之于淄水。即此。

弥水，在府东北。源出临朐县沂山西麓。弥，一作渳。又《国语》谓之具水，袁宏以为巨昧，王韶以为巨蔑，或曰朐弥，或曰巨沫，实一水也。又《后汉书》以为钜昧，《后魏书》以为汩液。自沂山而东北，经临朐县东南，熏冶泉入焉。又东经覆釜山，又北经委粟山，又东北合逢山石沟水，又北经府城东北建德水，合南阳水入焉。又东北，康浪水入焉。又北径寿光县东，又东北下黑冢泊入海，亦谓之巨洋水。《汉志》：洋水出石膏山，盖误以南阳水为洋水也。

孝妇河，在颜神镇南三里，其地亦名秋口。《志》云：孝妇河本名龙水，亦曰笼水，又名孝感泉。《水经注》：龙水南出长城中，今颜神镇有孝妇祠，祠下即古齐筑长城处也。西径莱芜山阴，北入济南府淄川县界。今详见济南府邹平县。○七里河，在府南，源出劈山之阴。又有石井水，亦出劈山，流经废广县城东，七里河流合焉，经府城南，又东北入南阳水。又城西有石子涧，流合石井水。

颜神镇，府西南百八十里，接莱芜、淄川二县界，以齐孝妇颜文妻居此而名。地宜陶，又产铅及煤，居民稠密，商旅辐至，设巡司及税课局于此。《舆程记》：镇北去淄川县三十里，西南去章丘县百里。嘉靖十七年，山寇作乱，专设通判一员驻札。三十七年，筑城于此，为守御之备。○金岭镇，在府西北七十里，西南去淄川县五十里，盖接境处也。有金岭马驿。又府城北有青社马驿。旧青社、金岭皆置递运所，今革。

青石冈，在颜神镇西南。两山壁立，连亘数里，南走淮、徐之道也。又石棚砦，在府西南山谷间。明朝永乐中，妖妇唐赛儿作乱，保据于此。○沮洳戍，在府东北弥水上。《后魏书》：太和十六年，青州沮洳戍获白雉一头，时以为瑞云。

石楼。在府西。唐天复三年，朱全忠将朱友宁攻王师范，拔临淄，进攻青州，师范帅登、莱兵拒之于石楼，为两栅。友宁进攻，师范奋击败之，斩友宁，逐北至米河。米河即巨沫水也。时汴兵盖南趣临朐，故师范追之于巨沫水上。○好石桥，在府西南，元末，察罕遣军破益都贼将毛贵于此。

○临淄县，府西北三十里。西至济南府淄川县九十里。古齐都也，齐献公自薄姑徙临淄，即此。汉置临菑县，为齐郡治。后汉为齐国治，又青州亦治此。晋、宋及后魏因之。后齐以齐郡治益都，临菑废入焉。隋开皇十六年，复置临淄县，属青州，唐、宋因之。元至元三年省入益都县，十五年，复置。今土城周四里，编户六十一里。

齐城，在县城北。亦曰齐国，城址周四十里，自齐献公以下皆都此。《齐记》：古齐城周五十里，有十三门，其西曰雍门。《左传》：襄十八年，晋及诸侯伐齐，伐雍门之萩。己亥，焚雍门。哀十三年，陈恒杀阚止，大陆子方出雍门奔卫。《战国策》：孙子说田忌轻车锐卒冲雍门。又齐王建入朝秦，雍门司马入谏是也。《说苑》：韩娥东至齐，乏粮，过雍门，鬻歌于市。其南曰稷门。昭二十二年，莒子如齐莅盟，盟于稷门之外。《战国策》：谈说之士，会于稷下。盖齐人于稷门立学舍也。《史记》：齐宣王喜文学游说之士，是以齐稷下学士复盛，且数百千人，荀卿尝为稷下祭酒。郑玄曰：稷下生齐人，亦号曰棘下生也。其西南曰申门，门外有申池。文十八年，齐懿公游于申池，邴歜、阎职二人弒公，纳诸竹中。襄十八年，晋伐齐，焚申池之竹木。杜氏曰：齐城无池，惟南城西门有池，门因以池名。又《晋书》：慕容德宴庶老于申池，左太冲以为昭华池也。西北有扬门。襄八年，范鞅门于扬门。又州绰门于东闾。杜预曰：扬门，齐西门；东闾，齐东门也。又东南门曰鹿门。昭十年，国人追败栾施、高彊于鹿门，遂来奔。《括地志》以为武鹿门，此古门之可考者也。又有郭关，则齐郭门也，田氏杀阚止于郭关是矣。其章华东门，则齐宫门也。湣王二十六年，苏代自燕入齐，见于章华东门是矣。秦灭齐，因故城置齐郡，其后项羽封田都为齐王；汉有天下，封庶长子肥为齐王，皆即故城都焉。所谓临淄十万户，天下之雄国也。景帝时，七国反，齐独以临淄拒守。后汉初，为张步所据。建武五年，耿弇讨步，拔临淄而守之，步引兵至临淄东，将攻弇，弇先出淄水上，遇步前军，恐挫其锋，令步不敢进，乃引归小城，陈兵于内，分兵陈于城下，直前会战。弇升王宫坏台望之，锋既交，乃自引精兵横突步陈，大破之，帝亦寻至临淄劳军。盖临淄有大城，又有小城也。魏、晋以来，皆承旧制。永嘉丧乱，始渐衰耗。今县盖隋所改置，在故城西南，但其城历代完毁不一，今仅有土垣而已，周不及四里而已。

安平城，县东十九里。本齐邑。《史记·齐世家》：平公割齐安平以东为田氏封邑。湣王末，燕师入齐，齐田单走安平，既而齐襄王封田单为安平君。是也。汉置东安平县，属淄川国。应劭曰：博陵有安平，故此加东。后汉改属北海国，宣帝封王舜为侯邑，又世祖封淄川王子茂为安平侯。晋改属齐国。后魏曰安平县，仍属齐郡。后魏因之。北齐废入临淄。唐武德四年，复置安平县，属青州，八年废。《志》云：城内有石槽，俗因谓之石槽城。

西安城，县西北三十里。或曰：春秋时之渠丘也。昭十一年，楚申无宇曰：齐渠丘实杀无知。杜预曰：渠丘，今西安也。齐大夫雍廪邑，北距时水。汉置西安县，属齐郡。武帝封李朔为轵侯，食邑西安。后汉建武五年，耿弇讨张步，步使其弟蓝将精兵守西安，以诸郡兵守临菑，相距四十里。弇进军画中，居二城间。弇视西安城小而坚，蓝兵精，临淄虽大，实易攻。乃佯言攻西安，而袭攻临淄拔之。蓝惧，弃西安走剧。晋仍属齐国，刘宋及后魏属齐郡。北齐废。○重合城，在县北。刘宋泰始中侨置渤海郡，治重合县，后魏因之，高齐废。魏收曰：重合，故临淄地也。

画邑城，县西北二十里。齐邑也。孟子去齐，宿于昼。又乐毅伐齐，闻画邑人王蠋贤，即此。后汉耿弇攻张步，进军画中。章怀太子曰：即画邑也，以画水而名。○时水城，在县西北三十里，刘宋置高阳县，后魏因之。隋开皇十六年，析高阳置时水县，大业初，俱废入临淄。唐武德四年，复置时水县，属青州，八年废。今高阳见高苑县。又索头城，在县东南二十里女水之南，相传后魏将慕容白曜攻宋青州刺史沈文秀于东阳，因筑此城，南人呼魏人为索头也。

牛山，县南十里。齐景公登山流涕处。孟子所云牛山之木尝美者。徐幹《齐都赋》云：牛岭镇其南，谓此。其相接者曰菟头山，一名驼头山，又名鼎足山。《晋书·载记》：慕容德北登社首山，东望鼎足者也。上有齐桓公及管仲冢，又桓公女亦葬焉，女水出于此。《括地志》：鼎足山一名牛首堈，在县东十五里。又县南十五里有猇山，《诗》所云遭我乎猇之间者。《汉志》作嶩山。又有南郊山，在县东南十五里。下有天齐渊。

一名南野山。○稷山，在县西南十三里，上有稷祠，或曰齐稷门，稷下之名以此。又县西二十里有愚公山。山北为愚公谷，时水径其下。其南有杜山，相传齐宣王猎于此。

商山，县西八十里。一名铁山，跨益都、临淄、新城三县界。崔琰《述征赋》：涉淄水，过桓都，登铁山，望齐密是也。《晋书》：慕容德立冶于商山，置盐官于乌常泽，以广军国之用。《魏书·食货志》：崔亮言：南青州苑烛山，齐州商山，并是往昔铜官。《元史·合剌普华传》：尝以事至益都，于四脚山下置广兴、商山二冶，即此。

营丘，在故齐城内。旧《志》：在县北百步外城中。《史记》：太公都营丘，后五世胡公迁薄姑，弟献公又徙临淄。今昌乐县本汉营陵县，陵与丘同义，当是太公所封也。《水经注》：《尔雅》水出其前，左为营丘。营陵城南无水，异《尔雅》之文，不得以为营丘矣。营丘，山名也。《诗》：子之营兮。今临淄城中有小丘，周三百步，高九丈，淄水出其前，与《尔雅》符。郭璞言：齐之营丘，淄水经其南及东是也。其外郭即献公所徙临淄城，世亦谓之虏城。齐湣王伐燕，虏其民实居郭中，因名也。《通典》：临淄一名营丘，少皞之代，有爽鸠氏，虞夏时有季崱，汤末有逢公伯陵，殷末有蒲姑氏，皆为诸侯国于此。周成王时，蒲姑与四国作乱，成王灭之，以封太公，后徙临淄。亦其地也。孔颖达曰：营丘临淄水上，故曰临淄。献公之徙，犹晋氏之深翼居绛，其实一城也。顾氏曰：《班志》云临淄名营丘，此犹晋迁于新田而仍谓之绛；楚迁于郢而仍谓之郢。盖因临淄城中有小丘而系以旧名，非即古营丘也。《晋·载记》：慕容德如齐城，登营丘。即此地也。杜氏又谓临淄后为营陵。夫《汉志》明言齐郡治临淄，北海郡治营陵，岂一城乎？《通志》又云：营丘城在今县西北二里，亦误也。

弇中峪，在县西南。《志》云：自临淄西南至莱芜，有长峪，界两山间，长三百里，中通淄河。《左传》：襄二十五年，闾丘婴与申鲜虞乘而出，及弇中。哀十四年，子我出，陈氏追之，失道于弇中者也。今其民犷悍，不识官府，为盗贼之薮。

淄水，在城东。《志》云：淄水东北经牛山西，又东，天齐水出焉。过县东，入乐安县界。《战国策》：田单为齐相，过淄水，见老人涉淄而寒，解裘衣之。又淄水在城南，渑水在城北，鲁仲连谓田单骋乎淄、渑之间。《淮南子》：易牙尝淄、渑而别之是也。后汉建武三年，耿弇攻张步，拔临淄，军于淄水上，即此。

渑水，在县西。源出故城西南之申池，分为二流：西流曰系水，北流曰渑水。《左传》：昭二年，晋侯与齐侯宴，齐侯曰：有酒如渑是也。北流至博兴县界，入于时水。又系水自县西而北流二十五里，复分二流，俱入时水。《水经注》：渑水出营丘城东，世谓之汉凑水，西经乐安、博兴，与时水合。

时水，在县西南二十五里。其地名矮槐树，旧置邮亭于此。平地出泉，谓之曰耏。《左传》：襄三年，齐侯与晋士匄盟于耏外。哀十四年，子我之臣大陆子方，以公命取车于道，及耏，众知而杀之。是也。源浅易涸，亦名乾时。《左传》：庄九年，及齐师战于乾时。《汉志》：临淄有如水。《水经注》：如水，即时水也。如与时，音相近耳。其色黑，俗又谓之乌河，亦曰黑水，又谓之源水。《志》云：时水盖伏淄所发，自矮槐树西北径黄山，又北径愚山，又屈而径杜山，漕水入焉。又北径西安城西，系水入焉。又北至济南府新城县东南之索镇，可通舟楫。又北至博兴南之湾头，与小清河会。又东径乐安县北，又东北由马车渎入海。

女水，在县东十里。源出鼎足山齐桓公女冢侧，因名。东北流经东安平故城南。郭缘生曰：女水化隆则水生，政薄则津竭。南燕建平六年，水忽暴竭，玄明恶之，浸病而亡。太上四年，女水又竭，慕容超恶之，燕祚遂沦。《续述征记》：女水至安平城南，伏流十五里，然后更流，注北阳水。今石槽城东北出泉，俗名马台河，至乐安东北，合北阳水，入巨淀，盖即女水之伏流者也。

澅水，县西二十里。《水经注》：澅水出时水，东去临淄城十八里，所谓澅中也。俗谓之宿留水，以孟子三宿出昼云。西北流入于时水。今俗谓之泥河，在金岭镇东。○康浪水，在县西十里平地，北流与系水合。宁戚歌曰：康浪之水白石灿。谓此。

天齐渊，在县东南八里。出南郊山下，有五源并发，广可半亩，土人名曰龙池。《史记·封禅书》：齐所以为齐，以天齐也。秦祠八神，一曰天主，祀天齐。《齐乘》曰：渊在淄水之东，女水之西，西南流入于淄水。天齐之义，苏林曰：当天中央齐也。师古曰：谓其中神异如天之腹齐。《齐记补》引《晏子》曰：吾闻江深五里，海深十里，此渊与天齐。司马彪曰：齐，回水如磨齐也。岂以众泉并出，旋流如齐而名欤。

檀台，县东一里。《史记》：齐简公与妇人饮于檀台。又梧台在城西三里系水傍。《说苑》：楚使者聘齐，齐襄公飨之梧台。或谓之梧宫。又阙子曰：宋之愚人，得燕石于梧台之东者也。今有小阜，即梧台故基。又遄台在县西五十里，《左传》：昭二十年，齐侯至自田，晏子侍于遄台。今俗呼为歇马台。○雪宫，在县东北五里，即齐宣王见孟子处。又《晏子春秋》：齐侯见晏子于雪宫。《志》云：齐城内有故王宫，即战国及汉时诸王故宫也。

蘧丘里，在县西。《后汉志》：西安有蘧丘亭，亦曰渠丘，或谓即古葵丘。《左传》：庄八年，齐侯使连称、管至父戍葵丘。辨者曰：葵丘去齐都甚近，无置戍之理，是必齐之边邑，今不可考也。京相璠曰：葵丘在齐西五十里，似误。又僖九年，齐桓公会诸侯于葵丘。见河南考城县。○庄岳里，在故齐城内。《左传》：襄二十八年：反陈于岳。昭十年，败栾高于庄。孟子引而置之庄岳之间数年。是也。

邮亭。在县东。春秋纪国之邑也。庄三年，纪季以邮入于齐。《国语》：齐地东至于北邮。后为田成子之邑。刘昭曰：安平有邮亭。徐广曰：安平即故邮邑也。〇棘里亭，在县西北，杜预曰：西安县东有棘里亭，陈桓子召公子山而反棘焉。是也。或谓之戟里城。《括地志》以为即古昼邑云。

〇**博兴县**，府西北百二十里。东至乐安县三十里，西北至高苑县四十里。古薄姑地。汉为博昌县，属千乘郡。宣帝封董忠为侯邑。后汉属乐安国，晋及刘宋因之。后魏亦属乐安郡，北齐改为乐安县。隋复曰博昌县，属青州，唐因之。五代唐讳昌，改曰博兴。宋因之。元曰博兴州。明初，复为县。今土城周三里，编户七十六里。

博昌城，县南二十里。汉县治此。今县则汉乐安县城也。本属千乘郡。后汉属乐安国，晋省。唐初，复置乐安县，武德八年，省入博昌，仍移治乐安城。骆宾王谓博昌移就乐安故城，是也。天复三年，朱全忠将朱友宁攻平卢帅王师范，陷博昌，进拔临淄，抵青州城下，即今县矣。

薄姑城，县东北十五里。殷末薄姑氏国也，亦曰蒲姑。周成王时，薄姑与四国作乱，成王灭之，以益太公之封。故晏子曰：蒲姑氏因之，而后太公因之。《史记·齐世家》：胡公徙都薄姑，即此。又《左传》：庄八年，齐侯游于姑棼，遂田于贝丘。姑棼，或以为即薄姑也。《括地志》：薄姑在博昌县东北六十里。

利县城，在县东南四十里。汉县，属齐郡。后汉属乐安国。晋曰利益县，仍属乐安国，后省。《水经注》：济水东北过乐安故城南，又东北过利县西，又东北迤为渊渚，谓之平州，《春秋》：宣元年：公会齐侯于平州，盖在此。似误。平州，今见莱芜县。〇高昌城，《水经注》：在故利城东北，济水径其西。汉千乘郡属县也。宣帝封董忠为侯邑，后汉省。又平安城, 应劭曰: 在博昌西南三十里。汉县, 属千乘郡, 后汉省为平安亭。或以为即春秋时之平州云。

小清河, 在县南八里。自济南府新城县界, 流经高苑县, 至此又东流入乐安县界。顾铎曰:《汉书·卜式传》, 吕嘉反, 式上书欲率博昌习舟之民以行。又唐末王师范保青州, 博昌之水不设备, 为汴将朱友宁所败, 则清河在县境, 当时为茫然巨浸, 历下以东、临淄以北诸水, 大都由此入海。伪齐刘豫时, 分流为小清河, 下与乌河合流, 凡海上盐场, 傍河州县, 其货物皆得达历下入大清河, 抵张秋以至大名。其后淤废。成化九年, 参政唐源洁力请开复, 于是循故迹疏之, 又多置闸及开支脉沟, 遇大水则开闸分流, 以杀其势, 旱则闭之。东方盐货仍得抵于张秋。今历城、章丘诸水, 仍入大清。而小清上流, 遂为平陆。惟孝妇河诸水, 仍汇流入县界。然旱时亦涸而断流, 潦则弥地上矣。《寰宇记》: 济水北去海百步, 东北流入海, 其入海水口, 谓之海浦, 在县东北二百里。

时水, 在县南。自临淄县流入境, 又东入乐安县界。《从征记》: 县西南有淄水, 自临淄县北, 径博昌南界入时水, 自下通谓之淄水云。

贝中聚。县南五里。杜预曰: 博昌县南有地名贝中。京相璠曰: 博昌南近淄水, 水侧有地名贝丘, 在齐郡西北四十里。《春秋》: 庄八年, 齐侯田于贝丘, 见公子彭生, 豕立而啼, 齐侯坠车伤足处也。又《楚语》: 沈诸梁曰, 齐驷马濡以胡公入于贝水。亦即此。《史记》谓之沛丘。《后汉志》博昌有贝中聚, 是也。

○**高苑县**, 府西北百五十里。东至博兴县四十里, 西至济南府新城县九十里。古苑墙地, 汉置高宛县, 属千乘郡。后汉属乐安国。晋曰高苑, 为乐安国治。苑与宛通也。宋曰长乐县, 属渤海郡, 后魏因之。后齐改属长乐郡, 隋废郡, 属齐州。开皇十八年, 改曰会城县。大业初, 复曰高苑县。唐武德四年, 县属邹州, 八年, 州废, 县属淄州。宋因之。景德三年，以县置宣化军。熙宁三年，军废，仍隶淄州。元属益都路。今土城周三里，编户三十一里。

被阳故城，今县治。汉元朔四年，封齐孝王子燕为被阳侯国。《史记·表》上作披阳，属千乘郡。后汉建武初，又封欧阳歙为被阳侯，寻省。《水经注》：临济有南北二城，中隔济水。南城即汉被阳故城也，今为渤海侨郡治。高齐又自狄城移长乐县于此。隋改名高苑，县属淄州。《元和志》：县南至州百十里，取东南高苑故城为名。是也。高苑城，今见长山县。

长乐故城，在今县西。汉狄县地。刘宋孝武始侨置长平县，为勃海郡治。北齐郡废。隋改长平曰今城，又改高苑。《寰宇记》：刘宋于今县西二里如狄故城置长乐县，高齐又移被阳故城，而此城废。按《汉志》：狄，即临济。刘宋时，临济为县如故，何得别置郡县于此？岂如狄城又非狄耶。

临济故城，县西北二里。故狄邑也。或曰：春秋时长狄所居，因名。《战国策》：田单攻狄，三月不下，即此。秦置狄县。二世二年，陈胜将北徇地至狄，狄人田儋杀狄令自立为齐王。汉亦曰狄县，属千乘郡。后汉安帝改为临济县，属乐安国。晋泰始二年，青州刺史沈文秀举兵应晋安王子勋，高阳、勃海二郡太守刘乘民据临济城以应建康是也。是时县盖属勃海侨郡也。后魏亦曰临济县，属东平原郡。隋改朝阳县曰临济，以县并入高苑。

建信城，县西北五十二里。汉县，属千乘郡，高帝封娄敬为侯邑。后汉省。又被阳城，在县西南。汉县，属千乘郡，被音皮。武帝封齐孝王子燕为侯邑。后汉废。

千乘城，县北二十五里。本秦邑。汉四年，灌婴追击齐将田吸于千乘，即此。《汉志》：千乘郡治千乘县。后汉永元七年改属乐安国，晋省。

刘宋复置千乘县，为乐安郡治，后魏因之。又青州亦尝治此。隋初郡废，县移治于广饶。伏琛曰：千乘城在齐城西北百五十里。有南北二城，相去三十馀里。其一城县治，一城太守治也。《五代志》：宋元嘉中尝析千乘地侨置乐陵县治焉。

高阳城，在县东南五十里。刘宋元嘉中，于乐安地侨置高阳县，兼置高阳郡治焉，属冀州。后魏因之，改属青州。东魏天平初，以侯渊行青州事，青州刺史王贵平不受代，渊袭高阳郡，克之，旋入东阳是也。高齐郡县俱废。隋复置高阳县，大业初废。○济阳城，在县北九十里《唐志》：景龙初，分高苑县置济阳县，元和十五年，并入高苑。《志》云：县有古高会城，隋改县曰会城，以此。

小清河，县西南七里。自新城县东北流经此，孝妇河亦自新城县北流合焉，土人谓之岔河。又东入博兴县界。《水经注》：济水自营县东，过梁邹县北，又东过临济县南。宋泰始三年，青州刺史沈文秀以东阳拒魏，魏将长孙陵等败屯清河，即此水西也。《通志》云：县北二十里有济河故道，今堙。营县、梁邹，见济南府历城县及邹平县。

隔会水。在县北。《志》云：漯水别名也。《志》云：漯水至千乘入海，即此。后讹为隔会水，隋盖以此名县。名洄。《旧经》：县东南境有时水亦曰死时，即乾时之别名也。又马厩湾，亦在县东南，相传齐桓公牧马处。

○**乐安县**，府北九十里。西至博兴县三十里。汉置广饶县，属齐郡。后汉属齐国，晋、宋因之。后魏仍属齐郡。隋移千乘县治此，以广饶县省入，属青州。唐武德二年，于县治置乘州。八年，州废，县属青州。宋因之。金改为乐安县。今土城周五里，编户九十五里。

广饶城，县东北二十里。汉置县于此，武帝封中山靖王子国为侯邑。后汉至晋、宋皆曰广饶县。《水经注》：淄水又东北径广饶故城南是也。隋县废，改置千乘县，金人又改置乐安县于今治，初非汉时之千乘、乐安矣。

琅槐城，在县东北百十里。汉县，属千乘郡，后汉省。《风俗记》：博昌东北八十里有琅槐乡。《汉志》：济水东至琅槐入海。《水经注》：济水东历琅槐故城北入海云。又延乡城，在县西北，汉县，属千乘郡。元帝封李谭为侯邑，后汉省。《水经注》：延乡城俗谓之从城，延与从字相似也。《志》云：县西南又有新河城，隋开皇十八年置，大业初，省入博昌县。

青丘，在县北。相传齐景公尝畋于此。司马相如《子虚赋》：秋田于青丘是也。《志》云：今清水泊，亦名青丘泺。又黄丘，在县南二十里。《志》云：淄水径其东。

小清河，县北十八里。自博兴县流入境，又东合时水入寿光县界，汇众流以达海。《通志》：小清河经高苑、博兴、乐安县界，合于乌河，又北至马车渎入海。乌河即时水矣。

淄水，县东南五十里。自临淄县流入境，东北流经朱家道口入寿光县界。又时水，亦在县东南，北合于淄水，于是淄水亦兼时水之名。○北阳水，在县东南二十五里，自益都县流入界。又女水自临淄县北流合焉，俱至寿光县入海。

巨洋水，县东南二十五里，即弥水。县西南二十里有浆水河，县北六十里有支派沟，其下流皆合弥水入海。《志》云：支派沟起高苑城南二里，径博兴入县境，泄马家泊诸水入海，今故迹微存，居民皆佃作输租，非甚潦无水也。又有利丰堤，在县城北，成化十七年，知县沈清筑。

马车渎，县东北五十里。又南即寿光县之清水泊也。《汉志》：马车渎首受钜定，东北至琅槐入海。亦谓之马常坑，接高苑、博兴、乐安三县界，盖众水所潴也。《纪略》曰：马车渎入海处，一名皮丘沱。《旧记》：淄、渑之水合于皮丘，即此。今谓之高家港，为海滨戍守处，有高家港巡司，司去县百馀里。或作五十里，误也。

渤海，县东北百十里，与寿光、博兴县接界，府境之水，皆归于此。《志》云：县境滨海有三盐场，曰王家冈、新镇、高家港也。

塘头寨，县东北百里，滨海要地也。备御百户所驻守于此，有土城，周三里。又乐安镇，在县北六十里，旧置巡司于此，与高家港巡司并为守御之所。高家港镇，在县东北。新《志》：高家港盐场在县东北九十里□□社。又县东北二十里有高家社□□□冈城□□□□□社南□。

柏寝台。县东北二十八里，淄水经其下。齐景公与晏子游于少海，登柏寝之台，而望其国是也。少海，或曰即勃海。俗谓台曰桓公台，相传桓公曾会盟于此。

○**寿光县**，府东北七十里。东南至莱州府潍县八十里。古斟灌氏地，汉置寿光县，属北海郡。王莽改置翼平连率于此。后汉初，光武封更始子鲤为侯邑，改属乐安国。晋因之，宋初省。北齐复置，隋属青州，唐初，属乘州，寻复属青州。今土城周五里，编户百三十二里。

剧城，县东南三十里，亦曰剧南城，春秋时纪国地。汉置剧县，初属齐国，文帝分置淄川国，都剧。景帝三年，与吴楚叛，国除，并入北海郡。寻复为淄川国治。后汉初，张步据齐地，都剧。建武五年，耿弇讨败之，帝幸剧。寻为北海国治，以齐武王子兴为北海王，都于此。三国魏废北海国，以县属东筦郡。晋因之。刘宋仍属北海郡。后魏因之。北齐省。○纪城，亦在县东南。刘昫曰：剧县西有纪城，故曰纪亭，故纪国也。城内有台，俗曰纪台城。《春秋》：庄四年，纪侯大去其国，违齐难也。战国时为齐之剧邑。鲁连子云：剧、朐之人辨，谓此。汉因置剧县。《志》云：县东北二十里有牟城，即春秋时牟国。恐误。牟城，今见莱芜县。

平望城，县西北三十里。汉置平望县，属北海郡，武帝封菑川懿王子赏为侯邑。后汉省为平望亭。又乐望城,在县东二十里。汉县,属北海郡,宣帝封胶东戴王子光为侯邑,亦后汉省。《志》云:县南有间丘城,隋开皇十六年,置间丘县,属青州,大业初省。

钜定城,在县西北八十里。汉置钜定县,属齐郡,以钜定泽而名。《水经注》:城在淄水北。是也。后汉省。《志》云:县西四十里有益城,汉益县也,属北海郡,后汉属乐安国。晏谟云:司马宣王伐公孙渊,徙丰人于益县,亦谓之南丰城。一云南丰城在县西二十里,亦曰丰城。又益都城,在县北二十里。汉武封淄川懿王子胡为侯邑,后并入益县。三国魏复置益都县。晋改置利益县,属乐安国。刘宋改置益都县,今府治是也。○斟灌城,在县东北四十里。斟,《汉志》作斟,与斟同。《春秋》襄四年传,寒浞使浇用师灭斟灌及斟寻氏。杜氏曰:二国,夏同姓诸侯,仲康子、后相所依也。今县有故灌亭。斟寻,今见潍县。

淄水,在县西南。自乐安县东北流入界。又浼水,即北阳水也,亦自乐安县流入界,与淄水会流,北注于清水泊。

巨洋水,县东十里。自乐安县流入界,过废剧县西,又东北会于黑冢泊,亦曰钜昧水。后汉建武五年,耿弇败张步于临淄,步引归,伏兵起,追至钜昧水上,八九十里僵尸相属。《水经注》:巨洋水东北经益县故城东,又东北积而为潭,枝津出焉,谓之百尺沟,西北流径益都故城,注于巨淀。○蕤水,在县西,亦谓之尧水,《汉志》:剧县有义山,蕤水所出。《水经注》:尧水出剧县南角崩山,一名义山。俗以其山角若崩,因名角崩山,又为角林山,皆音讹也。其水即蕤水矣,东北流注于巨洋水。

丹河,在县东三十里。有东西二源,东丹水出昌乐县方山,西丹水出临朐县丹山,北流经昌乐故城,西北合东丹水而为丹河,经县东,又东北入于海。○二岳龙泉水,在县西南二十里。一曰东岳龙泉水,出县西十二里,俗名北夹河。一曰西岳龙泉水,出县西南二十六里,俗名南夹河,北流至罗桥,合东岳龙水,注于清水泊。

清水泊,县西北五十里。淄水、北阳水及东、西岳龙泉水俱汇流于此。即《汉志》所云钜定也。《汉志》:征和四年,行幸东莱,临大海,耕于钜定。汉时尝引水溉田,今亦谓之巨淀湖。又北接乐安县之马车渎,其中茭芦千顷,利倍腴田,今属于德府。○黑冢泊,在县东北五十里,巨洋水汇焉。《述征记》谓之乌常泛,又东北注于海。

广陵镇,县东北三十五里,有广陵镇巡司。《志》云:县有莘店递运所,今革。

马陵台。在县西南四十里。亦曰臧台,相传臧武仲致防而奔齐,卒葬于此,因名。○望海台,在县东北四十里,相传秦始皇所筑,俗名黑冢,其北即黑冢泊也。

○**昌乐县,**府东七十里。东至莱州府潍县五十里。古营丘地,汉为营陵县地,北海郡治焉。后汉属北海国。晋初,属城阳郡,太康初,改属东莞郡。刘宋属高密郡,后魏属平昌郡,后齐废。隋开皇十六年,改置营丘县,属潍州。大业三年,属北海郡。唐武德初,仍属潍州,八年,废入北海县。宋乾德二年,置安仁县,寻改昌乐县,属潍州。金因之。元至元三年,县省。明初,复置,属青州府。今土城周四里,编户九十八里。

营陵城,县东南五十里。此太公望所封之营丘也。《史记》:周武王封师尚父于营丘,未就国,东莱与之争。太公闻之,夜衣而行至营丘,国遂定,盖营丘边莱也。《吕氏春秋》:太公封营丘之渚,海阻山高,险固之地。其后五世胡公徙薄姑,六世献公徙临淄,盖自东而西也。汉置营陵县于此,高帝十一年,封刘泽为营陵侯。应劭曰:陵亦丘也。薛瓒曰:营陵即春秋时之缘陵。后汉以后,皆曰营陵县,高齐废,隋复置营陵县。唐武德初,营丘民汲嗣率乡人拒贼于此,权置杞州,以春秋时杞尝徙治此也。二年,复为营丘县,寻废。今其地犹名营丘社,与潍县接界。

剧魁城，在县西北。汉县，属北海郡，武帝封菑川懿王子黑为侯邑。又有剧县城，亦汉北海郡属县也，武帝封菑川懿王子错为侯邑。盖非菑川所治之剧县也。后汉时，剧魁与剧县俱省，而移北海郡治菑川之剧县。〇昌乐故城，《志》云：在县西北十里。宋昌乐县治此，后徙今治。

孤山，县东十里。峰峦峭拔，高出云霄。《志》云：伯夷避纣，居东海之滨，盖在此山之侧。今山接潍县界。又方山，在县东南二十里，山麓有龙池，四时不竭，盖东丹河所出。其相近者，又有黄山。又西曰西黄山。

白狼河，在县南。源有二：一出县南五十里擂鼓山，一出临朐县丹山，流入县境，合流而东北，经潍县东寒亭北，入于海。《唐志》：长安中，北海令窦琰于故营丘城东北穿渠，引白狼水，曲折三十里以溉田，号窦公渠云。

丹水，在县西。《志》云：东丹水出方山，流经县西三里。西丹水出临朐县丹山，流经县西九里，又西北合流于昌乐故城西，又西北入寿光县界。昔时引此水溉田，民被其利。〇黑水，在县东南，俗名污河，源亦出方山。西北流经黄山，东有宝泉水流合焉，下流入于白狼河。

丹河驿。在城东，旧置丹河马驿于此。又县东有小丹河店递运所，万历初，与驿俱革。

〇**临朐县**，府东南四十五里。南至莒州二百五十里。本齐之骈邑，汉置临朐县，属齐郡。朐音劬。武帝封淄川懿王子奴为侯邑。后汉属齐国。晋属东莞郡。义熙五年，刘裕伐南燕，至东莞，慕容超先遣军屯临朐，闻晋兵入岘，自将步骑往就之。裕与燕军战于临朐南，参军胡藩曰：燕悉兵出战，临朐城中，留守必寡，愿以奇兵从间道取其城，此韩信所以破赵也。裕从之，潜师出燕兵后，袭攻临朐，克之。超走城南，裕纵兵奋击,超大败。刘宋初,县省。北齐改置昌国县。隋开皇六年,改置逢山县,属青州。大业初,复曰临朐,属北海郡。唐仍属青州。天复三年,汴将朱友宁攻青州,青州帅王师范袭杀之。朱全忠自齐州兼行至临朐,命将进攻益都。宋仍曰临朐县,属青州。元省入益都县,寻复置。今土城周三里,编户百十里。

朱虚城,在县东六十里。汉县,属琅邪郡,吕后二年,封齐悼惠王子章为侯邑。后汉永初元年,改属北海国。孔融为黄巾所败,尝保于此。晋属东筦郡,刘宋属平昌郡,后魏因之,后齐省。《县志》:今县东北萌山社有遗迹,土人犹呼为城头。《十三州志》:朱虚城东十三里有校城,亦曰校亭,汉武封城阳顷王子云为侯邑。〇临源城,在县东。汉县,属琅邪郡。《史记》:武帝元朔三年,封菑川懿王子始昌为临众侯,国于此。《汉书》作临朐。后汉省入朱虚县。又般阳城,在县西南,盖宋魏时因故县移治也。魏收《志》:盘阳有朱虚城。隋开皇十六年,析置般阳县于此,属青州,大业初,并入临朐。唐武德四年,又置。八年,省。新《县志》:县西南三十五里有□□社,盖以故□□□。详见淄州。

郱城,在县东南,春秋时纪邑也。庄元年,齐师迁纪郱、鄑、郚。杜预曰:齐欲灭纪,故先迁三邑之民,而取其地。郱,亦作骈。后为齐大夫伯氏邑。管仲夺伯氏骈邑三百,即此。鄑城,见莱州府昌邑县。又郚城,在朱虚故县东南,今见安丘县。〇东阳城,在县东。春秋时齐境上邑也。《左传》:襄二年:晏弱城东阳以逼莱,九年复城东阳,遂围莱,即此城矣。

西安废县,在县西。盖亦宋、魏时移治。魏收《志》西安县有逢山、□士山。新《县志》:今县西南十里有西安店,盖其故址。

都昌故城,在县东北。汉置都昌县,在今昌邑县界。沈约《志》:青州北海郡都昌县有箕山、阜山、白狼山。《唐志》:都昌县,武德二年属潍州，六年省。《括地志》：都昌故城在临朐县东北，盖宋、魏间又自州下所徙置也。又魏收《志》：昌国县有纪信冢。《隋志》：临陶县旧曰昌国，开皇六年改曰逢山，后又改临朐。今按：纪侯冢在益都箕山，则昌国县当亦江左自般阳东徙临朐界逢山、箕山间，非故县也。

穆陵故城，在县南。《左传》僖四年，管仲曰：昔成王赐我先君履，南至于穆陵。《隋志》：临朐县有穆陵山。《金志》：贞祐四年，开临朐之穆陵关。即其地。

东阳故城，旧《志》：在县东。春秋时齐境上邑也。《左传》襄二年，齐晏弱城东阳以逼莱。九年，复城东阳，遂围莱。《通典》：东阳城一名凡城，在临朐。是也。○长城，在县南。《竹书纪年》：晋烈公十二年，王命韩景子赵烈侯及我师伐齐，入长城。又梁惠成王二十年，齐筑防以为长城。《水经注》：朱虚泰山上有长城，西接岱山，东连琅邪巨海，千有馀里，盖田氏所造。

校城，在县东。《汉·王子侯表》：校侯，云城阳顷王子，元鼎元年封。阚骃曰：朱虚县东三十里有校城，亦曰校亭，故县也。又《汉表》：邳离侯路博德灭马侯雕延年，俱元狩四年封，在朱虚。邳离，《史记》作符离。

沂山，县南百五十里。《志》所谓东泰山也，亦曰东镇，详见前名山。○丹山，在县东北三十里，一名丸山，《封禅书》所云黄帝封东泰山，禅丸山者也。《大事记》：轩辕征不道，东至海，登丸山。或讹为凡山，俗谓之丹山，西丹河、白狼河，皆源于此。又灵山，在县东北二十里，《晏子春秋》：齐大旱，景公欲祀灵山者也。

大岘山，县东。南北有五里。道径危恶，一名破车岘。宋武帝伐南燕道经此。穆陵关在其上。○逢山，在县西二十五里，其山峭绝，惟一径可通，有泉出岩窦，甘洁异常，相传殷诸侯逢伯陵国也，今山麓有逢伯陵祠。郭缘生云：山在广固南三十里，洋水历其险而东北流，世谓之石匮水也。又山有石鼓，齐地将乱，则鼓自鸣，声闻数十里，隋时逢山县以此名。宋季，民避兵于此者多获济。《志》云：县西南七十里又有仰天山，山有黑龙渊及白云、罗汉二洞，极幽胜。

胸山，县东南二里。一名覆釜山，胸水出焉，县以此名。又委粟山，在县东北三里，孤阜秀立，形如委粟，因名。弥水经其东麓。

弥水，县东南一里。源出沂山，一名巨蔑水，一名巨洋水。径朱虚故县西，又北径县东，沿流上下，皆刘裕伐广固时营垒旧址也。《晋书》：义熙五年，慕容超闻刘裕兵入岘，使公孙五楼率骑进据巨蔑水，为裕前锋孟龙符所败。又名巨洋水，北径委粟山东，入益都县界。○石沟水，在县西，源出逢山之阴，东北流二十馀里，至委粟山北，又东北入弥水，曰石沟口，亦谓之洋水，或谓之龙泉水。郭缘生曰：石沟水下流，涸溢有时。亦谓之龙水。晋太元十九年，后燕慕容农败晋青州刺史辟闾浑于龙水，遂入临淄是也。

汶水，县东南六十里。源出东泰山。伏琛《齐记》：汶水出郚山，或谓之峿山，东北流入安丘县界，下流合潍水入海。此汶水别源，非浮汶达济之汶水也。郚山，今见安丘县。○沭水，在县南，源出沂山东麓。又沂水，亦出沂山西麓，分流并导，俱入沂水县境。《志》云：县东南又有左、右岘水，出大岘山，下流注于沭水。

西丹河，在县北。源出丹山，流入昌乐县界，与东丹河合。又白狼水，亦出丹山，北流与昌乐县之白狼河合。○熏冶泉，在县西南二十五里。《水经注》：古冶官所在，因取名焉，东北流入于巨洋水。

穆陵关，在大岘山上，所谓齐南天险也，自昔为必争之地，今有穆陵关巡司戍守。详见前重险穆陵。

南邓村。在县西南。北周主邕追齐主高纬至青州，纬南走，至南邓村,为周将尉迟迥所擒是也。又火星埠,或云亦在县西南。元至正二十二年,扩廓围田丰于益都,刘福通自安丰引军赴援,至火星埠,扩廓遣将关侃邀击败之,即此。

〇安丘县,府东南百六十里。东南至诸城县百二十里。古莒国之渠丘地,汉置安丘县,属北海郡。后汉曰安平县,属北海国。三国魏属平昌郡。晋仍曰安丘县,属东筦郡,惠帝复置平昌郡于此。刘宋因之。后魏仍属平昌郡,后齐郡县俱废。隋开皇十六年,改置牟山县,属密州。大业初,复改曰安丘,唐仍属密州,乾元初,改曰辅唐县。五代梁开平二年,复曰安丘,唐又为辅唐县。石晋天福七年,改曰胶西,避嫌名也。宋开宝四年,复曰安丘县,仍属密州。明初,改今属。土城周三里有奇,编户百七十四里。

安丘故城,在县东北。汉县治此。《志》云:汉安丘有二县,一属北海,即此安丘也。一属琅邪,在今县东南,高祖封功臣张说为侯邑,成帝时,封高密顷王子当为安丘侯。后汉建武五年,张步降,亦封为安丘侯。寻省琅邪之安丘,而北海之安丘如故。高齐以后,城邑屡经变徙,两安丘遂不可考。

昌安城,在县西南十里。《通典》:安丘外城也。汉置昌安县,属高密国。后汉属北海国,明帝封邓袭为昌安侯,邑于此。晋属城阳郡,刘宋复置高密郡,后魏属平昌郡。后齐以安丘县省入昌安,隋复置安丘县,以昌安省入。刘昫曰:唐乾元二年,刺史殷仲卿请移安丘县于故昌安城,改为辅唐县。天复三年,淮南将王茂章救王师范于青州,引还。朱全忠遣将杨师厚追及之于辅唐,败其后军是也。宋复移于今治。〇牟山城,在县西南十三里,《志》云:旧有牟乡城,为昌安县地,隋析置牟山县于此。大业二年,改曰安丘。明年,移治平昌城。唐又移于昌安故城云。

平昌城,县西南六十里。汉县,属琅邪郡。文帝封齐悼惠王子卬为平昌侯，后改封胶西王，是也。后汉属北海国。三国魏置平昌郡于此。晋郡废，县属城阳郡。惠帝复置郡，以县属焉。刘宋因之。元嘉八年，青州刺史萧思话镇东阳，闻魏军将至，弃镇奔平昌，即此。后魏仍属平昌郡，后改属高密郡。后齐废入安丘县。隋大业三年，移置安丘县于此。《水经注》：平昌城东南角有台，世谓之龙台城，荆水经其下，亦谓之龙台水。

淳于城，县东北三十里。古淳于国也。郦道元曰：本夏时斟灌国，周武王以封淳于公，遂号淳于。《春秋》：桓六年，州公如曹，传曰：淳于公如曹，度其国危，遂不复。州，盖国名也。后为杞人所有，亦谓之杞城。襄二十九年，晋人城杞之淳于是也。汉因置淳于县，属北海郡。后汉初省。永元九年，复置，属北海国。建安十六年，曹操东击海贼管丞，至淳于，丞走入海岛。晋改属城阳郡，刘宋改属高密郡。后魏属平昌郡，后齐废入高密县。

郚城，县西南六十里。春秋时，纪之郚邑。杜预曰：朱虚县东南有郚城。汉置梧城县，属琅邪郡。后汉废。后魏时，于故郚城置平昌郡。北齐郡废，改置琅邪县。隋初因之，属密州。大业初，改为郚城县。隋末废。《志》云：郚城盖在崥山下。又骈城，与郚城相近。《志》云：汉武封菑川靖王子成为骈侯，即此。

岞山，县东北四十里。其形岞然高耸，金人置寨于此。宋建炎三年，张邵使金，至潍州，与金将挞览抗礼，金人执邵送密州，囚于岞山砦。又峡山，在县东四十里，以两山夹峙而名。

郚山，县西南六十里。四面险绝，其上宽平约数百里，有古城遗址，即崥城也。中有池，伏琛以为汶水所出。又淇山，亦在县西南六十里，旁有淇河。○金鞍山，在县西南七十里，形肖鞍鞯。其相接者有太平、凤凰两山。

牟山，县西南十五里。山北有故城，即牟乡城也，隋因置牟山县。

其相联络者有洪陀山，山多巨石，巑岏高耸。又峰山，在县西南三十里，三峰高峙，又有土山相连。○望高山，在县西北二十里，山形突兀，远视高耸。《志》云：县西南八十里有长城岭，以长城故址而名。

汶水，县北三里。《志》云：汶水出沂山百丈崖，循山东麓北流，经郡山，又北径县东北，至淳于故城西，又东北合于潍水。《齐乘》曰：齐有三汶，入济之汶见《禹贡》，入潍之汶见《汉书》，入沂之汶见《水经》，此则入潍之汶也。

潍水，县东五十里。源出莒州箕屋山，东北达诸城县界，又东北径高密县北入县境，又东北径淳于故城东，又东北合于汶水。复东北流径潍县、昌邑界，东北入海。《禹贡》：潍、淄其道。《周·职方》：其浸卢、潍。《左传》：襄十八年，晋侯伐齐，东侵及潍，南及沂。汉初，韩信伐齐，破楚将龙且于潍水。隋大业九年，齐郡丞张须陀击群贼于潍水上，败之。俗亦呼为淮水，传讹也。《汉志》：潍水过郡三，谓城阳、琅邪、北海也，行五百三十里入海，为青州浸。○浯水，在县东四十里。《说文》：浯水出琅邪灵门壶山，盖自莒州北流入县界，又东北注于潍水。

荆水，在县南。源出县西南七十里荆山中，东北流经平昌故城东，又东北注于潍水。《三齐略记》：桓公堰浯水南入荆水，灌田数万顷。今尚有馀堰及稻田遗畛存焉。又淇水，出淇山，亦流入于荆水。

雹泉，县南四十里。自石罅中涌出，绵绵不绝，东流入潍水。又沸泉在县西四十里，泉出如沸，东流合城西之灵河，又东亦入于潍水。又县西七十里有温泉，以四时皆温而名。

渠丘亭，县西南十里。春秋时，莒子朱居渠丘。《左传》：成八年，晋侯使申公巫臣如吴，假道于莒，与渠丘公立于池上。九年，楚子重自陈伐莒，围渠丘，渠丘城恶，众溃，奔莒，莒城亦恶，楚围莒，莒溃，楚遂入郓。郓，亦莒别邑，所谓浃辰之间，楚克其三都者也。杜预曰：渠丘，邑名，亦谓之蓬里。

防亭。在县西南。杜预曰：平昌西南有防亭，莒邑也。《左传》：昭五年莒牟夷以牟娄及防、兹来奔，此即防邑云。

○**诸城县**，府东南二百八十里。东北至莱州府三百里，东至莱州府胶州百八十里。春秋时鲁诸邑，汉置东武县，属琅邪郡，高帝封功臣郭蒙为侯邑。后汉属琅邪国，晋属城阳国，刘宋属平昌郡。后魏属高密郡，永安二年，置胶州，治东武县，亦为高密郡治。隋开皇初，郡废，五年，改胶州为密州。八年，又改县为诸城县。大业初，又改州为高密郡，县仍为郡治。唐初，复为密州治。天宝初，亦曰高密郡，乾元初复故。宋因之，亦曰安化军。金元时，皆为密州治。明初省密州，县改今属。县旧为南北二土城，洪武四年修葺，合为一，周九里。编户百八十里。

古诸城，县西南三十里。《志》云：在石屋山东北，潍水之南。《春秋》：庄二十九年，城诸及防。文十二年，季孙行父城诸及郓。汉置诸县，属琅邪郡。晋属城阳国，刘宋属东莞郡，后魏因之。北齐省县入东武，隋改东武为诸城。《城邑考》：今县有南北二城。南城，汉所筑东武县城也，有四门，即秦琅邪，郡治，汉亦为琅邪郡附郭县也。《水经注》潍水过东武县故城西北，是也。北城，后魏永安二年，分东武为胶州所筑，但有东西二门，撤东武北垣而合之。隋于旧北门之址，更券一门，谓之双门。旧《经》东武，因冈为城，周三十里。防城，见费县。

姑幕城，县西四十里。《通典》古蒲姑氏国，汉置姑幕县，属琅邪郡。武帝封郝炎为众利侯，食邑于姑幕，是也。后汉初，莒人逢安等起兵从樊崇攻莒，不下，转掠至姑幕，遂入青州。晋仍为姑幕县，属城阳郡。后魏永安二年，置东武郡于此，后齐郡县俱省。《寰宇记》：莒州东北百六十里有姑幕故城，在密州境内，盖与莒州接界。又昆山城，在县西南六十里昆山西，汉琅邪郡属县也，元帝封城阳荒王子光为侯邑。后汉省。

又县西南七十里有析泉废县,亦汉琅邪属县,元帝封城阳荒王子根为侯邑。《志》云:析泉即涓水也,出县北,东北流经县东入潍。后汉县省。

横城,县东南四十里。汉置横县,属琅邪郡,后汉废。《志》云:城在卢山北,卢水绕其下。又昌城,在县东北二十五里,亦汉琅邪属县也。武帝封城阳顷王子差为昌侯,后汉废。《水经注》:卢水西北流径昌县故城西。○梁乡城,在县东南百二十里。后魏永安中置,属东武郡,后废。《魏收志》:梁乡有琅邪台,兴和中立临海郡,寻废。

琅邪城,县东南百四十里。齐琅邪邑也,越王勾践尝徙都此。南北二面城址犹存,东西二面已成巨壑,相传秦琅邪郡治此。《舆地广记》:汉琅邪县属琅邪郡,在诸城东境。晋省。刘宋复置,属平昌郡。后魏因之,后齐废。隋开皇十六年,改置丰泉县。大业初,复曰琅邪县,属高密郡。唐初废。《地记》:琅邪城地逼窄,非可以建都。郦道元曰:琅邪台在城东南十里,今夏河城在台西北正十里,或是越王都云。又县南七十里有长城,即战国时齐所筑。《括地志》所云起自郓州平阴,至密州琅邪台入海者。《志》云:古长城起自平阴,连亘泰、蒙、莱芜,跨安丘至县境,又迤逦至胶州大珠山东入海。南去琅邪台六十里,初为齐、越分界,后齐、楚分界处也。今故迹依约犹存。○梁乡城,在县东南百二十里。后魏永安中,分琅邪县置,属东武郡,后废。魏收《志》:梁乡有琅邪台,兴和中立临海郡,寻废。

扶淇城,在县西北。后魏永安中置,属东武郡,寻废。《水经注》:扶淇水出常山,东北流注潍水,县以水名也。又娄乡城,在县东北。《春秋》:隐四年,莒伐杞取牟娄。又昭五年,莒牟夷以牟娄及防、兹来奔。杜预曰:牟娄,杞邑,城阳诸县东北有娄乡。《水经注》:涓水东北流径娄乡城,东入潍。又兹亭,在废姑幕县东北。汉置兹乡县,属琅邪郡。后汉省。

琅邪山，县东南百四十里。详见前名山。○卢山，县东南四十五里，以秦博士卢敖隐处而名，其北即废横县也。卢水源于此，岩壑颇胜。

常山，县西南三十里。苏轼云：山不甚高大，而下临城中，雉堞楼观，仿佛可数。上有雩泉，流为扶淇水。宋熙宁八年，苏轼守密州，祷雨于此而应，因名。○障日山，在县东三十里。《水经注》：潍水又东南径障日，岭势高峻，隔绝阳曦，因名。苏轼称为小蛾眉，密水源焉。

九仙山，县西南七十里。高耸摩空，峰峦十有一，磐石十有八。苏轼以为奇秀不减于雁荡。金时，土贼尝据九仙山为巢穴。今山西北兀子山，南有大路，东出信阳场，西走沂、莒，为奸徒亡命出入之处。有黄草关，亦邑之要害也。○马耳山，在县西南六十里，双峰耸削，形如马耳。《水经注》：马耳山高百丈，上有二石并举，涓水出其阴，北流入潍水，或谓之分流山。

五弩山，县东南八十里。百尺水出其西麓，有五峰相望，如雉堞然。近《志》：县南有五垛山，即五弩之言也。旧《志》云：山在黔陬废县南，盖与高密县及胶州接界。

潍水，县北五里。自莒州流入界。《水经注》：潍水东北径诸县故城西，又东北径县南城西，又东北径高密县西是也。《左传》：晋师伐齐，东侵及潍。盖在县界云。

卢水，县东北三十里。源出卢山，北流经县东北二十五里，入于潍水。一名台水。台，读怡。按《汉志》：琅邪横县故山，久召水所出，东至东武入潍。《水经注》：久召水出故山，山在东武县东南，世谓之卢水。又密水，在县东，有二源，西源出障日山，东北流。东源出五弩山，西北流，同泻一壑，谓之百尺水，径高密县入于潍。○纪里河，在县东南。《志》云：源出县东南之竹山，与密水合流，入高密县界，注于潍水。一名合河。西涯有台方三里，相传太公钓处，亦名为棘津。又柳林河，出县南六十里石门山，西北流合扶淇水，又东北注于潍水。

海口，县东南百三十里。《唐志》：元和十一年，密州大风雨，海溢毁城郭。《志》云：海口在信阳场南一里，南北往来客商泊舟于此。又琅邪山东南五里海中有斋堂岛，其上平地可千馀亩，多土少石，甚肥饶，产紫竹、黄精、海枣。元时海运漕舟经泊处也。又信阳场东南一里海中有沐官岛，多石不可耕。

景定镇，县北七十里，为县及安丘、高密三县之界，居民四五千家，流寓杂处，筑土城为卫。万历七年，设莱州府通判驻于此，今革。○龙湾镇，在县东南百三十五里，明初置南龙湾海口巡司。又县南百二十里为信阳镇，有寨城，明初亦置巡司于此。又县东南百十里有龙潭寨，又东南十里有萧家寨，明初俱筑土城，置百户所戍守，属胶州灵山卫。其相近者，又有崔家民寨，《志》云：县境旧有东关、桃林、药沟等驿，俱革。

假密亭。在县东北。《史记》：曹参从韩信击楚将龙且于上假密，破之，即此。一云在高密县境。

○蒙阴县，府西南三百五十里。东至莒州六十里，南至沂州费县百二十里。春秋时，鲁附庸颛臾国地。汉置蒙阴县，属泰山郡。后汉省。晋复置，属琅邪国。后魏废。东魏复置。高齐省入新泰县。元中统二年，以其地置新寨镇，皇庆二年，复改置蒙阴县，属莒州。明初，改今属。石城周二里有奇，编户五十里。

蒙阴故城，在县西。《春秋》：哀十七年，公会齐侯盟于蒙。杜预曰：故蒙阴城是也。汉置县盖治此。又县东十里有古城，在绵山社，其地有绵山，产木绵。其城周二里，旧址犹存。相传战国时所筑，或以为东筦故城。

蒙山，县南四十里。其阳即费县也，今详见费县。又县南八里有蒙阴山，今曰仙洞山。

长山，县东三十里。其山或起或伏，南北连延凡数十里。○具山，在县东北十五里。又县西北三十五里有敖山。《左传》：申繻曰，先君献、武废二山。谓具山、敖山也。又《国语》：范献子聘于鲁，问具山、敖山，鲁人以其乡对。即此。今误曰鳌山，亦见前新泰县。又云云山，《志》云：在县东北三十里，即古帝王封禅处。晋灼曰：山在蒙阴故城东北，下有云云亭。或以为在梁父山之东。《图说》：梁父山在县北三十里。

浮来山，县西北三十里。《春秋》：隐八年，公及莒人盟于浮来。杜预曰：浮来，杞邑。东莞县北有邳乡，乡西有公来山，号曰邳来间。《水经》：沂水东经浮来之山，浮来水注之。《志》以为在莒州，误。○艾山，在县西北百二十里，与沂水县接界。《春秋》：隐六年，公会齐侯盟于艾。《水经》以为沂水出于此山也。

沂水，在县东。自沂水县流入境，又南入兖州府沂州界。又县北有蒙水，源出蒙山之阴，东北会于沂水。○蒙阴水，源出蒙阴山，亦东北流入于沂水。又桑泉，出县西南五女山，纳堂阜诸水经县南合蒙阴水。

萧马庄河，在县西。《志》云：河北流二十里，入莱芜县界合淄水。又县东门外有东关河，下流入新泰县之汶水。又县东北七十里有龙泉，又有顺德等泉。《志》云：县有泉五，其二入汶，其三入沂。

紫金关，县东南四十里，元置巡司于此，万历中革。○夷吾亭，在县西北三十里，其地有堂阜。《左传》：庄九年，齐鲍叔牙受管仲之囚，及堂阜而税之，即此。后人因以夷吾名亭。

黑龙寨。在县东。其旁有杨家寨，又东南有筲箕寨，傅家寨，西南有搜虎寨、西北有青崖寨，北有五子寨、树枝砦，东北有匙尾寨、磨崮寨、太平顶寨、卢崮寨、大崮寨、板崮寨，皆昔时凭险拒守处。

附见：

青州左卫。在府城内。洪武初建益都卫，寻改青州左卫。今亦置青州卫。○诸城守御千户所，在县西南隅，洪武四年建。

○莒州，府南三百里。东北至莱州府胶州二百八十里，西南至兖州府沂州二百七十里，南至江南海州四百七十二里。

春秋时莒子国，后灭于楚，战国属齐。秦属琅邪郡，汉初为齐国地，文帝置城阳国，后汉属琅邪国。三国魏置城阳郡，晋因之。刘宋改置东莞郡，后魏因之。后齐郡废，寻置义唐郡。隋开皇初郡废，改属莒州。大业初，州废，属琅邪郡。唐武德五年，仍属莒州。贞观八年，州废属密州。宋因之。金置城阳军，寻升为州，又改曰莒州。元仍旧。明初，以州治莒县省入，编户二百有八里。改属青州府，领县二。今仍曰莒州。

州东连海渚，南控泗、沂，扼淮北之要冲，为青、齐之屏障。南北相持，州亦必备之险也。

废莒县，今州治。古莒国，周武王封少昊后嬴兹舆于此。《左传》：成九年，楚子重自陈伐莒，莒溃。《史记》：楚简王元年，北伐灭莒。是也。后属齐。战国时，乐毅破齐，莒城不下。亦曰城阳。《战国策》：燕袭齐墟，王走城阳山中。又楚考烈王八年，迁鲁于莒而取其地。汉二年，田荣为项羽所败灭，荣弟横收散卒，复起城阳。四年，韩信破齐，齐相田光走城阳。既而韩信追获齐王广于此。后置莒县，为城阳国治。文帝封朱虚侯章为城阳王，即此。王莽末，赤眉樊崇、谢禄等，将兵十余万围莒，数月不能下。后汉建武五年，耿弇引兵至城阳，降五校余党。寻废城阳国，县改属琅邪国。建安二年，泰山贼帅臧霸袭破琅邪相萧建于莒。三年，曹操析置城阳郡。晋仍为郡治，刘宋为东莞郡，治后魏属东莞郡。刘宋、后魏仍之。隋属莒州。大业初，属琅邪郡。唐初属莒州，后属密州。宋因之。金复为州治，元因之。明初省。《地志》：春秋时莒有三：一为齐东境之莒邑。《左传》：昭三年，齐侯田于莒，十年，陈桓子尽致诸公而请老于莒，是也。一为周境内邑，昭二十六年，阴忌奔莒以叛，是也。一为鲁之莒父邑，定十四年，城莒父及霄，又子夏为莒父宰是也。楚考烈王八年，迁鲁于莒，而取其地，是也。惟此为古莒国之莒。旧城有三重，皆崇峻，子城方十二里，内城周二十里，外郭周四十里。昔齐无知之难，小白奔莒。其后齐杞梁，华植袭莒，战死，及乐毅攻齐，莒竟克全，盖守险难犯也。元至元中，参政马睦火者镇莒，以城大难守，截东北隅为今城，周五里有奇，门三，西面无门。

椑城，州南七十二里。《寰宇记》以为即春秋时故向城。汉置椑县，属琅邪郡。椑音裨。后汉废。《汉志》注：椑县有夜头水，南至海，或以为向水也。又高乡城，在州东南七十里，汉宣帝封城阳惠王子休为高乡侯是也。后汉省。其地又有曹公城，《志》云：曹操攻陶谦，拔五城，略地东海，筑此戍守。《元和志》：曹公城在县南七十二里。《齐乘》：在州南二十里。今谓之五花营。

灵门城，州北百二十里。汉县，属琅邪郡，后汉省。《寰宇记》：在沂水县西北百里。今名石埠城。又箕城，在州西北百里箕屋山下。汉箕县，属琅邪郡，宣帝封城阳荒王子文为侯邑。亦后汉废。○虑城，在州西南。汉虑县，属城阳国，武帝封城阳共王弟豬为侯邑。又州南有高广城，亦汉县，属琅邪郡，宣帝封城阳荒王子勋为侯邑。俱后汉废。

焦原山，州南四十里。尸子曰：莒有焦原、广寻，长五百步，临百仞之溪，国人莫敢近者，莒勇士登焉。《庄子》：伯昏瞀人射临百仞之渊是也。《汉志》谓之峥嵘谷，俗名青泥衔，以两峡壁立如衔也。旁有定林山。又屋楼山，在州东二十里，以重叠耸秀而名。

高枭山，州北百三十里。《汉书》：灵门有高枭山、壶山，浯水所出，东北入淮。淮盖潍之讹也。枭，古柘字。今俗呼为高望山。《志》云：

高枭山西四十里有壶山,一名巨平山,浯水出此,亦曰浯山,一名台头。又箕屋山,在州西北九十里,潍水出焉,亦曰潍山。

潍水,在县东北。源出箕屋山,东流入诸城县界。○浯水,在县北,《志》云:源出高枭山之阳,东北流入安丘县。今莒州、安丘之间,地名王护,即浯水所经也。

沭水,州东三里。自沂水县流入界,又西南入沂州界。《志》云:浔水出州南六十里马鬐山,《水经》谓之巨公山,西南流入沭水,旧堨以溉田,东西二十里,南北十五里。又有葛陂水,出日照县三柱山,西南流,径故辟阳城南,积而为陂,谓之辟阳湖。又西南流,入于沭水。今皆湮涸。○孝源泉,在州北百里,以唐孝子孙既庐墓得泉而名。虽大旱,水尝不涸。

葛沟店。州西南百二十里,有巡司戍守。又州南百里有十字路巡司,有十字路城。○蘧里,在州北。杜预曰:莒县有蘧里。今详见安丘之渠丘亭。又鼓里,在故莒城内,《战国策》:淖齿杀齐潜王于鼓里是也。

○沂水县,州西北九十里。西南至沂州百六十里。春秋时,为鲁郓邑地。汉置东莞县,属琅邪郡。后汉属琅邪国。三国魏于此置东莞郡,晋因之。刘宋改属东筦郡,后又兼置东徐州。后魏改为南青州,又分置东安郡。后齐改郡曰东安,后周又改州曰莒州。隋开皇初,郡废,而改县曰东安。十六年,又改曰沂水。大业初,州废,县属琅邪郡。唐武德五年,置莒州于此。贞观八年,州废,县属沂州。宋因之。今属莒州。今县有石城,周二里有奇,编户百四十三里。

东莞故城,在县治西北。汉县治此,武帝封城阳共王弟吉为侯邑。曹魏黄初中,置东莞郡。梁普通五年,彭宝孙拔魏东莞,是也。《水经注》:沂水自盖县,又东径浮来山,又东南径东莞故城西。魏文帝立为东莞郡。《东燕录》谓之团城,魏南青州治。城北有郓亭。京相璠曰:姑幕县南四十里员亭，故鲁郓邑，今在团城东北四十里。又县南三十里有东安城，汉县，属城阳国，宣帝封鲁孝王子强为侯邑。后汉改属琅邪国。三国魏置东安郡于此，郡寻废。晋仍属琅邪国，后废入盖县。

郓城，县东北四十里。即古郓邑。阚骃《十三州记》：鲁有两郓，西郓在东平，昭公所居，东郓即此城也，为莒国所争之邑。文十二年，季孙行父帅师城诸及郓，后入于莒。成九年，楚子重伐莒，入郓。襄十二年，莒围台，季武子帅师救台，遂入郓。昭元年，季武子伐莒取郓。杜预曰：城阳姑幕县南有员亭即郓也。刘昭曰：东筦有郓婷。《后汉志》：南燕置团城镇于此，以其城正员也。亦曰圆亭。刘裕北伐广固，登之以望大岘。《水经注》：东筦郡治团城。宋泰始三年，以辅国将军张谠为东徐州刺史，守团城，魏攻取之，亦置东徐州，以成固公为刺史，戍团城，南袭朐山。或讹为圌城，声相近也。后魏太和十二年，改东徐州为南青州，仍治团城。梁天监五年，冀州刺史桓和击魏，袭南青州不克，即团城也。周、齐间城废。盖郓与团城相去四十里，或并为一，误矣。台，见前费县。朐山，见南直海州。

盖城，县西北七十里。齐邑也。陈仲子兄戴盖禄万钟，又王驩为盖大夫，即此。汉置盖县，属泰山郡，景帝封后兄王信为侯邑。后汉亦曰盖县。晋改属东莞郡，惠帝时，析置东安郡治此，刘宋及后魏因之。后齐改东筦郡东安，而故东安郡及盖县俱废。隋开皇十六年，复置东安县于此，仍属莒州，大业末废。

阳都城，在县南。古阳国，齐利其地而迁之。《春秋》：闵二年，齐人迁阳是也。汉置阳都县，属城阳国。高帝时封功臣丁复为侯邑，又宣帝封张彭祖为阳都侯。后汉改琅邪国，明帝征东平王苍会阳都是也。晋仍属琅邪国，《十六国春秋》：石虎好猎，自灵昌津南至荥阳，东极阳都为猎场。又永和九年，段龛据青州，置徐州于阳都，以王腾为刺史。

十二年，燕慕容恪围广固，腾降于燕，徐州刺史荀羡救兔，攻阳都克之。《水经注》：沂水又东径阳都故城，城盖晋末废。又古长城，在县北百里。

沂山，县北百十里。山之阴，即临朐县也。今详见名山。○大岘山，在县东北百二十里。杜佑曰：县北有大岘，为齐地南面险固处，与临朐县接界，上有穆陵关。今详见重险穆陵。

雕崖山，县西北百七十里。岩壑耸秀，如雕琢然，连络蒙阴县界。《志》云：山即沂山西峰也，沂水盖出于此。又西北接大弁山，山顶平夷，周八九十里，俗称太平崮。《水经注》：大弁山与小泰山连麓而异名。杜佑曰：县北有穆陵山。《志》云：山在县北百九十里。又北里许为螳螂山，其相连者，曰大小二鲁山，山之前，平野弥望，清流萦带，其南面有穴若门，直入二十里，可容方驾云。

雹山，县西北五十里。山有二峰，双峦齐秀，圆崿若一，出紫石英，映彻如雹，因名。今曰大崮山。又县西南三十里有双崮山，亦以双峰并崿而名。

沂水，县西一里。源出沂山，南流经雹山西麓，与蒙阴县接界。又东南流经此，又南经故东安城东，而入沂州界。县境诸水，悉流入焉。《水经注》：沂水经东安故城，南合时密水，水出县西时密山。春秋时莒地，《左传》：莒人归共仲于鲁，及密而死，即此。

沭水，县北五十里。源亦出沂山。《水经注》以为出大弁山也，东南流入莒州境。○上泉，源出县西南四十里望仙山。又芙蓉泉，出县西北七十里闵公山，与县东南六十里之铜井县，县西南三十里之大水泉，俱南流入沂水。《志》云：县境之泉凡十，皆入于沂。

牟乡，在县东南。刘昭曰：阳都县东有牟台。《春秋》：宣九年，取根牟。根牟，盖东夷国也。又昭八年，蒐于红，自根牟至于商、卫，革车千乘。根牟，即牟乡矣。

垛庄驿。在县西南北五十里垛庄集。近年置驿于此，南去沂州信公店七十里。今从沂州青驼寺竟走蒙阴道百十里，不经垛庄矣。

○日照县，州东南百五十里。南至南直赣榆县百六十里，北至诸城县百七十里。汉为海曲县地，置盐官于此，名曰日照。魏、晋以后，俱为莒县地。金始置日照县，属莒州。今编户八十三里。

海曲城，县西十里。汉置西海县，属琅邪郡，或以为海曲也。王莽末，琅邪吕母起兵攻海曲，有众数万，为赤眉之始。后汉仍属琅邪郡，晋废。或以为即故日照镇。又《博物记》：太公望出于此。今有东吕乡。又有棘津，即太公垂钓处，故浦犹存。

丝山，县东北二十里。山形陡绝，悬溜侵崖，如丝缕然，丝水源于此。又三柱山，在县北二十里，葛陵水出焉。又县东南二十里有孤奎山，亦曰圭山。

海，县东二十里，接胶州及南直海州界。有涛雒盐场。

丝水，在县南二十里。一名大儿庄河。源出丝山，流绕孤奎山下，合于寨河。《志》云：寨河，在县南五十里，源出县西北八十里驮儿山，一名付疃河，流合丝水，入于海。又竹子河，亦在县南五十里，源出县西南五十里之矮岐山，下流亦注于海。

夹仓镇。县南二十五里。有石城，置巡司于此。《志》云：县西七十里有刘三公庄，萧梁时刘勰所居，旧置巡司于此。洪武三年，移于夹仓镇。又县南付疃河上有付疃马驿，县北二十五里白石山下有白石山驿，今皆革。

附见：

安东卫，在日照县南九十里。南去南直海州七十里。卫城周五里。弘治三年置，初领五千户所，寻调左所于天津，右所于徐州，止领中、前、后三所。东接胶州灵山卫界，为滨海戍守处。今亦置安东卫。

　　石臼寨备御后千户所。在日照县东南，所城周三里有奇。又东南有塘头寨备御百户所，土城周三里。俱嘉靖中置，属安东卫。

读史方舆纪要卷三十六

山东七 莱州府 登州府

○莱州府，东北至登州府二百四十里，东南至海二百五十里，西南至青州府莒州四百五十里，西至青州府三百十六里，北至海九十里。自府治至布政司六百四十里，至京师千四百里。

《禹贡》青州地，春秋时莱子国，《禹贡》：莱夷作牧。《春秋》：时齐侯伐莱子于郳。或曰郳即今郡治，在齐之东，故曰东莱。战国属齐，秦属齐郡。汉曰东莱郡，后汉因之。晋为东莱国。宋复曰东莱郡，后魏因之，兼置光州。隋郡废，开皇五年，改光州曰莱州。大业初，曰东莱郡。唐复曰莱州，天宝初，亦曰东莱郡。乾元初，复故。宋仍曰莱州，亦曰东莱郡。金因之。亦曰定海军。元亦为莱州，属益都路，寻属般阳路。明洪武九年，升为莱州府，领州二、县五。今仍旧。

府内屏青、齐，外控辽、碣，藉梯航之便，为震叠之资，足以威行海外。岂惟岛屿之险，足以自固乎哉？《唐史》：贞观十五年，太宗言：高丽本四郡之地，吾发卒数万攻辽东，彼必倾国救之。别遣舟师出东莱，自海道趋平壤，水陆合击，取之不难也。

○掖县，附郭。战国时齐夜邑，襄王益封田单于夜邑万户。鲁仲连谓田单,将军有夜邑之奉,是也。汉置掖县,东莱郡治焉。后汉移郡治黄县,又封欧阳歙为夜侯,即掖也。晋复为郡治,刘宋又移郡治曲城县。后魏以后,州郡皆治此。今城周九里有奇,编户八十二里。

曲成废县,府东北六十里。汉县,属东莱郡,高帝封功臣蛊达为侯邑。又武帝封中山靖王子万载为曲成侯。后汉又封刘建为侯邑,仍属东莱郡。晋曰曲城县,刘宋为郡治。后魏曰西曲城县,分东境置东曲城县,并属东莱郡。北齐省。隋末,复置曲城县。唐武德六年,废入掖县。今郡城周九里有奇。

当利城,在府西南三十六里。汉县,属东莱郡。《志》云:武帝封栾大为当利将军,以卫长公主妻之,更命其邑曰当利,后汉及晋、宋皆因之。后魏改属长广郡,北齐废入掖县。隋末,复置。唐武德六年废。

阳乐城,在县北。汉县,属东莱郡,后汉废。《志》云:县北二十里有临朐故城,此东莱郡之临朐也。又县南有阳石废县,亦汉置,属东莱郡,俱后汉废。○曲台城,在府东南。唐武德四年,置曲台县,属莱州,六年废。又府东北二十里滨海有沙丘废城,相传商纣所筑,似误。

福山,府西北五里。俗名斧山,峰岭高峻,北临沧海。其并峙者曰禄山。○大基山,在府东十里,上有道士谷,巇崿苍翠,泉流潺湲。又东五里为神仙洞,其相连者有洞凡七,俱幽胜。

高望山,府南十五里,峰峦秀特,可以望远。又南五里为天柱山,一名南山。又寒同山,在府东南三十五里,一名神山,掖水出于此。○三山岛,在府北五十里,海之南岸。《史记·封禅书》:八祀,四曰阴主,祠三山。《唐史》:贞观二十二年,将伐高丽,诏剑南大治船舰,储粮械于三山浦及乌岛。乌岛或曰即登州之乌湖岛。又蜉蝣岛,在府西北百里,海中遥望,若蜉蝣然。

万里沙,府东北三十里。夹万岁水,两岸皆沙,长三百里。《史记·封禅书》：天子既出无名，乃祷万里沙。《汉书·郊祀志》：武帝元封元年，旱祷万里沙。是也。

海，在海西北二十里。道出辽东、朝鲜。《通典》：郡北至海五十里，西至海二十九里，西北至海二十一里，东南至海二百五十里。今自府西北环昌邑、潍县界，东南环胶州即墨县界，皆大海也。

掖水，在府东南十五里。源出寒同山，西北流经城南，又西北注于海。○万岁河，在府东北三十里，其两岸即万里沙也。秦始皇、汉武帝皆尝祷此。《三齐记》：水北有万岁亭，汉武所筑。

小沽河，出府东南三十里马鞍山，东南流经平度州与大沽河合。经胶州即墨县界入于海。《左传》：昭二十年，齐晏子曰，聊、摄以东，姑、尤以西，其为人也多矣。杜预曰：姑即大沽河，尤即小沽河也。○五龙泉，府西三里，潴而为池，凡半亩许，民获灌溉之利。又城东有青龙泉，与濠水相接。

过乡，在府北。《后汉·郡国志》掖县有过乡，故过国，寒浞封其子浇于此。《春秋》哀元年传，寒浞处浇于过，处豷于戈。杜预曰：过即掖县过乡，戈在宋、郑间。○燕台，在府东北二里。《志》云：南燕慕容德以掖城为青州治，因置此台。

海仓口镇，府西北九十里。即胶河入海之口，为滨海要地，有巡司戍守。又柴葫寨，在府北五十里，亦有巡司。○朱桥驿，在府东北七十里。又南关有城南驿。又沙河店，在府南三十里。旧置城南、沙河店、朱桥店三递运所，万历中，与驿俱革。

淳化镇，在县北。《金志》博兴有纯化、博昌二镇。新《县志》作纯化镇，在县北四十里。又博昌镇，在县北九十里，近利津、乐安界。《郡志》又有柳树镇，在县南二十里，系盐徒要路。又陈虎店镇在县西二十五里，黄店村在县北百里，皆系盐贼之区。

刘官庄店。在县东四十里，近乐安县界，接近冲繁也。

附见：

莱州卫，在府治东南。洪武三年置，领左、右、中、前、后五千户等所。

王徐寨备御前千户所。府东北八十里。明初，置百户所，有城周三里。嘉靖中，改为千户所。○马埠寨备御百户，所在府西二十五里，城周二里。又灶河寨备御百户所，在府北五十里，所城周二里有奇。又东北百六十里有马停寨备御百户，所城不及一里。俱属莱州卫。

○平度州，府南百里。南至胶州百二十里，西南至青州府莒州三百四十里。

春秋时齐地，汉属东莱郡，后汉属北海国，晋属济南郡，刘宋属北海郡，后魏因之。隋属莱州。唐、宋仍旧。元末，改属登州。明洪武九年，改属莱州府。二十一年，始置平度州。编户百三十六里。领县二。今因之。

州西亘潍河，北枕勃海，山川襟带，屏蔽东陲。

胶水废县，今州治。本汉之平度县地，后汉改置胶东县，属北海国。晋、宋、后魏皆曰胶东县，后齐改置长广县，属长广郡。隋改属莱州，仁寿初，改曰胶水县。唐、宋及元因之。洪武中，置平度州，以县省入。州土城，周九里有奇，门三，北面无门。

平度故城，州西北六十里。汉县治此，属东莱郡。武帝封菑川懿王子行为侯邑，后汉并入胶东县。○卢乡城，在州西北五十里，汉县，属东莱郡。晋、宋及后魏因之，北齐省入胶东县。隋复置，属莱州。唐贞观初，县废。《新唐志》：卢乡县省入昌阳。章怀太子曰：卢乡故城在昌阳西北。是也。疑隋时徙置。

即墨故城，州东南六十里。齐即墨邑。《志》云：城临墨水，故曰即墨。齐威王封即墨大夫而烹阿大夫。湣王时，乐毅破齐七十馀城，惟莒、即墨未下。既而田单以即墨攻破燕军。汉元年，项羽徙齐王田市为胶东王，都即墨，田荣追击市于此，杀之。四年，韩信破齐，齐将田既走胶东，曹参击杀之，即即墨也。寻复为即墨县，属齐国。文帝十六年，分齐地，封悼惠王子白石侯熊渠为胶东王，都即墨。景帝三年，反，诛。四年，封子彻为胶东王。中二年，改封子寄。后汉国废。建武中，封贾复为侯邑，属北海国，晋属济南国。刘宋复属北海郡，后魏属长广郡。后齐废。《志》云：城北有乐毅城，毅攻即墨时所筑。汉初田肯曰：齐东有琅邪、即墨之饶。盖二县近海，财用所近也。今俗称故城为朱毛城。○胶东废县，亦在州东南。隋末置。唐初，属莱州。武德六年废。

下密城《志》云：在今州西五十里。汉县治此，属胶东国。后汉初废，安帝复置，属北海国。晋及刘宋、后魏皆因之。《水经注》：潍水北径下密故城西。是也。

天柱山，州北五十里。绝顶巉岩，耸立如柱。又有石龛如屋，州人谓之劈石口。《通志》：山之东曰之莱山，东连大泽、御驾、明堂诸山。○嵯峨山，在州北三十里，以山形嵯峨而名。

大泽山，州北七十里。岩壑绝胜，有瑞云峰，峰顶半岩叠石为城，谓之皇城顶。或以为赤眉故寨也。下有白虎谿，乳泉河出焉，西南流入胶水。山之北，即高望山，接掖县界。○明堂山，在州东北四十里，产药材，有药石水出焉，流合石渎河而注于胶水。其相接者曰金泉山，亦产药材。又有两髻山，在州东北十三里，山椒并列，如绾双髻，现河出焉。经州东三里，西南流入胶水。

三固山，州西七十里。一名三户山。《汉·郊祀志》：宣帝信方士言，祠太室山于即墨、三户山于下密，即此山也。又州西十八里有文武山，两山相峙，世传秦始皇东巡，集文武于此，因名。下有秦王河。○大豁山，在州西北十五里。伏琛《齐记》：卢乡县东南有大豁口，与小豁口相峙，中通驿路，即此山也。苏村河出焉，西南流，入于胶水。

胶水，州西八十里。源出胶州铁橛山，流经高密县北入州境，又北经昌邑县，至县东北入海。梁天监五年，将军刘思效败魏青州刺史元系于胶水。即此。墨水，在州东，源出东北六十里之墨山，南流经即墨县入海。

大沽河，州东八十里。源出登州府黄县南蹲犬山，经招远、莱阳二县界，至州东南故即墨城与小沽河合，经胶州即墨县界入海。通谓之沽水，南北经流三百馀里。

新河，在州东南。源出高密县，流经此，分南北二流，南自胶州麻湾口入海，西北自掖县海仓口入海，即元人所浚胶莱河旧道也。《元史》：至元十七年，莱人姚演献议开新河，由胶西县东陈村海口，西北达于胶河，出海仓口，由海道达直沽以通漕，谓之胶莱新河。从之。劳废不赀，卒无成效。二十二年，罢其役。明正统六年，昌邑人王坦言：漕河每患浅涩，海运又虞艰险，请浚新河故道。不允。嘉靖十一年，按臣方远宜等复议开新河，不果。隆庆初，莱人崔旦复极言新河之便。万历三年，又以南京工部尚书刘应节言，命侍郎徐栻开浚。议者极言非便，遂中止。其后屡议屡阻，迄无成绩。《图说》云：自淮河入河北岸隔一里为朱家河，可开通，经新沟至安东县，有澳河、向水、三叉，俱临淮可通。东则有东涟河、朱家河、白家沟、七里河流入淮。又东有盐场河、平望河、界首河、白限河、牛洞河、车轴河流入海，俱宜筑塞。中有遏蛮河，在淮、海之交，可置闸以杀水势。西则有沭阳水，涸而为大湖、傅湖。又有杨家沟、西涟河、崔家沟、古闸河，皆为入涟河水道。自支家河至涟河海口，计三百八十里。出海由海州赣榆至山东界，历安东卫石臼所、夏河所、灵山卫、胶州瞭头营至麻湾海口,计二百八十里,隔马家濠五里,可以开通。经把浪庙、新河口、店口社、陈村小闸,戴、高、刘家大闸,王、朱、杜家村,至平度州。又经窝铺、停口、大成、昌渠小闸、新河集、秦家庄、海仓口,至大海口,计三百七十五里。大海口至直沽四百里,通计一千四百三十五里。应节奏言:胶州南自淮子口大港头出海,自州治西抵匡家庄四十里,俱冈沟黄土,宜开。自刘家庄北历台头所、张奴河,至亭口闸三十里,俱黑泥下地,水深数尺,宜浚。自亭口闸历陶家崖、陈家口、孙店口,至玉皇庙六十里,河宽水浅,宜于旧河之旁,别开一渠。玉皇庙至杨家圈二十里,水深数尺,宜浚杨家圈以北,则悉通海潮,无烦工作矣。以工力计之,创者什五,因者什三,略施工者什二。以地势计之,宜挑深丈馀者什一,挑深数尺者什九。拭言:匡家庄地高难开,改于都泊、船路沟,地形平衍,有河可引,宜建闸设柜,如会通河故事。科臣王道成言:胶州在两海口之中,土最高厚,万一巨石隐伏,功将安施? 难一。水性湍急,走石流沙,即有泉源,易盈易涸,难二。海船不可入河,河船不可入海。难三也。又《实录》:隆庆五年,山东臣僚会勘胶河上言:从龙家屯北至分水岭,俱系冈阜沙石,难以施工。由分水岭又北至谢家口,稍有断续河流,旱潦难恃,沙石亦多。由谢家口北至杨家圈,河流似有端绪。又北至新河闸面,河势比南面较宽,自新河闸至海仓,又皆流沙壅淤,难以行舟。新河闸系往来通渠,过者见有河流,妄意可以开浚,不知迤南十里,便复不同。分水岭本名王乾坝,两头俱有河形,中间积沙高亢,本非岭也。新河既无泉源,引导必须旁水接济,而分水岭下仅有白河一道,平时涓涓细流,淫潦时挟流沙冲淤,大为河患。其张奴河、胶河、九穴泊之水,虽接新河,而源流浅涩,潦涸无时,皆不足恃。若欲东引沽河,则地势东下,沽河自东而南,直趋麻湾口,难以挽之而北。若西引潍河,潍河在高密西,离新河百二十里,中隔高岭五层,又难引之使东也。若欲深凿河身,使海水南北贯通,则分水岭诸处,高过海面数丈,命工开凿，未及数尺，下即糜沙，随时奔溃，纵多捐财力，万难开浚。既而徐栻亦称南北海口，俱有积沙横绝及分水岭，河高海下，势不可通，须另开一路，及海口筑堤，以约水障沙。又云：南自麻湾抵朱铺五十里，北自海口抵亭口百八十里，皆通潮，可乘潮以导河。抚臣李世达勘称，南潮止及陈村闸，距海口二十里；北潮止及杨家圈，距海口六十里。其朱铺、亭口者，非烈风迅雨，海水涨溢，岁不一二至，潮不足恃也。役遂止。崇祯十二年，户部郎中沈廷扬试行海运，复请开胶莱河。十六年，命户、工二部发银十万两开浚，事未行，而京师不守。馀详见胶州。

定渠，州南七十里。与州东北之药石水及石渎河合流入胶水，一名定都渠。近《志》以为钜定，误也。

亭口镇。州西南七十里。即胶莱河所经，有巡司戌守。又州西北七十里有灰埠驿。

○潍县，州西百八十里。西南至青州府昌乐县五十里。汉下密县，属胶东国。后汉初废，安帝时复置，属北海国。晋属济南郡，宋属北海郡，后魏因之，寻为北海郡治。后齐改郡曰高阳。隋开皇初，郡废，十六年，于县置潍州。大业初，州废，改下密县曰北海，仍属北海郡。唐初，亦置潍州治此。武德八年，州废，以北海县属青州。宋建隆三年，置北海军。乾德二年，升为潍州，金因之。元属益都路。明朝洪武初，以州治北海县省入，属青州府。九年，降州为县，属莱州府。二十二年，改今属。今土城周九里，编户八十六里。

平寿城，县西南三十里。汉县，属北海郡。后汉初，张步为耿弇所败，自剧奔平寿。步平，仍属北海郡。晋为济南郡治。刘宋仍属北海郡，后魏为北海郡治，高齐废。武德二年，复置。六年省。又西南五十里有斟城，古斟寻国，亦禹后也。又太康居斟寻，羿亦居之，桀又居之。汉置斟县，属北海郡，后汉废。杜预曰：平寿有斟城，古斟寻也。后羿所灭，汉置斟县，属北海郡，后汉废。又寒亭，在县东北三十里，杜预曰：平寿东有寒亭，即古寒国，盖寒浞所封。唐初有寒水县，属潍州，武德六年废，即故寒亭矣。今有寒浞水，北入海。《通志》县南三十里有营丘城，似误。今详见青州府昌乐县。

下密城，县西三十里。《志》云：汉县，治今平度州西五十里，云治今县东南。《水经注》：潍水径下密故城西。是也。后迁今县治。隋开皇六年，置潍水县，属青州。大业初，改下密为北海县，而改潍水为下密。唐初，属潍州。武德八年，州废，县并入北海，俗以此为西下密也。

塔山，县东南六十里。东丹河发源于此。《水经注》：溉水出塔山，是也。唐天宝初，敕改为溉原山。○几山，在县西南七十里，山形如讷，西丹河出焉。又县西南二十里有程符山，相传公孙弘贫时牧豕处。又有孤山，在县西南四十里，肖然天际，翠霭若浮。

擂鼓山，县南百里，与昌乐县接界，白狼河出焉。其相近有摩旗山，宋嘉定中，金益都贼杨安儿败死，其妹四娘子为馀党所推，掠食至摩旗山，潍州贼帅李全以众附之，即此。

潍水，县东南六十里。自青州府安丘县北，流入县境，又东北经昌邑县东北入于海。后魏主攸建义初，邢杲帅河北流民反于青州之北海，遣将军李叔仁击之，败于潍水，即此。《志》云：今县西北二十里，地名韩信道，盖以信破楚将龙且于潍水上而名。馀详见安丘县。

东丹河，县东南五里。源出塔山，即溉水也，亦曰东于河。西北流合青州府寿光县界之丹河，后流入县境，东北注于海。又西丹河，在县西二十里，源出几山，亦曰西于河，西流合昌乐县西之丹河，复会东丹河，东北入海。○白狼河，在城东。源出擂鼓山，流入昌乐县界，合白狼河别源，又北流入县境，经东门外，东北流八十里入海。狼，一作浪。《志》云：县南有小王庄，平地泉涌如轮，即白浪河之源也。今详见昌乐县。

固堤店。县东北四十里，有巡司。又县东北三十里有古亭马驿。

〇昌邑县，州西北百三十里。西南至青州府寿光县九十里。汉都昌县地，属北海郡。晋初，属齐国。刘宋复置，仍属北海郡，后魏因之。隋开皇中，属潍州。大业初，仍属北海郡。唐初，亦属潍州，武德六年废。宋建隆三年，置昌邑县，属北海军，寻属潍州。金、元因之。明洪武九年，改属莱州府。二十一年，改今属。土城周五里有奇，编户九十四里。

都昌城，在县西。本齐邑，齐顷公赏逢丑父之功，食邑都昌。《晏子春秋》：景公封晏子以都昌，辞而不受。汉置都昌县，高帝封功臣朱轸为侯邑。建安初，北海相孔融被黄巾贼管亥围于都昌，先主救却之。今城南五里有大营城，北五里有小营城，俗为大营、小营二村，相传即孔融与黄巾相拒处。

訾城，县西北三十里。《春秋》：庄元年，齐师迁纪郱、鄑、郚。杜预曰：都昌西有訾城。鄑，亦读訾，本一城也。唐武德二年，置訾亭县，属潍州，六年废。俗呼为瓦城，半为水渐。一云訾城在县西北十五里，又十五里为郚城。

密乡城，在县东南十五里。《左传》隐二年，纪子帛、莒子盟于密，即此地也。汉置密乡县，属北海郡。武帝封胶东顷王子林为侯邑。《后汉志》：淳于县有密乡。应劭曰：淳于东北六十里有平城亭，又四十里有密乡亭，故县也。淳于，见前安丘县。〇平城故城，在县西南四十里，汉县，属北海郡，后汉省。《水经注》：潍、汶二水会于淳于城东北，又东北径平城亭西，又东北径密乡亭西，皆汉北海郡属县云。

东山，城东二里。俗名土埠，亦谓之东京埠，长数里，石磴崎岖，峰峦奇秀。后汉建安初，袁谭据青州，攻北海相孔融于都昌，融败走东山，即此。又县东南二十五里有青石埠，长数里，亦名青山。〇霍侯山，在县南四十里。《汉书》：霍光封博陆侯，食邑于北海。此山本名陆山，或以为即光所食邑。唐天宝六载，赐名霍侯山。又南五十里有峡山，状如伏虎，俯临潍水，为邑之胜。

海，在县北五十里。有鱼儿浦巡司，为滨海戍守处。

潍河，县东二里，又东北注于海。《志》云：县东五里有潍水堤，宋初筑，以防潍水泛溢。又县西南二十里有浮糠河，县南二十里有张固河，流合浮糠河，并入于海。

胶河，县东五十里。自平度州流入境，北注于海。其入海处曰海仓口，与掖县接界。罗氏曰：自海仓口至胶州麻湾，凡二百七十里，即胶东新河之道也。

棠乡。县南八十里。本莱邑。《左传》：襄六年，齐人伐莱，莱共公浮柔奔棠，晏弱围棠，遂灭之。又《孟子》：国人皆以夫子将复为发棠。《后汉志》：即墨有棠乡，今为甘棠社。○夏店马驿，在县东北二十里。又县东四十里有新河桥递运所，今革。

○胶州，府南二百二十里。东至海三十里，南至海九十里，西至青州府莒州二百八十里。

春秋介国地，战国属齐。汉属琅邪郡，后汉属东莱郡。晋属城阳郡，刘宋属高密郡，后魏尝置胶州。魏收《志》：永安二年，治东武县。见青州府诸城县。隋属密州，唐、宋因之。元至元十二年，置胶州于此，隶益都路。明洪武初，以州治胶西县省入，属青州府。九年，改今属。编户九十三里。领县二。今仍曰胶州。

州联络淮、沂，屏蔽齐、兖，控海道之咽喉，为登、莱之襟要。《防险说》：胶州、即墨，皆迫近海澨。而即墨南望淮安、安东、东海卫所诸城，左右相错，如嗌喉关锁。倭若犯淮，则渐必犯莱矣。故登、莱三营之设，即墨一营，视登州、文登二营尤切要。《海防考》：自登州之大嵩卫至府境鳌山、灵山卫，及青州府境之安东卫，尽南面滨海之险，皆即墨营控御处也。其滨海要冲，则有雄崖、胶州、大山、浮山、夏河、石臼等所，乳山、行村、栲栳岛、古镇、逢猛、南龙湾、信阳、夹仓诸巡司，及海中之唐家湾、大任、陈家岛、鹅儿、栲栳、天井湾、颜武、周曈、松林、全家湾、青岛、徐家庄一带，而海道之险，则自安东以北，若劳山、赤松、竹竿、旱门、刘公、之罘、八角、沙门、三山诸岛，皆贼停泊之处，不可不讲。至于白蓬头、槐子口桥、鸡鸣屿、金嘴、石仓庙诸处，浅滩乱矶，则贼所必避，而亦吾所当审者。

胶西废县，今州治。汉黔陬县地，隋开皇十六年，置胶西县，属密州。唐武德六年，省县入高密，以其地为板桥镇。宋元祐二年，复置胶西县，兼领临海军使，仍属密州。金仍曰胶西县。《宋史》：嘉定四年，时胶西当登州、宁海之冲，百货辐辏，李全使其兄福守之，为窟宅，多收互市之利。元置胶州治此，明初省。今城周四里有奇，门三，北面无门。

袚城，州西南七十里。汉袚县，属琅邪郡。袚，音费。后汉省。又介根城，在州西南五里，春秋时莒邑也。《左传》：襄二十四年，齐侯伐莒，取介根。应劭曰：周武王始封兹舆于此，即莒之先也。春秋初，徙于莒。汉置计斤县，属琅邪郡。颜师古曰：计斤即介根，语音有轻重。后汉县废。杜预曰：黔陬东北有计基城，即古介根。宋白曰：计斤故城在高密县东南四十里。今有两塔对立，曰东、西计斤。介根盖与高密之黔陬境相接也。又有介亭，在州南七十里。或云：即古之介国。《春秋》：僖二十九年，介葛卢来。是也。杜预以为介国在黔陬县界。

郋县城，在州西南。汉县，属琅邪郡。郋，音扶。文帝封吕平为侯邑。后汉县废。又州南有祝兹县。汉高封徐厉为侯邑，又孝武封胶东康王子延年于此。《水经注》：胶水出胶山，北径祝兹故城，又经郋县故城西。《通志》云：州南七十里有古长城。

铁橛山，州西南百二十里。胶水发源于此，亦曰胶山。《志》云：五弩山在胶山之北，胶水出胶山，过密州五弩山，卤水入焉。又北径州南三十五里之艾山，艾水入焉。又艾山旁有天泽泉，即艾水之源也。铁橛山盖与诸城五弩山相近。

大珠山，州南百二十里。滨海，上有石室。珠，亦作朱。《通典》：高密诸城县有古长城，自齐西防门，东逾泰山、穆陵，至大朱山海滨而绝，是也。又州南九十里有小珠山，错水出焉，流入海。○灵山，在城东南百二十里海中。《志》云：在灵山卫南三十里，其山先日而曙，先雨而云，故谓之灵。又卫西北三里有小竹山，或谓之小竺。又卫东海中有唐岛，相传唐太宗征高丽，驻跸于此，内有饮马池。

石臼岛，州南百里海中。宋绍兴三十年，金亮入寇，分遣一军由海道袭浙江，以兵围海州，宋将李宝督海舟捍御，至石臼岛，敌舟已泊唐岛，相距仅一山。宝因风便，过山薄寇，大败金人，海道之师遂绝。○黄岛，在州东南六十里海中，旧有居民，后因倭寇，其地遂墟。又州东南九十里有薛家岛，横伏入海，每为行旅患。又古镇岛，在州东南百十里海中，有巡司戍守。《志》云：胶州滨海，石臼、青泥、桃林、陈家、李家、薛家、古镇、黄岛、唐岛之属，皆其著者。

海，州东三十里。《志》云：州南门外有唐家湾，宋、元时，海舶往来皆由此。

胶水，在州西。出铁橛山，东北流，接高密县境，又北入平度州界。《水经注》：胶水出胶山，北径黔陬故城也。是也。又有洋河，亦出铁橛山，东流径城南三十里入海。《水经注》：拒艾水，一名洋洋水。宋泰始三年，辅国将军刘怀珍击青州刺史沈文秀于东阳，进至黔陬，军于洋水，遣别将王广之袭不其城，拔之。此洋洋水也。○沽河，在州东北三十里，自平度州流入境，又南流入海。

新河，州东北三十里，西北入高密县界。《志》云：州东南百里有马家濠，濠长三里馀，夹两山中，南北俱接海口。元至元十九年，开胶莱新河，阻马家濠，不就。明朝嘉靖十一年，按臣方远宜议开新河，以马家濠数里皆石冈为患，臬使王献焚以烈火，凿而通之。十九年，献言元人海运，自淮安循海而行，至灵山之东，浮山、涝山之西，有薛岛、陈岛、石坰林立，横伏海中若桥，号槐子口桥，最险难越，元人避之。故放洋于三沙、黑水、历城山正东，逾登州东北，又西北抵莱州海仓，然后出直沽以达天津。献阅《胶莱河图》：自薛岛之西，有山曰小竺，两峰夹峙，中有石冈，曰马壕。马壕之麓，南北皆接海涯，而北即麻湾，又稍北即新河，又西北即海仓、直沽。由麻湾抵海仓三百三十里，由淮安逾马壕抵直沽千五百里。若径出于此，可免绕海之患。元人尝凿此道，遇石而止。今因其故迹，凿马濠以趣麻湾，长十四里，广六丈有奇，深半之，而江淮之舟，可达新河。新河两旁，皆有水泉溢出，疏浅决滞，为九闸以节宣之，可以佐会通河之穷。从之。于是于旧濠迤西七丈有馀，凿渠通舟，以达新河故道，为漕运之计，功未半而罢。万历初，复议开胶莱河。山东参政冯敏功谓：胶河一衣带水，馀悉高岭大阜，且地皆冈石，山水奔瀑，工难竟。即竟矣，海水挟潮沙而入，必复淤。及开浚，果以冈石黑沙难施畚锸而止。《河渠考》：元人於钦言，至元中，姚演请开新河，凿陆地数百里以通漕，数年而罢。馀过其地，询之土人，云此河为海沙所壅，又水潦积淤，终不能通。盖《元志》所称劳费无成，非诬也。自王献建议之后，屡行勘阅。隆庆四年，尝议浚治，至万历三年而罢。二十九年，御史高举复议浚之，卒不果。迄崇祯之季，言者犹以为请，竟不果行。

逢猛镇。州南四十里。为滨海戍守处，有巡司。又东南百二十里有古镇巡司。

〇高密县，州西北五十里。西南至青州府诸城县百二十里。秦为高密县。汉初,属齐国。文帝十六年,分齐地置胶西国。宣帝本始初,更为高密国,皆治高密县。后汉建武中,封邓禹为侯邑,改属北海国。晋属城阳郡,惠帝复置高密郡。刘宋仍为高密郡,后魏因之。隋属密州,大业末废。唐复置,仍属密州,宋因之。元属胶州。今土城周三里有奇,编户八十八里。

高密城,县西南四十里。县本治此。汉三年,齐田横烹郦生,走高密。明年,韩信破齐军,至临淄,齐王广亦走高密。文帝封齐悼惠王子卬为胶西王,都高密,是也。后汉仍为高密县。又谓之城阴城,《郑玄碑》:城阴,即高密也。隋末废。唐武德三年,于今县西北一里故义城堡置高密县。六年,移治于故夷安城,即今县也。○夷安城,《通典》曰:今县外城也。应劭曰:古莱夷维邑,晏平仲,夷维人也。汉置夷安县,属高密国。后汉属北海国,邓禹少子封夷安侯,即此。晋属城阳郡,惠帝时复属高密郡。刘宋、后魏因之。后齐废。唐为高密县治。

稻城,县西南五十里。潍水堰侧。汉县,属琅邪郡,武帝封齐孝王子定为侯邑。后汉县废。《志》云:旧有塘堰,蓄潍水溉田,因名。亦谓之郑城,有康成故宅也。旁有稻田万顷,断水造鱼梁,岁收亿万,号万匹梁,今堙。《城邑考》:县西南五十里潍水东,又有龙且城,城西即且冢,冢南曰梁台,即韩信击杀龙且之地也。

柜城,县南三十里。旧《志》:柜城在胶州西南九十里是也。汉县,属琅邪郡。柜,音巨。后汉改属北海国,后省。今县西南三十里有柜城河,出县南五十里王子山,流入九穴泊,盖因故城而名。《水经注》:黔陬西南有柜艾山,亦曰黔艾山,柜艾水出焉,流经柜县故城西,东北入海。苏林以为稂艾水,即胶州之洋河也。

黔陬城,县西六十里。《水经注》:胶水北径黔陬故城西,又北至夷安。夷安,即今县城也。古介国,汉置黔陬县,属琅邪郡。后汉属东莱郡。晋属城阳郡。刘宋属高密郡。泰始三年,青州刺史沈文秀据东阳,诏刘怀珍进向青州,怀珍至黔陬,文秀所置高密、平昌二郡太守弃城走。后魏仍属高密郡。后齐置平昌郡于此。隋开皇初郡废,大业初,县省入胶西县,有两城,夹胶水而立。《县道记》:县本秦所置,在高密郡东北,后移于胶水西,相去二十里,俗名故城为东陬,而此城为西陬。旧《志》:黔陬在诸城东北百十里。似误。〇胶西城,在县东南二十五里。《志》云:隋置县于胶、墨二水之间,即此城云。

高阳城,县西北三十四里。汉县,属琅邪郡并为侯邑。成帝封淮阳宪王子后汉废。一名胶阳亭。又有朱晏城,在县东南三十里,相传晏子为齐相时所食邑也。一名晏平仲城。

砺阜山,县西北五十里。山产砺石。一名刘宗山。有郑玄墓。

胶水,县东十五里。《一统志》:胶水北过高密县注潴泽,与张奴水合,自泽北入新河,经平度州界。又县东北四十里有新河,亦曰新开胶河,与平度州、胶州接界。

潍水,县西南五十里。自诸城县流入境,又北流,与安丘县接界,经县北四十里而入潍县界。汉四年,韩信追齐王田广于高密,楚将龙且与广合兵拒信,夹潍水而军,信夜壅潍水上流,诱且半渡而击之。即此处。今县西五里又有韩信沟,相传亦信所凿。

密水。在县西南。自诸城县流入境,一名百尺沟,亦曰高密水。经故县南十里,蓄为塘,方二十馀里,古所谓高泽之南都也。东北会潍水堰,散流入夷安泽。《志》云:泽在县北二十里,高密水与潍水散流注之,蓄堰以溉田,凡万馀顷。〇九穴泊,在县西北二十五里,泊有九沟,因名。又县东北二十五里有都泊,亦潴水处。

〇即墨县,州东百二十里。本齐邑,汉置即墨县,北齐省。隋开皇十六年,于不其故城东复置今县,属莱州。唐、宋因之。元改属胶州。今土城周四里,编户八十五里。

不其城,县西南二十七里。汉不其县,属琅邪郡。武帝太始四年,帝幸不其。后汉属东莱郡,又光武封伏湛为侯邑。其,亦作期。晋咸宁二年,置长广郡于此。宋景平初,青州刺史竺夔守东阳,拒魏师,魏人退,夔以东阳城坏,移治不其城,寻复为长广郡治。泰始三年,沈文秀据东阳,以刘桃根署长广太守,戍不其城,将军刘怀珍遣将王广之袭拔之。四年,文秀为魏人攻围,其弟文静将兵自海道往救,至不其城,为魏所断,因保城自固。宋主遂分置东青州,领高密、平昌、长广、东海、东莱五郡,以文静为刺史,旋没于魏,亦置长广郡。后齐郡、县俱废。隋复置即墨县,以不其县并入。

壮武城,县西六十里。古夷国也。《左传》:隐元年,纪人伐夷。杜预谓壮武县是其地。汉置县,属胶东国,文帝封宋昌为壮武侯是也。后汉属北海国。晋属城阳郡,又张华亦封壮武侯。刘宋县废。后魏亦封房法寿为壮武侯,盖县废而名存也。皋虞城,在县东五十里。汉县,属琅邪郡,武帝封胶东康王子建为侯邑。后汉省。今为皋虞社。

不其山,县东南四十里。汉末,逢萌隐此,又后汉郑玄亦教授于山下。一名驯虎山,以后汉童恢为不其令有伏虎之异也。又石城山,在县东南三十里,状如城垣,淮涉水出焉。〇天井山,在县东十三里,周二里,上有井,深不可测,天井之名以此。又县东四十里有四舍山,四峰峻起如舍宇,惟一径可以登涉。

劳山,县东南六十里。二山相连,东滨大海,其高大者曰大劳,差小者曰小劳,周围八十里,高二十五里。《齐记》:泰山虽言高,不如东海劳。劳亦作崂,或误为牢。又误为劳盛山,劳、盛,盖二山,盛即成山也。秦始皇登劳、盛山望蓬莱,盖登此二山耳。又《史记》:始皇自琅邪北至荣成山。荣成又劳成之误也。盖海岸之山,莫大于成山、劳山,故往往并言之。今山有清风岭、碧落岩、王乔观、玉女盆、明霞洞诸胜，白沙河源于此。○阴山，在县东南八十里，俗传秦始皇幸琅邪，尝驻于此。上有小池，虽旱不涸。

钱谷山，县东北五十里。山陡险，相传昔尝运钱谷于山上以避兵。又东北十里有米粟山。○女姑山，在县西南三十里，上有明堂，相传汉武所置。

田横岛，县东北百里海中，去岸二十五里。中可居千馀家，相传即田横与其徒五百人亡入海岛处。孔氏曰：田横所保，在海州东海县之鬲山，去岸八十里，非此山也。今南直海州东小鬲山是矣。《北史》：魏永熙中，杨愔为高欢所信用，寻以疑惧，避于田横岛，即此。《志》云：县东南滨海，列岛环伺，其可居者，曰青、曰福、曰管、曰白马、曰香花、曰田横、曰颜武，而田横岛方三十馀里，尤平广可耕，且由岸抵岛，多礁石，不可直达。嘉靖中，有奸氓盘据于此，渐为寇盗，官兵扑灭之，患始息。

栲栳岛，县东北十九里。有寨城，置巡司戍守。又东北雄崖所东有旬岛，其相近者又有赤岛。《志》云：田横诸岛而外，为塔沙、竹槎及巉岛、阴岛，香岛，皆诸岛之有名者。

海，县西南四十里。有金家湾海口及大任海口，又西南六十里有天井湾海口，南九十里有董家湾海口，东南七十里有松林浦海口，东六十里有陈家大川海口，九十里有鹅儿海口，东北七十里有周疃海口。盖自西南而东北，四环皆海云。

墨水，在县南，自平度州流入境。又沽河在县西北七十里，亦自平度州流入境，俱合淮涉水，南注于海。○淮涉水，在县西一里，源出石城山，西北流经此，复北流三里，又西南流入于海。《唐志》：县东南有堰，贞观十年，令仇源筑以防淮涉水。又白沙河，在县东四十里，源出大劳山，西流亦合淮涉水入海。

即墨营，县北十里。《志》云：旧置营于县南七十里金家岭寨，土城周二里。宣德八年，移置于此，营城周四里，为登、莱三营之一。又张家寨，在县西南五十里，土城周二里。楼山寨，在县南四十里，土城周二里。子家庄寨，在县东南九十里，萧旺庄寨在县东南五十里，与金家岭寨俱筑城戍守。

走马岭寨。在县东北九十里。又东北十里有羊山寨。《志》云：县东北六十里有大港寨，九十里有田村寨，与栲栳岛等寨俱筑城戍守。

附见：

灵山卫，胶州东南九十里。洪武二十一年置，三十五年筑城，周三里，依山环海，最为险固。《志》云：卫领左、前、后三千户所，由安东卫鱼溜一道，至卫转向东北行，海中有岛，横伏若桥。即薛岛、陈岛伏入海洋者，最险恶，元人欲于岛西凿马家濠以避之。居人识此溜为海运旧道，沿溜而行，可保无患。由安东卫至灵山卫马家濠湾泊，大约三百馀里，风便一日可至。今亦置灵山卫。

鳌山卫。在即墨县东四十里。洪武二十一年置，筑砖城周五里。《志》云：卫领右、前、后三千户所，今亦置鳌山卫。

胶州守御千户所，在州城内，洪武五年建。

夏河寨备御前千户所，胶州西南九十里。所城周三里有奇，属灵山卫。

雄崖守御千户所。即墨县东北九十里，洪武中设。又浮山寨备御前千户所，在县南八十里。俱属鳌山卫，今亦置雄崖、浮山二所。

○登州府，东至海七十里，西南至莱州府二百四十里，北至海三里，由海道东北至辽东旅顺口五百里。自府治至布政司九百里，至江南江宁府千九百里，至京师千七百里。

《禹贡》青州地，春秋时牟子国，战国属齐。秦属齐郡，汉属东莱郡。后汉因之，建安中置长广郡。魏、晋及刘宋因之。后魏又析置东牟郡，北齐省东牟入长广郡。始治黄县。隋郡废，置牟州。大业初，州废，仍属东莱郡。唐初，属莱州，如意初，分置登州，治牟平县，寻改今治。天宝初，曰东牟郡。乾元初，复故。宋因之。亦曰东牟郡。金仍曰登州。元属益都路，寻属般阳路。明洪武初，仍为登州，属莱州府。六年，改为北直州，九年，升为登州府，领州一、县七。今仍旧。

府僻在东陲，三面距海，利擅鱼盐，且北指旅顺，则扼辽左之噤喉；南出成山，则控江、淮之门户，形险未可轻也。范氏曰：自古海道有事，登、莱为必出之途，而密迩辽左，尤为往来津要。三国吴嘉禾初，遣使通公孙渊，还至成山，为魏人所邀杀。宋元嘉九年，朱修之自云中奔和龙，泛海至东莱。初，修之守滑台，城陷，为魏所执。梁普通初，高句丽遣使入贡，诏使者江法盛授高丽衣冠剑佩，魏光州兵就海中执之，送洛阳。隋开皇十七年，伐高丽，别将周罗睺自东莱泛海趋平壤，时郡境皆属东莱也。遭风，船多飘没，师还。大业七年，下诏讨高丽，敕元弘嗣往东莱海口造船。八年，遣来护儿等分兵自海道趋平壤。九年，复遣护儿出海道伐高丽。唐贞观十八年，伐高丽，遣张亮自莱州泛海趋平壤。二十一年，复伐高丽，命牛进达等乘楼船自莱州泛海而入。明年，复遣薛万彻自莱州泛海击高丽。显庆五年，苏定方自成山济海伐百济。开元二十年，勃海自海道寇登州。宋建隆初，女真自海道趋登州贡马，后马政亦由此通女真。元行海运，道出登、莱。明初遣马云、叶旺等抚定辽东,亦由登、莱渡海驻金州,继亦由此以转输辽、蓟。而辽东隶于山东,亦以登、莱海道也。正德中,禁遏海道,而倭艘如入无人。后尝议由此通运,不果。凡昔人所恃为控扼之所,漫置之不讲,岂非谋国者之过软?详见前大川大海。又《海防考》:府四面皆海,惟西南一隅接莱州境。国家缘海置防,登、莱二府,指臂相倚。设登州营于北面,则青、莱二卫及滨海之地俱属焉。语所则有奇山、福山、王徐诸处,语寨则有黄河口、刘家洼、解宋、卢洋、马停、灶河、马埠诸处,语巡司则有杨家店、高山、孙杰镇、马停镇、东良海口、柴葫海仓、鱼儿镇、高家港诸处。而海外则岛屿环抱,自府东北百馀里之崆峒、半洋,西抵长山、蓬莱、沙门、鼍矶、三山、芙蓉、桑岛,错落盘踞,为登州北门之护。过此而北,则辽阳矣。此天设之险也。又营城以东,若抹直、石落、湾子、刘家洼、平畅、卢洋诸处;营城以西,若西王庄、西山、栾家、孙家、海洋山、后八角城、后之罘、莒岛,皆可通。番舶登涉,严户外以绥堂闻,责有攸属矣。

　　○蓬莱县,附郭。汉黄县地,武帝于此望海中蓬莱山,因筑城以为名。唐贞观八年,置蓬莱镇。神龙三年,升为县,登州治焉。今编户六十六里。

　　蓬莱镇城,在府治北一里。即汉武所筑,唐置镇于此。《志》云:今郡筑城周九里,陆门凡四,水门凡三。城北有水城相连,亦曰备倭城,引海水入城中泊船,即登州营城矣。

　　牟平城,府东南九十里。汉县,属东莱郡,武帝封齐孝王子渫为侯邑。后汉初,光武封耿况于此。晋省,寻复置,移治废东牟县。刘宋仍属东莱郡,后魏属东牟郡。北齐移县治于黄县东北七十五里马岭之南,属长广郡。隋复徙治于废东牟县,即今宁海州也。

　　丹崖山,府北三里。东西二面,石壁巉岩,上有蓬莱阁,又有三洞,奇秀为一郡之胜。山下为珠玑岩，石壁千尺。岩下水中有小石，如珠玑，或如弹丸，俗呼弹子涡，或谓之珍珠门。〇田横山，在府西北三里，《郡志》：城北有古田横砦，与蓬莱阁封峙，西北二面皆巨海，石壁高峻。相传韩信破齐，田横东走，结寨于此，遗址尚存。又有荆山，在田横、丹岩二山之间，产荆。山色长紫，一名紫荆山。

密神山，府南十里。贵溪出其东麓，一名密水山。又南五里有马鞍山，山东麓两畔皆深涧，中起石冈，南北通行，谓之天生桥，或谓之马岭。〇羽山，在府东南三十里。《书》：舜殛鲧于羽山。孔安国以为山在齐东海中也。上有鲧城，三国魏将田豫筑城以御吴将周贺，因山以名。又九目山，在府东南七十里。晏谟《齐记》曰：山有九窍，与黄县连界。

石门山，府西十里。山口礐石，为驿路所经。又府西南二十里有影口山，山巅有营垒故址。又龙山，在府西南四十里，上有龙洞及龙冈，旧尝置铁场于此。〇朱高山，在府东八十里。山临海，产滑石。洪武二十七年，移沙门岛巡司于此。

沙门岛，府西北六十里海中。海舟行者，必泊此避风。五代时，置沙门寨，宋建隆三年，索内外军不律者配沙门岛。乾德元年，女真国遣使献名马，命蠲登州沙门岛民税，令专治船渡焉。元人海运，亦置戍军于此。明永乐七年，山东都指挥使司奏，沙门岛守备仅七百馀人，难以防御。诏以七百人益之。后移戍内地，岛无居人，今遂为墟。《志》云：沙门岛相连属者，有鼍矶、牵牛、大竹、小竹四岛，皆紫翠巉岩，出没波涛中。永乐初，陈瑄督运自辽东还，遇倭于沙门岛，击却之。又西北七十里为鼍矶岛。与鼍矶相对者为钦岛，相距三十里。又高山岛，在沙门岛北百馀里。〇黄城岛，《志》云：在鼍矶东北。或曰：黄城、鼍矶，本一岛也，为入勃海要口。又有庙岛，在鼍矶西南。毛氏曰：庙岛、砣矶、黄城三岛，实为登、莱门户。黄城之东北，曰御林山，砣矶之南有井岛，皆与沙门相连络。砣即鼍之讹也。

乌湖岛，府东北二百五十里海中，与大谢戍俱为泛东海之要路。唐贞观十八年，征高丽，置乌湖镇，亦曰乌湖戍。二十二年，镇将古神感浮海击高丽，破之于曷山。曷山在高丽界，或作易山。《新唐志》：自登州东北海行，至大谢岛、龟歆岛、淤岛，而后至乌湖岛三百里。北渡乌湖海，至马石山东之都里镇二百里。东傍海壖，过青泥浦、桃花浦、杏花浦、石人江、橐驼湾、乌骨江八百里，乃南傍海壖，过乌牧岛、贝江口、椒岛，得新罗西北之长口镇。又过秦王石桥、麻田岛、古寺岛、得物岛千里，至鸭绿江唐恩浦口。乃东南陆行七百里，至新罗王城。自鸭绿江口舟行百馀里，乃小舫溯流东北三十里，至泊灼口，得勃海之境。又溯流五百里，至丸都县城，故高丽王都。又东北溯流二百里，至神州。又陆行四百里，至显州，天宝中高丽王所都。又正北如东六百里，至勃海王城。五代唐天成初，契丹东丹王突欲居扶馀城，盖在唐高丽扶馀川中。长兴初，突欲以不得嗣立，越海自登州来奔，盖道出乌湖、大谢间。〇大谢岛，在府东北三十里海中。唐贞观中击高丽，置大谢戍于此。又长山岛，在府北三十里海中，东西长四十馀里。又有宜岛、虎岛、半洋岛，皆与长山岛相近。

莫邪岛，府东北三百里海中。昔人捕鱼于此，得宝剑，因名。又东北二百里有漠岛，亦海运所经故道也。

海，府北五里。又东西两面皆滨海，各去城三里许。《志》云：府东北五里有抹直海口，旧为登涉之所，今不通舟楫，惟丹崖山之东为新开海口，戍守最切。山下又有石落海口。府西七里为西王庄海口，又西二十馀里为栾家海口，又十里曰孙家海口。又田横寨西曰西山海口。又湾子海口，在府东二十五里。又东二十里曰刘家汪海口，又二十里曰平阳海口，又十馀里曰卢洋海口。旧皆为戍守处。

密水，出府南密神山。北流入城东小水门，与黑水会。黑水出府西南十里黑石山，东北流，入府城南上水门，合于密水。出城西下水门，北流入海。○之罘水，在府南十五里。源出羽山，有石门水流合焉。石门水出石门山，流合之罘水，北注于海。《志》云：府城东北在咸泉池，居民取以为盐。

登州营，在丹崖山北，即新开海口也。宋庆历三年，郡守郭志高奏：置刀鱼巡简水兵三百戍沙门岛，备御契丹，仲夏居鼍矶岛，以备不虞，秋冬还南岸。相传此即刀鱼船所泊。洪武九年，知州周斌奏置海船，运辽东军需。指挥使谢规以河口浅窄，奏请挑深，缭以砖，城北砌水门，以抵海涛，南设关禁，以讥往来，谓之登州营。又立帅府于此，设备倭都司驻守，其城周三里。《海道考》：由新开海口，西北至沙门岛六十里。又正北行一百二十里，至砣矶岛。又北至钦、木二岛六十里。又北至南半洋六十里。又北至北半洋二十里。又北经双岛、洋头洼、黄洋川、平岛、和尚岛共二百馀里，至辽东铁山、旅顺口，通计五百五十里。诸岛相望，俱可湾船避风。明初，送辽东官军布花，俱由此道。正德中，刘瑾乱政，遂废水道，用陆运云。

杨家店。府东南六十里。府东八十里又有高山巡司。《志》云：旧有蓬莱马驿及城北河口递运所，今革。

○黄县，府西南六十里。西南至莱州府百八十里。汉县，属东莱郡。后汉为郡治。晋仍属东莱郡，刘宋因之。后魏属东牟郡，寻为郡治。后齐郡废，县属长广郡。隋属莱州，开皇十六年，改属牟州。大业初，还属东莱郡。唐初，亦属牟州。贞观初，属莱州，寻属登州。今土城周三里有奇，编户五十里。

故黄县，县东二十五里。一名东黄城，即古莱子国都也。《左传》：宣七年，公会齐侯伐莱。又襄二年，齐侯伐莱。六年，齐晏弱围莱，堙之，环城傅于堞，遂入莱。杜预曰：今东莱黄县是也。亦谓之郲。襄十四年，齐人以郱寄卫侯。又哀五年，齐景公置群公子于莱。皆谓此。秦置黄县。《史记》：秦伐匈奴，使天下飞刍挽粟，起于黄、腄。黄即黄县矣。汉县亦治此。晋以后因之。唐神龙三年，改置县于蓬莱镇，曰蓬莱县，移登州治焉。先天元年，复析蓬莱县地置黄县于今治。《志》云：今县东南二十里有莱子故城，地名龙门，其间山峡巉崖，凿石通道，极为险隘，俗名莱子关。

牟平城，县南百二十里。汉牟平县，属东莱郡。牟，音坚。后汉及魏、晋因之。晋惠帝永兴三年，东莱牟平令刘伯根反，自称牟平公，进寇临淄，败青州兵，幽州都督王浚遣兵讨斩之。刘宋仍属东莱郡。后魏改属东牟郡，高齐废入黄县。〇徐乡城，在县西南。汉东莱郡属县，武帝封胶东共王子炔为侯邑。后汉仍属东莱郡。魏因之。晋省。

大人城，县东北二十里。《志》云：魏司马懿伐东夷，将运粮入新罗，筑此城贮之，以大入为名。又县东有中郎城。《郡国志》：石勒遣中郎将石开筑此以防海。或曰：后齐尝置长广郡。唐初亦置牟州于此。又县西北十里有士乡城。《汉书》：齐有士乡城。《志》以为即此城也。

莱山，县东南二十里。《史记·封禅书》：齐八祠，六曰月主，祀之莱山。申公云：天下名山八，三在岛夷，五在中国，华山、首山、太室、泰山、东莱，皆黄帝所常游也。又元封初，东巡海上，公孙卿持节先行，候名山至东莱。《汉书·郊祀志》：神爵元年，从方士言，祀莱山于黄，是也。一名莱阴山，亦曰龙门山。

蹲犬山，县西南三十里。形如蹲狗。隋大业十一年，齐郡贼左孝友众十万屯蹲狗山，郡丞张须陀列营逼之，孝友窘迫出降，即此山也。大沽河源于此。又县东南四十里有土山，环绕如城。

海，在县北。中有岫屹岛、桑岛，皆屹峙海中。

大沽河，县西南四十里。出蹲犬山，东南入福山县界，复折而西南，入招远、莱阳二县界，下流至胶州即墨县入海。○黄水，《县志》：在县东北五里，源出县东南二十里之黄山，流经故黄城，折而西北流。又泺水，在县东北三里，源出县东南二十里之泺山，流合黄水，至马停镇入于海。

马停镇。县西四十里。有巡司戍守。又县西六十里有黄山馆驿，旧兼置递运所于此，今驿存而所革。又旧有龙山马驿及城西递运所，今俱废。

○福山县，府东南百四十里。东北至宁海州百里。汉腄县地。唐、宋以来，皆为蓬莱县地。金天会中，伪齐刘豫析登州之两水镇置福山县，仍属登州。今砖城周二里，编户二十九里。

牟城，县西北三十里。盖即牟平县也。《志》以为春秋时牟子所筑，似误。今故牟国，见莱芜县。

之罘山，县东北三十五里，连文登县界。周围五十里，三面距海。《史记》：秦始皇二十八年，登之罘立石。二十九年，登之罘刻石。三十七年，至之罘射巨鱼。《封禅书》：八神，五曰阳主，祀之罘。《汉书》：武帝太始三年，登之罘，浮大海而还。其东南海中有垒石，俗传武帝尝立桥于此。

福山，县北五里。县以此名。又峿嵝山，在县西南三十里，山势嵯峨，接栖霞县界。

海，县东北三十里，有海洋山后海口。又县北十五里有城后海口，登宁场置于此，居民皆煮盐为业。县北四十里又有之罘海口。西北四十里有八角海口。《宋史》：淳化四年，遣陈靖等使高丽，自东牟趋八角海口，是也。又有海洋、官家、潘家、胡家、韩家诸岛，俱在县北海中。

清洋河，在县东十里。源出栖霞县翠屏山，流入界，北注于海。又义井河，在县西南三十里，源亦出翠屏山，流经县城东，合于清洋河。○

大沽河，在县东一里，自黄县流入界。

孙夼镇。在县北四十里，有巡司戍守。○黄河寨，在县西北，有土城二里。《志》云：县境自黄河寨而下，又有刘家汪寨、解宋寨，俱设百户所，筑城守御，自登州卫中、右千户所分设。又有卢洋寨，亦置百户所，筑城守御，自福山中、前千户所分设。《志》云：刘家汪、卢洋等寨，俱与蓬莱县东海口相近。

○栖霞县，府东南百五十里。西北至黄县百二十里。汉腄县地。唐为蓬莱县之杨疃镇，宋因之。金天会中，刘豫析置栖霞县。今土城周四里，编户四十二里。

翠屏山，在县治南。苍翠罗列，如画屏然，大河及义井河，俱源于此。又灵山，在县东五里，峰峦峻拔，亦曰灵峰山，白洋河出其下。

岠嵎，县东北二十里。宋庆历六年，山东地震，岠嵎山摧。嘉定六年，金益都贼杨安儿作乱，据登州，金将仆散安贞败之，安儿乘舟入海，欲走岠嵎，舟人曲成击杀之，即此。山产金，亦名金山。《地记》昌阳县东百四十里有黄银坑，即此山也。《隋书》：辛公义为牟州刺史，山出黄银，获之以献。《宋史·志》：天圣中，登、莱采金，岁益数千两。景祐中，登、莱饥，诏弛金禁，听民采取，俟岁丰复故。《元史》：至元五年，令登州栖霞县每户输金岁四钱。《食货志》：栖霞、莱阳、招远三县俱产金。是也。又有岠嵎，北流入海。

百涧山，县东北七十里。山形透迤，涧水交错，殆以百数，旧产铁。又北曲山，在县西北三十里，旧亦产铁。其相近者曰艾山，巉岏出，形如艾叶，因名。山前有温泉，流入大河。○棋山，在县东三十里，迤东又有寨山，上有兵寨遗址。又方山，在县南二十里，山顶方平，亦曰大方山。迤西又有小方山。

大河，在县治南。出翠屏山，下绕城北流，折而东，入福山县界，即清洋河之上源也。又义井河，出翠屏山西麓，亦北流而东，折入福山县界。〇白洋河，在县东南二里，源出灵山，绕翠屏山而西流，会溪诸水，亦北抵福山县入海。

原疃河。源出县西北五十里之蚕山，北流入招远县界。又盛水，在县南，源出方山，北流入大河。

〇招远县，府西南百五十里。西至莱州府百七十里。本掖县地，唐为掖县之罗峰镇。宋因之。金天会中，刘豫置招远县，属莱州。明洪武九年，改今属。砖城周二里有奇，编户四十八里。

废东曲城县，县西北五十里。汉置曲城县。后魏皇兴中，分置东曲城县治此，仍属东莱郡。后齐并入掖县，今亦名光州城。《志》云：县东北二十里有潘家城，相传宋潘美尝于此筑城防寇。

张画山，县北十五里。山高林茂，如张画然。又罗山，在县东二十五里，唐置罗峰镇，盖以山名。〇云屯山，在县东北二十五里，接栖霞县诸山，绵亘百馀里。又齐山，在县西三十五里，宋、元时尝置买金场于此。

原疃河，在县城东。自栖霞县流入，西北合平南、东良二河入海。《志》云：东良河源出莱阳县西北八十里之芝山，流入界。又平南河，出莱阳县西北七十里至下山，北流七十里，合东良河，与原疃河并流入海。〇五涧河，在县西北三十里。又县西北五十里有万盛河，俱由石灰湾流入海。

东良海口镇。在县西北五十里，即东良河入海处也。有巡司戍守。

〇莱阳县，府西南二百五十里。西北至平度州百二十里。汉昌阳县地，属东莱郡。后汉因之。晋初废，元康八年，复置，属长广郡。刘宋及后魏因之。高齐郡废，县属东莱郡。隋属莱州，唐因之。五代唐讳昌，改曰莱阳县，仍属莱州。明洪武九年改今属。土城周六里，编户百四十一里。

昌阳故城，县东七十里，汉置县于此。成帝封泗水戾王子霸为侯邑。晋废，寻复置，在今县东南二十三里。隋大业中，修筑城垣，仍属东莱郡。唐永徽中，城为水所圮，因移县于今治。〇观阳城，在县东南三十里。汉县属胶东国。后汉属北海国。建武中，封贾复为食邑。晋省。后魏兴和中复置，属东牟郡。后周县废。隋开皇十六年复置，并置牟州治焉。大业初州废，县属东莱郡。唐武德四年，县属登州。六年，复属牟州。贞观中，牟州及观阳县俱废。《寰宇记》：观阳在县南十里，以在观水之阳而名。

挺城，县南七里。汉置挺县，属胶东国。后汉属北海国。晋属长广郡，刘宋及后魏因之。后齐县废。〇长广城，在县东五十里。汉县，属琅邪郡。后汉属东莱郡。晋属长广郡。惠帝末，惤令刘伯根作乱，东莱王弥从之，伯根败，弥亡入长广山中为群盗。刘宋及后魏仍曰长广县，属长广郡。北齐县省。又有古城，在县西南四十里，相传齐侯灭莱时筑，遗址尚存。

五龙山，县南二十里。山下有五水相合，流百里而入海，因名。〇仓山，在县东五十里，旧产铁。又县东七十里又有福阜山，宋、元时尝置金场。又东十里曰林寺山，元亦置金场于此。

七子山，县东南九十里。大峰居中，七峰环列若子，因名。又旌旗山，在县北三十里，形势罗列，状若旌旗。

大沽河，县西九十里。自招远县流入境，又西南入平度州界。〇县河，在县东三里，源出栖霞县之方山，南流入海。又县东十五里有陶张河，源出栖霞县南十五里之唐山，西南流入海。又昌水，在县东南四十里，源出文登县西南四十里之昌山，西南流径县东入于海。一名昌阳水，亦曰水口河。

奚养泽，县东五十里。《周礼·职方》：幽州，泽薮曰奚养，盖其地周属幽州也。《录异记》：县东北有芦塘，方八九顷，深不可测。今涸。

行邨寨。县东南百二十里，有巡司戍守。〇高丽戍，在县西南九十里，相传司马懿讨辽东，于此置戍，土人讹为高丽山。

附见：

登州卫，治府城内。洪武九年置，领左、右、中、前、后、中左、中右七千户所。

奇山守御千户所，在福山县东北三十里。洪武三十一年置，所城筑，周二里。又有福山备御中前千户所，在县治西。洪武十年置，属登州卫。

大嵩卫，在莱阳县东南百三十里。洪武三十一年置，领中、前、后三千户所。城周八里。《志》云：卫南海中有巨高岛，西南边海有草岛嘴，俱戍守处。

大山砦备御前千户所。在大嵩卫西。成化中增置，所城周四里，属大嵩卫。

〇宁海州，府东二百二十里。北至海五十里。

春秋、战国时齐地。《通志》：春秋牟国也，本在寿光县界，齐逼迁牟子于此。似未可据。汉属东莱郡，后汉、魏、晋及刘宋因之。后魏属东牟郡，北齐属长广郡。隋属牟州，大业初，属东莱郡。唐武德四年，置牟州于此。贞观初，州废，仍属莱州，寻属登州。《旧唐书》：如意元年，置登州，治牟平。神龙三年，移登州治蓬莱，以牟平县属焉。宋因之。金天会中，刘豫置宁海军。大定二十二年，升为州，元因之。明洪武初，以州治牟平县省入，属莱州府。九年，改属登州府。编户八十里。领县一。今仍为宁海州。

州北控辽海，南拱江、淮，凭岛屿之险，擅盐、铁之利《汉书》：东牟有铁官、盐官。风帆络绎，以成山为表识。州亦东道之雄矣。《志》云：宁海居府境之东，文登一县，又在州之东，设文登营于县东北，所以当东面之险也。《海防考》曰：文登营所属之卫，曰宁海、威海、成山、靖海，凡四所。则宁峰、海阳、金山、百尺崖、寻山，凡五。又有清泉、赤山等寨，辛汪、温泉镇诸巡司，而成山以东，若旱门滩、九峰、赤山、白蓬头诸岛，沙碛连络，登犯不易。然明初倭寇成山，掠白峰砦、罗山砦，延及大嵩、草岛嘴诸处，海侧居民，重罹其害。夫建营之意，所以北援登州，南卫即墨，为犄角之势也。有备无患，可泄泄欤。

牟平废县，今州治。汉置东牟县，属东莱郡，吕后封齐悼惠王子兴居为侯邑。后汉仍属东莱郡，晋废隋移牟平县治此。属牟州。大业初州废，县属东莱郡。隋属东莱郡。唐初，为牟州治。贞观初，州废，县亦并入文登县。麟德初，复析置牟平县。如意初，置登州于此，寻改为属县。宋因之。金为宁海军治，后为州治。明初省。今州城砌以砖石，周九里，门四。

清阳废县，州东三十里。唐武德六年，置清阳及廓定二县，属登州。时州治文登也。贞观初，州及二县俱废。《齐乘》：唐置清阳县，其城对之罘山，临清阳水。清阳，即《汉志》所云声洋水出之罘者也。《城冢记》：州东十里有齐康公城。《史记·田齐世家》：田和迁康公于海上，食一城，以奉其先祀，即此城矣。〇育犁城，在州西北八十里。汉县，属东莱郡，后汉省。《寰宇记》云：城在牟平东南百二十里。

牟山，州北七里山之阳。地势平广，故县有牟平之名。又州东四十里有系马山，俗传始皇东游，系马于此。〇大昆仑山，在州东南四十里。其相连者为小昆仑山，秀拔为群山之冠。上有太白顶，中有烟霞洞。一名姑馀山，又讹为昆仑山。

海，州东北五十里。有菪岛海口，北通辽海，南达江、淮，海艘往来必经之道也。又海中有崆峒岛。其相近者，又有栲栳岛、浮山岛、相连岛、东清岛、西清岛及竹岛、莒岛、鹿岛、黄岛之属，皆环列州北，恃为捍蔽。

金水河，州东五里。一名沁水。源出州南八十五里之黄堆，会诸山溪涧水，北流经此，又东北注于海。又五丈河，在州西北十里，源出州西南六十里之嵝山，合涧谷诸水，亦东北流入海。

乳山寨。州西南百四十里。《宋》志：牟平有乳山、阎家口二寨。其地盖相近。今有乳山寨巡司。又东北有清泉砦，寨城周二里，置百户所于此，自宁海后千户所分设。

○**文登县**，州东南百二十里。汉不夜县地，属东莱郡，后汉省入牟平县。北齐天保七年，析置文登县，取山为名，属长广郡。隋属莱州。唐武德四年，置登州治焉。贞观初，州废。如意初，复置登州，以县属焉。宋因之，金改属宁海州。今土城周七里，编户六十九里。

不夜城，县东北八十里。相传古莱子所筑也。汉置县于此。王莽曰夙夜，其夙夜连率韩博献奇士巨无霸者也。后省。又东牟城，《寰宇记》云：在县西北十里，汉县盖治此，似误。

腄城，县西七十里。秦置县。《史记》：秦始皇二十八年，行郡县，乃并勃海以东，过黄、腄、穷成山。腄即腄县矣。汉亦曰腄县，属东莱郡，吕后封吕通为侯邑。宣帝神爵初，从方士言，祠之罘于腄，祠成山于不夜，是也。后汉县省。腄，读若睡。

成山，县东北百五十里，海滨，斗入海中。《史记》：秦始皇二十八年，并渤海，穷成山。三十七年，又自琅邪北至荣成山。荣山，劳山之讹也。又《封禅书》：八神，七曰日主，祠成山。成山斗入海，最居齐东北，以迎日出云。《汉书》：武帝太始三年，礼日成山，或又误为盛山也。《魏志》：太和六年，孙权使周贺等使辽东，时魏遣田豫督青州军，自海道伐公孙渊,不能克。豫知贺等垂还,岁晚风急,必畏漂浪,东道无岸,当赴成山,成山无藏船之处,遂辄以兵屯据成山。贺等还至成山,遇风,豫击斩之。《唐史》:显庆五年,苏定方讨百济,自成山济海。《齐乘》曰:成山斗入海,旁多礁岛,海艘经此,失风多覆,海道极险处也。山之东有召石山。《三齐记略》:秦始皇造石桥,欲渡海观日出处,有神人召石于山下,因名。

文登山,县东二里。相传秦始皇东巡,召集文士登此山,论功颂德,因名。〇五垒山在县南五十里,南北成行入海,宛如营垒。又县东南六十里有斥山,取海滨广斥之义。《尔雅》:东北之美,有斥山之文皮。是也。

铁槎山,县南百二十里。山有九顶,南瞰大海,下有水帘洞,为海潮出入处。山之东,又有云光洞。〇铁官山,在县西北四十里,汉尝于此置官铸冶,遗迹尚存。

海,县南六十里。又县东百八十里,县北八十里,皆滨海。《志》云:县北九十里海中有刘公岛,多林木,四五月间,舟人入岛采取。旧有辛、王二里居民,明初徙入内地。又有海牛岛,亦在县北海中,产海牛皮,堪弓鞭,脂可燃灯。其相近者,为海驴岛,产海驴,其皮可以御雨。又产海狸、海锹之类,体皆鱼也。又有鸡鸣岛,西南去不夜城五十里,相近者又有镆铘、五里、玄真、苏心、双岛、柘岛之属,皆环列县境。又白蓬头港,在县南百二十里,相近者又有旱门滩、双峰诸岛。

送驾河,县西北五里。出县东北四十里棋山之麓,西南流经此,又南入海。县东诸河多流合焉。又古桥河,在县西南六十里,南入海。又柘埠河,在县东北六十里。《志》云:源出导谷中,东北入于海。

辛汪寨,县北七十里,有巡司。又温泉镇,以县东北九十里,亦设巡司于此。又城西有赤山寨,亦置巡司。旧皆筑城戍守,万历中,革赤山巡司。《志》云：县东南八十里，旧有竹岛寨。又县南八十里有五叠岛城，又南二十里为玄真岛城，县西南八十里又有远岛寨城，旧皆为戍守处。

秦皇宫。县东百八十里。《志》云：始皇东游时筑。又县东北百二十里，有望海台，亦始皇筑以望海云。

附见：

宁海卫，在州治西。本莱州卫左千户所。洪武二年，调为备御所，十年，升为卫，领左、中、前、后四千户所。

金山备御左千户所，州东北四十里，所城周二里。成化中置，属宁海卫。

威海卫，文登县北九十里。洪武三十一年置，领左、右二千户所。卫城周六里有奇。今亦置威海卫。

百尺崖备御后千户所，文登县东南百四十里。成化中置，所城周二里，属威海卫。

成山卫，文登县东百二十里。洪武三十一年置，领左、前二千户所。卫城周六里有奇。今亦置成山卫。

寻山备御后千户所，文登县东南百二十里。成化中置，所城周三里有奇，属成山卫。

靖海卫，文登县南百二十里。洪武三十一年置，领左、中、后三千户所。有砖城，周六里有奇。今亦置靖海卫。

宁津守御千户所。文登县东南百二十五里，成化中置，所城周三里。又海阳守御千户所，在文登县南百四十里，亦成化中置。所城周三里。俱属成山卫。

读史方舆纪要卷三十七

山东八 辽东行都司

〇辽东都指挥使司，旧都司城。东至鸭绿江五百六十里，南至旅顺海口七百三十里，西至山海关一千一十五里，西北至大宁废卫八百六十里，东北至故建州卫七百九十里。自都司至山东布政司二千三百三十里，至江南江宁府三千四百里，至京师一千七百里。

古冀、青二州地。舜分冀东北为幽州，即今广宁以西地；青东北为营州，即今广宁以东地。春秋、战国并属燕。秦置辽东、辽西二郡。汉初因之，武帝拓朝鲜，并割辽东属邑置乐浪、玄菟、真番、临屯四郡，昭帝省临屯、真番郡。后汉因之。后为公孙度所据。度自称平州牧，传四世，魏景初二年司马懿击灭之。三国魏置东夷校尉，治襄平，而分辽东、昌黎，《晋志》：昌黎郡，魏置。乐浪、玄菟、带方。带方郡，公孙度置。五郡置平州。晋改辽东郡为国，仍隶平州。《通典》：魏因公孙度之旧，分辽东五郡置平州，后还合幽州。又东夷校尉居襄平，后改为护东夷校尉。晋咸宁二年，仍置平州，以慕容廆为刺史，治昌黎，属永嘉乱，遂有其也。大兴三年，为慕容廆所据，按《燕录》：慕容廆于晋太康五年始袭位。东晋大兴二年，始逐平州刺史崔毖，据有辽东。四年，始拜为平州牧。初置即以麂为刺史，误也。太和五年属于苻秦，后又属于后燕。晋太元十年，高句丽寇辽东，后燕将王佐救之，为高句丽所败，辽东、玄菟遂陷于高丽。是年，慕容农复取之。后魏得之，仍为辽东、昌黎等郡，寻又为高句丽所据。《十六国春秋》：慕容熙光始二年，高句丽陷平州。五年，伐高句丽，不克。魏收《志》有辽东郡，盖侨置也。唐征高丽，初置辽、盖二州，《唐书》：贞观十九年，伐高丽，克辽东城，以为辽州。又克盖牟城，以为盖州。后又置都督府九，又置安东都护以统之。《通典》：总章元年，李勣平高丽，得城百七十六，分其地为都督府九，州四十二，县一百，置安东都护于平壤城以统之，用其酋渠为都督、刺史、县令。上元二年，徙都护于辽东故城。仪凤二年，又徙新城。圣历元年，更名安东都督府。神龙元年，复曰都护。开元二年，徙于平州。天宝二年，又徙于辽西故郡城，领羁縻州十四。至德后废。寻为勃海大氏所据。五代时，地入契丹，阿保机葺辽阳故城，建东平郡，寻升为南京，《辽志》云：城名天福。后又改为东京辽阳府。金因之。元初置东京总管府。至元二十四年，立辽阳等处行中书省。明年，改东京为辽阳路。明洪武四年，置定辽都卫。八年，改为辽东都指挥使司。十年革所属州县置卫。永乐七年，复置安东、自在二州，领卫二十五、州二。今改置辽阳州、盛京奉天府。

司控驭戎、貊，限隔海岛。汉刘歆议孝武东伐朝鲜，起玄菟、乐浪，以断匈奴之左臂者也。后汉之季，东陲日渐多事。及晋失其纲，慕容氏并有辽东，遂蚕食幽、蓟，为中原祸。盖其地凭恃险远，盐铁之饶，原隰之广，足以自封；而招徕旁郡，驱率奚、羯，乘间抵隙，不能无倒植之势矣。自晋大兴以后，辽东不被华风者，几数百年，慕容燕、拓跋魏高丽相继有之。隋常图之而不能有，唐虽得之，而不能守也。五代梁贞明五年，契丹据有其地，渐营京邑，以侵扰中华。金人亦启疆于此，用以灭辽弱宋。蒙古先取辽东、西，而金人根本拨矣。后亦置省会于此，以弹压东垂。明时都燕，辽东实为肘腋重地，建置雄镇，藩屏攸赖。故司之西北则朵颜、福馀、泰宁三卫，东北则建州、毛怜、女直等卫，而广宁、开元居其噤吭，金、复、海、盖并称沃饶，为之根本。边墙西自山海，东抵开元，延袤二千馀里，东西阔绝，议者以应援为虞。成化二十年，边将邓钰言：永乐时，筑边墙于辽河内，自广宁东抵开元，七百馀里。若就辽河迤西径抵广宁，不过四百里。以七百里边堑堡寨移守四百里若遇入寇，应接甚易。弘治六年，按臣李善亦言：边墙阻辽河为固，滨河之地，延亘八百馀里，土脉咸卤，秋修春颓，动费巨万。夏旱水浅，不及马腹；冬寒冰冻，如履平地。所在城堡，畏贼深入，遂将良田数万顷，弃而不佃。况道路低洼，每遇雨水，泥泞不通。倘开元有警，则锦、义、广宁之兵，不过遥望浩叹而已。臣询之故老，云有陆行旧路，自广宁抵开元，约三百馀里，兼程不二日可到。地形高阜，土脉滋润，有古显州城池遗址。即辽滨城，见沈阳卫。计莫若开旧路，展筑边墙，起广宁棋盘山，直抵开元平顶山。二山在塞外。移分守八百里之兵，聚守三百里之地，锦、义为西路，广宁为中路，辽阳为东路，开元为北路，四路声援相接，如率然之势，庶庙堂可宽东顾之忧矣。议格不行。《边防考》：河西一带，随山起筑，多用石砌。广宁以东，地势平衍，惟藉版筑。弘治中，科臣邹文盛尝言：沿边野草繁茂，水土便益，甚利陶冶。若以岁役丁夫，烧砖修砌边墙，除山谷深峻不必修砌者，约千馀里，及时督成，可为金汤之固。议格不用。说者曰：司负山面海，水深土衍，草木丰茂，鱼盐饶给。正德三年，抚臣刘瓛言：辽东边储，止是屯粮，岁用不给。二十五卫，俱有盐场，每年例该煎盐三百八十五万六千四百三十斤，给军食用。但盐场去卫颇远，运道甚艰，莫若召商开中籴买粮料为便。从之。三岔河南北数百里，木叶、白云之间，大定故城在焉。见北直大宁废卫。乃委以界敌，俾得进据腹心，限隔东西。宁前、高平诸处一线之险，形援易阻，保边长策，得毋坐失之哉？

　　○定辽中卫。附郭，在司治东南。汉襄平、辽阳二县地，属辽东郡。后汉仍为襄平县地。晋因之。后为高丽所据。唐平高丽，复曰襄平县，后没于勃海。契丹置辽阳县，为东平郡治，寻为辽阳府治。金仍旧。元为辽阳路治。明洪武四年，改为卫治。八年，改置都司治焉。十年，废县。十七年，置卫。今为辽阳州治，六卫一州俱废入焉。

　　○定辽左卫。附郭，在司治西南。洪武四年，置千户所。十年，升为卫。

　　○定辽右卫。附郭，在司治西。建置同上。

　　○定辽前卫。附郭，在司治东北。建置同上。

　　○定辽后卫。附郭，在司治西北。洪武四年置，初名辽东卫，治得利嬴城，寻徙治于此。八年，改为定辽后卫。

　　○东宁卫。附郭。在司治北。洪武十三年，置五千户所，曰东宁、女直、南京、海洋、草河，各领所部夷人。十九年置卫，并五所为左、右、前、后四千户所，寻又增置中所及中左千户所，以谪戍者实之。今与六卫俱废。

○**自在州**，附郭。永乐七年置，治开元城内，领新附夷人，后徙置于东宁卫西偏。今与六卫俱废。

辽阳城，今即司治。《辽志》：契丹神册四年，茸辽阳故城，谓之铁凤城，以勃海汉户建东平郡。天显三年，迁东丹国民居之，升为南京，名天福城。幅员三十里，有八门。其宫城在东北隅，南为三门，壮以楼观，四隅有角楼，相去各二里。外城谓之汉城。天显十三年，改曰东京辽阳府，金、元皆因旧城。明洪武五年，改建定辽城，周十八里有奇，门六。南面门二，左曰安定，右曰太和。东面门二，左曰平夷，右曰广顺。西面门一，曰肃靖。北面门一，曰镇远。十二年，展筑东城一里，其北又附筑土城，以处东宁卫内附夷人。永乐十四年，复修筑北城，南北一里，东西四里，合于南城。司城共周二十四里有奇。北城之门三，东永智，西武靖，北无敌。自是每加修饰。万历庚申以后，鞠为茂草矣。○辽阳废县，在司城内，汉县，属辽东郡。后汉安帝初，改属玄菟郡。晋废。《辽志》云：辽阳县，汉浿水县也。高丽改为句丽县，勃海为常乐县，辽为辽阳县。按浿水县，汉属乐浪郡，《辽志》误也。金、元俱为辽阳县。明初废。

襄平城，司北七十里。汉县，为辽东郡治。后汉及晋因之。亦谓之辽东城。慕容廆使其子翰镇辽东，即是城也。后魏亦为辽东郡治。隋大业八年，度辽水，围辽东城。唐贞观十九年，亲征高丽，拔辽东城，以其城为辽州。上元二年，移安东都护府于辽东故城。仪凤二年，复移新城。贾耽曰：自营州入安东道，经汝罗守捉，度辽水，至安东都护府五百里，故汉襄平城是也。又司东北有武次城，亦汉县，属辽东郡，东部都尉治此。后汉废。晋咸和中，慕容廆复置，寻废。

鹤野城，司西八十里。汉居就县地，属辽东郡。晋因之，后废。勃海置鸡山县于此。辽改为鹤野，属辽阳府。金因之。元废入辽阳县。○宜丰城，在司西南百里。辽置宜丰县，兼置衍州治此，亦曰广安军。金皇统三年，州废，以县属辽阳府。元初县废。又来远城，亦在司西南。《辽志》：本属女真地，统和中，伐高丽，置城于此。金升为来远军，又升为州。元废。

石城故城，在司东。金置石城县，属辽阳府。元省。《志》云：司东南十二里，有石城山，县盖因以名。又东南有故石城，盖高丽故城也。唐贞观二十一年，遣牛进达等自莱州渡海击高丽，拔其石城，进至积利城，败其兵而还。又横山城，亦在司东。《唐史》：太宗征高丽，拔其横山等城。又显庆四年，薛仁贵破高丽于横山。即此。

紫蒙城，在司东。《辽志》：汉乐浪郡镂方县地。后佛涅国置东平府，领蒙州紫蒙县。寻徙辽城，并入黄岭县。渤海复置紫蒙县。辽因之，属辽阳府。金废。○於河城，在司东北。晋大兴三年，慕容廆取辽东，平州刺史崔毖奔高句丽，高句丽将如奴子据於河城，廆遣将张统击擒之。又汤州城，在司北。《辽志》云：汉襄平县地，渤海置州，领灵峰、常丰、白石、均谷、嘉利五县。辽废县存州，在东京西北百里。金废。

兴辽城，在司西南。《辽志》：汉辽东郡平郭县地。渤海改为长宁县。辽曰兴辽县，属辽阳府。金废。○婆速城，在司东西百七十里。金初置统军司于此。天德二年，置总管府。贞元初，又置府尹，为婆速府路。元讹速为娑，曰婆娑府。至元十七年，改隶东京总管府，后废为巡检司。

凤凰城，司东南三百五十里。其相近有凤凰山，山上有垒石古城，可屯十万众。相传唐太宗征高丽，驻跸于此。明成化十七年，以朝鲜使臣还国，道经山下，为建州野人所掠，奏乞于旧路南新开一路，以便往还。于是抚臣王宗彝奏言，凤凰山前后，实出没要途，距辽东三百馀里，其间土地广漠，旧无烽堠，请自山之东北至瑷阳间，筑墩台二十二座；距山之西北一十五里，旧有古城遗址，于此筑立一堡，名为凤凰城。距城西六十里，曰叙列站，宜筑立一堡，曰镇宁堡。距城西北六十里，曰新通远堡。

于堡南增筑一堡，曰宁夷堡。各置军马，为凤凰城声援，则自辽阳直抵朝鲜，烽堠联络，既拒零贼东南窃掠，亦便朝鲜使臣往来。朝议改镇夷堡为镇东，宁夷堡为镇夷，馀悉从之。《志》云：凤凰城东南去镇江城凡百馀里。○镇江城，在司东南四百六十里，旧为朝鲜贡道，其相近者有安奠堡。明天启元年，毛文龙袭安奠，入镇江城。是也。又有斩木城及火烟沟等处，其西北与凤凰城相近。

首山，司西南十五里。山连海州卫界，顶有平石，泉出其中，挹之不竭。曹魏景初二年，司马懿伐公孙渊，潜济辽水，进至首山，大破渊军，遂围襄平。是也。唐贞观十八年，征高丽，车驾度辽水，军于马首山，即此山矣。或谓之驻跸山。《唐史》：驻跸山在安市城外。《志》云：首山一名手山，以山顶石上有文如指掌，故名。

平顶山，司东百里。山周三十里，其顶平旷，可资耕稼，有泉涌出，中产蒲鱼。又千山，在司南六十里，峰峦丛密，以千数计，中有龙泉、温泉、香岩等寺，及仙人台、罗汉洞诸胜。○华表山，在司东六十里，因丁令威化鹤得名，俗呼为横山。又通明山，在司南九十里，山多洞穴，俗名窟龙山。又有石门山，在司东南四十里，旧有石门寨，万历中，李如松救朝鲜，道出于此。

安平山，司东北百里。俗名平矿山，一名天城山。上有铁场，置百户所戍守，属沈阳中卫。又龙凤山，在司东南四百里，大虫江出焉。司东北五百里，又有斡罗山，大梁水出焉。○老鸦山，在司西百三十里，明初故元平章高家奴聚兵处。

凤凰山，司东三百六十里，详上凤凰城。其相近者曰青山。○大石岭，在司南十五里。又分水岭，在司东四百里。又有大盘岭，在司东南，近大海。《志》云：司北边外百馀里有车轮坡，为三卫驻牧处。

西弥岛，在司东南海中。天启中，毛文龙言：西弥岛相连有三山，周广二百馀里，中云从山，前西弥岛，后珍珠岛，与朝鲜国境铁山城相近，陆程则八十里，水程仅三十里。西弥大路至朝鲜之义州，百六十里，铁山水路如之，义州与镇江相对，止三四十里，镇江去辽阳三百六十里。铁山、西弥，与建州相去在五百里内也。

辽水，司西百六十里，又西距广宁卫二百里。自塞外流入三万卫西北境，南流经铁岭、沈阳而至此。又南至海州卫，西南入海，行千二百五十里。魏司马懿伐公孙渊，围襄平，会大霖雨，辽水暴涨，运船自辽口竟至城下，平地水数尺。隋大业七年，伐高丽，至辽水，众军俱会，临水为大阵，高丽阻水拒守。隋兵不得济，命宇文恺造浮桥三道于辽水西岸，既成，引桥趋东岸，桥短丈馀，士卒赴水接战，高丽乘高击之，为所败，乃引桥复就西岸，命何稠接桥。二日而成，诸军进战于东岸，高丽大败。明年复度辽，攻辽东城，未克。会杨玄感作乱，引还。唐贞观十八年，遣营州都督张俭等讨高丽，值辽水涨，俭等久不得济。既而车驾至辽泽，泥淖三百馀里，人马不可通。诏阎立德布土作桥，军不留行。既济，即撤之，以坚士卒之心。及师还，以辽泽泥潦，遣长孙无忌将万人剪草填道，水深处，以车为梁而度。今辽地遇雨则多淖，盖天设之险矣。向来筑边墙于辽河内，东西旷绝，自广宁至辽阳，以辽河为津要，秋冬冰结，人马可以通行，易于应援。冰开时，为贼所据。则两城势孤，虽有渡船，不能猝济。天顺十一年，边臣马文升请复浮桥，以联声援。从之。自是常加修治。《辽志》：辽河出东北山口为大河，西南流为大口入海。

太子河，在司东北五里。一名东梁河，一名大梁水。源出幹罗山，西流五百里至此。又折而西南，至浑河，合为小口，会辽河入于海。司马懿斩公孙渊父子于梁水之上，即此。或曰：太子河即故衍水，燕太子丹匿于衍水中，后人因名为太子河。

浑河，在司西北。一名小辽水。源出塞外，西南流，至沈阳卫合沙河，又西南流至都司城，西北入于太子河。《水经注》：小辽水出玄菟高句丽县之辽山，西南径襄平县为淡渊。晋永嘉中，渊涸，小辽水又径襄平入大梁水。

鸭渌江，司东五百六十里。《汉志注》：玄菟郡西盖马县，有马訾水，西南至辽东郡西安平县入海，过郡二，行一千一百里。郡二：玄菟、辽东也。《新唐书》：马訾水出靺鞨长白山，色若鸭头，号鸭渌水。杜佑曰：鸭渌水阔三百步，在平壤西北四百五十里，辽水东南四百八十里。隋大业八年，伐高丽，分道并进，皆会于鸭渌水西。唐贞观十九年，程名振等拔卑沙城，遣将耀兵于鸭渌水。又龙朔元年，契苾何力讨高丽，高丽守鸭渌水，不得济，何力乘冰坚渡水，大破之。乾封二年，李勣伐高丽，管记元万顷檄文曰：不知守鸭渌之险。高丽报曰：谨闻命矣。即移兵拒守，唐兵不得渡。乾封三年，李勣大破高丽兵于鸭渌栅，进围平壤，高丽降。宋大中祥符二年，契丹主隆绪伐高丽，渡鸭渌江，高丽败保铜州。元至正二十年元主废高丽王，伯颜帖木儿立其昆弟在京师者，曰塔思帖木儿，以兵送之国，高丽国人不服。至鸭渌江，高丽伏兵四起，兵败，仅馀十七骑还京师。今鸭渌水源出长白山，下流入海，与高丽分界。万历二十年，大帅李如松等援朝鲜，出石门，至凤凰山，渡鸭渌江而东，是也。○大虫江，在司东四百里，源出龙凤山，南流入于鸭渌江。

海，司南七百三十里。《齐都赋》：海之傍出者为渤，辽东延袤二千里，其南面皆临渤海。《辽志》：辽阳府东至北乌鲁虎克四百里，南至海边铁山八百六十里，西至望平海口三百六十里，东西南三面皆抱大海。

连山关，司东南百八十里。地有连山，因名。朝鲜入贡之道也，向有官军戍守。《志》云：辽阳城北三里有镇湘关。又有刺榆关，在司南百七十里。○鸦鹘关，在司东南三百三十里。其东有喜昌口，即建州驻牧处。天顺三年，帅臣赵辅等分军由鸦鹘关、喜昌口，又逾凤凰城、黑松林、摩天岭，至泼猪江，斩获而还。万历四十七年，大帅李如松由清河出鸦鹘关，是也。

德胜营，在司西六十里。旧为军士屯戍之所。又虎皮营，在司北六十里，亦曰虎皮驿。又威宁营，在司东六十里。《志》云：三万卫铁场百户所置于此。

首山堡，司西十五里。以近首山而名。又南沙河堡，在司西南三十里。又有北沙河堡，在司北八十里。○鞍山堡，在司西南六十里，以地有鞍山而名。亦为鞍山驿，西南去海州九十里。

柳寨堡，在司北。旧为柳条寨。弘治中，始增置营堡于此。又莲花泊堡，在司北九十里。又长勇堡，在司北百五十里，其西为长胜堡。○长营堡，在长勇堡东北。《边防考》：堡南有毛得山，为屯兵按伏之所。又长安堡，在司西北五十馀里，其西为长定堡。又西南为长宁堡，又西为长靖堡。

甜水堡，司东南九十里。亦曰甜水站，辽海卫铁场百户所置于此。又南八十里曰草河堡。又有青苔峪堡，在司南百五十里，以当青苔峪而名。○东丹堡，在司东百二十里，其相近者曰白泽山。○马根单堡，在东丹堡东三十里，其相近者曰静宁墩，贼冲也。《志》云：马根单堡与清河堡、咸场堡、瑷阳堡，相距皆七十馀里，中间有乾河、王老诸岭，皆险隘可守之地也。

清河堡，司东南三百里。南临太子河堡，西有白塔佃，可按伏。又西有威宁营，可屯兵。其东接鸦鹘关往来边路。《志》云：清河堡东境有松山，军士采木处也。《舆程记》：出清河路三十里即鸦鹘场，又三十里至响花岭，五里为撒石寨，十里无狼寨，十里旧鸦鹘关，十里一哈河，十五里乌鸡关，二十里林子岭，二十里错罗必寨，又三十里即建州老寨矣。其旧鸦鹘，路坦无林，四马可进。乌鸡关头道扣栅，有悬崖相抱，二道砌石横木，止容一人俯行，骑不能过。林子岭树虽稠密，亦四马可行也。○散洋峪堡，在清河堡西。嘉靖二十五年增置。又一堵墙堡，在清河堡东，亦嘉靖二十五年置，当鸦鹘关之冲。又司东南三百七十里有碱场堡，近堡有金人寨，可按伏。又有孤山堡，在碱场堡东南，亦嘉靖二十五年置。

　　叆阳堡，在司东南四百馀里。近堡有汤头溪，可按伏。又新安堡，在叆阳堡西。近堡有石岭儿、梁家峪，皆设险处也。又洒马吉堡，在新安堡东北，与孤山堡相接。《舆程记》：出叆阳路三十里至古北河，八十里至半岭，七十里为一赤董古寨子，五十里为头道大岭，二十里二道大岭，四十里凹儿哈寨，又七十里即建州老寨矣。其古北河夹峙深林，小河数十道，冬涸夏涨。头道、二道岭高岩陡绝，大树纷错，凡二百馀里，并无别径可抄，险道也。

　　险山堡，司东南四百馀里，嘉靖二十五年增置。堡北有双岭台堡，东有石垒口，锁果直等台，贼冲也。○宁东堡，在险山堡西南。其南又有江沿台堡，亦嘉靖二十五年增置，当打探峪、瓦子峪等一带贼冲。又汤站堡，在险山堡西，其西南与凤凰城接界。《边防考》：贼从石岔口循短错江入掠江沿台，离汤站仅八九十里，亦冲要处也。又凤凰城西北六十里曰镇夷堡。又南有镇东堡，即成化十七年所置。

　　宽奠堡，司东南五百里。万历六年筑。其东有通夷关，又东北有松子岭、林刚谷，俱接建州塞。堡东又有晾马佃，亦曰晾马台，贼冲也。○长奠堡，在宽佃南百里。其东北五十里为永奠堡。又大佃堡在宽佃东南三十里，又东为石岔口驿。又宽奠北三十里曰新奠堡，俱万历六年置。《边防考》：宽奠新疆，逼近建州，边人谓之张其哈剌佃子。万历中，李成梁弃其地为建州耕牧。《舆程记》：宽佃一带，皆在建州东面，若从镇江路径长奠，永奠，三十里而至沙松排子，又三十里至分水岭，三十里至八家子，二十里转山头，十里鸦儿河，二十里秤东葛岭，十里秤东葛岭寨子,三十里牛毛岭,二十里牛毛寨,二十里董古寨,十里马家寨,四十里深河子,三十里大家寨子,三十里凹儿哈寨子,四十里家哈寨,三十里为建州老寨,此皆小径深林也。从宽奠路则十五里至古洞,二十里至小佃子,三十里团团佃子,二十里八家子趋转山头。其小佃、团佃、八家子,皆伐林可通。而牛毛岭、家哈寨林深岩峭,稗东葛岭路夹大崖,皆难行之路矣。

牛毛寨,在司东北塞外。其北又有马家寨。万历四十六年,大帅刘
糸廷从宽奠堡出边,至牛毛寨,复深入至马家寨,即此。《志》云:牛毛寨相近有万遮岭。又有葛禄寨,亦在宽奠塞外。又有董古、阎王等寨,皆近建州老寨。○修火寨,在司东南塞外。成化三年,大帅赵辅等讨建州叛族,分军历宋产、八李等寨,追至摩天岭。别将攻修火寨,袭败贼于张亦升、松林,皆建州境内地也。又鸭儿匮,亦宽佃塞外地。万历八年,建州族犯瑷阳、永奠等堡,官兵追奔出塞二百馀里,至鸭儿匮,大破之。

甬道。在司西辽河上。隋大业八年伐高丽,起浮桥渡辽水,因筑甬道于河旁。唐贞观十八年,伐高丽,李世勣军发柳城,多张形势,若出怀远镇者,而潜师北趋甬道,出高丽不意,度辽水至玄菟,即隋所筑甬道也。怀远镇,见北直废大宁卫。

○海州卫,司西南百二十里。南至盖州卫百二十里,西至广宁卫二百四十里,东南至鸭渌江五百八十里。

秦汉时辽东郡地。后魏末,为沃沮国地。高丽为沙卑城。渤海号南京南海府。辽为海州南海郡。金曰澄州。元废。明洪武九年,置卫。今改曰海城县,属奉天府。

卫襟带辽阳,羽翼广宁,控东西之孔道,当海运之咽喉,辽左重地也。

沙卑城，即卫城。亦曰卑沙城，高丽所筑，叠石为城，幅员九里，或讹为卑奢城。自登、莱海道趣高丽之平壤，必先出此。隋大业十年，来护儿出海道，至卑奢城，败高丽兵，将趣平壤，高丽惧而请降。唐贞观十九年，伐高丽，张亮帅舟师自东莱渡海袭卑沙城，其城四面悬绝，唯西门可上，唐兵攻拔之。总章初，复得其地。后没于勃海，置南京南海府，兼置沃州，领沃沮、鹫岩、龙山、滨海、升平、灵泉六县。辽改置临溟县，为海州治。金为澄州治，元州县俱废。明洪武九年，改筑卫城，周六里有奇。

新昌城，在卫东。汉县，属辽东郡。后汉因之。永宁二年，高句丽与鲜卑寇辽东，太守蔡讽追击之于新昌，战殁。晋亦为新昌县。咸和九年，慕容仁自平郭趋新昌，都护王宇击走之，遂徙新昌入襄平，时仁与慕容皝相攻也。〇居就城，在卫东北。汉县，属辽东郡。后汉省。晋复置。咸和九年，慕容皝击其弟仁于辽东，入襄平，居就及新昌皆降于皝。

析木城，卫东南四十里。汉望平县地，属辽东郡。后汉因之。晋改属玄菟郡。勃海置花山县。辽改曰析木，属辽阳府，寻置铜州广利军治焉。金皇统三年，州废，以县属澄州。元省。

辽队城，卫西六十里。汉县，属辽东郡。队，读隧。后汉初废，公孙度复置。曹魏景初元年，幽州刺史毋丘俭击公孙渊，屯辽东南界，渊逆俭于辽队，会天雨十馀日，辽水大涨，俭战不利，引军还右北平。明年，司马懿伐公孙渊，渊使其将卑衍、杨祚屯辽队，围堑二十馀里，懿佯出其南，而潜军济水出其北，径指襄平。晋废。《水经注》：辽队县在辽水东岸。是也。渤海国置永丰县。辽曰仙乡县，属辽阳府。金废。

耀州城，卫西南二百里。渤海置椒州于此，领椒山、貂岭、澌泉、尖山、岩渊五县。辽改置耀州，仍属海州南海军节度。金废。《志》云：岩渊城在卫西南百里，即渤海所置县也，金废。〇滨州城，在卫西北百二十里。渤海置晴州于此，领天晴、神阳、莲池、狼山、仙岩五县。辽改置滨州，仍属海州南海军。金废。

三角山，卫南二十里。又卫东南三十里有白山，东三十里有滑石山。

辽河，在卫西南五十五里。自辽阳界流入，又南注于海，谓之三岔河。当东西往来之冲，亦谓之辽泽，或谓之黄水。晋咸和八年，慕容仁举兵平郭，袭慕容皝于棘城，至黄水，知事露，乃还据平郭。胡氏曰：黄水在险渎故县界，盖即辽渎之异名。

南北通江，卫西百八十里。源出卫东滑石山，自东而西，横度辽河，折而南流，又折而东，复入于辽河，其间有阆洲，方十馀里，可以耕稼。

散水河，在卫北。源出塞外，西流经卫境，下流入太子河。又新开河，在城西七十里。城西二百九十里，又有开通河，下流俱汇于辽河。

渤错水，在卫西北。唐贞观十九年，亲征高丽，攻安市城，不克，引还。至辽东，渡辽水，辽泽泥淖，车马不通，命长孙无忌剪草填道。至蒲沟驻马，督填道，诸军渡渤错水，暴风雪，士卒沾湿多死者。胡氏曰：蒲沟、渤错水，皆在辽泽中也。

梁房口关，卫西南七十里。又东南九十里，即盖州也。海运之舟，由旅顺口达者，于此入于辽河。旁有盐场三：其二属沈阳卫，一属辽海卫，各置百户所屯戍。○大片岭关，在卫东百十里，向亦置官军戍守。

永丰堡，卫西南六十里。又西有临清、广积、保宁、镇海等四堡。○东胜堡，在卫北。其西南为东昌堡，堡东有赵皮湾，向为屯兵设伏之所。

牛家庄驿。卫西北九十里。又西北八十里为沙岭驿。西至广宁七十里。又耀州驿，在卫南六十里。又南六十里，即盖州也。○杜家屯，在卫西北，辽河东岸，亦与广宁接界。又卫西南九十里有盐场，卫东九十里有铁场。向各置百户所司之。

○盖州卫，司西南二百四十里。南至复州卫百八十里，西北至广宁卫三百六十里，东至鸭渌江五百五十里。

秦汉时辽东郡地。高丽为盖牟城。唐置盖州。勃海因之，又改为辰州。《志》云：以路通辰韩也。辽初，为长平郡，寻为辰州奉国军。金初，改军曰辽海军，寻又改州曰盖州，军仍曰奉国。元初，为盖州路，寻复为州，以州治建安县省入，属辽阳路。明洪武九年，废州置卫。今改为盖平县，属奉天府。

卫控扼海岛，翼带镇城，井邑骈列，称为殷阜。论者以为辽东根柢，允矣。

盖牟城，即卫治。本汉平郭县地，汉、晋以后属于高丽。亦曰盖葛牟城。唐贞观十九年，伐高丽，取盖牟城，因置盖州。《辽志》云：州治建安县，元省入州。明洪武五年，改筑今城，周五里有奇。

平郭城，在卫南。汉县，属辽东郡。后汉因之。曹丕封公孙恭为平郭侯，即此。晋省县而城存。大兴四年，慕容廆以其子翰镇辽东，仁镇平郭。咸和八年，仁据平郭以叛慕容皝。咸康二年，皝袭仁于平郭，自昌黎东践冰而进，凡三百馀里。至历林口，舍辎重，轻兵趋平郭，遂克之。历林口盖在卫西北，昔时滨海要口也。七年，皝又使其子恪镇平郭城，后魏时废。隋大业九年，复伐高丽，修辽东古城以储军粮，即平郭城矣。○建安城，在卫东南，汉平郭县地，高丽置建安城于此。唐贞观十九年，伐高丽，张俭进度辽水，趋建安城。又李世勣言：建安在南，安市在北，安市先下，然后向建安。二城盖相近也。仪凤初，徙熊津都督府于建安故城，其百济户口先徙徐、兖等州者，皆置建安。《旧唐志》：自辽东城西南行三百里，至建安城，故平郭县也。辽置建安县，盖循故名耳，非即旧城也。

安市城，卫东北七十里。汉安市县，属辽东郡。后汉及晋因之。高丽亦曰安市城。唐贞观十九年，征高丽，攻安市城，不克，引还。咸亨三年，高丽馀众复叛，遣将高侃击之，败之于安市城。后置安市州。渤海改置铁州，领位城、河瑞、苍山、龙珍四县。辽仍为铁州，亦曰建武军，改置汤池县。《志》曰：在东京西南百六十里。金州废，以县属盖州。元省。今为汤池寨堡。又后黄城在卫东，亦高丽所置。唐太宗攻安市，先拔其后黄、银城二城。胡氏曰：高丽东境城也，与安市相近。时又拔其横山、磨米、麦谷等数城。

秀岩城，在卫东南。亦汉平郭县地。辽时，本名大宁镇。金明昌四年，升为秀岩县。泰和四年，废为镇。贞祐四年，复为县，属盖州。元废。又兴辽城，在卫东。《辽志》：汉平郭县地。勃海置长宁县。辽曰兴辽县，属辽阳府。金废。〇乌骨城，在安市东南，近大海。《唐史》：自登州东北海行，至乌湖岛。又行五百里，东傍海嵎，有道至乌骨江。唐贞观中，太宗围白岩城，乌骨城遣兵为声援。又太宗围安市不下，群臣皆言宜释安市，并力拔乌骨城，度鸭渌水，直取平壤。是也。

熊岳城，在卫南六十里。《辽志》：渤海杉卢郡也，领县五，曰山阳、杉卢、汉阳、白岩、霜岩。辽改置卢州玄德军。金州废，以州治熊岳县，属盖州。元废。《志》云：县西至海十五里，傍海有熊岳山，今为熊岳堡，下有熊岳河。

西安平城，亦在卫东南。汉县，属辽东郡。后汉及晋因之。咸康七年，石虎将王华帅舟师自海道袭燕安平，破之。即此城也。〇文城，在卫西。汉置文县，属辽东郡。后汉改曰汶县。晋省。咸和八年，慕容皝遣将攻其弟仁于平郭，败于汶城之北。胡氏曰：汶城在平郭之西。

永平监城，卫南百五十里。永乐七年建，城周三里有奇，有东西南三门。《志》云：旧有升平、新昌等监六，甘泉、安山、河阴、古城等苑二十四。后惟存永宁一监,清河、深河二苑,仍属辽东,行太仆寺及苑马寺,寺皆置于镇城内。

驻跸山,在卫东。《唐史》:本名六山,在安市城外。贞观十九年,征高丽,攻安市城,高丽将高延寿等来救。帝曰:彼若勒兵连安市而壁,据高山,取城中粟食之,纵靺鞨掠吾牛马,攻之不可下,此上策也。及延寿至,距安市四十里而屯。帝曰:虏堕我策中矣。既延寿又进一舍,至城东南八里,依山为阵。上命李世勣将兵陈于西岭,长孙无忌将奇兵自山北出狭谷,以冲其后,自将步骑挟鼓角,偃旗帜登北山。上命诸军闻鼓角齐出奋击。及战,高丽兵败,无忌断其归路,延寿乃降。因名其山曰驻跸。或曰:卫东分水岭诸山,即太宗驻跸处也。又六山,今广宁暨无闾山之别名。

石城山,卫东北十五里。上有石城,城中有泉,相传唐太宗征高丽,土人筑此城以避兵。又平山,在卫北五十里,三万卫盐场百户所置于此。又北十里有关山。○灶突山,在卫东南十五里,群山环绕,中有孤峰特起,若灶突然。又布雾山,在卫东南百四十里,其山最高,常有云雾在其上。又有城子山,在卫东南百七十里。

青泉山,卫南九十里。或曰即泉山也。唐咸亨二年,高丽酋钳牟寻叛,立安舜为王,诏高侃、李谨行讨之,破其安市城。三年,又败之于泉山。即此。或云:复州卫城南四十里有龙泉山,即故泉山云。○望海山,在卫西南三十五里。登山可以望海。又卫西南五十里有孛罗铺山。

分水岭,卫东百四十里。绵亘数百里,山下有泉,东西分流,因名。又有七盘岭,在卫东百十里。○陡松岭,在城南百里。又南十里为猫儿岭。又锅儿峪,在卫东南五十里。《边防考》:卫又有猪儿峪,明初叶旺等败敌处。

清河,卫南五里。源出卫东分水岭,西南流经此,一名州南河。又西流合于泥河。《志》云：卫南有柞河，或讹为梓河，即明初叶旺败敌处。或以为即清河之支流也。○泥河，在卫东七十里，亦曰蕲芋泺，以水多蕲芋草也。或谓之浿水，误矣。又五重河，在卫东北百五十里，源亦出分水岭，流经城东北，有杓子河流合焉，下流汇清河、泥河之水为临江，注于海。《志》云：临江在卫东南三百里。

毕里河，卫东南百八十里。《一统志》：源出卫东南山谷间，南流经复州卫入海。本作毕列河，唐乾封元年，诏李勣为辽东道行军大总管，伐高丽。又诏独孤云卿出鸭渌道，郭待封出积利道，刘仁愿出毕列道，金待问出海谷道，并为行军总管，受勣节度。毕列道盖以此水名，俗讹为毕利河。其相近者有将军山，即明初叶旺败敌处。

鸭渌江，卫东南五百里，与朝鲜分界。○八角湖，在卫西近海，铁岭卫盐场百户所置于此。

海，卫西十里。又西十里为归洲。又西南百十里曰苇子套，波涛险恶，不利行舟。《志》云：卫南海口有马石津，晋咸和九年，遣使者由海道致命于慕容皝，船下马石津，皆为慕容仁所留，时皝在棘城，路由平郭始达也。《新唐书》：自登州大洋东北行，过大谢、龟歆等岛，北渡乌湖海，至马石山东之都里镇。所谓马石津，当即此处也。

连云岛关，卫西十五里，置关以控海滨之险。又梁房口关，在卫西北九十里。又有梁房口堡，向设兵戍守，与海州接界。○石门关，卫东七十里，向亦有官军屯戍。

曷苏馆，在卫东南。契丹移女真部落数千家于此，置馆领之，谓之熟女真。金亦置曷苏馆路节度使，后徙于宁州，寻废。宁州在三万卫。

背阴寨堡。卫西北十五里。又西北有平山堡、八角湖堡。卫南百二十里有五十寨堡。又卫东北九十里有排山寨。东二百五十里有岫岩寨。○盐铁场，《志》云：卫西四十里有盐场百户所，北九十里有铁场百户所。

〇复州卫，司南四百二十里。南至金州卫百八十里，西北至广宁卫五百四十里，东南至海二百四十里。

秦汉时辽东郡地，唐没于渤海。辽置复州怀德军。金仍曰复州，元废。明洪武十四年，置卫。今并入盖平县。

卫山海环峙，川原沃衍，亦辽左之奥区也。

永康城，今卫治。辽置永宁县，复州治焉。金大定七年，更名永康。元废。洪武十五年，因旧城修筑。永乐四年增修，周四里有奇。

得利嬴城，卫东八十里。元季土人筑以避兵。明洪武四年，置辽东卫治此，寻徙入司城中，曰定辽后卫。又南有废德胜县，辽置，属复州。金废。

明山，卫东十里。亦曰明王山，相传以高勾丽王子东明葬其上，因名。又锅铁山在城南十里。〇骆驼山，在卫西三十里。又西二十里海中有屏风山。

长兴岛，卫西南四十里。亦曰长生岛，内容五军，复州粮一万二千，而长生输其七。又茶河岛，在卫西南五十里。又西南三十里曰长山岛，上有塔。〇万滩岛，在卫东海中，陆行至岛二百四十里，水行不过六十里。又老鸦岛，在卫西北四十里。

沙河，卫南八里。出卫东得利嬴城山，下流经此。卫南三十里有麻河流合焉，西注于海。又窑河，在卫西一里，源出骆驼山，东流注于沙河。〇毕里河，在卫东北二百十里。又东北四十里有杓子河，会毕里河入海。

海，在卫西四十五里。有白沙洲，最为险要。南为南信口，北为北信口。

栾古关，卫南六十五里。以近栾古山而名，向有官军戍守。

盘谷堡。卫东二十里。其东南又有富川、秀山、临溪三堡。又牟官寨堡，在卫西四十里。卫东南八十里，又有胡十八寨堡。○盐铁场。《志》云：盐场百户所，在卫西四十二里，铁场百户所，在卫北九十里。

金州卫，司南六百里。南至大海百二十里，西北至广宁卫七百二十里。

秦汉时辽东郡地。高丽为南苏城。辽曰苏州安复军。金皇统三年废。贞祐四年，改置金州。元废。明洪武四年，置卫。今亦并入盖平县。

卫控临海岛，限隔东夷。明初屡有倭警，自刘江告捷而患息。旧制运道，由登州新河海口至金州铁山旅顺口，通计五百五十里。自旅顺口至海州梁房口三岔河，亦五百五十里。海中岛屿相望，皆可湾船避风。运道由此而达，可直抵辽阳沈岭，以迄开元城西之老米湾，河东十四卫俱可无不给之虞。自正德以后，旧制浸废。嘉靖中，虽尝举行，而议者旋以奸民伏匿为言，遂罢。嘉靖三十七年，辽东大祲，督臣王忬等请开海禁，以纾辽困。从之。四十年，山东抚臣朱衡言其不便，遂罢。夫创法之初，以辽隶山东者，正以旅顺海口，片帆可达登、莱耳。乃修举无术，坐视辽左之匮乏，而莫之恤欤？

南苏城，即卫治。高丽所置。晋永和初，燕王皝遣慕容恪攻高句丽，拔南苏。隆安二年，燕慕容盛以高句丽王安事燕礼慢，自将兵袭之，拔新城、南苏二城，开境七百馀里。隋大业七年，伐高丽，分遣段文振出南苏道。唐贞观二十一年，李世勣伐高丽，渡辽水，历南苏等城，败其兵而还。又乾封二年，薛仁贵破高丽兵，拔其南苏等城。显庆中，置南苏州于此，寻没于渤海。辽置苏州，兼置来苏县为州治。一云晋时高句丽都丸都，去金州甚远。按：《汉志》高句丽县有南苏水，城当置于水侧。今朝鲜咸镜道有苏州，即其地也。木底、新城，亦当在其处。宋建隆初，女真自其国之苏州，泛海至登州卖马，故道犹存。宣和初，复由此道遣马政等通金，谋攻辽。金改置化成县，寻为金州治。元州县俱废。明洪武四年，修筑旧城，周四里有奇。

归胜城，在卫东北。辽置归州，治归胜县。金废为归胜镇。又卫东有怀化城，辽置县，属苏州。金省。

沓氏城，在卫东南。汉县，属辽东郡。后汉因之。晋废。《志》云：辽河旁有沓渚，汉沓氏县因以为名。非也。县西南临海渚，谓之沓渚。三国吴嘉禾二年，谋讨公孙渊。陆瑁曰：沓渚至渊居，道里尚远。盖泛海至辽，沓渚其登涉之所也。魏景初三年，以辽东沓县吏民渡海居齐郡界，立新沓县，即沓渚之民矣。

新城，在卫西。胡氏曰：新城西南傍山，东北接南苏、木底等城。晋咸康五年，慕容皝击高句丽，兵及新城。高句丽乞盟，乃还。隋大业九年，复伐高丽，遣王仁恭出扶馀道。仁恭进至新城，攻之不拔。唐乾封二年，李世勣伐高丽，度辽，谓诸将曰：新城，高丽西边要害，不先得之，馀城未易取也。遂壁西南山临城，城下，进击一十六城，皆拔之。此盖高丽之新城也。

木底城，在卫东。胡氏曰：此高丽之南道也。晋咸康八年，慕容皝击高句丽。高句丽有二道，其北道平阔，南道险狭。慕容翰曰：彼以常情料之，必谓大军从北道，当重北而轻南。今以锐兵从南道击之，出其不意，丸都不足取也。别遣偏师从北道，纵有蹉跌，其腹心已溃，四支无能为矣。皝从之。遂克高句丽。盖从北丰而进者为北道，从南狭入木底城而进者，即南道也。义熙初，后燕慕容熙攻高丽木底城，不克。唐乾封二年，高丽袭新城，薛仁贵败之，进击高句丽兵于金山，遂拔其南苏、木底、仓岩诸城。寻置木底州于此,后废。仓岩本高丽二城名,唐置仓岩州,亦在卫境。

大黑山,卫东十五里。绝顶有城,四面悬绝,唯西面一路可通,中有井,昔人避兵处也。又有小黑山,在卫东北七十里。又卫东北百五十里有独山,以挺然独秀而名。〇铁山,在卫西南百五十里,亦曰铁山岛,为滨海要地。又宋家峪,在卫东北十五里。卫东二十里又有姚家峪,卫南五十里有狗儿峪。

南关岛,卫南二十里。天启中,守将张盘议开河,断南关岛,以守卫城。即此。又杏园岛,在卫西十里。河口岛,在卫北三十五里。海青岛,在卫东南四十五里。

莲花岛,卫东三十里,滨海险要处也。卫东南百二十里,又有金线岛,向俱有兵戍守。明永乐十七年,大帅刘江于金线岛西北望海埚上,筑垒备倭,会瞭者言:东南海洋内王家山岛夜举火。江急遣马步军趋埚上小堡备之。翌日,倭泊马雄岛登岸,径奔望海埚,江大败之。《志》云:王家山岛,在卫东南三百里海中。马雄岛在金线岛东南。〇萧家岛,在卫东北百五十里,有萧家岛关,驻兵戍守。又青山岛,在卫东北百二十里。《志》云:卫境凡七十二岛,罗列海滨,居民往往渔佃于此。近时辽左流民,多居其地。

双岛,《志》云:有二,南双岛,在卫西南百里。又北十里,即北双岛。《饷辽图》:自旅顺口西铁山至老猫圈三十里,又西北至双岛四十里,自双岛至羊头凹四十里,羊头凹至八只船四十里,八只船至宗岛三十馀里,宗岛至长行岛亦三十馀里,长行岛至老瓜岛六十里。又至归洲百馀里,又至南套三十里,南套至盖州二十里。又由北套百馀里而至三岔河。自旅顺口至三岔河,凡五百五十里。此由海道溯辽河之旧迹也。

三山岛,在城南七十里海中。天启中,毛文龙言三山岛在旅顺东三百里，从岛可以入旅顺。旅顺者，登、莱、朝鲜水路津要也。三山岛转北二百里，为广鹿岛，从岛可入金州。广鹿岛而东五十里为长山岛，从岛可入复州。长山东北二百馀里为石城岛，从岛可入海州。石城相近有小松岛，从岛可入盖州。石城又东二百馀里为丽岛，从岛可入岫岩。丽岛而东二百里为鲜镇，宽瑷。以兵守之，乘间抵隙，可以惟意所向矣。

皮岛，卫东七百馀里。地形广衍，有险可恃。天启中，毛文龙屯驻于此。其东北为僧福岛，又东北即朝鲜东境之铁山矣。○长行岛，在卫东南百馀里。天启中，毛文龙使朱昌国驻长行岛，曾有功驻三山岛，张盘守金州，为百里棋布之势，是也。

海，卫西三十里。又卫境东南二面皆滨大海。○东沙河，在卫东百里，下流入海。

贵端水，在卫西南。唐永徽五年，程名振等讨高丽，度辽水，趋新城。高丽以其兵少，开门度贵端水逆战，名振等大破之，焚其外郭而还。今堙。

旅顺口关，卫南百二十里。海运舟达金州卫者，至此登岸。有旅顺口南北二城，金州卫中左千户所在此备御。又哈思关，在卫南十八里。

望海埚堡，卫东南七十馀里。地特高，可驻兵千馀。洪武初，都督耿忠于此筑堡备倭，寇至必先经此，海滨咽喉地也。永乐十七年，总兵刘江用石垒之，倭乘海艒入犯，直逼城下，登岸索战。江出奇败之，贼奔樱桃汇空堡，江围之，特开西壁以待其奔，分两翼夹击，尽歼之，辽之倭患遂绝。樱桃汇，或云在堡东北。又堡西有左眼、右眼、三手、西山、沙州、山头、爪牙山敌台凡七所，接于旅顺口，皆明初所置。

石河堡，卫北六十里。卫西南六十里又有木场堡。又红嘴堡，在卫东八十里。卫东北七十里有归服堡。又东北三十馀里有黄骨岛堡。○盐铁场。《志》云：卫东北百三十里有盐场百户所，卫东百三十里有铁场百户所。《边防考》：卫西北二十里有盐场岛。

赤烽镇。在废新城东。唐显庆三年，营州都督程名振等攻高丽，拔其赤烽镇，即此。

○广宁卫，司西四百二十里。西至山海关五百八十里，西南至广宁中屯卫百八十里，东南至海州卫二百四十里，南至海百三十里。

秦、汉辽东郡地。晋因之，后魏亦属辽东郡，后没于高丽。唐复取其地，寻没于勃海，为显德府地。辽置显州奉先军。金改为广宁府，亦曰镇宁军，初属东京路，寻属北京路。元亦曰广宁府。至元十五年，改为广宁路。明洪武二十三年，改置卫。今为广宁县，属锦州府。

卫西控卫渝关，东翼辽镇，凭依山海，隔绝戎奚，地大物繁，屹然要会。用之者得其道，易高丽之舞，革朱蒙之音不难也。昔之议边事者每曰：备镇静，则南寇不能北来；驻三岔，则寇不能东渡。广宁要会，约有二途云。此其战守必资之地欤？天启中，毛文龙议。

○广宁中卫。在城内西南隅，洪武二十七年置。

○广宁左卫。在城内东北隅，洪武二十七年置。

○广宁右卫，在城内西北隅，洪武二十七年置。初治大凌河，永乐元年，徙治卫城内。今俱并入广宁县。

无虑城，今卫治。本汉之无虑县，属辽东郡。后汉属辽东国。元初二年，辽东鲜卑围无虑。又阳嘉初，鲜卑寇辽东属国，耿晔移屯无虑城以拒之。晋省。唐置巫闾守捉城。渤海为显德府地。辽置奉先县为显州治，领山东县。金改山东曰广宁县，为州治。元省县入府。明初因旧城修筑，周十里有奇。永乐中，总兵刘江增拓南关，是后数修筑。嘉靖三十四年，复增筑南关，合于北城，谓之新城。

钟秀城，卫西南五里，辽奉先县。金天会八年，改置钟秀县，属广宁府，后废。寻复置，元至元六年废。又卫东北有故归义城，辽置县，属显州，金废。〇间阳城，在卫西南三十五里，汉无虑县地，辽景宗贤葬此，谓之乾陵，因置乾州广德军，并置奉陵县为州治。金天会八年，州废，更县名曰间阳，属广宁府。元改为千户所。至元十五年，以户口繁多，复立行千户所，寻复为间阳县。明初县废，置间阳驿于此。《志》云：间阳城亦曰间阳乡，其西有高城，唐太宗征高丽时，尝屯兵于此。

望平城，卫东北九十里。汉置县，属辽东郡。后汉因之。晋省。辽置山东县，属显州。金仍分置望平县。元曰望平千户所，寻复为县。明初省。又辽西城，亦在卫东北。辽置辽西州阜城军，统长庆县，仍属显州。金废。〇险渎城，在卫东南，汉县，属辽东郡。应劭曰：县依水险，故曰险渎，后汉属辽东属国。金废。

川州城，卫西北百二十里。《辽志》：本唐青山州地，属营州都督府。辽初置白川州，寻曰川州长宁军，领弘理、咸康、宜民三县。金初因之。大定六年，废川州为宜民县，属懿州路。承安二年，复置川州。泰和四年，仍罢州，以宜民县属兴中府。元复曰川州，属大宁路。明初废。《志》云：川州有东西二城：东川州，辽所置也，西南去义州卫百五十里。西川州，金所置，南至义州卫九十里。又有徽川城，在川州西。《金志》：承安二年，以徽川寨为徽川县，属川州。泰和四年，州废，县亦罢。

懿州城，卫北二百二十里。辽置庆懿军，更为广顺军，寻为懿州宁昌军，领宁昌、顺安二县。金因之，初隶咸平府，后属中京路，领顺安、灵山二县。元以灵山县省入顺安，又省顺安入州。至元二十四年，诸王乃颜反，元主发上都兵讨之，至撒儿都鲁之地，败之。既而其党犯咸平，宣慰塔出之沈州，分遣亦儿撒趣懿州，悉平之。明初置广宁后屯卫于此。永乐八年，徙卫入义州。又宁昌城，在懿州北二十里，本渤海之平阳县，辽改曰宁昌，为懿州治。金徙州治，以宁昌并入顺安。又灵山废县，在懿州西。《金志》：本渤海之灵峰县，金曰灵山，元省。

闾州城，在卫东北。辽置。《志》云：以近医闾山而名。在辽州西百三十里，西北至上京临潢府九百五十里，金废。又顺州城，在卫东北百二十里。《辽志》：汉辽东郡辽队县地也。辽置顺州，西北至上京九百里，金废。○豪州城，在卫东北二百二十里。《辽志》：汉辽东西安平地也，辽置州，西北至临潢七百二十里，金废。又渭州城，在卫东北二百五十里，《辽志》亦曰高阳军，金废。

同昌城，卫西北百九十里。辽初置长府军，寻曰成州兴府军，统同昌县。金州废，县属川州。大定六年，改属懿州。承安二年，复隶川州。泰和四年，改属义州，元废。《辽志》：成州在宜州北百六十里，北至临潢七百四十里。○肇州城，在卫北境。《元史》：至元三十年，以阿八剌忽者之地产鱼，立肇州城。元贞元年，立肇州屯田万户府于此，元末废。又金置肇州，在开元卫境。

医巫闾山，卫西五里。舜封十有二山，此即幽州之镇山也。《周礼·职方》：幽州，山曰医无闾。即此。亦谓之北镇。隋开皇十四年，诏以医无闾为北镇，是也。其山掩抱六重，亦谓之六山。岩洞泉壑，种种奇胜。山麓有石门，自卫城西北经平阪，两山屹立如门，有溪中出，岩壑窈窕，峰峦回合。契丹耶律突欲尝读书山巅，筑堂曰望海，及卒，遂葬于此，谓之显陵，显州之名以此。○蛇山，在卫东三十里，岩嶂稠叠，径路崎岖。又有盘山，在卫东九十里。又卫北二十五里有三尖山，东北九十里有白云山，又北三十里有鞍山。

蒺藜山，在卫北塞外。宋政和七年，辽主延禧以金人取东京，募辽东人为兵，使报怨，号曰怨军。命耶律淳将之，屯于蒺藜山。既而金将斡鲁古等与淳战，淳走，金人追至河里真陂，遂拔显州。于是乾、懿诸州皆降于金。

牵马岭，卫西北六十里。山脉与医巫闾相接，势极险峻，中通驿路，行者必下马攀援乃得越，故名。向置驿于此。又西至义州卫五十里。又白土岭，在城北六十里。

板桥河，出医巫闾山，同源异流，一经卫城北，一经卫城南，俱至城东南，合芦沟及双峰河入海。今城西有板桥驿，以此名。又卫西有杨郎河，亦出医巫闾山，合于板桥河。○珠子河，在卫东北，源出白云山，南流入辽河。又有细河，在城西六十里，源出卫西北百里之响山，南流合于大凌河。

路河，卫东四十里。其上流为羊肠河，源出白云山，经镇武堡高桥铺入镰刀湖，又东合潮河，流入三岔河。中间有沙岭，地形高阜，多沙，河易淤。自盘山驿以东九十里，每霖雨，河水泛滥，军马策应，尝虞艰阻。正统中，于沿河筑堤岸，为长广道，河水通行，初起海州东昌堡南十四里布化堡，西至广宁城北，凡二百里。后由广宁东制胜堡至东昌，凡百七十里。自海运废，河道遂阻塞。《志》云：路河以缘路浚河而名，辽地多泥淖，路河浚，可以外御敌骑，内泄潴水达于海。嘉靖末，尝因旧迹浚河筑堤，行旅称便。久之，堤日颓，河日淤，敌得乘隙以入，而内水无所泄，潴为洿池，地不可耕，久雨则行旅断绝矣。此宜急为修筑，边防、水利，胥有赖焉者也。又高桥河，在卫东南四十里。卫东南六十里，又有龙湾河。旧皆通于路河。

双峰湖，卫南二十里。源出医无闾山，东西沿流通板桥河。又莽獐湖，在城南九十二里。○古老、无名泉，在城北。二泉涌出，自城西南流入城中，至东南隅，达于城濠，四时不竭，汲者便之。又满井，在城西北二里，水甘美，人多汲饮，虽旱常满。

白土厂关，城北七十里，夷人于此入市。又分水关，在卫北八里，上有镇北楼。又魏家岭关，在卫西北六十里。

通定镇，在卫东百八十里，近辽水。旧《志》：高丽于辽水西置军，以警察渡辽者，谓之武厉逻。隋大业八年，伐高丽，唯得辽水西武厉逻之地，置辽东郡及通定镇而已。九年，诏修辽东古城以贮军粮，即所置辽东郡城，以仍旧名，亦曰古城也。唐贞观十八年，伐高丽，李世勣自通定济辽水，趋玄菟。即此。又唐垒，《志》云：在卫东南三十二里，唐太宗征高丽，屯兵于此，因名。○夫犁营，在卫西，或曰夫犁当作巫闾，盖依山结营，以暨巫闾山为名也。后汉元初二年，辽东鲜卑围无虑，又破夫犁营，杀县令，盖即无虑令。或误以夫犁为县，贤曰：夫犁故城，在营州东南。或又以夫犁为徒河县，皆误也。当即辽东属国之交黎县。

镇边堡，卫西北七十里。又西有镇夷堡，接义州卫界。《志》云：镇夷堡东南有盘岭，可以按伏。又镇远堡，在卫东北六十里，其西南曰东安堡。又镇宁堡，在镇远堡东南四十馀里，堡西有蛇山，可按伏。○镇安堡，在卫北三十里，其西北有镇静堡。又团山堡，在卫西北二十五里。

镇武堡，卫东百五十里。万历末，边将罗一贵驻守于此。又东八里曰西兴堡，堡东南又有西宁堡，西宁之西，曰西平堡。又平洋堡，在卫东二百里，接海州卫界。亦曰平洋铺。○制胜堡，在卫东二十里。《一统志》：堡在卫北境者，曰镇安、镇边、青石、团山、双树、北安、东安、南安、西安、中安等堡。在东境者，曰高庙、倒塔、板桥、平洋等堡。在南境者，曰四塔、闾阳、柳河、十三山、丰安、沙窝、沙墩、海潮、大觉、凌河、双峰等堡，凡二十五云。又有盐场寨，在卫南百里。

十三山驿。在卫西南七十里，即十三山堡也。又西八十里，达锦州之小凌河驿。又高平驿,在卫东四十五里。又卫东九十里有盘山驿。○老虎林,在边外百馀里。三卫驻牧处也。

○义州卫,司西北五百四十里。东至广宁卫百二十里,东南至广宁右屯卫亦百二十里,南至海岸百四十里,西南至广宁中屯卫九十里,西至边外废兴中州百六十里。

秦、汉辽西郡地,汉末为山戎所据。唐为营州地。辽置宜州崇义军。金改为义州,属中京路。元属大宁路。明初州废。洪武二十二年,置卫。今省入锦州府。

卫山川环峙,迫处疆索,亦控驭之所也。

○广宁后屯卫,在义州卫治西偏,洪武二十五年置。初治旧懿州,永乐八年,徙治于此。今废。

弘政废县,即卫治。汉置絫县,属辽西郡,后废。辽置弘政县,为宜州治,在今卫东北二十五里。金移今治。元省县入州。明初,州废。洪武二十二年置卫,因故城修筑,周九里有奇。正德中,复修治,其城南有南关,周一里馀。

闻义废县,卫南四十里。辽置海北州广化军,治闻义县。金皇统三年,州废,县属义州。元省。

青山,卫东三十里,上有塔。又卫东北五十里有隘口山,又十里有骆驼山,与废川州接界。○牛心山,在卫西六十里。与废兴中州接界。又卫北二十里有石门山,又北十五里有嘉福山。

擦牙山,卫西北六十里。其相近者曰营城山。又双山,在卫南十五里。又南十里有八塔山。

大凌河,卫西北六十里。源出废大宁卫之松山,流入境,东南流经卫东,又经广宁左、右屯卫界,下流入海。○隘口河,在卫东北八十里,源出废川州之双峰山,流入清河。《志》云:双峰山在卫东北九十里。又清河,在卫东北百里,源出废川州境,南流合隘口河,入大凌河。

石河,卫南四十里。源出卫西南山中,流为石房河,经卫城西一里,南流为石河,又东入大凌河。卫南二十里又有泥河,出西山中,流经卫东二十里之杵头山,入大凌河。

大定堡,卫西南七十里。堡东南有十方寺。由大定而西北,有大安堡,堡北曰半边山,可屯兵。又西北曰大康堡,其相近又有义家堡。○太平堡,在卫北六十里,堡南有狗河寨,可按伏。又有黄泥沟、黑鹰山,贼冲也。又大宁堡,在太平堡东二十里,堡南有金家沟,可按伏。又有达达岭、分水岭,为贼冲。又正义堡,在大宁堡南二十里。

大靖堡,卫东北七十里。其东曰大清堡,又东接广宁之镇夷堡。○永宁堡,在卫东三十里。又有杵头堡,在卫东二十里,以近杵头山而名。其在卫东者,又有辽镇堡、三家城等堡。

塔山堡。卫东南六十里。其相近者,又有塔山南堡、塔山北堡。又五里庄堡,在卫南。其相近者,又有鹅食、团山、栾家、开川等堡。又泥河堡,在卫南二十里,其东北又有城南堡。○石家堡,在卫西南,其相近者,曰八塔山堡。又青榆林堡在卫西,其北为万佛堡,以近万佛山而名。《志》云:山在卫西十五里。又卫西北边外百馀里有凌河屯。《边防考》:凌河、墨州、上喁三卫,贼巢也,皆在义州塞外。

○广宁中屯卫,司西南六百里。东至广宁卫百八十里,北至废兴中州百五十里,西北至故大宁之废建州百五十里,西南至宁远卫百二十里,南至海岸五十里。

秦、汉辽西郡地。东晋时,慕容皝置西乐郡。按《十六国春秋》:晋咸和九年,皝征慕容仁,入辽东,置西乐县。辽、金《志》:俱作西乐郡。后墟其地。辽置锦州临海军。金因之,属大定府。元属大宁路。皆兼置临海节度于此。明初，仍为锦州。洪武二十四年，改置今卫。今改置锦州府，领州一、县二。

卫山川盘错。屹峙边陲，称为形胜。

○广宁左屯卫，在中屯卫治西，洪武二十四年置。今改置锦县，为附郭。

永乐废县，今卫治，辽置。为锦州治。金因之。元省县入州。明改州置卫，因旧城修筑，周五里有奇。成化十二年，复增筑。弘治十七年，并城南关。今城周七里有奇，形势若盘，俗谓之盘城。

安昌城，在卫西。辽置安昌县，属锦州。金因之。元省。陈元靓曰：元临海节度领永乐、安昌、兴城、神水四县。考诸志无兴城县也。

神水城，在卫西北。《辽志》：汉徒河县地，属辽西郡。辽开泰二年，置神水县，属大定府。金改属锦州。皇统三年，废为神水镇，寻复为县。元废。《志》云：城北有溜石山堡，金末，蒙古将木华黎镇北京大定府，降将张致据锦州以叛，华黎以致地险兵精，欲设奇取之，遣兵急攻溜石山堡，而使别将屯永德西十里，致驰救溜石，永德军遣骑将断其归路，华黎驰至神水，与致遇，永德军亦至，致败走，锦州遂下。○永德城，在卫北。辽初置安德县，属乾州，改属霸州，寻升置安德州化平军于此。金州废。大定七年，改为永德县，属兴中府。元废。《志》云：永德城西北去神水城五十馀里，东北去兴中城百里。

木叶山，卫东三十里。契丹阿保机建南楼于木叶山，在今三卫境内废永州，非此山也。又紫荆山，在卫东八十里。○望海山，在卫东南十五里，山高可望沧海。

红罗山，卫西六十里。亦名红螺山。有大小二山，绵亘东西百馀里。今因其势筑长城，为一方之障塞。又白云山，在卫西二十五里，土人以山验晴雨。○杏山，在卫西南四十里，向有杏山驿。又西南三十里有乳峰山，中峰如盖，东西十二峰，拱城北向，悬岩有窦泉出其中，寒溜如乳。又翠幕山，在卫北十里。又北十五里有梯子山。又有望城冈，在卫北八里。

小凌河，卫东南十五里。出废大宁卫界，南流，经卫西南五里，有女儿河流合焉。河出卫西南五十里之女儿山，至此并流而东。又有哈喇河，在卫南十里，亦东流合于小凌河，又南注于海。《志》云：卫西有小河，名锦川，州以此名。或曰：小凌河与诸水回合如锦也。○大凌河，在卫东南四十里，自义州卫流入境，又东南入广宁右屯卫界。

松山堡，卫南二十里。以地有松山而名。宣德三年，置中左千户所于此，属中屯卫。又大凌河堡，在卫东四十里，以近大凌河而名。宣德三年，亦置中左千户所于此，属左屯卫。

大兴堡，卫西六十里。又西与宁远卫接界，堡北有新庄子，可屯兵。又大福堡，在大兴堡东北。又东为锦昌堡。○大镇堡，在卫西北三十里，其西曰沙河堡。又大胜堡，在卫北。其南曰蔡家堡，有分水岭，可以按伏。

大茂堡，卫东北四十里，其南曰流水堡，有苇子沟，可以按伏。自堡而东，接义州之大定堡。○年丰堡，在卫东四十里。《一统志》：卫境自东转南，有广济、顺阳、常丰、仁和、大有、广盈、嘉禾、顺宁、乐安、丰稷、春华、西杏、西和、永丰、临川、富有、锦昌、丰稔、兴稼、得安、南阳、福宁、秀颖、蔡家、西宁，凡二十五堡。又卫境盐、铁场凡四，其盐场百户所，一在城南六十里，一在城南八十里。铁场百户所，一在城西六十里，一在城南百里。

小凌河驿。卫南三十里。又卫西四十里有杏山驿。又西六十里达宁远卫之连山驿。《边防考》：辽东之木市凡三，置于锦州、宁远及前屯卫。

○广宁右屯卫，司西五百里。北至广宁卫百二十里，西至广宁中屯卫八十里，南至海岸三十里。

秦、汉辽东郡地。辽为显州地。金为广宁府地。元因之。洪武二十七年，改置今卫。今并入锦州府。

卫南临大海，北崎嶅医间。辽左有事，此亦出奇之地矣。

右屯卫城，今卫治，元间阳县之临海乡也。洪武二十六年，置卫于十三山堡。二十七年，迁治于此。永乐中筑卫城，周五里有奇。

十三山，卫北三十里。五代胡峤《北行记》：十三山，西南去幽燕二千里。又《辽史》：燕王淳讨武朝彦，至乾州十三山。即此。又塔山，在卫北四十里，有塔在其上，因名。

大凌河，卫西二十五里，自广宁中屯卫流入境，又东南入于海。又城东一里有枯凌河，从大凌河分流，或盈或涸，故名，亦东南入海。

黑林堡，卫西北五里。又卫东南有河通堡。《一统志》：自卫境东北折而南，有枯树、东海、枯凌河、槟榔、常丰、女贞等六堡。又盐场百户所，在卫南二十里。铁场百户所，在卫东五十里。

望海顿。在卫西南。隋大业八年，伐高丽，败还，敕运黎阳、洛口、太原等仓谷向望海顿，图再举。谓此。

○广宁前屯卫，司西九百六十里，西至山海关七十里，南至海二十里，北至边墙二十五里，西北至大宁废卫三百七十里。

秦、汉辽西郡地。晋及后魏因之。唐初，为营州地。咸亨中，置瑞州于此。契丹置来州归德军。金天德三年，改为宗州。泰和六年，复为瑞州。避金主睿宗讳也。元亦曰瑞州，属大宁路。明洪武二十五年，改置今卫。今省入宁远州。

卫襟带燕、蓟，控扼营、平，当戎索之要冲，司雄关之锁钥，诚咽喉重地也。

来远废县，今卫治。《唐史》：贞观十年，以乌突汗部落置威州于营州境，后改瑞州，又置来远县为州治，后废。契丹改置来宾县，来州治焉。金曰宗安县。泰和六年，改曰瑞安。元省县入州。明改置卫，因旧城修筑，周六里有奇。

海阳城，在卫东。《辽志》：汉海阳县地，属辽西郡，濒海多碱卤，置盐场于此。慕容皝置集宁县，辽置隰州平海军，领海阳县。金皇统三年，州废，县属瑞州。元省。〇海滨城，在卫西七十里。《辽志》：本汉阳乐县地，属辽西郡，辽置润州海阳军，统海滨县。金初封辽主天祚为海滨侯，州寻废，县属瑞州。元省。明初置东关递运所于此。《北蕃地里书》：润州西至渝关四十里，南至海三十里。旧《志》云，海滨故县在关城东也。

迁民废县，在卫西北。辽置，亦汉阳乐县地。统和中，置迁州兴善军，统迁民县。金州废，又废县为迁民镇，属海阳县。元仍曰迁民镇，属瑞州。致和元年，燕帖木儿迎立怀王于大都，上都诸王也先帖木儿等自辽东以兵入迁民镇。明洪武十三年，故元平章完者不花等犯永平，示卑将王辂追击至迁民镇，擒之，即此。

万松山，在卫西北十五里，绵亘东西百馀里，连山海、永平界，山多松，因名。山北相接者，曰五指山，五峰秀拔，若五指然。《志》云：五指山在卫北五十里。〇三山，在卫西北三十里，高数千仞，三峰并秀，《辽志》谓之三州山。又铁场山，在卫北三十里。卫东北百五十里，又有九洞山。

十八盘山，卫北九十里。萦回曲折，十有八盘。《志》云：卫北三十里有石梯山，昔人凿石为梯，以便登陟处也。又有关山，在城北十五里。〇灰山，在卫西北七十五里。又卫西北九十里有龙门山。《志》云：卫西北三十里有蛇倒退山，以险峻难越而名。又大寨儿山，在卫东北四十里。卫东北二十里，又有小寨儿山。

横岭，卫北二十里。又北十里曰分水岭、青石岭。卫东北四十里又有白石岭。又长岭在卫西三十里，其相接者曰高岭。又西四十里曰欢喜岭。麻子峪，在卫西四十里，铁场百户所置于此。又山口峪，在卫东南七十里，盐场百户所置于此。又卫西北四十里有寺儿峪。

急水河，源出万松山，经卫西五十里入海。又有慢水，源出欢喜岭，经卫西七十里入海。〇六州河，在卫东北七十里，大宁、建州等六州之水，合流入境，南流经卫东北十五里之蛇山，又东南入海。

杏花沟，卫东北三十五里。又东北三十五里有三道沟，又东北二十里有苇子沟。又烂泥沟，在卫东五里。又卫北二十里有芍药沟。〇白龙潭，在卫东南七十里，南流入海。又卫西北三十里有黑龙潭。

山海关，卫西七十里，与北直永平府接界。详见北直重险山海关。

急水河堡，卫西五十里。宣德三年，增置中前千户所于此，堡南有芝麻湾，滨海要地也。〇杏林堡，在卫东五十里，宣德三年，增置中后千户所于此。

铁场堡，卫西六十里，与山海关接界。又永安堡，在卫西北四十五里。背隐堡，在卫西北三十里，《志》云：嘉靖二十五年置。又三山营堡，在卫西北三十里。〇平川营堡，在卫北三十里。又东北为瑞昌堡。又东北为高台堡。《志》云：自高台入盘岭二百五十里，又北入毛安铺二百里，皆前屯旧界也。

三道沟堡，卫东北七十里。又东为新兴营堡。嘉靖三十五年，马市成，俺答纵掠如故，别酋把都儿辛爱犯辽东新兴堡，即此。又锦川营堡，在卫东北九十里，又东接宁远卫界。

塔山堡，卫东南六十里。又安宁山堡，在卫东北五十五里。庆春山堡，在卫东北七十馀里。〇海山堡，在卫西南四十里。《一统志》：卫境自北而东南，有战歌、安家、庆春、永丰、古城、广积、积粮、长安、镇安、永安、蛇山、海泉、海山、新安、林树、泰新、盐场、三山、塔山、海滨、刘兴、兴安、城南、老军，凡二十四堡。

椵木冲，卫西北三十里。其相近者又有碾儿冲。〇黄喜冲，在卫东北三十里。又东北四十里为塔儿冲。又十里为老鹳冲。《边防考》：卫境塞外百里有铁岭川，三卫所驻牧处也。

沙河驿，卫东北四十里。又东三十里，达宁远卫之东关驿。又高岭驿，在卫西南三十五里，西入山海关之道也。

〇宁远卫，司西七百七十里，西至广宁前屯卫百三十里，东南至广宁中屯卫百二十里，东北至广宁卫三百里，西北至故大宁卫废利州百五十里。

秦、汉时辽西郡地。唐为营州地。辽为锦州及来州地。金、元亦为锦、瑞二州地。明初，为广宁前屯及中屯二卫地。宣德三年，始置卫。今改置宁远州，属锦州府。

卫内拱岩关，南临大海，居表里之间，屹为形胜。

宁远城，今卫治。创建于宣德三年，抚臣包德怀所奏置，据三首山为固，城小而坚，周七里有奇。

和州城，卫北百二十里，元初置和州，属大宁路。至元五年，并入利州，为永和乡。利州见废大宁卫。

三首山，卫东五里，三峰相峙，上有泉，四时不竭。又望海山，在卫东十八里，下临大海。八塔山在卫西南二十五里，上有八小塔。又铁帽山，在卫西十八里。

大团山，卫西北三十里，中高四下，固守之，可断北寇出没之道，团山堡置于此。又镇山，在卫西北二十里。其相近者又有双山。又刺梨山在卫北，与塞外相接。○长岭山，在卫东北五十馀里，向有长岭山堡。万历中，朵颜寇连山驿，总兵杜松出中屯所长岭山，夜至塞外之哈流兔袭贼营，大有斩获。《志》云：长岭即红螺山之别名，今卫东北五十六里为小红螺山，卫东北六十里即大红螺山，盖与中屯卫接境处也。

白塔峪，卫西北三十五里。又卫西六十里有石峡口，其泉流为曲尺河，东入海。○桃花岛，在卫东十五里海滨，海舟往来，恒泊于此。又觉华岛，在卫东南二十里，上有海云、龙宫二寺。

宁远河，源出城西北山谷中，流至城西，分为二池，环抱城郭，复合为一，南流入海。又卫东北二十五里有七里河，源出废和州，东南流入海。又臭柳河，亦出和州境，下流入海。○北沙河，出卫西二十里之小隐山。又有北沙河，出卫西四十里羊角山，俱东流入海。《志》云：城东三里又有沙河，源出卫北塞儿山，东南流入海。

东关河，在城西六十里。自大宁境流入，上通六州河，南流入海。又女儿河，亦自境外流入，经城西一里，东南入海。又有石桥河，在卫西十三里，源出铁帽山，南流入海。○西湖，在卫西十五里，有藕、芡、鱼、虾之利。

海，卫南二十五里。又卫东南至海，仅十五里。

塔山所，在卫东五十里。宣德三年，别置中左千户所于此，属宁远卫，所城周三里有奇，嘉靖三年修筑。○小沙河所，在卫西四十里。宣德三年，别置中右千户所于此，属宁远卫，所城周三里有奇。

黑庄窠堡，卫西六十里，其南即石峡口，可屯兵。又西与广宁前屯之锦川堡接界。又仙灵寺堡，在黑庄堡东。其东又有小团山堡，堡西有五涧山，可屯兵。堡西北为老虎冲，可按伏。○兴水堡，在卫西北五十里，堡北有烟笼山,可屯兵。堡东为王保儿山,可按伏。又白塔峪堡,在白塔峪口,其东为陡岭口,可按伏。

寨儿山堡,卫北二十里,堡东为鹰窠山,可屯兵。堡西为横岭,可按伏。又灰山堡,在寨儿山堡东。○松山寺堡,在卫东北四十里,堡东有庙儿山,可屯兵。又沙河寨堡,在卫东北四十馀里。又东北即长岭山堡也。又椴木冲堡,在卫东北六十里。又东接锦州西境之大兴堡。《志》云:卫有盐场百户所,在城南二十五里。铁场百户所,在城南十八里麻子峪。

连山驿。城东北三十二里。又曹庄驿,在城西南十三里。东关驿,在城西六十里。又西六十里为前屯卫之沙河驿。又瓦窑冲,在卫东北四十里。○双塔,在卫东。万历中,三卫部落尝聚此犯宁前诸处。或曰:即塔山所也。又东南为汤池站,故属锦州,置站于此,西达曹庄驿。

○沈阳中卫,司北百二十里。北至铁岭卫百二十里,东南至鸭渌江六百里。

《禹贡》青州地。春秋、战国时属燕。秦、汉为辽东郡地。晋及后魏因之,寻为挹娄国地。唐得其地,属安东都护府,后没于渤海,置沈州。辽置兴辽军,后更名沈州,亦曰昭德军。金因之,后更为显德军。元曰沈阳路。《元志》:金末,沈州毁于兵火,元初徙高丽降民散居辽阳,置高丽军民万户于沈州,以城郭初创,寄治辽阳故城。中统二年,改为安抚高丽军民总管府。及高丽举国内附,又分置安抚高丽军民总管沈州。元贞二年,并两司为沈阳等路,安抚高丽军民总管府,仍治辽阳故城。明洪武二十年置今卫。今建盛京于此,府曰奉天,□□领州一、县五。

卫控御荒徼,抚集戎夷,辽阳之头目,广宁之唇齿也。

乐郊城,即卫治。辽初俘蓟州三河县民,置三河县于此,后更为乐郊县，沈州治焉。金因之，后废。明洪武二十一年，修筑故城，周十里有奇。城南有南关城，周不及一里，游兵居焉。今改置附郭县，曰承德，编户□□。

章义城，卫西南六十里。《辽志》云：汉襄平县地，高丽置当山县，渤海为铁利郡，契丹初置铁利州。统和八年，州省。开泰七年，复置广州，治昌义县。金皇统三年，州废，改县曰章义，属沈州。元废，今为章义站。

辽滨城，卫西北百八十里，高丽之辽东城也。唐太宗克之，改曰辽州。时亦谓之新城，以别于辽东故城也。《唐史》：贞观十九年，伐高丽，江夏王道宗将兵数千至新城。二十年，复伐高丽，命李世勣将营州兵自新城道入。永徽三年，高丽侵契丹，松漠都督李窟哥将兵御之，大败高丽于新城。仪凤二年，徙安东都护于新城，以统高丽、百济之地。此唐所名之新城也。后为拂涅国城。渤海置东平府，督伊、蒙、陀、黑、北五州。契丹阿保机攻渤海，先克东平，五州皆下，复置辽州于此，并置辽滨县为州治，亦曰东平军，德光更为始平军。金皇统三年，州废，县属沈州。元并废县。近《志》谓之辽阳城，又谓之显州城，皆误也。按：《旧·高丽传》：贞观十九年，季勣围辽东城，高丽发新城步骑来援。又《志》安东都护府领新城州、辽东州。据此则辽东城非新城也。盖唐初以辽东城置辽州，亦曰辽城州，新城则置新城州，至辽时乃移辽州于新城耳。又《旧·高丽传》曰：乾封二年，季勣度辽至新城，谓诸将曰：新城是高丽西境镇城，最为要害。若不先图，馀城未易可下。遂引兵于新城西南，据此筑栅，且攻且守。城中窘迫，乃降。

北丰城，在卫西北。后汉末，公孙度据辽东，置城于此，谓之丰城。司马懿伐辽东，丰人南徙青齐，其留者曰北丰。宋元嘉十五年，北燕主冯弘奔高丽，至辽东，高丽处之平郭，既而徙之北丰，寻杀之。胡氏曰：慕容翰议以偏师从北道攻高丽，即此丰道云。○白岩城，在卫西，高丽所置城也。唐贞观十九年，克辽东城，进军白岩城，克之，改置岩州。渤海曰岩州白岩军，治白岩县。契丹因之，改属沈州。金废。

  贵德城，卫东八十里。《辽志》：汉襄平县地，契丹置贵德州宁远军于此，治贵德县。金因之。元废。又有奉德废县，在贵德州东。《辽志》：渤海缘城县地，契丹置奉德州于此，寻降为县。金省。○奉集城，在卫东南。《辽志》：高丽置霜岩县于此。渤海置集州，治奉集县。契丹仍曰集州，又为怀众军。金废州，以奉集县属贵德州。元县废。今为奉集堡，有铁场百户所，属铁岭卫。《志》云：堡东去铁岭卫二百十里。

  崇信城，在卫东。《辽志》：汉长岑县地，属乐浪郡，渤海置崇州，领崇山、沩水、缘城三县。辽仍置崇州，亦曰隆安军，并崇山三县，置崇信县为州治，在东京东北百五十里。金废。○玄菟城，在卫东北，汉武开朝鲜，置玄菟郡，领高句丽、上殷台、西盖马三县。又昭帝元凤六年，筑玄菟城。陈寿曰：玄菟郡本治沃沮城，后为夷貊所侵，徙治高句丽县西北。是也。公孙度据辽东，复置玄菟郡于辽东东北二百里。晋因之，即此城矣。隋大业八年，伐高丽，分遣辛世雄出玄菟道。唐贞观十八年，征高丽，拔玄菟城。皆谓此城也。

  东牟山，卫东二十里。唐高宗平高丽，渤海大氏以众保挹娄之东牟山。《唐史》：山东直营州二千里，武后时，大祚荣筑城于此居之。其国界南至新罗，以泥河为界，东穷海西契丹。盖即此山矣。或云在三卫福馀境内，误。又辉山，在卫东北四十里，层峦叠嶂，为诸山之冠。又黑山，亦在卫东北。○长山，在卫西北八十里。又卫东南二百里有三角山。又有苏水岭，在卫东三百八十里。

  薄刀山，在抚顺关口，亦曰剥刀山，接建州界。成化三年，大帅赵辅讨建州族，中军自抚顺过薄刀山、占鱼岭，越五岭、苏子河，至虎城，是也。《志》云：塞外有石门山，有分水岭，俱入建州境内，与五岭为必争之险。赵辅讨建州，遣左军出浑河，趋石门，至分水岭。万历四十七年，大帅杜松出抚顺关，越五岭，前抵浑河，败殁。〇媳妇山，亦在抚顺关外，建州右卫驻牧处也。嘉靖中，边将黑春捣建州王果巢，陷于此。

浑河，卫南十里，自卫东北塞外流入境，又南入定辽卫界。〇辽河，在卫西百十里，自铁岭卫流入界，又南入定辽卫境。

蒲河，卫北三十里，源出辉山，西流入浑河。又沙河，在卫东南，亦西流入浑河。又有夹河，在抚顺城南四十里，源出塞外分水岭，亦西流至卫南，入于浑河。

小沈水，卫西南四十里。东流入于浑河，亦谓之活水。宋政和六年，女真阿骨打攻辽叛将高永昌于辽阳，取沈州，永昌帅众拒金人于活水。金师既济，永昌军不战而却，逐北至辽阳城下，永昌败奔长松，其下执之以献，于是东京州郡皆降于女真。长松，盖与辽阳相近，或以为即司东境之松山。

抚顺所，卫东北八十里。《志》云：金贵德州地，洪武二十一年，置抚顺千户所，属沈阳中卫，城周二里。〇蒲河所，在卫北四十里，洪武二十一年，置蒲河千户所，属沈阳中卫，城周不及一里。

抚顺关，在抚顺所东二十里，置马市于此，为建州种人朝贡市马处。《舆程记》：从抚顺路，二十里至关口剥刀山，五里至土木河，十五里至新寨，二十五里至汪江木寨，十五里至毡房山城，八里至窝儿胡寨，三十里至古路寨，十五里至栅哈寨，十七里至五岭关，三里至马儿墩寨，十里至穆七寨，六十里至拖东寨，三十里即建州老寨也。一路皆坦易大道，而五岭特为险峻。

静远堡，卫西七十里，与定辽卫之长营堡接界。其相近又有陈宁堡。又平虏堡，在卫西北三十三里。堡北去边十里，堡南有河一道。弘治十七年建永利闸一座于河东南，以扼贼骑，使不得渡河犯卫城。○上榆林堡，在卫西北四十里。其相近者，有倒塔儿空堡，万历末增置。又十方寺堡，在蒲河所西北。其南有马空堡，亦万历末增置。

武靖堡，卫西南七十里。又卫南六十里有永盈堡。《志》云：卫南又有常丰、庆稔、嘉禾、大有、土母河五堡。○会安堡，在抚顺所东十馀里。所西南又有浑河、塔下二堡。《志》云：卫西有高墩屯。弘治中，尝议建营堡于此。又有铁场百户所，在卫东九十里安平山，山属定辽卫。又有盐场百户所，在海州之梁房口。

古勒寨，在抚顺关外百馀里，海西南关族驻牧于此。寨陡峻，三面壁立，濠堑甚险。万历十二年，大帅李成梁攻拔之。又莽子寨，在毛怜北境，成梁遣别将秦得倚所攻拔处也。○八甗甗口，在卫东境。宋政和六年，辽东京裨将高永昌以三千兵屯八甗口，诱其渤海戍卒作乱，入辽阳据之。即此。

○铁岭卫，司北二百四十里。北至三万卫九十里，东南至抚顺千户所一百里。

秦、汉时辽东地。渤海置富州，契丹更名银州。金皇统三年，州废，以其地属咸平府。元因之。明洪武二十六年，置今卫。今改置铁岭县，属奉天府。

卫控扼夷落，保障边陲，山川环绕，屹为要地。

新兴城，今卫治。本渤海富寿县，为富州治，境有延津。辽更名延津县，银州治焉。金皇统三年，州废，更置新兴县，属咸平府。金末废。元因之。明洪武二十一年，在今卫治东南五百里故铁岭城，置铁岭卫，与高丽接境。二十六年，徙治于此，因故城修筑，周五里有奇。又有故新兴城，在今卫东。《辽志》云：故越喜国地，渤海置银冶于此，因置银州。辽改富州为银州，以故银州置新兴县属焉。是也。金并入延津县，又改延津为新兴县。

挹娄城，卫南六十五里。本挹娄地。《辽志》：汉乐浪郡海冥县地，渤海置兴州，领盛吉、蒜山、铁山三县。辽废，寻复置兴州兴中军，治常安县。金州废。大定二十九年，改为挹娄县，属沈州。元县废。今为懿路所。

庆云城，卫西北五十里。本渤海蒙州地。契丹阿保机俘檀州民置檀州，并置密云县于此。寻改州为祺州佑圣军，县曰庆云县。金州废，县属咸平府。元废县为庆云驿。《元志》：至元三十年，置辽阳路，自庆云北至合里宾，凡二十八驿。〇永平废县，在卫东北，本渤海优富县地，契丹置永平寨于此。寻升为县，属银州。金省。

铜山城，卫西北五十里。《辽志》：渤海东平寨地，契丹置同州镇东军，后更为镇安军，治东平县，兼领永昌县。金州废，寻改置铜山县，属咸平府。元废。〇双城废县，在卫西六十里。本挹娄故地，渤海置安定郡及安夷县，后废。契丹置双州保安军，治双城县。金州废，县属沈州。元省。

咸平城，在卫东北。《辽志》：汉辽东郡侯城县以北地。高丽为铜山县地。渤海置铜山郡，地在龙泉府之南，多山险，寇盗以为渊薮。契丹建城于此，初号郝里太保城。开泰八年，置咸州安东军，治咸平县。金曰咸州路。天德二年，升咸平府。大定中，又改咸平县为平郭县。贞祐初，耶律留哥聚众隆安，金人讨之，为所败，尽有辽东州郡，称辽王，都于此。元初县废，以咸平府隶开元路，后改隶辽东宣慰司。明初废。〇清安城，在咸平东北。辽置肃州信陵军，治清安县。金废州，以县属咸平府。元废。

归仁城，在故咸平东境。《辽志》：通州安远军，本扶馀国王城，渤海号扶馀城。辽初改置龙州，寻曰通州，领通远、安远、归仁、渔谷四县。金州废，以三县并入归仁，属咸平府。元初废。又玉山废县，在咸平东南，金置县，属咸平府。贞祐二年，升为玉山州顺安军，金末废。○荣安废县，在卫西北，辽河北岸，金置，属咸平府，元废。

龙首山，卫东二里。又卫东三十里有松山。又东六十里有大灰山。○虎头山，在卫东南百十里。又卫东八十里为山羊山，皆东面之障蔽也。

保山，卫西北三十里，辽河西岸。又马鞍山，在卫西百十里，辽河之西。又有塔儿山，在卫西南四十里。又西南四十里有上塔儿山，又西南十里为下塔儿山，二山亦俱在辽河之西。○黄山，在卫西南五十里，又西南十里曰猪儿山。又有寨坡岭，在卫南六十里。

辽河，卫西八十里，自三万卫南流入境，又南入沈阳卫界。○柴河，在卫北二里。源出卫东松山之西，会诸水而西入辽河。又泛河，在卫南三十里，出松山之东，亦会诸山之水，而南流经黄山塔，北流入于辽河。

小清河，卫南六十里。源出废贵德州南山中，西流经懿路城南，又西入于辽河。又泥沟河，在卫南八十里。源出沈阳卫之东山，西北流入境，又西流经沈阳之十方寺堡，入于辽河。

懿路所，即故挹娄城也。明初置中右千户，左左千户及中左千户等所，属铁岭卫。洪武二十九年，调左左千户所于懿路城。永乐初，蒙古鬼力赤等寇辽东懿路寨，即此城也。五年，因旧城修筑，周四里有奇。八年，复调中千户所戍于此。嘉靖三十七年，改筑懿路关厢，四十四年，复增筑焉。○泛河所，在城南三十里。正统四年，调中左千户所于此，筑城周不及四里。

三岔儿堡，卫东南七十里。《志》云：堡在懿路所东，其东有张家楼。近堡又有黄泥洼，贼径也。又东南有二道关，又东有三道关，山路崎岖, 旧属海西, 今为建州境内。万历中, 大帅马林由三岔出塞, 败绩于二道关。《舆程记》: 出铁岭路至三岔儿, 又十里至仙石洞, 十里至八湾, 八十里由诈合寨大路抄至康家寨, 八十里至大寨, 又十里即建州老寨矣。此一路皆平川疏木, 惟康家寨二十里有夹川平佃大树, 五十里中有夹沟谷, 为必防之处。○丁字泊堡, 在懿路所西, 接沈阳卫蒲河所界。

宋家泊堡, 在汎河所西十里。西南接丁字泊堡所, 东有白家冲堡, 西南接三岔儿堡。又有曾迟堡, 在宋家泊堡东北。其东北又有平定堡, 又东北接三万卫之定远堡。《志》云: 所东有李屯堡, 嘉靖间增筑。

抚安堡, 卫东五十里。其东有石门堡, 可屯兵。南有小钓子山, 可按伏。又有龙潭寺口, 贼冲也。又镇西堡, 在卫西北辽河外, 近堡有熊官儿屯, 官军尝御敌于此。又堡东有彭家湾堡, 嘉靖中增筑。○常裕堡, 在卫南三十五里。《一统志》: 自堡而东南, 有永登、秀颖、丰平、大有、富丰、安福、团山、康嘉, 凡八堡。

○**三万卫**, 司北三百三十里。南至铁岭卫九十里, 西至废懿州三百七十里, 东北至三卫境废信州三百里。

古肃慎地, 隋、唐时, 为黑水靺鞨所居。唐元和以后, 渤海取其地, 属上京龙泉府。渤海衰, 黑水女真复有之, 后灭辽, 此为会宁府之地。金末, 其将蒲鲜万奴据辽东, 蒙古克之。至元二十三年, 置开元路《元史》: 元初平辽东, 置开元南京二万户府, 治黄龙府。至元四年, 更辽东路总管府。二十三年, 改为开元路。王氏曰: 开元者, 金上京境内地名, 元平辽东, 引师至此, 遂定其地。时上京一带, 俱已残毁, 因改建开元路。以三万卫为即会宁故地者, 误也。明洪武二十一年, 置兀者野人乞例迷女直军民府。二十二年, 罢府, 置今卫。今改置开原县, 属奉天府。

卫控临绝徼，翼带镇城，居全辽之上游，为东陲之险塞。

○辽海卫。在三万卫治东北，洪武二十一年置。初治牛家庄，二十六年，移治于此，今废。

○安东州，在三万卫治西南，永乐七年置。今亦并入开原县。

开元城，即卫治。元或作原，误也。蒙古窝阔台六年，初立开元南京二万户，治黄龙府。或以今城即黄龙城，非也。盖初寄治于黄龙府，后徙今治。明初，因旧城设三万卫，洪武二十五年修筑，周二十三里有奇。

废信州，在卫东北四百里。《辽志》云：本粤喜故城，渤海置怀远府，治怀福县。辽改置信州彰圣军，又改置武昌县为州治，金因之。元州县俱废。又定武废县在信州境，本渤海豹山县地，辽置定功县，又改为足武县，属信州，金废。

废韩州，在卫东北。《辽志》云：本藳离国，旧治柳河县，高丽置鄚颉府，都督藳鄚、颉二州，渤海因之，后废。契丹初置三河、榆河二州，寻并二州置韩州东平军。金因之，又增置临津县为州治，而以所统柳河县属焉。元初废。○柳河废县，在韩州境。《辽志》：本渤海粤喜县地，辽置柳河县，属韩州，金因之，元省。

废凤州，在故韩州北二百里，辽置。《志》云：亦藳离国故地，渤海之安宁郡也。契丹置州，西北至上京九百里。金废。○九连城，在卫东北九十里，郝木川东岸，城连属有九，因名。明初征纳哈出，驻兵于此。

黄山，卫东北十五里。又卫东一十里有塔儿山，又东四十五里有松山。○刀鞞山，在卫西南二百五十里。刀、鞞盖二山、而相连。又熊山，在卫西北百九十里，与刀鞞山俱在辽河西岸。

金山，在卫西北三百五十里，辽河北岸。唐乾封二年，薛仁贵破高丽于金山，进拔扶馀城，即此。一名曲吕金山。又西北三十里曰东金山，又二十里曰西金山，三山延亘三百馀里。明初冯胜破纳哈出于此。详见北直兀良哈境。○牛心山，在卫东北三百五十里。《志》云：在艾河之北，土河之东。又阿儿干山，在卫东北三百五十里，废信州之东南。

分水岭，有二：东岭在卫东二百五十里，密河西岸，西岭在卫北二百里，辽河西北。天顺三年，大帅赵辅分遣左军出浑河、柴河、石门河、土木河，至分水岭。讨叛酋是也。

金线河，在卫城东北，西流入城，出西水关，又南入清河，夹岸多柳，因名。

清河，卫东五十里，谓之大清河。源出分水岭，流经城东南，有小清河，自卫东流合焉，经城南，西流入于辽河。○密河，在卫东二百五十里，自塞外流入，合于大清河。又马鬃河在卫西三十里，源出卫东北境黑嘴山，绕黄山后西南流入于大清河。又卫东北百里有郝木川，源亦出分水岭，下流入大清河。

艾河，卫东北二百五十里。源出塞外，流经卫东北境黑嘴山，与土河会。又土河，在卫北二百五十里，亦自塞外流入，至黑嘴山，合于艾河。二河合流，谓之辽海，经卫西八十里，又西南流入铁岭、沈阳境，即辽河之上源也。○涂河，在卫西北二百五十里。自塞外流入境，南合辽河。又有亮子河，出卫东北境枪竿岭，西南流入于辽河。

镇北关，卫东北七十里，海西族朝贡市易处。又广顺关，在卫东六十九里靖安堡东。嘉靖中，海西族分道款关，因以镇北曰北关，广顺曰南关。○新安关，在卫西六十里，庆云堡北。又清河关在卫西南六十里，山头关在卫南六十里，各关俱有官军戍守。《志》云：卫南四十五里有中固城，永乐五年筑，抚顺驿置于此。

靖安堡，卫东六十里。近堡曰黄泥冈，按伏处也。万历四十七年，大帅马林等分为□□□从靖安出边，南向建州，即此。又东川堡，在卫东南七十里。《舆程记》：从东川堡路□□□至剪河□□□□□□□□□□□□□至黄岭□□□□□□□□□□至拖东□□□□□□□□□□亦可抄□□□□□□□□□□直趋老寨，皆坦途也。

古城堡，卫西南四十五里。又西十五里曰庆云堡，与中固城、定辽堡相为应援。《边防考》：卫城南旧有马市。盖□□□□□□□□，一 在 开 元 □□□□□□□□□□□城 东 三 里 ，一 在□□□□□□□□。正统间，罢其□□开元□□□□□，又添设马市于古城堡南。嘉靖三年，□□□庆云堡北，每岁□西黑龙江部市易□□。○永宁堡，在卫西北二十里，其东曰镇夷堡，近堡有皇甫城，按伏处也。

定远堡，在卫南，中固城西，近堡有高丽屯，可屯兵。又柴河堡，在中固城东南，近堡有关门冲，可屯兵。又有马家寨，可按伏。○威远堡，在卫东五十里。近堡有郝木川、百峰山，皆为贼冲。又松山堡，在靖安堡西南，与中固城、柴河堡接境。

清阳堡卫北二十里。又东二十里曰镇北堡。去镇北关六十里，又有静边堡，与镇北堡相近。

瓦峪堡，卫东三十里。又扣河堡，在卫东南六十里。《一统志》：卫境自东南转西，有实秀、实颖、迎阳、扣河、长城、东川、福兴、关东、嘉禾、雍康、石门、常宁、上饶、团山、甘泉、谷城、向阳、问粮、古城、仙安、永庆、长乐、山冈、三山、劝农、富川、聚货、梁山、高粱、中寨、泉安、黑穗、丰乐、莲湖、永丰，凡三十五堡，俱有官军戍守。○曹子谷寨，在卫东南塞外，□□□□□□□□□□□□李成梁□□□□□□人等寨□□□□□□□。

亦赤哈答寨，在靖安堡边外七十里。□□□之□别□□□□□□□□□□□□□□□十里地□□□□□□□□□□□□□□因呼为□□□□□□□□□此构衅之□□□□□。

读史方舆纪要卷三十八

山东九　外国附考

　　〇朝鲜，在辽东都司东千八百里。东至海七百七十里，南至海千三百里，西南至海八百里，西北至鸭渌江七百五十里，北至女真界千四百里。自其国都至京师三千五百里，至江南江宁府四千里。古朝鲜国，箕子所封。战国时，燕略属真番、朝鲜，为置吏，筑障塞，遂为燕地。秦为辽东外徼。汉初属燕国，燕王卢绾叛入匈奴，燕人卫满窃据其地。武帝定朝鲜，为真番、临屯、乐浪、玄菟四郡。昭帝并为乐浪、玄菟二郡。后汉末，为公孙度所据。至公孙渊，魏灭之。晋永嘉末，没于高丽。高丽者，扶馀别种，《东夷传》云：即高句骊也。其族有五：一消奴部，一绝奴部，一顺奴部，一灌奴部，一桂娄部。其后桂娄亦名白部，又曰黄部。绝奴亦名北部，又曰后部。顺奴亦名东部，又曰左部。灌奴亦名南部，又曰前部。消奴亦名西部，又曰右部。各有耨萨主之。耨萨盖酋名也。大抵东汉时，高句骊部落渐盛，后遂建国，仍号高句骊，以高为氏。三国魏正始七年，幽州刺史毌丘俭讨破之，寻复据其地。晋咸康八年，其王高钊为慕容燕所破，至曾孙琏益强。宋元嘉十二年，琏遣使入贡于魏，魏封为高句骊王，居平壤城，即汉乐浪郡地。齐永昭九年，琏卒，寿百馀岁。子云嗣，请命于魏。明年，魏主宏册云督辽海诸军事、辽东公、高句丽王。梁天监十八年，云卒，子安立，遣使入贡于梁，梁以安为宁东将军、高句

丽王。后亦臣附于东魏、高齐。齐亡,亦并有辽东地。隋开皇十七年,高
丽王汤谋治兵拒隋,隋主赐玺书责其称藩,汤受命。会卒,子元嗣,隋仍
封为王。明年,元帅靺鞨之众寇辽西,隋营州总管韦冲却之。隋因伐高
丽,元遣使谢罪,乃罢兵。大业七年,讨高丽。明年,发二十四军分道并
进,总集平壤,不能克。九年,复伐高丽。十年,复伐之。凡四伐而不能
克。唐武德四年,高句丽王建武遣使入贡,建武即元之弟也。七年,册
建武为辽东郡王。贞观十六年,高丽东部大人泉盖苏文弑其王建武,改
立其弟子臧。十八年,伐高丽,明年,亲往征之,诸军分道并进,克辽东
等数城而还。自是数遣军伐高丽。总章初,李勣攻高丽,拔平壤,置安东
都护府,由此高氏灭。仪凤初,新罗据其地。开元以后,并于勃海大氏。
天祐初,大氏衰,有眇僧躬乂者,聚众据开州称王,号大封国,遂有高丽
故地。五代梁龙德二年,高丽人王建者,起兵为海军统帅,袭杀躬乂,自
称高丽王。唐清泰末,建引兵击破新罗、百济,而并其地,于是东夷诸国
皆附之,地益拓,建都松岳,即开州也,谓之东京,而以平壤为西京。又
置六府九节度,百二十郡,以理其地。晋开运二年,建卒,子武代立,自后
子孙遣使朝贡于宋,亦朝贡于契丹及金。宋嘉定十二年,高丽王曔附于
蒙古,既而中绝。绍定五年,蒙古主窝阔台遣兵伐高丽,其王曔复请降,
因置京府县达鲁花赤七十二人监其国,端平初,悉为高丽所杀。自是四
遣兵攻之,拔其城十有四,大抵旋服旋畔。景定初,忽必烈以高丽世子
倎袭封高丽国王,倎寻更名植。元至元中,其西京内属,因置东宁路总管
府,画慈悲岭为界。大德三年,又置征东等处行中书,寻罢。至治三年复
置,命其王为左丞相。至正之季,始贰于元。及明洪武二年,高丽王王颛
表贺即位,诏封高丽国王。二十五年,其王瑶昏缪,众推门下侍郎李成桂
主国事,诏从其自为声教,成桂更名旦,徙居汉城,遣使请改国号,诏更
号朝鲜,自是王氏始绝,李氏世有其地,称藩岁奉贡献。万历二十年,为
日本所侵掠,国几亡,王师入援,久之,国始定,然自是浸弱矣。其国中

分为八道，八道中，则忠清、庆尚、全罗三道，地广物繁，州县雄巨，最为富庶。且俗尚诗书，人才之出，比诸道倍多。平安、咸镜二道，北接靺鞨，俗尚弓马，兵卒精强，亦地势使然也。江原、黄梅，居京畿左右，差为狭小。而京畿在诸道之中，襟带山海，称为雄胜。其地东西二千里，南北四千里，八道分统郡凡四十一、府凡三十三、州凡三十八、县凡七十。

京畿道，治王京。朝鲜都也，亦曰汉城。明初，高丽王旦自开州徙此，居七道之中，称为四塞。领郡三：曰杨根、丰德、水城。府三：曰汉城、开城、长湍。州七，曰杨州、广州、润州、骊州、果州、谷州、坡州。县三，曰交河、三登、土山。

开州城，在王京西南二百里，高丽所置州也，左溪右山，称为险固，亦曰松岳。唐天祐初，眇僧躬乂据此。朱梁贞明五年，入贡于淮南杨隆演。后唐清泰末，王建杀躬乂而代之，仍都于此，谓之东京，亦曰开京。宋大中祥符三年，高丽臣康肇弑其主诵，立诵兄询而相之。契丹主隆绪讨高丽，渡鸭渌江，康肇战败，退保铜州，契丹进擒肇等，追亡数十里，铜、霍、贵、宁等州皆降。进攻开京，询弃城走平州，契丹遂焚开京官室府库，民庐俱尽。兵还，询复葺开京而居之，诸城亦复归高丽，今曰开城府。

丸都城，在王京东北。昔时高句骊依险为城，谓之丸都，旁多大山深谷。杜佑曰：汉建安中，高丽王伊奚模更作新都于丸都山下。魏正始七年，幽州刺史毌丘俭以高句骊数侵叛，督诸军出玄菟讨之，高句骊王位宫败走，俭悬车束马以上丸都，屠其城。既而复都于此。晋咸康八年，时高句丽与慕容皝接境，皝谋击之，高骊以重兵备北道，皝潜将劲兵四万趋南道，出其不意，高丽王钊败遁，遂入丸都，毁其城，大掠而还。《唐志》：自鸭渌江口舟行百馀里，乃小舫溯流，东北行，凡五百三十里，而至丸都城。

临屯城，在王京西南。汉元封二年，置临屯郡。《茂陵书》：郡治东暆县，去长安六千一百三十八里，领十五县，昭帝时郡废。暆，音移。《汉志》：东暆县属乐浪郡。是也。后汉并废县。又真番城，在王京西北，汉元封二年，置真番郡。《茂陵书》：郡治霅，去长安六千六百四十里，领十五县。昭帝时，亦并入乐浪郡。霅县，《汉志》不载。徐广曰：辽东郡有番汗县，疑即真番。○含资城，在王京南境，汉乐浪郡属县也，后汉因之，晋改属带方郡。《汉志》注：县有带水，西至带方入海。隋大业中伐高丽，分军出含资道，盖以汉县为名耳。

吞列城，在王京东南。汉县，属乐浪郡，后汉省。《汉志》注：列水出分黎山，西至黏蝉入海，行八百二十里。列亦作洌。又有列口城，亦在王京西南，汉县，属乐浪郡，晋复属带方郡。胡氏曰：列口，洌水入海之口也。汉元封二年，杨仆击朝鲜，先至洌口。张晏曰：朝鲜有湿水、列水、汕水，三水合流为洌水，乐浪、朝鲜，疑皆取名于此。

丰德城，在王京南，朝鲜置丰德郡于此。万历二十年，倭自釜山潜渡临津，分兵陷丰德诸郡，朝鲜王李昖仓卒弃王京奔平壤，即此。○孟州城，在王京西。《志》云：唐置孟州，领三登一县，椒岛、椵岛、宁德三镇，今州废县存。

北岳山，在王京城北。万历中，倭据王城，背岳山，面汉水为营，即此。○龙山，在汉江东南。万历中，倭败于平壤，遁还龙山，李如松从间道袭倭，尽焚其积粟处也。又天宝山，在王城西境。万历中，李如松遣将屯宝山以拒倭，即此。

神嵩山，在开城府北。五代时，王建依此山为都，因名其城为松岳。《志》云：朝鲜有三都，谓平壤、汉城及松岳也。又有平山岭，在开城府西一里，其土色皆赤。

江华岛，在开城南海中。元时，高丽王植庶族承化侯居此。《图经》：今有江华府，盖以岛名。〇紫燕岛，在广州海中，旧有客馆，曰广源亭。又有岛曰和尚岛。又大青屿，亦在广州海中，一名大青岛。元文宗徙其兄子妥欢帖木尔于高丽，使居大青岛，寻徙于广西静江。是也。又有小青屿，亦在广州海中。

汉江，在王京南十里。源出金刚、五台二山，合流入海，王城恃以为险。江之南即古百济国地也。万历中，李如松援朝鲜，倭弃王城遁，如松入城，以兵临汉江，尾倭后，欲乘其惰归击之，不果。

杨花渡，在王京西南，汉江之滨。朝鲜各道馈饷，皆聚于此。或曰即临津渡也。万历中，倭渡临津，掠开城，既而李如松驻开城，遣别将查大受据临津，为东西策应，即此。〇礼成港，在开城府南，下流入于海。又急水门，《一统志》云：在开城府南海中，宛如巫峡。又有蛤窟，亦在开城南海中，山顶有龙河。

碧蹄馆，在王京西三十里。其东有桥曰大石桥，万历中，李如松与倭战处。

江原道，治江陵府，在王京东面。本减貊地，汉为临屯境，领郡七：曰忤城、平海、通川、宁越、松岳、旌善、高城；府五：曰江陵、淮阳、三陟、襄阳、铁原；州四：曰原州、江州、槐州、冥州；县十：曰平康、安昌、烈山、麒麟、酒泉、丹城、蹄麟、蔚珍、瑞和、歙谷是也。

大海，在江陵府东。《一统志》：朝鲜之境，东西南三面皆濒海，其东水淡清彻，下视十馀丈。

黄海道，治黄州，在王京西面。古朝鲜马韩旧地。领郡三：曰遂安、延安、平郱。郱，音男；府三：曰平山、瑞兴、承天；州五：曰黄州、白州、海州、爱州、仁州；县八：曰安岳、三和、龙冈、咸从、江西、牛峰、文化、长渊。

海州城，在黄州西南二百馀里，以滨海而名。又东北即安岳县也。

《志》云：境内有安岳、三和、龙冈、咸从、江西五县，长命一镇，今俱属黄州，皆唐置，元因而不改。

平山城，在黄州东北百里，或曰旧名甑山府，西接黄州，东连平壤，其相近者有琼山，今为平山府。

金堂山，在黄州三和县之西北。《志》云：三和在黄州西南百里。又州境有政方山。

海，在黄州西百里。《志》云：西大海，在黄州长命镇，东流入大通江。又白州、海州之西，皆迫近海滨。

月不唐江，在黄州安岳县之东，其水西流入海。《志》云：安岳在黄州南百五十里。是也。

全罗道，治全州，在王京西南面。本弁韩地，后为百济国。唐显庆五年，苏定方伐百济，擒其王，置熊津等五都督府，后并于新罗。五代时，高丽兼有其地。《图经》：朝鲜地界，正北从长白山发脉，南跨全罗界，西南尽于海。日本对马诸岛，偏在朝鲜海洋之东南，与庆尚之釜山相对，倭船止抵釜山，不能越全罗至西海，故八道之中，惟全罗一道，直北正南，其迤西则与辽东对峙。日本所以隔绝辽、蓟，不通海道者，恃有朝鲜。而朝鲜所以保固边陲，控御诸夷者，恃有全罗也。《志》云：全罗之地，南滨大海，东接庆尚，为朝鲜门户，倭犯朝鲜，此其必由之道也。领郡三：曰灵岩、古阜、珍岛；府二：曰全州、南原；州四：曰罗州、济州、光州、昴州；县二十三：曰万顷、茂长、镇安、扶安、全渠、康津、兴德、黄成、乐安、昌平、济南、会宁、大江、临波、古皋、南阳、富顺、扶宁、麻仁、绪城、海南、神云、移安。

南原城，在全州东南，与全州相犄角，为王京要隘。万历中，倭陷南原，遂犯全罗，进逼王京，李如松谓全罗饶沃，南原尤其咽喉，是也。其相近者有云峰城，亦为冲要。○南阳，在南原府西北，朝鲜之南阳县也。万历二十二年，李如松命将守南原，分兵屯御于此。

济州城，在南原府海岛中。亦曰济州岛。朝鲜置州于此。《志》云：朝鲜之济州，犹中国之琼州。或曰：即故耽罗也。元大德五年，置耽罗军总管府，又沿海立水驿，自耽罗至鸭渌江，并杨村海口，凡三十所，今仍曰济州。又珍岛城，在济州西海中珍岛上，亦曰珍岛郡。宋咸淳六年，高丽叛人裴仲孙立高丽王植庶族子承化侯为王，窜入珍岛，蒙古讨平之。

大江城，在南原府东南，朝鲜所置县也。又东接庆尚之晋州。万历中，倭屯釜山浦，李如松分遣诸将屯大江、忠州以扼之。既而倭从釜山移西生浦，刘綖留镇朝鲜，分屯庆尚及大江，盖扼要处也。或作大丘，误。○处仁城，在全州西。宋绍定六年，蒙古窝阔台遣将撒礼塔攻高丽，至王京南，攻其处仁城，败死。又党项城，在全州东北。唐贞观十二年，百济与高丽连和，伐新罗，取四十馀城，又谋取党项城，绝其贡道云。

俱拔城，在全州。《北史》：百济都俱拔城，亦曰固麻城。其外更有五方，中方曰古沙城，东方曰得安城，南方曰久知下城，西方曰刀光城，北方曰熊津城。是也。唐显庆五年，苏定方下百济，留刘仁愿守百济府城，即俱拔城矣。

任存城，在全州西，古百济所置城也。唐龙朔初，百济馀众复叛，刘仁轨破之于熊津江口，其众释百济府城之围，退保任存城。任存，百济西部也，依任存山而名。三年，仁轨遣兵攻任存城，拔之。又真岘城，在全州北，唐龙朔二年，时刘仁轨既解百济府城之围，还军熊津城，有诏班师。仁轨曰：今以一城之地，居敌中央，动足辄为所擒。正宜坚守观变，乘便取之，不可动也。于是出兵掩其支罗城，拔之。并拔其尹城、大山、沙井等栅。时敌以真岘险要，加兵守之，仁轨复伺其懈，引兵袭据之，遂通新罗运粮之路。《唐书》：支罗、真岘诸城，俱在熊津之东。

周留城，在全州西。又西北有加林城。唐龙朔三年，百济故将福信等据周留城，刘仁轨既拔真岘，诸将以加林水陆之冲，欲先攻之。仁轨曰：加林险固，攻之不易，周留彼之巢穴，宜先取之。遂定计自熊津进破百济之众于白江口，趋周留城，拔之。

熊津城，在全州西北，即熊津江口，百济之险要也，置城于此，为五方之一。唐显庆五年，苏定方讨百济，自成山济海，百济据熊津江口以拒之，定方击破之，直趋其都城，遂克。唐亦置熊津都督府，以守其地。龙朔初，百济复叛，围百济府城，诏刘仁轨赴援，仁轨转斗而前，所向皆下。百济立两栅于熊津江口，仁轨击破之，府城之围遂解，仁轨因驻守于此。既而再破百济馀众于熊津之东，复平百济。或曰：今汉江口，即古置城处云。

白山，在全州南海中，或以为即白水山。唐咸亨三年，高侃击高丽馀众于白水山，破之。又有黑山，亦在全州南海中，俱有澳，可以藏舟。

群山岛，在全州南海中。十二峰连络如城，旧有客馆，曰群山亭，又有五龙庙。〇白水岛，亦在全州南海中，其相近者曰阑山岛。

大月屿，在全州南海中。又有小月屿，与大月屿对峙如门。〇菩萨苫，亦在全州南海中。《图经》：小于屿而有草木曰苫。其与菩萨苫相近者，曰紫云苫、苦苫、春草苫、跪苫。又有槟榔礁，亦在全州南海中。《图经》：如苫屿而其质纯石者曰礁。

熊津江，即汉江也。旧为百济、高丽分界处。江口接大海，为登涉要津。唐时百济存亡，系于熊津江口云。〇白江，在熊津东南，亦接大海，达全州西界。唐龙朔三年，刘仁轨引舟师自熊津趣周留城，时百济请援于倭，至白江口，遇倭兵，仁轨四战皆捷，焚其舟四百馀，进拔周留，遂平百济。是也。

井邑镇，在全州东北。或曰：即百济之故沙井寨也。明万历中，倭行长犯王京，退屯井邑，去王京六百馀里。

　　庆尚道，治庆州，在王京东南。本辰韩地，后为新罗国。滨海与日本相对，为朝鲜之屏蔽。领郡七：曰蔚山、咸阳、熊川、陕川、永川、梁山、清道，府六：曰金海、善山、宁海、密阳、安东、昌原；州五：曰庆州、泗州、尚州、晋州、蔚州；县十二：曰东莱、清河、义城、义兴、闻庆、巨济、昌宁、三嘉、安阴、山阴、高灵、守城。

　　蔚山城，在庆州西北，即蔚山郡也。南有岛山，不甚高，而城皆依山险，中有江，通釜山寨，陆路则由彦阳监通釜山。万历二十五年，倭屯蔚山，大帅麻贵攻之不克，既而倭益筑城寨，据守于此，谓之东路。麻贵复进师逼之，据险收其禾稼，倭诡却以诱之，贵为所败。

　　顺天城，在庆州西南。万历二十六年，倭酋据此，谓之西路。《朝鲜纪事》：倭酋行长据粟林，曳桥建寨数重，凭顺天城，与南海营相望，负山襟水，最为扼塞，大帅刘綎攻之，不能克。

　　泗州城，在庆州西。或曰：即古泗城也。唐龙朔初，百济复叛，与刘仁愿等相持，诏新罗应援。新罗将金钦将兵至古泗，为百济所邀败，自葛岭遁还。今泗州相近有葛岭道云。万历中，倭据泗州，谓之中路，北倚晋江，南通大海，为东西声援。大帅董一元克之，寻复败还。○晋州城，在庆州西南。万历二十六年，大帅董一元击泗州，倭进取晋州，乘胜渡江，南毁永春、昆阳二寨。倭退保泗州老营，一元夺其城，进逼新寨。寨三面临江，一面通陆，引海为濠，海艘泊寨下千计。又筑金海、固城二寨，为左右翼，中通海阳仓，一元攻之不克，败还晋州。又有咸阳城，在晋州西北，朝鲜之咸阳县也。万历中，倭犯咸阳、晋州，即此。

　　梁山城，在蔚山城东南，朝鲜之梁山郡也。万历中，麻贵攻蔚山，遣别将屯此，以绝釜山、彦阳之援。又有永川郡，在梁山东南。又东与庆州接境。○昌宁城，在晋州东，朝鲜所置县也。《图经》：昌宁县南滨晋江，江之南为固城县，县南有唐浦，为滨海津要处。

安东城，在庆州西，朝鲜之安东府也。《志》云：府当马岭之南，为东出庆州之道。又义城，在安东城西，朝鲜之义城县也，亦曰宜城。万历二十五年，督臣邢玠等议攻倭酋清正于庆州，分兵屯义城，东援庆尚，西扼全罗云。

陕川城，在庆州东北，朝鲜之陕川郡也。万历二十二年，李如松复王京，分兵屯御于此。又东南曰熊川郡，东滨大海。○七重城，在庆州北境，境内又有买肖城。唐上元二年，新罗拒命，遣刘仁轨讨之，大破之于七重城，诏以李谨行为安东镇抚大使，屯新罗之买肖城，以经略之。新罗屡败，乃遣使入贡，且谢罪云。

岛山，在蔚山南。万历二十五年，麻贵等攻蔚山倭，倭悉走岛山，于山前连筑三寨拒守。岛山视蔚山城高，倭又于上新筑石城，坚甚，官军攻之不克，寻溃还。

釜山，《志》云：在朝鲜东莱县南二十一里，西北去王京千四百里，滨大海，与日本对马岛相望，扬帆半日可至。其东有东来、机张、西生、林瑯郎、五浦为左臂，西有安骨、安窟、嘉德、熊川、森浦、巨济、闲山、德桥、金海、竹岛、龙堂为右臂，联络掎角，可攻可守。万历二十年，倭酋平秀吉遣其党行长等拥舟师逼釜山镇，陷庆尚道，寻入王京。既而弃王京，还屯据釜山，增筑西生、机张等处，分兵拒守，而以釜山为根本，官兵攻之不能克，久之，始解去。《图经》云：釜山去南原府七百里，是也。

乌岭，在庆州西北境。西接尚州界。广亘七十馀里，悬崖镵削，中通一道如线，灌木丛杂，骑不得成列，朝鲜指为南道雄关。万历二十一年，倭弃王京遁，别将刘𫘫自尚州追至乌岭，倭方拒险，别将查大受自忠州逾槐山监，出乌岭后，倭大惊，前移釜山浦，为久驻计。

竹岛，在庆州境。西南滨海。万历二十五年，倭泊于釜山，往来竹岛，渐逼梁山、熊川，既而夺梁山，遂入庆州。又巨济岛，在竹岛东，滨海。朝鲜置巨济县，兼置水军营于此，冲险次于釜山。〇闲山岛，在庆州西南境，朝鲜西海水口也。右嶂全罗道之南原府，为全罗外藩，一失守，则沿海无备，天津、登、莱，皆可扬帆而至。其相近者又有漆山岛，万历二十五年，倭入庆州，侵闲山，夜袭漆山岛，官军溃走，遂失闲山，倭进围南原，陷之。《一统志》全州南海中有阆山岛，即闲山矣。

平壶岛，在南海中。元至元十八年，遣范文虎帅兵击日本，道出高丽，航海至平壶岛，飓风败舟，遂还，弃士卒十馀万于岛中，日本袭杀之，还者百无一二。

三浪江，在梁山郡南。《志》云：梁山西北有峻岭，上容双马，路险绝。南有三浪大江，直通金海竹岛。万历中，倭夺梁山，三浪遂入庆州。〇晋江，在庆州西南，泗州城北，或谓之西江，东南注于海。万历中，麻贵攻蔚山，遣兵屯西江口，防倭水路援兵，即此。

发卢河，在庆州西界。《志》云：在高丽南界，新罗七重城之北。唐咸亨四年，李谨行破高丽叛者于瓠卢河之西，即此水也。又咸亨五年，刘仁轨东伐新罗，率兵绝瓠卢河，攻其大镇七重城，破之。

西生浦，在蔚山郡南五十三里。其相近者曰机张监。又有开云浦，在蔚山郡南五十二里。〇甘浦，在庆州东二十里。《图经》：甘浦相近者有长鬐浦。又安骨浦，在熊川郡南二十里，其相近者，又有天城浦。

金浦，《图经》：左晋州南，即晋江南入大海处也。元至元二十二年，议征日本，敕漕江淮数百万石，泛海贮于高丽之金浦，仍令东京及高丽各贮米万石，备征日本，期明年八月，悉会金浦。不果行。《元史》作合浦，误也。

忠清道，治忠州，在王京南面。本马韩旧壤。《志》云：王京居八道之中，东隘为乌岭、忠州，西隘为南原、全州。又云：王京为朝鲜都会，咸镜、忠清为犄角，并称天险。今领郡四：曰清风、温阳、天安、临川；州九：曰忠州、清州、公州、矜州、靖州、幸州、兴州、礼州、洪州；县七曰：永春、报恩、连山、扶馀、石城、燕岐、保宁。

公州城，在忠州西南境。其东南近全罗道之南原府。万历二十五年，倭入南原，麻贵发兵屯公州以拒之，即此。又清州城，在忠州西，其东接天安郡，郡西南接公州界。

稷山，在忠州西，有稷山监。万历二十五年，倭陷全罗，引而北，麻贵发兵守稷山，以遏其锋。又有青山，与稷山相近。《志》云：稷山之南，即天安郡城南，下全州之要道也。〇洪州山，在忠州西境海中。《一统志》：洪州建于山下，稍东有东源山，产金。又有富用山，亦在洪州海中，上有仓谷，故名。俗讹为芙蓉山。

竹岭，在忠州东。羊肠绕曲，颇为险峻。万历中，倭弃王京，逾竹岭，走庆尚，即此。〇唐岛，在清州海中，亦曰唐人岛，与九头山相近。又有马岛，亦在清州海中，国中牧地也。旧有客馆曰安兴亭，与轧子苫相近。又有双女礁，亦在清州海中。

白马江，在清州南。《图经》：矜州南有白马江，南流入清江界，折而东，又东北经天安郡界，折而北，其下流合于汉江。

咸镜道，治咸兴府，在王京之东北面。本高句丽之地。今领郡三：曰端川、蜀莫、宁远。府五：曰咸兴、镜城、会宁、永兴、安边。州有八：曰延州、德州、开州、惠州、苏州、合州、燕州、隋州。县一，曰利城。

开州城，在咸兴府西北。《辽志》云：本滅貊地，高丽置庆州，渤海为东京龙原府。都督庆、盐、穆、贺四州。叠石为城，周二十里。阿保机平渤海，城废。隆绪伐新罗还，复加完葺，置开封府开远军，又改为开州镇国军。契丹末，入于高丽，或谓之蜀莫郡。《图经》：郡在开州之东。又开远废县，故开州治也。《辽志》云：本栅城地，高丽为龙原县，庆州治焉。渤海因之，契丹初废，后复置。〇熊山城，在开州西。《辽志》：唐薛仁贵征高丽，与其大将温沙门战熊山，擒善射者于石城。石城即开州城也。渤海时，龙泉府统县六，曰龙原、永安、乌山、璧谷、熊山、白杨。契丹初，皆废。

盐州城，在开州西北。《辽志》：州去开州百四十里，本渤海置，亦曰龙河郡，统海阳、接海、格川、龙河四县，辽初皆废，而盐州仍旧。又穆州城，在开州西南百二十里，渤海置，亦曰会农郡，领会农、水岐、顺化、美县等四县，辽仍曰穆州，治会农县。又贺州城，亦渤海置。亦曰吉理郡，领洪贺、送诚、吉理、石山四县。辽皆废，仍曰贺州，与盐、穆二州，俱隶于开州，后没于高丽。

德州城，在咸兴府西南。唐置，后因之。元仍置德州，领江东、永清、通海、顺化四县，宁远、柔远、安戎三镇，后没于高丽，仍曰德州。又延州城，在咸兴府西北。亦唐置，后因之，元仍曰德州，领阳岭一镇，今仍旧。○大行城，亦在咸兴府西南境。唐乾封三年，李勣等败高丽于薛贺水，进拔大行城，于是诸军皆会，又进至鸭渌栅云。

高句骊城，在咸兴府东北。汉县，为玄菟郡治，后汉因之。《志》云：县本高句骊国地，其国又在玄菟东北，分为五部，汉灭朝鲜，开高句骊地，仍封其种人为高句骊侯。建武中，改封为王，和帝元兴以后，屡犯辽东玄菟塞。延光中，稍茸伏。曹魏时高句丽王位宫强盛，正始七年幽州刺史毌丘俭破走之，后复炽。晋初高句丽亦曰句丽。陈寿曰：玄菟郡初治沃沮，后为夷貊所侵，徙郡句丽西北。公孙氏据辽东，置玄菟郡于辽东东北二百里，盖因旧名，非复故治也。晋玄菟郡仍治高句丽县，盖因公孙度所置耳。

不而城，在咸兴府北，汉县，属乐浪郡，东部都尉治此，后汉废。魏正始中，幽州刺史毌丘俭击高句丽，屠丸都，铭不耐城，即此。耐而通，陈寿曰：汉武置乐浪郡，自单单大岭以西，属乐浪，自岭以东七县，都尉主之，皆以秽为民，所谓不耐秽也。

兰秀山，在开州西，洪武五年，高丽国王请征兰秀山逋寇，诏止之。〇摩天岭，在咸兴府东北，朝鲜谓之东北雄关。《一统志》：延州东南有香山，亦府境内大山也。

萨贺水，在开州西南，一作薛贺水。唐乾封三年，李勣等伐高丽，别将薛仁贵克扶馀城，高丽趋救，与李勣遇于薛贺水，合战，勣大破之，进拔大行城。是也。《志》云：薛贺水出北山中，东南流入鸭渌江。

平安道，治平壤府，朝鲜西京也。东南去王京五百馀里。汉曰乐浪郡，后为高丽王所都。亦曰长安城，一名王险城。唐平高丽，置安东都护府于此，后没于渤海。《辽志》：唐中宗赐渤海大氏所都名曰忽汗州，即故平壤城也。寻自号为中京显德府，阿保机攻拔之，以为东丹王国。五代时，高丽复取之，为西京。元至元六年，其臣李延龄等以西京府州县六十馀城来属，因改西京为东宁府，升东宁路，割静州、义州、麟州、威远镇属婆娑府，馀俱领于东宁，其城治类皆废毁，仅有空名耳。元末复归于朝鲜。今领郡十一，曰嘉山、价川、郭山、云兴、熙川、宣川、江东、慈山、龙川、顺川、博川；府九，曰平壤、成川、定远、昌城、合兰、广利、见仁、宁边、江界；州十六，曰安州、定州、平州、义州、钢州、铁州、灵州、朔州、抚州、宿州、渭州、买州、青州、升州、常州、银州；县六，曰土山、德川、阳德、江东、中和、泰州。

王险城，即平壤城。应劭曰：箕子故都也。薛瓒曰：王险在乐浪郡，浿水之东。汉初，燕人卫满渡浿水，居上下障，都王险。武帝元封二年，其孙右渠拒命，遣楼船将军杨仆自齐浮渤海，左将军荀彘出辽东，诛之，取其地，改置朝鲜县，乐浪郡治焉。晋永嘉已后，没于高丽。义熙末，其王高琏居平壤城，亦曰长安城。隋大业八年，伐高丽，分军出朝鲜道，谓此。《隋书》：平壤城东西六里，随山屈曲，南临浿水。开皇十八年，伐高丽，命周罗睺将水军自东莱泛海趋平壤，不能达而还。大业八年，诏左右各十二军分道伐高丽，总集平壤。明年，复遣宇文述等趋平壤，述不克至。唐贞观十八年，伐高丽，命张亮以舟师自海道趋平壤，明年，拔辽东诸城，攻安市未下。江夏王道宗请以精卒乘虚取平壤，既而降将高延寿亦请自乌骨城直取平壤，不果。龙朔初，命苏定方等讨高丽，进围平壤，不能拔。总章三年，李勣征高丽，拔其平壤，而高丽亡。杜佑曰：平壤即王险城也。五代时，王建据高丽，始谓之西京。上下障，乐浪旧有长城，燕所筑，谓之云障云。

保州城，在平壤西北百馀里。《辽志》：高丽置，治来远县。契丹开泰三年，以高丽王询擅立，问罪不服，取其保、定二州，仍置保州，治来远县。亦曰宣义军。金初以高丽臣附，割保州与之，即今安州也。其相近者有怀化军，亦辽开泰三年置，隶保州，金初亦入于高丽。〇宣州城，在平壤东北二百馀里，唐置，属安东都护府，辽仍曰宣州，亦曰定远军。《辽志》云：开泰三年置，隶保州，盖渤海废，辽复置也。元亦曰宣州，属东宁路，领宁朔、群岛二镇，即今之宣川郡。

定州城，在平壤西北三百馀里，高丽置，治定东县。契丹取之，仍曰定州，亦曰保宁军。后入于高丽，今仍为定州，西南与义州接界。〇义州城，在平壤西北四百二十里。《志》云：义州西南为龙川郡，皆滨鸭渌江，万历二十年，朝鲜王李昖公以关白之乱，走义州，请内属，即此。又铁州城，亦在平壤西北，唐所置州也。元亦置铁州，领定戎一镇，今仍曰铁州。又西北曰灵州，亦唐置，元因之，今仍旧。又熙州城，在铁州东北，唐置，元因之，今曰熙川郡。又东曰抚州，亦唐置，元因之，今仍旧。

定远城，在平壤北。《志》云：唐所置也，属安东都护府，后废置不一，元亦曰定远府，今因之。其南曰慈州城，亦唐所置，元因之，今为慈山郡。○嘉州城，在今安州之西，亦唐所置州也。元仍曰嘉州，今为嘉州郡。又有泰州城，在定远府西，亦唐置，元因之。今曰泰川县。

郭州城，在平壤西北，亦唐置，渤海因之，后属于契丹。《载记》：初，契丹以鸭渌江北予高丽，高丽筑兴、铁、通、龙、龟、郭等州，凡六城。宋大中祥符五年，契丹怒高丽擅弑立，又不入朝，议复取六州地。有女真人告契丹，谓自开京东马行七日，有大寨，广若开京，凡旁邑所贡珍异皆在焉。其胜、罗等州之南，亦有二寨，所积如之。若大军自女真北渡鸭渌江，并大河而上，至郭州，与大路会，高丽可取也。七年，契丹遣耶律世良、萧屈烈，与高丽战于郭州，破之。元亦置郭州于此，今曰郭山府。

钢州城，亦在平壤西北，高丽所置州也。宋祥符中，契丹击高丽，高丽将康肇败保铜州，为契丹所擒，即钢州矣。其相近又有费、贵等州。或曰：费州，今买州之讹也。贵州，今渭州之讹也。又嘉州城，亦在平壤西北，唐置，元因之。今曰嘉山郡，西接义州境，东接安州境。○朔州城，在平壤北境。《志》云：在熙川城东北，唐置，元因之，今亦曰朔州。又东北有昌州城，亦唐时故名也。元因之，今曰昌城府。

云州城，在平壤东北。唐置，元因之。今曰云兴郡。又东北有博川城，高丽所置也，今仍曰博川郡。西南与慈山郡接界，东与价川郡接界。《志》云：郡城西有大定江，或谓之大宁江，江之西岸，有凌汉山。○成州城，在平壤东，唐置，元因之，领树德一镇，今曰成川府。又北曰顺州，今曰顺川郡。顺州之西，曰价州，今曰价川郡，皆唐旧名，元因而不改。

宿州城，在平壤东北百馀里。唐置，元因之。今仍旧。又东北曰殷州城，亦唐旧名，元因之，今仍曰殷州。○江东城，在平壤东，高丽所置也，在大同江东岸，今曰江东郡。《志》云：郡逼临江岸，渡江而南，即中和县。宋嘉定九年，契丹部酋六哥窜入高丽，据江东城，女真阿骨打遣兵攻灭之。又《里道记》：自黄海道之黄州、凤州，至中和，去王京不过三百六十里，自中和县而东，即土山县也。二县亦唐所置，元因之，属东宁路，今仍旧名不改。

　　渌州城，在平壤西境。《辽志》：高丽故国也。渤海置西京鸭渌府，城高三丈，广轮二十里，都督神、桓、丰、正四州，领神鹿、神化、剑门三县。契丹改置渌州鸭渌军，统弘闻、神乡二县，后废。又桓州城，《志》云：在渌州西南二百里，高丽谓之中都城，领桓都、神乡、浿水三县，契丹废县存州，仍隶渌州。《辽志》：高丽王创立宫阙于此，国人谓之新国。五世孙钊常，晋康帝建元初，为慕容皝所败，宫室焚荡，盖此处云。辽末州废。丰州城，旧《志》：在渌州东北二百十里，渤海置州，亦曰盘安郡，领安丰、渤恪、隰壤、硖石四县，契丹废县存州，仍隶渌州。后废。

　　正州城，旧《志》：在渌州西北三百八十里，本沸流国故地，为公孙康所并。渤海置正州于此，亦曰沸流郡，以沸流水而名。契丹因之，仍隶渌州，后废。又东那城，在正州西七十里，渤海置。契丹因之，仍属正州，后废。〇慕州城，在渌州西二百里，本渤海安远府地，领慕化、崇平二县。契丹改置慕州，属渌州。后废。

　　黏蝉城，在平壤西南。蝉，音提。汉县，属乐浪郡。后汉曰占蝉。晋省。隋大业八年，伐高丽，分军出黏蝉道，盖以汉县名也。洪迈曰：乐浪之黏蝉为黏提，南海之番禺为潘愚，苍梧之荔浦为隶浦，交趾之赢娄为莲篓，此皆土俗之别也。〇遂成废县，在平壤南境，汉县，属乐浪郡，后汉、魏、晋皆因之。《晋志》曰：秦筑长城，盖起于此。隋大业八年，伐高丽，分军出遂成道，谓此也。杜佑曰：碣石山在汉遂成县，秦筑长城，起于碣石，今遗址东截辽水，而入高丽。盖本《太康地志》之说，其实误也。

带方城，在平壤南。汉县，属乐浪郡。公孙度置带方郡于此，晋因之，后没于高丽。杜佑曰：后汉建安中，公孙康分屯有、昭明二县以南荒地置带方郡。《汉志》注：乐浪郡南部都尉治昭明。是也。隋大业中伐高丽，分军出带方道，谓此。显庆五年，平百济，改置带方州。〇增地废县，亦在平壤南境，汉县，属乐浪郡，后汉因之，晋省，隋伐高丽，分军出增地道云。

积利城，在平壤西境。唐贞观二十一年，遣牛进达等自海道入高丽，拔其石城，进至积利城下，败其兵。其相近者又有泊灼城。贞观二十二年，薛万彻等伐高丽，围泊灼城而还。《志》云：自鸭渌江口舟行百馀里，又小舫溯流，东北三十里，至泊灼口，即泊灼城矣。石城，见定辽卫。〇加尸城，在平壤西南，高丽置。唐贞观十八年，伐高丽，盖苏文遣嘉尸城七百人戍盖牟城，是也。

辱夷城，在平壤西北。唐总章元年，李勣等败高丽于鸭渌栅，追奔二百馀里，拔辱夷城，遂进围平壤，高丽平。是也。又伐奴城，亦在平壤西北，唐咸亨二年，行军总管李谨行破高丽叛者于瓠芦河西，其妻刘氏留伐奴城，高丽引靺鞨来攻，刘氏拒却之。或曰：城在营州境内，恐误。

马邑山，在平壤西南。唐显庆五年，苏定方破高丽军于浿江，夺马邑山，遂围平壤，即此。又盖马大山，在平壤城西。《汉志》：玄菟郡有西盖马县，山盖因以名。又有鲁阳山，在平壤城东北，上有鲁城。〇苇山，在平壤西南二十里，南临浿水。

观门山，在土山县北。县东南又有花山，皆县境之大山也。又屈岩山，在定远府城东，以岩岫屈曲而名。〇云山，在朔州西南。又有马头山，在灵州之东。长花山，在铁州西南，天圣山，在殷州东北。

熊花山，在郭山郡东北。又有灵山，在宣川郡东南。龙骨山，在龙山郡城东。〇小铁山，在鸭渌江东岸，义州境渡江处也。又西南为辽东境内之僧福岛及皮岛在焉。

　　慈悲岭，在平壤东百六十里。宋淳熙二年，高丽西京留守赵位宠以慈悲岭至鸭渌江四十馀城附金，金人不纳，位宠伏诛。元至元六年，高丽臣李延龄等以西京以下六十城来归，元因改置东宁路，以慈悲岭为界云。○嘉山岭，在嘉山郡西，郡以此名。《图经》：朔州西北有狄喻岭，朝鲜谓之西北雄关。

　　青丘，或曰在高丽境。《子虚赋》：秋猎于青丘。盖谓此。服虔曰：青丘国在海东三百里，《晋·天文志》有青丘七星，在轸东南，蛮夷之国也。唐讨高丽，置青丘道行军总管云。

　　大通江，在平壤城东。亦曰大同江，旧名浿水。《史记》：秦修辽东故塞，至浿水为界。汉初，燕人卫满亡命，东走出塞，渡浿水，居秦故空地上下障，稍役属其真番朝鲜蛮夷及燕亡命者王之。元封三年，荀彘自辽东击朝鲜，破其浿水上军，乃至王险城下。《汉志》：乐浪郡有浿水县。浿，音普大反。浿水西至增地县入海，王险城盖在浿水之阳。《水经》云：浿水出乐浪镂方县，东南过临浿县，东入海，误矣。隋大业八年，伐高丽，来护儿率江淮水军自东莱浮海先进，入自浿水，去平壤城六十里，寻为高丽所败，还屯海浦。唐龙朔元年，苏定方伐高丽，败其兵于浿水江，遂趋平壤。明万历二十一年，李如松援朝鲜，至平壤，倭悉力拒守，如松度地形，东南并临江，西枕山陡立，惟迤北牡丹峰高耸，最要害。如松乃遣将攻牡丹峰，督兵四面登城，遂克之。既而如松驻开城，别将杨元军平壤，扼大同江以通饷馈，是也。

　　清川江，在安州城东。西南流入海，亦名萨水。隋大业八年，宇文述等击高丽，渡鸭渌水，追击其大臣乙支文德，东济萨水，去平壤城二十里，因山为营。平壤险固，不能猝拔，引还至萨水，军半济，为高丽所击，诸军皆溃，将士奔还，一日夜至鸭渌水，行四百五十里。今亦谓之大宁江。《志》云：平壤、黄州，西隔大宁江，东阻大通江，所谓两江之中也。○沸流江，在江东郡南，自汉江分流，西合于大同江。《一统志》：灵州东有大江，西北入于大通江。

鸭渌江，杜佑曰：在平壤西北四百五十里。《汉志》所谓马訾水也。高丽每恃为天险。今详辽东都司。

蛇水，在平壤西境。唐龙朔初，庞孝恭等击高丽，以岭南兵壁于蛇水，为盖苏文所攻，一军尽没。或谓之陀水。宋天禧二年，契丹伐高丽，战于茶、陀二水，败而还。《志》云：二水俱在平壤西北。

晏家关，在义州西南。当鸭渌水东岸，旧为津要。○潼关堡，在平壤西境，亦朝鲜所置戍守处也。

肃宁馆。在平壤西北。《图经》曰：肃宁馆之西曰定州，东曰安州。万历二十年，李如松援朝鲜，逾鸭渌江，至肃宁馆，越二日抵平壤。即此。

已上朝鲜。

○女真，在辽东都司东北千七百馀里。自其国混同江至京师三千五百里，至江南江宁府四千六百里。其地东濒海，南邻朝鲜，西接兀良哈，北至北海。古曰肃慎，后汉曰挹娄，元魏曰勿吉，隋曰靺鞨。其种分为七部：一粟末部，与高丽接。二伯咄部，在粟末之北。三安车骨部，在伯咄东北。四拂涅部，在伯咄之东。五号室部，又在拂涅之东。六黑水部，在安车骨西北。七白山部，在粟末东南。白山、粟末皆近边，惟黑水居极北，尤强盛。开皇十八年，高丽王汤帅靺鞨之众万馀寇辽西。唐贞观二年，黑水渠长阿固郎来朝，因置燕州授之。开元十四年，黑水靺鞨遣使入见，以其国为黑水州。寻又置勃利州及黑水府，以部长为都督。贞观以后，渤海盛强，黑水后服焉。五代初，契丹灭渤海，黑水靺鞨因附于契丹，复有黑水故地。契丹迁其豪数千家于辽阳南合苏馆，是为熟女真，亦曰南女真。其界外野处不入辽东籍者，为生女真，亦曰北女真。又极边远者，号黄头女真。而黄头勇敢者则谓之回霸。后避契丹兴宗讳，改真曰直。生女直日强，建国曰金，既灭辽，以所兴地为上京会宁府，领曷懒等路。金末，城邑多毁于兵火。元因其土地旷远，人民散居，设军民万户府五，抚镇北边，一曰桃温，一曰胡里改，一曰斡朵怜，一曰脱斡怜，一曰孛苦江，分领混同江南北水达达及女真之人，各仍旧俗，无市井城郭，逐水草为居。复置合兰府水达达等路，以统摄之。明永乐二年，部族渐来归附，置建州等九卫。明年，复置毛怜等六卫。四年，置古贲河等三十九卫。五年，置阿古河等三十一卫。六年，又置纳木河等三十卫。七年，置卜鲁兀等十七卫，并置儿干都司以统之。八年，又增置木兴河等十一卫。明年，复置督罕河一卫。十年，置建州江等十三卫。十一年，置斡朵轮一卫。十二年，置哈儿分等十二卫。十三年，又置渚冬河等四卫。十四年，置吉滩河等二卫。十五年，置阿贡同真等四卫，凡卫一百八十。又置兀者托温等千户所二十，及地面城、站等凡五十八处，以授其大小酋长，盖悉境皆奉朝贡矣。正统中，复置建州右等五卫。自是数有增置。万历中，有卫三百八十四、所二十四、站七、地面七、寨一，曰黑龙江忽里平寨。其间种族互相吞噬，或存或否，惟建州最强。天顺三年，建州酋董山叛，降朝鲜。成化二年，寇辽东。十四年，建州夷复寇辽东。诏遣马文升抚定之。十五年，陈钺等讨建州。既而建州复寇辽东，久之始顺命。说者谓：建州之地，独居诸部族中，据要害，东接毛怜野人、黑龙江诸夷，东北杂兀者诸卫，西北邻兀良哈，背枕长白山，面临鸭渌江，有山四面斗绝。建州结老寨于此，左曰董古寨，右曰新河寨，前曰阎王、牛、毛、甘孤里、古坟、板桥等六寨，逼近开元。而开元所恃为屏蔽者，惟在北关，其清河、抚顺及三岔、抚安、柴河、靖安、白家冲、松子等堡，皆开元以南、辽沈以北，肘腋要害也。从老寨西袭则抚顺关，北掠则靖安堡，南叩则鸦鹘关，东扰则晾马佃。若渡浑河，过五岭关，则至抚顺。越二道关，抵三岔堡，则至靖安。若由甘孤里而古坟而板桥而柳木而卜馀,则向晾马佃及鸦鹘关一带矣。盖卜馀为建州第一关隘,由东南路向建州,卜馀寨其必争之险也。《志》云:建州阻万山中,林木参天,蹊径盘错,有五岭、喜昌、石门为险阨,若纵横四出,犄角前进,往往可以得志。若自辽阳向建州,则镇江、宽奠、叆阳、清河,皆有径可前。由沈阳向建州,则抚顺为大路。由铁岭向建州,则三岔为要途。由开元而进,则东川亦捷径也。建州而外,居开元东北者,谓之海西。居建州之东者,谓之毛怜,亦曰野人,皆黑水苗裔。又近开元北边松花江者,谓之山夷。其种皆倚山作寨,或谓之熟女真种。北抵黑龙江者,谓之江夷,或以为生女真种。其灰扒、兀剌等族,类皆江夷种也。诸族之中,以海西、毛怜、建州为最大,后毛怜渐微。大约自沈阳、抚顺关而北者,其地多属于海西。自叆阳、清河堡而抵鸭渌江,其地皆属于建州。其后,海西亦折而入于建州矣。建州盖渤海之苗裔云。

废会宁城,一名海古城。西南接三万卫界,即勃海上京龙泉府之地也。女真初起于此。阿骨打既灭辽,置会宁州,完颜晟升为会宁府,建上京,兼置会宁县为府治。海陵帝废上京,寻复旧。元废。又曲江城,在会宁府东北。金大定七年,置镇东县,属会宁府,寻改治曲江。又有宜春城,亦大定七年置,属会宁府,元初与府俱废。

肇州城,《金志》云:在会宁西五百里鸭子河、黑龙江之侧,旧名出河店。宋政和四年,女真取宁江州,辽人使其将萧嗣先等发兵,屯出河店,阿骨打御之,至混同江。辽兵方坏凌道,阿骨打击走之。遂帅众继进,登岸大破辽兵于此。完颜晟因置肇州,谓肇基王迹者也。亦曰武兴军,治始兴县。金末废。

黄龙府城,在会宁西北。《辽志》:在渤海扶馀府。阿保机末,有黄龙见于此,因名。石晋开运三年,契丹以晋主重贵为负义侯,置于黄龙府。《五代史》：自幽州行十馀日，过平州，出渝关，行沙碛中七、八日，至锦州。又行五、六日，过海北州。又行十馀日，渡辽水，至勃海铁州。又行七、八日，过南海府，遂至黄龙府。府北至混同江一百三十里。宋开宝四年，契丹主贤以军将燕颇叛，府废，改曰龙州，俗仍谓之黄龙府。政和五年，阿骨打将攻辽黄龙府，进薄益州，又败辽兵于达鲁古城，逐北至阿娄关。既而阿骨打次混同江，乘马以济，遂克黄龙府，后因改府为济州，兼置利涉军。绍兴中，岳武穆尝言：直抵黄龙，与诸军痛饮。盖以北狩拟于石晋之祸也。金天德四年，又升为济州路。大定二十九年，改曰隆州。贞祐初，又升为龙安府，治利涉县。时蒙古兵起，辽人耶律留寄聚众隆安，至十馀万，遣使附蒙古。金人讨之，为所败，遂自立为辽王。元初以其地并入开元路。○废益州，在黄龙府东北，辽置，统静远县。又黄龙县，即故黄龙府治也。《辽志》：黄龙府统县三，曰黄龙、迁民、永平；州五，曰益州、安远州、威州、雍州、清州。金废入龙州利涉县。

废宁江州，在会宁西北。契丹置。亦曰混同军，统混同县。其东北又有寥晦城。宋政和四年，女真初取寥晦城，会诸部兵于入流水，乃陷宁江州，进败辽兵于混同江，即此。州寻废。○废宾州，在黄龙府东。本渤海城，契丹置州于鸭子、混同二水之间，寻曰怀化军。女真败辽军于斡邻泺，东取宾、祥、威三州，进薄益州，是也。金州废。又废祥州，在宾州西南。契丹置祥州瑞圣军，统怀德县，属黄龙府，金废。威州，今见铁岭卫。

废河州，在黄龙府北。辽置河州德化军，有军器坊，金废。《一统志》：开元东北五百里有稳秃河，源出坊州北山，北流入松花江。所谓坊州，疑即河州矣。○斡鲁古城，在黄龙府境。女真叛辽，侵黄龙府，转趋斡鲁古城，败辽兵。或曰：即达鲁古城也。又废苍海郡，在会宁北境。汉元朔初，东夷秽君、南闾等降，为苍海郡，寻罢。贾捐之云：武帝东置苍海郡，西置朔方之州，是也。

五国头城，在会宁府东北。自此而东，分为五国，因名。《辽金纪事》：海东青出于女真东北铁甸等五国，辽主延禧酷爱之。每岁天寒，发使趣女真，以海东青入贡，发甲马数百取之。五国索于巢穴中，往往战争而得。国人厌苦。《宋史》：建炎二年，金人徙二帝于韩州之五国城，去其上京千里云。韩州，见三万卫。

废胡里改路，《金志》：在会宁东六百三十里，北至边界合里宾忒一千五百里。初置万户府于此，海陵时罢。金主璟承安三年，置节度副使于此。元曰胡里改军民万户府。《元志》：胡里改距上都四千二百里，大都三千八百里。又有桃温路，去上都四千里。○废蒲与路，《金志》：在会宁府北六百七十里，初置万户府，后更为蒲与路。自此西北至火鲁火疃谋克三千里，乃金北边之极界也。元废。

废昌懒路，《金志》：在会宁东南千八百里。亦曰合懒路。自此而东南，至高丽界五百里。元废。○废恤品路，《金志》：在会宁东南千六百里。故率宾国地，辽置率宾路，金曰恤品路，亦曰速频路。西南至合懒路一千二百里，北至边界乾可阿怜千户二千里。亦元废。

长白山，在会宁南六十里，西南去三万卫千里。其山横亘千里，高二百里。巅有潭，周八十里，渊深莫测，南流为鸭渌江，北流为混同江，东流为阿也古河。

马鞍山，在会宁东南。《一统志》：山在开元城东北四百里，建州卫东。误也。建州在开元东南。又濛溪山，《一统志》云：在开元东七百四十里松花江东岸。旧《志》：勿吉国南有祁黎山，又有太山，俱女真境内之大山也。

冷山，在会宁东北二百里。宋洪皓使金，金人流递之于冷山。其地苦寒，穴居者仅百馀家而已。旧《志》：会宁境内有青岭，又有马纪岭，俱高险。

混同江，在会宁西南。旧《志》：在开元北千五百里，源出长白山。一名粟末河，粟末鞨鞨所居也。江面阔三里馀，经会宁之西，东北流达五国头城北，又北合松花江，东入海。《宋史》：金乌古乃时，自东沫江之北、宁江之东，地方千馀里。东沫，即粟末之讹也。胡三省云：金人谓鸭渌江为混同江。

松花江，在会宁东南。旧《志》：在开元东北千里。本名宋瓦江。亦出长白山，东北流经会宁府之东。其北则有忽剌温江诸水流入焉，南则有灰扒江诸水流入焉。下流合于混同江。○忽剌温江，《志》云：出女真北山，南流入松花江，南去开元九百馀里。又灰扒江，出沈阳废贵德州东北山中，东北流入于松花江，西去开元城三百五十里。

胡里改江，《志》云：出建州卫东南山中，东北流为镜泊，又北入混同江。金胡里改路以此名也。○黑龙江，旧《志》：在开元北一千五百里，源出北山，黑水鞨鞨旧居此。南流入松花江。或云：混同江北流，经灰扒地名灰扒江，过兀剌亦地名兀剌江。又北至海西苦兀东入海。通名乌龙江。兀剌，即忽剌之讹也。又境内有泼猪江，或曰即黑龙江之别名。又上木江，《志》云：在开元东北千馀里，亦出长白山，流经女真北山，东入海。又阿速江，在开元东北千六百里，下流亦入松花江。

金水河，在会宁西。一名按出虎水。女真谓金为按出虎，以水源于此，谓之金源，因建国号曰金。其水西北流，与来流水合，西流入于混同江。《一统志》：金水河出黄龙府东山，北流入松花江。误。○来流河，在会宁北。源出三卫境马盂山，东流至黄龙府东，又东南流入女真境会金水河，又东北流入混同江。

哈剌河，《志》云：在开元东四百里。源出长白山，流经松山东，又东合灰扒江。又一迷河，《志》云：在开元北四百里。源出艾河北山，北流合龙安一秃河入松花江。龙安一秃河，见兀良哈境。○扫兀河，《志》

云：在开元东北五百七十里。源出建州卫东南山，东北流入秃鲁麻河。又秃鲁麻河，在开元东北六百里。亦出建州东山，下流入松花江。

合兰河，在建州卫东，东南流千馀里入海。元合兰府以此名。又恤品河，在建州卫东南，下流亦合于海。金人恤品路之名以此。又阿也苦河，源出长白山，东流入海。○苏子河，在建州西近塞。永乐间，建州酋李满住款塞，驻牧苏子河，为边患。

恼温河，《志》云：在开元北千里。源出长白山，南流入松花江。或谓之托温江，又讹为□□江。明初，女直部野人寇辽东，命将宋晟讨之。晟过恼温江，分兵为三道，进至锱儿口，与贼战，败之。《志》云：废肇州西有洮儿河。又开元西北境有兀良河，源出沙漠，东南流合洮儿河、恼温河，俱入于松花江。

理河，《志》云：在开元东北千二百里。源出乾乃怜城南诸山，北流入松花江。又徒门河，在建州南，东南流入于海。○忽汗河，在开元东北。《志》云：在故靺鞨国。昔渤海大氏居故平壤城，号忽汗州，盖本于此。

辟登水，在建州南境，近高丽。宋崇宁三年，女真将石适欢破高丽于曷懒甸之境，追入辟登水，逐其残众。高丽惧而请和。又有五水，亦在曷懒甸之境。高丽引兵救曷懒甸，五水之兵皆附之，是也。

斡怜泺，在黄龙府东北。宋政和四年，女真阿骨打败辽兵于出河店，又进败阿萧敌里于斡怜泺东。辽滨、祥、威三州及铁骊□□降于女真。明年，辽主延禧亲征女真，驸马□特末将兵至斡怜泺，是也。○部渚泺，在黄龙府东。阿骨打自燕京还，死于此。吴乞买葬之于海古城西，是也。

驼门寨，在黄龙府西。宋政和五年，辽主延禧亲征女真，至驼门。或曰即骆驼口也，在长春州北。长春，见兀良哈境。○爻剌屯，在黄龙府东。辽主延禧讨金，先进至斡怜泺。金主阿骨打行次爻剌，议深沟高垒以待之。会辽将耶律章奴作乱，辽主引还，金人追败之于护步答冈。盖在混同江之西。

御子林。在会宁府境。《宋史》：绍兴八年，王伦使人见金主亶于御子林。即此。○捏怯□部，在会宁东境，女真别部也。又有吾者野人部。元至正三年，辽阳路以捕海东青烦扰吾者野人及水达达部。于是二部皆叛。又奴儿乾地，在会宁东南。《元史》：俊禽海东青由海外飞来，至奴儿乾，土人罗之以为贡。至治初，审□珪等于奴儿乾地。是也。向置都司及卫于此。

已上女真。

○**勃海**，亦靺鞨遗种，隋时粟末部也。初附高丽。唐灭高丽，勃海大氏徙居营州，寻保挹娄之东牟山，高丽、靺鞨稍稍归之。武后万岁通天中，为契丹李尽忠所逼，有乞乞仲象者，度辽水自固，武后置勃海都督府授之，又封为振国公，子祚荣遂盛强，并有扶馀、沃沮、弁韩、朝鲜诸国，地方五千里，建都邑，自称振国王。睿宗先天初，拜为勃海郡王，所都赐名忽汗州。开元七年，武艺袭位，益强，其后皆称王改元，然仍羁属于唐。又数传至夷震，地益拓，徙居忽汗河东，去旧国三百里，称勃海国王，寻僭号，拟建宫阙，以勃海故地为上京龙泉府。忽汗州即平壤城也，为中京显德府，秽貊故地为东京龙原府，沃沮故地为南京南海府，高丽故地为西京鸭渌府，分统十五府，六十三州，为辽东盛国。其后浸衰，契丹阿保机建国，攻勃海，拔忽汗州，俘其王大諲撰，勃海遂灭。

挹娄，即肃慎。《后汉书》曰：在夫馀东北千馀里，东滨大海，南与北沃沮接，不知其北所极。在不咸山北，去夫馀□□□行，西接寇漫汗国，北接□□□，广袤数千里，人众虽少，而多勇力，处山险善射。又其国东北有山出石，利于铁，取为砮。弓长四尺，矢用楛，长尺八寸，所谓肃慎氏之楛矢砮也。其后即为女真云。

夫馀，旧《志》：夫馀在玄菟北千里，南接高丽，东接挹娄，西接鲜卑。有鹿山，其王所居也。王莽时，班符命，东出玄菟、乐浪、高句骊、夫馀。后汉时，屡为辽东边患。又为高句骊所驱率，犯玄菟、辽东诸边境。《东夷传》：永初四年，夫馀寇乐浪。延光元年，夫馀顺命，助汉击败高句骊、秽貊。永康元年，复寇玄菟。晋太康六年，鲜卑慕容廆东击夫馀，夫馀王依虑自杀，子弟走保沃沮，廆平其国城，驱万馀人而归。明年，依虑子依罗复还旧国。永和二年，时夫馀为百济所侵，西徙近燕。慕容皝遣其子俊袭之，禽其王玄及部落五万馀口而还。其国盖自是灭亡，地属高丽。隋大业八年，伐高丽，分遣宇文述出扶馀道。杜佑曰：扶馀南接高丽，东接挹娄，西接鲜卑。后高丽得其地，置扶馀城。唐乾封二年，薛仁贵破高丽于金山，进拔夫馀城。夫馀川中四十馀城皆望风降下。金山，即辽东三万卫西北之金山也，后属于勃海。后唐天成初，契丹拔勃海之扶馀城，命其长子镇之，曰东丹国。《辽志》：黄龙府本勃海扶馀府，又通州安远军本扶馀王国城。是也。夫，亦作扶。通州，详见铁岭卫归仁城。

沃沮，有二：一曰东沃沮，在盖马大山之东，亦曰南沃沮，汉武灭朝鲜，开置玄菟郡，治沃沮城。后玄菟内徙，沃沮更属乐浪。光武时废省，就以其渠帅为县侯。国小，臣属于高句骊，后为所并。《汉志》：玄菟郡有夫租城，盖即沃沮矣。魏正始八年，毌丘俭复伐高骊，其王位宫奔买沟，俭遣玄菟太守王颀追之，过沃沮千馀里，至肃慎氏南界，刻石纪功而还。是也。一曰北沃沮。《后汉·东夷传》：北沃沮，一名买沟娄，去南沃沮八百馀里，与挹娄接，高丽名城为沟娄也。杜佑曰：北沃沮一名买沟娄。又曰：高句骊居纥升骨城，汉初为县，属玄菟郡，赐以衣帻潮服鼓吹，常从郡受之。后不复诣郡，但于东界筑小城受之，遂名此城为帻沟楼，后讹为买沟。建安中始迁于九都山下。隋大业八年，伐高丽，分遣薛世雄出沃沮道。

萝貊，服虔曰：萝貊在辰韩北，高丽、沃沮之南，东穷大海。汉元朔初，其君南闾降汉，因置苍海郡，三年罢。陈寿曰：夫馀国有故城，名萝城。盖本萝貊地，今不耐萝亦其种云。

百济，今朝鲜之全罗道即其地，西渡海至越州，南渡海至倭国，王居东西两城外，置六带方，管十郡。《地志》：东夷有三韩国，曰马韩、辰韩、弁韩。马韩在西，凡五十四国，百济居一焉。陈寿曰：三韩凡七十八国，百济其一也。后渐强大，兼诸小国，与高句丽相匹，俱在辽东之东千馀里。李延寿曰：百济之先，以百家济海，后遂以百济名国。晋世高丽略有辽东，百济亦分据其地，置辽西、晋平二郡。萧齐永明六年，后魏遣兵击百济，为百济所败。八年，齐以其王牟大为镇东将军百济王。隋开皇十八年，遣使请伐高丽，愿为军导，高丽觉之，以兵侵掠其境。《隋书》：百济出自东明，后有仇台者立，始强盛。杜佑曰：百济南接新罗，北距高丽千馀里，西限大海，处小海之南，有五部，分统三十七郡，二百城。唐武德四年，册百济王扶馀璋为带方郡王，其后党于高丽，与新罗相仇，显庆五年击平之。诏以其地置熊津、马韩、东明、金涟、德安等五都督府，又以百济城为带方州，置刺史治焉。《唐史》：百济本夫馀别种，其王亦姓扶馀氏，滨海之阳，直京师六千里而赢，仪凤以后，百济之地，附于新罗，其支属共保海滨，仍曰百济。

新罗，今朝鲜之庆尚道即其地，弁韩苗裔也。李延寿曰：新罗本辰韩种，在高丽东南。亦曰秦韩，相传秦世亡人避役，东适马韩，马韩割东界居之，故名。秦韩始有六国，稍分十二，新罗其一也。或称魏毌丘俭破高丽，高丽奔沃沮，后复国，其留者为新罗，兼有沃沮、不耐、韩涉之地。其王本百济人，自海逃入新罗，遂王其国，附庸百济，后强盛，与百济为敌。杜佑曰：新罗本辰韩种，魏时为新卢国，晋、宋曰新罗，其国在百济东南五百馀里。唐武德四年,册新罗王金真平为乐浪郡王。显庆中,屡为高丽百济所攻,唐为遣兵平百济。龙朔初,以其国为鸡林大都督府,授其酋金法敏为都督。上元初,新罗据百济故地,又招纳高丽叛众,遣兵讨之,复请降。仪凤以后,复西据高丽故城,唐不能讨。自是仅羁属于唐而已。开元以后,其地多为渤海所并。〇休忍国,在新罗之东,亦二韩之属。东晋时有休忍国,服属于燕,苻秦灭燕,遂属秦。太元四年,苻路以龙城叛,征兵于鲜卑、乌桓、高句丽、百济、新罗、休忍诸国,是也。后并于百济。

耽罗,今朝鲜之庆尚南境,亦曰儋罗国。《唐史》云:居新罗武州南岛上,初附百济,后附新罗。麟德二年,遣使入朝,后为新罗所并。《图经》:今济州,即古耽罗国也。

流鬼。东夷也。唐贞观十四年入贡,去京师万五千里,其地直黑水靺鞨东北,少海之北,三面接海,南与拂涅、靺鞨邻。东南航海行十五日乃至。人依岛屿散居,多沮泽。初附百济,后附新罗。杜佑曰:流鬼国在北海之北。是也。〇定安国,本马韩种。宋太平兴国中女真入贡,道出定安,即此。

右东夷诸种。

山西方舆纪要序

　　山西之形势，最为完固。关中而外，吾必首及夫山西。盖语其东则太行为之屏障，其西则大河为之襟带。于北则大漠、阴山为之外蔽，而勾注、雁门为之内险。于南则首阳、底柱、析城、王屋诸山，滨河而错峙，又南则孟津、潼关皆吾门户也。汾、浍萦流于右，漳、沁包络于左，则原隰可以灌注，漕粟可以转输矣。且夫越临晋，溯龙门，则泾、渭之间，可折箠而下也。出天井，下壶关，邯郸、井陉而东，不可以惟吾所向乎？是故天下之形势，必有取于山西也。吾盖征之春秋之世，而知所以用山西者矣。叔虞之初封于唐也，不过百里之国，其后并兼弱小，渐以盛强。献公信骊姬之谗，申生死而重耳逐。当是时，晋国之危，不绝如线。以秦缪之才且智，岂不欲兼晋而有之？而势不能也。韩之战，既以获其君矣，而卒不能入其国，岂惟丧君有君之义，州兵爰田之制？晋诸臣之才力，皆足以抗衡于秦，亦其国之险塞，可凭依以为固也。及文公以晋霸，而天下之征伐号令，且自晋出焉。观于服郑慑楚，晋之兵威，远及于江汉矣。襄公败秦师于殽，秦人报怨之师，尝欲甘心于晋。自襄、灵、成、景、厉、悼，以及平公之世，秦、晋河上之战，前后以数十计，然秦卒不能得志于晋。当是时，秦日以强，缪、康、桓、景诸君，其材足以争雄于中国。而成周无恙，东诸侯之属，不遂罹秦祸者，不可谓非晋之大有造于天下也。及三家分晋，而晋非复春秋之旧矣。然而卫鞅之言曰：秦之与魏，譬如人有腹心之疾，非魏并秦，秦即并魏，魏必东徙，然后秦可据山河之固，东乡以制诸侯。是一魏犹足以难秦也。盖魏之强，以河西、安邑；而韩之强，则以上党；赵之强，则以晋阳及云中、九原。自魏去安邑，都大梁，而魏始弱矣。秦惠文君时，魏以河西之地，尽入于秦，而魏益弱。秦昭襄二十一年，安邑复入秦，而魏遂不复振矣。秦人既得安邑，乃谋韩之上党。秦拔上党之后，凡八年，而韩遂入朝于秦。又六年攻赵，拔晋阳。晋阳拔后十九年，而三晋竟亡矣。呜呼！秦之能灭晋者，以晋分为三，而力不足以拒秦也。假使三晋能知天下之势，其于安邑、于上党、于晋阳也，如捍头目而卫心腹也。即不能使秦人之不我攻，必当使我之不可攻；即不能为其不可攻，必不可遂敌之必我攻。合与国以争之，上也；举国以争之，次也。于安邑、于上党、于晋阳，固尺寸之地，即为其国延旦夕之命也。奈何揖寇入门而不知，割己肥敌而不悟，使秦人得以坐待其毙乎？然而秦自孝公以后，萃六世之力，而后能尽举安邑、上党、晋阳之地，亦不可谓不难矣。汉都长安，而太原、云中、定襄，皆屯宿重兵，所以镇抚北方也。魏、晋之际，雁门以北，尽皆荒塞，而以并州为重镇。及刘渊倡乱于离石，关河以南，悉被其荼毒。晋室之祸，自古未有也。苻坚之取燕也，破壶关，克晋阳，乃一举而入邺。拓跋魏起于北荒，奄有恒、代，规取河北，蚕食河南，既又克统万，平辽东，收姑臧，纵横四出，无有当其锋者。及南徙洛阳，而肩背之势，倒制于巨猾强藩矣。是故六镇跳梁于前，尔朱凭陵于后，高欢篡窃于终，皆自隔远恒、代阶之祸也。宇文氏与齐人争于龙门、玉壁之间，材均势敌，卒不能越关河尺寸。及周人克有平阳，进拔晋阳，而慕容之辙，高齐复蹈之矣。隋以汉王谅之乱，列戍太原，建置留守。唐公乘之，引兵而西，克临汾，渡龙门，抚定关陇，于是东向而争天下，势如建瓴也。刘武周资突厥之助，盗据马邑，一旦越雁门而侵并、晋，太宗投袂而起，奋其雄武，亟削平之。诚以并、晋为关辅之襟要，卧榻之旁，不可以假他人耳。河北连兵，太原如故，故李、郭藉为根本，得东向以灭安、史。唐末李克用资之，虽艰难屡挫，卒能自振。存勖夹河之战，不过十五年，而梁之君臣，函首以告先王矣。石敬瑭据有晋阳，卒易唐祚。刘知远继之，复承晋社。其后刘崇以河东十州之地，矫命者垂三十年，以周世宗之英武、宋太祖之雄略，而不能奏芟除之烈也。女真窃入云中，进陷朔、代，张孝纯以太原拒守，云中之寇，未敢南牧也。及孤城覆没，敌势益张，遂速青城之辱。迄于取河中，渡临晋，而永兴六路，一时摧败矣。元末扩廓据晋、冀，太祖取之，乃在克平元都之后。国家定都于燕，而京师之安危，常视山西之治乱。盖以上游之势，系于山西也。曰：山西之形势诚重矣。然昔人有言，殷纣之国，左孟门，右太行，常山在北，大河在南，而武王杀之。且高干不能以并州拒曹魏，刘琨不能以并州制刘、石。靳准窃平阳，而旋毙于刘曜；杨谅起晋阳，而卒蹶于杨素，恶在其为险固者也。曰：成败相乘也，如转圜也。使谓形势可恃，是终古无覆亡之国也。且不闻朱子之说乎？冀州，山川风气所会也，昔者尧都平阳，舜都蒲坂，禹都安邑，盖自昔帝王尝更居之矣。曰：然则山西可以建都否乎？曰：天下之事，创起为难。燕京袭辽、金、元之故辙，乃曰取法于黄帝也。山西有尧、舜、禹之成谟，乃曰汉、唐以来，未有建都者也。庸人之论，不究本末如此。夫山西之与燕京，又乌可以同日语哉？

读史方舆纪要卷三十九

山西一　封域　山川险要

○古曰冀州，舜分置十二州，此为并州。应劭曰：地在两谷之间，故曰并州。亦曰卫水、常水之间也。今卫水、常水，俱见北直真定府。《禹贡》仍曰冀州。其地险易，帝王所都，乱则冀安，弱则冀强，荒则冀丰，故曰冀州。《周礼·职方》：正北曰并州。成王封叔虞于唐，此为晋地。战国时为赵地，亦兼韩、魏之疆。今平阳府，故魏地。潞安府辽、泽二州，故韩地。后皆入于秦。其在天文，昂、毕则赵分野。韩、魏分野，见河南沿革。秦并天下，置太原、河东、上党、代、雁门、云中等郡。汉武置十三州，此亦为并州。其河东郡则属于司隶。后汉以并州治晋阳。灵帝时，羌胡大扰定襄、云中等郡，并流徙分散。献帝时，省入冀州。魏黄初中，复置并州，自陉岭以北并弃之。晋亦置并州，惠帝时为刘渊所残破，其后刘曜徙都长安，平阳以东，陷没于石勒。及苻坚、姚兴、赫连勃勃之际，并于河东置并州。姚兴时，又尝分河东置并、冀二州。及后魏以后，分析益多，不可得而详也。隋亦置十三部，而不详所统。唐贞观初，置河东道，开元中因之，移治蒲州。天宝初，又置河东节度使于并州。及五代时，李克用、石敬瑭、刘知远，代有其地，并主中国。周广顺初，刘崇据其地。宋太平兴国四年，始克平之，仍置河东路。而雁门以北，则属于契丹，为西京路。金人分置河东北路、河东南路及西京路。北路治太原，南路治平阳，西京路治大同。元亦分为冀宁、晋宁、大同等路，北直中书省。谓之腹里。明洪武元年，置山西行中书省于太原。九年，改为山西等处承宣布政使司。今领府五、北直州三、属州十六、县七十九，总为里四千四百四十有奇。夏秋二税，约二百三十一万四千八百有奇。而卫所参列其中。今仍为山西布政使，以北直之保安、延庆二州改隶焉。

〇太原府，属州五，县二十。

阳曲县，附郭。　太原县，　榆次县，　太谷县，　祁县，　徐沟县，　清源县，　交城县，　文水县，　寿阳县，　盂县，　静乐县，　河曲县。

平定州，属县一。

乐平县，

忻州属，县一。

定襄县，

代州，属县三。

五台县，　繁峙县，　崞县。

岢岚州，属县二。

岚县兴县，

保德州。

〇平阳府，属州六，县二十八。

临汾县, 附郭。 襄陵县, 洪洞县, 浮山县, 赵城县, 太平县, 岳阳县, 曲沃县, 翼城县, 汾西县, 蒲县。

蒲州, 属县五。

临晋县, 荣河县, 猗氏县, 万泉县, 河津县。

解州, 属县五。

安邑县, 夏县, 闻喜县, 平陆县, 芮城县。

绛州, 属县三。

稷山县, 绛县, 垣曲县。

霍州, 属县一。

灵石县,

吉州, 属县一。

乡宁县。

隰州, 属县二。

大宁县, 永和县。

○汾州府, 属州一, 县七。

汾阳县, 附郭。 孝义县, 平遥县, 介休县, 石楼县, 临县。

永宁州, 属县一。

宁乡县,

○潞安府, 属县八。

长治县, 附郭。 长子县, 屯留县, 襄垣县, 潞城县, 壶关县, 黎城县, 平顺县。

北直〇泽州，属县四。

高平县， 阳城县， 陵川县， 沁水县。

北直〇沁州，属县二。

沁源县， 武乡县。

北直〇辽州，属县二。

榆社县， 和顺县。

〇大同府，属州四，县七。

大同县，附郭。 怀仁县。

浑源州，

应州，属县一。

山阴县，

朔州，属县一。

马邑县，

蔚州，属县三。

广灵县， 广昌县， 灵丘县，行都司各卫所及属夷俱附见。

东据太行，

太行为天下之脊，中分河东、河北之境。今自泽、潞以北，达于大同之东境，皆太行也。

南通怀、孟，

自怀、孟而南，西指洛阳，东指汴梁。怀、孟者，中原之要膂也。

西薄于河，

黄河自塞外东北流,至废东胜州,西北折而南,凡千七百里。至蒲州河津县之龙门山,又南历雷首山,折而东。河之南,即华阴也。又东至垣曲县之王屋山南,而入河南怀庆府境。

北边沙漠,

自大同以北,去沙漠七百馀里,分列戍守,为防维要地。

○其名山,则有雷首,

雷首山,一名中条山,在平阳府蒲州东南十五里。首起蒲州,尾接太行,南跨芮城、平陆,北连解州安邑及临晋、夏县、闻喜之境,《禹贡》:壶口、雷首。即是山也。《左传》:赵宣子田于首山。《史记》:卫鞅谓秦孝公,魏居岭厄之西,都安邑,与秦界河,而独擅山东之利。司马贞曰:大河径中条之西,自中条以东,连汾、晋之险嶝,谓之岭厄。汉武帝元封六年,置首山宫于此,诏曰:朕礼首山,昆田出珍玉,或化为黄金。应劭曰:昆田,首山下田。《封禅书》:自华以西,名山七,一曰薄山。盖襄山也。亦中条之异名。《穆天子传》:东巡自河首襄山。即此。《水经注》:雷首西临大河,俗亦谓之尧山,上有故城,世又曰尧城。《括地志》:雷首山延长数百里,随州郡而异名,一名中条山,一名首阳山。又有蒲山、历山、薄山、襄山、甘枣山、渠猪山、独头山、陑山、吴山亦曰吴坂。之名。《尚书大传》:汤伐桀,升自陑。郑氏云:陑在河曲之南。是矣。山之南阜,即首阳山,夷、齐饿死于其下。《唐六典》:河东道名山曰雷首,亦曰中条。天宝末,哥舒翰与贼将崔乾祐战于灵宝西原,翰军于河北,登高阜望之,胡氏曰:首山与湖城县之荆山,隔河相望,是也。军败,翰走,自首山西度河入关。或又谓之南山。元至正十八年，汝颍贼陷晋、冀诸处，察罕帖木儿引军趋河东，先遣兵屯南山阻隘，自勒重兵屯闻喜、洛阳。贼果出南山，为伏兵所败，乃进屯泽州。中条在晋、冀之南，与河南岸诸山相接，故曰南山云。《名山记》：中条以中狭不绝而名。上有分云岭、天柱峰见临晋县及桃花洞、玄女诸洞，谷口、苍龙等泉，其瀑布水，自天柱峰悬流百尺而下，出临晋县之王官谷，入于大河。而解州东南之白径岭，通陕州之大阳渡，尤为奇险。

○底柱，

底柱山，在平阳府解州平陆县东南五十里，西去河南陕州四十里。近《志》：三门山之中峰为底柱，高不逾数寻，围不及百尺，特以峭然中流而名。夫底柱控扼河津，其为险峻也尚矣。志考之未详也。详见河南名山。

○太行，

太行山，在平阳府绛州绛县东二十里。《志》云：山在泽州南二十里，迤逦而东北，跨陵川、壶关、潞城、黎城、辽州、和顺、武乡诸州县境。此为太行之西垂，东连怀、泽之境，又东北出彰德、潞安之郊，直抵幽州东北，凡数千里。详见河南名山。

恒山，

○恒山。在大同府浑源州南二十里，即北岳也。《志》云：石晋以山后诸州归于契丹，中国乃于曲阳致祭。明弘治中，以马文升请正祀典，因重建北岳庙于浑源州。详见北直名山。

○霍山，

霍山，在平阳府霍州东南三十里，亦曰太岳，亦曰霍太山。

《禹贡》：既修太原，至于岳阳。谓太岳之阳。又曰：壶口、雷首，至于太岳。《周礼·职方》：冀州，镇曰霍山。《尔雅》：西方之美者有霍山，多珠玉。《史记》：周武王伐纣，飞廉先为纣使北方，还无所报，乃为坛于霍太山而致命焉。山下有观堆，高二里，周十里，赵襄子灭智氏，祠霍太山于此，曰观堆祠。后周建德五年，周主自将攻晋州军于汾曲，分遣宇文纯守千里径。《志》云：径极高险，每大军往来，甚苦之。后魏平阳太守封子绘尝请别开一路，旬日而就。盖自霍山北出汾州，径指太原之道。杜佑曰：汾州界北极太原，当千里径。隋开皇十四年，诏以霍山为冀州镇。仁寿末，杨素击汉王谅，谅遣将屯高壁，见霍州灵石县。以拒之。素令诸将引兵临之，而自引奇兵深入霍山，缘崖谷而进，遂败谅军。大业十三年，李渊建义师至霍邑，隋将宋老生屯兵据险，师不得前，乃傍山取径，去城十馀里，老生逆战，败死。盖即千里径也。又霍山亦谓之西山，以自山而北，接绵山、介山，达于晋阳之西南也。唐天复元年，晋将周德威逼晋、绛，为汴军所败，汴军长驱围晋阳，德威收馀众，依西山还晋阳。又五代周广顺初，北汉主刘崇攻晋州，不克引还，周兵追之，及霍邑，霍邑道险，汉兵堕崖谷死者甚众，周兵追者不力，乃得度。盖霍山崎岖险峻，介并、晋二州之间，实控扼之要矣。《唐六典》：河东道名山曰霍山。《祀典》谓之中镇。明洪武中，建中岳庙，祀霍山。

　　○勾注，雁门关附。

　　勾注山，在太原府代州西北二十五里，一名西陉山陉，读硎，亦曰雁门。《尔雅》：北陵西隃、雁门。《山海经》：雁门，飞雁出于其门。郭璞曰：西隃即雁门。《吕氏春秋》：天下九塞，勾注其一。
《战国策》：张仪说燕王：赵王欲并代，与代王遇于勾注之塞。
又苏厉为齐谓赵惠王：秦反至分，先俞于赵。孔氏曰：至分即陉
山，先俞即西隃，字与音之讹也。《史记》：赵襄子逾勾注而破并、
代。又《赵世家》：赵有代勾注之北。汉六年，匈奴围韩王信于马
邑，信降匈奴，匈奴遂引兵南逾勾注。又《汉书·娄敬传》：汉兵已逾
勾注。又文帝后六年，匈奴入上郡、云中，以苏意为将军，屯勾注。
武帝元光五年，诏发卒治雁门阻险。刘氏曰：将伐匈奴，通道令平易
也。《晋·地道记》：北方之险，有卢龙、飞狐、勾注为之首，天下之
阻，所以分别内外也。《河东记》：五代李璋撰。勾注以山形勾转水
势流注而名，亦曰陉岭，自雁门以南，谓之陉南，以北谓之陉北。
自汉中平以后，羌胡大扰，陉北之地，皆为荒外。魏、晋时，并以勾
注为塞。曹魏青龙元年，鲜卑轲比能诱保塞鲜卑步度根，时步度
根保太原雁门塞。与结和亲，自勒万骑，迎其累重于陉北。并州刺
史毕轨请出师拒遏，魏主诏曰：慎勿越塞过勾注也。时轨军已先
进，果败。晋永嘉四年，鲜卑拓跋猗卢帅部落自云中入雁门，从并
州刺史刘琨求陉北地。琨徙楼烦、马邑、阴馆、繁畤、崞五县民于
陉南，以其地与之。曹魏时，五县俱已迁陉南，遗民犹在陉北也。咸和
二年，后赵将石虎击代王纥那于勾注陉北，纥那兵败，徙都大宁
以避之。大宁，见北直保安州废广宁县。太元二十一年，拓跋珪大举
伐燕，南出马邑，逾勾注。后魏太和十八年，太子恂将迁洛阳，不
欲行，其党元隆等密谋留恂，因举兵断关，规据陉北，不果。关即
东陉、西陉二关也。后周主邕保定二年，遣杨忠会突厥自北道伐

齐，拔齐二十馀城，齐人守陉岭之隘，忠击破之，至晋阳而还。隋大业二年，汉王谅举兵并州，遣其将乔钟葵围代州。朔州刺史杨义臣奉诏往救，夜出西陉，钟葵败走。《唐志》：西陉，关名也，在雁门山上，东西山岩峭拔，中有路，盘旋崎岖，绝顶置关，谓之西陉关，亦曰雁门关。西北去朔州马邑县七十里，南去代州三十里。今雁门关因故址改置。武德二年，刘武周引突厥入勾注，寇太原。五年，突厥颉利入雁门，寇并州。永隆二年，裴行俭讨突厥馀党伏念壁代州之陉口，即西陉也。又有东陉关，在代州南三十里。天宝十四载，禄山将高秀岩据大同、河东、太原，闭关拒守。朔方节度使郭子仪败贼兵，围云州，拔马邑，遂开东陉关。杜佑曰：东陉关甚险固，与西陉关并为勾注之险。会昌二年，回鹘犯塞，诏河东节度使刘沔进屯雁门关，虏寇云州，沔击却之。广明初，沙陀入雁门关，寇忻、代，逼晋阳，陷大谷。五代唐清泰三年，契丹救河东，谓石敬瑭曰：吾自北来，唐若断雁门诸路，伏兵险要，则吾不得进矣。使人觇视皆无之，吾是以知必胜也。胡氏曰：雁门有东陉、西陉之险，崞县有扬武、石门之隘。石晋天福九年，契丹南寇，入雁门关。宋太平兴国五年，杨业刺代州，契丹来寇，业自西陉出，至雁门北口，南向击之，契丹大败。雍熙三年，杨业等自西陉追破契丹兵于寰州。《元丰志》：雁门山有太和岩，亦曰太和岭。靖康二年，金人劫钦宗帝后离青城，自郑州而北至代，度太和岭，至云中。明初傅友德克大同，引兵巡太和岭，西北至宣德府今宣府镇。天顺二年，虏酋孛来等寇大同，直抵雁门、忻、代，遣都督颜彪、冯宗率兵屯紫荆、倒马二关为声援，虏益肆，敕二关兵出雁门，虏乃却。嘉靖十九年，吉囊由白泉口，在河曲县。长驱至宁武关、太和岭，败我兵，南掠至平遥。俺答亦越太原至石州，而东掠平定、寿阳间。隆庆元年，叛人赵全导寇入山西塞，陷石州。石州，即永宁州。全曰：自此塞雁门，扼居庸，据云中、上谷，效石晋故事，南北之形成矣。今雁门关在州北四十里，为戍守重地，与宁武、偏头为山西三关。所谓外三关也。关城周二里有奇，傍山就险，屹为巨防。

　　○五台，

　　五台山，在太原府代州五台县东北百四十里，北距大同府蔚州三十里。旧《经》云：山顶去代州城百馀里。其山左邻恒山，右接天池，南属五台县，北至繁峙县，环台所至，五百馀里。《名山志》：五台山五峰耸立，高出云表，山顶无林木，有如垒土之台，故曰五台。中台高四十里，顶平广，周六里。西北有太华池，正东左畔去台五里有雨花池，前三十里有饭仙山，即中台案也。东南有鹫峰，西侧有甘露池。东台高二十八里，顶周三里。东畔有那罗延洞，又东有楼观谷，内有习观岩。西北去台十五里，有华岩岭、仙人洞。东南岭畔二十里有明月池，西南有青峰，一名南罗顶。南连望圣台，台下有东谷池，又东有温汤池。西台高三十五里，周二里，北有秘魔岩，台西北有八功德水，东北岭下为文殊洗钵池。南台高三十里，周二里，南去七十里，岩畔有圣僧岩，又名滴水岩。西南二十里有三贤岩，又名七佛岩。东三十里交口下，有圣钟山，状如覆钟。西北十五里，有清凉岭及清凉泉，《志》云：清凉寺在清凉岭，亦名华岩岭，岭畔有雪浪亭，俗名七里亭，为登山之径。《一统志》：清凉岭在五台县东北百里，其东有竹林岭，东南有南台岭，西有

清凉石，清凉泉，清凉洞。上有罗汉洞。东北有竹岭，东南十里有金
阁岭。北台高三十里，周三里，名掖斗峰，顶南畔有罗睺台，台顶
有黑龙池，即天井也。南下二十里有白水池，与天井连，其水经繁
峙县峨谷口入滹沱。其麓有七佛池，南又有饮牛池。东北有宝陀
峰，又名宝山。产银及石绿。东北二台麓有金刚窟，又名金刚洞，
去二台各二十里。《灵山记》：五台山有四埵，去台各百二十里。据
《古经》所载，今北台即是中台，中台即是南台，大黄尖即是北台，
栲栳山即是西台，漫天石即是东台。四埵者，东埵为无恤台，即恒
山顶也。西埵为蓸蘗山，即管涔山也。南埵为系舟山，见太原阳曲
县。北埵为覆宿堆，即夏屋山也。又东台去中台四十二里，台上遥
见沧、瀛诸州，日出时，下视大海，犹陂泽焉。西台去中台四里，危
墱干霄，乔林拂日。南台去中台八十里，最幽寂。北台去中台十三
里。《地理志》：五台，河东道之名山也。道家谓之紫府，释氏谓之清
凉山。山中古寺得名者，自唐大中时计之，凡六十有四，是后增建
益多。唐会昌五年，尽毁天下僧寺，五台僧皆亡逸。明因旧址，建显通
寺。崇祯末，贼尝据此，阻险以守，官军不敢击，盖山溪纠结，出没
为易也。

　　○其大川，则有汾水，

　　汾水，源出太原府静乐县北百四十里管涔山，南流经府城
西，太原县城东微，复折而西，经清源县及交城县东南，又经文水
县南及祁县西南境，而入汾州府平遥县界。经县西及汾州府东，
又南经孝义县东，介休县西，而入平阳府霍州灵石县境。经县城

及霍州之西,又南历汾西县东及赵城县、洪洞县西,又南经平阳府城西及襄陵县、太平县之东,又南经曲沃县西境,折而西,经绛州南,又西历稷山县、河津县南,至荣河县北,而入于大河。《周礼·职方》:冀州,浸汾、潞。潞水,即漳水,见北直大川。《诗》:彼汾沮洳。《左传》:子产曰:台骀能业其官,宣汾、洮。帝用嘉之,封诸汾川。《战国策》:汾水可以灌平阳。俗作绛水,误。晋太元末,拓跋珪取燕并州,遣将略地汾州。又周、齐相攻,争汾北之地,周主邕围晋州,军于汾曲。唐取关中,自汾而西。宋围太原,壅汾、晋二水灌之。《汉志》注:汾水经郡二,太原、河东也、行千三百四十里。《唐六典》:汾水,河东之大川也。

○沁水,

沁水,源出沁州沁源县西北百里绵山东谷,西南流,经平阳府岳阳县东,折而东南,经泽州沁水县东,又南经阳城县东,而入河南怀庆府界。历济源县东北,又南经府城北,又东经武陟县东,修武县西,而入于大河。《汉志》注:沁水出谷远县即今沁源县。羊头山世靡谷,贾氏曰:谷远北山上,东南至荥阳入河,过郡三,上党、河内、河南也。颜师古曰:沁水至怀州武陟县界入河。此云荥阳,疑传写之误,行九百七十里。曹魏末,司马孚言,沁水源出铜鞮山,沁州,故铜鞮县也,屈曲周围水道九百里,天时霖雨,每致泛滥,请累石为门,蓄泄以时。隋大业四年,开永济渠,引沁水南入河,北通涿郡,亦曰御河。《唐六典》:河东道大川曰沁水。唐乾元初,李嗣业军河内,安庆绪将蔡希德等自邺涉沁水攻之,为嗣业所拒,还走。金贞祐三年迁汴,议开沁水便运道。近时议者多以引沁入卫,可济运河。然沁水流阔势急，又穿太行而南，多沙易淤，冬春之间，深不盈尺，夏秋淫潦，往往泛溢为害。故怀、卫间常堤塞以防其冲决。今详见河南怀庆府。

○黄河，

黄河，自陕西榆林卫东北，折而南经废东胜州西，又南流历大同府朔州西界，又南入太原府河曲县界。经县西，又南历保德州、岢岚州及兴县之西，又南入汾州府界。经临县及永宁州、宁乡县西，又南历石楼县西，而入平阳府界。经隰州之永和县、大宁县西，又南经吉州及乡宁县西，又南经河津县、荣河县西，而汾水注焉。又南经临晋县界，至蒲州城西南，而涑水入焉。又南过雷首山，折而东，经芮城县、平陆县南，又东过底柱，至垣曲县东南，而入河南怀庆府济源县界。《禹贡》：浮于龙门西河，会于渭、汭。盖河在冀州西也。春秋时，为秦、晋争逐之交，战国属魏。《史记》：魏武侯浮西河而下，曰：美哉！山河之固，此魏国之宝也。后入于秦，而三晋遂无以自固。今详见川渎异同。

○盐池，附见。

盐池，在平阳府解州东三里。又安邑县西南二十里，亦有盐池，与解为两池。盖一池而分东西二池也。《春秋》：成六年，晋人谋去故绛，诸大夫皆曰，必居郇瑕之地，沃饶而近盐。韩献子曰：山、泽、林、盐，国之宝也。杜预曰：盐，盐池也。《汉志》注：池在安邑西南，许慎谓之盐盐池，长五十一里，广六里，周一百一十四里。吕忱曰：宿沙氏煮海谓之盐，宿沙，炎帝时诸侯，始煮海为盐，富溢他国，河东盐池谓之盐。今池水东西七十里，南北十七里，紫色澄渟，浑而不流，水出石盐，自然凝成，朝取夕复，终无减损。惟暴雨霖澍，潢潦奔轶，则盐池用耗。故公私共竭水径，防其淫滥，谓之竭水。其广狭浅深，古今盈缩，时有不同。又有女盐池，在解州西北三里，东西二十五里，南北二十里，其西南为静林等涧。服虔曰：土人引水沃畦，水耗，土自成盐处也。亦谓之盐醝，味小苦，不及大池，或号为女盐泽，亦曰盐田盐。俗言此池亢旱，盐即凝结，如逢霖雨，盐则不生。旧《志》：女盐池在猗氏故城南。《水经注》：盐水出东南薄山，即中条之异名，西北流经巫咸山北，又径安邑故城南，又西流注于盐池。自汉武元狩四年，用桑弘羊等言，兴盐铁之利，天下盐官凡二十八郡，而河东安邑为首。后汉元和三年，帝幸安邑观盐池。《外纪》云：周穆王亦至安邑观盐池。初平中，放散盐禁。建安四年，曹操从卫觊言，复遣谒者仆射监盐官，以其利招服关中，其后皆设盐官董之。晋乱，盐利亦耗，后魏复立法征之。景明初，从中尉甄琛请，弛监池之禁，既而其利皆为富强所专。四年，复收盐池利入公。神龟初，复申盐池之禁。孝昌三年，萧宝寅反长安，正平今闻喜县。民薛修义等聚众河东，分据盐池，攻围蒲阪以应之。时长孙稚奉命西讨，遣别将杨侃击平修义等，会有诏废盐池税。稚上言：盐池，天产之货，密迩京畿，惟应宝而守之，均赡以理。今四方多虞，府藏罄竭，以盐税准绢而言，一年不下三十万匹。臣不先讨关贼，径解河东者，非缓长安而急蒲阪，恐一失盐池，三军乏食也。请依常收税。从之。《唐·食货志》：盐池凡十八，井六百四十，惟安邑有池五，总谓之两池，皆隶盐铁，置官榷之。贞观十二年，幸柳谷观盐池。其小池曰女池。开元中，

置女盐监，后以水淡，监废。大历八年，两池生乳盐，十二年，赐
名宝应灵庆池。《唐纪》：大历十二年，先是秋霖，河中府池盐多败。
户部侍郎判度支韩滉恐盐户减税，奏雨虽多不害盐，仍有瑞盐生。上疑
其不然，遣谏议大夫蒋镇往视之，镇还妄对，果如滉言，因赐号宝应灵
庆池。咸通以后，藩镇益强，河中帅得专盐池之利。光启初，宦者
田令孜用事，以安邑、解县两盐池为河中帅王重荣所专，岁止献
三十车供国用，请复旧制，隶盐铁，因自兼两池榷盐使，《会要》：
元和十五年，改税盐使为榷盐使。收其利以赡军。重荣不可。令孜
因徙重荣镇泰宁，重荣遂与李克用合谋举兵犯阙讨令孜。后唐同
光二年，河中帅李继麟请榷安邑、解两池盐，每季输省课。从之。
《宋志》：盐之类有二，引池而化者，《周官》所谓散盐也；俗曰颗
盐。煮海、煮井、煮碱而成者，《周官》所谓散盐也。亦曰末盐。解
州解、安邑两盐池，垦地为畦，引水沃之，水耗盐成。每岁二月垦
畦，四月引水，八月而止，得盐百馀万。又前代盐皆自生，唐开元
中池涸，河中尹姜师度始有畦夫管种之课，宋张席上言盐漫生之
利，遂罢畦夫。《盐池考》：中条山在池南，自蒲州接于太行，形如
卧弓，环池而绕之，山顶有桃花洞，水流入盐池。池与安邑池为两
池，官置使以领之。又中池北百步许，有淡泉一区，味甚甘洌，俗
谓盐得此水方成也。又西北十五里有硝池六，一曰贾瓦，二曰金井，
三曰团，四曰熨斗，味皆淡；五曰夹凹，六曰苏老，味皆咸。天旱则生。
自盐池而南，层山墙立，天岩云秀，地谷泉深，亦天下形胜之处
矣。《盐池图说》：今池东西长五十五里，南北阔七里，周百四十四里，
宋分为东西两池，各置盐场二。明初并为东西二场，成化二十一年，增置

中场，其池亦分为三，近安邑者为东池，近安邑西二十里路村者为中池，近解州者为西池。三场亦以是为次也。池底淤泥，滋生盐根，形如水晶，夏月骄阳熏蒸，南风动荡，上结盐板，光洁坚厚，可胜行立。板上水约三寸，翻腾浪花，落板即成颗粒，古谓之漫生盐，今谓之斗粒盐。更时霖小雨，则色愈鲜明，故曰颗盐，宜及时捞采，若遇大雨，盐复解散。秋冬地冷池枯，不能生盐，间或有之，硝碱相杂，味亦不正。其西北七里，即女盐池，据地高阜，其盐淡，或苦不可食，时或生硝，亦名硝池。而六小池及静林诸涧，每水溢则奔趋女盐池为盐患。又安邑东有苦池，于盐池亦切近，宋元符、崇宁间，观察使王仲先于池东西南三面筑七郎等十一堰卫之，所以拒溢水之入也。崔敖曰：盐池乃黄河阴潜之功，浸淫中条，融为巨浸，盖大河从西北来，至蒲州，折而东向，转曲之间，渐渍蓄汇，有此奥衍，今陕西花马池，亦近黄河折流处也。然盐藉主水而生，缘客水而败，故治水即所以治盐。盐池南枕条山，雨水易迫，然非渊泉所出，且横亘有护宝堤，为仞高厚，依山有桑园、龙王、赵家湾、大小李、西姚诸堰，纵有飞瀑，阻遏犹易。北面多旷壤平丘，与水隔绝，故二隅无足为虑。若东西尽处，则俱逼禁堰，一墙已外，即客水所钟，次东禁堰者，有壁水、月堰及黑龙堰。次西禁堰者，有卓刀、七郎、硝池堰，各从东西自高而下，禁堰不能受，则入池矣。黑龙堰之受害，原于苦池，苦池乃姚暹渠蓄而复流之水也，渠出自夏县，经巫咸谷，北合洪洛渠，东合李绰渠，经苦池而迤逦西向，自安邑历解州，抵临晋，入五姓湖，由孟盟桥而注黄河。姚暹渠首及中股皆狭，至安邑，与李绰、洪洛之水，并注于苦池。苦池不能受，势必东北泛溢于黑龙，入黑龙则壁水、小堰、月堰不能支，而竟冲东禁堰矣。硝池即女盐池也，其受害原于涑水，涑水在姚暹渠北，源出自绛县，为绛水，西经闻喜县，为涑水，又西受稷王、孤山、峨嵋坂诸水，经猗氏，抵临晋，亦入五姓湖而注黄河。涑水中尾多窄，至临晋，山溪诸水合注之，势不能受，必自西北横溢，破姚暹而奔腾于硝池。入硝池，则黄牛、七郎、卓刀不能支，而竟冲决西禁堰矣。况东北又有涌金泉，亦注于黑龙，西北又有长乐滩，亦注于七郎。故筑东禁以及黑龙，筑西禁以及硝池，治其标者也。浚姚暹以道苦池，浚涑水并归五姓湖，治其本者也。缓于南北，而急于东西，先于根本，而后于标末，则客水不浸，而主水无恙矣。

○其重险，则曰蒲津，

蒲津关在平阳府蒲州西门外黄河西岸，《宋志》：关在城西四里。西至陕西朝邑县三十五里。《唐志》：蒲州治河东县，乾元初，以朝邑改置河西县。《里道记》：蒲关西去故河西县十四里。《左传》：文二年，秦伯伐晋，济河焚舟。即此处也。又昭元年，秦公子鍼奔晋，造舟于河，通秦、晋之道也。战国时，魏置关于此，亦曰蒲阪津，亦曰夏阳津。自河东而言，曰蒲阪津，自关中而言，曰夏阳津。《秦纪》：昭襄王十五年，初作河桥。司马贞曰：为浮桥于临晋关也。汉王二年，东出临晋关，至河内，击虏殷王邛。三年，魏王豹反，韩信击之。魏盛兵蒲阪，塞临晋，信益为疑兵，陈船欲渡临晋，而从间道袭安邑，虏豹，遂定魏地。景帝三年，七国反，吴王濞反书曰：齐诸王与赵王定河间、河内，或入临晋关，咸与寡人会于洛阳。武帝元封六年，立蒲津关，盖设关官以讥行旅。后汉建安十六年，曹操西击马超、韩遂，与超等夹潼关而军，操潜遣徐晃、朱灵度蒲阪津，据河西为营。徐晃谓操：公盛兵潼关，而贼不复别守蒲津，知其无谋也。既而操从潼关北渡，遂自蒲阪度西河，循河为甬道而南，大破超军。晋太元十一年，慕容永等自长安而东，出临晋，至河东。又苻丕使其相王永传檄四方，会兵临晋，讨姚苌、慕容垂。后魏孝昌三年，萧宝寅据关中，围冯翊未下，长孙稚等奉命讨之，至恒农，杨侃谓稚曰：潼关险要，守御已固，无所施其智勇，不如北取蒲阪，渡河而西，入其腹心，置兵死地，则华州之围《五代志》：冯翊郡，后魏置华州。不战自解，潼关之守，必内顾而走。支节既解，长安可坐取也。稚从之，宝寅由是败散。永熙三年，魏主修入长安，高欢自洛阳追之，克潼关，进屯华阴。既而退屯河东，使薛瑜守潼关，库狄温守封陵，见蒲州。筑城于蒲津西岸，以薛绍宗为华州刺史，使守之。西魏大统初，东魏司马子如等攻潼关，既而回军，从蒲津西济攻华州，不克而还。三年，高欢军蒲阪，造三浮桥，欲渡河，不果。既又自壶口趋蒲津，济河至冯翊，败还，魏军追至河，因乘胜取蒲阪，定汾、绛。四年，造舟为梁。九年，复筑城为防，盖恃为重险也。后周建德五年，围齐晋州，分遣辛韶等守蒲津关。隋都长安，亦于蒲津起河桥，以通河中，置中潬城，以守固河桥。《字书》：水中沙曰潬。盖建城于河中沙上。河阳亦有中潬城，以守固河阳浮桥也。《隋书》：开皇中，诸州调物，每岁河南自潼关，河北自蒲阪，输于长安。仁寿末，汉王谅谋举兵并州，裴文安说谅曰：今率精锐，直入蒲津，以大军继后，风行电击，顿于霸上，见陕西长安县。咸阳以东，指挥可定，京师震扰，谁敢不从。谅不能用，而遣将断河桥，守蒲州，杨素衔枚潜济，谅军遂败。大业十三年，李渊引兵自河东济河而西，朝邑法曹靳孝谟以蒲津、中潬二城降。胡氏曰：蒲津城在河西岸，亦谓之西关城，所以护蒲津浮桥者。唐开元十九年，于蒲津两岸开东西门，各造铁牛四，以维浮梁。《志》云：唐初横絙列舰以渡河，絙断舰破。开元中，改作蒲津桥，铸铁牛八，牛有一人策之，其下熔铁为山，又为铁柱灌之，分列两岸，以维浮桥。今东岸有四，西岸有三，其一沈于河。张说《铭》曰：隔秦称塞，临晋名关，关西之要冲，河东之辐辏。是也。宝应初，回纥引兵助唐讨史朝义于东都，至忻州，欲自蒲关入，由沙苑出潼关而东，不果。建中四年，朱泚作乱，据长安。上幸奉天。李怀光自河中度，至河西，屯蒲城。李晟亦自易定西还，自蒲津济，军于东渭桥。兴元初，李怀光叛，自泾阳焚掠而东，至河西，或劝河中守将吕鸣岳焚桥拒之，鸣岳不能从。中和四年，黄巢掠河南诸道，请救于河东帅李克用，克用引兵欲渡河阳，为河阳帅诸葛爽所拒，乃还兵，自陕及河中，度河而东。五代梁贞明六年，河中帅朱友谦袭取同州，去梁归晋，梁遣刘鄩等攻同州，友谦请救于晋。晋将李存审等将军至河中，即日济河，军于朝邑，既而大败鄩兵。汉乾祐初，李守贞以河中叛，汉将白文珂克西关城，栅于河西。宋大中祥符四年，行幸河中，祀汾阴，改为大庆关。建炎初，金人窥关中，济自蒲津，《金史》：元光初，时汴军粮运不继，李复亨议以陕西地腴岁丰，宜造大船，由大庆关渡入河东，抵湖城以通运，不果。元致和元年，燕帖木儿据大都，迎立怀王，陕西行台也先帖木儿起兵从大庆关度河，入河中府，趋怀、卫，河东官吏皆弃城遁。既而上都陷，乃降。明初平关、陕，亦自蒲津济。王氏有言：武关以限南诸侯，临晋以限东诸侯。蒲津为关、河之巨防，于今为烈矣。

〇天井，羊肠坂附。

天井关，亦曰太行关，在泽州南四十五里太行山顶，南北要冲也。《汉志》注：上党三关，一曰天井关，其二关，一曰壶口，见潞安府长治县；一曰石研，即井陉也，见北北直重险。关南有天井泉三所，其深不可测，因名。阳朔二年秋，关东大水，诏流民欲入天井关者，勿苛留。刘歆《遂初赋》：驰太行之险峻，入天井之高关。谓此。后汉初，冯异自河内北攻天井关，拔上党两城。又王梁为野王令，北守天井关。既又遣刘延攻天井关，与更始所置上党太守田邑连兵，延不得进。会更始败，邑以上党降。元和二年，幸河东，登太行山，至天井关。蔡邕曰：太行山上有天井关，关在井北，为天设之险。晋太元十九年，慕容垂攻慕容永于长子，自滏口入天井关。滏口，见河南磁州。天井，在滏口西南，非入长子之道。或曰：时永扼天井关以拒垂，垂出滏口，则已入天井关内也。唐会昌三年，刘稹据泽、潞叛，杜牧曰：若使河阳万人为垒，窒天井关，高壁深堑，勿与战，而以别军径捣上党，不过数月，必覆其巢穴矣。时河阳帅王茂元遣将马继军于天井关南科斗店，为昭义将薛茂卿所败。既而忠武帅王宰克天井关，焚大、小箕村，在关北十五里。进攻泽州不利，贼乘胜复取天井关。既又克之，贼势始阻。中和四年，黄巢侵掠河南诸道，请救于河东，李克用引军自天井关而南。光化二年，朱全忠克泽、潞二州，李克用将李嗣昭攻之，下泽州，拔天井关，潞州守将遁去。光化五年，朱全忠攻李克用于河东，使氏叔琮入太行，由天井关进军昂车关，见沁州武乡县。还攻泽州，拔之。五代梁开平二年，晋王存勖解潞州之围，梁将康怀贞自天井关遁，晋军乘胜进趋泽州，梁将牛存节自洛阳应接夹寨溃兵至天井关，谓其众曰，泽州要害地，不可失也。遂前入泽州，晋兵不能克。汉初以契丹北还，议进取河南，苏逢吉请出天井，抵孟津。

不果。宋靖康元年，赐天井关名雄定关。元末亦名平阳关。至正
十七年，扩廓守平阳关，保据泽、潞二州。是也。关之南即羊肠坂
道。孔颖达曰：太行有羊肠坂，南属怀，北属泽。《吕氏春秋》：九
山之一也，盘纡如羊肠。《魏世家》：如耳曰，昔者魏伐赵，断羊
肠，拔阏与。见河南武安县。又蔡泽谓应侯：君相秦坐制诸侯，决
羊肠之险，塞太行之道。韩非说秦王西攻修武，见河南怀庆府。逾
羊肠，降代、上党。又王莽谓五威将军王嘉曰：羊头之扼，北当燕
赵，羊肠、天井险，盖相因也。《通释》胡应麟著：羊肠有三，一在
怀、泽间，即太行坂道也。一在潞安府壶关县东南百里。《战国
策》：樊馀谓楚王，韩兼两上党以临赵，即赵羊肠以上危。又苏厉
遗赵王书：秦以三郡攻王之上党，羊肠之西，非王有。《汉志》注：
壶关县有羊肠坂。是也。一在太原西北九十里。吴起曰：夏桀之
居，伊关在南，羊肠在北。《淮南子》注：太原西北有羊肠坂，通河
西、上郡关。《隋书》：炀帝登太行，问崔颐何处有羊肠坂。对曰：《汉书
志》：在上党壶关县。帝曰：不是。又答曰：皇甫士安撰《地书》云：太原
北九十里有羊肠坂。帝曰：是也。《通典》：阳曲县有乾烛谷，即羊肠
坂。又交城县有羊肠山，宜芳县亦有羊肠坂。宜芳，今岚县。盖羊
肠坂萦回纡远，接阳曲、交城、宜芳三县之界也。

　　○飞狐，

　　飞狐口，在大同府蔚州广昌县北二十里。《水经注》：代郡南
四十里有飞狐关。《舆地广记》：飞狐峪，飞狐关，在蔚州南四十里。其
地两崖峭立，一线微通，迤逦蜿蜒，百有馀里。《地道记》：自常
山北行四百五十里，得常山岊，号飞狐口，郦食其说汉高距飞狐之

口。是也。《文帝纪》：匈奴入上郡、云中，以令免为车骑将军，屯飞狐。后汉建武十二年，卢芳与匈奴、乌桓连兵盗边，诏王霸与杜茂治飞狐道，堆布土石，筑起亭障，自代至平城三百馀里。《后汉书》：建武十五年，马武代杜茂缮治障塞，自西河至渭桥、河上至安邑，太原至，井陉，中山至邺，皆筑堡壁，起烽燧，十里一堠。晋建兴四年，并州陷于石勒，刘琨自代出飞狐奔蓟，归段匹䃅。后魏太和六年，发州郡五万人治灵丘道，自代郡灵丘南越太行，至中山。灵丘道即飞狐道也。武泰初，葛荣据冀、定诸州，尔朱荣请发柔然兵东趣下口，以蹑其背，而相州重兵当其前。下口盖指飞狐口。唐武后圣历初，突厥默啜寇飞狐，陷定州。建中四年，朱泚据长安，李晟自易定西还，出飞狐道，昼夜兼行，至代州。即今代州，非故代郡也。光化五年，朱全忠使王处直以义武兵入自飞狐，败李克用于晋阳。朱梁乾化二年，晋王存勖使周德威伐燕，东出飞狐。后唐清泰末，契丹助石敬瑭围唐兵于晋安寨，唐主命幽州帅赵德钧自飞狐踵契丹后以救之，德钧固请由土门西入，许之。土门谓井陉也。宋雍熙三年，贺令图与契丹耶律斜轸战于定西，见灵丘县。败绩南奔，斜轸追及于五台，又败。明日，蔚州陷，令图与潘美往救，大败于飞狐，于是浑源、云、应、寰诸州，悉没于契丹。飞狐盖山北诸州之噤喉也，今其地东起宣府，西趋大同，商贾转输，毕集于此。紫荆、倒马两关，恃飞狐为外险，诚边陲重地矣。

按山西居京师上游，表里山河，称为完固。且北收代马之用，南资盐池之利，因势乘便，可以拊天下之背而扼其吭也。说者曰：大同于京师，尤为建瓴之势，朝发白登，暮叩紫荆，则国门以

外,皆战场也。往者土木之变,敌虽深入郊圻,赖大同犄其后,故
不能以得志。嗣是关门告警,未尝不以大同为锁钥之寄。且夫天
下之形胜,莫若陕西,赵主父攘地至云中、九原,遂欲直南袭秦
咸阳。秦始皇巡北边,从上郡入,既又使蒙恬除直道,自九原抵
云阳。张仪之以秦胁燕也,曰:秦下甲云中、九原,驱赵而攻燕。
唐范阳之乱,李泌议遣安西、西域之众,并塞东北,自妫、檀南
取范阳,然则左顾范阳,右顾咸阳,燕、秦捷径,皆道出大同也。
近时为门户计者,切切于议屯、议戍、议转输,而边事日棘。嘉靖
中,督臣翁万达上边议,谓山西太原、大同,皆与京师相表里,防
维最重。山西镇边起保德州黄河岸,迤逦而东,历偏关,抵老营
堡,实二百五十四里。大同镇边起鸦角山,在老营堡东北界。迤
逦而北东,历中、北二路,抵东路之镇口台,在天成卫东北界。实
六百四十七里。而宣府镇边起西路之西阳河,在万全右卫西南界。
迤逦而东北,历中、北二路,抵东路之永宁四海治,见北直延庆
州。实千二十三里。共一千九百馀里,皆逼近寇境,险在外者也,
所谓极边也。山西镇自老营堡转南而东,历宁武、雁门、北娄,
至平刑关,约八百里。又转南而东,为保定之境,历龙泉、倒马、
紫荆之黄土口、在倒马关西北。插箭岭、浮图峪,俱见广昌县。至沿
河口,在北直涞水县东北,又东北即房山县境之高崖口。约千七百馀
里。又东北为顺天境,历高崖、白羊,至居庸关,约百八十馀里。
共千五百馀里,皆峻山层冈,险在内者也,所谓次边也。外边之
地,有险夷迂直,总而较之,则大同最称难守。次宣府,次山西之
偏、老。分而言之,则大同之最难守者北路,而宣府之最难守者,

亦北路也。山西偏头关以西百五十里，恃河为险；偏头关以东百有四里，则与大同之西路略等。内边可通，大举惟紫荆、宁武、雁门、倒马、龙泉、平刑诸门隘。然寇山西，多从大同入；犯紫荆，必从宣府入。外边、内边，唇齿之势也。

读史方舆纪要卷四十

山西二　平阳府

〇太原府，东至北直赵州五百五十里，东南至辽州三百四十里，南至沁州三百一十里，西南至汾州府二百里，西至陕西吴堡县界五百五十里，北至大同府朔州四百里。自府治至江南江宁府二千四百里，至京师一千二百里。

《禹贡》冀州地，春秋时为晋国，战国时属赵。秦置太原郡。两汉因之，兼置并州治焉。魏为太原国，并州仍旧。晋因之，后为刘渊所据，旋没于石勒，又为慕容燕所据，苻坚复取之。后魏仍为太原郡，兼置并州。北齐、后周皆因之。隋初，废郡置并州，《隋志》：开皇二年，置河北道行台。九年，改为总管府，大业初府废。大业初，改曰太原郡。唐初，曰并州，初置大总管府，又改大都督府。武后长寿元年，置北都，旋复曰并州。开元十一年，又置北都，改并州为太原府。天宝元年，改北都为北京，又为河东节度使治所。《唐书》：至德初，命李光弼为北都留守史。盖因旧称书之，非是时又改京为都也。宝应初，始复曰北都。五代唐为西京，又改为北京。周时，为刘崇所据。宋太平兴国四年，改置并州，嘉祐中，复曰太平府。一曰太原郡、河东军节度。金因之。改军曰武勇，寻复曰河东。元曰太原路。大德九年，改冀宁路。明初为太原府，领州五、县二十。今仍曰太原府。

府控带山、河，踞天下之肩背，为河东之根本，诚古今必争之地也。周封叔虞于此，其国日以盛强，狎主齐盟，藩屏周室者，几二百年。迨后赵有晋阳，犹足拒塞秦人，为七国雄。秦庄襄王二年，蒙骜击赵，定太原，此赵亡之始矣。汉高二年，韩信虏魏豹，定魏地，置河东、太原、上党郡，此所以下井陉而并赵代也。后置并州于此，以屏蔽三河，联络幽、冀。后汉末，曹操围袁尚于邺，牵招说高幹曰：并州左有恒山之险，右有大河之固，北有强胡，速迎尚以并力观变，犹可为也。及晋室颠覆，刘琨拮据于此，犹足以中梗胡、羯。及琨败，而大河以北，无复晋土矣。拓跋世衰，尔朱荣用并、肆之众，攘窃魏权，芟灭群盗，及高欢破尔朱兆，以晋阳四塞，建大丞相府而居之。胡氏曰：太原东阻太行、常山，西有蒙山，南有霍太山、高壁岭，北扼东陉、西陉关，是以谓之四塞也。及宇文侵齐，议者皆以晋阳为高欢创业之地，宜从河北直指太原，倾其巢穴，便可一举而定。周主用其策，而高齐果覆。隋仁寿末，汉王谅起兵晋阳，遣其党馀公理出大谷趣河阳，见河南重险。綦良出滏口、见河南磁州。趣黎阳，见北直濬县。刘建出井陉见北直重险。略燕、赵，乔钟葵出雁门略代北，又遣裴文安等入蒲津，径指长安，寻为杨素所破败。大业十三年，李渊以晋阳举义，遂下汾、晋，取关中。唐武德二年，刘武周自马邑南侵，其党苑君璋曰：晋阳以南，道路险隘，县军深入，无继于后，进战不利，何以自全？

武周不听。时世民言于唐主曰：太原王业所基，国之根本，请往讨之。武周败却。其后建为京府，复置大镇，以犄角朔方，捍御北狄。李白云：太原襟四塞之要冲，控五原之都邑。是也。及安史之乱，匡济之功，多出河东，最后李克用有其地，与朱温为难。天复元年，朱全忠攻李克用于太原，遣其徒氏叔琮入自太行，张文恭以魏博兵入自磁州新口，葛从周以兖郓、成德兵入自土门，即井陉也。张归厚以洺州兵入自马岭，王处直以义武兵入自飞狐，侯言以慈隰、晋绛兵入自阴定，并抵晋阳城下，而不能克也。迨释上党之围，奋夹河之战，梁遂亡于晋矣。石敬瑭留守晋阳，遂易唐祚，而使刘知远居守。开运初，郭威谓知远曰：河东山川险固，风俗尚武，土多战马，静则勤稼穑，动则习军旅，此霸王之资也。知远果以晋阳代有中原。刘崇以十州之众保固一隅。周世宗、宋太祖之雄武，而不能克也。宋太平兴国四年，始削平之，亦建为军镇。刘安世曰：太祖、太宗尝亲征而得太原，正以其控扼二虏、谓辽人、夏人也。下瞰长安，谓开封。才数百里，弃太原则长安京城不可都也。及靖康之祸，金人要割三镇地，三镇，太原、河间、中山也。李纲等以河北河东为国之屏蔽。张所亦言：河东为国之根本，不可弃也。时张孝纯固守太原，女真攻之不能克。及太原陷，敌骑遂长驱而南矣。蒙古蹙金汴京，亦先取其河东州郡。明初攻扩廓于太原，别军出泽、潞，而徐达引大兵自平定径趋太原，战于城下。扩廓败走，于是太原以下州郡，次第悉平。夫太原为河东都会，有事关、河以北者，此其用武之资也。

　　○阳曲县，附郭。本秦太原郡狼孟县地。汉置阳曲县，属太原郡。

魏、晋因之。后魏属永安郡。隋郡废,县属并州。开皇六年,改曰阳直。十六年,又改曰汾阳。大业末,仍曰阳直。唐武德三年,析置汾阳县,以阳直县并入。七年复改为阳曲县,仍属并州。宋太平兴国三年,改置并州于榆次,七年,复徙治阳曲县之唐明镇。金天会中,始移县置郭下。元、明因之。今编户八十三里。

阳曲故城,府西北五十里,魏晋时县治此。《志》云:汉置阳曲县,在今忻州定襄县境,西南去府城八十里。或曰非也,汉城盖今府西北百馀里。应劭曰:河千里一曲,县当其阳,故曰阳曲。后汉末,移治太原县北四十五里,魏复徙于狼孟县南,即此城也。晋永嘉末,刘琨为并州刺史,刘聪遣兵袭破晋阳,琨请兵于拓跋猗庐,复收晋阳,琨因徙居阳曲。太元末,拓跋珪伐后燕,军至阳曲,乘西山,临晋阳。是也。其地有阳曲川,后魏长广王初,高欢与尔朱兆破河西贼帅纥豆陵步蕃于秀容。兆德欢,欢因诡兆得统六镇降众,欢恐兆悔之,遂宣言受委统州镇兵,可集汾东受号令,乃建牙阳曲川,陈部分。《水经注》:汾水自汾阳县南流,经阳曲城西。阳曲在秀容南也。《五代史》:后魏移阳曲县复治故城,盖即太原县北故城。近《志》云:今府东四十五里有石城,亦曰石城都,后魏尝移县治此。误也。隋文帝开皇六年,以杨姓,恶阳曲之名,因改曰阳直。十六年又移于汾阳故城,改曰汾阳。大业末,复曰阳直,后理于木井城。旧《志》云:县东北七十里有阳曲川,其地有木井城。唐武德三年,于故汾阳城复置汾阳县,七年,省阳直入焉,仍改汾阳曰阳曲,入徙治于阳直故城。盖即木井城矣。大历十三年,回纥寇河东,镇兵逆战,大败于阳曲,即是城也。魏收《志》:县有阳曲泽,即阳曲川也,西南注于汾水。金人移县于今治,而谓木井为故县城。《城邑考》:今府城,宋太平兴国七年所筑,偏于西南。明洪武九年,展筑东南北三面,甃以砖石,环以大濠。嘉靖十九年,复并南城而新之。万历二十五年以后屡经修葺。今城周二十五里。景泰初,又筑南关砖城,周五里,门五。嘉靖十九年、四十四年皆修治。又有北关。

狼孟城，府北七十里。本赵邑。秦庄襄王二年，攻赵狼孟。又始皇十五年伐赵，军至太原，取狼孟。是也。寻置县，属太原郡。两汉因之。晋属太原国。后魏省。俗名黄头寨。《括地志》：狼孟城，在故阳曲城东北二十六里。○汾阳城，在府北九十里。汉县，属太原郡。后汉省。隋开皇十年，移阳直县于此。十六年，因改曰汾阳，寻复改废。唐初复置汾阳治此，后又并入阳曲。近《志》：汾阳城，在今府西七十里。

大盂城，府东北八十里。《春秋》昭二十八年，晋分祁氏之邑为七，盂其一也。胡氏曰：汉置盂县，盖本治此。后魏时谓之大祁城，其城左右夹涧幽深，南面大壑，亦曰狼马涧。隋开皇中，置盂县治此。大业初，并入汾阳县。○洛阴城，在府东北七十里，或曰隋置洛阴府，为屯戍之地。唐武德七年，置罗阴县于此。贞观初省。又燕然城，在府西北七十里。唐贞观六年，以苏农部落置燕然县，属顺州。八年，侨治阳曲，属并州。十七年，省入阳曲县。

三交城，府北五十里。相传晋大夫窦鸣犊所筑城也。旧有三交驿，路通忻州。宋《长编》：河东有地名三交，契丹所保，多由此入寇。太平兴国中，诏潘美屯三交口，潜师拔之。美积粟屯兵，寇不敢犯。又雍熙三年，贺怀浦将兵屯三交，即此城也。《一统志》城在府北五里。误。又废白马府，在府西北五十里，隋置，屯兵之所也。

罕山，府东五十里。其山层峦起伏，异于他山，因名。山南接榆次县界。又方山，在府东六十里，山形如削，南面正方，其西接清源县界。○汉栅山，在府东北六十里，相传汉时尝置栅屯兵于此，因名。其北接盂县之鸦鸣谷。

系舟山，府北九十里。俗传禹治水曾系舟于此，至今有石如环轴。《志》云：山北去忻州六十三里。又阪泉山，在府东北八十里。相传旧名汉山, 晋文公卜伐楚, 遇黄帝战于阪泉之北, 因改今名。又亭子山, 在府西北五十里, 俗名北山头。

龙销谷, 府东南五十里。明初大兵下泽、潞, 扩廓遣兵驻此, 以为声援。又乾烛谷, 在府西北, 即天门关。《通典》: 阳曲县有乾烛谷, 即羊肠坂也。

汾水, 府西二里。源自静乐县管涔山, 流入境, 又西南入太原县界。宋天禧中, 陈尧佐知并州, 因汾水屡涨, 于东岸筑堤, 周五里, 引水注之, 四旁植柳万株, 今城西一里柳溪是也。又有汾河渡, 在城西南十里, 路通太原, 夏秋置船, 冬春为木桥以渡。馀详大川汾水。

洛阴水, 府北三十里。源出忻州南界, 南流经废洛阴城, 有真谷水流合焉。又南会石桥河, 注于汾水。《志》云: 石桥河在城西南, 自盂县流入界, 合于洛阴河, 上有石桥, 因名。○扫谷水, 在府西北三十里, 出府西北百二十里之扫谷, 南流出天门谷, 入于汾水。《志》云: 府西北百五十里静乐县界有龙泉, 流至横渠, 合扫谷水。宋天圣二年夏水大涨, 郡守陈尧佐筑新堤捍之, 患始免。又府东北五十里有涧河水, 亦西南流入于汾水。

天门关, 府西北六十里, 路通旧岚管州。其东北崖, 隋炀帝为晋王时所开, 名杨广道。宋靖康初, 金人围太原, 朔州守臣孙翊将兵赴援, 由宁化、宪州, 出天门关, 败没。时府州帅折可求, 亦统麟府之师三万涉大河, 由岢岚、宪州赴援, 将出天门, 寇据关拒之, 不能克。复越山取道松子岭, 至交城, 为寇所败。麟, 今陕西神木县。府州, 今陕西府谷县也。今有天门关巡司, 馀见下。

石岭关, 府东北百二十里, 北去忻州四十里, 甚险固。唐武德三年, 突厥窥晋阳, 自石岭以北, 皆留兵戍之。八年, 命姜行本断石岭道, 以备突厥。既又命张瑾屯于此。长安二年, 突厥破石岭, 寇并州。宋开宝二年，车驾至太原，契丹来援，何继筠屯阳曲驿，契丹攻石岭关，继筠败却之。太平兴国二年，太宗围太原，命郭进为石岭关都部署，以断契丹之援。元至正二十年，命孛罗帖木儿守石岭关以北，察罕帖木儿守石岭关以南，时孛罗驻大同，欲争晋、冀也。二十三年，孛罗以察罕既卒，复争晋、冀，引兵至石岭关，扩廓帖木儿大破之，孛罗由是不振。杜佑曰，忻州定襄县有石岭关，甚险固。定襄，本阳曲地也。今有石岭关巡司。

百井镇，府西北十里。唐大历十二年，回纥入寇，河东留后鲍防御之，大败于此。广明元年，河东将张彦球追沙陀于代北，至柏井，军变，还晋阳。即百井也。中和元年，李克用陷忻、代，河东帅郑从谠遣兵军百井以备之。五代唐清泰初，云州奏契丹入寇，河东帅石敬瑭请军于百井为之备。周显德六年，命李重进自土门击北汉，败北汉兵于百井。宋雍熙三年，契丹逼代州，潘美将兵自并州往救，至百井而还。即此。

虎北口。在府西北。五代唐清泰三年，张敬达攻河东，遣兵戍虎北口，而围石敬瑭于晋阳。契丹来救，骑兵自扬武谷而南，至晋阳，陈于汾北之虎北口，唐兵陈于城西北山下，战于汾阳曲。唐兵大败，契丹寻还营虎北口，敬瑭出北门，见契丹主于此。○乌城驿，亦在府北，唐所置也，为晋阳、代州往来之道。《志》云：今府治南活牛市有临汾驿，南有临汾递运所。又城北七十里有城晋驿，西北八十里有陵井驿。皆马驿也。

○太原县，府西南四十五里，西至交城县七十里。周叔虞始封地，春秋、战国皆曰晋阳。秦置晋阳县，为太原郡治。汉、晋以后因之。隋改曰太原县。唐徙县治汾水东。宋初以县为平晋军，寻罢军为平晋县，后又徙治永利监，属太原府。金因之。元属太原路。明初复移县于汾水西，洪武八年，复为太原县。今城周七里，编户五十五里。

太原故城，在今县治东北。古唐国也，相传帝尧始都此。又夏禹之初，亦尝都焉。《左传》：帝迁高辛氏子实沈于大夏，主参；金天氏之裔允格、台骀，以处太原，皆此地矣。周成王灭唐，而封其弟叔虞，虞子燮以唐有晋水，改国曰晋，亦谓之大卤。《春秋》昭元年，荀吴败狄于大卤，即太原也。中国曰太原，北狄曰大卤，又谓之大夏，齐桓公曰：西伐大夏，涉流沙。亦谓之曰鄂。隐六年：晋人逆翼侯于随，纳诸鄂，谓之鄂侯。桓八年：王又命立哀侯弟缗于晋。杜氏曰：鄂即晋也。《索隐》：唐侯之后封夏墟，而都于鄂，亦谓之大夏。盖大夏、太原、大卤、夏墟、晋阳、鄂，凡六名，其实一也。《左传》定十三年：赵鞅入于晋阳以叛，其后简子使尹铎为晋阳，及知伯攻赵，襄子走晋阳，知伯与韩、魏围而灌之，沉灶产蛙，民无叛意，卒灭知伯。秦昭襄王四十八年，司马耿北定太原。庄襄王二年，使蒙骜攻赵，定太原。三年，拔赵晋阳，置太原郡。又汉高十一年，封子恒为代王，都晋阳。《史记》云：都中都。如淳曰：文帝三年，幸太原，复晋阳中都二岁，似迁都中都也。《都邑记》：太原旧城，晋并州刺史刘琨筑，高四丈，周二十七里。城中又有三城，一曰大明城，古晋阳城也。左氏谓董安于所筑。城东有汾水，南流与城西之晋水汇，故《史记》曰：智伯引汾水以灌城。《春秋后语》谓决晋水也。高齐于此置大明宫，因名大明城，其城门曰五龙门。齐主纬以周师逼晋阳，夜斩五龙门而出，欲奔突厥，不果。唐姚最《述行记》：晋阳宫西南有小城，内有殿，号大明宫。又一城，南面因大明城，西面连仓城，北面因州城，东魏静帝武定三年，于此置晋阳宫，隋又更名新城。又一城，东面连新城，西北面因州城，隋开皇十六年筑，今名仓城，高四丈，周八里。唐义旗初建，高祖使子元吉居守，即斯地矣。《唐会要》：旧太原都城，左汾右晋，潜丘在中，长四千三百二十一步，广二千一百二十二步，周万五千一百五十三步，宫城在都城西北，即晋阳宫也。隋大业三年，北巡，还至太原，诏营晋阳宫。高祖起晋阳故宫，仍隋不废，其城周二千五百二十步。汾东曰东城。贞观十三年，长史李勣所筑，两城间曰中城，武后筑以合东城。《崔神庆传》：武后擢神庆为并州长史。初，州隔汾为东西二城，神庆跨水连堞，合而一之，省防御兵数千。所谓太原三城，谓东、西、中城耳。至德二年，史思明寇太原，诸将议修城以待之。李光弼曰：太原城周四十里，贼垂至而兴役，是未见敌，先自困也。乃率士卒及民于城外凿濠以自固。光弼所云四十里者，止言都城也。建中四年，马燧为河东节度，以晋阳王业所基，宜因险以示敌，乃引晋水架汾而属之城，潴为东堤，省守陴万人，又酾汾环城，植柳以固堤。《唐志》：宫城东有大明城，故宫城也。又有节义堂，有受瑞坛，元吉留守时获瑞石，因筑坛祠之。宋平刘继元，城邑官阙尽皆毁废。及靖康初，金人围太原，久不下，于城下筑旧城居之，号元帅府，中外断绝，城中大困。

平晋城，县东北二十里，城周四里。宋平河东，毁旧城，置新城于此，曰平晋军。又置永利监，雍熙二年，改为平晋县。熙宁三年，县废。政和五年，复置。金废永利监，元因之。明改建太原县于汾西，此城遂废。○龙山城，在县西北，北齐分晋阳县，置龙山县于此，因山为名。或曰：齐移晋阳县于汾水东，而于城中置龙山县也。隋开皇十年，改龙山曰晋阳，移入郭下，改旧晋阳县为太原县。唐并为州治，宋毁。《志》云：西南外有罗城，以御西山之水，俗呼为长龙城。今有罗城镇。

唐城，在太原故城北一里。《都城记》：尧所筑，叔虞始封此，子燮父徙居于晋水旁，并理故唐城。是也。又晋阳旧有东城，高齐天保初，宇文泰来伐，军至建州，高洋自将出顿东城云。建州，今见绛县车箱城。○三角城，在县西北二十里。其城三面，一名徒人城，亦曰捍胡城，相传赵襄子所筑。又有王陵城，《志》云：在旧县东汾水侧，今讹为黄林邨。

竹马废府，在太原旧府城中。又太谷县有宁静府，榆次有洞涡、昌宁二府，盂县有信童府，凡为府十八，皆唐府兵所居也。又天兵军，亦在旧府城内。唐开元五年，突厥九姓内属者，皆散居太原，并州长史张嘉贞请宿重兵以镇之，于是置天兵军于并州，集兵八万，以嘉贞为天兵军大使。《会要》：天兵军，圣历二年置，大足元年废，长安元年又置，景云元年又废。开元五年，张嘉贞又置。十一年，改为太原已北诸军节度使。又有和戎军，亦在晋阳北。开元初，薛讷为并州长史，和戎、大武等军州节度使，或谓时改天兵为和戎也。大武，见代州。

蒙山，县西北五里。《隋志》：晋阳有蒙山，其山连亘深远，或以为西山，或以为北山。晋永嘉六年，刘聪使刘曜等乘虚寇晋阳，取之。并州刺史刘琨请救于猗庐，曜等战败，弃晋阳，逾蒙山而归。又后周保定二年，杨忠会突厥自北道伐燕，至恒州，三道俱入，从西山而下，去晋阳二里许，为齐将段韶所败。唐天复二年，河东将李嗣昭等取慈、隰二州，为汴军所败，汴军乘胜攻河东，嗣昭等依西山得还。又后唐清泰三年，张敬达等围石敬瑭于太原，契丹救太原，敬达等陈于城西北山下，战于汾曲，为契丹所败。皆蒙山也。胡氏曰：蒙山跨晋阳、石艾二县界，今平定州别有蒙山，非一山矣。

悬瓮山，县西南十里。一名龙山。晋水所出，山腹有巨石如瓮，水出其中，亦曰汲瓮山，又为结绌山。《水经注》：悬瓮之山，晋水出焉，其上多玉，其下多铜。《通志》：县西八里为龙山，北齐因以名县。又西一里为悬瓮山，皆晋水所出也。又有风谷山，亦在县西十五里，道出交城、楼烦，唐时为驿道所经。又尖山，在县西南十五里，产矾炭。诸山盖皆蒙山之支陇矣。○婴山，在县西北三里，《隋图经》：婴山，并州主山也。又有驼山，在县东北三十五里，状若驼峰，一名黑驼山，亦产煤炭。

蓝谷，在县西南。胡氏曰：蒙山西南有蓝谷。永嘉六年，刘曜自蒙山遁归，拓跋猗庐追之，战于蓝谷，曜兵大败。建兴初，刘琨复与猗庐谋讨刘聪，琨进据蓝谷。是也。《志》云：今县西十八里有黄芦谷，又县西北二十五里有井谷，西南二十五里有苇谷。又有槐子谷，在县西南十五里之巉石山。

汾水，在县城东。自阳曲县流入界，又南流，与城西之晋水会，西南入清源县界，或谓之南川，以流经太原之南也。晋永嘉六年，猗庐救刘琨，前锋败刘曜于汾东，曜扶创渡汾，入晋阳，大掠而还。唐武德五年，突厥寇并州，襄邑王神符破之于汾东。五代梁贞明二年，王檀将河中、同华诸道兵乘虚袭晋阳，昭义将石君立赴救，朝发上党，夕至晋阳，梁兵扼汾河桥以拒之，为君立所败。后唐清泰三年，张敬达攻石敬瑭于河东，契丹来救，败唐兵于汾曲。石晋开运三年，契丹入汴，分军自土门西入河东，军于南川，既而引还。宋开宝二年，亲征太原，壅汾、晋二水灌其城，北汉大恐，汾水寻陷其南城。太平兴国四年，伐太原，驻跸汾东。及城下，引汾河、晋祠水灌之，隳其故城。盖太原有事，汾河其必争之地也，今引为十一渠，分灌县境民田。

晋水，在城西南。源出悬瓮山。《水经注》：昔知伯遏晋水以灌之晋阳，因分为二流，北渎即知氏故渠也。其渎乘高东北注入晋阳城，周围灌溉，东南出城，流注于汾。其南渎经城南，亦注于汾。后汉元初三年，修理太原旧沟渎，灌溉公私田，谓晋水也。唐贞观中，李勣为并州长史，以太原井水苦，不堪饮，乃架引晋水入东城，以甘民食，名曰晋渠，此即知氏渠也，俗谓之北派。其馀复分二派，中派亦曰中河，又分流为陆堡河。南派亦曰南河，会流为清水河，以注于汾。今晋水入城之流已涸，馀流分为南、北、中渠及陆堡渠，并溉民田。又沙河，亦在县西，源出风谷，经晋阳故城南隍中，东流入汾，雨潦则盈，旱则涸。〇洞涡水，在县东南三十里，源出乐平县西褛泉岭，经平定州及寿阳、榆次诸县，下流经此入汾。今分为四渠，引流溉田。

台骀泽，在县南十里，即晋泽也。旧为晋水汇流处，蒲鱼所钟。广二十里，今埋为民田。《水经注》：晋祠南有难老、善利二泉，大旱不涸，隆冬不冻，溉田百馀顷。又有泉出祠下，曰滴沥泉，其泉导流为晋水，潴为晋泽，今泽已湮涸。

晋安垒，在故晋阳城南。亦曰晋安乡。薛居正曰：在晋祠南。唐清泰三年，石敬瑭以河东叛，诏张敬达讨之，营于晋安乡，寻进围太原，为契丹所败，退保晋安。契丹就围之，置营于晋安南，长百馀里，厚五十里，反以绝援兵之路，唐兵赴援者，皆屯团柏不敢进。唐主忧之，廷臣龙敏曰：今选精骑，自介休山路夜冒虏骑入晋安寨，使敬达知大军近在团柏，则事济矣。唐主不能用，晋安遂为契丹所陷。又阳兴寨，在县东南，或云：宋取太原时置。

铜壁戍，在县西南汾水上。晋升平初，苻秦冀州刺史张平来降，引兵掠秦境，苻坚自将击之，前锋军于汾上，坚至铜壁，平败降。胡氏曰：河、汾间有铜川，其民遇乱，筑垒壁自守，因曰铜壁，时平据晋阳，铜壁盖近晋阳也。

柳林，在县东南三十里。契丹围敬达于晋安寨，置营于晋安南，又移帐于柳林，游骑过石会关。既而筑坛于柳林，立敬瑭为天子处也。又甘草地，在县南，宋开宝二年，围太原，顿兵甘草地，会暑雨，军士多疾病引还。

晋祠。《志》云：在县西南十里悬瓮山南，祠叔虞也。高齐天保五年，尝改为大崇皇寺，寻复故。宇文周建德五年，围齐晋州，齐主高纬集兵晋祠，自晋阳趋救。又唐天复二年，汴将氏叔琮围晋阳，营于晋祠，攻其西门。宋熙宁八年，太原人史守一修晋祠水利，溉田六百馀顷，盖晋水源其祠下云。○讲武堂，《唐志》：在晋阳县北十五里，显庆五年筑。又县西南三十里有避暑宫，高欢避暑处。

○**榆次县**，府东南六十里。东北至寿阳县百二十里，南至太谷县七十里。春秋时，晋之涂水邑。涂，音涂。汉置榆次县，属太原郡。后汉及晋因之。北魏太平真君中，并入晋阳县。景明中复置。北齐省入中都县。隋改中都曰榆次，寻复移治故城，属并州。唐因之。宋太平兴国中，尝为并州治，后仍属并州。今编户七十里。

榆次故城，在今县治西北。杜佑曰：晋、魏榆地也。《左传》：昭八年，石言于晋魏、榆。服虔曰：魏，晋地；榆，州里名。后谓之榆次。《史记》：秦庄襄二年，使蒙骜攻赵，拔榆次，取三十七城，还定太原。是也。汉置县于此，今故址犹存。

中都城，县东十五里，汉置县，属太原郡。文帝为代王，都中都，即此城也。后汉亦曰中都县。晋属太原国。永兴初，刘渊遣别将寇太原，取中都。即此。后魏仍属太原郡。隋并入榆次。○武观城，在县西南二十里陈侃邨，一名武馆城。晋人谓之故郇城。卢谌《征艰赋》所云经武馆之故郇，即此也。又信都城，在县东十八里，盖南北朝时所侨置。

麓台山，县东南三十里。又东南五十里有鹰山。○黄蛇岭，在县北。唐武德二年，刘武周引突厥入寇，军于黄蛇岭，袭陷榆次，即此也。又盘肠岭，在县东南五十里，危峻多产巨木，盘曲如肠。

涂水，有二：一曰大涂水，发源县东南百二十里八缚岭下，西北流，至县东十五里合流邨入洞涡水。一曰小涂水，源出鹰山，西流入大涂水。《水经注》：涂水出阳邑东北大嶂山涂谷，西南与蒋谷水合，而入榆次县界。或曰：大嶂山，今在县东南境，一作大廉山。

洞涡水，在县东十五里。自寿阳县西南流，经此合涂水。又西五里，合源涡水。又西经徐沟、清源、太原县界，而注于汾水。唐光化二年，汴将氏叔琮侵晋阳，周德威拒之于榆次，战于洞涡河，擒其骁将陈章。五年，氏叔琮等分道侵河东，出石会关，营于洞涡驿，进抵晋阳，不能克。既而河东将李存审败汴军于洞涡，汴军引退。宋开宝初，李继勋等侵太原，与北汉战于洞涡河，大破之，进薄太原。魏收《志》：洞涡水一出木瓜岭，一出沾岭，一出大廉山，一出县东九里原，过祠下，四水合流故曰同过，后讹为洞涡云。

木瓜水，源出县东南六十里木瓜岭下，西流二十里，经八缚岭，一名八缚水，西流合洞涡水。又源涡水，在县东八里，其泉自平地涌出，南流会洞涡水。唐贞观中，县令孙湛尝令民引渠以溉田。○洞河，在县西，一名赤坑水，源出县东北三十里之罕山，其地名赤坑邨也，西南流，分为二渠以溉田。又县东北五十里有芹谷水，西流合洞河，注于洞涡水。又牛坑水，出县东南三十里悬泉谷，亦西流入洞涡，居民引渠以溉田。

万春渠，县南三里。引洞涡水西流溉田，凡百二十馀顷。又聂店渠，在县北十五里，引洞河水溉田，凡五百馀顷。

凿台，在县南四十里。洞涡水侧。《战国策》：黄歇说秦昭王书：知伯见伐赵之利，而不知榆次之祸也。又云：知氏伐赵，胜有日矣。韩、魏反之，杀之于凿台之下。《唐书》：代宗初，仆固怀恩叛，其子玚攻榆次，郭子仪将白玉焦辉击杀之于凿台下，今为洞涡水所湮。又废台，在县东南五十里，相传冉闵为并州刺史所筑。

长宁寨。《志》云：在县东南二十五里。后魏将李长宁所居，亦曰长宁壁。又福堂寨，在县东南十里，亦曰区堂壁，相传后魏人区堂所居。○土桥，在县东北六十里，又东五十里为太安驿，乃寿阳西走太原之通路。又有鸣谦驿，在县北三十里，西去府城五十里。

○太谷县，府东南百二十里。北至榆次县七十里，西至祁县五十里。本晋大夫阳处父邑。汉为阳邑县，属太原郡。后汉及魏、晋因之。后魏太平真君九年，省。景明中，复置。隋开皇十八年，改曰太谷县。唐武德三年置太州，六年州废，以县属并州。今编户八十三里。

阳邑城，县东南十五里。汉县治此。后周建德四年，始移今治。隋曰太谷。唐武德八年，李高迁屯太谷以拒突厥，既而并州总管张瑾与突厥战于太谷，军没。即今县。又县西北十五里有洛漠城，即《水经注》所云涂水出大嶕山,西南径萝馨亭者也。《郡国记》谓之萝摩亭,俗因讹为洛漠城,相传秦将王翦伐赵时所筑。唐玄宗幸太原,置永丰顿,兼立青城于此。

箕城,县东三十五里。《左传》僖十三年:晋败狄于箕。昭二十三年:晋执叔孙昭子,馆于箕。杜预曰:箕在阳邑南。又《郡国志》:县西南七里有副井城,战国时,赵戍守处,今曰副井邨。〇秦城,在县界。唐广明元年,河东官军击沙陀于太谷,至秦城,战不利。或曰:今县西南七里有咸阳城,秦伐赵时,以咸阳卒戍此,因名。今犹谓之咸阳邨,疑即是秦城矣。

凤凰山,县南十里,稍东十里曰凤翼山,即凤凰山左翼也。山下醇泉出焉,北流合咸阳谷水,谓之交合水。又灰泉山,在县东南二十里,其泉潴而为池。县南七十里,又有白壁岭。

马岭,县东南七十里。又东南至辽州榆社县九十里,路通北直顺德府。唐光化二年,汴将葛从周救魏博,败幽州兵,自土门进攻河东,其别将氏叔琮自马岭入拔辽州乐平,进军榆次,为河东将周德威所败。三年,李克用遣李嗣昭自马岭而东,与汴军争邢、洺,以救刘仁恭,时仁恭为全忠所攻也。又五年,朱全忠大举侵河东,使张归厚以洺州兵入自马岭,至辽州,州降。今马岭关在其上。

太谷,在县南十三里,即咸阳谷也。秦筑城于谷口,以置戍军,谷亦因城以名。《水经注》:太谷在祁县东南,亦即是谷矣。又有奄谷,在县东南十里,俗名千佛崖。又东南二十里曰四卦谷,有泉四派分流。又东南十里曰回马谷,道亦出顺德府。又有象谷,在县东北五十二里。

回马水,在县东南。《志》云:源出榆次县界黄花岭,流经回马谷,因名。又咸阳谷水亦流合焉,经清源、祁县界,注于汾水。又象谷水,在县东北二十五里,源亦出榆次县界恤张岭下,流经象谷,名象谷水。合徐沟县之金水河, 经清源、祁县界, 注于汾水。《水经注》: 涂水经萝馨亭南合于蒋谷水, 即象谷水矣。○胡谷水, 在县西南, 西北流入祁县界, 合于隆舟水。又奄谷水, 出奄谷中, 东北流, 合象谷水。金河水在县东北, 出县界大塔山, 众泉合流, 经榆次徐沟县境, 合象谷水。

马岭关, 在马岭上。俗作马陵关, 谓庞涓死处, 误矣。其地控扼要险, 自昔为戍守处, 今有巡司, 属辽州榆社县。○武林堡, 在县东, 北临象谷水, 三面石崖, 势极险阻, 唐武德初筑, 为戍守处。又王班堡, 在阳邑故城东十馀里, 内有九级浮图。

万年顿。县西北十里。本名龙泉顿。唐开元十年, 幸太原, 道经此, 改曰万年。

○**祁县**, 府南百五十里。东至太谷县五十里, 西南至汾州府介休县九十里。春秋时, 晋大夫祁奚邑。《左传》昭二十八年: 晋灭祁氏, 分为七县, 魏献子以贾辛为祁大夫。是也。汉置祁县, 属太原郡, 后汉、魏、晋因之。后魏仍属太原郡。高齐废。隋复置。唐初属太州, 寻还属并州。宋因之。金改属晋州。元属冀宁路。今城周四里有奇, 编户四十五里。

故祁城, 县东南七里。汉县治此, 后魏徙今治, 今曰故县村, 亦曰祁城村。又东南八里有古祁城, 《志》以为古祁氏之邑也。○邬城, 在县西七里。《志》云: 《左传》成十三年, 晋侯使吕相绝秦曰, 焚我箕、郜。谓此邬城也, 恐误。或谓之鹄城, 今其地名高城邬, 盖音讹也。又赵襄子城, 《志》云: 在县西六里, 赵襄子所筑, 今名赵武邬。又沙邬城, 在县西五里, 相传慕容垂所筑。

隆舟城, 县东南三十里, 或谓之隆州城。五代周初, 刘崇据河东十二州, 隆州其一也。既而刘继元筑城以拒周师。宋太平兴国四年, 伐北汉, 命行营都监折御卿分兵攻其岢岚军, 下之, 遂取岚州。汉人于隆舟依险筑城拒守, 为宋军所拔。王氏曰: 折御卿自府州会兵先克岢岚, 次克隆州，次克岚州。隆州盖晋、汉间所置，其地当在忻、岚间，非即隆舟城也。又县东北十五里有秃发城，或以为后魏时置。

嶷山，县东南六十里，东接大谷县界，南接武乡县界。其相近者，又有麓台山，一名顶山，又名蒙山，亦曰竭方山。南跨平遥，迤逦接武乡、沁源、灵石三县界。

团柏谷，在县东南，即隆舟城之地，今曰团柏镇。唐末，石敬瑭及契丹兵围晋安砦，唐主自河阳遣将康思立进援，赴团柏谷，既而庐龙、魏博诸军，皆屯团柏谷口，去晋安才八里，声闻不通。及晋安不守，契丹与河东兵进至团柏，唐兵遂溃。周广顺初，北汉主发兵屯团柏。又显德初，北汉主遣其将李存瓌自团柏进攻晋安，又自团柏南趋潞州，进屯梁侯驿，昭义帅李筠壁于太平驿，为北汉兵所败，遁归上党。宋乾德四年，昭义节度使李继勋伐北汉，汉主刘继恩遣刘继业等扼团柏，为继勋前锋将何继筠所败，遂夺汾河桥，薄太原城下，焚其延夏门，会契丹来救，乃还。又开宝三年，北汉主刘继元置宝兴军于此。《九国志》：北汉主以僧刘继邕知国政，继邕游华岩，见地有宝气，乃于团柏谷置银场，募民凿山采取，北汉主因置宝兴军。是也。梁侯、太平等驿，俱见潞安府长治县。

隆舟水，在县东南。《志》云：本名龙舟水，源出县东南百六十里胡甲山西，亦名胡甲水。北流出龙舟谷，名龙舟水，其支渠东北出为昌源渠，西南出径平遥县界，为长寿渠，皆有灌溉之利。又径侯邨旁，名侯甲水，至介休县北张南邨溉田，流入汾水。《水经注》：侯甲水发源胡甲岭。蔡邕曰：侯甲，邑名，在祁县。今沁州武乡县西北有胡甲岭，盖旧为祁县地。

胡谷水，在县东。《志》云：出太谷县，流入县境。或曰：即通光水也，出县东南四十里胡城谷中，亦谓之胡城水，北流溉田，为利甚溥。

昭馀祁薮，县东七里。其水久涸。元至元十一年，浚凿得细水，溉田及浸隍下树木。《周·职方》：并州，薮曰昭馀祁。《水经注》：侯甲水又西北流，径祁县故城南，自县连延，西接邬泽，是为祁薮，即《尔雅》所谓昭馀祁矣。

隆州谷关，县东南九十里。南通沁州，北通徐沟县，两壁皆山，道旁有水，即胡甲水也。洪武三年，置巡司戍守，亦曰隆州谷北关。

盘陀戍。县东五里。宋靖康初，金人败种师中之兵于榆次，乘胜趋威胜军，与姚古遇于盘陀山，兵溃，退保隆德。今为盘陀驿。

○**徐沟县**，府南八十里。南至祁县七十里。本清源县之徐沟镇。金大定二十九年，析平晋、榆次、清源三县地置。今县属太原府，城周九里有奇，编户十九里。

洞涡水，在县北，自榆次县流入界，又西入清源县界，今县有洞涡驿，盖因水以名焉。○**金水河**，在县东。《志》云：源出太谷县东北大塔山，下流合众泉，经榆次县之东阳镇，流入县界，合象谷水，又西入清源境。

象谷渠。在县城下，流分三道，环绕东西，分灌民田，盖居民引象谷水为渠也。

○**清源县**，府西南八十里。东至徐沟县五十里，北至太原县四十里。春秋时，晋之梗阳邑。汉为榆次县地。隋开皇十六年，始于梗阳故城置清源县。大业初，省入晋阳。唐初复置。宋因之。金尝置晋州于此，寻还属太原府。今编户二十八里，城周六里有奇。

梗阳城，在今县治南。故晋邑也。《左传》襄十八年：晋中行穆子见梗阳之巫皋。又梗阳人有狱，魏献子不能决者。《史记》：赵惠文王十一年，秦取梗阳。即此。故城周六里。○**涂阳城**，在县南二十里。春秋时，晋大夫祁氏邑。魏献子以知徐吾为涂水大夫是也。今名屠贾邨，有谷曰屠谷，谷夏则水涨，冬则涸。《志》云：谷在县南十五里。又县东南四十里有陶唐城，旧《经》：陶唐氏自涿鹿徙居此，俗谓之姚城。

鹅城，城东南二十三里。晋阳秋：永嘉元年，洛阳步广里地陷，有二鹅飞出，苍色者冲天，白者止此。苍色胡夷象，刘渊以为己瑞，筑城应之。又印驹城，《志》云：在县西南二十三里，相传汉文帝置牧于交城县，筑此城以印驹。今县西北十五里有马名山，亦以文帝牧苑而名。

中隐山，县西北八里。四围高峰，山独中隐，亦曰中隐谷。又白石山，在县西五里，亦曰白石谷，中多白石，因名。洪武中，筑堰于此，以御暴流冲啮之患，至今城无水灾。

汾水，县东五里。自太原县流入界，又南经此。有米阳渡，流阔八十馀步，路出徐沟。又县东十二里有永济渠，则引汾灌田处也。汾水又西南流入交城县界。

清源水。县西北五里。自平地涌出，亦曰平泉，一名不老池，引流溉田，水溢则东南注于汾。又白石水，源出白石谷，流合平泉水。又中隐水，出中隐谷，并流注于汾。

○**交城县**，府西南百二十里。西南至汾州府九十里。汉晋阳县之西境，北齐置牧官于此。隋开皇十六年，置交城县，属并州，以县界有古交城而名。唐因之。宋置大通监，金废监，县仍属太原府。今城周五里有奇，编户四十二里。

故交城，县东北七十里。隋、唐时县置于此。《志》云：古交城又在其东北二十里，当孔水、汾水交流之处，隋所取以名县者也。《旧唐书》：交城县西北有古交城，县初治交山，天授元年，移置却波邨。先天二年，于故县分置灵川县。开元二年省。却波邨，即今县治也。又《寰宇记》云：县西北四十里有大通监，管东西二冶烹铁务，东冶在绵上县，西冶在交城县北山义泉社，取狐突山铁矿烹炼。宋白曰：大通监本古交城地。又县西北八十里有大通铁冶，宋设都提举司及铁冶所巡司，今俱废。

下马城，县北百六十里，接静乐县界。相传元魏孝文往来避暑下马处。又马兰城，在县北九十里孔河上，今名马兰邨。孔水南流经此，东注于汾。汉、魏、北齐，皆尝牧马于此。又有榆城，在县西北百三十里文谷水上，亦故戍守处也。其地多榆，因名。

狐突山，县西北五十里。有晋大夫狐突庙，因名。县之镇山也，产青铁，宋因以置监。一名马鞍山。○锦屏山，在县西北五里，红崖绿树，灿若锦屏。又县北五里有万卦山，有六峰峙立其旁，众峰交错，因名。又县西北二十里有石壁山，四围小山，相向如壁。

羊肠山，县东北百里。石磴萦委，如羊肠然，后魏立仓于此，名羊肠仓。隋大业四年，经此幸汾阳，改名深谷岭。岭上有故石墟，相传魏太武避暑之所，亦谓之万根谷山。《元和志》：羊肠山在交城县东南五十三里，以旧城言也。○交城山，在县北百二十五里，《志》云：古交城治此。周显德三年，北汉主钧葬其父崇于交城北山，即此。又黑石楼山，在县西北百五十里，黑石攒起，如楼阁然。其相近者，曰独泉山，洞穴中有石如盆，盎泉出其中。或云：北汉石盆砦盖置于此。宋乾德四年，石盆砦来降，是也。

文山，在县西北九十里。文水历榆城，又南径文山下，山因以名。又穀积山，在县西北百五十里，山形侧竖如谷积，一名滑集山，与永宁州吕梁山相接。又有龙王崌山，亦名刘崌山。相传刘渊都离石时尝游此，因名。近《志》作刘伶崌山。二山西南去永宁州八十里，盖境相接也。又孝文山，在县西北二百里，连永宁及静乐县界。相传魏孝文临幸汾阳，置行宫于此。

汾水，在县东南。自清源县折而西，流经县界，又西南入文水县界。○文水，在县西北三十里。源出永宁州北境之方山，流经狐突山下，又西南流入文水县境。下流至汾阳县，入于汾水。亦谓之文谷水。

孔河。在县东北。源出县西北百二十里之龙树山，南经故马兰城，东流至太原县界，注于汾水。〇步浑水，在县城东，出狐突山南之步浑谷。又城东南有塔沙水，亦出县狐突山南之塔沙谷，俱流注于汾河。又福泉水，出县东北百七十里之福泉山，亦东南流入汾。

〇**文水县**，府西南百六十里。西至永宁州二百四十里，南至汾州府介休县八十里。春秋时，晋平陵邑。汉为大陵县地，属太原郡。后汉及晋因之。后魏置受阳县。隋开皇十年，改曰文水，以文谷水名也。唐武德三年，改属汾州。六年，还属并州。明年，又属汾州。贞观初复故。天授初，改为武兴县。神龙初，仍为文水县。今城周九里，编户七十九里。

大陵城，县东北二十里。即晋之平陵也。昭二十八年，魏献子分祁氏之田，使司马乌为平陵大夫。赵曰大陆，亦曰大陵。《史记》：赵肃侯六年，游大陆，至于鹿门。又武灵王十六年，游大陵，梦处女鼓瑟而歌。刘昭曰：大陵即大陆也。汉置大陵县，晋时为南单于所居。永兴初，东瀛公腾遣将聂玄击刘渊于大陵，为渊所败。后魏迁治于城西南十里，改曰受阳。隋曰文水，今县东十里故文水城是也，子城周二里有奇。宋元丰间，因水患徙置南漳沱邨高阜处，即今县治。《城邑考》：大陵故城周十馀里，后魏废，今为官田。

平陶城，县西南二十五里。汉县，属太原郡。后汉及晋因之。后魏改曰平遥，避太武嫌名也。《水经注》：西胡内侵，徙居京陵。魏收《志》：平遥有京陵城，今汾州府属县，即魏末所迁也。〇栅城，在县北二十五里，后魏宣武时所筑，当文谷口，今名开山邨。又云州城，在县北三十里，后魏末所筑，云州寄理于此，今曰云州邨。又大干城，在县南十里，旧《经》：晋时刘元海所筑，令其兄延年居之，俗谓兄为阿干也。

隐泉山，县西南二十五里。在平陶故城南，亦名陶山。石崖绝险，壁立险固，中有石室，去地可五十馀丈，惟西侧一处，得历级升陟。顶上平地十馀顷，有泉东流，注于山下，亦名东津渠，隐没而不恒流，故有隐泉之名。雨泽丰注，则通入文水。《志》曰：隐泉一名谒泉，其石窟曰隐堂洞，亦曰子夏室，昔子夏退居西河之上，即此地也，故山亦兼子夏之称。宋靖康元年，金人围太原，使李纲督诸道兵赴救，折可求之师，溃于子夏山，时可求自汾州而进，取道山下也。

双峰山，县北二十里，两峰壁立。县西北三十里又有熊耳山，亦以两峰并峙而名，一名崇山。

汾河，县东四十五里。自交城县流入境，又南入祁县及汾州府平遥县界。

文水，在县东十五里。自交城县南流入县界，经县北二十里。由文谷口微折而东南流经此，又南入汾州府界，合于汾河。又泌水，在县北八里，自山下涌出，东南注文水。《寰宇记》谓之神福泉也。又有甘泉水，在县西南四十里，下流亦注于文水。

㳠水，县东北二十五里。古大陵城之东南，周十馀里，或谓之邬泽。《水经注》：汾水经大陵县，左迤为邬泽。《广雅》：水自汾出为汾陂，东西四里，南北十馀里，陂南即邬县也。《汉志》注：邬县九泽在北，是为昭馀祁。《吕氏春秋》所谓区夷之泽也。邬县见介休境内。○武涝泊，在县南二十里，唐天授二年，赐名朱雀泊。又县东南三十里有伯鱼泊，或以为即九泽馀迹也，今皆涸。

栅城渠，县西北二十里。唐贞观三年，县民相率开此渠以引文水，溉田数百顷。《唐志》：县西十里有常渠，武德二年，汾州刺史萧颃凿，以引文水南流入汾。又县东北五十里有甘泉渠，二十五里有荡沙渠，二十里有灵长渠、千亩渠，俱引文谷水，溉田数千顷，皆开元二年县令戴谦所凿，今多湮废。

鸿唐砦。在县南。北汉据河东时所置戍守处。宋乾德四年，北汉石盆砦、鸿唐砦来降。石盆寨，今见交城县交城山下。

○寿阳县，府东百六十里。东至平定州百十里，东北至盂县九十里。春秋时晋之马首邑。汉为榆次县之东境。晋置寿阳县，属乐平郡，后废。隋开皇十年，改受阳为文水，而于故受阳城置今县，属并州。唐武德三年，改属辽州。六年，移受州治此。贞观八年，州废，县仍属并州。宋因之。金兴定二年，改属平定州。元仍属太原路。今城周四里，编户三十里。

马首城，县东南十五里。春秋时，晋分祁氏，魏献子使韩固为马首大夫。是也。今仍名马首邨。又贺鲁城，在县西三十五里，相传赵简子所筑，一名胡芦城。又县西二十五里有燕州城，《县志》云：北齐置州于此，今又名烟竹邨。

广牧城，在县北。汉广牧县，本属朔方郡。后汉建安中，移治陉南，属新兴郡，晋因之。建兴四年，刘琨遣箕澹等救乐平太守韩据于沾城，琨屯广牧为声援。后废。

方山，县西北三十五里，顶方一里。一名神福山，或以为寿阳山。晋永嘉六年，拓跋猗庐引兵救刘琨复晋阳，追败刘曜于蓝谷，因大猎寿阳山，陈阅皮肉，山为之赤。寿阳山，北史作牢山，《郡县志》：牢山在晋阳东北四十五里。或曰：今阳曲县罕山之讹也。○双凤山，在县北五十里，两峰状若伏凤，山之东有剩水泉。

涡山，县南八十里。洞涡水经其下，因名。亦曰过山，以高过群山也。又芹泉山，在县东二十里，泉源有二，出南山鸦儿谷，曰南芹。出北山太平谷，曰北芹。二泉合流，东入平定州界。亦曰琴泉。《志》云：县北十五里有尖山，圆秀迥出群峦。又有神武村，亦名神山。

杀熊岭，县西六十里，接榆次县界。宋靖康元年，种师中自真定趋援太原，抵寿阳之石坑，为金将完颜活女所袭，五战三胜，回趋榆次，至杀熊岭，去太原百里，败死。石坑，或曰：在县东南。又黄岭，在县西北五十里，岭皆黄沙。又西北二十里为却略岭。

鸦儿谷，县东南三十里，东北去盂县百二十里。亦曰鸦鸣谷。唐乾符五年，昭义帅李钧与沙陀战于岢岚之沙谷，败死。兵还至代州，士卒剽掠州民，杀之殆尽，馀众自鸦鸣谷走归上党。石晋天福九年，契丹入犯，南至黎阳，别遣兵入雁门，寇太原，刘知远败之于秀容，乃自鸦鸣谷遁去。《图经》：谷径幽邃，昔有迷谷中者，见鸦飞鸣得路，因名。

洞涡水，县南五十里。自平定州流入境，又西南经此。一名冷泉河，以其地有冷泉，亦西南流，至榆次界入洞涡水也。又有黑水，源出县西四十里黑水邨之西山，三源合流，至县南五十里，入洞涡水，并流入榆次县境。

寿水，县南二里。有二源并道合流，至县西南十里，合于黑水。又童子河，在县北二十里。一名曾河，流经县西南四里，合于寿水。又有龙门河，在县西北三十里，亦有二源，合流而南，入于寿水。

西张寨，县西北五十里。高五丈，周仅十亩许，五代时所置也。《金志》：兴定四年，以寿阳西张寨置晋州，后为蒙古所毁，州亦废。

太安驿。在今县西五十里，马驿也。

〇盂县，府东二百四十里。东至北直真定府二百里，东南至北直井陉县百五十里，西北至代州五台县百二十里。春秋时仇犹国，后并于晋，魏献子使盂丙为盂大夫。哀四年，齐国夏伐晋，取盂。战国时，为赵之源仇城。汉置盂县，属太原郡。后汉及晋因之。后魏省入石艾县。隋开皇十六年，复分置原仇县，属辽州。大业初，改曰盂县，属太原郡。唐武德三年，置受州于此，六年，州移治寿阳，县属焉。贞观八年，仍属并州。宋因之。金兴定中，升为州。元因之。明洪武二年，改州为县。今城周三里有奇,编户二十二里。

仇犹城,在县东北一里。韩非子曰:智伯欲伐仇犹,道不通行,因铸大钟遗之,仇犹大悦,除道而纳之,国遂亡。其遗址尚存。《寰宇记》:汉盂县城在阳曲东北八十里,隋改置原仇县于故仇犹,县城西南,即今治也。寻曰盂县。五代唐同光四年,李嗣源为魏州乱兵所推,遂与朝廷相猜贰,自魏县南趋相州,李从珂时戍横水,遂将所部兵由盂县趋镇州,与别将王建立合兵,倍道从嗣源。又五代周显德初,伐北汉,其盂县降。即今城也。今县北七里有仇犹山。

乌河城,县西二十里。隋义宁初置县,唐初属并州,贞观元年省。或云:隋末置抚城县,唐武德初,改曰乌河。又有皋牢城,在县东二十里,亦故戍守处。

白马山,县东北二十里。宋太平兴国四年,征太原,契丹来援,至白马岭,与郭进遇,契丹将耶津沙欲沮涧以待后军,其监军敌烈不从,渡涧迎战,大败。《图经》:白马之山,白马水出焉。○藏山,在县北五十里。相传程婴、公孙杵臼藏赵孤处,岩垒环堵,石溜灌熔。旁有泉曰圣水,《志》云:县西五里有重门山,一名慈氏山。

滹沱河,县北七十里。源出繁峙县之太戏山,经代州崞县、忻州定襄,及五台县境,又东南流经县境,而东入北直平山县界。详见北直大川滹沱。

牧马水,县北七十里。源出白马山,北流入于滹沱。又龙化河,在县西四十五里,一名兴龙泉,北流至榆枣关口,入于滹沱。又县西南有细水河,流至平山县境,亦注于滹沱。

白鹿泓,在县西。孔颖达曰:盂县西有白鹿泓,出自西北鹿山南渚。《史记·赵世家》:肃侯十六年,游大陵,出于鹿门。鹿门盖在此水之侧。

伏马关。县东北七十里，亦名白马关。或云：后魏时置，路通北直平山县。○榆枣关，在县东北一百十里，路亦通平山县，滹沱河所经也。《志》云：今县南五十里有芹泉马驿。

○**静乐县**，府西北二百二十里。西南至岚县五十里。汉汾阳县地，北齐置岢岚县。隋开皇十八年，改曰汾源，又置岚州于此。宋白曰：后魏尝置岚州，隋因之。仁寿末，岚州刺史乔钟葵以汉王谅举兵并州，将兵赴谅。大业初，州废。四年，改县曰静乐，又置楼烦郡治焉。唐武德四年，改置管州。五年，又改为北管州。八年，州省，以县属岚州。宋太平兴国六年，置静乐军，寻废军，徙宪州治此。熙宁四年，州废。元丰初复置，亦曰汾源郡。金仍改曰管州。元因之。明洪武二年，省州入县。今编户三十里。

楼烦城，县南七十里。《志》云：故楼烦胡地。赵武灵王曰：吾国西有林胡、楼烦之边。《史记·赵世家》：主父行新地，出代，西遇楼烦王于西河，而致其兵。汉置楼烦县，属雁门郡，有楼烦王城。高祖九年，周勃击韩王信，军于硰石，破之，还攻楼烦三城。后汉仍为楼烦县，灵帝时废。曹魏青龙初，并州刺史毕轨遣将苏尚等击鲜卑轲比能，战于楼烦，败没。县故有盐官，晋及后魏皆为牧苑地，后魏主濬和平六年，如楼烦宫。盖地近平城，往往游猎于此也。隋、唐亦为监牧地。《旧唐书》：楼烦监先隶陇右节度使。至德后，属内飞龙使。监城，开元四年王毛仲所筑也。贞元十五年，始别置监牧使。中和二年，李克用自鞑靼还据忻、代州，数争楼烦监。龙纪初，李克用表置宪州于此，仍置楼烦县，兼领玄池、天池二县。宋咸平五年，以州地卑隘，多水潦，移治静乐县，后又省玄池、天池二县入焉，惟楼烦改属岚州。金因之。元省县置巡司。今为楼烦镇，仍有巡司戍守。《志》云：镇东临汾水，西抵周洪山，通交城县。胡氏曰：楼烦，本匈奴所居地，在北河之地，此盖因汉名，或后代所侨置，非即故地也。

天池城，《旧唐书》：天池县在楼烦城西南五十里，本置于孔河馆。乾元后，移于安明谷口道人堡下，初属岚州，后属宪州，宋省。又玄池废县，《旧唐书》：在楼烦城东六十里，即李克用所奏置也，宋废。又有汾阳废县，在今县东北。《唐书》：武德四年，分静乐置汾阳，六度二县，隶管州。六年，仍省入焉。〇赵武灵王城，《志》云：在县南三十里东山，下临汾水，城垒犹存。

三堆城，今县治。后魏初，尝置三堆县。太平真君七年，省三堆属平寇县，有三堆戍。西魏大统三年，宇文泰使柔然侵魏三堆，高欢击走之。又齐主洋天保四年，山胡围离石，洋讨之，胡走，因巡三堆，大猎而归。盖即三堆戍也。隋筑城置郡于此。宋白曰：今城内有堆阜三，俗犹名三堆城，平寇见忻州。

砦石城，在县东北。汉初，韩王信反，灌婴击之，破胡骑于砦石。又周勃击信于砦石，破之。《正义》曰：在楼烦县西北。似误。又襄阳城，《志》云：在县北九十里，故宁化军南十八里。盖南北朝时所侨置。又林溪镇城，在县西北百五十里。相传隋大业中，尝避暑于此。金天会间，改为圣寿寺。

宁化城，县北八十里。北汉刘崇置宁化军。宋太平兴国四年，置宁化县为军治。熙宁三年，军废，元祐初复置。崇宁三年，又废为镇。金大定二十二年，升为州，仍置县为州治。元州县俱废。明洪武二年，改置守御千户所。

岑峰山，在县治东。城跨其上。城南三里有天柱山，以后魏天柱将军尔朱荣尝经此而名。〇石硖山，在县南六十里，石硖如门，有石硖泉，流注于汾。相传晋人以屈产之乘，假道于虞，盖出于此。又有石门山，在县西南百里，楼烦镇西北二十五里，两山耸立，其状若门。〇周洪山，在县西南七十里，巍峨奇秀。其西北十里有渥洼泉，或曰：山盖与石峡山相接也。又西南五十里有龙和山，峭壁嵯峨，环绕左右，山东去楼烦镇三十里。

管涔山，县北百四十里，北去朔州百二十里。其山中高而旁下。《山海经》：管涔之山，汾水出焉。今下有天池，有龙眼泉，即汾水之源也。一名燕京山，一名林溪山，相传刘渊尝读书山中。隋以汾源名县，唐曰管州，皆以此山。又芦芽山，在县北百五十里。其南有神林山，其西南有荷叶平山，俱形势险峻，迤逦抵岢岚界。

屹嵯山，县东北六十里。北接刁胡山，西通磨官谷，谷中有磨川水，亦流注汾水。又刁胡山，在东北八十里，路从磨官谷入，称为险隘。又有悬钟山，在县东七十五里，上有石寨，名曰马寨。

汾水，在县城西。自管涔山发源，流经宁化所东五里。又南流经此，至楼烦镇东南，而入阳曲县界。汾流曲折处，谓之汾曲，其所经州县，多引以溉田，民被其利。

岚河，县西南六十里，与岚县接界，东流入汾。又羊儿河，出县西南五十里鹿绽岭下，亦东流入汾。〇碾河，在县南二里，源出县东北百二十里巾子山，流通悬钟山，马寨水流合焉，西流入汾。又监河，在楼烦镇南一里，源出县南百四十里之独石河邨，北流经此，注于汾水。

天池，在管涔山北原上。池方里许，常盈不涸，澄渟如鉴，即汾水之源也。北人谓天为祁连，亦谓之祁连泊。元魏孝文屡游畋于此，高欢亦尝游焉。高洋天保九年，自邺如晋阳，至祁连。高演皇建初，自将伐库莫奚，至天池，库莫奚闻之，出长城北遁，高炜亦尝猎于天池。胡氏曰：晋阳至天池三百七十馀里，相传其水潜通桑乾，盖即桑乾上源矣。池东更有一池，清澈与天池相似，二池通流。池西有沟，名老马沟。《通志》：天池在宁化所北百四十里。似误。〇温泉，在县东十五里北山下，出石罅中，流分数派，注于碾河。

汾阳宫，在管涔山北原上。隋大业四年，诏于汾水之源，营汾阳宫，遂营建宫室，环天池之上，并筑楼烦城。《隋志》：静乐县有汾阳宫。是也。唐废。

两岭关，县东南六十五里，路出阳曲。明初，调太原左卫官军戍守。洪武八年，改置故镇巡司，缭以土城，周一里有奇。又楼烦关，在县北，隋大业三年，北巡至突厥牙，还入楼烦关，至太原。《唐志》：静乐县管涔山北有楼烦关。

娑婆岭隘，县东八十里。洪武初，调太原左卫官兵戍守。七年，置巡司，兼筑土城。其南十里有悬钟岭隘口，通忻州牛尾寨。东北十里有石神岭隘口，亦通忻州界。又有马家会隘口，在娑婆隘西五里。又桥门岭隘口，在娑婆隘西北三里。○鹿径岭隘，在县西北六十里。南接岚县界，西出岢岚州，旧置巡司，今革。

马陵戍，在县北。东魏武定元年，高欢筑长城于肆州北山，西自马陵，东至土磴。马陵盖是时戍守处。土磴，见崞县。○龙尾庄，在县西。明初，元孽屯静乐岢岚山中，结寨自固，旋寇武州，太原守将击败之，追至龙尾庄，擒其三太子脱忽的。即此。又窟谷镇，在县西北六十里，本属宁化县，旧为戍守处。

下马营堡。《志》云：在宁化所北三十里。又北七十里即宁武关也。又支锅石堡，在宁化所西北二十里。《边防考》：所城虽近腹里，而支锅石、小岭儿，敌骑可通，亦称要害。○康家会驿，《志》云：在县治西，马驿也。

○**河曲县**，府西北四百八十里。西南渡河至陕西府谷县百十里，南至保德州百里。唐岚州宜芳县地。北汉刘崇置雄勇镇。宋太平兴国七年，改置火山军，移治于镇西三十里。治平四年，又置火山县，县寻废。

金大定二十二年，升为火山州，寻又改为隩州。贞元初，置河曲县，取河千里一曲之意。元初州、县俱省入保德州。明初洪武二年，仍置河曲县。六年复废，十四年又置。编户七里。景泰初，展筑县城。万历十四年增修，周六里。

河曲城，旧城在今县东北八十里。金兴定二年，尝以隩州改隶岚州。四年，以旧城残破，徙治于黄河滩许父寨。明初因之，始筑土城。万历十三年增修，城周四里。《边防考》：县西倚洪河，东南两面，皆深沟陡峻，惟北面石梯口受敌为最。嘉靖四十五年，河冻，寇自陕西黄甫川过河，经石梯口突犯。又有曲峪等处，为滨河极冲，边外正对陕西焦家坪等处，直接青草湾，皆为寇境。

火山，在县西五里，黄河东岸。山上有孔，以草投孔中，烟焰上发可熟食。不生草木，上有硇砂窟，下有气砂窟。〇砂窟山，高四五丈，黄河过此，如遇覆釜，而河流为之曲折云。

黄河，县西北六里。自故东胜州境，转而西南流八十里，至平泉村。又西流九十里，至天桥子，又南流入保德州界。县西北六十里，有唐家会渡，为津济要口。《边防考》：大河流入老牛湾，过县西南，经保德州，中间有娘娘滩、太子滩，皆在县北九十里，套贼渡河处，最为险要。嘉靖四十四年，抚臣万恭言：山西冬防，滨河打冰，以防贼渡，朔气严凝，随打随结，劳而无济。计沿河最冲，自险崖达阴湾，凡二十里，自阴湾达石门，又二十里，筑墙拒守，以为得策。

关河，在县北百十里。源出朔州界，流经偏头关，西北入黄河。又大涧水，去县城百步，西流七里，入于黄河。又有平泉，在县西北八十里，平地涌出，亦西流入河。〇菜园沟，在县西北。近时贼王嘉允渡河掠菜园沟，即此。又有倒回谷沟，在县西南三十里，亦流入河，上有倒回谷口桥。

偏头关，县北百十里。古武州地。东连鸦角山，西通黄河。其地东
仰西伏，因名偏头。宋置偏头寨。金因之。元升为关。明初，属镇西卫守
备。洪武二十二年，始建土城。宣德、天顺、成化、弘治间，皆修筑。万历
二年，复改筑关城，周五里有馀，备兵使者驻焉。《志》云：大边在关北
百二十里，起大同之崖头，至黄河七十里，无墙而有藩篱。成化二年，复
于关北六十里，起老营鸦角墩，西至黄河岸老牛湾，筑墙百四十里，号二
边。而三墙在关东北三十里，起石庙儿，至石梯墩，凡七十里。四墙则在
关北二里，起鹰窝山，至教场百二十里，后复以时增修，比之二关，尤为
严固。盖山西惟偏头亦称外边，与宣、大角峙。宣、大以蔽京师，偏头以
蔽全省也。《边防考》：偏头所辖边，东起宁武界椒茆，西至河曲界寺前
墩，延长二百三十二里。本关孤悬寇境，西边大河，实为冲要。近口有关
河口、浦家湾等冲，边外则银安口、青天口及丰州滩、归化城等处，皆逼
虏巢。而关城四面皆山，形若覆盂，设敌登高下瞰，城中历历可数。且山
谷错杂，瞭望难周，防维不易。弘治十三年，寇犯偏头关。隆庆初，寇由
关西北驴皮窟入犯岢岚、岚县、石州、汾州。明年，复由好汉山入，夜薄
老营堡。此前车也。

桦林堡，在偏头关西二十里。万历二十年，建土堡。二十九年增
修，周一里有奇，西去黄河三里，与套寇东西相望，边外红漕等处，即贼
巢也。〇韩家坪堡，在偏关东二十里。隆庆二年置，万历十四年增修，周
一里有奇。又东二十里为马踏堡，正德十年置，隆庆初及万历六年增筑，
周四里有奇。堡介偏头、老营之中，为东西应援之地，城北即土山，戍守
尤切。

八柳树堡，在偏关东六十里。景泰二年建，万历十五年修筑，周二
里有奇。堡西北红水沟为最冲，寇每由此深入，犯偏头、老营，一时声援
难及。嘉靖四十一年，寇又从鸦角山、五眼井入犯老营及本堡，至宁武一

带，故增修此堡，藉为保障。然堡内无水，设有寇警，不可不虑。

  老营堡，在偏关东北八十里。正统末置，成化三年营筑，弘治十五年、万历六年增修，周四里有奇。近边有鸦角山、镇湖墩、五眼井等冲。边外王家庄、银川城诸处，蒙古驻牧地也。《边防考》：本堡设在极边，与大同接壤，山坡平漫，朔骑易逞。嘉、隆间，数从马头山、好汉山入犯河曲，是也。而堡城东北去山止数十步，敌若登山，下射城中，则守陴者危矣。此不可不虑。〇小营儿堡，在老营堡西二十五里，嘉靖初置。又西二十五里为寺坞堡，本民堡也，嘉靖四十年，为寇攻毁。四十二年，改为官堡。万历十五年增修，周不及一里，在山脊之上。西南通偏关，东北通水泉堡，为两城脉络所关。《志》云：堡南至偏关四十里，北至草垛山堡二十里。

  栢杨岭堡，在老营堡西北。万历二年置，周不及一里。沿边破房营、好汉山等三十一处，皆极冲。边外昭君墓诸处，即虏酋驻牧。《志》云：堡旧设于栢杨岭，后因山高无水，移于窖儿坞，仍存故名。而新堡亦复无水，取汲于塌崖沟。且士马单弱，幸老营伊迩，缓急可恃。〇贾家堡，在老营东二十里，嘉靖初，边臣陈讲言：老营堡东界有东长峪，去大同最远，应援常疏，此两镇受祸之由。四十五年，因创筑此堡，即大同东长峪地，而堡属偏头。盖老营运饷，向来仰给云、朔，贼常于乃河道中扑掠，老营坐困，故设此堡，以连两镇之声援也。万历十八年增修，城周一里有奇，东去大同乃河堡二十里。

  水泉营堡，在偏关北六十里。宣德九年置，万历三年增修，周二里有奇。二十四年，又创筑附堡一座。二十八年增修，一面连旧城，三面周一里零。其北为红门隘口。隆庆五年，马市成，设市堡于其处。沿边有兔儿窊等处，为最冲。边外兔毛河、归化城、宁边河诸处，即虏酋驻牧。《边防考》：堡逼邻敌巢，为偏关肩背，山坡平漫，最易驰突。其西为驴皮窑。嘉靖中，石州之变，实由于此。正北三百里曰归化城，青山负焉，酋首之巢穴也。堡内止一井，汲引甚难云。青山，见大同府。

草垛山堡，在水泉营西二十里。弘治十五年置，万历二十三年及二十八年增修，周二里有奇。边口有东坡墩、驴皮窑、杨家庄等冲，边外双墩子、鹞子沟、白塔儿一带，即虏酋驻牧。堡势极孤悬，山谷错杂，防维宜密。又黄龙池堡，在草垛山堡西十里。弘治十五年置，万历十九年废，二十三年复置，二十九年修筑，周一里有奇。沿边杨家庄为最冲，边外鹞子沟一带，即酋首驻牧。又堡西十五里为滑石涧堡，宣德九年置，万历八年增修，周一里有奇。边口水门等处为最冲，草垛沟次之。边外白塔儿一带，即酋首驻牧。堡孤悬一隅，咫尺虏境，沿边石磴纡回，寇每缘之以入犯。至水门迤西，即接河套，冬深冰结，防御尤切。《志》云：滑石涧堡南去偏关六十里，北去边六里，西去大河二十五里。

永兴堡，在偏关南四十里。正德十年置，嘉靖四十二年、万历十八年增修，周一里有奇。堡南五十里，为八角堡，去边虽远，而地稍平旷，寇易驰骤，守此以连内外之声援云。○楼沟堡，在永兴堡西南，隆庆初置，万历十七年增修，周不及一里。堡密迩龙霸山，寇尝据此，偏关饷道几绝，故设此堡以遏龙霸之冲。万历三十一年，又增筑土堡一座，与旧堡相连。

河曲营堡，在县东北二十里。宣德四年置，万历二年及七年增修，周二里有奇。二十六年，又增筑东关土堡，三十六年增修，亦周二里有奇。沿边鲁家口诸处为最冲，边外榆树滩、白泉子沟、大灰沟等处，俱酋首驻牧。隔河即陕西黄甫川清水营矣。《边防考》：隆庆三年营城，设参将驻守，东北起楼子营界寺前墩，西南抵县北石梯隘口，长百三十一里。又南抵兴县黑峪口，止黄河东岸，沿长二百十里，皆分辖处也。

扬兔堡，在县北。南去石梯儿十里，堡北十里为得马水营，其西即黄河娘娘滩也。又北十里为五花营堡，又北十里为唐家会堡。《边防考》：唐家会堡在县西北六十里，有唐家会渡，为官军往来津要。宣德二年置堡，万历十年增修，周一里有奇，当黄河渡口之冲。○河会堡，在唐家会堡东南，万历二十五年建，城周二里有奇。边口有曲谷等处为最冲，边外正对陕西焦家坪、弥罗胡同、马家会等处，直接敌巢。东北泉子沟，西北柴关儿垒、霸王庙，俱部酋驻牧。堡地势平坦，四平通衢，河冻时，备御尤切。

灰沟营堡，在偏关西六十里，去唐家会堡十里。又东北二十里为罗圈堡，又东北五里为楼子营堡。堡宣德四年置，万历五年修筑，周一里有奇。二十二年革。边口有羊角尖、吴峪口等处为最冲。成化十八年，抚臣何乔新败敌于灰沟，是也。嘉、隆间，寇每由此入犯董家庄、辛家坪等处，边外山羊会、小水口一带，皆酋首驻牧。河西即陕西黄甫川清水营，正对敌巢。《边防考》：堡东南至偏头关六十里，逼近黄河，当北寇套寇之交，沿河有大峪邨等处，居民向称繁庶。

下镇砦。在县北。宋置雄勇、偏头、董家、横谷、桔槔、护水六寨，属火山军，后废。元丰中，止领下镇一寨。○杨家砦，在县西北七十里，明初调镇西卫官兵戍守，今革。《志》云，县有得马水巡司万历中裁。

附见：

宁化守御千户所，即静乐县北宁化故城也。洪武二年置所于此，旧城周六里有奇。明初，东畔依山坡改筑，周二里有奇。

偏头守御千户所，详见上偏头关。成化十一年置。

老营守御千户所。详见上老营堡。嘉靖十五年置。

○平定州府东二百八十里。东北至北直平山县九十里，西至辽州二百二十里，北至代州三百三十里。

春秋时晋地。战国属赵。秦为太原、上党二郡地。汉属太原郡，后汉属常山国，晋属乐平郡，后魏因之。隋属辽州，后属太原郡。唐初亦属辽州，寻属并州。宋置平定军太平兴国二年置。金曰平定州。元因之，以州治平定县省入。明初，亦曰平定州。编户二十三里。领县一。今因之。

　　州东迫常山，扼井陉之重险；西驰汾曲，据太原之上游。并、冀有事，州其必争之地也。且前控漳、潇之流，后距勾注之阻，山川环绕，道路四通，居然雄胜矣。

　　平定废县，今州治。汉为上艾县，属太原郡。后汉改属常山国。晋属乐平郡，后魏太平真君九年废。孝昌六年复置，改曰石艾。隋因之。唐武德三年，县属辽州。六年，改属受州。贞观八年，还属并州。天宝初，改曰广阳县。至德二载，史思明寇太原，遣人取攻具于山东，以胡兵送之，李光弼遣兵歼之于广阳是也。宋太平兴国四年，改为平定县，平定军治焉。金为州治。元省。《城邑考》：州有上城、下城。上城谓之榆关，相传韩信伐赵时，尝驻兵于此，因高阜为寨，以榆塞门，因名。宋初增筑其东北隅，谓之下城，元时尝修筑之。今城周九里有奇。

　　广阳城，州东南三十里。五代时，北汉置寨于此，宋初取其地，改属镇州。太平兴国二年，建为平定军，四年，移治平定县。《志》云：汉上艾县，唐广阳县，旧皆治此。似误。又有广阳古城，《志》云：在州西八十里，唐因以名县，今废为广阳邨。○平潭城，在州西北二十五里，相传赵简子所筑也，今为平潭马驿。《城冢记》：州西北三十里有赛鱼城，唐武德八年，受州尝治于此。今亦名废受州城。

　　冠山，州西南八里。以高冠群山而名。又州西八里有嘉山，山下有黑水泉，流经城东，西合于洮水。○蒙山，在州东北十五里，孤峰耸秀，高出众山。

绵山，州东九十里。一名紫金山，泽发水出焉。《志》云：故关山在州东八十五里，两山险隘，关居其中。州东北九十里又有承天山。○四角山，在州西南三十里。山势四起，下出三泉。又西南十里有七里岭，岭高七里，因名。又东浮化山，在州东五十里。州西八十里曰西浮化山。

泽发水，州东九十里。源出绵山，一名毕发水，一名阜浆水，亦名妒女泉。上有妒女祠，俗以为介子推妹也。泉色青碧，妇人袨服国此，必兴雷雨。今泉突起平地，下赴绝涧，悬流千尺，俗谓之水帘洞。东北入北直井陉县界，为冶河之上源。

洞涡水，在县西南五十里。自乐平县流入界，合浮化水，又东入寿阳县界。《志》云：浮化水在州西南八十里，出西浮化山，流入洞涡水。○洮水，在城东，其上源即寿阳县之芹泉也，经州西九十里，谓之洮水，下流注于泽发水。又故关水，在州东五十里，东流入井陉故关，合于冶水。

南川水，在州南五里。源出七里岭，东流合于洮水。又有阳胜川，在州南三十五里，出州西南侯神岭，亦东流合于南川水。

故关，州东九十里，道出井陉之要口也。《通志》谓之井陉关，今关与北直井陉县接界。洪武三年置，故关巡司于此。

苇泽关。州东北八十里，即唐之承天军，俗曰娘子关，以妒女祠而名。自昔为太原、恒山之界。胡氏曰：承天军至太原府三百五十里。是也。今为承天镇。详见北直真定县。○盘石关，在县东北七十里，与苇泽关相接，并为设险处。又有甘淘口，亦在州东，接井陉界。《通志》：苇泽关在井陉北十里，甘桃口在井陉南三里。误也。今详见北直井陉县。又董卓垒，在州东北九十里，魏收《志》谓之董卓城。《一统志》云：唐于此置承天军。盖垒与苇泽关相近，皆唐时承天军所戍守处。

○乐平县，州东南六十里。南至辽州和顺县七十里，东南至北直顺德府二百三十里。汉沾县地，属上党郡。后汉因之。三国魏析置乐平县，为乐平郡治。晋及后魏俱属乐平郡。隋开皇初，郡废。十六年，于县置辽州。大业初州废，县属太原郡。唐武德三年，复置辽州治此。寻徙州治辽山，以县属受州。州废，仍属并州。宋乾德初，伐北汉取之，升为平晋军，旋复故，改属平定军。金兴定四年，升为皋州。元复故。今编户十里。

　　沾县城，县西南三十里，汉沾县治此。《晋志》：泰始中，置乐平郡，治沾县。建兴四年，石勒围乐平太守韩据于沾城，刘琨救之，为勒所败，乐平陷，并州亦降于勒。后魏真君九年，郡废，县属太原郡。孝昌二年，复置郡，仍治沾城。隋初郡废，县并入乐平。

　　昔阳城，县东五十里。《左传》昭十二年：晋荀吴入昔阳，灭肥。杜预曰：乐平沾县东有昔阳城，此肥子所都之昔阳也。俗误为夕阳城。七国时，赵置戍于此。又县东有东山废县，隋开皇初置，大业初废。《志》云：县南三十里又有仓角城，一名阳豪城。建置未详。

　　少山，县西南二十里，清漳水所出。《淮南子》：清漳出揭戾山。高诱曰：山在沾县，俗谓之漳山。《水经》：清漳水，出少山大龟谷。郦道元曰：其山亦曰鹿谷山，水出大要谷，南流经沾县故城东。《山海经》：少山亦名河逢山。《福地记》：山在乐平沾县，高八百丈，可避兵，恒山之佐命也，亦曰沾岭。

　　皋落山，县东七十里。《左传》闵二年：晋侯使太子申生伐东山皋落氏。杜氏曰：皋落，赤狄别种也。盖邑于此山下，亦谓之皋落墟。又山亦名灵山，下有皋落水，南流入于鸣水。〇石梯山，在县东南六十里，石磴陡绝如梯。又十里为恒山，山势横亘，西入寿阳县界。又白岩山，在县东南八十里，下有杨赵水，北流合沾水，其麓据马岭隘口，接北直邢台县界，五代末为河东守险之地。

松子岭，在县南四十里，接和顺县界。小松水出其北，又有松溪水出焉，西流经平定州界，又北入北直井陉县界，注于冶河。○黄沙岭，在县东南二十里。又县西四十里有陡泉岭，洞涡水出焉，流入平定州界。

清漳水，在县西，源出沾岭，北流十八里，复折而西南流，名为溯流水。又南入辽州和顺界，梁榆水流入焉。详见北直大川漳水。

沾水，在县西南，源亦出沾岭，东流合鸣水及小松水，过昔阳城，东北流，入泽发水。○鸣水，在县西陡泉岭，亦名陡泉水，流经县南三十里，与石马水合流，东北入于沾水。《志》云：县西南三十里有石马谷，石马水所出也。○小松水，在县南。发源松子岭，东北流，入于沾水。

洞涡水，在县西，源出陡泉岭，西北流入平定州界。《水经注》：洞涡水西流，与南溪水合。水出南山，西北注洞涡水。

静阳镇。在县东南九十里。宋乾德四年，北汉侵安国军，节度使罗彦瓌等追败之于静阳。安国军，即今北直顺德府。○百井砦，在县东北七十里，亦谓之东百井镇，以阳曲县有百井也，今设柏井马驿于此。《舆程记》：柏井驿东去故关四十里。

○忻州，府北百六十里。东北至代州百七十里，东南至平定州二百七十里，西至岢岚州三百四十里。

春秋属晋。战国属赵。秦为太原郡地，汉因之。后汉末，为新兴郡地，晋因之。北魏兼置肆州，永安中，又改郡为来安郡。后周徙州于雁门郡。隋开皇初，复改置新兴郡，旋废。十八年，置忻州用，因忻口为名。大业三年，州废，属楼烦郡。义宁初，复置新兴郡。唐武德初，又改为忻州。天宝初，曰新兴郡。乾元初，复故。宋仍为忻州。金因之。元初改为九原府，旋复故。明初仍曰忻州，以州治秀容县省入。编户六十三里。领县一。

州翼蔽晋阳,控带云、朔,左卫勾注之塞,南扼石岭之关,屹为襟要。

○**秀容废县**,今州治。本汉阳曲县地。后汉末,置九原县,属新兴郡。晋为新兴郡治。后魏天赐二年,分并州北境为九原镇。真君七年,置肆州,以九原县并入定襄县,而改置平寇县,后高齐复置。隋开皇十年,废平寇县,移秀容县治焉。十八年,为忻州治。大业初,属楼烦郡。自唐以后,皆为忻州治。明初省,今州城周九里有奇。

秀容故城,在州西北百里,后魏时所谓南秀容也。又有北秀容,在汉定襄郡界,去南秀容三百馀里。晋太元末,慕容垂伐西燕,西燕主永求救于拓跋珪,珪遣兵东渡河,屯秀容以救之,此北秀容也。魏收《地形志》:永兴二年,置秀容郡,属肆州,领秀容等县。又立秀容护军于汾水西北六十里,徙北秀容胡人居之,此南秀容也。又《尔朱荣传》云:秀容川酋长尔朱羽健之先世居尔朱川,因以为氏。魏主珪以羽健从征晋阳、中山有功,以南秀容川原沃衍,欲令居之,且环其所居,割地三百里,以为封邑。羽健曰:北秀容既在划内,差近京师,岂以沃瘠更迁远地。珪许之。是尔朱氏本居北秀容,其地近平城也。又云:羽健之孙代勤官肆州刺史,子新兴嗣。新兴卒,子荣嗣。世为秀容酋长。是代勤以后,又居南秀容矣。长广王初,河西贼帅纥豆陵步蕃败尔朱兆于秀容,南逼晋阳。兆惧,引兵南出,步蕃游兵至乐平。既而高欢与兆合击步蕃,大破之于秀容之石鼓山。孝武帝修大昌初,高欢自邺讨尔朱兆于晋阳,兆大掠晋阳,北走秀容,分守险隘,出入寇掠,欢定谋袭之。遣其将窦泰自晋阳趋秀容,一日一夜行三百里,自以大军继之,遂入其城,兆走死。皆南秀容也。《志》云:后魏末,恒州寄治肆州秀容郡城,盖南秀容多故以后,而北秀容之名益晦矣。今州治之秀容,则出自隋以后,不可不辨也。《寰宇记》:州西北五十里有秀容城,即后魏肆州治。

九原城，在州西。汉置京陵县，属太原郡。师古曰：即古九京也。《记》曰：赵武从先大夫于九京。后汉末，改置九原县。《十三州志》：九原山，其仞有九，故曰九原。汉末大乱，匈奴侵边，自定襄以西尽云中、雁门之间遂空。建安中，曹公集荒郡之户以为县，聚之九原界，立新兴郡，领九原等县。《三国志》：建安二十年，集塞下荒地，置新兴郡。魏黄初二年，迁于陉岭之南。是也。后魏置肆州，治九原城。即此。《寰宇记》：州南三十里有新兴城，魏曹公所筑，亦名建安城。或曰非也，此盖隋开皇初所置新兴郡城。○平寇城，《志》云：在州东十五里，后魏改置平寇县，属永安郡，盖治于此。魏收《志》：真君七年，并三堆、朔方、定襄，入平寇。盖皆初置县也。隋开皇中改废。又州西有铜川废县，隋开皇初置，属新兴郡。郡旋废，县属并州，寻属忻州，大业初，县废。

九原山，在州城西。汉末以此名县。今州城跨冈上，三面俱临平畴。亦曰九龙冈。又独担山，在州东南二十里，产云母石。○程侯山，在州东北三十五里，相传以程婴得名。山甚广饶，旧有采金穴，一名金山。又西北十五里有云中山，下有谷，云中水出焉。或曰：晋置云中县，属新兴郡，盖治于山下。山之北即崞县界。又有大岭山，在云中山之西二十里。

滹沱河，在州北五十里。自崞县流入界，经忻口山下，又东历程侯山北，入定襄县界。○云中水，在州北七十里，一名肆庐川，亦曰忻水，与州南牧马水合，流入滹沱。

牧马水，州南七里。源出州西南五十里白马山，东北流经三交邨，有牛尾庄水流合焉。又东经州南而东北入定襄县界，合三合水，下流注于滹沱，有灌溉之利。《志》云：州西南旧有渭渠，宋郭谘知忻州，开渠以导汾水，兴水利，置屯田，公私利之，今湮。

赤塘关，州西南五十里。相传后魏时有刘赤塘者隐此而名。《唐志》：忻州白马山下有赤塘谷，关因以名。○牛尾庄寨，在州西南九十里。

《志》云：寨在白马山西，马路通静乐县。洪武七年，置巡司于此。又州西北五十里有寨西隘口，《志》云：即故云内镇，一名云内堡。又西北二十里有沙沟寨，洪武中，置寨西、沙沟二巡司戍守。

忻口砦。在州北五十里忻口山上。《土地记》：汉高出平城之围，还师至此，六军忻然，因名。旧有忻口城，相传即汉高所筑。隋大业十一年北巡，突厥围帝于雁门，援军至忻口，突厥解围去。五代周显德元年，攻北汉，符彦卿入忻州，契丹兵在忻、代间，为北汉声援者，退保忻口。《九域志》：秀容县有忻口砦，今半为民居，其半筑堡，为戍守之所。○猫儿砦，在州北忻水东，亦曰猫寨，元时戍守处也。明正统末，北寇深入，官军拒守于寨口，寇不能陷。

○定襄县，州东五十里。东北至代州五台县六十里。汉阳曲县地，晋置晋昌县，属新兴郡。后魏太平真君七年，省入定襄县。隋为秀容县地。唐武德四年，分秀容县地置定襄县，属忻州。宋熙宁五年省。元祐初复置。今编户二十里。

定襄城，在县西南。刘昫曰：汉阳曲县故城也。后汉末，移阳曲于太原界，于故城置定襄县，属新兴郡，以处塞下遗民。晋因之。惠帝时又置晋昌县。后魏真君七年，省晋昌入定襄。永安中，为来安郡治。高齐郡、县俱废，唐改置定襄县于今治。

肆庐城，在县西北。后魏置县，以西近肆庐水而名。后齐省。又有三会城，在县西南，亦后魏所置。魏收《志》：肆庐县治新会城。太平真君七年，并三会入焉。魏主嗣泰常八年，如三会观屋侯泉。即此。

圣阜山，县东北二十里。又东北去五台县三十八里为接境处。其山挺然孤峙，上有温泉，圣阜水出焉。又丛蒙山，在县南二十五里，山甚高峻。山下有泉三穴，流合为一，曰三会水。○七岩山，在县东南十五里，其岩有七，故名。又东南十里为居士山，山有居士台，台上有浮图七级。

滹沱河，在县北。自忻州流入，又东入五台县界。《志》云：县西北二十里有滹水渠，东北有通利渠，引滹沱水经县东北十五里神山下，又东南接牧马河，灌溉民田。

三会水，在县南，出丛蒙山，东北流合圣阜水，又牧马水自忻州流合焉，同注于滹沱河。《水经注》：三会水出九原县西，东流经定襄，入滹沱水。是也。

胡峪寨。在县东北。向有巡司戍此，今革。《宋志》：代州有胡谷砦。

○代州，府东北三百五十里。东至蔚州三百六十里，东南至北直真定府四百五十里，西南至忻州百七十里，北至大同二百六十五里。

春秋时晋地。战国时赵地。秦为太原、雁门二郡之境。两汉、魏、晋因之。后魏亦为雁门等郡地。后周移肆州治此。隋改为代州。大业初，曰雁门郡。唐复曰代州。天宝初，亦曰雁门郡。乾元初，复故。中和二年，置雁门节度治此。五代末，属于北汉。后周显德初，侵北汉得其地，置静塞军，旋复失之，刘继元尝改置建雄军于此。宋仍曰代州，亦曰雁门郡。金因之，亦曰震武军。元仍曰代州以州治雁门县省入。前朝洪武二年，州废为县。八年，复曰代州。编户四十一里，领县三。

州外壮大同之藩卫，内固太原之锁钥。根柢三关，咽喉全晋。向以山川扼塞，去边颇远，称为腹里。自东胜弃而平、雁剥肤、河套失而偏、老震邻矣。嘉靖中，晋事日棘，太原建为重镇，州尤为唇齿要地。秋防抚臣移驻焉。三关内边，东起平刑关石窑砦，西抵桦林堡老牛湾，延袤千馀里，分为三路：宁武关为中路，雁门关为东路, 偏头关为西路。东路则雁门关、平刑关之寇家梁、广武站, 宁武关之阳方口, 皆为冲要。然寇从平虏卫而下, 犹有大同为外蔽。惟西路偏头关突出虏地, 虽有老营堡、水泉营, 相为犄角, 而形势单外, 西接套虏, 仅隔一水, 冬春之间, 冰坚可渡也。盖东胜去偏关仅三百里, 无东胜则敌之来路益多, 偏头危迫, 而自州以南, 且不得安枕矣。然则代州与云、朔, 利害相等, 东胜不守, 河套不复, 未可谓云、朔之患切, 而代州之患缓矣。

雁门废县, 今州治。汉广武县地, 属太原郡地, 东汉改属雁门郡。三国魏黄初二年, 徙雁门郡南度勾注, 治广武县。隋开皇十八年, 以太子广讳, 改曰雁门。唐、宋因之。元废。宋白曰: 后汉雁门郡理阴馆, 今勾注山北下馆城是。魏文帝丕移雁门郡南度勾注, 治广武县, 今州西广武故城是。后魏明帝诏, 又移置广武东古上馆城内, 今州城是也。《城邑考》: 州城洪武六年修筑, 旧有西关, 景泰、成化中, 添筑东北二关城, 今城周八里有奇。

阴馆城, 在州北四十里。汉置县, 属雁门郡。《班志》注: 县本楼烦乡, 景帝后三年置县, 后汉为雁门郡治, 建安中废。三国魏青龙初, 并州刺史毕轨以鲜卑轲比能军陉北, 诱集塞下鲜卑, 因进军屯阴馆, 败绩。宋白曰: 今州城为上馆城, 而阴馆为下馆城,《魏志·牵招传》: 招为雁门太守, 通河西鲜卑附头十馀万家, 缮治陉北故上馆城, 置屯戍以镇内外。或疑上馆亦在陉北, 盖《招传》讹以下馆为上馆也。东魏武定三年, 高欢娶于柔然, 亲迎于下馆。魏收云: 下馆即故阴馆城。

广武城, 州西十五里。《图经》云: 在勾注陉南口之南, 秦县, 属雁门郡。汉七年, 韩王信与匈奴谋攻汉, 匈奴使左右贤王将万馀骑, 与王黄屯广武以南至晋阳。又高祖械娄敬于广武。即此也。后汉属太原郡, 为北部都尉治。魏、晋皆为雁门郡治。后魏徙县于上馆城，仍曰广武县，为雁门郡治，而废城亦曰古雁门城。唐武德八年，突厥寇广武，盖即雁门县也。〇原平城，在州西，汉县，属太原郡。后汉属雁门郡，晋及后魏因之。魏收《志》：原平有阴馆、楼烦等故城。是也。高齐废。

善无城，在州西北七十里。汉县，雁门郡治此，后汉为定襄郡治。宋白曰：秦始皇十三年，移楼烦于善无县，县盖秦所置，后汉建安中废。晋太元十一年，伐刘头眷，击破贺兰部于善无。即此。东魏天平二年，复置善无郡，治善无县，属恒州，后周废。又平城废县，在州西南，杜佑曰：后汉末所侨置也。晋仍属雁门郡，后魏复还治陉北云。

神武军城，在州北。《唐志》：代州有守捉兵，其北有大同军，本名大武军。调露二年，曰神武军。天授二年，曰平狄军。大足元年，复曰神武军。其西又有天安军，天宝十二载置，亦曰天宁军。景福元年，李克用北巡，至天宁军，闻卢龙帅李匡威、振武帅赫连铎寇云州，乃遣将发兵于晋阳，而潜入新城是也。新城，见大同府。《志》云：州城中有通阜监，金大定中铸钱监也，今太仆寺置于此。

勾注山，州西北二十五里。一名勾注陉，亦曰西陉。有太和岭，当出入之冲，今置太和岭巡司于此。《志》云：州西北三十五里曰牛斗山，亦名牛头山，亦名累头山，山有七峰如斗形，又名北斗山。下有白龙池。其东即勾注陉也。夫勾注为南北巨防，州境诸山得名者，皆勾注之支山矣。今详见名山勾注。

雁门山，州北三十五里。与勾注冈陇相接，故勾注亦兼雁门之称，一名雁门塞。稍东有过雁峰，巍然特高，其北与应州龙首山相望。又夏屋山，在州东北三十里，《汉志》注谓之贾屋山，贾与夏同音也。赵襄子北登夏屋，诱代王杀之，遂兴兵平代地，《尔雅》谓之下壶山。《括地志》：夏屋山一名贾母山，在雁门县东北，与勾注山相接，山侧有西峨谷。又覆宿山，亦在州东北三十五里，形圆如星，州之主山也。俗名馒头山。

凤凰山，州南三十里。相传隋仁寿二年，凤见于此。一名嘉瑞山，有峰岩洞壑之胜。○黄嵬山，在州北。宋熙宁八年，辽人使萧索来议疆事，诏刘忱等会议于代州境上之大黄平，不决。沈括言：疆地本以古长城分界，今所争乃黄嵬山，相远三十馀里，不可许。辽人复舍黄嵬而以天池请，既而从王安石议，如辽人所欲得者，一以分水岭为界。凡山皆有分水岭，辽人意在妄取也，于是东西失地七百里，遂为异日兴兵之端。天池，见静乐县。

豻山，在州西北故善无县境。晋元兴元年，柔然侵魏，自参合陂至豻山及善无北泽是也。明年，魏主珪筑豻山宫于此，自是数如此山宫，如别宫焉。○猎岭，在夏屋山东北。晋太元二十一年，慕容垂自将伐魏，至猎岭，遣前锋袭平城，破之。《志》云：山本名腊岭，后魏都平城，尝猎于此，因名。

滹沱河，在州南。自繁峙县西流入州界，又西南入崞县境。《三国魏志》：建安十年，凿渠自滹沱河入汾，名平虏渠。又宋雍熙二年，张齐贤知代州，契丹来寇，齐贤拒却之。契丹循胡庐南河而西，齐贤夜发兵，距城西三十里，列帜燃刍，寇骇而北走。胡庐南河，即滹沱河之讹也。

雁门渠，在州东南。《三国志》：魏牵招为雁门太守，郡治广武，井水咸苦，民皆远汲，招准望地势，因山陵之宜，凿原开渠，注水城南，民赖其益。今雁门山下有水，东南流经州城外东关厢，名东关水。又南入于滹沱，或谓之常溪水。

谷口河，在州东南五十里。自五台县杨林岭发源，流经谷口邮，故名。民多引流灌溉。《志》云：城西有三里、七里河，皆以去城远近之次为名。又州西十里有羊头神河，自州西北黄龙等池发源，分东西二河，与三里河、七里河,俱注于滹沱。又九龙河,在州西北三十五里。亦流入滹沱。

龙跃泉,在州西北二十五里。《水经注》谓之云龙泉,出雁门西平地,其大三轮,泉源腾沸,因名。相传与静乐县之天池潜通。又趵突泉,在州北四十里,亦自平地涌出,厥势涌跃,其流俱达于滹沱。

雁门关,州北十五里。旧名勾注,亦曰西陉,在今关西数里,元废,后遂移置于此。两山夹峙,形势雄胜。盖即勾注故道,改从直路南出耳。关外有大石墙三道,小石墙二十五道,道北即广武站也。其隘口凡十八,东起水峪,以迄于平刑。西自太和岭,以迄于芦板口,皆有堡。正德十一年,督臣李铖复增筑土堡十一座于北口,在关东者七,关西者四。又于通贼要路,咸斩崖挑堑,间以石墙,防卫始密。《边防考》:雁门关城,洪武七年筑,周二里有奇。嘉靖中增修,万历二十五年复修筑,自古称雁门形胜,甲于天下。然广武当四达之冲,寇从大同左右卫而入,东越广武,则北楼、平刑之患亟。西越白草沟,则夹柳树、雕窠梁之备切。嘉靖时,寇尝两次入犯,皆由白草沟、寇家梁而出。近建宁边楼于关外,威远楼于山巅,益以戍兵,尽杜其山梁窥伺之隙,雁门庶可无旁越之虞矣。馀附详见名山勾注。○东陉关,在南三十里,所谓雁门有东陉、西陉之险也。元时,与西陉俱废。

广武营,在雁门关北二十里。亦曰广武城,亦曰广武站。洪武七年创置,万历三年修筑,周三里有奇。其西十里为白草沟堡,又西二十里为八岔口堡,一名水芹堡。其东二十里为水峪堡,又东五十里为胡峪堡,东接繁峙县之马兰堡。《边防志》:广武当南北之冲,北去马邑县仅三十里,水峪堡与应州山阴县接界,相去不过四十里,内边东起繁峙县北楼堡界东津谷,西迄宁武界神树梁,凡百馀里,中间白草沟、樊家坡、吉家坡、灰窑沟、寺儿滩等处,为极冲。其大小盐沟、马莲坪,山势颇峻,为次险。又城西之麻巾裂、寇家梁,城东之灰窑沟,又东之天圪垯,皆嘉靖间贼尝内犯之径也。

乐安镇。在州北。唐大顺初,云州防御赫连铎,与幽州帅李匡威侵河东,引蕃、汉兵攻雁门北鄙遮虏军,李克用遣李存信等击之,营于浑河川之田邯,战于乐安镇,幽州兵皆溃还。

○五台县,州南百四十里。东南至盂县百二十里。汉虑虒县,属太原郡。虑虒,读曰庐夷。后汉因之。晋废,后魏复置,讹为驴夷县,属永安郡。高齐改属雁门郡。隋大业初,改曰五台,因山以名也。唐属代州。宋因之。金贞祐四年,升为台州。元因之。明洪武二年,复为五台县,属太原府。八年,改属代州。今城周三里,编户十五里。

虑虒城,在县治东北。汉县治此。西晋末,南单于铁佛刘武居于新兴、虑虒之北,谓此也。又张公城,在县北五里,相传石勒将张平所筑。又有仓城,在县西南三十里之白邯,周百三十步,盖魏、晋时储积处。魏收《志》驴夷有仓城是也。近《志》作苍城。

五台山,县东北百四十里,北接蔚州界。回环五百馀里,有五峰并耸。唐大历初,造金阁寺于五台是也。今详见名山五台。

滹沱河,在县西南三十五里,自定襄县流入界,又东南流入盂县界。《志》云:县西三十里,有泉岩河,平地发源,流入滹沱。

虑虒水,在县东南十里。《志》云:源出县西北十五里王邯,环县东南,一名县河,与县东北虒阳河合入清水河,注于滹沱,汉以此水名县。明天顺中,知府李华导民引虑虒为水渠以溉田,曰丰乐渠。○虒阳河,在县东北四十里,平地涌出,西南合虑虒水。又清水河,出县东北百六十里华岩岭,西南流,虑虒水及虒阳河俱流合焉,注于滹沱。

饭仙山口。县东北百二十里,有巡司戍守。其西南二十里为狐野口,西北二十里为赵滕口。又大峪口,在县东北五十里,路通北直阜平县,西通崞县，有大峪巡司。县东南七十里又有高洪口，南接石佛口，北连大峪口，路出阜平县关口山，有高洪口巡司戍守。《志》云：石佛谷口，在县东南五十里。

○**繁峙县**，州东北七十里。西北至大同府应州百七十里。汉繁畤县，属雁门郡，后汉及晋因之。后魏拓跋珪筑宫于此，曰繁畤宫。东魏天平二年，置繁畤县并置繁畤郡，后周郡、县俱废。隋开皇十八年，复置繁畤县，属代州。唐、宋因之。金贞祐三年，升为坚州。元因之。明洪武二年，复为繁峙县，讹畤为峙也，属太原府。八年，改今属，编户一十九里。

武州城，即今县治。汉置繁畤县，建武九年，杜茂击卢芳将贾览于繁畤，败绩。晋咸康三年，代王什翼犍僭位于繁畤北，后因置宫于此。东魏武定初，置武州，领吐京郡、齐郡、新安郡，并寄治繁畤城内。后齐改为北灵州，寻废。胡氏曰：汉初繁畤县置于武州城，此亦后汉末所迁也。金人《图经》：城三面枕涧，东接峻坂，极为险固，故曰坚州。

卤城，县东百里。汉卤城县，属代郡。后汉改属雁门郡，建安中废。其地多卤，因名。故城周三里有奇。又东五里有齐城，或以为东魏之齐郡城也。○葰人城，在县北，汉县，属太原郡。葰，音琐，又山寡切。高帝七年，周勃从上击反韩王信于代，降下霍人，前击胡骑，破之于武泉北。后汉省。晋复置，属雁门郡，后省。《正义》曰：霍人即葰人也。武泉，见大同府下。

泰戏山，县东北百二十里。《山海经》：大戏之山，滹沱水出焉。或讹为泰戏山。郭璞谓之武夫山，又讹为氐夫山，或谓之戍夫山。有三峰耸立于平川之内，俗又谓之孤山。《说文》：泒水出雁门葰人戍夫山，东北入海，盖以滹沱为即泒水也。泒读狐。《一统志》：泰戏山俗名小孤山。又有大狐山，在县西北五十里，近法池口。《通志》：泰戏为大孤山，其东又有小孤山, 恐误。

茹越山, 县北百里, 有谷路通大同应州。山下旧有茹越镇, 亦曰茹越口, 为戍守处。县东北百里又有平地岭, 亦北出大同之道也。○宝山, 在县东南九十里, 有南冶谷, 路通北直唐县、定州之境。《志》云: 县东南八十里有白憨山, 山势耸拔崎岖, 陟者难辨方向, 因名。又有华岩山, 在县东九十里。

滹沱河, 在县城北。《志》云: 出泰戏山, 有三泉并导, 西南流三里, 而玉斗泉流合焉。亦名青龙泉。又西流数里, 复有三泉流注之。又西流至砂涧东, 合北楼口水, 又西流合华岩岭水, 至城北, 又西入代州界。下流至北直静海县入海, 盖河东、河北之大川矣。

郎岭关, 县东百里。旧名狼岭, 路通应州, 属振武卫戍守。《通志》: 崞县石佛峪西北有郎岭关, 洪武七年, 千户王原所筑。

平刑岭关, 县东百四十里, 路通灵丘县, 本名瓶形寨。宋沈括曰: 飞狐路有道从倒马关出, 却自石门子冷水铺入瓶形、枚回两寨间, 可至代州。是也。《金志》: 县有瓶形、梅回等镇, 梅与枚通, 盖与瓶形相近矣。今关有岭口堡, 西去雁门关二百三十里, 东至灵丘不过九十里。北出大寨口, 至浑源州, 亦九十里。南至北直阜平县二百里。嘉靖二十年, 寇由此越塞而出, 因增设官军戍守。《边防考》: 堡城正德六年筑, 嘉靖二十四年、万历九年增修, 周二里有奇。自此而西二十里曰团城子堡。又西北二十里, 曰大安岭堡。又西北二十里, 曰车道口堡。大安堡南六十里, 曰沙涧驿。又西南至县, 凡四十里。本关为东路之门户, 东控紫荆, 西辖雁门, 与团城子等堡分管内边百二十四里, 关北平安窊及大安岭一带俱寇冲。嘉靖间, 寇每由此入犯, 繁峙、代州, 保御为切。

北楼口堡, 在县东北百二十里。堡城正德九年筑, 嘉靖二十三年、万历五年增修, 周四里有奇, 备兵使者驻焉。所辖边二百五十三里, 东起平刑界石窑庵，西抵广武界东津口，皆近腹里。山南一带，层峦茂林，为内地障蔽。堡城地势宽平，土田饶沃。然东有正峪口，西有白道陂，俱为冲要。堡东三十里曰凌云口堡，东南接大安岭，凡百里。其西三十里曰大石口堡，北去应州止三十里，宋杨业自云、应引还，欲出大石路。入石碣谷，以避契丹兵锋处也。其北又有石跌路，乃西趋雁门之道，或曰即崞县之石峡口也。

小石口堡。在大石口西五里。堡城正德九年筑，万历二十八年增修，后又增筑北关，今城周二里有奇。西二十里为茹越堡。又西二十里为马兰峪堡，堡北至山阴县三十里。其西十五里，即代州之胡峪堡也。《边防考》：小石口辖凌云、大石、茹越、马兰等四堡，分管边一百有六里。堡东麻森岭、上胡同、白道陂、牛巢峪等处，山谷平漫，嘉靖中，寇入犯堡南黄草坪及龙王堂、板铺岭，俱由此逸出，盖冲要地也。

〇**崞县**，州西南六十里。西南至忻州百四十里。汉崞县地，属雁门郡。后汉末废。晋复置，仍属雁门郡。后魏永兴二年，析置石城县，属秀容郡。东魏置廓州。北齐改为北显州。后周州废。隋开皇十年，改石城曰平寇，属代州。大业初，复曰崞县。唐、宋因之。元曰崞州。明洪武二年，改州为县，属太原府。八年，改今属，城周四里有奇，编户三十八里。

崞县故城，在县西三十五里。汉县治此，晋因之。后魏改为崞山县。东魏天平二年，县属繁畤郡。后齐省入石城县。《隋志》：东魏于石城县置廓州，领广安、永定、建安三郡，俱寄治崞山城内。后齐废郡，改置北显州。后周建德六年，平齐，齐定州刺史高绍义复据北显州，周兵击之，拔显州，进逼马邑，即北显州也。隋因旧名，改石城为崞县。大业十一年，北巡，突厥来袭，帝驰入雁门，齐王暕以后军保崞县，即今县治。唐乾符五年，沙陀李国昌等焚唐林、崞县，入忻州。元致和元年，燕帖木儿作乱于大都，上都诸王忽剌台等引兵入崞州，时县升为州也。

云中城，县西南七十里。后魏末，侨置云中郡，领延民、云阳二县，盖魏主修永熙二年所置。《隋志》：云中城，东魏时侨置恒州，寻废。后为芦板寨城。今为芦板寨口堡，设兵戍守。南至忻口二十里。○唐林城，在县南四十里，唐武氏证圣元年，分五台、崞县，置武延县。景云初，改为唐林县。五代梁改曰白鹿县。石晋曰广武县。宋省入崞县。又楼烦城，《志》云：在县东十五里，石赵时置。魏收《志》：雁门郡原平县有楼烦城，章怀太子贤曰：故城在崞县东北，元魏主濬如楼烦宫，宫盖置于此。杜佑亦曰：崞县，东有楼烦故城。

崞山，县西南四十里。汉以此山名县。《后魏纪》：太武保母窦氏葬崞山，别立寝庙，故累代皆致祀。文成帝濬太安三年，畋崞山，遂如繁畤。献文帝弘皇兴二年，亦畋崞山，如繁畤。孝文帝宏太和初，自白登如崞山。明年，复如崞山。自是三年至六年，皆亲往焉。十五年，始为定制，惟遣有司行事。《水经注》：崞川水出崞山县故城南，西流出山，谓之崞口，故崞县亦有崞口之名。○大涯山，在县东南四十里。山形森秀，如芙蕖然，一名莲花峰。又有五峰山，在县东二十五里，以五峰并峙而名。又有黄嵬山，在县西南七十五里。

石鼓山，县东南七十里。《志》云：县东南有福寿山，山之左即石鼓山。魏收云：秀容县有石鼓山。是也。后魏长广王初，河西贼帅纥豆陵步蕃败尔朱兆于秀容，南逼晋阳，高欢与尔朱兆合击，大破之于石鼓山。是也。

扬武谷，县西三十里。扬一作羊，或作阳。自昔戍守要地也。唐大历十三年，回纥入寇，代州都督张光晟破之于羊武谷。五代唐清泰三年，石敬瑭据河东，求援于契丹，契丹将兵自扬武谷而南。石晋开运三年，契丹寇河东，刘知远败之于阳武谷。盖雁门西偏之要隘也。《九域志》：崞县有羊武寨。刘昫曰：代州扬武寨，其北有长城岭，今为扬武峪口堡，南至扬武村三十里，西至芦板寨四十里，设兵戍守。堡西又有扬武上、下关。〇石佛谷，《志》云：在县西北三十里，北接朔州界。元末用石垒寨，明初因之，南通庙岭，即夹柳树堡也。其西北有郎岭关。

滹沱河，在县东南。自代州流入境，又西南入忻州界。又县南有扬武河，源出县西五十里太子岩，东流入于滹沱。〇七里河，在县北，南流入于滹沱河。又有龙泉，在县西北，有二源，北曰上龙泉，南曰下龙泉，流分三派，合流而入于滹沱。

宁武关，县西北百十里。北接朔州，南通静乐县界，旧为宁文堡，在今关城西一里。景泰元年，创筑今关，东至代州百七十里，西去岚县百六十里，成化中增修。正德八年，虏由大同入犯宁朔、倒马诸关，议者欲调大同兵守宁武，枢臣以为宁武三关，所以蔽山西，而大同所以蔽宁武，若专守宁武，是自撤藩篱，非计也。然自是以后，防维益重。隆庆四年，又加修筑。关城周七里馀，帅臣建牙于此，据险扼吭，屹为保障。关东北二十里曰杨方堡，堡城创筑于嘉靖十八年，万历四年增修，周二里有奇。近堡有西沟口、苦参宠，为极冲。自堡北至朔州，不过四十里，不惟宁武要冲，亦为三关翰蔽。大同有事，以重兵驻此，东可以卫雁门，西可以援偏、老，北可以应云、朔，盖地利得也。《边防考》：宁武关分辖扬方、朔宁、大水口三堡，分管边四十馀里。其朔宁堡在关东三十里。大水口堡在关西北三十里，亦曰狗儿涧。北有马安山、灰泉梁。嘉靖间，寇由此入犯岢岚州一带，亦防御之要地也。

盘道梁堡，在宁武关东百里，有新旧二城，旧城创筑于嘉靖三十二年。万历十三年增修。二十三年，以旧城地势低洼，又改筑新城于边内，周一里有奇。虽高踞山巅，而汲水外沟，且砂土脉松，墙垣易圮。堡西十里曰夹柳树堡，中间有骆驼梁，为贼冲。又西十五里为雕窠梁堡，中间有火烧沟，为贼冲。火烧沟之东，又有卧羊坡，地平坡漫，寇易驰突，因设燕儿水堡于其地。自雕窠梁而西二十里，曰玄冈堡，堡西去宁武关五十里，中间有金家嘴，为贼冲。又自盘道梁而东十里，曰小莲花堡，亦曰吊桥岭，东接代州之八垒堡，凡十五里。《边防考》：自盘道梁以下凡五堡，分管内边四十八里。

神池堡，在宁武关北三十里。嘉靖十八年筑，万历四年增修，周五里有奇。堡东通朔州井坪所，西南通岢岚之三岔、五寨等堡，商贩咸集于此。其东曰圪垯堡，近堡有靳家窊等冲。嘉靖间，寇由此入犯堡南温岭、青羊渠诸处。其北曰石湖岭堡，又东北为西沟口堡。近堡有涧平、西沟二水门，阔皆丈馀，中竖石栅，以防零寇。自神池堡以下，共四堡，分管内边四十里。

八角堡，宁武关西北七十里，西北至偏头关九十里。弘治二年筑，万历十五年增修，周四里有奇。堡北二十里有野猪沟堡，为最冲。东有乾柴沟堡，又有长林堡，在八角堡东北六十里。嘉靖四十五年筑，东面靠边，三面长七十八丈。初属岢岚，后改属宁武，东去朔州界五里，北至老营堡三十五里，近堡有暗门、大庄窝、石湖水口三处，为最冲。盖堡当南北孔道，旁多蹊径，若寇从大同之乃河堡，与西路老营之贾家堡，犯五寨、三岔诸处，长林其必由之道也。《边防考》：八角所与所辖三堡，分管边四十里，东西与大同老营接壤，据山负险，寇不易犯。惟野猪岭之两山，长林堡之左右平漫，易于驰突，不可不备。

利民堡，在宁武关北八十五里。弘治二年筑，嘉靖二十七年、万历四年增修，周三里有奇。东去朔州六十里，北至老营堡九十里，备兵使者驻焉。所辖边二百九里，东起广武界八岔堡西之神树梁，西尽老营堡东之地椒峁，为中路之要害。而堡东曰得胜堡，西曰勒马沟堡，北曰蒋家峪堡。得胜口有牛筋肢湾、小道坞、荍麦川，俱为寇冲，盖寇从大同、威远、平房而下，即荞麦川也。又勒马沟，有赤谷邨等冲。嘉靖间，寇每由此入犯兴、岚一带，盖堡境平衍，无险可恃也。《边防考》：利民堡与所辖得胜三堡，分管边四十里。

黄花岭堡，在宁武关北二十里。又北十五里即神池堡也。又土棚堡，在宁武关北六十里，又西十里即义井堡，俱嘉靖中置。旧《志》：宁武东路有大河堡。又东北则杨方堡也。宁武而西，则宁文堡，又西则三马营堡，又西南则西镇堡，相为犄角。

石峡寨，在县东北。今为石峡口堡，与杨方堡相近，即雕窠梁堡也。嘉靖十三年，督臣任洛自雕窠梁至达达墩，筑边八里有奇。议者谓杨方堡以西，大川通谷，平漫无险，为云、朔、忻、代、岚、石之径道，寇每由此入犯。十八年，督臣陈讲乃弃旧边，寻王野梁废迹修筑，东起杨方，经温岭、大小水口、神池、荍麦川，至八角堡，为长城百八十里，中间堑山堙谷，环以壕堑，险始可恃。二十三年，督臣曾铣复增筑高厚云。

土墱寨。在县西北。东魏武定元年，高欢筑长城于肆州北山，西自马陵，东至土墱。宋雍熙三年，契丹寇代州，张齐贤却之，虏北走。齐贤先伏步卒二千于土墱寨掩击之，契丹大败。《九域志》：崞县有土墱寨。墱登，《北史》作磴，土邓反。

附见：

振武卫，在代州治东南。洪武二十三年建。

雁门守御千户所，在雁门关。洪武七年建所于此，属振武卫。

宁武守御千户所，在宁武关。弘治十一年建，详见前。

八角守御千户所。在八角堡。嘉靖二年建。见前。

〇岢岚州，府西二百八十里。南至永宁州二百五十里，西北至保德州二百里，东北至大同府朔州二百四十里。

春秋时晋地，后为楼烦胡所据。赵灭楼烦，因为赵地。秦属太原郡。汉因之。后汉末，为新兴郡地。魏、晋因之。后魏末为岚州地。宋白曰：州治在今静乐县。隋属楼烦郡。唐属岚州。宋太平兴国五年，置苛岚军。金大定二十二年，升为州。元初为管州地，后为岚州地。明洪武七年，复置岢岚县，属太原府。九年升为州。编户十一里，领县二。今仍曰岢岚州。

州控大河之阻，居四山之中，捍御边陲，形势雄固。

岚谷废县，今州治。汉汾阳县地也。后汉以后，其地大抵荒废。后魏末，为岚州地。隋为静乐县地，又置苛岚镇于此。唐为岢岚军。刘昫曰：唐初宜芳县地也，有苛岚军。长安三年，分置岚谷县。神龙二年省。景龙中，张仁亶徙其军于朔方，留者号苛岚守捉，隶大同军。开元十二年，复置岚谷县，隶岚州。《新唐书》：高宗永淳二年，以苛岚镇为栅，长安三年，改为军。是也。五代唐复置苛岚军，周广顺二年，府州防御使折德扆拔北汉苛岚军，以兵戌之。宋仍置军于此。金为州治。元州、县俱废。明初复置岢岚县，寻升为州。今州城周六里有奇。

遮虏城，在州东南。唐遮虏军也，亦曰遮虏平。乾符五年，以振武帅李国昌为大同帅。国昌不受命，与子克用合兵陷遮虏军，寻攻苛岚军，陷其罗城，败官军于洪谷。《志》云：洪谷东北有遮虏平，时置军于此。○孤苏戍城，在州东北十里，相传北齐所筑，遗址犹存。

岢岚山，州北百里。高二千余丈，长百余里，与雪山相接。《一统志》云：蔚汾水出苛岚山，似误。又雪山，在州东北七十里，高三十里，长三十里，有东西二山，即岚、朔之分界。《一统志》：雪山在州东北四十里。○长城山，在州东三十里。山下有白龙泉，流合岚漪河。《志》云：州西有焚台山，地中出火，因名。山上又有火井。

巨麓岭，州西南五十里，西南至兴县六十里，接境处也。山多松，一名万松岭，或谓之松子岭。宋靖康初，折可求援太原，道出松子岭，为金人所败处。○乏马岭，在州东四十里，山岭高峻，马经此辄疲乏，因名。《志》云：巨麓岭、乏马岭下，皆有水流入岚漪河。

岚漪河，在州城西南，源出州东五十里黄道川北之分水岭，经乏马岭西，与舟道沟水合流。又西南合巨麓岭水，西流经兴县界入大河。○名源水，在州北五十里，亦西南流入于黄河。

洪谷保隘，州南四十里。唐末，李克用败官军于洪谷。即此。胡氏曰：岢岚军南有洪谷，今为洪谷保隘，路出永宁州。又天涧堡隘，在州北五里，路通大同、朔州，两山并峙，深狭如涧，因名。○於坑保隘，在州西北八十里，路通保德州。《志》云：州东北四十里有三井镇，明初置巡司于此，今革。

五寨堡。在州北。东去宁武关神池堡八十里。堡城嘉靖十六年筑，万历八年增修，周五里有奇，镇西卫五所屯牧于此，故名五寨。四野平旷，居民蕃滋，寇往往窥伺。又逼近芦芽山，丛木茂林，寇易啸集，防守不可不密。○三岔堡，在五寨北五十里，堡城嘉靖十八年筑，万历九年增修，堡当四达之冲，偏关商旅，尽出其途，亦要地也。

○岚县，州东南百四十里，东北至静乐县九十里，东南至文水县百七十里。亦汉汾阳县地。隋为静乐县地，隋末置岚城县。唐武德四年，置东会州治焉，又改县为宜芳县。六年改置岚州。天宝初，曰楼烦郡，乾元初复故。宋仍曰岚州。金因之，亦曰镇西军。元至元二年，州、县俱省入管州。五年，复置岚州，以宜芳县省入。明洪武二年，降为县。九年，析置岢岚州，以县属焉。编户十里。

合会城，在县西南。《唐志》：武德四年，分宜芳县置合会、丰润二县，属东会州。明年，省丰润入宜芳。六年，县属岚州。九年，又省合会入宜芳县。○秀容城，《通志》云：在县南三十里。《通典》：宜芳县有古秀容城，即汉汾阳县。或曰：城盖刘渊所筑，渊姿容秀美，因以名其城云。

铜鼓山，县南四十里，山险峻。又大方山，在县西南六十里，山下有白龙池，亦名白龙山。又黄崦山，在县西二十五里。《志》云：县四境绵邈，山谷丛杂，有白龙、铜鼓、鸡缺、势要等山，俱称险阻，盗贼往往潜匿其间。又尖山，亦在县西。《志》云：蔚汾水所出。

羊肠坂，在县东。《水经注》：汾阳故城，积粟所在，谓之羊肠仓，有羊肠坂，石磴萦纡，若羊肠焉。《唐志》：岚州界有羊肠坂。皇甫谧《地里书》：太原北九十里有羊肠坂，崔颐引以对隋炀帝。《通释》云：岚州羊肠坂，盖与交城县羊肠山相近。

大贤河，在县南。《志》云：源出县南四十里柳峪邨，东北流至静乐县之楼烦镇，入于汾水。又蔚汾水，在县西，源出尖山，流经州境，入兴县界，注于大河。〇清水河，在县东，源出县北四十里双松山，流经静乐县之楼烦镇，入汾水。

贰郎关，县北二十五里。有土城，周一里。元大德十一年，置巡司于此。明洪武十八年修筑，仍置巡司。今革。〇天邨寨，在县北三十五里，有城周二里。洪武九年，调镇西卫官兵戍守。今罢。

乏马岭寨。在县北六十里，与岢岚州接界，有城周三里。洪武九年，亦调镇西卫官兵守御，今罢。〇宁武寨，或曰在县西。唐乾元中戍守处，后置军于此，曰宁武军。乾符五年，李国昌陷遮虏军，进击宁武及岢岚军，盖即此。胡氏曰：妫州怀戎县西有宁武军，盖国昌遣兵东西肆略也。

〇**兴县，**州西五十里。北至保德州百五十里，西南至陕西葭州六十六里。汉汾阳县地。后齐置蔚汾县，属神武郡。隋废郡，大业四年，改县曰临泉，属楼烦郡。唐武德四年，又改县曰临津，属东会州，寻属岚州。贞观元年，复改为合河县。宋因之。金末升为兴州，属太原府。元仍旧。明洪武二年，降为县。九年，改今属。今城周一里有奇，编户十二里。

合河城，县西北六十里。唐县治此。宋元丰中，徙治蔚汾水北，即今治也。或曰：今县东南六十里有故临津城，盖唐初县尝治此。○太和废县，在县北，隋末置。唐初属东会州，寻属岚州。九年省。贞观三年，复置太和县。八年，又省入合河县。

石楼山，县东北五十里。一峰孤耸，峭壁端直，百丈有馀，四围不可攀援，惟向北一小径，盘回可达峰顶，俯视群山，若丘垤然。一名通天山。后汉阳嘉中，使匈奴中郎将张耽等击乌桓于通天山，大破之。后魏主濬和平三年，石楼胡贺略孙反长安，镇将陆真讨平之。高齐天保五年，齐主自离石进讨山胡，一军从显州道，一军从晋州道，夹攻，大破之，遂平石楼。石楼绝险，自魏世所不能至，于是远近山胡，莫不慑服。是也。显州，今见汾州府六壁城。

合查山，县东南八十里。峰峦耸异，下有龙池。又采林山，在县西南六十里，峰岩高峻，甲于群山。又县西八十里，有紫金山，泉石颇胜。

黄河，在县西五十里，自保德州流入境，又南入汾州府临县界。

蔚汾水，县南十五里。自岢岚流经此。县治东有通惠泉，自崖阜间分三穴涌出，西南合蔚汾水。又西南流，达于大河。○南川河，在县东南八十里，源出合查山，经县南五十里，合蔚汾水。又有湫水，亦出合查山，西南流入临县界，下流注于大河。

合河关，县西北七十里。宋白曰：蔚汾水西与黄河合，故曰合河。有合河津，唐置关于此。赵珣《聚米图经》：关在府州东南二百里。唐开元九年，并州长史张说出合河关，掩击叛胡于银城、连谷，大破之。宋庆历元年，赵元昊陷丰州，遣兵分屯要害，以绝麟州饷道。议者请弃河外，保合河津，即此也。银城、连谷，见陕西神木县，馀见榆林卫。○蔚汾关，在县东,《唐志》合河县东有蔚汾关。盖以蔚汾水为名,后废。

黑峪口。县西五十里,即黄河官渡,路通陕西神木、柏林等处。嘉靖四十三年,套寇由此踏冰突犯。隆庆元年,套寇复由此南犯石州,旁略县界。盖县之要防也。○界河口,在县东六十里,路出岢岚州,置有巡司戍守。又孟家谷,在县西南五十里黄河崖口,路出陕西神木县,亦置巡司于此。其相近者,又有穆家峪,旧亦置巡司,今革。

附见:

镇西卫。在岢岚州治西,洪武七年置。

○保德州,府西北五百里。南至汾州府永宁州二百七十里,西南至陕西葭州二百二十里,东北至河曲县百二十里。

春秋时晋地。战国属赵。秦属太原郡。两汉因之。晋以后荒弃。隋、唐时,为岚州地。宋淳化四年,置定羌军。景德初,改保德军。金大定二十二年,升为州。元因之,属太原路。明洪武七年,改州为县。九年,复为保德州,编户五里。仍属太原府。

州迫临黄河,密迩西徼,一有不虞,自河以东,如捧漏卮矣。故西境之防,河曲而下,州其次冲也。

保德废县,今州治。自昔未有城邑,宋始置军于此,与河西麟、府诸州相应援。金大定十一年,于军城内置附郭县,仍曰保德,寻改军为州。元省县入州。明朝因之。永乐十一年,修筑土城,东西南三面临深沟,北临大河。万历二十年、三十年,俱增筑。《边防考》:州与陕西府谷县止隔一河,先年寇由柳沟、驴皮窑等处,入犯州境,直至河曲一带,俱被荼毒,故汛守为切。今州城周七里有奇。

芭州城,在州东北,元初置芭州,属太原路。至元初省入保德州。《志》云:州本置于黄河北岸,后圮于河,遗址仅存。今见陕西府谷县。

翠峰山，州东八十里，形如覆斗，松柏蔚然，州之镇山也。又有赤山，在州东十里。

黄河，在州城西北，与陕西府谷县隔河相望，东北接河曲县界，南接兴县界。套寇入犯，侵轶为虞。《宋志》保德军有大堡、沙谷二津，盖大河津渡处也。

保马水关。州东北百里，有土城，周一里馀。洪武九年，置巡司于此。《志》云：州东北二十里有水寨，地名义门邨，黄河中流，巍然屹立，高二十八丈，周围如之，旧尝置寨于此。

附见：

保德州守御千户所。在县治东南。宣德中建。